JOYCEANE BEZERRA DE MENEZES
MARIA CRISTINA DE CICCO
FRANCISCO LUCIANO LIMA RODRIGUES
COORDENADORES

DIREITO CIVIL NA LEGALIDADE CONSTITUCIONAL

ALGUMAS APLICAÇÕES

2021 © Editora Foco

Coordenadores: Joyceane Bezerra de Menezes, Maria Cristina De Cicco e Francisco Luciano Lima Rodrigues
Autores: Ana Carla Harmatiuk Matos, Ana Carolina Brochado Teixeira, Ana Carolina Contin Kosiak, Ana Paola de Castro e Lins, Anderson Schreiber, André Luiz Arnt Ramos, Carlos E. Elias de Oliveira, Carlos Edison do Rêgo Monteiro Filho, Carlos Nelson Konder, Caroline Pomjé, Daniel Bucar, Daniela de Carvalho Mucilo, Daniele Chaves Teixeira, Danielle Tavares Peçanha, Eduardo Nunes de Souza, Ewerton Gabriel Protázio de Oliveira, Fabiola Lathrop, Francisco Luciano Lima Rodrigues, Gabriel Rocha Furtado, Gabriel Schulman, Gustavo Tepedino, José de Alencar Neto, Joyceane Bezerra de Menezes, Luciana Pedroso Xavier, Marcos Ehrhardt Jr., Maria Celina Bodin de Moraes, Maria Cristina De Cicco, Marília Pedroso Xavier, Pablo Malheiros da Cunha Frota, Rodrigo da Guia Silva, Rose Melo Vencelau Meireles, Simone Tassinari Cardoso Fleischmann, Thamis Dalsenter e Vitor Almeida
Diretor Acadêmico: Leonardo Pereira
Editor: Roberta Densa
Assistente Editorial: Paula Morishita
Revisora Sênior: Georgia Renata Dias
Capa Criação: Leonardo Hermano
Diagramação: Ladislau Lima e Aparecida Lima
Impressão miolo e capa: FORMA CERTA

Dados Internacionais de Catalogação na Publicação (CIP) (Câmara Brasileira do Livro, SP, Brasil)

D598

    Direito civil na legalidade constitucional: algumas aplicações / Ana Carla Harmatiuk Matos...[et al.] ; coordenado por Joyceane Bezerra de Menezes, Maria Cristina De Cicco, Francisco Luciano Lima Rodrigues. - Indaiatuba, SP : Editora Foco, 2021.

    464 p. ; 17cm x 24cm.

    Inclui índice e bibliografia.

    ISBN: 978-65-5515-281-4

    1. Direito. 2. Direito civil. 3. Constituição. I. Matos, Ana Carla Harmatiuk. II. Teixeira, Ana Carolina Brochado. III. Kosiak, Ana Carolina Contin. IV. Lins, Ana Paola de Castro e. V. Schreiber, Anderson. VI. Ramos, André Luiz Arnt. VII. Oliveira, Carlos E. Elias de. VIII. Monteiro Filho, Carlos Edison do Rêgo. IX. Konder, Carlos Nelson. X. Pomjé, Caroline. XI. Bucar, Daniel. XII. Mucilo, Daniela de Carvalho. XIII. Teixeira, Daniele Chaves. XIV. Peçanha, Danielle Tavares. XV. Souza, Eduardo Nunes de. XVI. Oliveira, Ewerton Gabriel Protázio de. XVII. Lathrop, Fabiola. XVIII. Rodrigues, Francisco Luciano Lima. XIX. Furtado, Gabriel Rocha. XX. Schulman, Gabriel. XXI. Tepedino, Gustavo. XXII. Alencar Neto, José de. XXIII. Menezes, Joyceane Bezerra de. XXIV. Xavier, Luciana Pedroso. XXV. Ehrhardt Jr., Marcos. XXVI. Moraes, Maria Celina Bodin de. XXVII. De Cicco, Maria Cristina. XXVIII. Xavier, Marília Pedroso. XXIX. Frota, Pablo Malheiros da Cunha. XXX. Silva, Rodrigo da Guia. XXXI. Meireles, Rose Melo Vencelau. XXXII. Fleischmann, Simone Tassinari Cardoso. XXXIII. Dalsenter, Thamis. XXXIV. Almeida, Vitor. XXXV. Título.

2021-1319   CDD 342   CDU 347

Elaborado por Odilio Hilario Moreira Junior - CRB-8/9949
Índices para Catálogo Sistemático:
1. Direito civil 342   2. Direito civil 347

DIREITOS AUTORAIS: É proibida a reprodução parcial ou total desta publicação, por qualquer forma ou meio, sem a prévia autorização da Editora FOCO, com exceção do teor das questões de concursos públicos que, por serem atos oficiais, não são protegidas como Direitos Autorais, na forma do Artigo 8º, IV, da Lei 9.610/1998. Referida vedação se estende às características gráficas da obra e sua editoração. A punição para a violação dos Direitos Autorais é crime previsto no Artigo 184 do Código Penal e as sanções civis às violações dos Direitos Autorais estão previstas nos Artigos 101 a 110 da Lei 9.610/1998. Os comentários das questões são de responsabilidade dos autores.

NOTAS DA EDITORA:

Atualizações e erratas: A presente obra é vendida como está, atualizada até a data do seu fechamento, informação que consta na página II do livro. Havendo a publicação de legislação de suma relevância, a editora, de forma discricionária, se empenhará em disponibilizar atualização futura.

Erratas: A Editora se compromete a disponibilizar no site www.editorafoco.com.br, na seção Atualizações, eventuais erratas por razões de erros técnicos ou de conteúdo. Solicitamos, outrossim, que o leitor faça a gentileza de colaborar com a perfeição da obra, comunicando eventual erro encontrado por meio de mensagem para contato@editorafoco.com.br. O acesso será disponibilizado durante a vigência da edição da obra.

Impresso no Brasil (04.2021) – Data de Fechamento (04.2021)

2021
Todos os direitos reservados à
Editora Foco Jurídico Ltda.
Avenida Itororó, 348 – Sala 05 – Cidade Nova
CEP 13334-050 – Indaiatuba – SP

E-mail: contato@editorafoco.com.br
www.editorafoco.com.br

Mesmo com a sua repercussão no meio jurídico, a metodologia tem sido objeto de significativa confusão conceitual. Sua proposta é bem distinta da mera constitucionalização ou publicização do direito civil. Orienta o intérprete a analisar os perfis estrutural e funcional dos institutos do direito civil, na unidade do sistema, cuja coerência é garantida pela Constituição e os valores de justiça por ela carreados. Também se credita a essa metodologia, a preocupação atenta com a realidade social na qual transitam os diversos institutos, cuja aplicação não pode se fazer sob a indiferença dos múltiplos fatores que repercutem no mundo dos fatos.

Pela valoração das normas constitucionais e o cotejo da realidade social, o intérprete transcende as técnicas meramente subsuntivas de aplicação da norma, sem esbarrar no retorno ao que propôs a Escola do Direito Livre. Na sua jornada hermenêutica que perquire sobre o merecimento de tutela aos diversos interesses acolhidos na unidade do sistema jurídico, deve buscar a realização dos valores fundamentais do ordenamento, em especial, os valores existenciais pertinentes à pessoa humana, vinculando-se não apenas ao mero respeito da lei, mas à realização da justiça do caso concreto, mediante uma argumentação bem elaborada, estruturada e coerente apta a oferecer sólida fundamentação à sua decisão.

Essa coletânea tem por escopo apresentar as bases teóricas da metodologia e a sua aplicação em diversas situações específicas, apontando não apenas suas virtudes, mas os seus pontos mais frágeis e suscetíveis de críticas.

Nosso agradecimento especial às instituições participantes, em especial ao Programa de Pós-Graduação *Stricto Sensu* em Direito da Unifor pelo apoio que nos tem dispensado.

Agradecemos a dedicação do Prefaciador, Professor Paulo Lobo, a quem dedicamos nossa admiração, assim como a cada um dos autores, em nome dos quais saudamos os professores Maria Celina Bodin de Moraes e Gustavo Tepedino, por acolherem nossa proposta de construir essa coletânea.

Dirigimos ao público o resultado dessa empreitada, estimando que as reflexões desenvolvidas possam contribuir para os seus estudos e pesquisas na área do direito civil.

Joyceane Bezerra de Menezes

Maria Cristina De Cicco

Francisco Luciano Lima Rodrigues

À GUISA DE APRESENTAÇÃO

A presente coletânea, intitulada "Direito Civil na Legalidade Constitucional, algumas aplicações", é resultado das atividades de pesquisas e parcerias desenvolvidas pelo grupo de pesquisa – Direito Civil na Legalidade Constitucional, do Programa de Pós-Graduação *Stricto Sensu* em Direito-PPGD, da Universidade de Fortaleza – Unifor.

Ao longo dos anos e, principalmente, com o desenvolvimento do Projeto Casadinho PROCAD (MCTI/CNPq/MEC/Capes - Ação Transversal n°06/2011), entre os PPGDs da Unifor e da Universidade do Estado do Rio de Janeiro – UERJ -, diversas atividades de pesquisa lograram ser realizadas pelos docentes de ambas as instituições. Nesse processo, foi marcante a influência teórica e metodológica da Escola do Direito Civil-Constitucional que, no Brasil, tem sido desenvolvida pelo grupo de pesquisa *Direito Civil na Unidade do Ordenamento: Elementos para uma interpretação civil constitucional do direito privado*, liderado pelo Professor Gustavo Tepedino (UERJ).

Firmada essa parceria, o grupo de pesquisa Direito Civil na Legalidade Constitucional (UNIFOR) foi ampliando as suas conexões com docentes vinculados a diversos outros grupos de pesquisa cadastrados no CNPQ, dentre os quais, *A constitucionalização do Direito Civil*, liderado pela professora Maria Celina Bodin de Moraes (PUC-RJ); *Constitucionalização nas Relações Privadas*, sob a liderança dos professores Paulo Lobo e Fabíola Albuquerque (UFPE); *Direito Privado e Contemporaneidade*, cujo líder é o professor Marcos Ehrhardt (UFAL); *Direitos humanos e vulnerabilidades*, liderado pelas Professoras Ana Carla Harmatiuk Matos e Melina Girardi Fachin (UFPR).

As diversas atividades desenvolvidas em conjunto, seja na elaboração de artigos científicos e coletâneas, seja na composição de bancas de mestrado e de doutorado ou na realização de congressos, encontros e seminários, os docentes envolvidos culminaram por se enlaçar em uma verdadeira rede de pesquisadores, cuja formalização está sendo efetivada.

Como fio condutor de todos esses trabalhos, há uma firme preocupação em se analisar conflitos e problemas pertinentes ao direito civil, sob a luz dos princípios constitucionais, com a aplicação da metodologia do direito civil constitucional.

A partir dos anos 80, quando a metodologia aportou no cenário brasileiro pelas mãos dos professores Gustavo Tepedino e Maria Celina Bodin de Moraes, tem-se observado uma adesão expressiva de muitos pesquisadores e juristas que defendiam a possibilidade e importância das aplicação direta das normas constitucionais às relações privadas.

PREFÁCIO

Esta obra lança novas luzes sobre a orientação de estudos que conduziu o direito civil brasileiro ao mais elevado padrão de qualidade doutrinária em sua evolução recente: o direito civil constitucional. Nenhuma outra corrente doutrinária tem produzido tantas reflexões e pesquisas, de forma articulada, para a promoção do direito civil em nosso país, impregnando-o das diretrizes humanistas fundamentais da Constituição de 1988, no equilíbrio harmônico dos princípios estruturantes da dignidade da pessoa humana e da solidariedade social, com impacto na legislação e na jurisprudência dos tribunais.

Os ilustres professores autores desta obra são vinculados a programas de pós--graduação em direito, que incluem em suas linhas de pesquisa temas relacionados à constitucionalização do direito civil, ou a grupos de pesquisa e de estudos sobre essa temática. São incontáveis as teses e os livros, capítulos de livros, artigos publicados em revistas especializadas, as organizações de eventos e conferências sobre a matéria, que eles produziram, participaram e promoveram. Permitam-nos destacar o capítulo escrito por Gustavo Tepedino, um dos principais mentores dessa corrente de pensamento no Brasil e com inserção internacional, que escreve sobre o estado da arte da matéria. Destaque-se, igualmente, a contribuição estrangeira com os capítulos escritos por Fabíola Lathrop sobre a constitucionalização do direito de família chileno e por Maria Cristina de Cicco sobre o direito à diversidade com análise preferencial da jurisprudência italiana.

O fenômeno, objeto comum dos qualificados capítulos desta obra, é de duplo aspecto: como o dado e como o construído. O dado é a constitucionalização do direito civil; o construído é a metodologia civil constitucional,

A constitucionalização do direito civil é o dado, porque a Constituição estabelece um conjunto de normas jurídicas voltadas à essencialidade das relações privadas existenciais e patrimoniais, com incidência direta e não dependente da interposição do legislador ordinário. A esse conjunto de normas constitucionais tem-se atribuído igualmente a denominação de legalidade constitucional, integrante da totalidade do ordenamento jurídico, mas com supremacia sobre as demais normas, incluindo a codificação civil.

O construído é o direito civil constitucional, ou a metodologia civil constitucional, tal como se estruturou no Brasil, orientada ao estudo e à aplicação. É dizer: o direito civil deve ser compreendido e aplicado nas situações concretas em permanente interlocução e conformidade com a legalidade constitucional. Supera-se a metodologia tradicional de isolamento do sistema de direito civil, para o qual a ordem constitucional é a ele estranha. Portando, o direito civil constitucional não pode ser entendido como disciplina distinta do direito civil, porque não é disciplina própria ou autônoma, mas sim metodologia que o integra ao sistema jurídico que tem a Constituição como sua fonte normativa primeira.

O direito civil e sua necessária interlocução com a legalidade constitucional foram inevitáveis que se desenvolvessem no Brasil, máxime após a Constituição de 1988, que restaurou a ordem democrática no país e remodelou o Estado social. Temos sustentado, de acordo com os ensinamentos de Paulo Bonavides e de Nelson Saldanha, que o Estado social ou do bem-estar social é a terceira e atual etapa do Estado Moderno. Sob o ponto de vista do direito privado, o Estado social, hegemônico em quase todos os países desde o fim da primeira guerra mundial, caracteriza-se pela incorporação, nas constituições, da ordem econômica e da ordem social, que estabelecem os fundamentos, os conteúdos essenciais e os limites da legalidade infraconstitucional das relações privadas, para além do constitucionalismo liberal oitocentista, que se conteve na organização política e nas garantias das liberdades públicas.

O Estado liberal oitocentista voltou-se essencialmente ao controle do poder político; o Estado social agregou a este o controle dos poderes privados. Apesar da reação conservadora e individualista a partir dos anos 1980, com a denominação de neoliberalismo, o Estado social manteve-se na sua essência, sob a perspectiva do direito privado, pois permanecem tanto a ordem econômica constitucional, quanto a ordem social constitucional, apesar de políticas públicas contraditórias. Reafirmamos que, sob o ponto de vista do direito privado, enquanto houver ordem econômica e social constitucional, haverá Estado social; enquanto houver Estado social, haverá constitucionalização do direito civil, que atrai necessariamente a metodologia civil constitucional.

Antes da atual Constituição brasileira, várias obras e estudos civilísticos já apontavam para a necessidade da interlocução com a Constituição. Clóvis Beviláqua, por exemplo, publicou trabalho nessa direção logo após o advento da Constituição de 1934, que inaugurou o Estado social no Brasil, que se manteve até mesmo nas Constituições autocráticas de 1937 e 1967-1969, ao menos em seu arcabouço normativo.

Também antes da Constituição de 1988, diversos civilistas brasileiros, inconformados com a paralisia do direito civil – principalmente na legislação, mas igualmente na doutrina – ante as mudanças sociais que despontaram ao longo do século XX, máxime após o final dos anos 1960, buscaram nas ideias e nos valores motores do constitucionalismo moderno, a revitalização da disciplina. De nossa parte, publicamos em 1983 a obra "Do contrato no Estado social", demonstrando a insuficiência da dogmática civil tradicional, vincada nos valores da sociedade agrária do fim do século XIX, que despontaram no Código Civil de 1916, e a necessidade de reorientação do direito contratual segundo o estalão do constitucionalismo social, ainda que não referíssemos à constituição existente à época, imposta pela ditadura militar.

O direito civil na legalidade constitucional, título escolhido pelos organizadores desta obra, não dá as costas à milenar elaboração das categorias do direito civil. Muito ao contrário. História e contemporaneidade são imprescindíveis para a compreensão do direito civil. E é a história que nos orienta quanto à evolução por que passou o Estado moderno, nas três etapas vivenciadas até o momento atual: a do Estado absoluto, a do Estado liberal e a do Estado social. Essas três etapas impactaram na mesma medida no direito civil, quase a expressar os três momentos da dialética hegeliana, ou seja, a tese, a antítese e a síntese. No Estado absoluto, o direito civil emanava da vontade do soberano, do qual derivava também a constituição política, submetendo-se ao interesse público estatal; no Estado liberal, o direito civil converte-se em constituição do homem comum burguês, em paralelo e quase sempre em oposição à ordem constitucional, que dele não tratava, orientando-se pelo interesse privado hegemônico; no Estado social, o direito civil é, ao mesmo tempo, ordem das relações privadas e integrante da ordem constitucional, conjugando interesse privado e interesse público. Nessa linha evolutiva é que vamos encontrar o equilíbrio virtuoso entre a dignidade da pessoa humana e a solidariedade social.

A longa história do direito civil brasileiro, como fruto do sistema jurídico romano germânico, é enriquecida com os rumos que tomou na contemporaneidade, ao lado dos sistemas nacionais de direito civil dos países de nosso trato cultural comum, notadamente os da Europa continental e os da América latina. Em todos eles, a constitucionalização das relações privadas é realidade reconhecida ou subjacente na doutrina e na jurisprudência.

Os que negam a evidência da constitucionalização do direito civil e da imprescindibilidade da construção doutrinária, que resultou na metodologia civil constitucional, deixam-se levar por juízos de valor subjetivo, como se a história do direito civil tivesse encerrado sua trajetória nas grandes codificações burguesas do liberalismo oitocentista. Essa orientação tradicionalista é contraditória com o curso da história, que alegam prezar, pois as grandes codificações intentaram romper com a tradição romanística e com o direito costumeiro, rompendo com o passado.

A correta interpretação do direito civil brasileiro, portanto, há de partir de sua historicidade e dos fundamentos estabelecidos na Constituição para aplicação das normas infraconstitucionais. Os civilistas, mais que os constitucionalistas, contribuíram para afirmar, como ponto de partida, a força normativa das regras constitucionais, incluindo seus princípios, e bem assim suas incidências diretas, tanto quando o legislador ordinário for omisso, quanto para atribuir sentido à legislação infraconstitucional. Cumpre realçar que os Tribunais, com relevo para o Supremo Tribunal Federal, tiveram e têm papel relevante nessa correta direção hermenêutica, contribuindo para que o direito civil seja direito de todos os brasileiros e não apenas da parcela detentora de patrimônio. Situar a pessoa humana no centro do direito civil e considerar que o patrimônio deve ser orientado a sua realização existencial, sem a primazia que a dogmática tradicional a ele atribuía, tem sido um dos postulados mais importantes da metodologia civil constitucional.

As perspectivas ricas e distintas desenvolvidas nos capítulos em que esta obra se organiza é um estimulante convite para sua leitura, pela variedade e atualidade dos temas, conduzindo o leitor ao que de mais relevante se tem produzido no âmbito do direito privado, com apuro, investigação científica e interação da teoria com a prática e com a complexidade atual das relações sociais e econômicas.

Paulo Luiz Netto Lôbo

Doutor em Direito Civil. Líder do Grupo de Pesquisas "Constitucionalização das Relações Privadas".

SUMÁRIO

À GUISA DE APRESENTAÇÃO

Joyceane Bezerra de Menezes, Maria Cristina De Cicco e Francisco Luciano Lima Rodrigues III

PREFÁCIO

Paulo Luiz Netto Lôbo V

A PRESCRIÇÃO NA PERSPECTIVA CIVIL-CONSTITUCIONAL

Anderson Schreiber 1

PACTO ANTENUPCIAL NA HERMENÊUTICA CIVIL-CONSTITUCIONAL

Ana Carla Harmatiuk Matos e Ana Carolina Brochado Teixeira 15

DIREITO CIVIL CONTEMPORÂNEO: ENTRE ACERTOS E DESACERTOS, UMA RESPOSTA AOS CRÍTICOS

André Luiz Arnt Ramos 39

BREVE ENSAIO EM TEMA DOS FUNDAMENTOS DO DIREITO CIVIL-CONSTITUCIONAL E A CONCEPÇÃO DO DIREITO FUNDAMENTAL À PROTEÇÃO DE DADOS PESSOAIS

Carlos Edison do Rêgo Monteiro Filho 51

CONSTITUCIONALIZAÇÃO E RECIVILIZAÇÃO CONSTITUCIONAL DO DIREITO CIVIL: UM MAPEAMENTO ATUAL

Carlos E. Elias de Oliveira 61

DISTINÇÕES HERMENÊUTICAS DA CONSTITUCIONALIZAÇÃO DO DIREITO CIVIL: O INTÉRPRETE NA DOUTRINA DE PIETRO PERLINGIERI

Carlos Nelson Konder 71

SITUAÇÕES JURÍDICAS PATRIMONIAIS: FUNCIONALIZAÇÃO OU COMUNITARISMO?

Daniel Bucar e Daniela de Carvalho Mucilo 87

IMPRESCINDIBILIDADE DOS PRINCÍPIOS CONSTITUCIONAIS NA INTERPRETAÇÃO DO DIREITO SUCESSÓRIO CONTEMPORÂNEO

Daniele Chaves Teixeira e Danielle Tavares Peçanha... 101

CRITÉRIOS DISTINTIVOS DO INTÉRPRETE CIVIL-CONSTITUCIONAL

Eduardo Nunes de Souza.. 115

A RESPONSABILIDADE CIVIL E A CAPACIDADE JURÍDICA DAS PESSOAS COM DEFICIÊNCIAS PSÍQUICAS E/OU INTELECTUAIS

Francisco Luciano Lima Rodrigues e José de Alencar Neto 147

POR UM NOVO MÉTODO HERMENÊUTICO?

Gabriel Rocha Furtado 163

A PROTEÇÃO DE DADOS PESSOAIS NA LEGALIDADE CONSTITUCIONAL: ESTUDO DE CASO SOBRE O CENSO DO IBGE

Gabriel Schulman e Ana Carolina Contin Kosiak 179

NOTAS ESPARSAS SOBRE O DIREITO CIVIL NA LEGALIDADE CONSTITUCIONAL

Gustavo Tepedino... 205

CAPACIDADE E DIREITOS DOS FILHOS MENORES

Maria Celina Bodin de Moraes 219

O "NOVO" PERFIL DO DIREITO À IDENTIDADE PESSOAL: O DIREITO À DIVERSIDADE

Maria Cristina De Cicco 241

CONSTITUCIONALIZACIÓN Y JURISPRUDENCIA CONSTITUCIONAL EN EL DERECHO DE FAMILIA CHILENO

Fabiola Lathrop.. 259

RELAÇÕES PRIVADAS E A APLICABILIDADE DOS DIREITOS FUNDAMENTAIS: UMA ANÁLISE SOB A PERSPECTIVA DO PRINCÍPIO DO CONTRADITÓRIO

Marcos Ehrhardt Jr. e Ewerton Gabriel Protázio de Oliveira 293

IDENTIDADE DE GÊNERO NA LEGALIDADE CONSTITUCIONAL

Joyceane Bezerra de Menezes e Ana Paola de Castro e Lins 315

A DECLARAÇÃO DE INCONSTITUCIONALIDADE DO ARTIGO 1.790 DO CÓDIGO CIVIL BRASILEIRO

Luciana Pedroso Xavier e Marília Pedroso Xavier 329

COMPREENDENDO O DIREITO CIVIL CONSTITUCIONAL PROSPECTIVO

Pablo Malheiros da Cunha Frota 341

PERSPECTIVAS DE UM DIÁLOGO ENTRE A METODOLOGIA DO DIREITO CIVIL-CONSTITUCIONAL E ALGUMAS PROPOSIÇÕES DO DIREITO CONS-TITUCIONAL

Rodrigo da Guia Silva 353

EM BUSCA DA NOVA FAMILIA: UMA FAMÍLIA SEM MODELO

Rose Melo Vencelau Meireles 379

POR UMA INTERPRETAÇÃO CIVIL-CONSTITUCIONAL DO JULGAMENTO DO RECURSO EXTRAORDINÁRIO 878.694/MG: UM ESTUDO A PARTIR DA MODU-LAÇÃO DOS EFEITOS DA DECISÃO

Simone Tassinari Cardoso Fleischmann e Caroline Pomjé 391

A MARCHA DA AUTONOMIA EXISTENCIAL NA LEGALIDADE CONSTITUCIO-NAL: OS ESPAÇOS DE CONSTRUÇÃO DA SUBJETIVIDADE

Vitor Almeida 407

A CLÁUSULA GERAL DE BONS COSTUMES NO DIREITO CIVIL BRASILEIRO

Thamis Dalsenter 431

A PRESCRIÇÃO NA PERSPECTIVA CIVIL-CONSTITUCIONAL

Anderson Schreiber

Professor Titular de Direito Civil da UERJ. Professor Permanente do Programa de Pós-graduação em Direito da UERJ. Membro da Academia Internacional de Direito Comparado. Procurador do Estado do Rio de Janeiro. Advogado.

Sumário: 1. Introdução. 2. A prescrição no Código Civil de 2002 e a teoria da pretensão. 3. Distinção entre prescrição e decadência. 4. De volta à disciplina legal da prescrição. 5. Prazos prescricionais e a indiferença do Código Civil à legislação especial. 6. A prescrição sob a ótica civil-constitucional. 7. Extinção de direitos *antes* do decurso do prazo prescricional. 8. Conclusão. 9. Referências.

1. INTRODUÇÃO

Concebido para evitar o eterno prolongamento de conflitos sociais e, com isso, atribuir segurança às relações jurídicas, o instituto da prescrição se converteu, ele próprio, em fonte de dúvidas e incertezas. Seja no que diz respeito aos seus fundamentos, seja no que concerne aos seus efeitos, a prescrição é cercada de tantas controvérsias no direito contemporâneo que já há quem enxergue certa ironia na velha lição de que ela existe para dar certeza aos fatos.[1] No Brasil, a situação é ainda mais grave: o Código Civil de 2002 não apenas manteve, em matéria de prescrição, certas inconsistências da codificação anterior, mas acrescentou outras, inteiramente novas. Além disso, perdeu a oportunidade de sistematizar o tratamento do tema, ignorando solenemente a existência de leis especiais que se propõem a regular a prescrição de modo peculiar no tocante a vastos setores do ordenamento jurídico, como nas relações com a Fazenda Pública ou nas relações de consumo. O resultado é um tecido normativo que desafia uma leitura coerente, suscitando dificuldades significativas para quem tenha que verificar – tarefa primeira de qualquer advogado procurado para propor ação judicial – a ocorrência ou não da prescrição em determinado caso concreto.

Para completar o quadro, já aflitivo, o efeito inexorável da prescrição tem sido cada vez mais contestado na experiência jurídica contemporânea. A abertura do ordenamento jurídico a uma participação mais ativa do intérprete tem estimulado o surgimento de propostas de "flexibilização" da tradicional rigidez do instituto. Tais propostas começam a ser aplicadas, no Brasil, sem a necessária fundamentação e de um modo ainda desor-

---

1. Para Bruno Troisi, "sembra quasi un'ironia della sorte il fatto che un istituto destinato, secondo l'opinione dominante, a garantire la certezza sia esso estesso fonte di profonde incertezze: ogni suo aspetto più significativo – inerente sia alla natura giuridica, sia alla struttura, sia alla funzione – è controverso, dalla qualificazione al fondamento, dall'oggetto al contenuto, dagli effetti all'operatività di essi" (*La prescrizione come procedimento*. Camerino: E.S.I., 1980, p. 12-13).

denado. Algumas decisões judiciais simplesmente ignoram a fluência de certo prazo prescricional, enquanto outras contornam abertamente a prescrição com alusões vagas à "razoabilidade", à "equidade" ou à "justiça". Tais decisões acabam por contribuir para um clima generalizado de desconfiança em relação ao instituto e aos seus efeitos.

Crise? Não é preciso chegar a tanto. Parece certo, contudo, que a guilhotina, imagem sempre usada para aludir ao efeito extintivo da prescrição, começa a dar sinais de desgaste. E os juristas vêm perdendo a cabeça para definir se uma abordagem da prescrição, desprovida da rigidez de outrora, ainda conservaria alguma utilidade. A resposta só pode ser alcançada após uma análise detida da disciplina legal do instituto e dos seus renovados fundamentos em uma perspectiva civil-constitucional.

2. A PRESCRIÇÃO NO CÓDIGO CIVIL DE 2002 E A TEORIA DA PRETENSÃO

O Código Civil de 2002 limitou-se a tentar organizar o tema da prescrição de modo técnico e formal. Nessa tarefa, restrita por definição, alternou acertos e desacertos. Sua primeira e mais significativa contribuição foi no tocante ao próprio conceito de prescrição. A nova codificação adotou, nesse particular, a chamada teoria da pretensão, ao afirmar em seu artigo 189:

> "Art. 189. Violado o direito, nasce para o titular a pretensão, a qual se extingue, pela prescrição, nos prazos a que aludem os arts. 205 e 206."

A prescrição extingue, portanto, a pretensão, ou seja, aquilo a que a doutrina alemã denomina *Anspruch* e que corresponde à exigibilidade (pela via judicial ou extrajudicial) da realização de certo direito. Significa dizer, em primeiro lugar, que a prescrição não extingue o direito em si, como sustentavam autores de renome.[2] O direito permanece vivo. Prova disso tem-se no fato de que, se efetuo o pagamento de uma dívida prescrita, não posso obter a restituição do que paguei, como registra expressamente o artigo 882 do Código Civil.[3] Ora, se a prescrição extinguisse o direito, o pagamento nesse caso implicaria em enriquecimento sem causa, dando ensejo à restituição. Não é o que acontece: a dívida prescrita subsiste como dívida, apenas que desprovida de exigibilidade. Seu pagamento não pode mais ser cobrado pelo credor, mas nada impede que o devedor cumpra espontaneamente a sua obrigação. O direito permanece vivo.

Tal circunstância levou inúmeros autores a sustentarem que a prescrição extinguia não o direito, mas a ação. Foi a orientação adotada por doutrinadores de peso, como Câmara Leal e Clovis Bevilaqua.[4] Por influência deste último, a teoria da ação restou expressamente consagrada no Código Civil brasileiro de 1916, que, em seus artigos 177 e

---

2. Era, por exemplo, o entendimento de PEREIRA, Caio Mário da Silva. *Instituições de Direito Civil*. Rio de Janeiro: Forense, 1995, v. I. p. 435: "Perda do direito, dissemos, e assim nos alinhamos entre os que consideram que a prescrição implica em algo mais do que o perecimento da ação."

3. "Art. 882. Não se pode repetir o que se pagou para solver dívida prescrita, ou cumprir obrigação judicialmente inexigível."

4. Na lição do autor do anteprojeto do Código Civil de 1916, "prescrição é a perda da ação atribuída a um direito, e de toda a sua capacidade defensiva, em consequência do não uso delas, durante um determinado espaço de tempo" (BEVILAQUA, Clovis. *Teoria Geral do Direito Civil*. Serviço de Documentação do Ministério da Justiça, 1972, p. 308).

178, afirmava que "as ações prescrevem" nos prazos ali estabelecidos. A processualística contemporânea viria, contudo, a consagrar o caráter autônomo e abstrato do direito de ação, que passou a ser entendido como um direito exercido contra o Estado, com vistas à obtenção de um provimento jurisdicional, independentemente do direito substancial em jogo. Nessa ótica, a ação não se extingue pela prescrição, já que o credor de uma dívida prescrita continua podendo exercer seu direito de ação, propondo uma demanda judicial, ainda que fadada ao insucesso.[5]

Nem o direito, nem a ação, portanto, extinguem-se com o transcurso do prazo prescricional. O que se extingue é a pretensão. Essa foi a conclusão que resultou do fracasso das teorias anteriores: a prescrição não atinge a ação, nem tampouco o direito em si, mas tão somente a exigibilidade do direito, em uma palavra, a pretensão. A noção de pretensão foi amplamente desenvolvida pela doutrina alemã, que, com sua peculiar capacidade de abstração, identificou no interior do direito subjetivo duas facetas bem distintas: (i) um direito à prestação; e (ii) um direito de exigir essa mesma prestação (*facultas exigendi*), que é projeção do direito à prestação, mas que com ele não se confunde.[6] Essa *facultas exigendi*, essa faculdade de exigir o atendimento de um direito subjetivo não respeitado espontaneamente, é o que se denomina pretensão, noção que Pontes de Miranda definia como "a posição subjetiva de poder exigir de outrem alguma prestação positiva ou negativa".[7] É isso que o decurso do prazo prescricional extingue.

Além de permitir a desvinculação entre o fenômeno da prescrição e o exercício do direito de ação, a teoria da pretensão permite compreender, com especial clareza, a distinção entre a prescrição e a decadência.

3. DISTINÇÃO ENTRE PRESCRIÇÃO E DECADÊNCIA

A prescrição extingue a pretensão, que nasce a partir da violação a um direito subjetivo. Há direitos, contudo, que são desprovidos de pretensão, direitos onde a *facultas exigendi* não chega a surgir. São os direitos potestativos, que exprimem o poder do seu titular de interferir na esfera jurídica alheia por iniciativa própria. O exercício do direito potestativo depende exclusivamente da vontade do seu titular. Independe de qualquer prestação ou atitude alheia. Não há resistência capaz de deter o exercício do direito potestativo. Assim, por definição, os direitos potestativos não podem ser violados e, portanto, não despertam o surgimento de qualquer pretensão (*Anspruch*).

Exemplos de direito potestativo são o direito de anular um negócio jurídico por vício do consentimento, o direito de revogar procuração ou, ainda, o direito de exigir a divisão do condomínio. Seu exercício depende tão somente da iniciativa do titular, que produz, por si só, efeitos sobre a esfera jurídica alheia. Atento ao intenso poder que os

---

5. Na mesma linha, o Código de Processo Civil brasileiro insere o reconhecimento da prescrição ou decadência como hipótese de extinção do processo com julgamento do mérito (art. 487, II).
6. Como conclui Fabio Konder Comparato, "a razão do êxito do direito alemão na interpretação do instituto da prescrição reside no fato de que a doutrina, desde o período da pandectística, soube decompor as *facultas agendi* do sujeito de direito de forma clara e exata" (*Parecer sobre prescrição* – sem responsabilidade de cátedra).
7. PONTES DE MIRANDA. *Tratado de Direito Privado*. t. III. Rio de Janeiro: Borsoi, 1954, p. 451.

direitos potestativos atribuem ao seu titular, o legislador estabelece, de pronto, um prazo fatal para o seu exercício. São os prazos de decadência.[8]

Assim, a decadência pode ser definida como a perda de um direito potestativo pelo transcurso do prazo previsto em lei. Ao contrário da prescrição, a decadência não extingue a pretensão, que inexiste, mas sim o próprio direito potestativo, que, dependendo exclusivamente do seu titular, já não pode mais ser atendido. Por exemplo, o direito de anular um negócio jurídico por erro extingue-se em quatro anos contados da data em que se realizou o negócio (Código Civil, art. 178, II). Se, nesse prazo, não for exercido pelo seu titular, o direito potestativo de anular o negócio extingue-se, não podendo ser atendido por um ato alheio.

Os prazos de decadência, já se disse, são fatais. Vale dizer: não se sujeitam às causas de impedimento, suspensão ou interrupção que o legislador prevê para a prescrição. Tais causas correspondem, em apertada síntese, a situações em que o legislador ordena a paralisação ou o reinício da contagem do prazo prescricional por entender que o titular da pretensão não podia agir ou já agiu de modo suficiente para obter a realização da prestação pelo devedor. Por exemplo, o prazo prescricional não corre "entre os cônjuges, na constância de sociedade conjugal" (Código Civil, art. 197, I) e é interrompido na hipótese de realização de "protesto cambial" pelo credor (Código Civil, art. 202, III).[9] Nenhuma dessas situações se aplica aos prazos decadenciais.[10] Isso porque, em se tratando de direito potestativo, de duas uma: ou (i) o titular não age e o prazo decadencial segue seu curso; ou (ii) o titular age e seu direito é automaticamente atendido, não havendo que se falar em reinício ou retomada do prazo decadencial. Em outras palavras: não há qualquer razão para se impedir, suspender ou interromper a fluência do prazo decadencial à espera de um comportamento do devedor, porque não se está diante de um direito a uma prestação, mas sim de um direito de interferência unilateral na esfera jurídica alheia.[11]

---

8. Aqui, é imprescindível a referência ao texto de AMORIM FILHO, Agnello. Critério Científico para Distinguir a Prescrição da Decadência e Identificar as Ações Imprescritíveis. *Revista dos Tribunais*, 744/725, São Paulo, 1997, *passim*. Embora o Professor da Universidade da Paraíba apresente, como conclusão do seu estudo, uma classificação fundada nas espécies de ações propostas, a base do seu trabalho encontra-se na distinção entre o modo de exercer o direito potestativo e o modo de exercer os direitos subjetivos. A ampla difusão desse trabalho na jurisprudência brasileira contribuiu, por isso mesmo, para uma visão mais científica da distinção entre decadência e prescrição.

9. Para um exame das diversas causas de impedimento, suspensão ou interrupção do prazo prescricional previstas no Código Civil, seja consentido remeter aos comentários aos artigos 197 a 204 em: SCHREIBER, Anderson. Parte Geral. In: SCHREIBER, Anderson; TARTUCE, Flávio; SIMÃO, José Fernando; MELO, Marco Aurélio Bezerra de; DELGADO, Mário Luiz. *Código Civil Comentado*: doutrina e jurisprudência. 2. ed. Rio de Janeiro: Forense, 2020, p. 123-126.

10. "Art. 207. Salvo disposição legal em contrário, não se aplicam à decadência as normas que impedem, suspendem ou interrompem a prescrição."

11. Registre-se que o Código Civil prevê, em seu art. 208, uma exceção: o prazo decadencial não corre contra o absolutamente incapaz. Trata-se, contudo, de exceção que confirma a regra, já que aí o titular do direito potestativo não tem qualquer possibilidade de exercê-lo por iniciativa própria. O Código de Defesa do Consumidor, em seu art. 26, § 2º, admite expressamente que seja obstado o prazo decadencial, tratando-se ali, todavia, de prazo decadencial atípico e consistindo o dispositivo em já célebre exemplo de norma que desafia a sistematização da matéria. Outra exceção legal encontra-se na Lei 14.010/2020, que dispõe sobre o Regime Jurídico Emergencial e Transitório das relações jurídicas de Direito Privado no período da pandemia de covid-19. A referida lei determinou, em seu art. 3º, o impedimento ou suspensão de todos os prazos prescricionais no período entre 12 de junho e 30 de outubro de 2020, sendo certo que o §2º do mesmo dispositivo expressamente estendeu a determinação de impedimento ou suspensão aos prazos decadenciais no mesmo período. Para uma crítica a esta última solução legislativa, que gerará efeitos prolongados na ordem jurídica brasileira, quando havia outras alternativas mais apropriadas para

4. DE VOLTA À DISCIPLINA LEGAL DA PRESCRIÇÃO

Como se vê, a teoria da pretensão permite não apenas aperfeiçoar o conceito de prescrição, mas também estabelecer uma base mais segura para sua distinção em relação à decadência. Positiva, portanto, a atitude do legislador de 2002 que, distanciando-se do entendimento consagrado no Código Civil de 1916, acolheu expressamente a teoria da pretensão em seu artigo 189. A mudança, contudo, é profunda e merecia ter sido acompanhada de outras alterações, destinadas a adequar a disciplina da prescrição ao seu novo conceito. Não foi o que ocorreu. Por exemplo, no artigo 200, o legislador continuou a se referir à "ação" originada "de fato que deva ser apurado juízo criminal", quando deveria claramente ter empregado o termo "pretensão". Outro exemplo: na seção que dedica às causas de impedimento e suspensão da prescrição, o Código Civil atual manteve, em seu artigo 199, a norma correspondente ao artigo 170 da codificação anterior, que afirma que "não corre" a prescrição "pendendo condição suspensiva" e em outras hipóteses semelhantes. A afirmação é totalmente desnecessária diante da acolhida da teoria da pretensão, pois é evidente que, na pendência de condição suspensiva, não há ainda exigibilidade (*facultas exigendi*) do direito subjetivo, cuja eficácia permanece em suspenso. A manutenção da norma do artigo 199 é uma porta aberta à confusão dos conceitos.

Outro dispositivo que merece revisão é o artigo 191, que trata da "renúncia da prescrição". A simples possibilidade de que as partes renunciem à prescrição já colide com o caráter imperativo que o próprio Código Civil parece atribuir ao instituto em outros dispositivos, como no artigo 192, que impede que os prazos prescricionais sejam alterados "por acordo das partes." Se não podem as partes estender o prazo prescricional por alguns anos, também não deveriam poder as panes renunciar à prescrição. O artigo 191 acrescenta, ainda, que a tal "renúncia" só valerá se "feita, sem prejuízo de terceiro, depois que a prescrição se consumar". Ora, por definição, ninguém renuncia a algo que já se consumou. O que o legislador pretendeu provavelmente esclarecer foi que, mesmo após o decurso do prazo prescricional, o devedor pode satisfazer espontaneamente o direito do credor. Não se tem aí qualquer "renúncia", mas simples efeito da prescrição, que, como declara o próprio Código Civil, não atinge o direito, mas tão somente a pretensão.

Em suma, o Código Civil de 2002 caminhou bem ao acolher a teoria da pretensão, mas acabou repetindo acriticamente dispositivos da codificação de 1916 que não se filiavam àquela teoria. As incoerências e omissões não param, contudo, por aí.

5. PRAZOS PRESCRICIONAIS E A INDIFERENÇA DO CÓDIGO CIVIL À LEGISLAÇÃO ESPECIAL

Um dos objetivos claramente perseguidos pelo Código Civil de 2002 no campo da prescrição foi a ordenação dos seus prazos. Na codificação de 1916, os prazos pres-

---

lidar com um fenômeno temporário (como a prorrogação do termo final dos prazos prescricionais na iminência de se completarem), ver SCHREIBER, Anderson; MANSUR, Rafael. *O Projeto de Lei de Regime Jurídico Emergencial e Transitório do Covid-19*: Importância da Lei e Dez Sugestões de Alteração. Disponível em: andersonschreiber. jusbrasil.com.br. Acesso em: 27 ago. 2020.

cricionais eram listados conjuntamente com prazos de decadência, o que dificultava a distinção entre uns e outros. O Código Civil atual procurou distinguir melhor os dois campos. Os prazos decadenciais continuaram, é verdade, espalhados pela codificação, mas os prazos prescricionais foram reunidos nos seus artigos 205 e 206.

Em seu artigo 205, o Código Civil declarou que "a prescrição ocorre em dez anos, quando a lei não lhe haja fixado prazo menor". Com isso, unificou o prazo subsidiário de prescrição, suprimindo, em boa hora, a polêmica distinção entre ações pessoais e reais, a que fazia referência a codificação anterior. Quanto aos prazos específicos de prescrição, listados nos múltiplos parágrafos e incisos do artigo 206, o legislador de 2002 reduziu significativamente os lapsos prescricionais da codificação anterior, atento à maior celeridade dos meios de comunicação e transporte, que facilitam cada vez mais o pronto exercício dos direitos. Assim, entre outros tantos exemplos, o prazo prescricional da pretensão de alimentos foi reduzido de cinco para dois anos (art. 206, § 2º); o prazo da pretensão de cobranças de dívidas líquidas constantes de instrumento público ou particular foi reduzido de vinte para cinco anos (art. 206, § 5º, I); e o prazo da pretensão de ressarcimento (*rectius*, restituição) do enriquecimento sem causa foi reduzido de vinte para três anos (art. 205, § 3º, IV).

Prazo prescricional de que o Código Civil de 2002 poderia ter se ocupado com mais cautela é aquele relativo à "pretensão de reparação civil", que o legislador reduziu de vinte para três anos (art. 205, § 3º, V), sem maiores considerações. A expressão "reparação civil" abrange, contudo, um universo amplíssimo de pretensões, que envolve situações específicas às quais a doutrina, a jurisprudência e a própria legislação já vinham reservando tratamento diferenciado. Exemplo emblemático é o da pretensão de reparação civil por danos decorrentes de fato do produto ou do serviço. O artigo 27 do Código de Proteção e Defesa do Consumidor determina expressamente:

> "Art. 27. Prescreve em cinco anos a pretensão à reparação pelos danos causados por fato do produto ou do serviço prevista na Seção II deste Capítulo, iniciando-se a contagem do prazo a partir do conhecimento do dano e de sua autoria."

Diante do dispositivo, a pergunta que se coloca é a seguinte: a fixação do prazo trienal pelo Código Civil para a "reparação civil" em geral implica em revogação do prazo quinquenal do artigo 27? A resposta há de ser, aqui, negativa, porque o prazo do artigo 27 consta de lei especial e é mais benéfico ao consumidor. Não há dúvida, contudo, de que, à falta de expressa manifestação do legislador, poderiam surgir teses em contrário, especialmente no âmbito de processos judiciais. Ao Código Civil competia, no mínimo, ter ressalvado a existência de prazo específico na legislação especial, como fez em outros incisos.[12] A codificação civil mostrou, aqui, imperdoável desatenção ao diploma consumerista, que ostenta posição proeminente no direito privado brasileiro.

Veja-se outro exemplo, desta vez a partir da leitura do artigo 1º do Decreto 20.910, de 1932, que cuida da prescrição em relação à Fazenda Pública:

---

12. Tome-se como exemplo o art. 206, § 3º, VIII, em que afirma "a pretensão para haver o pagamento de título de crédito, a contar do vencimento, ressalvadas as disposições de lei especial".

"Art. 1º As dívidas passivas da União, dos Estados e dos Municípios, bem assim todo e qualquer direito ou ação contra a fazenda federal, estadual ou municipal, seja qual for a sua natureza, prescrevem em cinco anos contados da data do ato ou fato do qual se originarem."

Impõe-se ao intérprete, mais uma vez, a indagação: nas hipóteses de dano causado pelo Estado, o prazo trienal fixado pelo Código Civil para a "reparação civil" em geral prevalece sobre o prazo quinquenal estipulado no Decreto 20.910/1932? Ora, o Decreto 20.910/1932 é norma especial inspirada no claro propósito de privilegiar a Fazenda Pública diante do prazo vintenário fixado na codificação anterior. Se a norma do Código Civil tornou-se mais benéfica ao Estado, não deve prevalecer sobre a norma especial? Embora tudo indicasse que sim, o Superior Tribunal de Justiça concluiu pela *"aplicação do prazo prescricional quinquenal – previsto do Decreto 20.910/32 – nas ações indenizatórias ajuizadas contra a Fazenda Pública, em detrimento do prazo trienal contido do Código Civil de 2002"*, com base na *"natureza especial do Decreto 20.910/32, que regula a prescrição, seja qual for a sua natureza, das pretensões formuladas contra a Fazenda Pública, ao contrário da disposição prevista no Código Civil, norma geral que regula o tema de maneira genérica, a qual não altera o caráter especial da legislação, muito menos é capaz de determinar a sua revogação."* [13] Independentemente do posicionamento que se adote, melhor seria que, em vez de deixar a pergunta ao intérprete, o próprio legislador a tivesse respondido, evitando o surgimento de diferentes correntes interpretativas.

Note-se que o desafio lançado ao intérprete não se limita à definição do prazo aplicável, mas abrange também outros pontos de divergência entre a disciplina do Código Civil e aquela traçada no Decreto 20.910/1932, como, por exemplo, a questão da interrupção da prescrição, que, nos termos do artigo 9º da norma especial volta a correr "pela metade do prazo", disposição que trouxe conhecidas dificuldades práticas[14] e que não encontrou paralelo no Código Civil de 2002 (art. 202, parágrafo único). Também aqui o STJ tem privilegiado a incidência da lei especial,[15] após um desnecessário período de incerteza acerca da regra aplicável.

A indiferença do Código Civil à legislação especial, fruto da própria desatualidade do projeto original, elaborado na década de 1970, marca todos os setores da codificação de 2002, mas produz efeitos especialmente nocivos no campo da prescrição e da decadência, que deveria primar justamente pela segurança e pela certeza. A grave omissão lança sobre o intérprete o ônus de sistematizar a miríade de prazos estabelecidos nas leis especiais com aqueles previstos no Código Civil, quase sempre mais reduzidos.

---

13. STJ, 1ª Seção, Recurso Especial 1.251.993/PR, Rel. Min. Mauro Campbell Marques, j. 12.12.2012.
14. STF, Súmula 383: "A prescrição em favor da Fazenda Pública recomeça a correr, por dois anos e meio, a partir do ato interruptivo, mas não fica reduzida aquém de cinco anos, embora o titular do direito a interrompa durante a primeira metade do prazo."
15. "A jurisprudência desta Corte é pacífica no sentido de que (...) interrompido o prazo, a prescrição volta a correr pela metade (dois anos e meio) a contar da data do ato que a interrompeu ou do último ato ou termo do respectivo processo, nos termos do que dispõe o art. 9º do Decreto n. 20.910/32" (STJ, 1ª Turma, Agravo Interno no Recurso Especial 1.584.758/SP, Rel. Min. Benedito Gonçalves, j. 19.5.2020).

6. A PRESCRIÇÃO SOB A ÓTICA CIVIL-CONSTITUCIONAL

A leitura dos tópicos anteriores já terá levado o leitor a concluir que o Código Civil não primou pela técnica e pela consistência ao disciplinar o tema da prescrição. Ao contrário: o excessivo apego ao texto da codificação anterior acabou não apenas preservando antigas dúvidas da doutrina e dos tribunais, como fez surgir novas angústias, a partir, por exemplo, de omissões flagrantes como aquelas atinentes à compatibilização das normas do Código Civil com a legislação especial. Em outros setores do Código Civil, onde equívocos semelhantes foram cometidos, o intérprete tem sido chamado a corrigir os desvios e as omissões do legislador, por meio de uma hermenêutica construtiva, ancorada na Constituição. Será isso possível também no campo da prescrição?

O direito civil brasileiro tem passado por profundas transformações nas últimas décadas. Institutos fundamentais de direito privado, como a propriedade, a família, a empresa e o contrato, têm sido reformulados à luz dos valores constitucionais, com resultados verdadeiramente extraordinários, quer na correção de desvios existentes na sua aplicação prática, quer na concretização da sua genuína função no ordenamento jurídico contemporâneo. O direito de propriedade, por exemplo, tem sido continuamente reexaminado à luz da sua função social. No âmbito do direito dos contratos, é cada vez maior a preocupação com o equilíbrio das prestações e com o valor social da livre iniciativa. A responsabilidade civil sofre verdadeira inversão de rota, com base no princípio da reparação integral, manifestação da solidariedade constitucional. E o que se tem dito em sentido semelhante sobre a prescrição?

Pouco, muito pouco. A prescrição parece um tema imune às construções interpretativas mais avançadas. Fora uma ou outra proposta extensiva em matéria de interrupção ou suspensão dos prazos prescricionais, o tema da prescrição tem sido raramente abordado pela doutrina mais recente.[16] A frieza numérica das suas normas e a exatidão matemática dos seus prazos parecem desencorajar a intervenção do intérprete e a direta aplicação dos valores constitucionais. Mesmo nos meios acadêmicos, a prescrição tem sido considerada "um assunto velho", já contemplado de modo absoluto e definitivo pelo legislador. Afinal, que espaço restaria para a interpretação diante de uma norma tão hermética e categórica, como aquela do artigo 206, § 1º, II, segundo o qual "prescreve em um ano a pretensão do segurado contra o segurador"?

A resposta deve ser buscada não no artigo de lei em si, mas nos fundamentos constitucionais do instituto da prescrição. Já no seu preâmbulo, a Constituição brasileira exprime seu compromisso com a "segurança", compromisso que enfatiza ao repetir o termo entre os direitos e garantias fundamentais (art. 5º, *caput*). No extremo, a insegurança converte-se em injustiça, como já revelava San Tiago Dantas, ao cuidar dos fundamentos da prescrição:

---

16. Gustavo Kloh Müller Neves, em seu artigo Prescrição e Decadência no Novo Código Civil. In: TEPEDINO, Gustavo (Coord.). *A Parte Geral do Código Civil*. Rio de Janeiro: Renovar, 2002, p. 417-428, já registrava certa "inércia dogmático-jurisprudencial sobre o tema". Louváveis exceções são os trabalhos do próprio autor mencionado (NEVES, Gustavo Kloh Müller. *Prescrição e Decadência no Direito Civil*. Rio de Janeiro: Lumen Juris, 2008) bem como a coletânea de artigos organizada por BODIN DE MORAES, Maria Celina; SAMPAIO DA CRUZ GUEDES, Gisela; SOUZA, Eduardo Nunes de. *A Juízo do Tempo*: estudos atuais sobre prescrição. Rio de Janeiro: Processo, 2019.

"Como se passou muito tempo sem se modificar o atual estado de coisas, não é justo que continuemos a expor as pessoas à insegurança que o nosso direito de reclamar mantém sobre todos, como uma espada de Dâmocles. Então, a prescrição vem e diz: daqui em diante o inseguro é seguro, quem podia reclamar não o pode mais."[17]

A prescrição desempenha, assim, um papel apaziguador, vinculado às mais nobres aspirações constitucionais. Por isso mesmo, o instituto é tido como "de ordem pública" e considerado essencial ao Estado Democrático de Direito, já que serve para extinguir e prevenir conflitos sociais, impedindo o prolongamento das pretensões no tempo. Além desse fundamento apaziguador, a doutrina identifica um segundo fundamento para a prescrição, de caráter sancionatório: "Com a prescrição pune-se também a negligência do titular do direito subjetivo lesado."[18] É a ideia que se transmite em brocardos latinos amplamente difundidos como *dormientibus non succurrit jus* (o direito não socorre a quem dorme) e *iura scripta vigilantibus* (as leis são escritas para os vigilantes). Esse fundamento punitivo explica-se por razões históricas, em especial pela necessidade de se identificar uma justificativa fundada na culpa do sujeito de direito antes de lhe impor uma perda tão significativa quanto aquela decorrente da prescrição. Trata-se de uma necessidade muito sentida em períodos históricos anteriores, marcados pelo liberal-individualismo jurídico e por uma verdadeira aversão à intervenção do Estado na regulação dos interesses privados. Hoje, todavia, não encontra mais respaldo no ordenamento jurídico brasileiro.

É a conclusão que decorre não apenas do desenho constitucional, mas do próprio tecido normativo do Código Civil, que, em seu artigo 202, determinou expressamente que a interrupção da prescrição "somente poderá ocorrer uma vez". Assim, ainda que o titular do direito seja diligente a mais não poder, atuando diariamente para resguardar sua posição jurídica, corre o risco de perder sua pretensão pelo decurso do tempo, porque o Código Civil limita a uma única vez a possibilidade de interrupção. E, muito embora também essa restrição deva ser vista *cum grano salis*,[19] parece claro que o artigo 202 introduz inovação incompatível com um suposto caráter punitivo da prescrição, empurrando-a em definitivo para o campo (mais objetivo) da segurança jurídica e da paz social.

Nada disso significa que se trate de instituto absoluto, imune a temperanças e balanceamentos. A segurança jurídica não é interesse que a ordem constitucional resguarde em grau mais elevado que outros tantos, como a dignidade humana e a solidariedade social. Colidindo a segurança jurídica com outros interesses de igual hierarquia constitucional, impõe-se o emprego da técnica da ponderação, como método apto a identificar o interesse prevalente à luz das circunstâncias concretas. É certo que o estabelecimento de um prazo prescricional pelo legislador já consiste, ele próprio, no fruto de uma ponderação levada

---

17. San Tiago Dantas. *Programa de Direito Civil – Teoria Geral.* Edição revista e atualizada por TEPEDINO Gustavo et al. Rio de Janeiro: Forense, 2001, p. 343.
18. AMARAL, Francisco. *Direito Civil – Introdução.* 3ª ed. Rio de Janeiro: Renovar, 2000, p. 562, entre tantos outros.
19. É o que ocorre especialmente em relação ao despacho judicial que ordena a citação do réu (art. 202, I). Na interpretação literal do art. 202, o prazo prescricional continuaria a correr ao longo do processo judicial, desde que o autor tivesse procedido à interrupção da prescrição por algum ato anterior (ex. protesto). A conclusão é inadmissível e resultaria em forte descrédito das instituições. Sobre o tema, ver TEPEDINO, Gustavo; BARBOZA, Heloisa Helena; BODIN DE MORAES, Maria Celina (Coord.). *Código Civil Interpretado Conforme a Constituição da República.* 2. ed. Rio de Janeiro: Renovar, 2007, v. I, p. 383-384.

a cabo em sede legislativa, como ocorre, de resto, com qualquer outro instituto veiculado por leis ordinárias na concretização dos valores constitucionais. Tal ponderação prévia não exime, contudo, o intérprete de reavaliar, à luz das circunstâncias do caso concreto, a constitucionalidade da atuação legislativa. É evidente que, em se tratando de instituto como a prescrição, cuja utilidade radica fortemente na sua estabilidade, uma abertura exagerada e irresponsável à ponderação em sede judicial poderia acabar minando seu papel na realidade jurídica, mas a situação não chega a ser, nesse sentido, muito diversa daquela que se verifica com outros institutos inspirados na segurança jurídica, como se pode ver da atual discussão em torno da relativização da coisa julgada no processo civil e no processo tributário.[20]

Além disso, a proposta tampouco chega a ser nova no âmbito do direito civil. Desde tempos imemoriais, a doutrina civilista reconhece direitos imprescritíveis, isto é, direitos aos quais não se aplica a prescrição. Mesmo sem qualquer amparo em textos legais, nossos tribunais invocam, há muito, a imprescritibilidade de certas pretensões vinculadas, por exemplo, a algumas "ações de estado". A Súmula 149 do Supremo Tribunal Federal, datada de 1963, já declarava, nesse sentido, que "é imprescritível a ação de investigação de paternidade". O mesmo entendimento é aplicado às pretensões de ressarcimento ao erário por atos dolosos de improbidade administrativa,[21] de reivindicação de bens públicos, de declaração de nulidade,[22] de reconhecimento de inexistência de relação jurídica e assim por diante.[23]

Como se vê, não é estranha à nossa tradição jurídica a ideia de que a prescrição pode não atingir certas pretensões. Sempre foram reconhecidos, entre nós, "direitos imprescritíveis". Por que alguns direitos (*rectius*: pretensões) escapam à prescrição é, todavia, pergunta à qual se deu, por muito tempo, resposta meramente intuitiva. Câmara Leal já registrava, com algum pesar:

> "Todo o estudo relativo à imprescritibilidade se ressente de um certo empirismo. Não se encontra nos autores a fixação de uma doutrina, com princípios juridicamente estabelecidos. Tudo se reduz à casuística."[24]

Aos autores da época parecia que, em determinadas situações, seria simplesmente "injusto" ver perecer o "direito" pelo decurso do tempo. Aludiam algumas vezes a "interesses superiores" ou "preocupações de ordem pública" que evitariam, em certas hipóteses, o efeito extintivo da prescrição. Ora, mas também a prescrição atende, como visto, a preceitos de ordem pública (segurança jurídica), de modo que a questão é, como hoje se pode ver com mais clareza, de colisão entre interesses públicos contrapostos. É aí

---

20. Recorde-se que, em 2011, o plenário do Supremo Tribunal Federal emitiu decisão emblemática, na qual relativizou a coisa julgada formada em ação de investigação de paternidade, na qual não havia sido realizado o exame de DNA. Argumentou a Suprema Corte que não devem ser impostos óbices de natureza processual ao direito fundamental à busca da identidade genética, invocando, ainda, os princípios da igualdade entre os filhos e da socioafetiva paternidade responsável (Recurso Extraordinário 363.889/DF, Rel. Min. Dias Toffoli, j. 2.6.2011)

21. STF, Tribunal Pleno, Recurso Extraordinário 85.2475/SP, Red. p/ acórdão Min. Luiz Edson Fachin, j. 8.8.2018.

22. Aqui, com certo aval do legislador, já que o Código Civil afirma expressamente que os negócios nulos não convalescem pelo decurso do tempo (art. 169).

23. Ver, entre tantos outros precedentes, STJ, Recurso Especial 1.227.965/SC, Rel. Min. Herman Benjamin, j. 02.06.2011.

24. CÂMARA LEAL, Antônio Luís da. *Da Prescrição e da Decadência*. 2. ed. Rio de Janeiro: Forense, 1959, p. 51.

que a leitura civil-constitucional pode se mostrar mais útil, desvendando a real colisão que se esconde por trás das fórmulas de praxe e expondo, com isso, outras situações em que o mesmo efeito se impõe.

Em outras palavras: a imprescritibilidade não é um dogma atrelado a certas situações jurídicas, mas o efeito da prevalência específica de outro interesse público que, naquelas circunstâncias, é tutelado pela Constituição da República de modo ainda mais intenso que a segurança jurídica. Pode ocorrer que tal prevalência conste expressamente do texto constitucional, como se vê do artigo 5º, inciso XLII, que declara a imprescritibilidade da pretensão punitiva do crime de racismo. Tutela-se, de modo expresso, um interesse que o Constituinte considerou mais relevante que a segurança consubstanciada na prescrição: a repressão aos atos de racismo que, até pouco tempo, eram tratados com conivência pelas autoridades públicas e pela sociedade civil. Outras vezes, contudo, a prevalência não vem estabelecida de modo expresso pelo Constituinte, mas é desvendada pelo intérprete e pela jurisprudência, a partir do processo dialético da interpretação e aplicação das normas jurídicas.[25]

É o que se verifica não apenas nas hipóteses tradicionalmente reconhecidas pela jurisprudência brasileira (investigação de paternidade etc.), mas também em outras situações que, mais recentemente, vêm atraindo a atenção dos juristas pátrios, como a imprescritibilidade da pretensão de reparação de dano moral decorrente de perseguição política e tortura praticadas no Brasil durante a ditadura militar. O Código Civil, note-se, declara com todas as letras que a pretensão de reparação civil prescreve em três anos (art. 206, § 3º, V). Antes dele, o já citado Decreto 20.910, de 1932, declarava que as pretensões contra a Fazenda Pública, "seja qual for a sua natureza, prescrevem em cinco anos contados da data do ato ou fato do qual se originarem" (art. 1º). Ainda assim, e em boa hora, o Superior Tribunal de Justiça passou a afastar a incidência desses prazos para afirmar a "imprescritibilidade da pretensão indenizatória decorrente da violação de direitos humanos fundamentais durante o período de exceção".[26] Confira-se, a propósito, trecho do voto do Ministro Luiz Fux, hoje Ministro do Supremo Tribunal Federal:

> "À luz das cláusulas pétreas constitucionais, é juridicamente sustentável assentar que a proteção da dignidade da pessoa humana perdura enquanto subsiste a República Federativa, posto seu fundamento. Consectariamente, não há falar em prescrição da pretensão de se implementar um dos pilares da República, máxime porque a Constituição não estipulou lapso prescricional ao direito de agir, correspondente ao direito inalienável à dignidade."[27]

O exame das decisões do Superior Tribunal de Justiça sobre o tema revela um delicado exercício de ponderação entre o princípio constitucional da segurança jurídica, concretizado por meio do instituto da prescrição, e o princípio constitucional da proteção e promoção da dignidade humana. Em se tratando de atos de tortura e perseguição política, praticados durante regime de exceção, o Superior Tribunal de Justiça vem entendendo pela prevalência deste último, constituindo judicialmente uma nova hipótese de imprescritibilidade.

---

25. Sobre o tema, ver PERLINGIERI, Pietro. *Manuale di diritto civile*. Napoli: ESI, 2003, p. 99-101.
26. STJ, AgRg REsp 1.160.643/RN, Rel. Min. Benedito Gonçalves, 23.11.2010.
27. STJ, REsp 959.904/PR, j. 23.4.2009.

Reconhecer tal espaço de ponderação às cortes judiciais não significa arruinar o instituto da prescrição. Muito ao contrário: a segurança dos prazos fixos será meramente ilusória se sua aplicação for desacompanhada de qualquer preocupação com a realização dos princípios fundamentais do ordenamento jurídico brasileiro. Decisões judiciais que, amparadas em um exercício genuíno de ponderação, detalhadamente motivado, afastam, em dadas hipóteses, os efeitos drásticos da prescrição não representam aberrações, nem arbitrariedades,[28] podendo ser debatidas (e reformadas) por meio dos recursos próprios, como já ocorre em tantos campos onde a aplicação direta dos princípios constitucionais impõe um controle judicial da ponderação efetuada em sede legislativa.

7. EXTINÇÃO DE DIREITOS *ANTES* DO DECURSO DO PRAZO PRESCRICIONAL

Se a aplicação dos princípios constitucionais pelas cortes judiciais pode, por um lado, impedir a incidência da prescrição, criando hipóteses de imprescritibilidade, também pode, por outro lado, fulminar certa pretensão antes de se completar o prazo previsto na lei. Em outras palavras: se é verdade que, no direito contemporâneo, uma concreta pretensão pode sobreviver ao prazo prescricional abstratamente previsto na legislação (a exemplo da reparação do dano moral decorrente de tortura durante a ditadura militar), também pode uma certa pretensão ser extinta *antes* do prazo legalmente previsto. Trata-se daquilo que, em texto precursor, Francisco José Ferreira Muniz denominou de uma "prescrição de fato".[29]

Tome-se como exemplo caso que se tornou célebre na Alemanha, envolvendo um empreiteiro que, à época da superdesvalorização do marco alemão, levou cerca de dois meses para exigir do devedor que pagasse certa dívida corrigida monetariamente. Como naquele contexto altamente inflacionário o atraso de alguns dias podia levar à multiplicação do valor do débito, o Tribunal alemão decidiu que o empreiteiro não podia mais exigir o pagamento da dívida, porque "perdera" sua pretensão diante do retardamento desleal no seu exercício, ainda que dentro do prazo legal de prescrição.

Outro caso emblemático, colhido também na jurisprudência alemã, é o caso Goldina, julgado em 1925, que envolvia uma ação de impugnação ao uso de marca. O autor da ação havia depositado, em 1906, junto ao órgão público competente a marca Goldina para um complexo de produtos laticínios, que incluía manteiga, leite condensado e margarina, dos quais apenas a margarina veio efetivamente a comercializar. O réu havia depositado, em 1896, a mesma marca Goldina para identificar a sua produção de cacau e chocolate, que acabou tendo um grande desenvolvimento nos anos seguintes, ampliando-se, a partir de 1918, para abranger também manteiga e leite condensado. Em 1921, também o autor decidiu iniciar a produção de manteiga e de leite condensado, valendo-se da marca Goldina, depositada, e já conhecida por conta de uma ampla campanha publicitaria promovida pelo réu. Concomitantemente, propôs ação para que o réu fosse impedido de

---

28. Diferentemente das decisões judiciais que, sem qualquer amparo normativo, ignoram a incidência de um prazo prescricional, alegam que se trata de efeito "injusto" ou, ainda, deixam de aplicar a prescrição por entenderem que o prazo é "curto demais", como ocorreu em sentença recente do Tribunal de Justiça do Estado do Rio de Janeiro.
29. MUNIZ, Francisco José Ferreira. *Textos de Direito Civil*. Curitiba: Juruá, 1998, p. 45-46.

usar a marca para tais produtos, com base na prioridade do registro. O tribunal alemão rejeitou a ação, concluindo ser inadmissível o exercício tardio desse direito.[30]

Essa extinção da pretensão pelo seu exercício tardio, conhecida no direito alemão como *Verwirkung* e também referida nos países latinos sob a égide do instituto da *suppressio* (ou caducidade), vem fazendo estrada no direito brasileiro, com base na cláusula geral de boa-fé objetiva e no princípio constitucional da solidariedade social. Admite-se, portanto, que princípios constitucionais imponham, em certas circunstâncias, a extinção de uma pretensão pela omissão no seu exercício mesmo que não se tenha esgotado ainda o prazo legalmente previsto. Isso porque, a despeito do prazo prescricional, o retardamento do titular da pretensão deflagra, em dado contexto, a legítima confiança de que aquela pretensão não será mais exercida, o que conduz à perda de merecimento de tutela daquela situação jurídica subjetiva.

Não há aí, a rigor, uma atenuação da segurança jurídica, mas, ao contrário, sua realização por outro instrumento que não o decurso do prazo prescricional ou decadencial: a análise do comportamento concretamente empregado pelo titular da pretensão, capaz de despertar, no meio social, a legítima expectativa de não exercício daquela pretensão. O tema é dos mais palpitantes e demandaria uma análise mais prolongada. Não faltam, contudo, decisões judiciais e obras doutrinárias às quais será necessário remeter os interessados.[31]

8. CONCLUSÃO

O ordenamento jurídico brasileiro passa por um momento de valorização dos princípios e do método ponderativo, com escolas de pensamento as mais diversas enfatizando uma contínua "oxigenação" do sistema legal. O instituto da prescrição não escapa e não deve mesmo escapar a essas transformações, impondo-se à doutrina e à jurisprudência a definição de hipóteses e critérios que permitam que a aplicação das normas constitucionais se dê com previsibilidade e isonomia, pois são esses fatores (e não a subsunção matemática da hipótese concreta à frieza numérica da norma) que caracterizam a segurança jurídica na era contemporânea. Aqui, como em tantos outros campos do direito privado, a contribuição da metodologia do direito civil-constitucional revela-se inestimável – e quiçá imprescritível.

9. REFERÊNCIAS

AMARAL, Francisco. *Direito Civil* – Introdução. 3. ed. Rio de Janeiro: Renovar, 2000.

AMORIM FILHO, Agnello. Critério Científico para Distinguir a Prescrição da Decadência e Identificar as Ações Imprescritíveis. *Revista dos Tribunais*, 744/725, São Paulo, 1997.

---

30. Para mais detalhes, ver: RANIERI, Filippo. *Rinuncia tacita e Verwirkung*. Pádua: Cedam, 1971, p. 18-19. Seja consentido remeter, para mais detalhes sobre o tema, a: SCHREIBER, Anderson, *A proibição de comportamento contraditório*: tutela da confiança e *venire contra factum proprium*. 4. ed. São Paulo: Atlas, 2016, p. 122-127.

31. Merece destaque a obra de DICKSTEIN, Marcelo. *A Boa-fé Objetiva na Modificação Tácita da Relação Jurídica*. Rio de Janeiro: Lumen Juris, 2010, que traz, além de reflexões doutrinárias, uma acurada seleção de acórdãos relevantes sobre o tema.

BEVILAQUA, Clovis. *Teoria Geral do Direito Civil*. Serviço de Documentação do Ministério da Justiça, 1972.

BODIN DE MORAES, Maria Celina; SAMPAIO DA CRUZ GUEDES, Gisela; SOUZA, Eduardo Nunes de. *A Juízo do Tempo*: estudos atuais sobre prescrição. Rio de Janeiro: Processo, 2019.

CÂMARA LEAL, Antônio Luís da. *Da Prescrição e da Decadência*. 2. ed. Rio de Janeiro: Forense, 1959.

COMPARATO, Fabio Konder. *Parecer sobre prescrição* – sem responsabilidade de cátedra.

DICKSTEIN, Marcelo. *A Boa-fé Objetiva na Modificação Tácita da Relação Jurídica*. Rio de Janeiro: Lumen Juris, 2010.

MUNIZ, Francisco José Ferreira. *Textos de Direito Civil*. Curitiba: Juruá, 1998.

NEVES, Gustavo Kloh Müller. *Prescrição e Decadência no Direito Civil*. Rio de Janeiro: Lumen Juris, 2008.

NEVES, Gustavo Kloh Müller. Prescrição e Decadência no Novo Código Civil. In: TEPEDINO, Gustavo (Coord.). *A Parte Geral do Código Civil*. Rio de Janeiro: Renovar, 2002.

PEREIRA, Caio Mário da Silva. *Instituições de Direito Civil*. Rio de Janeiro: Forense, 1995. v. I.

PERLINGIERI, Pietro. *Manuale di diritto civile*. Napoli: ESI, 2003.

PONTES DE MIRANDA. *Tratado de Direito Privado*. t. III. Rio de Janeiro: Borsoi, 1954.

RANIERI, Filippo. *Rinuncia tacita e Verwirkung*. Pádua: Cedam, 1971.

SCHREIBER, Anderson, *A proibição de comportamento contraditório*: tutela da confiança e *venire contra factum proprium*. 4. ed. São Paulo: Atlas, 2016.

SCHREIBER, Anderson; MANSUR, Rafael. *O Projeto de Lei de Regime Jurídico Emergencial e Transitório do Covid-19*: Importância da Lei e Dez Sugestões de Alteração. Disponível em: andersonschreiber. jusbrasil.com.br. Acesso em: 27 ago. 2020.

SCHREIBER, Anderson; TARTUCE. Flávio; SIMÃO, José Fernando; MELO, Marco Aurélio Bezerra de; DELGADO, Mário Luiz. *Código Civil Comentado*: doutrina e jurisprudência. 2. ed. Rio de Janeiro: Forense, 2020.

TEPEDINO, Gustavo; BARBOZA, Heloisa Helena; BODIN DE MORAES, Maria Celina (Coord.). *Código Civil Interpretado Conforme a Constituição da República*. 2. ed. Rio de Janeiro: Renovar, 2007. v. I.

TROISI, Bruno. *La prescrizione come procedimento*. Camerino: E.S.I., 1980.

PACTO ANTENUPCIAL NA HERMENÊUTICA CIVIL-CONSTITUCIONAL[1]

Ana Carla Harmatiuk Matos

Doutora e Metsre em Direito pela UFPR e mestre em *Derecho Humano* pela *Universidad Internacional de Andalucía. Tutora Diritto na Universidade di Pisa* – Italia. Professora na graduação, mestrado e doutorado em Direito da UFPR. Vice-Coordenadora do Programa de Pós-graduação em Direito da UFPR. Professora de Direito Civil e de Direitos Humanos. Advogada. Diretora da Região Sul do IBDFAM. Vice-Presidente do IBDCivil.

Ana Carolina Brochado Teixeira

Doutora em Direito Civil pela UERJ. Mestre em Direito Privado pela PUC Minas. Especialista em Direito Civil pela Escuola di Diritto Civile – Camerino, Itália. Professora do Centro Universitário UNA. Coordenadora editorial da RBDCivil. Advogada.

Sumário: 1. Introdução. 2. A hermenêutica civil-constitucional nas relações familiares. 3. Estrutura e função do pacto antenupcial. 4. Questões controvertidas sobre efeitos do pacto. 4.1 Eficácia do pacto antenupcial ajustado e não seguido da celebração do matrimônio, mas estabelecida união estável. 4.2 Decisões conferindo eficácia à vontade manifestada pelas partes somente na certidão sem pacto antenupcial registrado. 4.3 Cláusulas que preveem modificações no regime após certo lapso temporal. 5. Questões controvertidas sobre aspectos patrimoniais no pacto. 5.1 Eleição da separação total de bens em casamentos de pessoas maiores de setenta anos. 5.2 Pacto com cláusula contrária à lei. 5.3 Retroatividade das disposições patrimoniais restritivas. 5.4 Cláusulas sucessórias no pacto antenupcial. 6. Inclusão de disposições não patrimoniais no pacto antenupcial: possibilidade e limites. 7. Conclusão.

1. INTRODUÇÃO

A discussão sobre as possibilidades e os limites da ingerência do Estado na família tem crescido cada vez mais, em razão das demandas de expansão desses espaços, para que os nubentes, cônjuges e companheiros possam, em nome da comunhão plena de vida, construir as regras de convivência que reflitam as aspirações comuns e a fórmula pessoal de realização conjugal.

No entanto, uma vez possível ampliar algumas fronteiras para além da legalidade estrita, nos contornos dos princípios constitucionais, indaga-se acerca dos instrumentos aptos a serem utilizados para abrigar seus acordos de índole familiar, sejam eles patrimoniais ou existenciais.

No presente estudo busca-se investigar o âmbito do pacto antenupcial como meio apto a receber não apenas o estatuto patrimonial dos nubentes, mas também outras re-

---

1. Esse texto já anteriormente publicado, sofreu acréscimos e atualização para presente obra.

gras de convivência. Além de destacar as possibilidades desse relevante instrumento de autonomia privada, ainda pouco utilizado no Brasil, visa-se também a indicar eventuais limites e apresentar controvérsias sobre a temática, no viés da legalidade constitucional.

2. A HERMENÊUTICA CIVIL-CONSTITUCIONAL NAS RELAÇÕES FAMILIARES

Para se entender a relevância do ordenamento jurídico em valorizar a construção, pelas próprias partes, dos meios aptos a alcançarem a comunhão plena de vida, é importante lembrar as transformações havidas no interior da família.

A família patriarcal, hierarquizada, numerosa, de casamentos arranjados e indissolúvel inscrita no Código Civil de 1916 era conhecida como família instituição, pois era protegida em si mesma, independentemente de uma preocupação com seus membros e suas relações internas. Esse modelo entrou em crise em razão das modificações sociais ocorridas no século XX: revolução feminista, inserção da mulher no mercado de trabalho e crescente participação do homem na vida doméstica com o cuidado com os filhos, situações que exigiram uma reformulação nas relações familiares que reverberaram juridicamente.

A alta carga de proteção e promoção que a Constituição da República verteu para a família, a partir da centralidade da pessoa humana no sistema jurídico consagrou-a como forma de tutela funcionalizada dos seus membros, que tem na democracia[2] importante marca da sua forma de atuação: busca de soluções dialogadas e compartilhadas entre seus componentes, para que a família possa ser, efetivamente, *locus* privilegiado de realização e crescimento das pessoas nela envolvidas.

Com essa mudança, a família passa a ter como principal função a realização existencial dos seus membros, o que acabou por gerar uma reconfiguração dos institutos tradicionais, como casamento, autoridade parental (antigo pátrio poder e poder familiar), guarda, entre outros, que passam a ser relidos sob a irradiação do princípio da dignidade da pessoa humana.

Nesse contexto, adquire relevo a garantia de respeito ao espaço de autonomia existencial,[3] pela qual cada indivíduo deve ter a liberdade de realizar seu projeto individual de vida e felicidade, o que se reflete, inclusive, na possibilidade de escolher seu par afetivo, de determinar a forma de vida em comum, e também de romper essa relação sem

---

2. "Em outras palavras, em contraposição ao modelo familiar tradicional e findas as desigualdades mencionadas, tornou-se possível propor uma configuração democrática de família, na qual não há direitos sem responsabilidades, nem autoridade sem democracia. A democratização no contexto da família implica alguns pressupostos específicos, tais como a igualdade, o respeito mútuo, a autonomia, a tomada de decisões através da comunicação, o resguardo da violência e a integração social" (BODIN DE MORAES, Maria Celina, A nova família, de novo – Estruturas e função das famílias contemporâneas. *Pensar*, Fortaleza, v. 18, n. 2, p. 587-628, mai./ago. 2013. Disponível em: http://ojs.unifor.br/index.php/rpen/article/view/2705/pdf. Acesso em: 14 abr. 2018, p. 592).

3. "Em breves linhas, é possível afirmar que a autonomia existencial é espécie do gênero autonomia privada e se configura como instrumento da liberdade individual para realização das potencialidades da pessoa humana e de seus interesses não patrimoniais, incidindo nas situações jurídicas subjetivas situadas na esfera extrapatrimonial, cujo referencial objetivo é o próprio titular no espaço de livre desenvolvimento da personalidade". (VIVEIROS DE CASTRO, Thamis Dalsenter, A função da cláusula de bons costumes no Direito Civil e a teoria tríplice da autonomia privada existencial. *Revista Brasileira de Direito Civil – RBDCivil*, Belo Horizonte, v. 14, p. 99-125, out./dez. 2017, p. 101).

interferências indevidas do Estado. O casamento, assim, deixa de ser um instrumento de legitimação das relações afetivas para se tornar mais uma possibilidade de configuração da comunhão de vida, tendo o Constituinte de 1988 reconhecido também a união estável como entidade familiar tutelada pelo Estado. "Vale dizer, o constituinte protege o casamento (somente) à medida que o núcleo conjugal serve de lócus ideal para a tutela da pessoa. No momento em que deixa de sê-lo, é o próprio constituinte quem prevê o divórcio (art. 227, § 6º, CF), a garantir, assim, a liberdade de escolhas individuais e a confirmar o caráter instrumental das entidades familiares".[4]

Nota-se que o legislador ordinário, em consonância com as diretrizes constitucionais, reconheceu, em várias oportunidades, a privatização da família[5] a fim de propiciar a realização da dignidade, conforme se percebe por meio da tutela da comunhão plena de vida, ou seja, proteger a família enquanto instrumento funcionalizado ao livre desenvolvimento da personalidade de seus membros. Isso na medida em que ela realmente significa a realização pessoal dos componentes da entidade familiar. Destarte, o primeiro dispositivo do Livro IV do Código Civil, que trata do direito de família, estabelece a função do casamento na vida dos cônjuges: "O casamento estabelece comunhão plena de vida, com base na igualdade de direitos e deveres dos cônjuges" (art. 1.511 CC). Assim, a preservação do vínculo conjugal somente se justifica à medida que a entidade familiar por ele constituída se mostre apta à realização do projeto de vida em comum digno de tutela segundo a ordem constitucional, o qual se exterioriza "por meio da convivência entre os cônjuges, que compartilham afetos e interesses comuns".[6]

As progressivas transformações no tratamento jurídico das famílias revelam a necessidade de se assegurar a liberdade nas escolhas existenciais que, na intimidade, possa propiciar o desenvolvimento pleno da personalidade de seus integrantes. Esse é o propósito de se garantir que o próprio casal possa construir o seu projeto familiar denominado pelo legislador infraconstitucional de comunhão de vida. A proteção da autonomia, a fim de se assegurar os espaços de decisão pessoal em questões íntimas, faz-se ainda mais relevante, quando o que se está em jogo é o tipo de entidade familiar que cada um constituirá ou a forma de exercer o planejamento familiar, por exemplo.

Trata-se de uma especial tutela aos espaços existenciais de maior intimidade da pessoa humana que não estão sujeitos à invasão do legislador infraconstitucional, de qualquer decisão do Poder Judiciário, de ordem do Poder Executivo ou de ato de parti-

---

4. TEPEDINO, Gustavo. *Dilemas do Afeto*, Disponível em: https://www.jota.info/especiais/dilemas-do-afeto-31122015. Acesso em: 25 abr. 2018.

5. Termo utilizado por nós em outra oportunidade: TEIXEIRA, Ana Carolina Brochado; RODRIGUES, Renata de Lima. A tensão entre ordem pública e autonomia privada no Direito de Família contemporâneo. In: ____. *Direito de família entre a norma e a realidade*. São Paulo: Atlas, 2010, p. 94 e ss.

6. "Desde o advento da Emenda Constitucional nº 66/2010, abolidos os prazos de separação judicial ou de fato para concessão do divórcio, a comunhão plena de vida constitui o mais importante elemento do casamento. Traduz-se como uma *affectio* quotidianamente renovável, uma representação fática da vontade de manutenção do vínculo conjugal. Uma vez que a simples prova do casamento, em pedido unilateral ou bilateralmente formulado, autoriza o divórcio, a comunhão de vida tornou o único sustentáculo do consórcio, verdadeiro liame entre o casal e o direito. A comunhão plena de vida é, por conseguinte, a *pedra angular* do casamento." (MAFRA, Tereza Cristina Monteiro. *O casamento entre o tempo e a eternidade*: uma análise do casamento à luz da comunhão plena de vida, da proteção da confiança e do direito intertemporal. Fevereiro 2013. Tese (Doutorado). Universidade Federal de Minas Gerais, Belo Horizonte, p. 75).

culares. A vida privada existencial, individual e familiar, encontra-se protegida, portanto, de interferências externas.[7] A privatização da família pressupõe a tutela da liberdade dos seus membros, na medida em que ela cumpre sua função de realização da comunhão plena de vida. É por meio dessa opção que o art. 226, § 8º da Constituição Federal, determina que "o Estado assegurará a assistência à família na pessoa de cada um dos que a integram (...)". Logo, não faz sentido que o Estado intervenha em um núcleo essencialmente volitivo: em termos de conjugalidade, a família só existe enquanto representa a vontade dos cônjuges; caso contrário, podem desfazê-la quando e quantas vezes quiserem.[8]

A garantia do exercício das liberdades foi acompanhada pela transferência de uma enorme carga de responsabilidade aos indivíduos que a compõem,[9] de modo que a família contemporânea também significa um espaço dinâmico de compromisso com a realização existencial da pessoa humana, com a própria felicidade e com a do outro.[10]

---

7. Stefano Rodotà afirma que "é justamente no jogo entre regulação e espontaneidade que ressurge a antiga virtude do direito privado, aquela de oferecer, no âmbito de um campo jurídico bem definido, grande espaço para as escolhas e a autonomia individual". (RODOTÀ, Stefano. Lo specchio di Stendhal: Riflessioni sulla riflessioni dei privatisti. *Rivista Critica del Diritto Privato*, Napoli: Jovene, 1997, p. 5).

8. O entendimento do STF a respeito das uniões homoafetivas como entidades familiares abarcou essa mesma fundamentação que reflete essa nova concepção da família: "(...) 3. Tratamento constitucional da instituição da família. Reconhecimento de que a constituição federal não empresta ao substantivo "família" nenhum significado ortodoxo ou da própria técnica jurídica. A família como categoria sociocultural e princípio espiritual. Direito subjetivo de constituir família. Interpretação não-reducionista. O *caput* do art. 226 confere à família, base da sociedade, especial proteção do Estado. Ênfase constitucional à instituição da família. Família em seu coloquial ou proverbial significado de núcleo doméstico, pouco importando se formal ou informalmente constituída, ou se integrada por casais heteroafetivos ou por pares homoafetivos. A Constituição de 1988, ao utilizar-se da expressão "família", não limita sua formação a casais heteroafetivos nem a formalidade cartorária, celebração civil ou liturgia religiosa. Família como instituição privada que, voluntariamente constituída entre pessoas adultas, mantém com o Estado e a sociedade civil uma necessária relação tricotômica. Núcleo familiar que é o principal lócus institucional de concreção dos direitos fundamentais que a própria Constituição designa por "intimidade e vida privada" (inciso X do art. 5º). Isonomia entre casais heteroafetivos e pares homoafetivos que somente ganha plenitude de sentido se desembocar no igual direito subjetivo à formação de uma autonomizada família. Família como figura central ou continente, de que tudo o mais é conteúdo. Imperiosidade da interpretação não-reducionista do conceito de família como instituição que também se forma por vias distintas do casamento civil. Avanço da Constituição Federal de 1988 no plano dos costumes. Caminhada na direção do pluralismo como categoria sócio-político-cultural. Competência do Supremo Tribunal Federal para manter, interpretativamente, o Texto Magno na posse do seu fundamental atributo da coerência, o que passa pela eliminação de preconceito quanto à orientação sexual das pessoas. (...)" (STF, ADI 4277, Plenário, Rel. Min. Ayres Britto, j. 5.5.2011, DJe 14.10.2011).

9. "A evolução do tratamento jurídico das famílias revela movimento pendular entre dois valores caros ao atual sistema jurídico. Em primeiro lugar, a necessidade de se assegurar a liberdade nas escolhas existenciais que, na intimidade do recesso familiar, possa propiciar o desenvolvimento pleno da personalidade de seus integrantes. Esse o propósito do artigo 1.513 do Código Civil: "É defeso a qualquer pessoa, de direito público ou privado, interferir na comunhão de vida instituída pela família". Por outro lado, a tutela das vulnerabilidades e das assimetrias econômicas e informativas, para que a comunhão plena de vida se estabeleça em ambiente de igualdade de direitos e deveres (artigo 1.511, Código Civil, *ex vi* do artigo 226, § 5º, da Constituição), com o efetivo respeito da liberdade individual. Tendo-se presentes esses dois vetores, e diante das intensas modificações ocorridas nas últimas décadas na estrutura das entidades familiares, torna-se indispensável a reformulação dos critérios interpretativos, a despeito da resiliência, de alguns setores da doutrina e da magistratura, de admitir a incompatibilidade entre antigos dogmas de cunho religioso e político com tão radicais transformações – fenomenológica, percebida na sociedade ocidental, e axiológica, promovida pela legalidade constitucional" (TEPEDINO, Gustavo. O conceito de família entre autonomia existencial e tutela de vulnerabilidades. *Revista Consultor Jurídico*, mar. 2016. Disponível em: https://www.conjur.com.br/2016-mar-21/direito-civil-atual-familia-entre-autonomia-existencial-tutela-vulnerabilidades. Acesso em: 20 abr. 2018).

10. "A privatização das relações conjugais e convivenciais permite que as pessoas estabeleçam as próprias regras de convivência, evitando-se, assim, intervenções injustificadas e desnecessárias, salvaguardando-se o intervencionismo para as situações patológicas" (MULTEDO, Renata Vilela, *Liberdade e família*: limites para a intervenção do Estado nas relações conjugais e parentais, Rio de Janeiro: Processo, 2017. p. 235).

No seio da família, são os seus integrantes que devem elaborar o regramento da própria convivência. Desta órbita interna, exsurgem disposições que farão com que os próprios cônjuges, sociedade e Estado respeitem e reconheçam tanto a família, enquanto unidade, como os seus membros individualmente.[11] E essa descoberta do caminho de realização pessoal na família pertence ao casal de forma exclusiva; soa ilegítima a interferência de terceiros em matéria de tanta intimidade quando se trata de pessoas potencialmente livres e iguais, razão pela qual a ingerência do Estado é válida tão-somente para garantir espaços e o exercício das liberdades, para que a pessoa se realize, à medida de suas necessidades e dignidade, no âmbito do seu projeto de vida.

A realização dessa entidade familiar formal pode ser precedida de relevante instrumento que é o pacto antenupcial, alargando-se, assim, a liberdade substancial. Essa convenção que, como um negócio jurídico, semelhantemente aos demais, deve cumprir com as exigências legais e, ao lado disso, apresenta singularidades próprias da complexidade do objeto que disciplina – pois direta ou indiretamente dirá respeito ao universo existencial.

3. ESTRUTURA E FUNÇÃO DO PACTO ANTENUPCIAL

A manifestação da vontade ganha notoriedade como espaço das liberdades legítimas no pacto antenupcial, campo de relevantes experiências do âmbito privado, juntamente com os outros elementos de validade do negócio jurídico (agente capaz, objeto lícito, e forma prescrita ou não defesa em lei, segundo o art. 104 do Código Civil brasileiro).[12] Ele é o negócio jurídico de direito de família designado pela doutrina e jurisprudência como meio próprio a criar um estatuto patrimonial para os futuros cônjuges[13] e pode ser alterado até o momento da celebração do casamento; depois disso, só por meio de ação judicial com vistas a modificar o regime de bens (art. 1.639, §2º CC).[14]

---

11. PEREIRA, Rodrigo da Cunha. *Princípios fundamentais norteadores para o Direito de Família*, Belo Horizonte: Del Rey, 2005, p. 155.

12. "Para a validade do pacto, são requisitos: a) a capacidade nupcial (ser maior de 18 anos, e não estar incluído entre as hipóteses de incapacidade absoluta – art. 3º do Código Civil), ou ser maior de 16 anos, com aprovação de seu representante legal, ou seja, os pais ou o tutor – art. 1.654 do Código Civil); b) que o conteúdo do pacto (seu objeto) seja lícito, ou não constitua fraude à lei, ou violação à norma cogente; c) que a manifestação de vontade esteja íntegra e sem vícios de erro, dolo, coação, estado de perigo, lesão ou fraude contra terceiros; que seja observada a forma pública" (LÔBO, Paulo. *Direito civil:* famílias, 4. ed., São Paulo: Saraiva, 2011, p. 335).

13. "O pacto antenupcial, ou convenção antenupcial, ou, ainda, contrato antenupcial, é o nome aproximativo que se dá ao negócio de direito de família pelo qual se estabelece o regime dos bens entre os cônjuges. Tem especificamente por objeto determinar a norma do patrimônio dos nubentes, a partir do casamento". (PONTES DE MIRANDA, *Tratado de Direito de Família*, Vol. II: direito matrimonial (continuação), 3. ed., São Paulo: Max Limonad, 1947, p. 151); "Pacto antenupcial é o contrato solene, realizado antes do casamento, por meio do qual as partes dispõem sobre o regime de bens que vigorará entre elas, durante o matrimônio". (RODRIGUES, Silvio. *Direito Civil:* v. 6, 27. ed., atualizada por Francisco José Cahali, São Paulo: Saraiva, 2002, p. 173).

14. Uma vez que ao pacto seguiu-se o casamento, o acordo não pode mais ser modificado por meio de outro pacto. Caso as partes pretendam mudar o regime, é necessário um pedido judicial nesse sentido, motivado, feito por ambos os cônjuges, demonstrando que não violam direitos de terceiros. "Conquanto seja negócio de conteúdo patrimonial, o pacto antenupcial não é um contrato da mesma natureza dos regulados no Livro das Obrigações, afirmando-se que tem caráter institucional porque, verificada a condição a que se subordina o início de sua eficácia, as partes, ainda de comum acordo, não podem modificá-lo nem dissolvê-lo" (GOMES, Orlando. *Direito de Família*, 14. ed., atualizada por Humberto Theodoro Júnior, Rio de Janeiro: Forense, 2002, p. 177).

Nesse contexto o pacto antenupcial foi previsto em nosso sistema como importante espaço de autonomia privada que tradicionalmente existiu para os nubentes no processo de habilitação do casamento, para regular suas questões patrimoniais.[15] Para elaborá-lo, deve ser capaz para o casamento,[16] ou seja, ter mais de 18 anos ou, em caso de pessoa que tenha entre 16 e 18 anos, sua eficácia fica condicionada à aprovação dos pais/representantes legais; no entanto, se o menor se casar com suprimento judicial não há possibilidade de pactuar, tendo em vista a incidência do regime da separação obrigatória, segundo o art. 1.641, III, do Código Civil.

Em relação à forma, deve necessariamente ser feito por meio de escritura pública (art. 1.653 CC), sob pena de nulidade. Não vige, neste ponto, a liberdade das formas, pois a lei exige um modo próprio para o pacto. O mesmo dispositivo também estabelece que ele será ineficaz se não se seguir o casamento, ou seja, a produção dos efeitos nele previstos está sujeita à celebração de casamento válido, que se configura em verdadeira condição suspensiva.

O tema dessa reflexão centra-se, principalmente, no objeto do pacto que, tradicionalmente, sempre teve como função formalizar a escolha por um regime de bens diverso do legal, seja por qualquer dos regimes que o Código regula, segundo o artigo 1640, parágrafo único, do Código Civil brasileiro, seja por meio da criação de um regime de bens misto (também chamado de atípico ou hibrido), modulando para sua realidade composição entre os modelos arrolados de bens,[17] não obstante seja essa uma possibilidade menos conhecida e praticada. Tem-se, portanto, uma ampla liberdade de estruturação do regime de bens. Esclarece Paulo Luiz Netto Lobo: "não impôs a lei a contenção da escolha apenas a um dos tipos previstos. Podem fundir tipos com elementos ou partes de cada um; podem modificar ou repelir normas dispositivas de determinado tipo escolhido, restringindo ou ampliando seus efeitos, podem até criar outro regime não previsto na lei (...)."[18]

No que concerne ao pacto antenupcial que adotar o regime da participação final dos aquestos, é possível convencionar a livre disposição dos bens imóveis desde que particulares (artigo 1.656 do Código Civil brasileiro). Isso é assim, pois durante o casamento por tal regime há uma separação convencional de bens (artigo 1.688 do Código Civil brasileiro). A norma mitiga a regra do artigo 1.647, I, do mesmo diploma, dispensando a

---

15. "O pacto antenupcial é o negócio jurídico bilateral de direito de família mediante o qual os nubentes têm autonomia para estruturarem, antes do casamento, o regime de bens distinto do regime da comunhão parcial. A autonomia diz respeito não apenas à escolha do regime distinto, dentre os previstos na lei (comunhão universal, separação absoluta ou participação final nos aquestos), mas o modo como serão reguladas suas relações patrimoniais, após o casamento, com liberdade, desde que não se pretenda fraudar a lei (por exemplo, o regime obrigatório) ou contra legítimos interesses de terceiros. Podem os nubentes fundir tipos de regimes, modificar regime previsto em lei, ou criar tipo de regime novo". (LOBO, Paulo. *Direito civil*: famílias, 4. ed., São Paulo: Saraiva, 2011, p. 334).

16. "A capacidade para ser cotitular do pacto é a mesma que se exige para o ato conjugal, como há muito proclamou a velha parêmia: *habilis ad nuptias, habilis ad pacta nuptialis*" (BARBOZA, Heloisa Helena; BODIN DE MORAES, Maria Celina; TEPEDINO, Gustavo. *Código Civil interpretado conforme a Constituição da República*, V. IV, Rio de Janeiro: Renovar, 2014, p. 289).

17. "O estatuto patrimonial do casal pode ser definido por escolha de regime de bens distinto daqueles tipificados no Código Civil (art. 1.639 e parágrafo único do art. 1.640), e, para efeito de fiel observância do disposto no art. 1.528 do Código Civil, cumpre certificação a respeito, nos autos do processo de habilitação matrimonial". (Enunciado n. 331 do CJF/STJ, da IV Jornada de Direito Civil).

18. LÔBO, Paulo Luiz Netto. *Código Civil comentado*. São Paulo: Atlas, 2003, v. XVI, p. 232.

outorga conjugal se isso for convencionado. Daí a relevância de tal previsão ainda que este regime de bens não tenha despertado o interesse do modo notório na realidade brasileira.

Para que tenha efeitos *erga omnes*, ou seja, contra terceiros, deverão ser averbados em livro especial pelo oficial do Registro de Imóveis do primeiro domicílio do casal (art. 1.657 do Código Civil brasileiro).[19] A escritura púbica, portanto, é o instrumento pelo qual o pacto pré-nupcial toma forma determinada no ordenamento nacional explícita, expressa e pública, afastando alegação de desconhecimento por parte de terceiros. Se o casal, ou cada cônjuge individualmente, possuir bens imóveis registrados, deverá também averbar o casamento com o pacto antenupcial no Livro do Registro de Imóveis de cada bem imóvel. O registro deve ser feito em livro especial, pelo oficial de Registro de Imóveis do domicílio dos cônjuges, com o escopo de tutelar direitos de terceiros, particularmente daqueles que estão de boa-fé. O art. 979 CC determina o arquivamento dele na Junta Comercial competente, quando os nubentes forem empresários, com a mesma finalidade.

Dessa forma, sem o registro no cartório de registro de imóveis, o regime escolhido não produzirá efeitos perante terceiros, mas somente entre os cônjuges. Perante terceiros é como se não existisse o referido pacto, vigorando, então, o regime da comunhão parcial de bens, por ser o regime legal. Aquele terceiro que, por algum motivo, seja prejudicado pela ausência da regular fomalidade, terá o resguardo da lei em seu favor. Destarte, se o pacto antenupcial deixar de cumprir a forma prescrita em lei, será nulo, e o casamento será regido pelas regras patrimoniais do regime legal supletivo. O casamento não será afetado por esse motivo porém o regime de bens será legalmente determinado como hodiernamente o da comunhão parcial de bens.

Contudo, nos dias atuais tem figurado mais fortemente o caráter de autodeterminação dos pactos antenupciais bem como merecido mais destaque dos juristas nacionais. Note-se que a sua utilização vem aumentando.[20] Há fatores sociais e jurídicos a influenciar o uso deste instrumento de autonomia privada. Mesmo nosso modelo de Direito de Família não sendo igual ao norte-americano, provavelmente o tema ganha destaque pelas notícias dos efeitos do fim dos casamentos de "celebridades". Assim noticiou-se que Brad Pitt e Angelina Jolie depois de mais de uma década juntos e ape-

---

19. Em doutrina defende-se a desburocratização da forma guardando-se igualmente a necessária segurança jurídica, como propõe João Batista Villela que entende viável a coleta das declarações dos nubentes pelo Oficial do Registro civil, como a opção do regime de bens, e que estas seja ratificadas pelo juiz de paz quando da celebração do casamento, preservando-se assim, segundo ele, a autenticidade da manifestação da vontade das partes. Liberdade versus autoridade no estatuto patrimonial do casamento. Tese de concurso para professor titular. Belo Horizonte, UFMG, 1984.

20. "De acordo com o levantamento da Censec, o número de pactos antenupciais foi de 179 para 616, sendo 2014 o ano com mais acordos, totalizando 723. Em 10 anos foram registrados 4.986 pactos. Além desses números, em 2017 foram registradas 60 ocorrências, número que deve aumentar conforme ao longo dos meses." (Disponível em: https://www.terra.com.br/noticias/dino/segundo-dados-pactos-antenupciais-cresceram-110-nos-ultimos-10-anos-em-no-brasil,ab6f760c4ae8a3ad16f4e0ed76abf8e6b1k8dcm8.html. Acesso em: 30 abr. 2018). Ainda, segundo notícia do IBDFAM de 14.07.2015: "Entre 2012 e 2014, cresceu 36% o número de documentos lavrados em todo o Brasil: 30.625 em 2012, 42.236 em 2013 e 41.694 em 2014. São Paulo foi o estado que mais realizou atos dessa natureza, registrando um aumento de 2% no último ano, passando de 10.165 em 2013, para 10.375 em 2014. Em 2010, por exemplo, apenas 31 casais firmaram acordos do gênero. Em 2015, foram 135. Os documentos lavrados em todo o Brasil também registraram aumento no mesmo período, saltando de 24.231 (2010) para 47.207 (2015), o que representa uma alta de 94%. O levantamento é do Colégio Notarial do Brasil – Seção São Paulo (CNB/SP)."

nas dois anos após o casamento, divorciaram-se. Antes do casamento, eles pactuaram que garantia que, caso Pitt traísse a mulher, a guarda das crianças ficaria com Angelina Jolie. Em caso de divórcio, os atores ficariam com a quantia que já tinham antes do casamento e os seis filhos do casal dividiriam o patrimônio acumulado durante a união. Outro exemplo midiático são os atores Tom Cruise e Katie Holmes, que se separaram em junho de 2012, e tinham um contrato matrimonial. Na época, a fortuna do ator, estimada em US$ 250 milhões, ficou protegida pelas cláusulas do acordo. Tom precisou pagar "apenas" US$ 400 mil por ano que eles ficaram juntos. Além disso, o ator deve pagar uma pensão de cerca de US$ 33 mil por mês para a filha, Suri, de 10 anos, até que a menina complete 18 anos.

Mas no Brasil, quais seriam as possibilidades e os limites de um pacto antenupcial? Efetivamente o tema merece reflexão detida e uma interpretação sistemática, pois o Código Civil é bastante singelo ao disciplinar o pacto antenupcial. Do mesmo modo, acredita-se não se deve restringir os debates unicamente a divisão um tanto estanque entre conteúdo patrimonial ou extrapatrimonial das cláusulas.

Isto porque como o pouco disciplinado no ordenamento jurídico brasileiro, prevê questões de conteúdo patrimonial às cláusulas do pacto, gera-se posições doutrinárias de interpretação legal mais restrita, indicando a impossibilidade da convenção de aspectos existenciais. No entanto, questiona-se: qual a função do pacto na contemporaneidade? Quais são os limites de autorregulação na seara patrimonial? Poderia o pacto servir como terreno fértil de regulação das questões existenciais e regras de convivência do casal, com vistas a buscar regular e alcançar a comunhão plena de vida, tendo em vista que ele é o instrumento clássico de autonomia privada?

4. QUESTÕES CONTROVERTIDAS SOBRE EFEITOS DO PACTO

4.1 Eficácia do pacto antenupcial ajustado e não seguido da celebração do matrimônio, mas estabelecida união estável

Há hipóteses em que as partes celebram pacto antenupcial mas não chegam a contrair matrimônio, não obstante continuem ou passem a viver em união estável.[21] Caso a união chegue a se dissolver, é importante se investigar se o referido pacto gera efeitos de contrato de convivência para a união estável, tendo em vista ser único requisito exigido pelo art. 1.725 CC o acordo de vontades escrito, menos formal, portanto, se comparado com o pacto que deve ser feito por meio de escritura pública.

Os argumentos contrários à sua produção de efeitos derivam do art. 1.653 CC, pois determina que se ao pacto não se seguir o casamento ele será ineficaz. Como união estável não implica em constituição de entidade familiar formal (casamento),

---

21. Ressalte-se que não há um prazo legal entre a assinatura do pacto e a celebração do casamento. "Admite-se que decorra, inclusive, qualquer lapso de tempo. Mas os efeitos dependem da realização do casamento. Naturalmente, caduca a convenção se decorre uma extensão de tempo tal que é certo que não mais se realizará o casamento, ou se um dos pactuantes casa com outra pessoa, ou se desfazem os pretendentes o noivado" (RIZZARDO, Arnaldo. *Direito de Família*, 8. ed., Rio de Janeiro: Forense, 2011, p. 557).

a escolha do regime de bens formalizada por meio do pacto antenupcial não geraria efeitos entre as partes.[22]

Por sua vez, os argumentos favoráveis à produção de efeitos entre as partes[23] baseiam-se, principalmente, na vontade exteriorizada, que se deriva da autonomia privada.[24] Embora não tenha havido constituição de família formal, baseada no casamento, houve formação de família conjugalizada, fulcrada na vontade afetiva com intuito de formação de família (art. 1.723 CC), que também gera efeitos patrimoniais. Por isso, a vontade exteriorizada para uma constituição familiar se prestaria também à formação de outra, de modo não ser possível presumir que a vontade do casal seria de contratar regime de bens diverso ante a concretização de outra entidade familiar informal.

Além disso, o art. 112 do Código Civil determina que, no âmbito das declarações de vontade, atender-se-á mais à intenção nelas consubstanciada do que ao sentido literal da linguagem; assim sendo, se buscará a vontade dos noivos que se tornaram companheiros

---

22. "(...) Não restaram cumpridos os requisitos legais necessários para a produção de efeitos civis do casamento religioso celebrado, posto que não houve a habilitação, tampouco o registro no Cartório de Registro Civil, nos termos do artigo 1.516, do CC – Reconhecida a união estável pelo período de 6 meses, regrada pelo regime da comunhão parcial de bens, "ex vi" do artigo 1.725, do CC – O pacto antenupcial não pode ser considerado para regrar a união estável, pois tem sua validade condicionada à realização de casamento civil – Recurso provido em parte, para reconhecer a união estável entre as partes no período de 28 de maio de 2012 até meados de fevereiro de 2013." (TJSP, 9ª Câm. Dir. Priv., Apel. Cív. 0004728-96.2013.8.26.0077, Rel. Des. José Aparício Coelho Prado Neto, j. 23/02/2016, DJ 1.3.2016); "reconhecimento de união estável. Pacto antenupcial. Ineficácia. Celebração de casamento. Inocorrência. Falecimento de convivente. Apelação cível. Reconhecimento incontroverso de união estável. Pacto antenupcial não seguido de casamento. Ineficácia. art. 1.653 DO CC. DESPROVIMENTO DO RECURSO. (...) 3. A escritura pública de pacto antenupcial apenas estabeleceu o regime da comunhão universal de bens para a hipótese da celebração do casamento entre os conviventes, o que, *in casu*, não ocorreu em razão do falecimento da companheira. Assim, como não sobreveio o casamento civil, o pacto por eles celebrado é ineficaz, vigorando, à falta de contrato escrito, o regime da comunhão parcial de bens, nos termos dos artigos 1.640 e 1.725 do Código Civil. 4. Inteligência do artigo 1.653 do Código Civil. 5. Desprovimento do recurso." (TJRJ, 17ª C.C., Apelação Cível n. 0012430-80.2013.8.19.0209, Rel. Des. Elton Martinez Carvalho Leme, j. 11.03.2015); "Apelação cível e recurso adesivo. 1. Comunicação parcial de bens. Regime legal das uniões estáveis. Pacto antenupcial. Ineficaz porque não houve a celebração do casamento. (...) 1. Os bens adquiridos onerosamente pelo casal, na constância da união estável entre eles havida, devem ser partilhados igualmente, não se exigindo, para tanto, prova acerca da colaboração mútua prestada pelos conviventes, pois se presume o esforço comum do casal. A prevalência de regime de bens diverso requer prova de prévio acordo formal levado a termo pelas partes, não sendo bastante para tanto a escrituração de pacto antenupcial, ineficaz porque o casamento não foi celebrado. (...)" (TJRS, 7ª C.C., Apel. Cív. 70051003630, Des. Rel. Sandra Brisolara Medeiros, j. 29.05.2013, DJ 05.06.2013).

23. "(...) Pacto antenupcial – Ausência de registro – Eficácia com relação aos cônjuges – Participantes do ato jurídico – Ineficácia apenas com relação a terceiros – Art. 261 do Código Civil de 1916 e art. 167, 12 da Lei de Registros Públicos – Regime de bens – Lei 3.071/16 – Homem maior de 60 anos e a mulher maior de 50 anos – Convenção antenupcial – Separação total de bens – Ausência de ofensa a qualquer disposição legal (...) 4 – A ausência de registro do pacto antenupcial gera ineficácia apenas com relação a terceiros sendo plenamente eficaz com relação aos cônjuges participantes do ato jurídico. 5 – Não há qualquer impossibilidade de que o homem com mais de 60 anos ou a mulher com mais de 50 anos convencione o regime da separação total de bens. (...)" (TJES, 2ª C.C., Agravo de Instrumento n. 0917005-41.2005.8.08.0000 (024.05.900104-0), Rel. Des. Elpídio José Duque, j. 9.5.2006, DJ 26.6.2006).

24. "Realmente, caso os noivos não venham a contrair casamento o pacto antenupcial, a toda evidência, será ineficaz. No entanto, não se pode esquecer a possibilidade de ser estabelecida uma união estável entre eles. Nesse caso, se os nubentes não casam, mas passam a conviver em união estável, o pacto antenupcial será admitido como contrato de convivência entre eles, respeitando a autonomia privada. Até mesmo em homenagem ao art. 170 do Código Civil que trata da conversão substancial do negócio jurídico, permitindo o aproveitamento da vontade manifestada". (FARIAS, Cristiano Chaves de; ROSENVALD, Nelson. *Curso de Direito Civil*, V. 6: Famílias, 5. ed., Salvador: Juspodivm, 2013, p. 379/380).

quanto ao regime que buscavam regente da sua relação familiar.[25] Também há forte argumento que prevê a possibilidade de conversão de um negócio jurídico em outro (art. 170 CC), se presentes seus requisitos. Assim, se ali estão os requisitos para o contrato de convivência (vontade externalizada de forma escrita) não há porque desconsiderar a possibilidade que um pacto antenupcial (vontade externalizada por meio de escritura pública) tenha eficácia daquele primeiro.[26]

4.2 Decisões conferindo eficácia à vontade manifestada pelas partes somente na certidão sem pacto antenupcial registrado

Outra questão controvertida versa sobre hipóteses em que, embora não exista pacto antenupcial, houve vontade declarada na certidão de casamento diversa da legal. O desafio hermenêutico é saber se o regime escolhido e exteriorizado na certidão – não precedido de pacto antenupcial – produz efeitos ou, ante a ausência de pacto, instrumento hábil para formalização da escolha de regime de bens, pressupõe-se a eficácia do regime legal. A situação é de tal modo frágil, que já se admitiu a possibilidade de ratificar o regime de bens, em procedimento similar ao da mudança de regime de bens:

"Apelação cível – Casamento – Regime universal de bens constante do assento – Ausência de pacto antenupcial exigível – Impossibilidade jurídica do pedido – Inexistência – Causa madura – Nulidade potencial do apontamento em face de exigência legal – Opção de ratificação do regime constante da certidão de casamento – Possibilidade – Aplicação das condições do art. 1.639, § 2°, do CCB. A posição do Superior Tribunal de Justiça é no sentido da possibilidade de alteração de regime de bens de casamento celebrado sob a égide do Código Civil de 1916, por força do § 2° do artigo 1.639 do Código Civil atual o que sustenta a possibilidade jurídica do pedido de ratificação de regime de comunhão universal assentado sem os requisitos legais. Estando madura a causa, conhece-se diretamente do pedido de ratificação formulado por ambos os nubentes, a fim de dar legitimidade ao regime expressamente constante da certidão de casamento, a fim de constar os seus efeitos, sem a exigência do pacto antenupcial, mesmo

---

25. "(...) o tema não se mostra sedimentado, pois autoriza uma reflexão mais demorada acerca dessa inflexibilidade em admitir o pacto antenupcial na hipótese de não sobrevir o casamento, mas, sim uma estável convivência fática. Isto porque não há dúvida alguma de que os conviventes candidatos ao matrimônio desejavam pactuar para sua união afetiva determinado regime de bens, tanto que mandaram lavrar precedente contrato nupcial, que estava condicionado ao oficial matrimônio que foi substituído por uma estável relação de convivência informal, não havendo por que supor que para a união estável os conviventes desejassem regime diferente daquele pactuado para o casamento que não se realizou. É certo que o artigo 1.640 do Código Civil dispõe que apenas quando não houver convenção, ou sendo ela nula ou ineficaz, vigorará, quanto aos bens entre os cônjuges, o regime da comunhão parcial de bens. Mas esta ineficácia não seria em decorrência do disposto no artigo 1.653 do Código Civil, pois ao pacto escriturado seguiu-se o matrimônio. De outra parte, estabelece o artigo 112 do Código Civil que nas declarações de vontade se atenderá mais à intenção nelas consubstanciada do que ao sentido literal da linguagem, ou seja, não sobressai qualquer dúvida de que os noivos almejaram casar pelo regime declinado na prévia escritura e sua entidade familiar restou estabelecida, senão pelo casamento, pela união estável e para esta entidade familiar também há previsão legal de escritura de regime de bens (CC, art. 1.725), podendo ser perfeitamente validado pacto pré-nupcial, pois ele retrata a escolha de um regime, embora não lhe tenha seguido o casamento". (MADALENO, Rolf. *Direito de Família*, 7. ed., Rio de Janeiro: Forense, 2017, p. 723).
26. "Apelação cível. Família. Ação de reconhecimento e dissolução de união estável com pedido de afastamento do lar e declaração de inexistência de bens a serem partilhados. Sentença que reconhece a inexistência de bens a serem partilhados, diante de pacto antenupcial. Eficácia de declaração de vontade das partes no que tange ao regime de bens, ainda que não tenha se consumado o casamento. (...)" (TJRJ, 15ª C.C., Apel. Cív. 0024792-66.2012.8.19.0204, Rel. Des. Jacqueline Lima Montenegro, j. 28.04.2015)

porque, quem pode o mais que é modificação, poderia o mesmo, que é apenas a ratificação daquele assento apontado. Provido o recurso."[27]

Uma solução formalista aponta favoravelmente aos efeitos do regime legal, contrário ao regime constante da certidão de casamento pois, o art. 1.640 CC diz que a escolha do regime diversa do legal se dá por meio de pacto antenupcial. Trata-se de instrumento essencial que, sem ele, implementa-se o regime legal vigente à época.[28]

Por outro lado, existem argumentos relevantes para dar suporte à eficácia do regime exteriorizado na certidão de casamento: o comportamento dos cônjuges segundo o regime contratado (pelas vias erradas, é certo) tanto entre si – por exemplo, eventual dispensa de outorga conjugal para os atos previstos no art. 1.647 CC, se o regime constante da certidão for o da separação total de bens – quanto em relação a terceiros. Trata-se de garantir efeitos à autonomia privada, por meio da vontade manifestada pelas partes, nesse sentido: "Ocorre que as partes se casaram e manifestaram o interesse de adotar o regime de comunhão universal de bens, sendo que, todavia, não apresentaram o pacto antenupcial. Apesar disso, consta da Certidão de Casamento dos autores que eles se casaram sob o regime de comunhão universal. Todavia, o Oficial do Registro Civil se equivocou ao não exigir, na ocasião da habilitação e do casamento, o pacto antenupcial. Diante da inequívoca manifestação de vontade de adotar o regime de comunhão universal e do reconhecido erro do Oficial do Cartório do Registro Civil quanto à exigência do pacto antenupcial, deve-se oportunizar aos interessados a averbação do pacto antenupcial no assentamento de casamento".[29]

Além disso, evoca-se o princípio que veda o comportamento contraditório, uma vez que durante todo o casamento a atuação dos cônjuges foi de acordo com o regime constante da certidão de casamento: por qual razão tutelar essa mudança de agir?

---

27. TJMG, 3ª CC, Apel. Cív. 1.0446.11.001883-0/001, Rel. Des. Judimar Biber, j. 26.3.2015, DJ 13.4.2015. No mesmo sentido: "Apelação cível. Ação outorga uxória. Ratificação do regime de bens constante na certidão de casamento. Regime da comunhão universal de bens. Ausência de pacto antenupcial. Presente manifestação de vontade de ambas as partes. Inteligência do art. 122 do cc. Poder/dever do julgador buscar a finalidade dos atos. Comprovação do prévio conhecimento do cônjuge sobre o regime na certidão de casamento. Prova de que não era costume do cartório lavrar o pacto antenupcial nos casamentos à época. Possibilidade de ratificação do regime não obstante não haja pacto antenupcial. Recurso conhecido e desprovido." (TJSE, 2ª C.C., Apel. Cív. 201200207989, Rel. Des. Ricardo Múcio Santana de A. Lima, j. 10.7.2012).
28. "Apelação cível. Pedido de fornecimento de escritura pública de pacto antenupcial inexistente. Descabimento. Não havendo pacto antenupcial, é ineficaz o registro na certidão de casamento do regime da comunhão universal de bens, vigorando o regime da comunhão parcial. Inteligência. Artigo 258 do Código Civil de 1916 e artigo 1.640 do Código Civil 2002. Negaram provimento." (TJRS, 8ª C.C., Apel. Cív. 70060154416, Rel. Des. Rui Portanova, j. 21.08.2014); "Apelação cível. Pedido de alvará judicial para autorização de pedido de autorização para lavrar escritura pública de pacto antenupcial. Não havendo pacto antenupcial, é ineficaz o registro na certidão de casamento do regime da comunhão universal de bens, vigorando o regime da comunhão parcial. Inteligência do art. 1.640 do CC. Apelação desprovida." (TJRS, 7ª C.C., Apel. Cív. 70052260130, Rel. Des. Jorge Luís Dall'Agnol, j. 27.2.2013, DJ 1.3.2013); "Inventário. Admissão do cônjuge supérstite. Regime de separação de bens. Prova. Pacto antenupcial. A certidão de casamento não é suficiente para demonstrar que o casamento foi celebrado sob o regime de separação de bens. É imprescindível tenha havido pacto antenupcial com convenção nesse sentido." (STJ, 3ª T., REsp 173018/AC, Rel. Min. Eduardo Ribeiro, j. 26.6.2000, DJ 14.8.2000).
29. TJMG, 4ª C.C., Apel. Cív. 1.0701.15.029710-2/001, Rel. Des. Dárcio Lopardi Mendes, j. 23.09.2017, DJ 03.03.2017.

4.3 Cláusulas que preveem modificações no regime após certo lapso temporal

Outros limites já foram objeto de reflexão entre a doutrina nacional, por exemplo, um casal que prevê no pacto antenupcial a mudança de regime de bens após certo período de casamento automaticamente, por exemplo, de um regime separatista para algum outro de comunhão. A progressividade significaria que quanto mais tempo durasse o casamento, maior seria a comunicação de bens. Se o casamento fosse bem-sucedido, longevo, o casal que iniciou sua vida conjugal sob a égide da separação de bens terminaria com um regime de maior comunhão do que se iniciou.

Deve-se esclarecer que em nosso sistema jurídico apenas é admissível alteração do regime de bens mediante autorização judicial com pedido motivado de ambos os cônjuges, apurada a procedência das razões invocadas e ressalvados os direitos de terceiros (§2º do art. 1639, CC). E as cautelas no que se referem as limitações prevalecem como se vislumbra no enunciado 113/CJF: "Art. 1.639: É admissível a alteração do regime de bens entre os cônjuges, quando então o pedido, devidamente motivado e assinado por ambos os cônjuges, será objeto de autorização judicial, com ressalva dos direitos de terceiros, inclusive dos entes públicos, após perquirição de inexistência de dívida de qualquer natureza, exigida ampla publicidade."

Assim, não é o simples fato de constar uma cláusula com previsão de modificação do regime no pacto antenupcial que, automaticamente, esse regime sofrerá a mudança prevista. A cláusula do pacto será a motivação prevista pela lei, mas não garantirá, de *per si*, a alteração pretendida, devendo as partes se submeterem ao procedimento do art. 1.639, § 2º CC.

5. QUESTÕES CONTROVERTIDAS SOBRE ASPECTOS PATRIMONIAIS NO PACTO

Além das questões anteriormente suscitadas, discute-se no âmbito do próprio conteúdo patrimonial do pacto os limites que lhe são impostos, ou seja, quais seriam as questões passíveis de regulação no acordo pré-nupcial.

5.1 Eleição da separação total de bens em casamentos de pessoas maiores de setenta anos

Acerca das possibilidades latentes do uso desse relevante instrumento para expressar liberdades asseguradas pelo ordenamento pode-se debater acerca da validade de pacto antenupcial elegendo o regime de separação convencional de bens em casamentos de septuagenários. Isto porque como sabido, os nubentes referidos pelo artigo 1.641, II, do Código Civil, com a redação dada pela Lei n. 12.344/2010, ou seja, as pessoas maiores de setenta anos, obrigam-se ao regime de separação legal de bens.

Inclusive, registre-se que tal limite à liberdade de escolha se torna ainda abrangente com o entendimento, do qual discorda-se mas o reconhece como prevalecente no âmbito do Superior Tribunal de Justiça, no sentido de que o regime aplicável à união estável entre septuagenários é o da separação obrigatória: "(...) a não extensão do regime da separação obrigatória de bens, (..), à união estável equivaleria, em tais situações, ao desestímulo ao casamento, o que, certamente, discrepa da finalidade arraigada no ordenamento jurídico nacional, o qual se propõe a facilitar a convolação da união estável em casamento, e não o contrário".[30] No entanto, quando há casamento precedido de união estável ou conversão de união estável em casamento, tendo esta se iniciado antes dos 70 anos das partes, a jurisprudência tende pela não incidência da restrição do regime de bens.[31] Aliás, é nesse sentido o Provimento 08/2016, da Corregedoria Geral da Justiça de Pernambuco, de 30 de maio de 2016: "Observar-se-á o regime da separação obrigatória de bens somente nas hipóteses em que na data do termo inicial da existência da união estável, um ou ambos os conviventes contavam com mais de setenta anos, constando, caso haja interesse, o afastamento da incidência da Súmula 377 do STF".

Se se analisar a temática à luz da legislação e da jurisprudência, a questão é ainda mais complexa, pois além do acima mencionado, o regime ainda tem o seu conteúdo interpretado a partir da Súmula 377 do Supremo Tribunal Federal. Esta súmula, datada de 1964, tem sido utilizada mesmo em decisões mais recentes, no sentido de "no regime de separação obrigatória, comunicam-se os bens adquiridos onerosamente na constância do casamento, sendo presumido o esforço comum".[32]

Assim, não havendo prova contrária à presunção de esforço comum, o regime de separação legal pode gerar comunicação de bens, produzindo-se efeitos semelhantes aos do regime da comunhão parcial. Por esses motivos, como se verifica, o regime de separação convencional, apresenta uma separação absoluta ou total de bens, diferentemente dos possíveis efeitos para aqueles que são submetidos ao regime de separação legal ou obrigatória.[33]

É por isso que se debate acerca da eficácia do pacto antenupcial que afasta os ditames da Súmula 377 do STF, quando os nubentes pretendem, efetivamente, afastar qualquer

---

30. STJ, REsp 1.090.722, 3ª T., Rel. Min. Massami Uyeda, julg. 2.3.2010, DJ 30.8.2010. No mesmo sentido: REsp. 646.259-RS, 4ª T., Rel. Min. Luis Felipe Salomão, julg. 22.6.2010, DJ 24.8.2010, STJ, EREsp 1.171.820-PR, 2ª S., Rel. Min. Raul Araújo, julg. 26.8.2015, DJ 21.9.2015.

31. "Afasta-se a obrigatoriedade do regime de separação de bens quando o matrimônio é precedido de longo relacionamento em união estável, iniciado quando os cônjuges não tinham restrição legal à escolha do regime de bens, visto que não há que se falar na necessidade de proteção do idoso em relação a relacionamentos fugazes por interesse exclusivamente econômico. 3. Interpretação da legislação ordinária que melhor a compatibiliza com o sentido do art. 226, § 3°, da CF, segundo o qual a lei deve facilitar a conversão da união estável em casamento" (STJ, REsp 1318281 / PE, 4ª T., Rel. Min. Maria Isabel Gallotti, julg. 1.12.2016, DJ 7.12.2016.

32. STJ, AgRg no AREsp. 650.390-SP, 3ª T., Rel. Min. João Otávio de Noronha, julg. 27.10.2015, DJ 3.11.2015.

33. Nesse sentido: "Apelação. União estável anterior ao casamento. Comprovação. Partilha. Indeferimento. Regime da separação consensual. Pacto antenupcial. Caso no qual restou cabalmente demonstrada a existência de relacionamento afetivo entre as partes como se casamento fosse, inclusive com coabitação, antes da celebração do matrimônio. Hipótese de adequado reconhecimento da união estável. O varão já tinha mais de 70 anos ao tempo do início da união estável. Aplica-se à união estável a regra do art. 1.641, II, do CCB. De forma que a união estável se regeu pelas disposições do regime da separação. O casamento posterior foi celebrado pelo regime da separação obrigatória, em função da idade do varão. É bem de ver, porém, que as partes fizeram escritura pública de pacto antenupcial, na qual acordaram que o regime de bens seria o da separação total. A redação do pacto antenupcial faz concluir que a intenção das partes era de se casarem pelo regime da separação total. E também de fazer valer o regime da separação para a união estável anterior. Nessa hipótese, apesar da idade do varão, tem validade e é eficaz o pacto antenupcial, de forma que tanto o casamento quanto a união estável anterior devem ser regidas pelas disposições da separação total. Precedentes. Por tudo isso, vai afastada a determinação sentencial de partilha em função da dissolução da união estável. Negaram provimento ao apelo da autora. Deram parcial provimento ao apelo do réu." (TJRS, Apel. Cív. 70060563533, 8ª CC, Rel. Des. Rui Portanova, julg. 25.9.2014)

risco de comunhão de patrimônio.[34] Essa discussão origina-se da vedação prevista no art. 70, 7º, da Lei 6.015/73, que proíbe o registro das escrituras antenupciais no assento do casamento quando o regime de bens do casamento for o legal.

Contudo, defende-se ser possível a lavratura de pacto nessas hipóteses pois sua função seria reafirmar o intuito da lei de separar definitivamente os patrimônios dos nubentes, não se tratando, assim, de fraude ou de nenhuma das hipóteses de nulidade previstas no art. 166 do Código Civil.[35] Em reforço a esses argumentos, Zeno Veloso aduz: "não acho que o enunciado da Súmula seja matéria de ordem pública, represente direito indisponível, e tenha de ser seguida a qualquer custo, irremediavelmente. Com efeito, o estatuto patrimonial dos cônjuges deve atender ao que eles, livremente, possam estipular quanto aos seus bens e no caso das uniões septuagenárias, mesmo com as limitações impostas, cumpre-lhes estabelecer os exatos limites (irrestritos ou não) da separação dos bens".[36]

Nessa linha de entendimento, foi aprovado na VIII Jornada de Direito Civil, realizada no final de abril de 2018 em Brasília, enunciado que reflete esse pensamento: "É lícito aos que se enquadrem no rol de pessoas sujeitas ao regime da separação obrigatória de bens (art. 1.641, CC) estipular, por pacto antenupcial ou contrato de convivência, o regime da separação de bens, a fim de assegurar os efeitos de tal regime e afastar a incidência da súmula 377 do STF".[37]

Ressalte-se que a eficácia desse pacto não transforma o regime da separação obrigatória em separação total/convencional de bens, mas apenas afasta o risco da comunicação patrimonial. É importante deixar clara tal premissa em razão dos efeitos sucessórios que o casamento em determinado regime de bens gera, conforme pode-se observar do art. 1.829, I, CC.

---

34. Sobre este debate, confira-se acórdão do Superior Tribunal de Justiça, em que se verificam dois posicionamentos distintos: STJ, REsp. 404.088, 3ª T., Rel. Min. Castro Filho, Rel. p/ Ac. Min, Humberto Gomes de Barros, julg. 17.4.2007.

35. "Na medida em que o pacto em comento prevê exatamente o regime de bens que a lei impõe, ou seja, o regime de separação patrimonial, pode-se concluir que dito ajuste não contraria o comando legal, não sendo nulo, portanto. Neste caso, os nubentes elegem para o seu casamento o próprio regime que a lei determina, qual seja, o regime de separação patrimonial. (...) Com tantas discussões a respeito do regime da separação obrigatória de bens e, ainda, quanto à vigência do entendimento consubstanciado no verbete 377 da Súmula do Supremo Tribunal Federal, não há motivos para negar que aqueles que devem se submeter ao regime de separação obrigatória de bens afirmem em documento autêntico o seu desejo de realmente viverem uma separação total e plena de patrimônios, na esteira do comando legal." (NEVARES, Ana Luiza Maia. O regime de separação obrigatória de bens e o verbete 377 do Supremo Tribunal Federal. Civilistica.com. Rio de Janeiro, a. 3, n. 1, jan.-jun./2014. Disponível em: http://civilistica.com/wp-content/uploads/2015/02/Nevares-civilistica.com-a.3.n.1.2014.pdf. Data de acesso: 30 abr. 2018).

36. VELOSO, Zeno. Casal quer afastar a Súmula 377, *O Liberal*, Belém do Pará, 05/2016. Eis o caso que motiva a reflexão do autor: "Há cerca de um ano João Carlos e Matilde estão namorando. Ele é divorciado, ela é viúva. João fez 71 anos de idade e Matilde tem 60 anos. Resolveram casar-se e procuraram um cartório de registro civil para promover o processo de habilitação. Queriam que o regime de bens do casamento fosse o da separação convencional, pelo qual cada cônjuge é proprietário dos bens que estão no seu nome, tantos dos que já tenha adquirido antes, como dos que vier a adquirir, a qualquer título, na constância da sociedade conjugal, não havendo, assim sendo, comunicação de bens com o outro cônjuge. João Carlos é investidor, atua no mercado imobiliário, adquire bens imóveis, frequentemente, para revendê-los. E Matilde é corretora, de vez em quando compra um bem com a mesma finalidade. Seria um desastre econômico, para ambos, que os bens que fossem adquiridos por cada um depois de seu casamento se comunicassem, isto é, fossem de ambos os cônjuges, por força da Súmula 377/STF".

37. No momento em que esse artigo foi escrito, ainda não havia a numeração dos novos Enunciados, razão pela qual deixou-se de decliná-lo.

5.2 Pacto com cláusula contrária à lei

No que se refere aos limites, se o pacto antenupcial decorre da autonomia privada dos nubentes, em havendo contravenção à disposição absoluta de lei, haverá nulidade, segundo o art. 1655 do Código Civil brasileiro.

A princípio, os nubentes podem estipular o que desejarem sobre o regime de bens que regerá seus interesses econômico-patrimoniais. Porém, será considerada nula a convenção ou cláusula constante no pacto que conflite com disposição absoluta de lei, ou seja, que colida com normas de ordem pública. Deve-se aproveitar tanto quanto for possível o contrato como um todo sendo nula, a princípio, apenas a cláusula contrária à lei.[38]

A doutrina tradicional entende não ser possível afastar a incidência da autorização obrigatória do cônjuge nos regimes da comunhão universal e da comunhão parcial de bens em determinados negócios (art. 1.647 do CC), por poder gerar prejuízos potenciais à meação.[39]

Não poderão afrontar "as normas contidas nas *Disposições Gerais,* por exemplo – sob pena de nulidade (art. 1.655 do CC) e tampouco constitua expropriação disfarçada dos bens de um cônjuge por outro, ou ameaça de lesão a terceiro".[40]

Em razão do princípio da igualdade, também não é possível que o pacto tenha um regime para um dos cônjuges e um diverso para o outro. Não se pode, assim, aplicar ao marido as regras da separação de bens e à mulher as da comunhão universal. Também não é permitido fazer acordos que englobem renúncia à fixação de alimentos em caso de eventual divórcio, ao direito real de habitação antes do falecimento do cônjuge, alterar a ordem entre os herdeiros, impedir que algum dos cônjuges peça o divórcio (pois se trata de direito potestativo), que a mulher depois de separada esteja impedida de namorar sob pena de perder a guarda dos filhos ou que o marido faça vasectomia ou a mulher ligue as trompas, no caso do fim da sociedade conjugal. Ou seja, não é possível transacionar sobre direitos personalíssimos do outro cônjuge ou sobre situações jurídicas fundamentadas na solidariedade social, antes ou depois de findo o casamento.[41]

---

38. "A ampla liberdade conferida aos nubentes de estipularem, quanto aos seus bens, o que lhes aprouver (art. 1.639) encontra limite nas disposições absolutas de lei, ou seja, nas normas de ordem pública, cogentes, e, portanto, inafastáveis pela vontade das partes. Trata-se de corolário à regra geral contida no art. 166, VI, que dispõe ser nulo o negócio jurídico que tiver por objeto fraudar lei imperativa. A nulidade pode contaminar o pacto antenupcial em sua integralidade, ou apenas uma ou algumas de suas cláusulas. Se a eliminação da(s) cláusula(s) viciada(s) não comprometer o próprio pacto antenupcial, ele permanece válido quanto às demais cláusulas (art. 184)" (BARBOZA, Heloisa Helena; BODIN DE MORAES, Maria Celina; TEPEDINO, Gustavo. *Código Civil interpretado conforme a Constituição da República,* V. IV, Rio de Janeiro: Renovar, 2014, p. 292).

39. "Considera-se ineficaz ou não escrita cláusula de impossível aplicação, ou que transgrida disposição de norma imperativa. De nada adianta se obrigarem os cônjuges a manterem um padrão de condutas – não envolvimento com os negócios do outro, ou na maneira de se comportarem –, se importar em infringência aos deveres conjugais. De igual modo, não surge efeito a prévia dispensa de outorga uxória mútua nas alienações e onerações de bens imóveis". (RIZZARDO, Arnaldo. *Direito de Família,* 8. ed., Rio de Janeiro: Forense, 2011, p. 561).

40. GANDRA, Cristiane Giuriatti; SILVA, Beatriz de Almeida Borges e. Regime de bens. In: TEIXEIRA, Ana Carolina Brochado; RIBEIRO, Gustavo Pereira Leite (Coord.). *Manual de Direito de Família e Sucessões.* 3. ed. Rio de Janeiro: Processo, 2017, p. 347.

41. A doutrina exemplifica outras hipóteses de nulidade: 'Será nulo o pacto antenupcial, em sua totalidade ou em parte, se violar disposição legal cogente. A nulidade poderá ser alegada por qualquer interessado, nomeadamente seus

5.3 Retroatividade das disposições patrimoniais restritivas

Antes de adentrar nas questões propriamente ditas relacionadas a eventual retroatividade de regras patrimoniais dos pactos antenupciais, destaca-se julgados acerca dos chamados contratos de união estável no que tange ao debate sobre a retroatividade.

O Superior Tribunal de Justiça entendeu pela impossibilidade de os conviventes atribuírem efeitos retroativos (*ex tunc*) ao contrato de união estável, a fim de eleger regime de bens aplicável ao período de convivência anterior a sua assinatura.[42] Segundo o entendimento exarado, o regime de bens entre os companheiros começa a vigorar na data da assinatura do contrato, assim como o regime de bens entre os cônjuges começa a produzir efeitos na data do casamento (art. 1.639, § 1°, do Código Civil). Nesse sentido, firmou-se o entendimento que o contrato de união estável é plenamente válido, mas somente pode gerar efeitos para o futuro, não sendo lícita a produção de efeitos pretéritos. Inválida, pois, cláusula de retroatividade do pacto patrimonial celebrado pelos conviventes. Adicione-se a esse entendimento, a necessidade de autorização judicial para a modificação do regime de bens na constância do casamento.

Diferentemente deste entendimento, a Terceira Câmara de Direito Civil do Tribunal de Justiça de Santa Catarina (TJSC) decidiu, por unanimidade, negar provimento ao recurso de uma mulher em ação de dissolução de união estável contra sentença que admitiu a retroatividade dos efeitos do regime de separação absoluta de bens.[43] A mulher alegou a irretroatividade do regime de separação total de bens estabelecido no contrato de convivência firmado entre as partes, e pediu que durante o período anterior à assinatura do pacto fosse considerado o regime de comunhão parcial de bens. No caso, passados quase três anos desde o início da união, os companheiros resolveram registrar publicamente o relacionamento, celebrando o contrato de convivência e estabelecendo como regime de bens o da separação total. Na mesma data, também firmaram instrumento de habilitação para o casamento, elegendo o mesmo regime de bens tomado no pacto de convivência. Para a desembargadora Maria do Rocio Luz Santa Ritta, relatora, há, na união estável, a possibilidade dos conviventes regulamentarem os efeitos patrimoniais

---

parentes próximos e terceiros que possam ser prejudicados com o regime de escolhido, ou pelo Ministério Público. O juiz deve declará-la de ofício, sempre que conhecer o negócio jurídico, não podendo supri-la. A nulidade de uma cláusula não contamina todo o pacto, segundo o aforismo *utile per inutile non vitiatur*. Exemplificando, serão nulas: a) a cláusula que estipular o início da eficácia do regime de bens a partir de determinado tempo, após o casamento, uma vez que a lei determina que começa a vigorar desde a data do casamento; b) a cláusula que impedir a qualquer dos cônjuges a administração dos bens particulares; c) a cláusula que impedir ao cônjuge de reivindicar o imóvel alienado sem seu consentimento; d) a cláusula que subordinar a administração de todos os bens comuns a apenas um dos cônjuges; e) a cláusula que dispensar o cônjuge da autorização do outro para prestar fiança; f) a cláusula que autorizar a venda ou doação unilateral dos bens comuns, sem autorização do outro cônjuge". (LÔBO, Paulo. *Direito civil: famílias*, 4. ed., São Paulo: Saraiva, 2011, p. 337); "(...) como seriam de nenhuma eficácia os ajustes pactícios proibindo a mulher de assumir a direção do casamento quando o marido estivesse em local afastado do domicílio nupcial, ou alterando a ordem de vocação hereditária, e, portanto, o direito sucessório concorrente do cônjuge sobrevivente (CC, art. 1.829, incs. I, II e III) e até mesmo estabelecendo indenização entre os cônjuges no caso de divórcio, dado sua natureza penal se estranha aos contratos antenupciais". (MADALENO, Rolf. *Direito de Família*, 7. ed., Rio de Janeiro: Forense, 2017, p. 722).

42. STJ, REsp 1.383.624-MG, 3ª T., Rel. Min. Moura Ribeiro, julg. 02.06.2015.

43. TJSC, Apel. Cív. 2015.026497-8, Rel. Des. Maria do Rocio Luz Santa Ritta. Disponível em: http://ibdfam.org.br/assets/img/upload/files/ac%C3%B3rd%C3%A3o%20uni%C3%A3o%20est%C3%A1vel%20contrato%20regime%20bens%20retroatividade%20irretroatividade(1).pdf. Acesso em: 02 maio 2018.

e inclusive pessoais da relação, e "não cabe ao Poder Judiciário, por absoluto império, preciosismo e presunção, modificar a ação volitiva das partes manifestada até então de forma lídima e livre. O Contrato de Convivência sob comento é ato jurídico perfeito, hígidas as suas cláusulas, considerando-se presentes todos os requisitos para a celebração desse negócio jurídico contratual".

Para os fins do tema central do que aqui agora se analisa, cabe destacar que se precedida de união estável uma entidade familiar que agora se pretende formalizar pelo casamento e utiliza-se de pacto antenupcial para eleger regimes restritivos de separação de bens, será esse regime separatista eficaz desde o início da união estável? Francisco José Cahali[44] apresenta argumentos para entender retroativo o pacto de convivência, para que ele gere efeitos sobre o acordo já feito. Desse modo, é viável aos companheiros estipularem, em contrato de convivência ou em pacto antenupcial, que o patrimônio passado e futuro são considerados particulares do seu respectivo titular, afastando da partilha qualquer bem adquirido onerosamente na constância do casamento. Trata-se de enaltecer a autonomia privada dos conviventes que constituíram entidade familiar até então e gerenciar os efeitos patrimoniais gerados até aquela data, por meio da eleição de um regime separatista.

Nesse sentido, decidiu-se favoravelmente a celebração de matrimônio pelo regime da separação convencional de bens, que convertia um período de união estável anterior, tendo o pacto antenupcial feito as vezes do contrato escrito e retirando pela vontade contratual dos ex-conviventes que casaram, a comunicação dos bens adquiridos durante a precedente relação estável. [45]

Destaca-se essa divergência sobre os efeitos do pacto no passado, e de seus inegáveis reflexos para o regime patrimonial de bens, que persiste no cenário jurídico atual.

5.4 Cláusulas sucessórias no pacto antenupcial

Como já mencionado, as cláusulas do acordo nupcial não podem contrariar disposições legais (art. 1.655 CC) e, se o fizerem, serão nulas.[46] Para tanto, entende-se que o pacto antenupcial tem por escopo albergar disposições que gerem efeitos *inter vivos*, não sendo instrumento de direito sucessório, que tem institutos próprios para cumprir seu fim, haja vista que deve gerar efeitos para depois da morte, o que justifica a estrita formalidade desse ramo do direito . Nesse sentido, decidiu-se inválida a cláusula que excluir

---

44. CAHALI, Francisco José. *Contrato de convivência na união estável*, Saraiva: São Paulo, 2002, p. 82.

45. TJRS, Apel. Cív. 70009019530, 7ª CC, Rel. Des. Maria Berenice Dias, julg. 25.08.2004.

46. "O pacto antenupcial, embora exprima a liberdade contratual dos nubentes, está subordinado a princípios que condizem com a ordem pública, sejam aquelas de cunho patrimonial, sejam as de natureza pessoal e ainda aquelas que atentem contra os bons costumes. No regime legal ora vigente ter-se-ão por inválidas cláusulas que suprimam direitos que a lei assegura a ambos os cônjuges. O sistema do poder familiar não pode ser invalidado no pacto antenupcial, naquilo em que estabelecem normas cogentes. Os nubentes podem estabelecer o que interessa ao seu regime de bens, ou matérias outras pertinentes à sua vida conjugal. Mas não lhes é lícito derrogar no que seja objeto de lei proibitiva ou imperativa. Se a cláusula for contrária ao que seja permitido convencionar, somente ela se anula ou se tem por não escrita, prevalecendo no mais o restante do pacto – *utile per inutile non vitiatur*. Se, porém, em vez de nulo, o pacto antenupcial por simplesmente anulável, pode ser confirmado, mesmo após o casamento." (PEREIRA, Caio Mário da Silva. *Instituições de Direito Civil*, 25. ed. V. V., Rio de Janeiro: Forense, 2017, p. 248-249)

o direito à sucessão no regime da comunhão parcial de bens, afastando a concorrência sucessória do cônjuge com os ascendentes,[47] sendo este o posicionamento majoritário da doutrina e jurisprudência pátrias.

Em linha diversa, entendeu-se "perfeitamente harmônico do ponto de vista sistemático e constitucional sustentar, simultaneamente, a condição de herdeiro necessário do cônjuge (que existe para proteger o herdeiro da liberdade potestativa do testador – art. 1.845 c/c art. 1789) e a livre pactuação antenupcial a respeito da concorrência sucessória do cônjuge (cuja proibição não se justifica em face da ausência de vedação legal nesse sentido e da inexistência de vulnerabilidade dos agentes envolvidos)".[48]

6. INCLUSÃO DE DISPOSIÇÕES NÃO PATRIMONIAIS NO PACTO ANTENUPCIAL: POSSIBILIDADE E LIMITES

Inúmeras hipóteses do mundo da vida, "a partir do diálogo fato e norma, estão em uma zona de obscuridade, de modo a dificultar a classificação em existenciais ou patrimoniais. Por isso, faz-se essencial a busca da funcionalidade concreta e casuística que exerce naquele recorte fático: se realiza direta e imediatamente a dignidade humana por meio do livre desenvolvimento da personalidade, trata-se de situação existencial; se a realização da dignidade humana é mediata, visando, em primeiro plano, a efetivação da livre iniciativa, trata-se de situação patrimonial."[49] O objeto central desse estudo é se investigar se o pacto antenupcial está dentre tais situações, pode configurar-se como negócio jurídico dúplice, ou seja, se, além das disposições de cunho patrimonial, ele poderá conter também cláusulas existenciais.[50] Para muitos autores, o pacto, por sua própria natureza, destina-se exclusivamente a regular os direitos patrimoniais dos cônjuges.[51]

---

47. Recurso especial – Sucessão – Cônjuge supérstite – Concorrência com ascendente, independente o regime de bens adotado no casamento – Pacto antenupcial – Exclusão do sobrevivente na sucessão do *de cujus* – Nulidade da cláusula – Recurso improvido. 1 – O Código Civil de 2002 trouxe importante inovação, erigindo o cônjuge como concorrente dos descendentes e dos ascendentes na sucessão legítima. Com isso, passou-se a privilegiar as pessoas que, apesar de não terem qualquer grau de parentesco, são o eixo central da família. 2 – Em nenhum momento o legislador condicionou a concorrência entre ascendentes e cônjuge supérstite ao regime de bens adotado no casamento. 3 – Com a dissolução da sociedade conjugal operada pela morte de um dos cônjuges, o sobrevivente terá direito, além do seu quinhão na herança do de cujus, conforme o caso, à sua meação, agora sim regulado pelo regime de bens adotado no casamento. 4 – O artigo 1.655 do Código Civil impõe a nulidade da convenção ou cláusula do pacto antenupcial que contravenha disposição absoluta de lei. 5 – Recurso improvido. (STJ, REsp 954567/PE, 3ª T., Rel. Min. Massami Uyeda, julg. 10.5.2011, DJ 18.5.2011).
48. FRANK, Felipe. Tese. Autonomia sucessória e pacto antenupcial: problematizações sobre o conceito de sucessão legítima e sobre o conteúdo e os efeitos sucessórios das disposições pré-nupciais. UFPR. Curitiba, 2017.
49. KONDER, Carlos Nelson de Paula; TEIXEIRA, Ana Carolina Brochado. *Situações jurídicas dúplices. In:* FACHIN, Luiz Edson; TEPEDINO, Gustavo (Coord.). *Diálogos sobre direito civil.* Rio de Janeiro: Renovar, 2012, v. III, p. 24.
50. "Nem sempre será possível afirmar que uma relação jurídica é existencial ou patrimonial, pois não é raro que ambos os interesses estejam nela envolvidos. As situações jurídicas podem refletir interesses existenciais e patrimoniais ao mesmo tempo. E isto não porque a relação patrimonial é funcionalizada a promoção de valores existenciais, como ocorre em todos os institutos jurídicos, mas sim porque é composta de situações existenciais e de situações patrimoniais." (MEIRELES, Rose Melo Vencelau. *Autonomia privada e dignidade humana.* Rio de Janeiro: Renovar, 2009, p. 47-48)
51. Assim, PONTES DE MIRANDA. *Tratado de direito privado.* São Paulo: Ed. RT, 1983, v. VIII, p. 241: "É nula a cláusula: I) Que contenha ilicitude ou imoralidade, isto é, que seja contra *bonos mores*, pois o ser contra direitos conjugais ou paternos não esgota a lista, às vezes instável, do ilícito e do imoral. Cabe ao juiz auscultar a ordem jurídica, apreciando o ato ou a cláusula, conforme as concepções dominantes no seu círculo social"; "O pacto antenupcial é negócio dispositivo, cujo conteúdo não comporta senão cláusulas relativas a relações patrimoniais. Não se admitem estipulações a respeito de relações pessoais dos cônjuges, nem mesmo as de caráter patrimonial que não digam respeito

Segundo esse entendimento, cláusulas que transacionem sobre deveres extraconjugais jamais se poderiam considerar válidas.[52]

. A princípio, entende-se ser possível o ajuste de matéria extrapatrimonial, se for essa a legítima vontade das partes. Em uma análise mais ampla, não se pode perder de vista que o Código Civil veda qualquer tipo de interferência externa à família (art. 1.513 CC), o que deve ser entendido amplamente, tanto quanto às formas de constituição da família, quanto às regras a reger a convivência das partes, sob pena de restringir as liberdades existenciais sem que tenha legitimidade para tanto.[53]

Como observado, "com esteio na autonomia privada, podem os noivos estabelecer cláusulas diversas, no pacto antenupcial, de diferentes origens e finalidades, disciplinando inúmeras questões privadas, inclusive domésticas, desde que sem afrontar os direitos e garantias fundamentais de cada pessoa humana".[54] Não há razões apriorísticas, portanto, para proibir cláusulas que estabeleçam normas de conduta e convivência durante o casamento, para o alcance da comunhão plena de vida. Terá, nessa hipótese, conteúdo dúplice, atrelando um regramento patrimonial e extrapatrimonial.[55]

---

exclusivamente ao regime de bens. A lei tem, por não escrita, cláusula prejudicial aos direitos conjugais ou paternos ou que contravenha preceito imperativo". (GOMES, Orlando. *Direito de Família*, 14. ed., atualizada por Humberto Theodoro Júnior, Rio de Janeiro: Forense, 2002, p. 178). No sentido de entender o pacto de forma mais flexível: "O pacto antenupcial, embora exprima a liberdade contratual dos nubentes, está subordinado a princípios que condizem com a ordem pública, sejam aquelas de cunho patrimonial, sejam as de natureza pessoal e ainda aquelas que atentem contra os bons costumes. No regime legal ora vigente ter-se-ão por inválidas cláusulas que suprimam direitos que a lei assegura a ambos os cônjuges. O sistema do poder familiar não pode ser invalidado no pacto antenupcial, naquilo em que estabelecem normas cogentes. Os nubentes podem estabelecer o que interessa ao seu regime de bens, ou matérias outras pertinentes à sua vida conjugal. Mas não lhes é lícito derrogar no que seja objeto de lei proibitiva ou imperativa. Se a cláusula for contrária ao que seja permitido convencionar, somente ela se anula ou se tem por não escrita, prevalecendo no mais o restante do pacto – *utile per inutile non vitiatur*" (PEREIRA, Caio Mário da Silva. *Instituições de Direito Civil*, 26. ed. V. V., Rio de Janeiro: Forense, 2018, p. 249).

52. "O pacto antenupcial deve conter tão somente estipulações atinentes às relações econômicas dos cônjuges. Considerar-se-ão nulas as cláusulas nele contidas que contravenham disposição legal absoluta, prejudiciais aos direitos conjugais, paternos, maternos etc. (CC, art. 1.655). Igualmente não se admitem cláusulas que ofendam os bons costumes e a ordem pública. Exemplificativamente, nulas serão as cláusulas, e não o pacto, que (a) dispensem os consortes dos deveres de fidelidade, coabitação e mútua assistência; (b) privem a mãe do poder familiar ou de assumir a direção da família, ficando submissa ao marido; (c) alterem a ordem de vocação hereditária; (d) ajustem a comunhão de bens, quando o casamento só podia realizar-se pelo regime obrigatório da separação; (e) estabeleçam que o marido, mesmo que o regime matrimonial de bens não seja o da separação, pode vender imóveis sem outorga uxória. (...) O pacto antenupcial é negócio dispositivo que só pode ter conteúdo patrimonial, não admitindo estipulações alusivas às relações pessoais dos consortes, nem mesmo as de caráter pecuniário que não digam respeito ao regime de bens ou que contravenham preceito legal". (DINIZ, Maria Helena. *Curso de direito civil brasileiro*. 30. ed., São Paulo: Saraiva, 2015, v. 5: Direito de família, p. 177).

53. Por isso a relevância de se mapear as mudanças internas havidas na família, ampliando os espaços de liberdade responsável: "A passagem, já tantas vezes referida, da família como instituição à família instrumental – aquela que propicia um ambiente adequado ao desenvolvimento da personalidade de todos e de cada um de seus membros – suscitou, indiscutivelmente, a ampliação de espaços para a individualização e, em consequência, a maior autonomia da pessoa na esfera familiar. Essa autonomia individual realça a atual instabilidade dos casamentos e é por ela reforçada, em um processo circular decorrente da maior liberdade de escolhas, especialmente no que tange à estrutura familiar mais conveniente". (BODIN DE MORAES, Maria Celina, A nova família, de novo – Estruturas e função das famílias contemporâneas. *Pensar*, Fortaleza, v. 18, n. 2, p. 587-628, mai./ago. 2013. Disponível em: http://ojs.unifor.br/index.php/rpen/article/view/2705/pdf. Acesso em: 14 abr. 2018, p. 613).

54. FARIAS, Cristiano Chaves de; ROSENVALD, Nelson. *Curso de Direito Civil*. 7. ed., São Paulo: Atlas, 2015, p. 315. v. 6: Famílias.

55. Seja consentido remeter ao nosso TEIXEIRA, Ana Carolina Brochado; RODRIGUES, Renata de Lima. O papel da autonomia privada na reconfiguração do pacto antenupcial e da natureza jurídica do casamento. In: Paulo Adyr

A possibilidade do tratamento de ambos os temas, porém, não pode fazer com que questões de ordem econômica sejam diretamente atreladas ao exercício das liberdades existenciais dos futuros cônjuges, que não podem sofrer esse tipo de limitação em seu exercício. O espaço de autonomia existencial não autoriza a convenção de cláusulas que possam representar a sujeição de um cônjuge em relação ao outro, sob qualquer prisma.

Nessa esteira, a possibilidade de maior abrangência do pacto foi objeto de reflexões na VIII Jornada de Direito Civil, ocorrida em abril de 2018 no Conselho da Justiça Federal, em Brasília, tendo sido aprovado o seguinte enunciado: "O pacto antenupcial e o contrato de convivência podem conter cláusulas existenciais, desde que estas não violem os princípios da dignidade da pessoa humana, da igualdade entre os cônjuges e da solidariedade familiar".[56] Tal orientação hermenêutica vai ao encontro do que ora se defende. "No âmbito do Estado Democrático de Direito, em que se renova o conceito de ordem pública de modo a atrelá-lo à realização da dignidade humana, vem sendo discutida a possibilidade de o próprio casal construir a 'ordem pública familiar', de acordo com o que para eles, são os valores mais importantes para uma relação amorosa bem-sucedida. Isso se dá a partir da viabilidade de os cônjuges ou companheiros pactuarem – e recombinarem no curso do casamento – as regras que regerão sua relação conjugal, independentemente de coincidirem ou não com as disposições legais. O pacto antenupcial, portanto, é um bom exemplo de uma situação jurídica patrimonial que pode ter também função existencial".[57]

Já são tradicionalmente debatidas e aceitas pela doutrina cláusula que se destine ao reconhecimento de filho, nomeie tutor,[58] ou escolha domicílio da família.

Não se vê dificuldade em cláusulas que pactuem novos deveres conjugais – com limites, obviamente, na cláusula de dignidade da pessoa humana.[59] O debate na doutrina

---

Dias do Amaral; Raphael Silva Rodrigues. (Org.). *CAD 20 anos*: Tendências contemporâneas do Direito. Belo Horizonte: D'Plácido, 2017, p. 125-144.

56. No momento em que esse artigo foi escrito, ainda não havia a numeração dos novos Enunciados, razão pela qual deixou-se de decliná-lo.

57. KONDER, Carlos Nelson de Paula; TEIXEIRA, Ana Carolina Brochado. *Situações jurídicas dúplices*. In: FACHIN, Luiz Edson; TEPEDINO, Gustavo (Coord.). *Diálogos sobre direito civil*. Rio de Janeiro: Renovar, 2012, v. III, p. 16. No mesmo sentido: "Com base nos princípios constitucionais que regem, protegem e promovem a família e a dignidade de seus membros, tutelando todas as espécies de união civil, caberia às pessoas estabelecerem, espontaneamente, se assim desejassem, direitos e deveres, existenciais, como forma de estabelecer, na legalidade constitucional, um código próprio sobre a intimidade e privacidade daquela união. Trata-se de uma proposta para maximizar a autonomia privada existencial das pessoas, que estarão aptas a regulamentarem suas próprias relações segundo os seus projetos de vida. Percebe-se, portanto, a desnecessidade da intervenção estatal para delimitar deveres conjugais específicos, uma vez que a observância dos princípios constitucionais se mostra suficiente para uma tutela eficaz das relações conjugais e convivenciais". (MULTEDO, Renata Vilela. *Liberdade e família*: limites para a intervenção do Estado nas relações conjugais e parentais, Rio de Janeiro: Processo, 2017, p. 237).

58. "Assim sendo, cláusulas que não violem a comunhão plena de vida ou os direitos e garantias individuais (constitucionalmente assegurados) serão permitidas, como, por exemplo, o reconhecimento de filhos ou a nomeação de tutor, não se restringindo o pacto a declarações de conotação patrimonial". (FARIAS, Cristiano Chaves de; ROSENVALD, Nelson. *Curso de Direito Civil*. 7. ed., São Paulo: Atlas, 2015, V. 6: Famílias, p. 316).

59. Alguns doutrinadores entendem ser possível a inclusão de normas específicas de conduta, independente de gerar efeitos jurídicos: "De qualquer modo, nada impede que os noivos disciplinem também questões não patrimoniais. Ora, se a lei impõe deveres e assegura direitos ao par, não há qualquer impedimento a que estipulem encargos outros, inclusive sobre questões domésticas. Ainda que não haja a possibilidade de a execução de algumas avenças ser buscada na via judicial, ao menos como acordo entre eles têm plena validade. Assim, pode ficar definido, por

centra-se mais fortemente na validade de cláusulas que afastam os deveres previstos no art. 1.566 do Código Civil.[60] No âmbito desse dispositivo, faz-se necessário uma divisão interna quanto à *ratio* orientadora dos incisos: percebe-se que o I (fidelidade) e II (coabitação) centram-se no arranjo familiar que melhor concretiza a comunhão plena de vida, por estabelecer o modo de vivenciar a conjugalidade, que vão além destes. Eles traduzem a forma pela qual o casal elegeu o seu modo de viver para alcançar a felicidade, segundo os próprios padrões, o que é plenamente defensável num mundo plural e democrático.

Em torno deste aspecto giram os debates acerca dos efeitos jurídicos de famílias simultâneas ou poliafetivas e a possibilidade de expressamente (num pacto ou outro ato negocial) manifestarem vontade nesse sentido. Trata-se, a nosso ver, de autodeterminação dentro de esfera de liberdades legítimas.

Diferentemente, quanto aos incisos III (mútua assistência), IV (sustento, guarda e educação dos filhos) e V (respeito e consideração mútuos) o limite da autonomia têm sua justificativa na solidariedade familiar:[61] o de mútua assistência visa a não deixar o outro cônjuge em desamparo material e o respeito e consideração mútuos pretendem preservar uma relação de cordialidade familiar mínima (solidariedade conjugal); já o dever de sustento, guarda e educação dos filhos decorrem mais especificadamente da autoridade parental, estando posicionado no artigo como reforço legal de hermenêutica sistemática ao exercício desse poder jurídico e não, propriamente, como situação que decorre da conjugalidade. Indisponíveis, portanto, esses três últimos deveres.[62]

Ainda nessa seara, são muito debatidas – tendo como fonte os casos do direito norte americano – as cláusulas que preveem indenizações ou multas para o caso de infidelidade ou de fim do casamento geram reflexão. "Também aqui não parece persistir impedimento legal apriorístico para tal avença, como observado em doutrina. Convém verificar, no caso

---

exemplo, quem irá ao supermercado, bem como ficar consignado que é proibido fumar no quarto, deixar roupas pelo chão etc." (DIAS, Maria Berenice. *Manual de direito das famílias*, 8. ed., São Paulo: Ed. RT, 2011, p. 234).

60. "Assim seriam ineficazes quaisquer cláusulas ou contratos matrimoniais que admitissem a infidelidade conjugal, que dispensasse os principais deveres conjugais, como a mútua assistência, o sustento, a guarda e a educação dos filhos, o respeito e a mútua consideração [...]" (MADALENO, Rolf. O direito adquirido e o regime de bens. *Revista Jurídica*, Porto Alegre: Nota Dez, n. 348, 2006, p. 30-31).

61. "*Maior dificuldade, contudo, resulta da análise de cláusulas que afastam deveres tradicionalmente considerados essenciais à vida conjugal. No que tange aos deveres atinentes à solidariedade conjugal, como a mútua assistência, ou aos deveres decorrentes da autoridade parental, que alcançam a pessoa dos filhos, não há dúvida quanto à sua indisponibilidade.* Mas no que tange às formas de vida a dois, especialmente quanto à fidelidade e à coabitação, há de se examinar, caso a caso, a seriedade do pacto, de modo que, caso não violem a dignidade da pessoa dos cônjuges e o princípio da isonomia, não parece haver, a priori, óbice na ordem pública para a sua admissão." (TEPEDINO, Gustavo. Controvérsias sobre o regime de bens no novo código civil. *Revista Brasileira de Direito das Famílias e Sucessões*, fev./mar. 2008, ano IX, n. 2. Belo Horizonte: Magister, 2008, p. 119).

62. "Indaga-se, pois, quais razões no contexto atual continuariam a justificar a ingerência estatal no âmbito da autonomia existencial dos cônjuges e conviventes. Conforme se depreende do texto legal, são deveres conjugais a 'fidelidade recíproca', a 'vida em comum no domicílio conjugal', a 'mútua assistência', o 'sustento, guarda e educação dos filhos' e o 'respeito e consideração mútuos'. Os deveres de mútua assistência, de respeito e consideração mútuos e de sustento, guarda e educação dos filhos são admissíveis, exigíveis, pois se coadunam com a ordem constitucional, não devendo, todavia, ser classificados como requisitos da conjugalidade, por decorrerem diretamente da solidariedade familiar e da responsabilidade parental, aplicáveis às relações familiares como um todo". (MULTEDO, Renata Vilela. *Liberdade e família*: limites para a intervenção do Estado nas relações conjugais e parentais, Rio de Janeiro: Processo, 2017, p. 229).

concreto, o merecimento de tutela da avença, evitando-se evidentemente qualquer tipo de precificação da liberdade existencial ou a submissão dessa à remuneração pecuniária".[63]

Também estão nesse âmbito, as cláusulas que preveem a constituição de um crédito seja por tempo de casamento, seja pelo nascimento de filho – situação em que a mulher se retira (temporariamente ou não) do mercado de trabalho para se dedicar à prole – pois estão adstritas à livre combinação das partes, principalmente quando casadas sob a égide do regime da separação total de bens.[64]

Sobre o tema, conclui Gustavo Tepedino: "A definição quanto à validade dessas e outras cláusulas, formuladas por iniciativa das partes, seja no âmbito do casamento, seja em pactos atinentes a outras formações familiares, deve levar em consideração a função instrumental da família no desenvolvimento da pessoa humana. Serão merecedoras de tutela as cláusulas que promovam a dignidade de cada integrante da família à luz dos princípios constitucionais da solidariedade e da igualdade, os quais devem informar as comunidades intermediárias, de modo que o pluralismo de escolhas traduza a liberdade fundamental de cada um, como expressão de sua individualidade, a organizar a sua vida comunitária".[65]

7. CONCLUSÃO

Em razão das reflexões ora feitas, é possível delinear algumas notas conclusivas:

1. Ante a mudança das e nas relações familiares, e a abertura hermenêutica do texto constitucional, foram ampliados os espaços de liberdade para o arranjo que mais concretamente atenda à realização mútua do casal, tendo em vista a centralidade da pessoa humana no ordenamento jurídico brasileiro, bem como os princípios da igualdade e da solidariedade familiar. O exercício dessas liberdades não é absoluto, deve ser acompanhado das correspectivas responsabilidades, tendo em vista que se vive num ambiente de iguais liberdades entre as pessoas (pelo menos no plano formal), principalmente entre aqueles que são maiores e têm condições de se autodeterminar;

2. O pacto antenupcial tem sido o instrumento que melhor exterioriza a feição de negócio jurídico do casamento, tendo em vista que, ante a cláusula geral de comunhão plena de vida garante aos nubentes (e também cônjuges e companheiros) a arquitetura

---

63. TEPEDINO, Gustavo. *Contratos em direito de família*. Tratado de direito das famílias, 2. ed., Belo Horizonte: IBDFAM, 2016, p. 488-489. No mesmo sentido: "Descabido, outrossim, não se reconhecer válida cláusula em que se estabeleça indenização que um companheiro deva ao outro, no fim do relacionamento comum, o que tanto se poderá determinar com fundamento no simples fato da separação, querido por um dos parceiros, quanto no de sua culpa por ela. Em qualquer caso, não sendo a cláusula contrária aos bons costumes, à ordem pública ou aos princípios gerais de direito, estando as partes capacitadas a contratar, nenhuma razão existe a obstar que assim disponham" (COLTRO, Antônio Carlos Mathias. Referências sobre o contrato de união estável. In: DELGADO, Mário Luiz; ALVES, Jones Figueirêdo (Org.). *Questões controvertidas no novo Código Civil*. Rio de Janeiro: Método, 2005, v. 4).

64. Em relação às cláusulas de natureza diversa do regime de bens, entende Paulo Lôbo que "o pacto antenupcial, por suas peculiaridades, não pode conter cláusulas e condições estranhas às suas finalidades. Se as houver, serão regidas pelo direito das obrigações, mas não integrarão o regime de bens" (LÔBO, Paulo. *Direito civil*: famílias, 4. ed., São Paulo: Saraiva, 2011, p. 336).

65. TEPEDINO, Gustavo. *Contratos em direito de família*. In: Tratado de direito das famílias, 2. ed., Belo Horizonte: IBDFAM, 2016, p. 489.

que efetivamente lhes realizem como pessoas no âmbito da entidade familiar, num viés civil-constitucional, por meio da construção do projeto familiar que satisfaça seus anseios, tanto na órbita patrimonial quanto na existencial;

3. Mesmo no âmbito patrimonial, existem inúmeras controvérsias sobre o pacto antenupcial, tais como efeitos retroativos de suas disposições, possibilidade de afastar efeitos da Súmula 377 do STF quando pelo menos um dos nubentes é septuagenário, possibilidade de conter cláusulas de efeitos sucessórios, entre outras. Tais hipóteses tem sido objeto de estudos doutrinários e de julgados, os quais procuram uma interpretação sistemática e contemporânea além de tratarem das questões casuisticamente, a partir da realidade concreta que se apresenta;

4. Tendo em vista a privatização da família e da limitação da intervenção do Estado às hipóteses de vulnerabilidade na seara familiar, debate-se sobre a possibilidade de inserção de questões existenciais no pacto, de modo que ele expanda seus horizontes para abrigar regras de convivência que visem a alcançar a comunhão plena de vida, segundo os anseios particulares do casal;

5. Nenhuma pessoa pode interferir no seio da família, segundo o art. 1513 CC, tal dispositivo possui um caráter negativo, visando a impedir ingerências externas nas entidades familiares e também abarca um viés de construção de liberdades positivas, sendo o pacto um relevante instrumento de audoterminação da vida privada;

6. Nesse sentido, no âmbito do art. 1.655 do Código Civil, entende-se disponíveis os deveres de fidelidade e coabitação, fundados no princípio da autonomia privada e na comunhão plena de vida, e indisponíveis os de mútua assistência, respeito e consideração mútuos, guarda sustento e educação dos filhos, posto que fundados na solidariedade familiar.

DIREITO CIVIL CONTEMPORÂNEO: ENTRE ACERTOS E DESACERTOS, UMA RESPOSTA AOS CRÍTICOS

André Luiz Arnt Ramos

Doutor e Mestre em Direito das Relações Sociais pela UFPR. Professor de Direito Civil da Universidade Positivo. Membro do Núcleo de Estudos em Direito Civil-Constitucional da UFPR ("Grupo Virada de Copérnico"). Associado ao Instituto Brasileiro de Estudos de Responsabilidade Civil (IBERC) e ao Instituto dos Advogados do Paraná (IAP). Cofundador do Instituto Brasileiro de Direito Contratual (IBDCONT). Advogado.

Começarei perguntando: o que é a reputação? Eis a verdade: o que nós chamamos de reputação é a soma de palavrões que inspiramos através dos tempos. Não sei se em toda parte será assim. No Brasil é. Nada mais pornográfico, no Brasil, do que o ódio ou a admiração[1].

Sumário: 1. Introdução. 2. Duas visões sobre o direito civil contemporâneo. 3. Consideração e resposta às críticas de Leal e Reis. 4. Apontamentos conclusivos. 5. Referências.

1. INTRODUÇÃO

A Teoria do Direito Civil Brasileiro sofre grandes transformações após o advento da Constituição Federal de 1988. Para além do discurso da constitucionalização, inevitável à vista do modelo constitucional em vigor no País, a civilística se vê crescentemente exposta às viragens havidas na Teoria do Direito. Assim, por exemplo: põe em xeque a proporção direta entre determinação textual e segurança jurídica, face à demonstração de que essas grandezas podem ser *inversamente proporcionais*, sobretudo em searas complexas e cambiantes; acolhe a derrotabilidade dos enunciados normativos pretensamente determinados; e rende homenagens ao desenho de um sentido normativo abrangente de segurança jurídica compatível com as peculiaridades das contemporâneas democracias.

A história do Direito Civil Contemporâneo – ou, como prefere parte significativa da comunidade jurídica especializada, Civil-Constitucional[2] – não é, todavia, a de um acúmulo linear de acertos e vitórias implacáveis. Antes, apresenta-se como uma suces-

---

1. RODRIGUES, N. *Memórias*: a menina sem estrela. 3. ed. Rio de Janeiro: Nova Fronteira, 2015, p. 153.
2. Trata-se, segundo Bodin de Moraes, de "todo o direito civil – e não apenas aquele que recebe expressa indumentária constitucional –, desde que se imprima às disposições de natureza civil uma ótica de análise através [*sic*] da qual se pressupõe a incidência direta, e imediata, das regras e dos princípios constitucionais sobre todas as relações interprivadas" (A caminho de um direito civil constitucional. In: BODIN DE MORAES, M. C. *Na medida da pessoa humana*: estudos de direito civil-constitucional. 1ª reimp. Rio de Janeiro: Editora Processo, 2016, p. 29).

são de ideias, abordagens e argumentos de diferentes ordens, os quais, entre marchas e contramarchas, erros e acertos, paulatinamente se readéquam frente à realidade jurídica. Mais que isso: como toda construção teórico-discursiva, o Direito Civil Contemporâneo é alvo de críticas diversas, as quais devem ser cuidadosamente ponderadas e enfrentadas, seja para fins de ajustes de curso, seja, simplesmente, para efeito de rechaço.

Diante deste cenário, o presente texto se propõe a inventariar as duras críticas dirigidas ao Direito Civil Contemporâneo por Francisco Legal, no texto *Seis Objeções ao Direito Civil Constitucional*[3], e Thiago Reis, em *Dogmática e Incerteza Normativa: Crítica ao Substancialismo Jurídico do Direito Civil-Constitucional*[4]. A consideração e a ponderação dos argumentos dos críticos se dão com ênfase à problemática da segurança jurídica, em consonância com tese da *segurança como coerência*[5], defendida alhures, de cujo teor se extrai parte significativa deste escrito.

2. DUAS VISÕES SOBRE O DIREITO CIVIL CONTEMPORÂNEO

Os autores filiados a diversas variações do Direito Civil Contemporâneo, superado o entusiasmo com a sustentação e a progressiva acolhida de suas teses centrais, convergem quanto a um balanço geral positivo[6]. A ele, no entanto, somam preocupações com perigos ora atribuíveis a más compreensões da proposta metodológica "Civil-Constitucional"[7], ora a descuidos da judicatura com possíveis arbitrariedades[8], as quais seriam arrostadas

---

3. LEAL, F. Seis objeções ao Direito Civil Constitucional. *Revista Brasileira de Direitos Fundamentais e Justiça*, n. 33, Porto Alegre: PUCRS, out-dez 2015.
4. REIS, T. Dogmática e incerteza normativa: crítica ao substancialismo jurídico do Direito Civil-Constitucional. *Revista de Direito Civil Contemporâneo*, v. 11, a. 4, p. 213-238, São Paulo: Ed. RT, abr-jun 2017.
5. V. ARNT RAMOS, A. L. *Segurança jurídica e indeterminação normativa deliberada*: elementos para uma Teoria do Direito (Civil) Contemporâneo. Curitiba: Juruá, 2021, no prelo.
6. Schreiber, neste trilho, destaca: "Nos últimos 20 anos, o que era corrente minoritária entre os civilistas brasileiros parece ter se tornado sucesso absoluto de público e crítica. A expressão 'direito civil-constitucional', antes restrita a um pequeno círculo acadêmico, aparece hoje em capas de livros, títulos de artigos, ementas de decisões judiciais, programas de concursos públicos e até em panfletos publicitários de cursos preparatórios" (SCHREIBER, A. Direito Civil e Constituição. In: SCHREIBER, A. *Direito Civil e Constituição*. São Paulo: Atlas, 2013, p. 5). Relato semelhante há em FACHIN, L. E. Em defesa da constituição prospectiva e a nova metódica crítica do direito civil e suas 'constitucionalizações'..., p. 18.
7. É o que sugerem Schreiber e Konder: "No entanto, essa grande difusão nem sempre vem acompanhada do devido cuidado com as premissas que guiam esse método, o que enseja diversas críticas quanto à falta de rigor científico da metodologia, especialmente no tocante ao modo de aplicação concreta dos princípios constitucionais. Acredita-se que essas críticas não seriam formuladas se a metodologia fosse suficientemente conhecida e corretamente aplicada" (SCHREIBER, A. e KONDER, C. N. Uma agenda para o Direito Civil-Constitucional. *Revista Brasileira de Direito Civil*, v. 10, p. 9-27, out-dez 2016, p. 10).
8. Em relação à reparação de danos, mas com explícita abertura para outras searas, Bodin de Moraes afirma que: "Entretanto, a viabilização dessa conquista, como de outras desde a promulgação do texto constitucional, ocorreu mediante a exacerbação do recurso à técnica legislativa da cláusula geral e o livre arbitramento, que deixaram a cargo do magistrado, respectivamente, todo e qualquer juízo acerca da existência de ato contrário ao Direito, bem como o cálculo de sua compensação, normalmente prescindindo de provas. Não foram ainda, como se sabe, elaborados critérios (ou mesmo parâmetros) minimamente objetivos que possam auxiliar o juiz nessas difíceis matérias, atribuídas, inteiramente, à sua consciência. A jurisprudência, ainda inexperiente no tocante a tal metodologia, tem tido que a aplicar sem o necessário apuro técnico, o que contribui para o cenário atual de caos e arbitrariedade em relação ao tema" (BODIN DE MORAES, M. C. Do juiz-boca-da-lei à lei segundo a boca-do-juiz: notas sobre a aplicação-interpretação do direito no início do séc. XXI. [online]. Disponível em: https://www.academia.edu/22848523/Do_juiz_boca-da-lei_à_lei_segundo_a_boca-do-juiz_notas_sobre_a_aplicação-interpretação_do_direito_no_in%C3%ADcio_do_séc._XXI. Acesso em: 31 jan. 2019, p. 2).

mediante a reafirmação peremptória de um compromisso com os *valores* constitucionais que orbitam em torno da dignidade da pessoa humana – posicionamento, este, de que não se compartilha, em prestígio ao caráter *deontológico*, não axiológico, do Direito[9]. O parecer de Bodin de Moraes, neste giro, é bastante emblemático desta síntese:

> Uma análise retrospectiva desses anos pós-constitucionais revela, no geral, uma história bem-sucedida. Contamos com um ordenamento jurídico plural e solidário, com a proteção cada vez mais plena e integral da pessoa humana e com uma metodologia de interpretação e aplicação do direito mais flexível e justa. No âmbito do direito civil, em especial, consolida-se a ideia de que a supremacia hierárquica do texto constitucional impõe não apenas o respeito formal às normas superiores, mas exige que a legislação ordinária seja sempre interpretada e aplicada de modo a garantir a máxima eficácia dos preceitos da Constituição.
>
> O momento atual, todavia, apresenta também riscos e perigos, e deve ser observado com cautela. Um exame superficial já revela que as numerosas conquistas obtidas vieram acompanhadas de sérias consequências negativas, as quais, sem a devida correção, podem afastar os próprios objetivos que inicialmente se buscava atingir[10].

No bojo de tais riscos e perigos, conforme leitura de Ehrhardt Junior, estão os "de uma hipertrofia [constitucional] que pode colocar em xeque todo o sistema", à medida em que uma "panconstitucionalização" favorece um "governo autoritário dos juízes que se valem de um decisionismo vazio para tentar legitimar suas sentenças com prejuízo para uma segurança jurídica, que transcende meros formalismos"[11]. O diagnóstico é preciso, tanto no que toca ao perigo da ascendência do arbítrio pela invocação irresponsável de enunciados constitucionais, quanto pela renovação do sentido operativo de segurança jurídica no contexto das democracias constitucionais, o qual, no dizer de Fachin, não remete a "imutabilidade, mas sim a um mínimo indispensável de previsibilidade, em patamares compatíveis com o dinamismo e o cosmopolitismo"[12] das sociedades hodiernas.

Alguns aspectos da generalidade das perspectivas enfeixadas sob o rótulo "Civil--Constitucional", especialmente a adstrição a uma perspectiva axiológica – i.e.: que atribui força normativa a valores –, apesar dessas percepções, dificulta o espancamento dos conhecidos riscos de descambo para decisionismos e para o movediço terreno da insegurança jurídica. Tais traços, é dizer, impedem a elisão do pretexto de que "a superação da aplicação mecânica (...) [conferiria] ao magistrado carta branca para decidir, de acordo com suas concepções pessoais, mediante a invocação genérica de algum princípio constitucional que ele acredite amparar sua própria e individual versão de justiça"[13].

---

9. Seja facultado remeter a: ARNT RAMOS, A. L. *Segurança jurídica e indeterminação normativa deliberada...*, e ARNT RAMOS, A. L. Ensaio de uma (auto)crítica: o Direito Civil contemporâneo entre a tábua axiológica constitucional e a constituição prospectiva. *Pensar*. Fortaleza, v. 23, n. 3, p. 1-9, out./dez. 2018.

10. BODIN DE MORAES, M. C. Do juiz-boca-da-lei à lei segundo a boca-do-juiz: notas sobre a aplicação-interpretação do direito no início do séc. XXI..., p. 1.

11. EHRHARDT JUNIOR, M. Acertos e desacertos do processo de constitucionalização dos direitos: uma reflexão sobre os perigos da ubiquidade constitucional no Direito Civil brasileiro. *Revista do Instituto do Direito Brasileiro*, a. 1, n. 2, p. 833-865, 2012, p. 836 e 860.

12. FACHIN, L. E. Segurança jurídica entre ouriços e raposas. In: PIANOVSKI RUZYK, C. E., SOUZA, E. N., BEZERRA DE MENEZES, J. e EHRHARDT JUNIOR, M. (Org.). *Direito Civil Constitucional*: a ressignificação da função dos institutos fundamentais do Direito Civil Contemporâneo e suas consequências. Florianópolis: Conceito Editorial, 2014, p. 16.

13. BODIN DE MORAES, M. C. Do juiz-boca-da-lei à lei segundo a boca-do-juiz: notas sobre a aplicação-interpretação do direito no início do séc. XXI..., p. 13.

Diante deste panorama, as mais pungentes críticas dirigidas ao Direito Civil Contemporâneo se reportam a seu inevitável particularismo ou a um encardido substancialismo, os quais subjugariam qualquer pretensão de restauro e afirmação da segurança jurídica.

Leal, neste giro, apresenta seis objeções à perspectiva "Civil-Constitucional" tomada como gênero, que: (i) implicaria um *aumento de casos difíceis*, na medida em que exige a concretização da Constituição caso-a-caso, com consequentes aumento de variáveis decisórias, referência constante a rarefeitos preceitos constitucionais e, enfim, um inevitável particularismo decisório[14]; (ii) teria deficiências metodológicas, uma vez que "o direito civil constitucional não traz nenhuma grande inovação em termos de controle da subjetividade judicial"[15]; (iii) trivializaria a dignidade humana, cujo sentido se perde em uma espiral de vagueza ou em sua caracterização como mero adorno retórico, i.e.: "a evocação da dignidade vem quase sempre acompanhada da afirmação da sua importância ou de formulações muito abertas, o que lhe garante papel de mero *topos* argumentativo"[16]; (iv) implicaria excessivo paternalismo estatal, com a conseguinte substituição do protagonismo do indivíduo pelo do Estado, à míngua de instrumentos de controle, o que teria estreita relação com a tirania da dignidade de Frankenberg[17]; (v) minaria a autoridade do Direito (especialmente do Direito legislado), pelo crescente desvalor da legislação frente à jurisdição, encarregada da guarda e execução dos desígnios constitucionais; e (vi) diluiria as fronteiras entre Direito e Moral, já que "no mundo civil constitucional, tomar decisões jurídicas não parece ser diferente de tomar decisões morais, pois o correto parece gozar de prioridade absoluta sobre o formal"[18].

Reis[19], por seu turno, dirige críticas muito duras à obra de Fachin – embora não raro lhe atribua posições sustentadas por outros autores, cujas ideias não necessariamente correspondem às daquele – e ao que chama de *jargão Civil-Constitucional*. Sustenta, pontualmente, que este seria sintoma de letargia doutrinária, bem à moda do bacharelismo brasileiro, bem assim que: (a) estaria imbricado em narrativa histórica inconsistente, (b) padeceria de incoerências metodológicas e (c) abalaria a legitimidade institucional do Direito.

Estas objeções, de ambos os autores, tocam pontos sensíveis da perspectiva Civil--Constitucional e, especialmente pela convergência com as preocupações de destacados defensores seus, merecem ser levadas a sério. O Direito Civil Contemporâneo, para além dos festejos do sucesso da constitucionalização, precisa articular respostas às críticas, as quais nem sempre exprimem más-interpretações.

---

14. LEAL, F. Seis objeções ao Direito Civil Constitucional..., p. 132.
15. LEAL, F. Seis objeções ao Direito Civil Constitucional..., p. 138.
16. LEAL, F. Seis objeções ao Direito Civil Constitucional..., p. 143.
17. Cf. LEAL, F. Seis objeções ao Direito Civil Constitucional..., p. 145 e 148. O pensamento de Frankenberg a respeito foi exposto em: FRANKENBERG, G. *A gramática da Constituição e do Direito*. Tradução de Elisete Antoniuk. Belo Horizonte: Del Rey, 2007.
18. LEAL, F. Seis objeções ao Direito Civil Constitucional..., p. 155.
19. REIS, T. Dogmática e incerteza normativa: crítica ao substancialismo jurídico do Direito Civil-Constitucional..., passim.

3. CONSIDERAÇÃO E RESPOSTA ÀS CRÍTICAS DE LEAL E REIS

A objeção de Reis quanto à narrativa histórica que dá sustentação à perspectiva Civil-Constitucional não ataca necessariamente à versão advogada por Fachin. Ademais, resume-se à afirmação de que tal narrativa se basta em uma caricaturização de determinados episódios e tempos históricos e a um arrogante triunfalismo, donde adviria a inevitabilidade das teses Civil-Constitucionais[20]. A isso se somaria, agora sim relativamente à obra de Fachin, a impropriedade do uso da narrativa *à Era Vargas* de Gomes[21] como sustentáculo de ilações acerca do Direito contemporâneo[22].

A primeira dimensão da crítica, embora talvez excessivamente rigorosa, de fato tem procedência. Não são poucos escritos vinculados à perspectiva Civil-Constitucional que assumem o império despótico da vontade no *laissez-faire* de um talvez nunca existente Estado Liberal brasileiro, bem assim textos que – influentes para proponentes do Civil-Constitucional – anunciam a Assembleia Constituinte de 1987 como *começo da história* constitucional brasileira[23]. Da mesma forma, é muito recorrente a feitura de espantalhos com vulgatas do positivismo exegético, como a representação de juízes autômatos e integralmente submissos a sistemas de regras. A correção deste arco histórico, contudo, não interfere na pertinência das teses Civil-Constitucionais ao contexto brasileiro de finais do Século XX e início do Século XXI – ou de outros que, sob inspiração do modelo de Estado Constitucional, a ele se assemelhem.

A segunda dimensão, diferentemente, comporta rechaço. Primeiro, porque a narrativa de Gomes, embora inserida no contexto corporativista e autoritário da Era Vargas, reflete, nos temas criticados por Reis, a produção historiográfica de autores de relevo a sua época, a exemplo de Capistrano de Abreu[24]. Segundo, porque perspectivas mais ou menos intervencionistas de determinados marcos teóricos não são causas da imprestabilidade de suas contribuições, assim como – com a escusa pela *reductio ad hitlerum*, embora Reis a empregue na conclusão de seu escrito[25] – os vernizes nazistas de autores como Schmitt, Heidegger e Larenz não parecem impedir a apropriação de suas produções

---

20. Relata o autor: "Essa descrição exibe uma série de problemas. O principal deles é o fato de pressupor como incontroversa uma representação da ciência jurídica europeia do séc. XIX e início do séc. XX, que, embora amplamente divulgada na doutrina, não possui fundamento na historiografia jurídica atual. De fato, diversas pesquisas têm apontado as inconsistências de uma narrativa que reduz o direito civil clássico a mera apologia do laissez-faire e de uma aplicação mecânica da lei. (...) Ponderações similares devem ser feitas também à suposta vinculação entre positivismo e totalitarismo no séc. XX. Diferentemente da opinião geral (...), sabe-se hoje que a perversão do direito nas décadas de 1930-1940 não se deu pelo aprofundamento de uma tendência positivista. O aspecto decisivo residiu, ao contrário, numa transformação dos critérios de validade do direito através de um novo método de interpretação que buscava na *realidade*, em oposição ao direito *formal* da legislação e ao direito *abstrato* da doutrina, o seu fundamento *concreto e objetivo*." (REIS, T. Dogmática e incerteza normativa: crítica ao substancialismo jurídico do Direito Civil-Constitucional..., p. 221-223).
21. Especificamente a contida em GOMES, O. *Raízes históricas e sociológicas do Código Civil Brasileiro*. São Paulo: Martins Fontes, 2003.
22. Cf. REIS, T. Dogmática e incerteza normativa: crítica ao substancialismo jurídico do Direito Civil-Constitucional..., p. 225.
23. BARROSO, L. R. e BARCELLOS, A. P. O começo da história. A nova interpretação constitucional e o papel dos princípios no Direito brasileiro. *Revista de Direito Administrativo*, Rio de Janeiro, v. 232, p. 141-176, abr.-jun. 2003.
24. Cf., a propósito: ABREU, C. *Capítulos de História Colonial*. Rio de Janeiro: Briguiet, 1954, passim.
25. Ao arguir a inconstitucionalidade do Direito Civil-Constitucional, ele diz: "A crença na possibilidade de se encurtar a distância entre norma e fato por meio de recurso à 'substância' do direito (...) está há muito superada, inclusive

na contemporaneidade. Destarte, mesmo que a crítica possa ser considerada pertinente, ela não basta para desestruturar seu alvo.

Na mesma toada, o aumento dos chamados *casos difíceis*, primeiro dos pontos suscitados por Leal, não é apenas um subproduto da emergência de questões constitucionais à superfície da casuística do Direito Privado. É uma marca da complexidade do mundo contemporâneo, a qual conduz teóricos e práticos do Direito de diversos contextos e matizes a afirmar que *não existem casos fáceis*[26]. Assim, sem descambar para o espantalho do formalismo caricato usualmente contrastado à superioridade das respostas da perspectiva Civil-Constitucional, parece ingênua a crença de que a circunscrição dos tomadores de decisão a elementos normativos pontuais possa conter a difusão de casos complexos[27]. Esta ilusão foi desfeita mediante a demonstração de que a indeterminação normativa (contingencial ou deliberada; constitucional ou não) não é um problema, mas uma possibilidade para a segurança jurídica, mormente se compreendida nos esquadros do coerentismo derrotável, esquadrinhado alhures[28]. Estes, aliás, consubstanciam o suplemento metodológico de cuja carência se acusa o Direito Civil Contemporâneo; trazem, vale dizer, inovação em termos de controle do arbítrio na tomada de decisões jurídicas – e de uma verdadeira *accountability* dos tomadores de decisão[29].

Isto derruba, também, a semelhante crítica de Reis quanto à incoerência metodológica do Civil-Constitucional. As distorções que ele identifica a partir da pouco criteriosa supremacia dos princípios sobre as regras e o resultante substancialismo criativo em que incorreria o Civil-Constitucional[30], são debeladas pelo modelo coerentista derrotável, o qual acolhe a força construtiva dos fatos (ou melhor: a constituição prospectiva do

---

por ter concorrido para a construção de regimes totalitários na primeira metade do séc. XX." (REIS, T. Dogmática e incerteza normativa: crítica ao substancialismo jurídico do Direito Civil-Constitucional..., p. 225).

26. V. SOLUM, L. B. Indeterminacy. In: PATTERSON, D. (Org.). *A companion to Philosophy of Law and Legal Theory*. 2. ed. Oxford: Wiley-Blackwell, 2010, p. 479.

27. Cf. *insight* semelhante em RODOTÀ, S. *El derecho a tener derechos*. Trad. José Manuel Revuelta López. Madrid: Trotta, 2014, p. 54.

28. ARNT RAMOS, A. L. *Segurança jurídica e indeterminação normativa deliberada...*, passim.

29. Nas palavras de Cohen (The rule of law as the rule of reasons. *Archiv für Rechts – und Sozialphilosophie*, v. 96, n. 1, p. 1-16, 2010, p. 13): "a efetiva oferta de razões força tomadores de decisão a articular suas visões publicamente, por via oral ou escrita. A exigência de justificação pressiona os tomadores de decisão a encontrar argumentos convincentes para sua posição e a evitar o uso de argumentos solipsistas ou imorais. (...) Similarmente, a exigência de fundamentação, espera-se, desempenha pressões psicológicas sobre os tomadores de decisão, no sentido de autocensura em antecipação ao reproche público no caso da apresentação de argumentos solipsistas". Tradução livre. No original: "actual reason giving forces decision-makers to articulate their views publicly, be it orally or in writing. The requirement to give reasons pressures decision-makers to find convincing arguments for their position and refrain from using self-interested and immoral arguments. (...) Similarly, the requirement to give reasons, it is hoped, exerts psychological pressures on decision-makers toward self-censorship in anticipation of public disapproval and reproach in the case they offer self-centered reasons".

30. Relativamente à tomada de categorias em sua dimensão material e à força construtiva dos fatos, Reis afirma que: "Enquanto referencial normativo de um discurso jurídico, no entanto, esse jogo de linguagem introduz no sistema um alto grau de incoerência e arbitrariedade ao possibilitar que qualquer ator, seja na doutrina, na administração, no Legislativo ou no Judiciário, desvincule-se do direito posto e recorra à *substância* (como ele a vê) para legitimar sua posição". E complementa: "O potencial de incoerência produzida por uma concepção jurídica substancialista como essa é o de que ela é arriscada do ponto de vista institucional e incontrolável do ponto de vista dogmático, pois produz todo tipo de incerteza quanto ao direito vigente. Nesse sentido, o conteúdo normativo de uma determinada relação jurídica pode ser alterado a qualquer momento em vista de uma 'força construtiva dos fatos' que o intérprete, tal como ele a vê, julgue relevante." (REIS, T. Dogmática e incerteza normativa: crítica ao substancialismo jurídico do Direito Civil-Constitucional..., p. 228 e 230).

Direito Civil) na medida em que coera – i.e.: faça sentido – com a totalidade do contexto normativo; com a unidade do ordenamento.

A criticada trivialização da dignidade humana (e, por que não?, de outras formulações principiológicas, como *solidariedade, boa-fé, função social* etc.) é preocupação central da segurança como coerência, já que traduz o estopim do decisionismo por ela combatido. Aliás, esta banalização é duramente atacada desde dentro do Civil-Constitucional, como algo indesejável e altamente reprovável segundo seus pressupostos fundamentais. É o que revela o parecer de Schreiber:

> nada está mais distante da metodologia civil-constitucional que a invocação irresponsável da "dignidade humana", para sustentar demandas indenizatórias de caráter frívolo, ou a menção oportunista à "função social do contrato", no afã de justificar o descumprimento de deveres contratuais legitimamente assumidos. A metodologia civil-constitucional reclama a aplicação dos princípios constitucionais, mas tal aplicação se dá necessariamente de modo técnico e criterioso, por meio de uma fundamentação controlável, ancorada no dado normativo. A invocação velhaca dos valores constitucionais nada tem de civil-constitucional: é patifaria intelectual, que, longe de privilegiar, esvazia a densidade das normas fundantes do ordenamento jurídico brasileiro[31].

O perigo, ao que parece, está no problema metodológico tangenciado *supra*, o qual, a pretexto de aplicar o ordenamento como um todo *axiologicamente* unitário, incorre em uma perigosa desvalia da juridicidade, constantemente ameaçada por uma palmatória axiológica constitucional, talhada sobre leituras fragmentárias de formulações principiológicas. Isto resulta em uma drástica redução de complexidade da ordem constitucional, "no sentido de retrotraí-la a um princípio último, amplamente aberto", o que, no cirúrgico parecer de Neves, "tende a um moralismo incompatível com o funcionamento do direito em uma sociedade complexa"[32]. Mais ainda se este princípio for entendido, como sói acontecer na civilística brasileira, como *valor* (incontrolável)[33] – hipótese em que as objeções aqui destrinchadas seriam enormemente potencializadas. Mas as coisas não precisam, necessariamente, ser assim.

Muito embora o Direito não possa pretender esgotar complexidade que circunda a dignidade humana[34], esta, para efeito de resolução de casos jurídicos, é um princípio – uma norma jurídica, portanto, e não um valor – que contém uma concepção jurídica – normativa – de dignidade[35]. Como tal, constitui razão para decidir casos jurídicos, bem como para derrotar, fundamentadamente e observada a exigência de universalidade, determinada regra

---

31. SCHREIBER, A. Direito Civil e Constituição..., p. 23.
32. NEVES, M. *Entre Hidra e Hércules*: princípios e regras constitucionais como diferença paradoxal do sistema jurídico. São Paulo: Martins Fontes, 2014, p. 193.
33. A perspectiva axiológica encerra argumento circular: "valores constitucionais demandam, por sua natureza, aplicação fundamentada e constituem, ao mesmo tempo, critério de controle dessa fundamentação. Não é difícil intuir que tautologias como essa são incapazes de definir parâmetros que viabilizem o controle efetivo das decisões judiciais, distinguindo grupos de casos e fixando critérios de reaproveitamento das soluções em casos futuros. Desarticulada a estrutura de princípios e regras e flexibilizada a vinculação do intérprete à lei sem critérios objetivos de controle das decisões, há boas razões para crer que o direito civil-constitucional seja ele próprio uma das principais causas da incerteza normativa para a qual busca agora uma 'necessária calibragem'" (REIS, T. Dogmática e incerteza normativa: crítica ao substancialismo jurídico do Direito Civil-Constitucional..., p. 231).
34. V. PEREIRA-MENAUT, A. C. e PEREIRA-SAÉZ, M. C. Human dignity and European constitutionalism: *flatus vocis or ratio decidendi?* In: ARNOLD, R. (Org.). *The convergence of the fundamental rights protection in Europe...*, p. 233.
35. Cf., nesta linha: PIANOVSKI RUZYK, C. E. Dignidade humana. In: CLÈVE, C. M. (Coord.). *Direito constitucional brasileiro*. V.1: Teoria da constituição e direitos fundamentais. São Paulo: Ed. RT, 2014, p. 172 e 176.

ou solução jurídica ancorada em outros elementos normativos. Não é necessário, menos ainda desejável, que todo e qualquer caso se resolva com menção à dignidade – precisamente como ressalta Schreiber; sobretudo se essa for uma menção descompromissada e meramente decorativa. E é perfeitamente possível (mais que isto: desejável) a realização de leituras críticas de práticas decisórias que reduzem a dignidade humana a um *flatus vocis*; isto é: a decisões que, suprimidas as referências ao princípio (à norma), permaneceriam inalteradas, como se aquele fosse, de fato, trivial e despido de normatividade. Isto é, inclusive, recorrente em variados contextos jurídicos[36], com resultados que não podem ser desprezados.

Pereira-Menaut e Pereira-Saéz, a título de exemplo, após problematizações de fundo, escrutinam quatro decisões judiciais, proferidas por Tribunais Alemães ou pela Corte Europeia de Direitos Humanos, nas quais se fez referência expressa à dignidade humana. Ao escovar estes casos, identificaram os sentidos normativos extraídos da invocação textual do princípio, nas decisões de que ele constitui *ratio decidendi*, e denunciaram seu uso meramente retórico em outras ocasiões[37].

A invocação da dignidade humana (ou de qualquer outro) princípio, portanto, deve ser acompanhada de zelo com a totalidade do ordenamento e com o contexto do caso – cujas circunstâncias fático-jurídicas, acaso embasem solução inovadora ao contexto normativo que se tenha por referência, têm que ser universalizáveis[38]. Assim não se mina a autoridade do Direito legislado, menos ainda se sabota a autonomia do Direito relativamente a normativas integrantes de dadas moralidades. Mais especialmente, assim se pode alcançar decisões jurídicas consentâneas com o sentido de segurança jurídica possível no bojo do Estado Constitucional[39].

Enfim, a objeção que acusa a perspectiva Civil-Constitucional de favorecer vieses paternalistas-autoritários[40], embora pungente, dissolve como névoa no solo diante das

---

36. E.g.: ao escrutinar decisões do Superior Tribunal de Justiça brasileiro em que se tenha invocado a expressão "boa-fé objetiva", Schmidt critica seu emprego ora como mero recurso retórico (*rethorische Floskel*), como espécie de varinha de condão (*Zauberstab*) para a resolução de problemas complexos ou como atalho ao emprego de dispositivos com maior densidade normativa, que exigiria maior delonga na busca por soluções e o atingimento de resultado talvez não tão simpático aos apetites por justiça. Cf.: SCHMIDT, J. P. Zehn Jahre Art. 422 Código Civil – Licht und Schatten bei der Anwendung des Grundsatzes von Treu und Glauben in der brasilianischen Gerichtspraxis. *DBJV Mitteilungen*, n. 2, p.34-47, 2014, p. 39 e ss.
37. PEREIRA-MENAUT, A. C. e PEREIRA-SAÉZ, M. C. Human dignity and European constitutionalism: *flatus vocis* or *ratio decidendi*? ARNOLD, R. (Org.). *The convergence of the fundamental rights protection in Europe*. Dodrecht: Springer, 2016, p. 230-232.
38. Sobre o tema, v. MACCORMICK, N. Universales y particulares. *DOXA: Cuadernos de Filosofía del Derecho*. Alicante, n. 32, p. 127-150, 2009, p. 149.
39. A propósito, calha o parecer de Ost e Kerchove: "a obra do juiz é figura alçada de maior significância: entre a natureza casuística da apreensão de múltiplos e diversos conflitos de interesse, e a sistemática que exige o cumprimento das normatizações do legislador e das sínteses doutrinárias, esta produção judicial se esforça para conciliar a demanda de individualização que a equidade exige e a exigência de generalização que implica qualquer forma de Justiça racional". Tradução livre. No original: "*l'œuvre du juge semple être la figure la plus significative : entre la casuistique que suscite l'appréhension des conflits d'intérêts, multiples et divers, et la systématique que semble réclamer la conformité aux codifications du législateur et aux synthèses doctrinales, cette production jurisprudentielle s'efforce de concilier l'exigence d'individualisation qu'appelle l'équité et l'exigence de généralisation qu'implique toute forme de justice rationnelle*" (OST, F. e KERCHOVE, M. *Le système juridique entre ordre et désordre*. Paris: Presses Universitaires de France, 1988, p. 236).
40. É paternalista-autoritária qualquer política que vise à imposição de determinadas escolhas a certo(s) universo(s) de agentes, sob o pretexto de garantir-lhes bem-estar e/ou preservá-los de efeitos deletérios de más escolhas (desde a perspectiva do formulador da política) – cf. THALER, R. H. e SUNSTEIN, C. R. Libertarian paternalism. *The American Economic Review*, v. 93, n. 2, p. 175-179, mai. 2003, p. 175.

respostas articuladas a partir e sob o albergue da segurança como coerência. Isto fica bastante claro com a leitura da função dos institutos fundamentais de Direito Civil como liberdade[41], em múltiplos perfis. É que *se* o propósito do governo jurídico das relações entre particulares é, de fato, presidido por um princípio de liberdade, *então* restrições normativas a liberdades somente se justificam na medida em que se coadunem com aquele, mediante a proteção ou promoção de liberdades de outras pessoas ou grupos sociais.

Esta constatação, por um lado, recomenda a reconsideração de restrições abstratas a liberdades, à luz de sua justificabilidade segundo o diapasão funcional do Direito Civil brasileiro contemporâneo, com o fito de torná-las coerentes (em vez de ruidosas) com aquele[42]. Por outro, compreende a possibilidade de restrições fundamentadas em concreto, bem assim o encaminhamento – mas não a imposição – de determinadas escolhas aos particulares na condução de suas vidas civis. Trata-se, em uma palavra, de abertura ao endosso de opções paternalistas-libertárias[43] – isto é: do desempenho de *influência* sobre as escolhas dos indivíduos potencialmente afetados por determinados atos ou atividades, segundo critérios de mensuração tão objetivos quanto possível, mas sem impedir, coativamente, a feitura de escolhas diferentes[44]. Embora, aqui, abordagens paternalistas-libertárias possam encontrar espaço e conquanto possam ser, elas mesmas, disputadas, certamente não se está diante do risco tirânico do paternalismo autoritário. Mantém-se, afinal, "a liberdade na escolha, sem alterar incentivos econômicos ou proibir ou impor alternativa, visando ao alcance da escolha satisfatória, considerada aquela que traga maiores benefícios coletivos e individuais"[45]. Também este ataque, portanto, não se revela suficientemente pungente para desestruturar seu alvo.

4. APONTAMENTOS CONCLUSIVOS

O enfrentamento das objeções levantadas em face do Direito Civil Contemporâneo – ou do Civil-Constitucional – faz, então, com que este, mesmo modificado em importantes características suas, emerja revigorado e robustecido pela segurança como coerência. Assim, ao contrário do que sugerem Leal e Reis, a perspectiva do Direito

---

41. PIANOVSKI RUZYK, C. E. *Institutos fundamentais de Direito Civil e liberdade(s)*: repensando a dimensão funcional do contrato, da propriedade e da família. Rio de Janeiro: GZ, 2011.

42. Com isso, ademais, dá-se corpo à recomendação de Souza: "Nas mais variadas áreas do Direito Civil, por outro lado, progressivamente se constata a insuficiência da análise exclusivamente estrutural e *a priori* do direito para um efetivo controle valorativo da autonomia privada à luz da legalidade constitucional. (...) Compreendidas as causas legais de invalidade como juízo abstrato feito pelo legislador sobre os prováveis efeitos a serem produzidos por certos atos, parece lógico concluir que esse juízo pode e deve ser completado em concreto pelo intérprete, a quem se autoriza afastar em parte ou no todo as consequências ordinárias da nulidade ou da anulabilidade se identificar interesse merecedor de tutela que fundamentadamente o justifique" (SOUZA, E. N. Invalidades negociais em perspectiva funcional: ensaio de uma aplicação ao planejamento sucessório. In: TEIXEIRA, D. (Coord.). *Arquitetura do planejamento sucessório*. Belo Horizonte: Fórum, 2019, p. 211).

43. A propósito, diz Kanayama: "O paternalismo libertário é o ponto médio entre o liberalismo e o paternalismo coercitivo. Mantém a possibilidade de escolhas, mas incentiva a escolha adequada. O Estado dá um *empurrão* (*nudge*) para a escolha certa" (KANAYAMA, R. L. Políticas públicas – entre o liberalismo e o paternalismo. *Revista de Direito Público da Economia*. Belo Horizonte, a. 11, n. 42, p. 213-231, abr./jun. 2013, p. 221).

44. THALER, R. H. e SUNSTEIN, C. R. Libertarian paternalism..., p. 175.

45. KANAYAMA, R. L. Políticas públicas – entre o liberalismo e o paternalismo..., p. 222.

Civil Contemporâneo e sua tríplice constituição, sobretudo se afinada no diapasão da segurança como coerência, configura resposta adequada ao desafio de arrostar as tensões entre poder e Direito, no tempo presente, sobretudo na seara Civil.

5. REFERÊNCIAS

ABREU, C. *Capítulos de História Colonial*. Rio de Janeiro: Briguiet, 1954.

ARNT RAMOS, A. L. Ensaio de uma (auto)crítica: o Direito Civil contemporâneo entre a tábua axiológica constitucional e a constituição prospectiva. *Pensar*. Fortaleza, v. 23, n. 3, p. 1-9, out./dez. 2018.

ARNT RAMOS, A. L. *Segurança jurídica e indeterminação normativa deliberada*: elementos para uma Teoria do Direito (Civil) Contemporâneo. Curitiba: Juruá, 2021.

BARROSO, L. R. e BARCELLOS, A. P. O começo da história. A nova interpretação constitucional e o papel dos princípios no Direito brasileiro. *Revista de Direito Administrativo*, Rio de Janeiro, v. 232, p. 141-176, abr.-jun. 2003.

BODIN DE MORAES, M. C. A caminho de um direito civil constitucional. In: BODIN DE MORAES, M. C. *Na medida da pessoa humana*: estudos de direito civil-constitucional. 1ª reimp. Rio de Janeiro: Editora Processo, 2016.

BODIN DE MORAES, M. C. Do juiz-boca-da-lei à lei segundo a boca-do-juiz: notas sobre a aplicação-interpretação do direito no início do séc. XXI. [online]. Disponível em: https://www.academia.edu/22848523/Do_juiz_boca-da-lei_à_lei_segundo_a_boca-do-juiz_notas_sobre_a_aplicação-interpretação_do_direito_no_in%C3%ADcio_do_séc._XXI. Acesso em: 31.01.2019.

COHEN, M. The Rule of Law as a rule of reasons. *Archiv für Rechts – und Sozialphilosophie*, v. 96, n. 1, p. 1-16, 2010.

EHRHARDT JUNIOR, M. Acertos e desacertos do processo de constitucionalização dos direitos: uma reflexão sobre os perigos da ubiquidade constitucional no Direito Civil brasileiro. *Revista do Instituto do Direito Brasileiro*, a. 1, n. 2, p. 833-865, 2012.

FACHIN, L. E. Segurança jurídica entre ouriços e raposas. In: PIANOVSKI RUZYK, C. E., SOUZA, E. N., BEZERRA DE MENEZES, J. e EHRHARDT JUNIOR, M. (Org.). *Direito Civil Constitucional*: a ressignificação da função dos institutos fundamentais do Direito Civil Contemporâneo e suas consequências. Florianópolis: Conceito Editorial, 2014.

FRANKENBERG, G. *A gramática da Constituição e do Direito*. Trad. Elisete Antoniuk. Belo Horizonte: Del Rey, 2007.

GOMES, O. *Raízes históricas e sociológicas do Código Civil Brasileiro*. São Paulo: Martins Fontes, 2003.

KANAYAMA, R. L. Políticas públicas – entre o liberalismo e o paternalismo. *Revista de Direito Público da Economia*. Belo Horizonte, a. 11, n. 42, p. 213-231, abr./jun. 2013.

LEAL, F. Seis objeções ao Direito Civil Constitucional. *Revista Brasileira de Direitos Fundamentais e Justiça*, n. 33, Porto Alegre: PUCRS, out-dez 2015.

MACCORMICK, N. Universales y particulares. *DOXA*: Cuadernos de Filosofía del Derecho. Alicante, n. 32, p. 127-150, 2009.

NEVES, M. *Entre Hidra e Hércules*: princípios e regras constitucionais como diferença paradoxal do sistema jurídico. São Paulo: Martins Fontes, 2014.

PEREIRA-MENAUT, A. C. e PEREIRA-SAÉZ, M. C. Human dignity and European constitutionalism: *flatus vocis* or *ratio decidendi*? In: ARNOLD, R. (Org.). *The convergence of the fundamental rights protection in Europe*. Dodrecht: Springer, 2016.

PIANOVSKI RUZYK, C. E. *Institutos fundamentais de Direito Civil e liberdade(s)*: repensando a dimensão funcional do contrato, da propriedade e da família. Rio de Janeiro: GZ, 2011.

REIS, T. Dogmática e incerteza normativa: crítica ao substancialismo jurídico do Direito Civil-Constitucional. *Revista de Direito Civil Contemporâneo*, v. 11, a. 4, p. 213-238, São Paulo: Ed. RT, abr-jun 2017.

RODOTÀ, S. *El derecho a tener derechos*. Trad. José Manuel Revuelta López. Madrid: Trotta, 2014.

RODRIGUES, N. *Memórias*: a menina sem estrela. 3. ed. Rio de Janeiro: Nova Fronteira, 2015.

SCHREIBER, A. Direito Civil e Constituição. In: SCHREIBER, A. *Direito Civil e Constituição*. São Paulo: Atlas, 2013.

SCHREIBER, A. e KONDER, C. N. Uma agenda para o Direito Civil-Constitucional. *Revista Brasileira de Direito Civil*, v. 10, p. 9-27, out-dez 2016.

SOLUM, L. B. Indeterminacy. In: PATTERSON, D. (Org.). *A companion to Philosophy of Law and Legal Theory*. 2. ed. Oxford: Wiley-Blackwell, 2010.

SOUZA, E. N. Invalidades negociais em perspectiva funcional: ensaio de uma aplicação ao planejamento sucessório. In: TEIXEIRA, D. (Coord.). *Arquitetura do planejamento sucessório*. Belo Horizonte: Fórum, 2019.

THALER, R. H. e SUNSTEIN, C. R. Libertarian paternalism. *The American Economic Review*, v. 93, n. 2, p. 175-179, maio 2003.

BREVE ENSAIO EM TEMA DOS FUNDAMENTOS DO DIREITO CIVIL-CONSTITUCIONAL E A CONCEPÇÃO DO DIREITO FUNDAMENTAL À PROTEÇÃO DE DADOS PESSOAIS

Carlos Edison do Rêgo Monteiro Filho

Professor Titular de Direito Civil da Faculdade de Direito da UERJ.

A promulgação da Constituição de 1988 operou vigorosa transformação do direito civil, a impor a releitura de todas as suas instituições. A nova Carta ensejou tanto a revogação das disposições normativas incompatíveis com o seu texto e seu espírito, quanto a modificação interpretativa de todas as remanescentes. Rompeu com as bases e valores que até então prevaleciam, notadamente o individualismo e o patrimonialismo, e inaugurou nova ordem jurídica, calcada em valores existenciais, não patrimoniais, sobretudo no pluralismo e no solidarismo.[1]

Com efeito, perdeu o Código Civil de 1916, a partir do advento da Constituição de 1988, o status de "constituição do direito privado", ou de "centro do sistema do direito privado", como sucessivamente fora denominado,[2] passando a ter função meramente residual dentro do ordenamento jurídico pátrio. Frise-se que o advento do segundo Código Civil da história do Brasil, em 2002, em nada modifica tal ordem de considerações.

Como se sabe, o Código Civil de 1916 representava, quando do momento de sua vigência, a constituição do direito privado, a deter a exclusividade de sua regulação. Em tal cenário, o Código aspirava aos ideais de completitude, de ausência de lacunas. Posteriormente, o incremento do dado social, oriundo do progresso industrial aliado ao crescente fenômeno urbano, a reclamar normatização, importou no paulatino e gradual crescimento de importância da legislação especial que florescia na penumbra da codifi-

---

1. Sobre a evolução do direito civil no Brasil e as mudanças ocorridas na disciplina com o advento do Constituição de 1988, ver Tepedino, Gustavo. *Premissas Metodológicas para a Constitucionalização do Direito Civil*, artigo recentemente republicado na RDE – Revista de Direito do Estado, Ano 1, n. 2, abr.-jun. 2006, pp. 37-53; Bodin de Moraes, Maria Celina. *A Caminho de um Direito Civil Constitucional*, Revista de Direito Civil, n. 65, jul.-set. 1993, p. 21-65; também dessa autora, Constituição e Direito Civil: Tendências, *Revista dos Tribunais*, ano 89, v. 779, set. 2000, p. 47-63.
2. A respeito do significado "constitucional" dos códigos civis oitocentistas, dos quais o CC brasileiro de 1916 é fruto tardio, confiram-se: Giorgianni, Michelle. *O Direito Privado e as suas Atuais Fronteiras*, Revista dos Tribunais, Ano 87, v. 747, jan. 1998, p. 35-55; e IRTI, Natalino. *L'età della decodificazione*, Revista de Direito Civil, n. 10, out.-dez. 1979, pp. 15-33. Segundo esse último autor: "*Il mondo della sicurezza è, dunque, il mondo dei codici, che traducono, in ordinate sequenze di articoli, i valori del liberalismo ottocentesco. Di qui il significato 'costituzionale' dei codici civili, nel senso che essi non si limitano a disciplinare semplici congegni tecnici (più o meno perfetti e completi), ma raccolgono e fissano la filosofia della rivoluzione borghese.*" (p. 16-17).

cação. Pouco a pouco, a legislação de direito privado ia se avolumando e se adensando ao redor do Código Civil, de tal sorte que aquele vetusto desejo de completitude restara posto em xeque por observadores mais argutos.

A descrição da evolução normativa da época pode ser explicitada pela seguinte sequência: num primeiro momento, surgiram diversas leis extraordinárias que gravitavam ao redor do sistema do Código, mas que não lhe retiravam do centro do sistema jurídico (fase da excepcionalidade). Depois, essas leis, que, inicialmente, eram de emergência, extravagantes, foram se tornando cada vez mais densas e robustas, subtraindo inteiras matérias do bojo do Código Civil e passando a constituir verdadeiras legislações especiais (fase da especialização). Mais ainda: com o passar do tempo, se chegou à era dos estatutos, quando parte da doutrina então destacou a passagem de um monossistema para um polissistema, a contemplar diferentes microssistemas que teriam critérios interpretativos próprios, peculiares, distintos entre si.[3]

Inegável que o Código Civil foi par e passo perdendo o *locus* privilegiado de que dispunha outrora. De fato, se a evolução do conjunto de leis de direito privado ao redor do Código Civil, chegando aos estatutos, retira do Código a conotação de centralidade, a Constituição da República então reunifica o sistema, e avoca, para o conjunto de valores que democraticamente reconhece, o ponto de referência antes constituído pelo Código Civil.[4] Assume posto central, do ápice do ordenamento jurídico, de todo o sistema jurídico (inclusive, do direito privado).[5]

Após toda essa longa caminhada, não há maiores dificuldades em se constatar, hoje, a existência de um conjunto de fatores decorrentes da influência do Texto Constitucional de 1988 e de suas potencialidades práticas e interpretativas que, reunidos, tomaram a designação de "Direito Civil-Constitucional". Sem necessidade de digressões outras, é para este rumo que caminha e que se vem desenvolvendo o direito civil pós-88.

Diante dessa perspectiva contemporânea do direito civil se consolidaram novos paradigmas para a compreensão da matéria, baseados, sobretudo, nas seguintes proposições:

---

3. Nas palavras de TEPEDINO (*Premissas*..., p. 45): "Com as modificações aqui relatadas, vislumbrou-se o chamado polissistema, onde gravitariam universos isolados, que normatizariam inteiras matérias a prescindir do Código Civil. Tais universos legislativos foram identificados pela mencionada doutrina como microssistemas, que funcionariam com inteira independência temática, a despeito dos princípios do Código Civil. O Código Civil passaria, portanto, a ter uma função meramente residual, aplicável tão-somente em relação às matérias não reguladas pelas leis especiais".

4. À luz de sólida doutrina, adotou-se aqui a premissa de constituir o ordenamento um sistema unitário. Ao propósito, vejam-se as lições de PERLINGIERI: "A questão da aplicabilidade simultânea de leis inspiradas em valores diversos (...) resolve-se somente tendo consciência de que o ordenamento jurídico é unitário. A solução para cada controvérsia não pode mais ser encontrada levando em conta somente o artigo de lei que parece contê-la e resolvê-la, mas, antes à luz do inteiro ordenamento jurídico, e, em particular, de seus princípios fundamentais, considerados como opções de base que o caracterizam". PERLINGIERI, Pietro. *Perfis do direito civil*, tradução de Maria Cristina De Cicco. Rio de Janeiro: Renovar, 1997, p. 5.

5. Nesse sentido, leia-se o que diz BODIN DE MORAES (*A Caminho de um Direito Civil Constitucional*..., p. 24): "Diante da nova Constituição e da proliferação dos chamados microssistemas, como, por exemplo, a Lei do Direito Autoral, e recentemente, o Estatuto da Criança e do Adolescente, o Código de Defesa do Consumidor e a Lei das Locações, é forçoso reconhecer que o Código Civil não mais se encontra no centro das relações de direito privado. Tal polo foi deslocado, a partir da consciência da unidade do sistema e do respeito à hierarquia das fontes normativas, para a Constituição, base única dos princípios fundamentais do ordenamento."

- identificação do marco axiológico supremo do ordenamento jurídico na dignidade humana e na solidariedade;
- distinção e prevalência, nas situações de conflito, dos valores não patrimoniais sobre os patrimoniais, por opção, democrática, do Poder Constituinte;
- funcionalização dos institutos jurídicos à tábua axiológica da Constituição, com a submissão de todas as situações jurídicas subjetivas a controle de merecimento de tutela, com base no projeto constitucional;
- reconhecimento da abertura do sistema aos valores constitucionalmente assegurados, a permitir a unidade interpretativa do ordenamento jurídico;
- o caso da subsunção, diante da indivisibilidade do processo de interpretação-aplicação do ordenamento jurídico, em perspectiva sistemático-axiológica, a superar a obrigatoriedade da existência de norma infraconstitucional para o deslinde do caso prático;
- consagração da historicidade-relatividade dos institutos jurídicos, que assim podem desempenhar distintas funções, a depender do contexto histórico, geográfico, cultural e social em que se inserem;
- valorização da situação concreta e de suas especificidades sob a perspectiva da isonomia substancial, buscando-se tutelar, ao máximo, as diferenças – proteção especial aos idosos, crianças e adolescentes, e pessoas com deficiência;
- superação definitiva da dicotomia público-privado, proporcionando a interpenetração das searas e a redefinição permanente da noção de ordem pública;
- consagração da função social das instituições jurídicas, notadamente o contrato e a propriedade – o direito passa a ser visto sob a perspectiva mais ampla da sua função promocional.[6]

Não seria exagerada a afirmativa de que a lista formulada acima, certamente com algumas variações, também poderia sintetizar substancialmente os rumos do constitucionalismo democrático. Eventuais distinções aqui talvez se justifiquem em virtude do fato de que a matéria constitucional envolve políticas públicas e deveres específicos que são atribuídos especialmente ao Estado e fogem à esfera das relações entre particulares (de defesa, prestacionais, de proteção).

Segundo Luís Roberto Barroso, os fatores que refletem a ideologia do constitucionalismo democrático se resumem no poder limitado, na dignidade da pessoa humana, na promoção e na preservação dos direitos fundamentais, na realização da justiça material, no respeito à diversidade, na solidariedade, na soberania popular e na felicidade.[7]

---

6. A presente listagem representa ligeira atualização de anterior, publicada originariamente pelo autor deste texto em *Direito Civil Contemporâneo:* novos problemas à luz da legalidade constitucional. Gustavo Tepedino (Org.). São Paulo: Atlas, 2008, anais do Congresso Internacional de Direito Civil-Constitucional da Cidade do Rio de Janeiro, realizado em 21, 22 e 23 de setembro de 2006.

7. O elenco foi apresentado por Luís Roberto Barroso na palestra proferida por ocasião do Congresso Internacional de Direito Civil-Constitucional da Cidade do Rio de Janeiro. Em outra ocasião, o autor apresentou elenco semelhante: "O constitucionalismo democrático foi a ideologia vitoriosa do século XX. Nele se condensam as promessas da modernidade: poder limitado, dignidade da pessoa humana, preservação e promoção dos direitos fundamentais,

Esse mesmo elenco se identifica, em grande parte, com os novos paradigmas do direito civil atual. Com efeito, ambas as disciplinas têm em comum buscar conferir máxima efetividade[8] às disposições fundamentais da Constituição,[9] tutelando, de forma privilegiada, a pessoa humana – valor supremo do ordenamento.[10]

Além disso, ambas passam a dar mais valor à análise do caso concreto, em detrimento da concepção abstrata dos institutos pré-concebidos, preconizando a utilização do método de ponderação na solução de conflitos. Mostra-se necessária, com isso, a releitura do princípio da segurança jurídica, "extraído (não por meio de silogismo lógico, mas) pela compatibilidade das decisões judiciais com os princípios e valores constitucionais, que traduzem a identidade cultural da sociedade".[11]

Resguardadas suas especificidades, e, naturalmente, as variações das diferentes correntes de fundamentação teórica entre as disciplinas, fato é que aumentaram os pontos de interseção no objeto do estudo do direito civil e do direito constitucional. A convergência se dá, sobretudo, no que concerne à investigação da aplicabilidade das normas de sede constitucional, definidoras de princípios e valores supremos do ordenamento jurídico, às relações privadas, notadamente nas áreas abrangidas pelo espectro dos denominados direitos fundamentais[12] Nesse sentido, Ana Paula de Barcellos indica como três premissas essenciais do constitucionalismo contemporâneo:

---

realização da justiça material, respeito à diversidade." (*O Triunfo Inacabado do Direito Constitucional*, editorial do 1º vol. da Revista de Direito do Estado, jan.-mar. 2006).

8. Efetividade, em suma, significa a realização do Direito, o desempenho concreto de sua função social. Ela representa a materialização, no mundo dos fatos, dos preceitos legais e simboliza a aproximação, tão íntima quanto possível, entre o *dever-ser* normativo e o *ser* da realidade social" (BARROSO, Luís Roberto. *Temas de Direito Constitucional*, t. III, Rio de Janeiro: Renovar, 2005, p. 71).

9. "(...) a partir da década de 1990, surge um outro discurso, alentado por uma geração de novos constitucionalistas brasileiros: se a nova Constituição consagra um projeto tão generoso de transformação social e de emancipação, por que não lutar pela sua efetivação? Desde então, a efetividade da Constituição, ou seja, a transposição dos seus princípios e valores para o mundo real, tornou-se uma verdadeira obsessão dentre os juristas que acalentam um projeto de justiça social para o país". (SARMENTO, Daniel. *Ubiquidade Constitucional: os Dois Lados da Moeda*, Revista de Direito do Estado, Ano 1, n. 2, abr.-jun. 2006, pp. 95-96).

10. Confira-se, ao propósito, a síntese de Ingo Sarlet acerca da importância da relação direitos fundamentais – dignidade humana: "Com efeito, sendo correta a premissa de que os direitos fundamentais constituem – ainda que com intensidade variável – explicitações da dignidade da pessoa, por via de consequência e, ao menos em princípio (já que exceções são admissíveis, consoante já frisado), em cada direito fundamental se faz presente um conteúdo ou, pelo menos, alguma projeção da dignidade da pessoa". E, mais adiante, arremata: "Em suma, o que se pretende sustentar de modo mais enfático é que a dignidade da pessoa humana, na condição de valor (e princípio normativo) fundamental que 'atrai o conteúdo de todos os direitos fundamentais', exige e pressupõe o reconhecimento e proteção dos direitos fundamentais de todas as dimensões (ou gerações, se assim preferirmos). Assim, sem que se reconheçam à pessoa humana os direitos fundamentais que lhe são inerentes, em verdade estar-se-á negando-lhe a própria dignidade". (SARLET, Ingo. *Dignidade da pessoa humana e direitos fundamentais na Constituição Federal de 1988*, 4. ed. rev. atual. Porto Alegre: Livraria do Advogado Ed., 2006. p. 84-85).

11. TEPEDINO, Gustavo. A razoabilidade na experiência brasileira. In: TEPEDINO, Gustavo; TEIXEIRA, Ana Carolina Brochado; ALMEIDA Vitor (Coord.). *Da dogmática à efetividade do direito civil*: anais do Congresso Internacional de Direito Civil-Constitucional. Belo Horizonte, Fórum, 2017, p. 27.

12. "Na verdade, os direitos fundamentais – coração das constituições contemporâneas – deixarão de ser compreendidos exclusivamente como direitos subjetivos. Será acrescida uma 'mais-valia', conhecida como 'dimensão objetiva'. Em razão desta dimensão objetiva, estes direitos serão considerados também como valores dotados de uma força irradiante, que permitirá a eles penetrarem em relações jurídicas distintas daquelas para as quais foram inicialmente concebidos – inclusive em relações privados – e influenciaram na interpretação e aplicação de outras normas jurídicas, especialmente as expressas em linguagem mais aberta e indeterminada." (SARMENTO, *Ubiquidade...*, p. 89-90).

(i) a normatividade da Constituição, isto é, o reconhecimento de que as disposições constitucionais são normas jurídicas, dotadas, como as demais, de imperatividade; (ii) a superioridade da Constituição sobre o restante da ordem jurídica (cuida-se, aqui de Constituições rígidas, portanto); e (iii) a centralidade da Carta nos sistemas jurídicos, por força do fato de que os demais ramos do Direito devem ser compreendidos e interpretados a partir do que dispõe a Constituição.[13]

Em comum às doutrinas do constitucionalismo contemporâneo e do direito civil-constitucional, destaca-se, portanto, a busca de maior efetividade às normas constitucionais, em tentativa de conferir máxima eficácia social aos direitos fundamentais, em busca da realização dos anseios de construção de uma sociedade livre, justa e solidária, para usar a dicção do art. 3º, inciso I, Constituição da República.

Estabelecidas as premissas sumariamente abordadas acima, passa-se ao teste de sua aplicabilidade em tema da concepção do direito fundamental à proteção dos dados pessoais. No plano da tutela integral da pessoa em tempos de sociedade em rede, sobressai o problema da proteção dos dados pessoais. Tradicionalmente concebido como direito a ser deixado só, isto é, a um espaço reservado de intromissões indesejadas, na sociedade tecnológica o conceito de privacidade transforma-se qualitativa e quantitativamente e ganha assim novas dimensões antes impensadas. Além de passar a se distinguir da noção de intimidade, autonomiza-se dele o direito ao controle dos dados pessoais, informado diretamente pelo princípio da dignidade da pessoa humana, fundamento do sistema jurídico (art. 1º, III, CRFB/88). Sobressai, nesse contexto, a necessidade de se controlar o tratamento dos dados pessoais, limitando a sua coleta ao mínimo necessário para se atingir finalidades legítimas, nos termos da disciplina inaugurada com a Lei Geral de Proteção de Dados. Revela-se, inclusive, o princípio da proporcionalidade, que indica o caminho do menor sacrifício possível para cada objetivo que se quer alcançar.[14]

Para além disso, diante do cenário de despersonalização, no qual a premissa antropocêntrica do ordenamento é subvertida pela coisificação do ser humano em um conjunto de algoritmos passíveis de transação no mercado, a consolidação de um direito da personalidade à tutela dos dados – voltada aos poderes público e privado – converte-se em pré-condição de cidadania na era eletrônica. O conceito dinâmico de autodeterminação informativa demanda mesmo um estatuto jurídico de dados, afinal, eles definem autonomia, identidade e liberdade da pessoa.[15]

Inúmeros casos práticos que se multiplicam em diferentes países ilustram a relevância dos dados pessoais – e, consequentemente, de sua proteção – na sociedade contemporânea.[16] As potencialidades desveladas pela combinação do desenvolvimento

---

13. BARCELLOS, Ana Paula. Neocostitucionalismo, direitos fundamentais e controle das políticas públicas. *Revista Diálogo Jurídico*, n. 15, jan.-mar. 2007, p. 2-3.

14. RODOTÀ, Stefano. *A vida na sociedade de vigilância*: privacidade hoje. Rio de Janeiro: Renovar, 2008, p. 68.

15. Neste conceito dinâmico do direito à proteção dos dados pessoais já se insere o direito à portabilidade dos dados: "trata-se de uma ferramenta posta à disposição dos titulares para incrementar o controle dos mesmos sobre os seus dados pessoais de uma forma ativa, concorrendo dessa maneira para o exercício da autodeterminação informativa, ou seja, o controle das informações que lhe digam respeito, evitando que os ados se tornem mero objeto de transação". CRAVO, Daniella Copetti; KESSLER, Daniela Seadi e DRESCH, Rafael de Freitas Valle. Responsabilidade civil na portabilidade de dados. In: MARTINS, Guilherme Magalhães; ROSENVALD, Nelson (Org.). *Responsabilidade civil e novas tecnologias*. Indaiatuba: Foco, 2020, p. 187.

16. Em 2018, a revista Veja noticiou projeto do Governo chinês denominado Sistema de Crédito Social (SCS), no qual os cidadãos seriam monitorados e, de acordo com as informações obtidas acerca de seu comportamento, ser-

tecnológico com o tratamento de dados pessoais equiparam-se aos riscos também decorrentes dessa associação. A título ilustrativo, o jornal The New York Times publicou reportagem, no dia 18 de janeiro de 2020, acerca de aplicativo de reconhecimento facial denominado *Clearview*, desenvolvido pela *Clearview* AI. De acordo com a reportagem, o programa funciona da seguinte forma: tira-se uma foto de certa pessoa – ainda que com o rosto parcialmente encoberto ou com baixa resolução – e se a transfere para um sistema. Em seguida, esse sistema, após comparar a foto tirada com uma base de cerca de três bilhões de fotos publicadas em redes sociais como *Facebook, Instagram e YouTube*, identifica o indivíduo fotografado além de apresentar *links* para seus perfis em redes sociais, ensejando a possibilidade de se encontrar as mais diversas informações a respeito da pessoa pesquisada. Trata-se de ferramenta verdadeiramente revolucionária, e, como mencionado na reportagem, capaz de decretar o fim da privacidade como nós a conhecemos e impossibilitar que qualquer pessoa caminhe anonimamente pelas ruas. Ainda segundo a publicação, em 2019, mais de 600 agências de segurança pública começaram a usar o *Clearview* na solução de seus casos.[17]

Associado ao fenômeno da disseminação de dados pessoais, transforma-se também o *direito ao corpo*, diante da evolução notável no campo da biotecnologia[18] Os avanços científicos, fruto das especializações próprias de tempos de hipercomplexidade, trazem consigo fenômeno recente da *perda da unidade* do corpo humano. Com o incremento da tecnologia, o corpo passa a se decompor em produtos, que, separados de sua origem, podem ser utilizados em outros corpos ou situações.[19]

Dados genéticos, por exemplo, podem ser obtidos com baixo índice de invasão. Um lenço usado, uma ponta de cigarro, um fio de cabelo podem traduzir, por si sós, o quadro de saúde da pessoa, atual e futuro. Diante disso, novas questões éticas passam a surgir. Será que a finalidade de identificação e segurança pode justificar qualquer utilização tecnicamente possível do corpo humano?

De qualquer sorte, embora o corpo tenha se tornado múltiplo, podendo se decompor em diversas partes, ele deve ser visto como uno. Deve-se olhar para a pessoa em concreto, cuja integridade é tutelada pelo ordenamento, sobretudo em razão da

---

lhes-ia atribuída uma pontuação (*scoring*). Quanto maior a nota, mais facilidade teria para acessar serviços como a aquisição de passagens aéreas e financiamentos. Cf., Revista Veja. *Na China, atos dos cidadãos valerão pontos e limitarão seus projetos*. 15.11.2018. Disponível em: https://veja.abril.com.br/mundo/na-china-atos-dos-cidadaos-valerao-pontos-e-limitarao-seus-projetos/.

17. The New York Times. *The Secretive Company That Might End Privacy as We Know It*. 18.01.2020. Disponível em: https://www.nytimes.com/2020/01/18/technology/clearview-privacy-facial-recognition.html.

18. A questão é abordada, com primor, no artigo de Stefano Rodotà, *Transformações do Corpo*, tradução de Maria Celina Bodin de Moraes, Revista Trimestral de Direito Civil, vol. 19, jul.-set. 2004, p. 91-107.

19. Em outro momento histórico, ainda que sob forte influência do paradigma do direito de propriedade, asseverou De Cupis: "Por consequência, se quisermos exprimir-nos exatamente, devemos dizer que a separação constitui o fato jurídico pelo qual a parte do corpo deixa de estar compreendida, não no objeto do inexistente *jus in se ipsum*, mas sim no elemento corpóreo do centro originário dos bens que são objeto dos direitos da personalidade. Esta proposição complexa explica-se tendo presente: primeiro, que os modos de ser da pessoa, que constituem o objeto dos direitos da personalidade, estão em função da própria pessoa, da qual representam a especificação e a emanação; segundo, que o corpo constitui um dos elementos da pessoa" (DE CUPIS, Adriano. *Os direitos da personalidade*. Trad. Afonso Celso F. Rezende. Campinas: Romana, 2004, p. 96).

dignidade humana garantida constitucionalmente. Fala-se, assim, na "constitucionalização do corpo".[20]

Por via de consequência, a tutela integral da pessoa se projeta para as informações que lhe digam respeito e que lhe são próprias, ou seja, os dados pessoais – considerados sensíveis, sob tal prisma, pela Lei Geral de Proteção de Dados Pessoais.

Assim, partindo-se de uma leitura constitucional do direito civil, não se pode deixar de reconhecer a proteção dos dados pessoais como direito fundamental. Como visto, tal fenômeno decorre da tutela, mais ampla, conferida pela Constituição à pessoa humana.[21]

Em outras palavras, no direito contemporâneo, em que a pessoa humana e a sua plena realização existencial foram alçados a valor supremo, demanda-se a releitura da estrutura e da função do direito à privacidade nas múltiplas situações em que se apresentam. Configura-se, desta feita, linha de ruptura com o sistema patrimonialista e individualista de outrora, e se dá início à definição de um direito à proteção dos dados pessoais em harmonia com princípios e valores extrapatrimoniais.[22]

Sobre a questão, o Supremo Tribunal Federal realizou julgamento paradigmático ao analisar a medida cautelar na ADI 6.387/DF,[23] que pretendia a suspensão da eficácia da Medida Provisória n. 954/2020. Essa MP autorizava o compartilhamento de dados de usuários do serviço telefônico fixo comutado e do serviço móvel pessoal, pelas empresas prestadoras, com o Instituto Brasileiro de Geografia e Estatística (IBGE) sob o pretexto de contenção da pandemia de Covid-19. Ao julgar procedente a cautelar e suspender a MP, o STF reconheceu a proteção dos dados pessoais como direito fundamental associado ao direito à privacidade e à autodeterminação informativa.

Na realidade tecnológica da sociedade contemporânea, torna-se a cada dia mais premente a percepção de Stefano Rodotà de que "a forte proteção dos dados pessoais

---

20. RODOTÀ, Stefano. *Transformações do Corpo*, tradução de Maria Celina Bodin de Moraes, Revista Trimestral de Direito Civil, vol. 19, jul.-set. 2004, pp. 91-107. Caso dramático foi julgado na Alemanha a a respeito do tema. Uma pessoa queria se submeter a um tratamento médico que poderia levá-la à esterilidade. Assim, antes de iniciar o tratamento, ela decidiu colher o seu sêmen e depositá-lo em um banco, ao qual pagaria por esse serviço. Realizado o tratamento, ao cabo bem-sucedido, a pessoa se tornou estéril. Quando quis, então, ter um filho biológico, o sujeito foi informado que o seu material genético havia sido destruído acidentalmente por um funcionário do banco. Diante disso, não lhe restou alternativa senão o ajuizamento de uma ação, contra o banco de sêmen, em que pretendia obter a reparação dos danos sofridos. E não é difícil de se imaginar, aqui, que se trata de um caso de dano irreparável, consubstanciado na perda da chance de ter um filho próprio. Ao final, o seu pedido foi julgado procedente, e a Corte Constitucional Alemã quantificou a reparação de danos morais em 12.500 euros. Confira-se o inteiro teor em: http://glowadis.wordpress.com/2013/06/21/9-november-1993-bghz-124-52/.

21. "Dignidade é mais que um vocábulo, e a igualdade transcende a expressão do signo linguístico. Ser sujeito de direito tem correspondido a ser *eventualmente* sujeito de direito. A susceptibilidade de tal titularidade não tem implicado concreção, efetividade. A proclamação conceitual inverte-se na realidade. Livres e iguais para não serem livres e iguais. Eis, num sentido originariamente desprovido de valor, especialmente da axiologia que recobre a vida em si mesma, a fonte de todos os direitos e princípios" (FACHIN, Luiz Edson. *Teoria crítica do direito civil à luz do novo código civil brasileiro*. Rio de Janeiro: Renovar, 2012. p. 40).

22. "Novos parâmetros para a definição da ordem pública, relendo o direito civil à luz da Constituição, de maneira a privilegiar, insista-se ainda uma vez, os valores não patrimoniais e, em particular, a dignidade da pessoa humana, o desenvolvimento da sua personalidade, os direitos sociais e a justiça distributiva, para cujo atendimento deve se voltar a iniciativa econômica privada e as situações jurídicas patrimoniais" (TEPEDINO, Gustavo. Premissas Metodológicas para a Constitucionalização do Direito Civil. *RDE – Revista de Direito do Estado*, ano 1, n. 2, abr.-jun. 2006, p. 37-53).

23. STF, Tribunal Pleno, ADI 6.387/DF, Rel. Min. Rosa Weber, julg. 07.05.2020.

continua a ser uma 'utopia necessária' (S. Simitis) se se deseja garantir a natureza democrática de nossos sistemas políticos"[24]

No entanto, a adequada tutela do controle das informações pessoais depende, essencialmente, da efetividade do que se denomina de direito de acesso. De fato, escanteado do tratamento dos dados que lhe pertencem, torna-se inviável qualquer possibilidade de exercício do controle por parte do titular. O direito de acesso se traduz, assim, em elemento essencial à proteção das informações pessoais.[25]

Para garantir-lhe a desejada eficácia, a LGPD consagrou diferentes instrumentos normativos relevantes, seja no que tange ao procedimento do acesso, que deve ser gratuito, facilitado e tutelado por meio individual ou coletivo (art. 18, §§ 3º e 5º; art. 9º; e art. 22). Seja a bem de seu funcionamento, ao permitir ao titular: informações a respeito de todo o processo de tratamento, tutela do princípio da não discriminação e concessão de gama de direitos, tais como, correção, anonimização, bloqueio, eliminação, portabilidade de informações, revogação do consentimento, oposição ao tratamento, revisão de decisões, entre outros (art. 9º, incisos I a VII; e art. 20). Seja, ainda, quanto ao âmbito de incidência do acesso, a congregar a integralidade dos dados tratados por pessoa natural ou por pessoa jurídica de direito público ou privado, à luz do princípio da transparência (art. 6º, IV e VI).[26]

Como se vê, o direito de acesso possui natureza jurídica instrumental e se faz indispensável à efetividade da autodeterminação informativa, pois permite a superação das barreiras existentes mediante o incremento das potencialidades funcionais da LGPD nas diferentes previsões de seu texto, ora ressaltadas. Incorporou o novo diploma legal, assim, poderoso cabedal de ferramentas postas à disposição das pessoas, que se veem convidadas, então, a exercer o direito de controle das suas informações pessoais.

Em meio às turbulências do mundo líquido do Século XXI, a plena eficácia social do direito de acesso consubstancia gigantesco passo civilizatório a favor da tutela integral da pessoa humana.

REFERÊNCIAS

BARCELLOS, Ana Paula. Neocostitucionalismo, direitos fundamentais e controle das políticas públicas. *Revista Diálogo Jurídico*, n. 15, jan.-mar. 2007.

BARROSO, Luís Roberto. *O Triunfo Inacabado do Direito Constitucional*, editorial do 1º v. da Revista de Direito do Estado, jan.-mar. 2006.

---

24. RODOTÀ, Stefano. *A vida na sociedade da vigilância*: a privacidade hoje. Trad. Danilo Doneda e Luciana Cabral Doneda. Rio de Janeiro: Renovar, 2008, p. 15.
25. Tanto assim que a LGPD enuncia como princípios em tema de direito de acesso aos dados pessoais o livre acesso e a transparência. Confira-se: "Art. 6º: As atividades de tratamento de dados pessoais deverão observar a boa-fé e os seguintes princípios: (...) IV – livre acesso: garantia, aos titulares, de consulta facilitada e gratuita sobre a forma e a duração do tratamento, bem como sobre a integralidade de seus dados pessoais; (...) VI – transparência: garantia, aos titulares, de informações claras, precisas e facilmente acessíveis sobre a realização do tratamento e os respectivos agentes de tratamento, observados os segredos comercial e industrial".
26. MONTEIRO FILHO, Carlos Edison do Rêgo; CASTRO, Diana Paiva de. Potencialidades do direito de acesso na nova Lei Geral de Proteção de Dados Pessoais. In: TEPEDINO, Gustavo; FRAZÃO, Ana; OLIVA, Milena Donato (Coord.). *Lei Geral De Proteção de Dados Pessoais e suas repercussões no direito brasileiro*. São Paulo: Thompson Reuters Brasil, 2019, p. 323-345.

BARROSO, Luís Roberto. *Temas de Direito Constitucional*, t. III, Rio de Janeiro: Renovar, 2005.

Bodin de Moraes, Maria Celina. *A Caminho de um Direito Civil Constitucional*, Revista de Direito Civil, n. 65, jul.-set. 1993, p. 21-65; também dessa autora, Constituição e Direito Civil: Tendências, *Revista dos Tribunais*, ano 89, v. 779, set. 2000.

CRAVO, Daniella Copetti; KESSLER, Daniela Seadi e DRESCH, Rafael de Freitas Valle. Responsabilidade civil na portabilidade de dados. In: MARTINS, Guilherme Magalhães; ROSENVALD, Nelson. (Org.) *Responsabilidade civil e novas tecnologias*. Indaiatuba: Foco, 2020.

DE CUPIS, Adriano. *Os direitos da personalidade*. Trad. Afonso Celso F. Rezende. Campinas: Romana, 2004.

FACHIN, Luiz Edson. *Teoria crítica do direito civil à luz do novo código civil brasileiro*. Rio de Janeiro: Renovar, 2012.

Giorgianni, Michelle. O Direito Privado e as suas Atuais Fronteiras, *Revista dos Tribunais*, ano 87, v. 747, jan. 1998.

IRTI, Natalino. L'età della decodificazione, *Revista de Direito Civil*, n. 10, out.-dez. 1979.

MONTEIRO FILHO, Carlos Edison do Rêgo. Rumos cruzados do direito civil pós-1988 e do constitucionalismo de hoje. In: Gustavo Tepedino (Org.). *Direito Civil Contemporâneo*: novos problemas à luz da legalidade constitucional. São Paulo: Atlas, 2008, anais do Congresso Internacional de Direito Civil-Constitucional da Cidade do Rio de Janeiro, realizado em 21, 22 e 23 de setembro de 2006.

MONTEIRO FILHO, Carlos Edison do Rêgo; CASTRO, Diana Paiva de. Potencialidades do direito de acesso na nova Lei Geral de Proteção de Dados Pessoais. In: TEPEDINO, Gustavo; FRAZÃO, Ana; OLIVA, Milena Donato (Coord.). *Lei Geral De Proteção de Dados Pessoais e suas repercussões no direito brasileiro*. São Paulo: Thompson Reuters Brasil, 2019.

PERLINGIERI, Pietro. *Perfis do direito civil*, tradução de Maria Cristina De Cicco. Rio de Janeiro: Renovar, 1997.

Revista Veja. *Na China, atos dos cidadãos valerão pontos e limitarão seus projetos*. 15.11.2018. Disponível em https://veja.abril.com.br/mundo/na-china-atos-dos-cidadaos-valerao-pontos-e-limitarao-seus--projetos/.

RODOTÀ, Stefano. *A vida na sociedade de vigilância*: privacidade hoje. Rio de Janeiro: Renovar, 2008.

RODOTÀ, Stefano. *Transformações do Corpo*, tradução de Maria Celina Bodin de Moraes, Revista Trimestral de Direito Civil, vol. 19, jul.-set. 2004.

SARLET, Ingo. *Dignidade da pessoa humana e direitos fundamentais na Constituição Federal de 1988*, 4. ed. rev. atual. Porto Alegre: Livraria do Advogado Ed., 2006.

SARMENTO, Daniel. Ubiquidade Constitucional: os Dois Lados da Moeda, *Revista de Direito do Estado*, Ano 1, n. 2, abr.-jun. 2006.

TEPEDINO, Gustavo. A razoabilidade na experiência brasileira. In: TEPEDINO, Gustavo; TEIXEIRA, Ana Carolina Brochado; ALMEIDA Vitor (Coord.). *Da dogmática à efetividade do direito civil*: anais do Congresso Internacional de Direito Civil-Constitucional. Belo Horizonte, Fórum, 2017.

Tepedino, Gustavo. Premissas Metodológicas para a Constitucionalização do Direito Civil. *RDE – Revista de Direito do Estado*, ano 1, n. 2, abr.-jun. 2006, p. 37-53.

The New York Times. *The Secretive Company That Might End Privacy as We Know It*. 18.01.2020. Disponível em: https://www.nytimes.com/2020/01/18/technology/clearview-privacy-facial-recognition.html.

CONSTITUCIONALIZAÇÃO E RECIVILIZAÇÃO CONSTITUCIONAL DO DIREITO CIVIL: UM MAPEAMENTO ATUAL

Carlos E. Elias de Oliveira

Professor de Direito Civil, Notarial e de Registros Públicos (Universidade de Brasília – UnB –, na Fundação Escola Superior do MPDFT – FESMPDFT e em outras instituições em SP, GO, SE e DF). Consultor Legislativo do Senado Federal em Direito Civil. Advogado/Parecerista. Ex-Advogado da União (AGU). Ex-assessor de ministro STJ. Doutorando, mestre e bacharel em Direito pela UnB (1º lugar em Direito no vestibular 1º/2002 da UnB).

Instagram: @profcarloselias e @direitoprivadoestrangeiro

E-mail: carloseliasdeoliveira@yahoo.com.br

Sumário: 1. Introdução. 2. Classificação quanto à abertura epistemológica. 3. Linha intermediária/indefinida. 4. Constitucionalização do Direito Civil. 5. Recivilização Constitucional do Direito Civil. 6. Conclusão.

1. INTRODUÇÃO

Este artigo objetiva tratar das principais características das espécies de abordagens metodológicas do Direito Civil com indicação da posição adotada por quase 200 civilistas.

Consultamos pessoalmente a maior parte desses civilistas aqui citados, de maneira que a vinculação deles a alguma das correntes retrata sua postura atual, a qual não necessariamente condiz com seus escritos antigos. Outros civilistas que já possuem posição notoriamente conhecida dispensaram consultas pessoais[1] Deixamos, desde logo, nossas escusas, por eventual omissão na citação de civilistas, mas há limitações operacionais que impediram a sondagem de mais civilistas. Esperamos remediar eventuais omissões em futuras publicações.

Desde logo, deixamos cinco advertências.

Em primeiro lugar, o presente artigo não possui pretensões messiânicas: não se pretende seduzir o leitor a nenhuma das correntes. Por isso, adota-se aqui uma postura eminentemente descritiva.

Em segundo lugar, é equivocado fazer associações das correntes aqui expostas a uma posição "conservadora" ou "de vanguarda". A classificação em pauta não trata desse tipo de postura ideológica (e aqui se emprega o termo "ideológica" em uma alusão às concepções de Direito dos diferentes juristas). Em todas as correntes (Constitucionalização

---

1. Incluímos aí alguns que, embora já não estejam fisicamente entre nós, eternizaram-se por suas obras e se destacaram à luz de uma das correntes aqui tratadas.

ou Recivilização), é possível haver juristas de diferentes posturas ideológicas. A única diferença é que essas diferentes posturas ideológicas adotarão metodologias diversas. Quanto às ideologias (= quanto à concepção de Direito), até se poderia levantar outra classificação, listando posturas como pós-positivismos, neoconstitucionalismo etc. Abstemo-nos, porém, disso por escapar ao escopo do artigo.

Em terceiro lugar, é indevido valer-se de generalizações ou de "falácias do espantalho" para, em simplificada retórica, afirmar que os civilistas sectários de uma ou outra corrente desdenham da Constituição Federal, patrocinam o ativismo judicial, desconsideram a dignidade da pessoa humana, sobrevalorizam o patrimonialismo, desprezam o texto legal, incitam o conservadorismo ou a anomia etc. Aliás, para refutar essas generalizações, basta a lembrança de um fato: a grandeza intelectual e científica dos civilistas que compõem as diferentes correntes. Não precisamos, porém, desse argumento *ad hominem*. Basta atentar-mos para o fato de que, em todas as correntes, há diferentes temperamentos dos civilistas em matéria de argumentação jurídica diante do manuseio das leis, das cláusulas gerais e dos princípios. Uns exibem um perfil mais "tolerante"; outros, um matiz mais "literal"; outros, uma feição mais intermediária ou *sui generis*. A classificação ora tratada centra-se apenas na metodologia adotada pelo civilista (classificação quanto à abertura epistemoló-gica do Direito Civil), e não na corrente ideológica ou de argumentação jurídica adotada. A rigor, em tese, poderíamos ter "ativistas" e "conservadores" em qualquer das correntes metodológicas, mas temos de concordar que o ônus argumentativo para esse "ativista" ou esse "conservador" terá intensidade diferente a depender da metodologia adotada.

Em quarto lugar, não objetivamos aqui explicar detalhadamente todas as correntes, mas apenas dar um panorama dos alinhamentos metodológicos dos civilistas brasileiros contemporâneos, como que a permitir que o leitor consulte um mapa com menor escala cartográfica e, assim, tenha uma vista da belíssima cidade do Direito Civil. Caberá ao leitor interessado por detalhamentos aumentar a escala cartográfica ("dar um zoom" no mapa) por meio da leitura das obras produzidas pelos vários civilistas aqui citados. Nesse aumento da escala cartográfica, o leitor identificará que, dentro das correntes aqui citadas, há variações entre os juristas.

Em quinto lugar, obviamente o fato de, neste artigo, haver mais nomes vinculados a uma corrente do que a outra não significa que uma seja majoritária ou não. É que, in-felizmente, muitos civilistas não foram aqui citados pelas dificuldades próprias de um levantamento desse nível.

2. CLASSIFICAÇÃO QUANTO À ABERTURA EPISTEMOLÓGICA

Para fins de simplificação, numa classificação quanto à abertura epistemológica do Direito Civil, há três grupos de abordagens atualmente adotadas: (1) o da "Constitucio-nalização do Direito Civil"; (2) o da "Recivilização Constitucional do Direito Civil"; e (3) o da linha intermediária ou indefinida.

Até se poderia pensar em uma quarta corrente que negasse, em qualquer hipótese, qualquer abertura do Direito Civil e, portanto, rejeitasse irrestritamente a aplicação de qualquer norma constitucional em relações privadas (mesmo para as normas constitucionais que positivaram normas de direito civil). Teríamos aí uma corrente de "Direito Civil Puro", mas, por não enxergamos autores que se encaixem aí, deixamos de listá-la.

É claro que, num esforço de classificação, poder-se-ia desmembrar essas três correntes em outras várias, mas essa pulverização poderia comprometer o objetivo didático de oferecer uma visão panorâmica das principais linhas de abordagens epistemológicas do Direito Civil atual.

A classificação acima contém, portanto, uma simplificação, como sói ocorrer com qualquer iniciativa taxonômica.

3. LINHA INTERMEDIÁRIA/INDEFINIDA

Indicamos, na classificação acima, uma linha intermediária ou indefinida como uma terceira corrente. É que muitos civilistas apresentam características das outras duas correntes (Constitucionalização e Recivilização Constitucional), oscilando no emprego das duas formas de abordagem, caso em que se poderia pensar em enquadrá-los em uma corrente mista. Há outros que seguem uma linha metodológica diferenciada, o que, ao menos por ora, dificulta promover um encaixe em qualquer das duas correntes dominantes. Deixamos, porém, de batizar essa terceira corrente (uma corrente mista ou alguma *sui generis*) por não enxergarmos, com clareza os seus pressupostos. Talvez, por estarmos vivendo esse momento histórico no Direito Civil, só o futuro poderá dar maior clareza sobre se estamos aí diante de uma terceira corrente ou, na verdade, de uma variação da Constitucionalização ou da Recivilização: a historiografia exige cautela do "historiador do presente".

Seja como for, para fins de classificação, enquadram-se nessa linha intermediária os seguintes civilistas:[2]

LINHA INTERMEDIÁRIA OU INDEFINIDA ENTRE AS DUAS CORRENTES (civilistas com características de ambas as correntes ou com posturas metodológicas próprias que não se encaixam nas correntes)	
1. Ana Frazão	12. Marcel Edvar Simões
2. Anelize Pantaleão Puccini Caminha	13. Maria Helena Diniz
2. André Luiz Arnt Ramos	14. Maria Helena Marques Braceiro Daneluzzi
3. Bruno Miragem	15. Mário Luiz Delgado
4. Cesar Peghini	16. Mateus de Moura Ferreira
5. Cláudia Lima Marques	17. Nelson Nery Jr.
6. Cristiano Chaves de Farias	18.Nestor Duarte
7. Eroulths Cortiano Jr.	19. Pablo Stolze Gagliano
8. Fabiano Hartmann Peixoto	20. Rodrigo Mazzei
9. Fábio Jun Capucho	21. Rodrigo Toscano Brito
10. Flávio Tartuce	22. Rosa Maria de Andrade Nery
11. Frederico H. Viegas de Lima	

4. CONSTITUCIONALIZAÇÃO DO DIREITO CIVIL

Todas as instituições de Direito Civil devem ser lidas à luz dos princípios e das regras constitucionais, conforme metodologia doutrinária conhecida como Constitucionalização do Direito Civil ou como "Direito Civil Constitucional".

---

2. Tivemos a oportunidade de conversar com eles previamente.

Essa metodologia (ou movimento) encontra berço no pensamento do jurista italiano Pietro Perlingieri e se insurge contra os fundamentos antigos do direito civil clássico para, nas palavras do professor da UERJ Carlos Nelson Konder, defender um direito civil capaz de ser um verdadeiro instrumento de "emancipação das pessoas e de transformação social, rumo a uma comunidade mais justa e solidária".

No Brasil – como bem resume o Professor Flávio Tartuce[3] –, "essa visão ganhou força na escola carioca, capitaneada pelos professores da Universidade do Estado do Rio de Janeiro Gustavo Tepedino, Maria Celina Bodin de Moraes e Heloísa Helena Barboza. No Paraná, Luiz Edson Fachin também faz escola com o ensino do Direito Civil Constitucional, na Universidade Federal do Paraná. No Nordeste, é de se mencionar o trabalho de Paulo Luiz Netto Lôbo, também adepto dessa visão de sistema. Em São Paulo, destacam-se os trabalhos de Renan Lotufo, na PUCSP, e da professora Giselda Maria Fernandes Novaes Hironaka, Titular na USP. Em Brasília, na UNB, o professor Frederico Viegas de Lima igualmente se dedica aos estudos das interações entre o Direito Civil e a Constituição Federal de 1988".

Por essa metodologia, condena-se a visão individualista em que se assentava o Código Civil de 1916. Miguel Reale costumava afirmar que havia duas leis fundamentais no País: o Código Civil, que era a "constituição do homem comum", e a Constituição Federal, que estrutura o Estado. Essa concepção não retrata, porém, a perspectiva constitucional do Direito Civil, que fixa a Constituição Federal como a única lei fundamental, à qual deve estar subordinado todo o direito civil.

A propósito, conforme destaca o professor Paulo Lôbo, a Constitucionalização do Direito Civil implica colocar o indivíduo, e não o patrimônio, no centro da tutela jurídica e a não mais enxergar o indivíduo como um mero *homos economicus*, perspectiva essa que é conhecida como Repersonalização e Despatrimonialização do Direito Civil. Enaltece-se, assim, a dignidade da pessoa humana como vetor de condução do Direito Civil.

Em suma, podem-se atribuir ao movimento da constitucionalização do Direito Civil estas principais diretrizes: (1) *despatrimonialização*: o centro da tutela jurídica é a dignidade da pessoa humana, e não o patrimônio; (2) *repersonalização*: a pessoa não é mais vista como um mero agente econômico, e sim como o centro da tutela do direito; (3) *eficácia horizontal dos direitos fundamentais*: os direitos fundamentais, que tradicionalmente eram aplicados apenas nas relações entre Estado e indivíduo (vertical), devem também ser aplicados a relações entre particulares (horizontal), a exemplo do princípio do contraditório antes de excluir associado por justa causa (art. 57, CC) ou de infligir uma sanção a condômino (art. 1.337, CC).

Uma outra consequência é a de que o Direito Civil Constitucional prestigia normas com cláusulas abertas e conceitos jurídicos indeterminados, os quais dão liberdade ao civilista para acoplar os casos concretos aos princípios constitucionais.

Os contornos do Direito Civil Constitucional foram bem resumidos no documento conhecido como "Carta de Curitiba", no qual os Grupos de Pesquisa de Direito Civil dos Programas de Pós-Graduação das Faculdades de Direito da Universidade Federal do Paraná e da Universidade Estadual do Rio de Janeiro editaram seis proposições que,

---

3. TARTUCE, Flávio. *Manual de Direito Civil* – volume único. Rio de Janeiro: Forense; São Paulo: MÉTODO, pp. 50-51, 2020, p. 54.

em suma, realçam a aplicação dos direitos fundamentais entre particulares, a rejeição do método de subsunção, a supremacia do paradigma principiológico, a mudança do ensino jurídico e a sobrevalorização da dignidade da pessoa humana (Fachin e Tepedino, 2006).

A abordagem civil-constitucional possui diferentes perfis, a depender do autor envolvido, mas o que importa aqui é realçar que a marca desse movimento é admitir, com mais facilidade, a eficácia direta dos direitos fundamentais em relações privadas, tudo sob a ideia de que o sistema do Direito Civil está imerso dentro da Constituição Federal.

Podemos enquadrar nessa linha os seguintes civilistas:

CONSTITUCIONALIZAÇÃO DO DIREITO CIVIL	
1. Alberto Malta	46. Heloísa Helena Barboza
2. Alexandre Barbosa da Silva	47. Ivana Pedreira Coelho
3. Aline Terra	48. João Pedro Leite Barros
4. Alexandre Guerra	49. Joyceane Bezerra de Menezes
5. André Franco Ribeiro Dantas	50. Karina Barbosa Franco
6. Ana Carla Harmatiuk Matos	51. Karin Regina Rick Rosa
7. Ana Carolina Brochado Teixeira	52. Luciano de Medeiros Alves
8. Ana Luiza Maia Nevares	53. Luciano Figueiredo
9. Ana Rita de Figueiredo Nery	54. Ministro Luiz Edson Fachin
10. Anderson Schreiber	55. Manuela Gatto
11. Arnoldo Camanho de Assis	56. Marcelo Leonardo de Melo Simplício
12. Caitlin Sampaio Mulholland	57. Marcelo Calixto
13. Carla Moutinho	58. Marcelo Truzzi Otero
14. Carlos Edison do Rêgo Monteiro Filho	59. Marco Aurélio Bezerra de Melo
15. Carlos Eduardo Pianovski Ruzyk	60. Marcos Catalan
16. Carlos Nelson Konder	61. Marcos Ehrhardt Júnior
17. Caroline Vaz	62. Maria Berenice Dias
18. Célia Arruda de Castro	63. Maria Celina Bodin de Moraes
19. Cristiana Sanchez Gomes Ferreira	64. Maria Stella Gregori
20. Cristiano Sobral Pinto	65. Marília de Ávila e Silva Sampaio
21. Conrado Paulino da Rosa	66. Michael César Silva
22. Daniel Bucar	67. Milena Donato Oliva
23. Daniel Carnacchioni	68. Ministro Moura Ribeiro
24. Daniela Courtes Lutzky	69. Pablo Malheiros da Cunha Frota
25. Daniele Chaves Teixeira	70. Pablo W. Renteria
26. Danielle Portugal de Biazi	71. Patrícia Rocha
27. Débora Vanessa Caús Brandão	72. Patrícia Rodrigues Pereira Ferreira
28. Diaulas Costa Ribeiro	73. Paula Greco Bandeira
29. Dimitre B. Soares de Carvalho	74. Paula Moura Francesconi de Lemos Pereira
30. Eduardo Luiz Busatta	75. Paulo Lôbo
31. Eduardo Nunes de Souza	76. Paulo Nalin
32. Érica Canuto	77. Rafaella Nogarolli
33. Everilda Brandão Guilhermino	78. Raphaela Batista
34. Fabiana Rodrigues Barletta	79. Renata Malta Vilas-Bôas
35. Fábio de Oliveira Azevedo	80. Renan Lotufo
36. Felipe Braga Netto	81. Sérgio Savi
37. Fernanda Barretto	82. Ricardo Lucas Calderón
38. Fernanda Paes Leme Peyneau Rito	83. Roberto Figueiredo
39. Francisco de Assis Wagner Viégas	84. Rodrigo da Cunha Pereira
40. Gabriel Honorato	85. Rodrigo da Guia
41. Gisela Sampaio da Cruz Costa Guedes	86. Rodolfo Pamplona Filho
42. Giselda Fernandes Novaes Hironaka	87. Romualdo Baptista Dos Santos
43. Guilherme Calmon Nogueira da Gama	88. Rose Melo Vencelau Meireles
44. Gustavo Tepedino	89. Salomão Resedá
45. Gustavo Henrique Baptista Andrade	90. Silvia Vassilieff
	91. Simone Tassinari Cardoso
	92. Thiago Neves
	93. Wladimir Alcibíades M. Falcão Cunha

CARLOS E. ELIAS DE OLIVEIRA

Entre os diversos civilistas que seguem essa corrente, é possível identificar debates sobre os limites na utilização de princípios constitucionais e de cláusulas abertas, tudo com vistas a evitar posturas conhecidas como próprias do ativismo judicial. Soa-nos, porém, equivocado generalizar e acusar a Constitucionalização do Direito Civil de ser um movimento que ignora o texto legal ou que chancela o ativismo judicial. O movimento possui preocupações científicas de seriedade, embora, como todo movimento, haja aspectos que merecem reflexão.

5. RECIVILIZAÇÃO CONSTITUCIONAL DO DIREITO CIVIL

Distinguindo-se metodologicamente da Constitucionalização do Direito Civil, há o que chamamos de movimento da "Recivilização Constitucional do Direito Civil"[4].

Destacamos, como principal sistematizador das ideias que caracterizam essa corrente, o Professor Otávio Luiz Rodrigues Jr., que, por meio de sua tese de livre docência, publicou obra que deu a clareza necessária para enxergamos os contornos desse movimento. Sua obra é de leitura obrigatória (Rodrigues Jr., 2019). Sublinhamos que há riquíssimas obras anteriores de outros consagrados juristas nesse mesmo sentido, como a dos professores Thiago Luís Sombra[5], obras que foram citadas na tese do Livre Docente da USP.

O nome de batismo ora cunhado para esse movimento não foi citado na obra, mas tomamos a liberdade de suscitá-lo por entendermos ser didático nominar esse movimento.

Vários outros civilistas podem ser enquadrados nessa linha metodológica do Direito Civil. Listamos os seguintes civilistas:

RECIVILIZAÇÃO CONSTITUCIONAL DO DIREITO CIVIL	
1. Adisson Leal	41. Keila Pacheco Ferreira
2. Adriana Caldas do Rego Freitas Dabus Maluf	42. Luciano Penteado
3. Alexandre Junqueira Gomide	43. Márcio Flávio Mafra Leal
4. Alexandre Laizo Clápis	44. Ministro Marco Aurélio Bellizze
5. Álvaro Villaça Azevedo	45. Maria Cândida Pires Vieira do Amaral Kroetz
6. Angélica Luciá Carlini	46. Maria Vital da Rocha
7. Antônio Junqueira de Azevedo	47. Marcelo Matos Amaro da Silveira
8. Antonio Carlos Morato	48. Marcos Bernardes de Mello
9. Atalá Correia	49. Maurício Bunazar
10. Bernardo Bissoto Queiroz de Moraes	50. Maurício A. Von Bruck Lacerda
11. Bruno Leonardo C. Carrá	51. Melhim Namem Chalhub
12. Caio Morau	52. Moira Regina de T. Bossolani
14. Carlos Alberto Dabus Maluf	53. Nelson Rosenvald
15. Carlos E. Elias de Oliveira	54. Olindo Herculano de Menezes
16. Carlos Frederico Barbosa Bentivegna	55. Olivar Vitale
17. Cícero Dantas Bisneto	56. Otávio Luiz Rodrigues Jr.
18. Daniel Carnaúba	57. Othon de Azevedo Lopes
19. Daniel Ustárroz	58. Patrícia Faga Iglecias Lemos
20. Eduardo de Oliveira Leite	59. Paulo Cesar Batista dos Santos

---

4. Damos esse nome de batismo ao movimento, embora, a rigor, ele admita a existência de uma constitucionalização do direito civil (com uma visão bem mais restritiva). Como o nome "constitucionalização do direito civil" se popularizou com uma perspectiva metodológica radicalmente diferente, preferimos escolher um outro nome para esse outro movimento.

5. SOMBRA, Thiago Luís Santos. *A eficácia horizontal dos direitos fundamentais nas relações privadas*. São Paulo: Atlas, 2011.

21. Eduardo Tomasevicius Filho	60. Paulo Emílio Dantas Nazaré
22. Ermiro Neto	61. Paulo Roque Khouri
23. Fábio Caldas de Araújo	62. Regina Beatriz Tavares da Silva
24. Fábio Rocha Pinto e Silva	63. Ricardo-César Pereira Lira
25. Fernando Leal	64. Ricardo Dal Pizzol
26. Fernando Scaff	65. Roberto Paulino de A. Júnior
27. Fernando Speck	66. Rodrigo Vaz Sampaio
28. Flaviana Rampazzo Soares	67. Rodrigo Xavier Leonardo
29. Francisco Sabadin Medina	68. Roger Silva Aguiar
30. Guilherme Henrique Lima Reinig	69. Rogerio Andrade Cavalcanti Araújo
31. Gustavo Luís da Cruz Haical	70. Sérgio Niemeyer
32. Hamid Charaf Bdine Júnior	71. Silmara Chinellato
33. Ignácio Maria Poveda Velasco	72. Silvo de Salvo Venosa
34. Hércules Alexandre da Costa Benício	73. Técio Spínola
35. João Aguirre	74. Thiago Reis e Souza
36. João Costa Neto	75. Thiago Rodovalho
37. Jones Figueirêdo Alves	76. Torquato Castro Jr.
38. José Fernando Simão	77. Tula Wesendonck
39. Judith Martins-Costa	78. Venceslau Tavares Costa Filho
40. Karina Fritz	79. Vivianne Geraldes Ferreira
	80. Zeno Veloso

Indicamos como recomendação ao leitor a aula 1 do Professor Nelson Rosenvald intitulada "Conceitos Fundamentais de Direito Civil"[6], que segue a linha da Recivilização Constitucional do Direito Civil por defender a eficácia mediata da Constituição. Recomendamos ainda o artigo do Professor Eduardo Tomasevicius Filho expondo sua posição mais afeta à presente corrente (Tomasevicius Filho, 2015).

De um modo geral, a Recivilização Constitucional do Direito Civil reconhece a existência de uma "constitucionalização do Direito Civil", mas o faz com uma visão bem mais restritiva, associando-a apenas àqueles casos de positivação expressa de normas de Direito Civil na Constituição Federal ou a casos bem limitados e excepcionais de emprego de elementos extrassistemáticos (= fora do Direito Privado).

Nessa linha, esse movimento admite a eficácia de direitos fundamentais nas relações privadas, mas o faz por meio de uma metodologia diferente[7] sem que isso possa ser considerado propriamente "constitucionalização", e sim um diálogo que todos os ramos do Direito, sem abandonar sua autonomia epistemológica, têm com o Direito Constitucional.

À luz da metodologia da Recivilização Constitucional do Direito Civil, a regra é a de que as normas constitucionais devem ser aplicadas às relações privadas por intermédio da solução legislativa adotada pelo Parlamento. Dessa forma, cabe ao civilista prestigiar, acima de tudo, a interpretação das leis específicas de Direito Civil (que é o resultado da conciliação feita pelo legislador entre os vários valores constitucionais em conflito).

---

6. Disponível em: https://www.youtube.com/watch?v=z0sx4GsYFG8.
7. Na sua obra, Otávio Luiz Rodrigues Jr. vincula essa metodologia a um modelo fraco de eficácia indireta dos direitos fundamentais com fatores correção (Rodrigues Jr., 2019, p. 296-300 e 353-359). Nesse modelo, a eficácia direta de direitos fundamentais nas relações privadas é concebida como *ultima ratio* e só deve ser utilizada de forma subsidiária. Contrapõe-se, assim, ao modelo forte de eficácia direta, que caracterizaria o movimento da Constitucionalização do Direito Civil e que defende a eficácia direta de normas constitucionais nas relações privadas mesmo sem uma intermediação legislativa, embora, obviamente, o respeito às leis de direito privado não seja negada (Rodrigues Jr., 2019, p. 300-302).

No caso de insuficiência das leis, o civilista deve se socorrer de cláusulas abertas ou princípios gerados dentro do próprio sistema do Direito Privado, com base no substrato teórico produzido dentro da própria civilística, caso em que conceitos como "boa-fé", "bons costumes", "abuso de direito" poderão ser empregados. Há, porém, de se ter muita cautela no manuseio dessas normas abertas para evitar voluntarismos ou desarmonias com o sistema do Direito Civil.

Em última instância, como *ultima ratio*, diante da inaptidão das leis, das cláusulas abertas e dos princípios do próprio sistema do Direito Privado, o civilista poderá se valer de recursos extrassistemáticos (= fora do sistema do Direito Privado), como a aplicação direta de normas e princípios da Constituição às relações privadas.

E, nessa excepcionalíssima hipótese de aplicação direta de normas constitucionais às relações privadas, devem-se priorizar as normas constitucionais que tenham esse específico endereçamento, como as que tratam de direito à herança (art. 5º, XXX, CF), direito de propriedade (art. 5º, XXII, CF), direito de associação (art. 5º, XX, CF) e relações matrimoniais e parentais (arts. 226, CF).

As demais normas constitucionais (as não endereçadas especificamente ao Direito Civil), como o direito à moradia (art. 6º, *caput*, CF) ou a dignidade da pessoa humana (art. 1º, III, CF), podem ser utilizadas de modo bem excepcional, sempre atentando às particularidades epistemológicas do Direito Privado e considerando que elas se endereçam primordialmente ao Direito Público (Otávio, 2012).

De fato, basta imaginar a aplicação direta do direito à moradia em uma relação privada envolvendo contrato de locação residencial. Em nome desse direito – que, na verdade, foi endereçado contra o Poder Público –, o Judiciário, esvaziando a força normativa da Lei de Inquilinato, poderia dificultar sobremaneira os despejos de inquilinos, ao argumento de que estes mereceriam a moradia. É evidente que essa postura viola totalmente as particularidades epistemológicas do Direito Privado, que se funda na autonomia privada (a qual, obviamente, pode ser flexibilizada) e geraria efeitos catastróficos no País, como o aumento vertiginoso dos valores dos aluguéis e a recusa de proprietários em alugarem imóveis a inquilinos de baixa renda. Na verdade, o direito à moradia deve ser utilizado contra o Poder Público, com o objetivo de obrigá-lo a, por meio de políticas públicas – que direta ou indiretamente são custeadas pelos impostos –, assegurar esse direito constitucional[8] excepcional, como *ultima ratio*, sob pena de introduzir um "cavalo de Troia" no sistema civil com a capacidade de causar problemas epistemológicos, de coerência e de segurança jurídica.

Em nenhum momento, a linha de abordagem da Recivilização Constitucional do Direito Civil desconsidera que a dignidade da pessoa humana nem despreza a Consti-

---

8. Fique bem claro que, em nenhum momento, estamos a insinuar que, sob a vertente da Constitucionalização do Direito Civil, o despejo seria proibido à luz do direito à moradia. O que se quer dizer é que, sob o ponto de vista metodológico, o civilista poderia levar em conta o direito constitucional à moradia para sua reflexão. No mérito, a resposta à sua reflexão dependerá da linha de argumentação jurídica de sua preferência. É plenamente viável que, sob essa metodologia, sejam obtidos resultados antagonicamente diferentes a depender do perfil argumentativo do civilista civil-constitucional. Por outro lado, sob a metodologia da Recivilização Constitucional, o civilista não haveria de levar em conta o direito constitucional à moradia, pois ele é um elemento extrassistema (fora do Direito Privado) e, por isso, não deve ser colocado no horizonte de suas reflexões como regra geral.

tuição Federal tampouco desdenha do que se conhece como "despatrimonialização" ou "repersonalização" do Direito Civil. Aliás, é por isso que batizamos esse movimento de "Recivilização Constitucional": ele também atenta para a Constituição. Na verdade, a marca distintiva desse movimento é que essa inter-relação do Direito Civil com a Constituição adota um caminho metodológico diferente do proposto pelo movimento da Constitucionalização do Direito Civil.

Além do mais, o ônus argumentativo do civilista para se valer de cláusulas gerais ou para invocar normas constitucionais será muito maior na vertente metodológica de Recivilização Constitucional. Isso também representa um traço distintivo em relação à Constitucionalização do Direito Civil (na qual – enfatize-se! – também há um ônus argumentativo, mas em menor intensidade).

A bem da verdade, em muitos casos concretos, os juristas sectários dos diferentes movimentos chegarão a resultados iguais, embora adotando caminhos metodológicos diferentes. A diferença de abordagem tenderá a resultados diferentes em casos mais excepcionais, que envolvem maior complexidade (os *hard cases*). Por exemplo, ao discutir se o síndico pode aplicar uma multa ao condômino antissocial sem previamente notificá-lo para lhe dar a chance de defender-se, civilistas de ambos os movimentos poderiam chegar ao mesmo resultado (condenar essa falta de notificação) por caminhos diferentes. De um lado, o civilista da Constitucionalização do Direito Civil se valeria, com muito maior facilidade, do princípio constitucional do contraditório ou da dignidade da pessoa humana. De outro, o civilista da Recivilização Constitucional se absteria de, *prima facie*, se socorrer desse princípio constitucional e buscaria, dentro da própria civilística, uma resposta, como a que seria obtida por meio da aplicação analógica do art. 57 do Código Civil (que exige o contraditório prévio para a exclusão de associado) ou no emprego de cláusulas abertas, como a da vedação ao abuso de direito.

6. CONCLUSÃO

O cenário atual do Direito Civil apresenta três principais correntes de abordagem metodológica, e há grande divisão entre os civilistas contemporâneos entre elas, conforme citações feitas a quase duzentos civilistas ao longo deste artigo.

A Constitucionalização do Direito Civil marca-se por uma maior abertura epistemológica do Direito Civil, inclinando-se para um modelo forte de aplicação imediata das normas constitucionais e enfatizando o enfraquecimento das barreiras divisórias entre o Direito Privado e o Direito Público.

A Recivilização Constitucional do Direito Civil caracteriza-se por uma menor abertura epistemológica do Direito Civil, abalançando-se para um modelo fraco de eficácia mediata das normas constitucionais e reforçando os muros fronteiriços entre o Direito Privado e o Direito Público.

A linha intermediária ou indefinida apresenta características que ora oscilam entre as duas correntes acima, ora externam características *sui generis*. Talvez, no futuro, teremos maior clareza se, na verdade, essa linha era uma variação de alguma das duas correntes acima ou se realmente constituía uma terceira espécie de abordagem epistemológica.

O contraste aqui feito entre a Constitucionalização e a Recivilização obviamente contém simplificações, próprias de qualquer taxonomia. Quer-se aqui apenas realçar que há duas posturas metodológicas diferentes no Direito Civil Contemporâneo, deixando ao leitor a incumbência de, por leitura dos textos dos diversos civilistas, desvendar idiossincrasias de cada corrente.

Nos vários casos concretos, juristas de diferentes correntes metodológicas poderão chegar ao mesmo resultado, mas é inegável que o caminho argumentativo de cada um será diferente.

DISTINÇÕES HERMENÊUTICAS DA CONSTITUCIONALIZAÇÃO DO DIREITO CIVIL: O INTÉRPRETE NA DOUTRINA DE PIETRO PERLINGIERI

Carlos Nelson Konder

Doutor e mestre em Direito Civil pela Uerj. Especialista em Direito Civil pela Universidade de Camerino (Itália). Professor Adjunto de Direito Civil da Uerj e da PUC-Rio. E-mail: c.konder@gmail.com.

Sumário: 1. Introdução. 2. Deontologia e teleologia no método do direito civil-constitucional. 3. Formalismo e pragmatismo na constitucionalização do direito civil. 4. À guisa de conclusão: fundamentação argumentativa como pedra de toque da liberdade e da responsabilidade do intérprete. 5. Referências.

1. INTRODUÇÃO

Ao menos no âmbito das ciências sociais, mesmo as reflexões sobre questões metodológicas são contingentes ao contexto histórico-social no qual se originam. O procedimento de interpretação e aplicação do direito civil não é exceção. Não obstante os esforços no sentido de buscar uma técnica pura, uma forma neutra, um método correto e verdadeiro de realizar a interpretação, há que se reconhecer que as diferentes teorias interpretativas são produtos de anseios relativos a determinados locais e a certas épocas.

Isso diz respeito ao impacto não somente das transformações fáticas da realidade à qual o direito se vincula – como, por exemplo, o aumento de complexidade da estrutura do ordenamento em decorrência das transformações operadas no tocante às fontes do direito –, mas principalmente da modificação dos valores sociais sobre os quais o direito se constrói. A historicidade e a relatividade da teoria da interpretação decorrem especialmente do fato de esta vincular-se a uma multiplicidade de fatores sobre os quais frequentemente não se reflete (PERLINGIERI, 2001, p. 478).

A nítida e estreita ligação entre a teoria da interpretação e a própria ciência do direito faz com que as mudanças na concepção do que seja o direito impliquem igualmente modificações na forma de interpretá-lo (RIZZO, 1985, p. 11). Mais precisamente, são reflexos do que se pretende que seja o direito e como deve ser a forma de aplicá-lo, a culminar no reconhecimento de que a opção metodológica é também, em algum nível, uma opção ideológica (STRECK, 2009, p. 19). Neste sentido, o que é imperioso é explicitar o método adotado, também por meio da contraposição com os demais métodos, pois, como explica Pietro Perlingieri (2008, p. 88), "o que essencialmente se exige do jurista é a coerência com o método adotado. O confronto depois, sobre qual seja o método mais adequado para abordar o assunto, é um discurso aberto sobre o qual ninguém possui, em um certo sentido, a verdade". E sintetiza o autor: "a reflexão sobre o método não é tanto reflexão sobre a escolha, quanto sobre a consciência da escolha e dos resultados que a sua concretização comporta. É nesse sentido que a ciência e a metodologia se envolvem reciprocamente" (PERLINGIERI, 2008, p. 124).

A doutrina do direito civil contemporâneo vive um momento de profunda transformação, que é, como não pode deixar de ser, uma ocasião de crise e de oportunidade. O processo de libertação e superação de certos rigores metodológicos tradicionais a essa área da ciência do direito pode dar vazão a novos métodos, oxigenados pelas paradigmáticas mudanças da ciência, ou pode resvalar para a ausência de qualquer método, que sob a falácia da liberdade e da informalidade representa apenas a tirania e o arbítrio do intérprete.

Nesse contexto, difundiu-se no Brasil a metodologia da constitucionalização do direito civil, por vezes referida como "direito civil-constitucional". O método fundado no pensamento de Pietro Perlingieri teve aqui grande receptividade, por encontrar também um contexto constitucional de redemocratização e civilistas ansiosos por transformar o arcaico direito civil clássico em um instrumento de emancipação das pessoas e de transformação social, rumo a uma comunidade mais justa e solidária.

No entanto, a invocação descuidada desse método, sem a adequada indicação de suas premissas, vem causando receio e inquietude. Por vezes, doutrina e jurisprudência trilham caminhos alegadamente guiados pelo "direito civil-constitucional", mas fazem tudo menos aplicar efetivamente o método da constitucionalização do direito civil. Não são poucos os trabalhos que têm exposto, de forma clara, didática e sistemática, as premissas metodológicas que o caracterizam.[1]

Por conta disso, a opção neste estudo foi traçar outro percurso para enfatizar a necessidade de cuidado com o método. A abordagem será no sentido de confrontar esse método com os demais, estabelecendo comparações, distinções, divergências, semelhanças e, por vezes, oportunidades de diálogo.

Para isso, podemos sistematizar as escolas, apenas para fim didático, sob a afirmativa de que cada metodologia produz distintas respostas para duas grandes questões – bastante interligadas – acerca da interpretação do direito.

A primeira é referente ao foco da interpretação: de um lado posições que vinculam o intérprete à construção teórica, à coerência científica, à pureza da doutrina; de outro lado, o intérprete voltado para o impacto social da decisão, sua atuação na realidade concreta, as repercussões sobre o contexto fático. Uma perspectiva mais deontológica da atividade interpretativa em oposição a uma perspectiva mais teleológica.

A segunda é referente à fidelidade da interpretação ao texto: de um lado, posições que restringem mais a atuação do intérprete, mantendo-o mais amarrado à letra da lei; de outro lado, posições que lhe garantem maior liberdade e autonomia na adaptação do enunciado normativo para sua aplicação ao lado concreto. A interpretação como ato de

---

1. São referências pioneiras, nesse sentido, TEPEDINO, 2008, p. 1-23; FACHIN, 2000, passim; MORAES, 2010, p. 3-20.

conhecimento, de descoberta ou de revelação, em contraposição à interpretação como ato de vontade, de invenção ou de construção.

Também com finalidade didática, para facilitar a ilustração dos métodos, será utilizado um exemplo hipotético: uma nova lei que previsse que a ação de despejo em contratos de locação somente poderia ser intentada após nove meses de inadimplemento do aluguel caso o locatário seja portador de neoplasia maligna. Uma lei como essa provavelmente levantaria, além de arguições sobre a sua inconstitucionalidade por violação ao direito à propriedade e ao princípio da proporcionalidade, controvérsias sobre a eventual extensão desse benefício a locatários portadores de outros tipos de patologia.

2. DEONTOLOGIA E TELEOLOGIA NO MÉTODO DO DIREITO CIVIL-CONSTITUCIONAL

No tocante à resposta da primeira pergunta, é possível partir do modelo mais clássico – e possivelmente mais extremo – que foi a chamada "Jurisprudência dos conceitos", ou "Pandectística". Marco histórico influente sobre as teorias contemporâneas do direito civil, a Pandectística tem origem no contexto da Alemanha do século XIX, em que a falta de unidade política inviabilizava a construção de uma legislação codificada, nos moldes do *Code* dos franceses, o que conduziu a doutrina a centrar seus esforços sobre o tratamento formal dos conceitos clássicos e a descrição neutra dos princípios (HESPANHA, 1998, p. 186). Nesse modelo, em que o processo de reflexão e construção do direito se realiza a partir de operações lógicas e imutáveis, de silogismos automáticos e estéreis, buscava-se a construção de uma doutrina neutra, cientificamente adequada e independente do contexto social a que se aplicasse, no que já foi descrito como "a definitiva alienação da ciência jurídica em face da realidade social, política e moral do direito".[2]

Em um modelo como esse, a discussão sobre a possibilidade de interpretação extensiva do benefício legal exemplificado hipoteticamente desprezaria qualquer consideração sobre o impacto social que ele produz. Provavelmente a argumentação estaria restrita à coerência teórica do benefício – e sua ampliação – com os elementos componentes do contrato de locação, os direitos que podem ser atribuídos por sua conta ao locatário e, até mesmo, as condições e requisitos processuais para a ação de despejo.

Esse modelo quase matemático de como o jurista atua, em sua versão mais extrema e exemplificativa, sofreu severas críticas. Sem descurar a importância da coerência teórica para garantir a cientificidade do direito, a atividade interpretativa não pode abrir mão da ciência de que se destina a atuar na realidade social, sob pena de o rigor científico, que deve guiar a análise conceitual, degenerar no puro gosto pela classificação, sem função e alienada da realidade. Nas palavras de Pietro Perlingieri, a jurisprudência dos conceitos "relega a praxe da reflexão, considerando-a um acidente e privilegiando a norma como

---

2. A frase é atribuída a Franz Wieacker por Karl Larenz (2005, p. 29). No entanto, vale destacar que embora Wieacker afirme que, por conta da Pandectística, "a ciência jurídica perdeu, pela primeira vez, aquele carácter de moral sobreposta ao direito positivo que fora próprio do direito natural medieval ou do jusracionalismo moderno", destaca também que "os seus conceitos fundamentais se fundaram numa ética autónoma do dever e da liberdade tal como correspondia à consciência ética da maior parte dos seus contemporâneos" (WIEACKER, 2004, p. 13 e 504, respectivamente).

objeto da interpretação", ficando "assim garantidas a unidade e a coerência do sistema, mas com a perda do 'contato com o dinamismo social externo, com a dimensão diacrônica do direito'" (PERLINGIERI, 2008, p. 94).

De fato, como já foi destacado, esse esforço obsessivo pela depuração dos conceitos e institutos nunca será capaz de afastar o direito da realidade concreta da qual ele é produto e assim jamais atinge a pureza teórica pretendida. Ao contrário, desmascarada essa insustentável mistificação de uma pureza teórica, o movimento rumo a uma suposta neutralidade revela-se apenas como uma forma de ocultar as escolhas ideológicas por trás da atividade do intérprete. Os conceitos abstratos persistem em carregar em sua estrutura, de forma implícita, os valores que estão por trás de sua construção, e que se revelam quando se analisa o impacto da decisão na realidade social (GRAU, 2005, p. 84).

A constatação da inviabilidade de plena neutralidade no tocante ao intérprete conduziu à construção de escolas radicalmente opostas, que viriam a responder à questão colocada no sentido inverso: se o juiz é inevitavelmente condicionado pelos seus próprios valores, abre-se mão de seu compromisso com a teoria e a interpretação do direito volta-se exclusivamente para a transformação da realidade concreta a que se aplica. Nessa linha do que se poderia indicar genericamente como "realismo sociológico", a atividade de análise destaca- se das formalidades em favor da atenção aos fatores reais que conduzem às decisões judiciais, em nome de desligar-se de construções abstratas oriundas das classes dominantes para dirigir- se a um direito espontaneamente construído pela sociedade na sua verdadeira vivência cotidiana como grupo.[3]

Nesta linha radical, o exemplo-guia seria debatido exclusivamente pelo seu impacto social, pelo esforço de tutela de pessoas acometidas por uma doença de tratamento dramático e por vezes sem cura. Quando não fosse substituída pela admissão de práticas sociais constatadas nestes casos, a interpretação seria guiada pela fragilidade da condição destes sujeitos e por um esforço de compensação social, diante da insuficiência do sistema público de saúde, por meio da imposição forçada da manutenção do vínculo aos locadores particulares em todas as hipóteses em que houvesse este tipo de desequilíbrio socioeconômico.

Mas esse extremo oposto também é bastante criticável, na medida em que se dispõe a trocar a validade da norma jurídica pela efetividade da dita norma social. A dissolução das garantias oferecidas pelo ordenamento numa suposta realidade social representa o risco de entregar-se à lei do mais forte, que pode normalmente traduzir essa suposta autorregulação espontânea do corpo social. Ou ainda, lembrando a premissa de que toda atividade interpretativa é marcada por valores, deve-se reconhecer que o próprio processo de "escolha" do que sejam essas normas espontaneamente sociais não é ideologicamente menos tendencioso do que aquele que se pauta nas normas institucionalizadas formalmente. Esquece- se que as garantias formais são conquistas históricas que encontram fundamento na legalidade e na democracia:

---

3. No ordenamento nacional, cf. LYRA FILHO, 1995, passim; CARVALHO, 1998, passim; SOUSA, 1993, passim; WOLKMER, 1994, passim. Cf. ainda SANTOS, 2007, passim.

Uma coisa é verificar que o jurista, na tentativa de interpretação objetiva da norma, não pode se subtrair do condicionamento histórico-ideológico, outra coisa é querer exasperar esse condicionamento no processo hermenêutico, de maneira a recusar a interpretação do dado normativo e propor que seja justamente essa bagagem cultural, histórico-ideológica, a constituir garantia de justiça (PERLINGIERI, 2008, p. 100).

Ainda na linha das escolas mais consequencialistas, que oferecem resposta à questão proposta no sentido de que o intérprete deve guiar-se pelo impacto de sua decisão na realidade concreta, encontramos a vertente que mais se popularizou – de forma negativa – da chamada "análise econômica do direito". Desenvolvida a partir dos anos de 1960 nos Estados Unidos, essa escola se tornou conhecida, de modo geral, pela utilização de princípios universais de eficiência para explicar os fenômenos jurídicos.[4] Concebe-se o direito não como um sistema de normas com sanções, mas como um sistema de incentivos aos comportamentos dos indivíduos: como em qualquer situação de mercado, o comportamento será ou não adotado conforme o seu preço. Assim, o critério científico para a organização social não seria a justiça, mas sim a eficiência, e seu objetivo seria a maximização da riqueza social. Um de seus desenvolvimentos mais referidos encontra-se na teoria dos custos dos direitos, voltada a vincular a aplicação dos direitos fundamentais à chamada "reserva do possível", uma vez que a escassez de recursos estatais é obstáculo à realização de direitos, que dependem da atuação executiva para sua implementação.[5]

Sob esta perspectiva, a avaliação da legislação imaginada perpassaria a consideração de que a generalização de benefícios aos locatários portadores de doença acabaria, em última instância, por reduzir a frequência da celebração de contratos de locação, especialmente entre locatários pertencentes a grupos de risco, assim encarecendo os aluguéis e diminuindo o acesso à moradia. Seria também ponderado o fato de que o referido benefício acabaria por aliviar a superlotação dos hospitais públicos, já que os doentes de casos mais leves teriam onde ficar e a manutenção do domicílio auxiliaria na recuperação das enfermidades. Isso poderia levar à conclusão de que a lei só seria constitucional ou seu benefício só poderia ser estendido se financiado pelo poder público. Em um grau ainda mais radical, a constatação de que, na grande maioria dos acometidos pela neoplasia, a doença é fatal, poderia levar à conclusão de que o benefício deveria ser restrito aos portadores de doenças com maior índice de recuperação.

A unilateralidade da vertente mais conhecida da análise econômica do direito é objeto de crítica, pois, ao partir do pressuposto de que a ação humana é guiada unicamente por motivações utilitaristas, acaba-se por impor uma perspectiva materialista e conservadora ao direito, incompatível com a proteção integral da pessoa humana:

Tal perspectiva, prescindindo da credibilidade dos resultados aplicativos, é criticável em si como metodologia, pela sua unilateralidade e pela substancial função individualista, materialista e conservadora certamente em contraste com a legalidade constitucional: o mercado não é critério autônomo de legitimidade (PERLINGIERI, 2008, p. 106).

---

4. São referências tradicionais POSSNER, 2007, passim, e CALABRESI, 1970, passim. A diversidade de vertentes, nem todas partilhando essas características, é considerável, sendo exemplificadas pela melhor doutrina as escolas de Chicago, Austríaca, Institucionalista e Neo-Institucionalista, da "Public Choice" e ainda a de New Haven (Cf. RAGAZZO, 2008, p. 95 et seq.; e SALAMA, 2008, p. 4-58).

5. HOLMES; SUNSTEIN, 2000, passim. No ordenamento nacional sobre o tema, cf. GALDINO, 2005, passim.

Essa crítica não deve abrir mão, todavia, da importância da consideração a respeito do impacto econômico das escolhas políticas, especialmente no nível mais amplo do sistema social, mas restringe esta consideração ao processo legislativo e a admite apenas como mais um argumento – não o único, nem o mais importante – no processo de interpretação e aplicação do direito. De fato, a constatação acerca da pluralidade de princípios que imantam o sistema do direito permite – e impõe – que haja uma multiplicidade de argumentos a conduzir o intérprete na sua atividade (RAGAZZO, 2008, p. 87).

Nesse sentido, parte-se do pressuposto de que o direito é, sim, um sistema, e, portanto, demanda para seu funcionamento coerência e harmonia entre seus diversos elementos, mas o sistema do direito não é fechado, ou axiomático, pautado pela lógica formal e pela neutralidade dos enunciados, como se pretendera sob uma perspectiva hermética e autorreferenciada, de matriz positivista. Trata-se de um sistema aberto, em constante estado de complementação e evolução em razão da provisoriedade do conhecimento científico e, principalmente, da modificabilidade dos próprios valores fundamentais da ordem jurídica (CANARIS, 1996, p. 104). Por conta disso, o sistema permite – *rectius*, exige – a sua constante renovação por meio da introdução de elementos extraídos da realidade social:

> Com efeito, sustentar a abertura do sistema jurídico significa admitir mudanças que venham de fora para dentro, ou, em termos técnicos, que provenham de fontes não imediatamente legislativas; significa, por outras palavras, admitir que o Direito, como dado cultural, não se traduz num sistema de 'auto-referência absoluta' (NEGREIROS, 1998, p. 162-3).

No entanto, esse processo de incorporação de elementos extrajurídicos não pode dar- se de forma arbitrária, o que levaria à implosão do próprio pressuposto de sistematicidade. Necessariamente o processo de abertura deve ser viabilizado pelos próprios elementos do sistema: além do direito positivo, mas por meio do direito positivo. Se, de modo geral, o reconhecimento da textura aberta da linguagem já favorece esta abertura mediada no processo de interpretação, isso se revela ainda mais claro quando se trata da utilização da estrutura normativa de princípios, postulados argumentativos que propiciam a abertura do sistema por meio da interseção com fundamentos éticos, sociais e culturais.

No contexto atual, o reconhecimento da normatividade dos princípios, especialmente aqueles hierarquicamente superiores em razão de sua alçada constitucional, garantiu-lhes proeminência na atividade do intérprete, deixando para trás as concepções que lhes relegavam papel subsidiário ou programático (BONAVIDES, 2000, p. 232-38). Por meio deles, valores sociais e culturais invadem claramente o mundo do direito, mas mediados pelos significantes que os expressam e por um cuidadoso mecanismo científico – posto argumentativo – de aplicação.[6]

---

6. A aproximação entre direito e ética e a utilização da teoria da argumentação como mecanismo de controle da discricionariedade do intérprete é vinculada pela melhor doutrina a este modelo que atribui normatividade aos princípios, também referido por vezes como "pós-positivismo". Nessa linha, BARROSO, 2004, passim; BARCELLOS, 2005, passim e SOUZA NETO; MAIA, 2006, p. 57-99. Para a conceituação dos princípios e sua distinção com relação às regras, além dos já citados, cf. ÁVILA, 2006, passim; GALUPPO, 1999, p. 191-210; e, na doutrina estrangeira, ALEXY, 2002, passim, e DWORKIN, 2002, passim.

Assim, na análise da constitucionalidade do exemplo-guia é imperioso considerar seu impacto social, mas essa consideração deveria realizar-se por meio da análise e ponderação dos princípios constitucionais em jogo, tais como a proteção da propriedade, o direito à saúde, a livre iniciativa e a dignidade da pessoa humana, assim como a sua interpretação extensiva seria viável conquanto se desse tecnicamente mediante a análise da *ratio* do dispositivo e da presença da mesma justificativa no caso análogo.

3. FORMALISMO E PRAGMATISMO NA CONSTITUCIONALIZAÇÃO DO DIREITO CIVIL

A liberdade argumentativa propiciada ao processo interpretativo pela textura aberta da linguagem, principalmente no tocante à utilização dos princípios, também será determinante na relação do intérprete com o texto, que nos remete à outra questão a ser respondida por um método de interpretação, referente à fidelidade do intérprete ao texto. Nitidamente, as duas questões estão relacionadas. Escolas que defendem que a atenção do intérprete deve recair unicamente sobre o impacto efetivo da sua decisão sobre a realidade concreta atribuirão a ele maior – ou absoluta – liberdade na sua atividade; ao contrário, escolas mais atentas à coerência teórica do processo interpretativo tendem a restringir mais o papel do aplicador. No entanto, as duas questões – e suas possíveis respostas – não coincidem completamente, o que justifica – novamente, apenas a título didático – abordá-las em separado.

Dessa forma, no tocante à resposta da questão sobre a fidelidade do intérprete ao texto, também podemos partir do modelo mais clássico, e possivelmente mais extremo, que seria o outro marco histórico de matriz positivista influente sobre as teorias contemporâneas do direito civil – a chamada "Escola de exegese" francesa. A sua construção encontra origem no período pré-revolucionário, no qual a burguesia ascendente se defendia por meio de uma ideologia jurídica de cunho jusnaturalista, repleta de concepções pré-políticas e pré-sociais e esquemas de categorias universais e eternas, em especial uma versão abstrata e individualista do sujeito de direito (GROSSI, 2002, p. 3-5). Todavia, a revolução francesa conduz a classe burguesa ao poder estatal e o processo de codificação se revela especialmente idôneo a consolidar juridicamente aquele conjunto de valores. Os códigos, reputados verdadeiros monumentos legislativos, com a pretensão de compreender todo o direito, tornam-se os receptáculos do até então direito natural, racional e burguês (HESPANHA, 1998, 177).

Assim se constrói a doutrina de interpretação conhecida como escola de exegese, mediante esforços de restrição – ou mesmo proibição – da atividade do intérprete, com o objetivo de consolidar a nova ordem burguesa e evitar o retorno aos valores aristocráticos (CAENEGEN, 2000, p. 198). Se o direito se resume ao código, o juiz não tem qualquer liberdade para a sua interpretação. Sua atuação limitar-se-ia à utilização de duas técnicas: a interpretação literal dos textos e, em caso de dúvida, a descoberta da *voluntas legislatoris* (MONATERI, 1993, p. 37).

Assim, se o legislador escolheu beneficiar apenas os portadores de neoplasia maligna, não caberia ao juiz estender este ônus aos demais locadores sob quaisquer outras circunstâncias, pois, tratando-se de uma escolha política, a separação de poderes impediria qualquer reformulação judicial sobre a sua abrangência. No máximo, o papel do intérprete ao se deter sobre a eventual "subinclusão" (ou "sobreinclusão") do enunciado normativo poderia conduzi-lo ao exame semântico das acepções possíveis do *nomen* utilizado, sempre guiado pela intenção do legislador.

Os movimentos de contraposição a esse positivismo legalista foram diversos, atingindo não só a ideia "originalista" de que seria viável e apropriado tentar descobrir a intenção do legislador, mas principalmente quanto à busca do significado literal das palavras (GUASTINI, 2004, p. 144-6). Acusou-se essa metodologia de, ao conduzir o intérprete à pura linguagem do legislador, tentar separar reflexão e prática, sem incorporar os elementos necessários ao adequado aprofundamento do momento fático e aplicativo (PERLINGIERI, 2005, p. 92). Para prender-se à alegada literalidade, a operação do intérprete seria guiada pelo dogma da subsunção, entendida como a "sotoposição de um caso individual à hipótese ou tipo legal" (ENGISCH, 2001, p. 94-5), de modo que sua atividade se reduziria "a exercício de comprovação de que, em determinada situação de fato, efetivamente se dão as condições de uma consequência jurídica (um dever-ser)" (GRAU, 2005, p. 67). Esse modelo transforma o aplicador em um autômato fiel ao texto da lei e parte da falsa concepção de que os vocábulos e enunciados do discurso legislativo têm um significado próprio, determinado pelo legislador e que independe do trabalho do intérprete, o qual assume um papel puramente passivo, de revelação (CHIASSONI, 1990, p. 121-2). Em contraposição a essa limitação da atividade interpretativa à descoberta do significado correto das palavras para determinar a decisão verdadeira, reconheceu-se que ela sempre será criadora do significado das disposições jurídicas (CHIASSONI, 1990, p. 126-7). Sinteticamente, explica Noel Struchiner:

> Os formalistas pretendem oferecer uma teoria do direito que privilegia a segurança jurídica e afasta a necessidade de exercício do poder discricionário pelos aplicadores do direito. Por isso enfatizam a plenitude hermética do direito, a rigidez dos termos gerais encontrados no direito e o papel do juiz de dizer o direito e não de criá-lo. O preço que os formalistas pagam por adotarem tal teoria sobre o direito é sustentar uma visão incompleta da realidade jurídica e que, além disso, sequer contribuiria para o funcionamento do direito, caso fosse verdadeira. A teoria formalista desconsidera a textura aberta da linguagem (STRUCHINER, 2002, p. 133).

Essa escola descura, portanto, da constatação da *textura aberta da linguagem*. Tal expressão tem origem em autores como Friedrich Waismann e Ludwig Wittgenstein e confronta a ideia do positivismo lógico que identifica o significado de uma afirmação com o seu método de verificação: de um lado, afirma-se que os conceitos "não estão delimitados, de forma *a priori*, em todas as direções possíveis" e, portanto, não podem ser reduzidos às suas verificações; de outro lado, a miríade de possibilidades em que um termo pode ser empregado não traz em si "uma única característica comum que percorre e pode ser identificada em todas as suas instâncias", mas apresenta tão somente conexões que podem ser identificadas como "semelhanças de família" (STRUCHINER, 2002, p. 12-27).

Essa constatação impele ao fato de que mesmo as correntes contemporâneas de matiz positivista não apenas reconheçam, mas também busquem, mecanismos para lidar com as dificuldades trazidas por essas características da linguagem, a reconhecer ao menos a existência de "casos difíceis" – sob essa perspectiva excepcional – que não demandariam, de forma lógica, uma única resposta correta (STRUCHINER, 2002, p. 36). É o caso de Herbert L. A. Hart, que, muito simplificadamente, reconhece que a regra fundamental de um sistema jurídico desenvolvido ("regra de reconhecimento") comporta um conjunto de regras finito para casos infinitos e que, mesmo entre as regras existentes, há uma zona de penumbra além de seu núcleo de certeza (HART, 2007, passim). Contudo, o entendimento do autor é de que a maioria dos casos se encontra no núcleo de certeza, cabendo ao juiz, na excepcional hipótese dos "casos difíceis", usar de seu poder discricionário para tornar a regra menos vaga para os casos futuros.[7] Sob uma visão mais renovada, as escolas recentemente dedicadas ao formalismo ressaltam uma perspectiva mais positiva e menos inflexível frente às versões anteriores mais extremas que, se não pode ser aplicada a todas as hipóteses de interpretação jurídica, seria conveniente em situações específicas (STRUCHINER, 2009, p. 36).

De modo geral, o formalismo aqui apontado, voltado essencialmente para o texto do enunciado normativo, faz com que o intérprete restrinja-se ao dispositivo isolado, sem o esforço necessário para garantir a coerência e harmonia com o restante do sistema, especialmente com os princípios superiores que o regem e imantam, olvidando a ideia fundamental de que toda interpretação é sistemática, pois "não se interpreta o direito em tiras" (GRAU, 2005, p. 127). Afinal, "a norma nunca está sozinha, mas existe e exerce a sua função dentro do ordenamento, e o seu significado muda com o dinamismo e a complexidade do próprio ordenamento; de forma que se impõe uma interpretação evolutiva da lei" (PERLINGIERI, 2008, p. 617). Sob essa perspectiva mais ampla, que envolve a compreensão do sistema como um todo, em confronto com o caso concreto, "pensar que os 'casos duvidosos' sejam em número menor que os 'casos decididos' é no mínimo uma visão otimista" (PERLINGIERI, 2008, p. 620). Além disso, a visão formalista tende a produzir o mesmo problema sofrido pela pandectística abordado quanto à primeira questão sobre a interpretação: o aprisionamento do intérprete ao texto tende a fazê-lo esquecer elementos mais complexos da realidade que o abrange e que, ao menos na interpretação judicial, deveriam ser levados em consideração:

> O mais das vezes, o formalismo interpretativo afunda as raízes na ideologia da separação do direito da mais ampla problemática das ciências sociais, na tentativa de configurá-lo como o mundo do dever-ser, incontaminado daquele do ser (PERLINGIERI, 2008, p. 93).

Por conta destas críticas, e também quanto à questão referente à fidelidade ao texto, desvelaram-se correntes no sentido oposto, defendendo que o intérprete é absolutamente livre frente ao texto, inexistindo qualquer limite ou condicionamento vinculado ao significado dos vocábulos e enunciados dos documentos normativos, seja porque qualquer individuação de significado seria uma criação *ex novo*, seja porque, em

---

7. Como destaca Noel Struchiner: "Infelizmente, apesar de exigir que os juízes apliquem, nos casos de penumbra, a abordagem paradigmática e criteriológica, que demonstrem certas virtudes judiciais como a imparcialidade e a neutralidade, que levem em consideração os interesses de todos que serão afetados pela decisão, que façam uso de princípios gerais aceitáveis, que empreguem os cânones de interpretação, Hart não esmiúça esses critérios, apresentando uma análise superficial da atividade discricionária" (STRUCHINER, 2002, p. 127).

uma versão mais radical e insidiosa, não haveria consenso possível sobre o significado das disposições jurídicas (CHIASSONI, 1990, p. 122). Trata-se de modelo por vezes denominado "não interpretativismo", no qual se entende que as operações realizadas sobre textos jurídicos não tem nada a ver com o problema filosófico da interpretação (MONATERI, 2001, p. 163).

Essa orientação – associada de forma generalizadora e, portanto, indevida, ao pragmatismo[8] – não se limita à inclusão da jurisprudência entre as fontes do direito, mas se orienta para reduzir todo o fenômeno jurídico ao arbítrio das decisões judiciais (SCHLESINGER, 2002, p. 537). Os textos normativos, por impossibilidade ou absoluta inovação, não teriam outro significado senão aquele decidido pelo intérprete, em conformidade como sua ideologia particular (GUASTINI, 2004, p. 35).

No exemplo adotado, não haveria investigação científica possível, *a priori*, acerca da constitucionalidade ou da interpretação extensiva do benefício legal do adiamento da ação de despejo. Sob essa perspectiva, seriam fatores pessoais que conduziriam, em última instância, a decisão do juiz, tais como o fato de ele possuir alguém próximo na família que esteja acometido por aquela doença, impulsionando um movimento de solidariedade e empatia; ou, ao contrário, ter sofrido no passado com dificuldades para recuperar um imóvel de sua propriedade que tenha sido dado em locação. A investigação da decisão se dedicaria aos fatores determinantes da subjetividade do juízo final sobre o tema, ignorando sua fundamentação jurídica que seria apenas aparente e dissimulatória da motivação real.

Troca-se aqui a normatividade pela efetividade e o ordenamento pelas orientações da jurisprudência, uma tendência que para muitos é hoje ainda mais perigosa para a ciência do direito:

> Hoje, a insídia não é mais o combativo uso alternativo do direito ou o grosseiro igualitarismo que o animava, nem o uso impróprio e exclusivo da análise econômica do direito atravessada, além do mais, por uma ampla reconsideração crítica, quanto, ao contrário, o fato de contentar-se com um formalismo desencantado, fundado em uma legalidade 'sem adjetivos', cientemente consciente da importância do jurista, espectador mais do que ator, embebido de pensamentos frágeis, de aristocracia indiferente em relação aos conteúdos e, portanto, sem assumir qualquer responsabilidade. Perigo que se aninha no comportamento cínico da tomada de consciência, sem qualquer participação crítica, de que a economia, sozinha, governa a política, e a lei é amiga somente do mercado e das suas exigências inevitáveis; que a interpretação da lei pode somente descobrir o seu sentido e atribuir às *coisas* os próprios *nomes* sem questionar sobre a sua legitimidade e, ainda mais, sobre a sua legitimação e a sua justificação, deixando assim coincidir, cada vez mais, as razões da lei com as razões do mais forte e, portanto, da economia do mercado (PERLINGIERI, 2008, p. 127, grifo do autor).

---

8. Novamente aqui é imperioso destacar a pluralidade de vertentes que costumam ser abrangidas à denominação genérica de pragmatismo, mas em especial ressaltar que mesmo em sua vertente mais original o pragmatismo não se caracterizava por uma oposição à construção teórica, como destaca Susan Haack (2008, p. 164): "Essa associação do pragmatismo com o repúdio à teoria parece mais do que um pouco irônica, dado a insistência de Holmes de que 'temos pouquíssima teoria no direito ao invés de muita' – tão irônica quanto parece ser a observação 'jogada ao vento' de Richard Rorty de que o pragmatista pensa que 'a verdade não é o tipo de coisa acerca da qual alguém deve esperar ter uma teoria interessante', dado os esforços de Peirce, James e Dewey em articular o significado da verdade". Para um aprofundamento no tema, cf. SHOOK; MARGOLIS, 2006, passim, e HAACK; LANE, 2006, passim).

De fato, o cenário aterrador com que nos confronta a jurisprudência contemporânea é de decisões que, às vezes até mesmo sob o pretexto da abertura do sistema pela constitucionalização e da aplicação dos princípios, mais parecem realizar o que vem sendo chamado banalização ou mesmo "carnavalização" do Direito.[9] Como então evitar que o poder conferido ao intérprete pelas perspectivas mais flexíveis da interpretação, favorecidas pela baixa concretude dos princípios e das cláusulas gerais que são recorrentemente utilizados, gere alto grau de insegurança e grande possibilidade de arbitrariedade? Como impedir que a superação da formalidade do método da subsunção na aplicação das normas funcione como uma autorização para o pleno arbítrio judicial, abertura para que o juiz, a seu bel prazer, invoque princípios apenas como valorações subjetivas para justificar sua decisão pessoal, como assumido pela própria jurisprudência do Supremo Tribunal Federal?

Ofício judicante – postura do magistrado. Ao examinar a lide, o magistrado deve idealizar a solução mais justa, considerada a respectiva formação humanística. Somente após, cabe recorrer à dogmática para, encontrado o indispensável apoio, formalizá-la [...].[10]

De fato, como há muito indicado, na resposta às questões colocadas para qualquer escola de hermenêutica encontra-se a preocupação de que a interpretação do texto normativo possa dar lugar a resultados divergentes segundo a visão subjetiva e o interesse do intérprete que o examina e, portanto, o risco de incerteza e insegurança jurídica (BETTI, 1949, p. 134). No entanto, é necessário destacar que conforme as metodologias de matiz positivista, especialmente de cunho legalista, nas quais em nome do valor segurança o juiz devia maior fidelidade possível à letra da lei, contraditoriamente, sempre que faltasse na lei uma resposta clara, o juiz não seria chamado a realizar uma atividade teórica intelectiva, mas sim uma atividade de política legislativa (BETTI, 1960, p. 171). Assim, os modelos já se ressentiam quanto ao problema da insegurança, enfraquecidos pelas pré-identificadas – ainda que reputadas excepcionais – "lacunas" do ordenamento.

4. À GUISA DE CONCLUSÃO: FUNDAMENTAÇÃO ARGUMENTATIVA COMO PEDRA DE TOQUE DA LIBERDADE E DA RESPONSABILIDADE DO INTÉRPRETE

O que se pretende, em apertada síntese conclusiva a partir desse breve panorama, é identificar, para o método da constitucionalização do direito civil, o procedimento de interpretação do direito como uma forma de conhecimento. Embora não seja um conhe-

---

9. SARMENTO, 2007, p. 113-48. Também partilham o alerta Humberto Ávila (2006, p. 25): "O uso desmesurado de categorias não só se contrapõe à exigência científica de clareza – sem a qual nenhuma Ciência digna desse nome pode ser erigida –, mas também compromete a clareza e a previsibilidade do Direito, elementos indispensáveis ao princípio do Estado Democrático de Direito" e Lênio Luiz Streck (2009, p. 113, grifo do autor): "O fato de não existir um método que possa dar garantia a 'correção' do processo interpretativo – denúncia presente, aliás, já em Kelsen, no oitavo capítulo de sua *Teoria Pura do Direito* – não pode dar azo a que o intérprete possa interpretar um texto [...] *de acordo com a sua vontade, enfim, de acordo com a sua subjetividade*, ignorando até mesmo o conteúdo mínimo-estrutural do texto jurídico".

10. STF, 2ª T., RE 111787, Rel. Min. Aldir Passarinho, Rel. p/ acórdão Min. Marco Aurélio, julg. 16/04/1991, publ. RTJ 136-03/1292. Como destaca Lênio Luiz Streck (2009, p. 62, grifo do autor), "a mudança de paradigma (da filosofia da consciência para a filosofia da linguagem) *não teve a devida recepção no campo da filosofia jurídica e da hermenêutica no cotidiano das práticas judiciárias e doutrinárias brasileiras*".

cimento como a matemática, guiado pela lógica formal, não se trata de arbítrio, mas sim de uma racionalidade distinta, guiada pela lógica formal que permeia a argumentação. Afinal, "dizer que um texto potencialmente não tem fim não significa que todo ato de interpretação possa ter um final feliz" (ECO, 2005, p. 28). As contribuições obtidas pelo alto grau de desenvolvimento da teoria da argumentação nas últimas décadas – "tecnicamente, a argumentação viabiliza o acordo capaz de formular a compreensão através de uma interpretação que sirva de fundamento à solução mais razoável" (CAMARGO, 2003, p. 22) – fornecem subsídios para esta concepção, apta a conciliar uma metodologia flexível com suficiente previsibilidade e segurança (TEPEDINO, 2009, p. 11). Explica Margarida Camargo (2003, p. 137):

> Ao invés de unidades lógicas subsequentes umas às outras por interferências necessárias, é o esforço da persuasão e do convencimento que estruturam e servem de base às construções jurídico-decisórias. Portanto, é mais na esfera do razoável e do adequado, do que na esfera do puramente lógico, que a metódica atual deve ser examinada.

Parte-se da constatação de que a ideia – baseada no modelo cartesiano de ciência, de que a racionalidade está restrita ao raciocínio *more geometrico* e restrita à técnica da demonstração pela evidência – constitui uma limitação indevida e injustificada do campo de atuação da nossa faculdade de raciocinar e provar, pois os recursos discursivos desenvolvidos frente a um auditório que permitem "provocar ou aumentar a adesão dos espíritos às teses que se lhes apresentam ao assentimento" também são guiados por uma racionalidade própria, como alertam Chaïm Perelman e Lucie Olbrechts-Tyteca (2005, p. 1):

> Com efeito, conquanto não passe pela cabeça de ninguém negar que o poder de deliberar e de argumentar seja um sinal distintivo do ser racional, faz três séculos que o estudo dos meios de prova utilizados para obter a adesão foi completamente descurado pelos lógicos e teóricos do conhecimento.

Esse modo de pensar, orientado por valores e cuja lógica não é de tipo formal, também é pautado por uma racionalidade e também pode ser objeto de análise científica, que se vincula a uma pretensão de correção (ALEXY, 2005, p. 212). Trata-se da análise de decisões dirigidas pelo postulado da razoabilidade,[11] construído com base em um discurso não apenas de justificação, mas também de adequação das normas, que fundamenta a preferência pelo princípio aplicável ao caso concreto, e que assim viabiliza a aceitação racional das decisões judiciais com base na qualidade dos argumentos levantados, cuja verificação permite que o processo argumentativo seja concluído quando, desse todo coerente, resultar um acordo racionalmente motivado (GÜNTHER, 2004, passim; HABERMAS, 1998, passim). Nessa linha, ainda que os magistrados tomem decisões partindo de visões pessoais ou mesmo preconceitos e depois busquem as premissas para funda-

---

11. Dentre a vasta produção científica que esse postulado recebeu nos últimos anos, destaca-se Humberto Ávila, para quem o postulado da razoabilidade se manifesta sob três acepções: "Primeiro, a razoabilidade é utilizada como diretriz que exige a relação das normas gerais com as individualidades do caso concreto, quer mostrando sob qual perspectiva a norma deve ser aplicada, quer indicando em quais hipóteses o caso individual, em virtude de suas especificidades, deixa de se enquadrar na norma geral. Segundo, a razoabilidade é empregada como diretriz que exige uma vinculação das normas jurídicas com o mundo ao qual elas fazem referência, seja reclamando a existência de um suporte empírico e adequado a qualquer ato jurídico, seja demandando uma relação congruente entre a medida adotada e o fim que ela pretende atingir. Terceiro, a razoabilidade é utilizada como diretriz que exige a relação de equivalência entre duas grandezas" (ÁVILA, 2006, p. 139).

mentá-las, isso não significa descartar a importância e a necessidade da fundamentação (ATIENZA, 2006, p. 23).

Assim, "a questão metodológica se transforma em questão hermenêutica, que pode ser encarada a partir de uma perspectiva lógico-fenomenológica, e não empírico-psicológica" (PERLINGIERI, 2008, p. 601). Neste modelo, a positividade do direito encontra-se na sua cognoscibilidade pelo intérprete, na sua interpretabilidade, uma vez que o liame entre o texto e o intérprete requer a presença de ambos: nem se pode pretender que o conteúdo do texto se produza exclusivamente pelo legislador, nem que o intérprete o ignore. A hermenêutica revela a conexão fundamental entre realidade e interpretação, impondo ao intérprete constrições como adequação, razoabilidade, proporcionalidade, coerência e congruência (PERLINGIERI, 2008, p. 604-5). Em especial, incide sobre o intérprete o princípio da legalidade, sob acepção renovada diante da complexificação do regime de fontes do ordenamento: não apenas o respeito aos preceitos individuais (muito menos em sua literalidade), mas à coordenação entre eles, à harmonização com os princípios fundamentais de relevância constitucional, em constante confronto com o conhecimento contextual das características do problema concreto a ser regulado, o fato individualizado no âmbito do inteiro ordenamento para a identificação da normativa adequada e compatível com os interesses em jogo. O que leva à conclusão de que "a interpretação é, portanto, por definição, lógico-sistemática e teleológico-axiológica, isto é, finalizada à realização dos valores constitucionais" (PERLINGIERI, 2008, p. 618).

Uma vez que o intérprete tem a liberdade – e o dever – de cotejar as potencialidades linguísticas do texto do enunciado normativo com os demais enunciados, em especial com os princípios fundamentais do sistema, e confrontar circularmente esses enunciados com as peculiaridades juridicamente relevantes da realidade concreta a que se destinam as normas, não há possibilidade de conceber sua atividade sob o modelo formal da subsunção, que mascara as escolhas como se fossem necessárias e neutras. As escolhas do intérprete devem ser assumidas expressamente, não como forma de libertá-lo do direito institucionalizado, mas exatamente para permitir o debate argumentativo acerca da sua adequação ao ordenamento: trata-se da responsabilidade do intérprete (PERLINGIERI, 2005, p. 96).

Dessa forma, no exemplo adotado, a atitude do intérprete não se poderia resumir ao texto do dispositivo que impõe o adiamento da ação de despejo em razão da patologia que acomete o locatário. Necessariamente ele seria levado a investigar os fundamentos principiológicos que permitem – ou não – a subsistência desse dispositivo no sistema, assim como o cotejo com os demais dispositivos inferiores a partir de cujo confronto ele extrai seu espaço e significado dentro do todo que é o ordenamento. Neste processo, especialmente na leitura dos princípios que fundamentam o dispositivo, escolhas de origem extrajurídica poderiam, de fato, influenciar o juízo decisório, mas teriam que ser mediatizadas por conceitos e institutos internos ao sistema, assegurando assim que a liberdade do intérprete não fosse uma autorização ao arbítrio, mas argumentativa e responsavelmente justificada.

Para assegurar, portanto, que o intérprete seja fiel não mais ao texto da lei, mas sim ao ordenamento jurídico como um todo, que decida em coerência não com um sistema formal e neutro de conceitos, mas com o sistema de normas e princípios fundados em

CARLOS NELSON KONDER

valores culturais e sociais, ganha importância capital a fundamentação argumentativa da decisão. Por meio da fundamentação se verificam os argumentos que levaram o intérprete a escolher; é nela que encontramos os parâmetros para compreender a decisão (SCHLESINGER, 2002, p. 540-1). Pela fundamentação se verifica se os elementos extrajurídicos foram absorvidos por elementos normativos, se os valores referidos são sociais e culturais e não pessoais: viabiliza- se, em última instância, um controle final sobre os argumentos adotados (GUASTINI, 2004, p. 113).

Isso significa que a derrubada do limite externo, formal, que restringia o intérprete – o dogma da subsunção – não implica a consagração do arbítrio, mas sim a imposição de um limite interno, metodológico: a exigência de fundamentação das decisões judiciais. A ampliação da área de liberdade conferida aos magistrados, em comparação com a tradição de nossa história jurídica, impõe uma atenção maior às justificativas invocadas para essas decisões (MAIA, 1999, p. 413).

Toda essa reformulação do processo de interpretação exige, portanto, o mais sincero respeito ao disposto no artigo 93, IX, da Constituição, que determina que "todos os julgamentos dos órgãos do Poder Judiciário serão públicos, e fundamentadas todas as decisões, sob pena de nulidade [...]". Essa norma constitucional – como não poderia deixar de ser – não é uma mera formalidade judiciária, mas uma norma que se torna pilar central dessa nova metodologia de interpretação e aplicação do Direito.[12]

5. REFERÊNCIAS

ALEXY, Robert. *Teoria da argumentação jurídica*. 2. ed. São Paulo: Landy, 2005.

ALEXY, Robert. *Teoria dos direitos fundamentais*. São Paulo: Malheiros, 2008.

ATIENZA, Manuel. *As razões do direito*: teorias da argumentação jurídica, 3. ed. São Paulo: Landy, 2006.

ÁVILA, Humberto. *Teoria dos princípios*, 5. ed. São Paulo: Malheiros, 2006.

BARCELLOS, Ana Paula de. *Ponderação, racionalidade e atividade jurisdicional*. Rio de Janeiro: Renovar, 2005.

BARROSO, Luis Roberto. *Interpretação e aplicação da constituição*. 6. ed. São Paulo: Saraiva, 2004.

BETTI, Emilio. *Interpretazione della legge e degli atti giuridici*. Milano: Giuffrè, 1949.

BETTI, Emilio. Interpretazione della legge e sua efficienza evolutiva. In: ALLORIO, Enrico (Coord.). *Scritti giuridici in onore di Mario Cavalieri*. Padova: Cedam, 1960, p. 167-89.

BONAVIDES, Paulo. *Curso de direito constitucional*. São Paulo: Malheiros, 2000. BRASIL. Constituição da República Federativa do Brasil de 1988. *Diário Oficial da União*,

Brasília, DF, 05 out. 1988. Disponível em:

http://www.planalto.gov.br/ccivil_03/constituicao/Constituicao.htm. Acesso em: 30 out. 2014.

CAENEGEN, R. C. Van. *Uma introdução histórica ao direito privado*. 2. ed. São Paulo: Martins Fontes, 2000.

---

12. Como já destacava Larenz (2005, p. 524): "O desenvolvimento judicial do Direito precisa de uma fundamentação levada a cabo metodicamente se se quiser que o seu resultado haja de justificar-se como 'Direito', no sentido da ordem jurídica vigente. Precisa de uma justificação, porque sem ela os tribunais só usurpariam de facto um poder que não lhes compete".

CALABRESI, Guido. *The cost of accidents*: a legal and economic analysis. New Haven: Yale University Press, 1970.

CAMARGO, Margarida Maria Lacombe. *Hermenêutica e argumentação*: uma contribuição ao estudo do direito, 3. ed. Rio de Janeiro: Renovar, 2003.

CANARIS, Claus-Wilhelm. *Pensamento sistemático e conceito de sistema na ciência do direito*. Lisboa: Fundação Calouste Gulbenkian, 1996.

CARVALHO, Amilton Bueno de. *Teoria e prática do direito alternativo*. Porto Alegre: Síntese, 1998.

CHIASSONI, Pierluigi. L'interpretazione della legge: normativismo semiotico, scetticismo, giochi interpretativi. *Studi in memoria di Giovanni Tarello*, vol. II. Milano: Giuffrè, 1990, p. 121-161.

DWORKIN, Ronald. *Levando os direitos a sério*. São Paulo: Martins Fontes, 2002. ECO, Umberto. *Interpretação e superinterpretação*. São Paulo: Martins Fontes, 2005.

ENGISCH, Karl. *Introdução ao pensamento jurídico*. 8. ed. Lisboa: Fundação Calouste Gulbenkian, 2001.

FACHIN, Luiz Edson. *Teoria crítica do direito civil*. Rio de Janeiro: Renovar, 2000.

GALDINO, Flávio. *Introdução à teoria dos custos dos direitos*: direitos não nascem em árvores. Rio de Janeiro: Lumen Juris, 2005.

GALUPPO, Marcelo Campos. Os princípios jurídicos no Estado Democrático de Direito: ensaio sobre o modo de sua aplicação. *Revista de Informação Legislativa*, n. 143. Brasília, jul.-set. 1999, p. 191-210.

GRAU, Eros Roberto. *Ensaio e discurso sobre a interpretação e aplicação do direito*, 3. ed. São Paulo: Malheiros, 2005.

GROSSI, Paolo. *La cultura del civilista italiano*: un profilo storico. Milano: Giuffrè, 2002. GUASTINI, Riccardo. *L'interpretazione dei documenti normativi*. Milano: Giuffrè, 2004.

GÜNTHER, Klaus. *Teoria da argumentação no direito e na moral*: justificação e aplicação. São Paulo: Landy, 2004.

HAACK, Susan. O universo pluralista do direito: em direção a um pragmatismo jurídico neo- clássico. *Direito, Estado e Sociedade*, n. 33. Rio de Janeiro, jul.-dez. 2008, p. 161-98.

HAACK, Susan; LANE, Robert. *Pragmatism, old and new*: selected writings. New York: Prometheus, 2006.

HABERMAS, Jürgen. *Between facts and norms*: contributions to a discourse theory of law and democracy. Cambridge: MIT Press, 1998.

HART, Herbert L. A. *O conceito de direito*. 5. ed. Lisboa: Fundação Calouste Gulbenkian, 2007, passim.

HESPANHA, António Manuel. *Panorama histórico da cultura jurídica européia*, 2. ed. Lisboa: Publicações Europa-América, 1998.

HOLMES, Stephen; SUNSTEIN, Cass. *The cost of rights*: why liberty depends on taxes. New York, W.W. Norton, 2000.

LARENZ, Karl. *Metodologia da ciência do direito*. 4. ed. Lisboa: Fundação Calouste Gulbenkian, 2005.

LYRA FILHO, Roberto. *O que é direito*. São Paulo: Brasiliense, 1995.

MAIA, Antônio Cavalcanti. Notas sobre direito e argumentação. In: CAMARGO, Margarida Lacombe (Org.). *1988-1998*: uma década de constituição. Rio de Janeiro: Renovar, 1999.

MONATERI, Pier Giuseppe. "All this and so much more": critica all'argomentazione e non interpretivismo. In: PALAZZO, Antonio (Coord.). *L'interpretazione della legge alle soglie del XXI secolo*. Napoli: ESI, 2001.

MONATERI, Pier Giuseppe. Interpretazione del diritto. *Digesto delle discipline privatistiche*, v. X. Torino: UTET, 1993, p. 37.

MORAES, Maria Celina Bodin de. *Na medida da pessoa humana*. Rio de Janeiro: Renovar, 2010.

NEGREIROS, Teresa. *Fundamentos para uma interpretação constitucional do princípio da boa-fé*. Rio de Janeiro: Renovar, 1998.

PERELMAN, Chaïm; OLBRECHTS-TYTECA, Lucie. *Tratado da argumentação* – A nova retórica. 2. ed. São Paulo: Martins Fontes, 2005.

PERLINGIERI, Pietro. *O direito civil na legalidade constitucional*. Rio de Janeiro: Renovar, 2008.

PERLINGIERI, Pietro. *Manuale di diritto civile*. 5. ed. Napoli: ESI, 2005.

PERLINGIERI, Pietro. Tavola rotonda e sintesi conclusiva. In: PALAZZO, Antonio   (Coord.).

L'interpretazione della legge alle soglie del XXI secolo. Napoli: ESI, 2001. POSSNER, Richard. *Economic analysis of Law*. 7. ed. New York: Aspen, 2007.

RAGAZZO, Carlos Emmanuel Joppert. *Regulação jurídica, racionalidade econômica e saneamento básico*. Tese de doutorado. UERJ, 2008.

RIZZO, Vito. Interpretazione dei contratti e relatività delle sue regole. Napoli: ESI, 1985.

SALAMA, Bruno Meyerhof. O que é pesquisa em Direito e Economia? *Cadernos Direito GV*, v. 5. São Paulo: FGV, 2008, p. 4-58.

SANTOS, Boaventura de Sousa. *A crítica da razão indolente*: contra o desperdício da experiência, 6. ed. São Paulo: Cortez, 2007.

SARMENTO, Daniel. Ubiquidade constitucional: os dois lados da moeda. In: SOUZA NETO, Cláudio Pereira de; SARMENTO, Daniel (Coord.). *A Constitucionalização do Direito*. Rio de Janeiro, Lumen Juris, 2007.

SCHLESINGER, Piero. Interpretazione della legge civile e prassi delle corti. *Rivista di diritto civile*, ano XLVII, parte prima. Padova, 2002, p. 531-44.

SHOOK, John R.; MARGOLIS, Joseph. *A companion to pragmatism*. Oxford: Blackwell, 2006.

SOUSA, José Geraldo. *Introdução crítica ao direito*. Brasília: UnB, 1993.

SOUZA NETO, Cláudio Pereira de; MAIA, Antônio Cavalcanti. Os princípios de direito e as perspectivas de Perelman, Dworkin e Alexy. In: PEIXINHO, M. M. et al. (Org.). *Os princípios da constituição de 1988*. 2 ed. Rio de Janeiro: Lumen Juris, 2006, p. 57-99.

STRECK, Lênio Luiz. *Hermenêutica jurídica em crise*, 8. ed. Porto Alegre, Livraria do Advogado, 2009.

STRUCHINER, Noel. *Direito e linguagem*: uma análise da textura aberta da linguagem e sua aplicação ao direito. Rio de Janeiro: Renovar, 2002.

STRUCHINER, Noel. Posturas interpretativas e modelagem institucional: a dignidade (contingente) do formalismo jurídico. In: SARMENTO, Daniel (Org.). *Filosofia e teoria constitucional contemporânea*. Rio de Janeiro: Lumen Juris, 2009.

TEPEDINO, Gustavo. *Temas de direito civil*, 4. ed. Rio de Janeiro: Renovar, 2008.

TEPEDINO, Gustavo. *Temas de direito civil*. Rio de Janeiro: Renovar, 2009. t. III.

WIEACKER, Franz. *História do direito privado moderno*. 3. ed. Lisboa: Fundação Calouste Gulbenkian, 2004.

WOLKMER, Antônio Carlos. *Pluralismo jurídico*. São Paulo: Alfa-Ômega, 1994.

SITUAÇÕES JURÍDICAS PATRIMONIAIS: FUNCIONALIZAÇÃO OU COMUNITARISMO?

Daniel Bucar

Doutor e Mestre em Direito Civil pela Universidade do Estado do Rio de Janeiro. Especialista em Direito Civil pela Università degli Studi di Camerino. Professor de Direito Civil da UERJ e do IBMEC/RJ.

Daniela de Carvalho Mucilo

Mestre em Direito das Relações Sociais pela PUC/SP. Coordenadora e Professora em Cursos de Pós-Graduação em Direito de Família e Sucessões. Advogada.

Sumário: 1. Introdução. 2. Liberalismo x comunitarismo: a dicotomia histórica. 3. Leitura liberal da função social das situações patrimoniais. 3.1 Uma nota sobre a doutrina administrativista: o interesse público. 4. Concepções não liberais da função social das situações patrimoniais. 5. Conclusão: A função social é expressão do comunitarismo contemporâneo? 6. Conclusão.

1. INTRODUÇÃO

A previsão da função social da propriedade na Constituição da República (artigos 5°, XXIII, 170, III) e, posteriormente, a mesma função como limite da liberdade de contratar no Código Civil (artigo 421) suscita, em doutrina, o debate acerca da extensão interpretativa que deve ser conferida ao termo, cujo próprio conceito ainda atrai alguma incerteza.[1]

A denominada Lei da Liberdade Econômica (Lei 13.874/19), por sua vez, deixou passar a oportunidade de melhor definir a referida função,[2] preocupando-se, na realidade, em apresentar refreamentos à intervenção da liberdade contratual, cuja ingerência, em contratos paritários, pouco se vê na experiência brasileira. De toda forma, permanece o desafio no delineamento da função social, que continua como limite da própria liberdade contratual no referido artigo 421 do Código Civil.

Como medida de superação da ótica jurídica individualista,[3] a discussão encerra, em verdade, confronto que se confunde com a origem da própria ideia de ordenamento jurídico e traz ao ambiente de discussões duas antigas vertentes de pensamento moderno: de um lado, os liberais e, de outro, os chamados comunitaristas. Ao passo que liberais

---

1. SCHREIBER, Anderson. *Função Social da Propriedade na Prática Jurisprudencial Brasileira*. Direito Civil e Constituição. São Paulo: Atlas, 2013. p. 245.
2. TEPEDINO, Gustavo. A MP da liberdade econômica e o direito civil. *Revista Brasileira de Direito Civil: Belo Horizonte*, v. 20, p. 12, abr./jun. 2019.
3. TEPEDINO, Gustavo. Contornos Constitucionais da Propriedade Privada. *Temas de Direito Civil*, 4. ed. Rio de Janeiro: Renovar, 2008. p. 341.

defendem o distanciamento estatal frente à liberdade dos indivíduos, os comunitaristas adotam posição de uma pretensa intervenção na esfera pessoal em prol da coletividade.

Não é, portanto, de outra forma que se desenvolve o litígio ideológico em torno da função social das situações jurídicas patrimoniais,[4] acerca de cujo debate o presente estudo pretende adentrar, mediante a análise, inclusive, da acepção que liberais e comunitaristas imprimem ao tema.

2.   LIBERALISMO X COMUNITARISMO: A DICOTOMIA HISTÓRICA

Embora os escritos acerca dos ideais comunitaristas, em contraposição aos liberais, tenham sido largamente divulgados a partir da segunda metade do século XX, a discussão encontra-se há muito enraizada no tempo, sendo possível confundir o início do debate com a própria idade moderna. Enquanto os liberais se sentem herdeiros de Locke, Hobbes, Stuart Mill e, sobretudo, Kant, os comunitaristas encontram seus pilares no pensamento de Hegel e Marx.

As premissas do pensamento liberal remontam à era renascentista europeia, quando se inicia o processo de secularização do Estado, em contraposição ao governo excessivo da nobiliarquia dinástica. A burguesia ascendente, que já gozava de prestígio por conta do acúmulo de riquezas, mas permanecia afastada do centro do poder, inicia um processo de contestação da legitimidade do poder concentrado na mão da nobreza e do clero, o que resulta na doutrina do liberalismo-individulalista. A liberdade passa a ser o valor máximo ser perseguido e o movimento se espraia em vários aspectos da realidade, desde o filosófico até o social, passando pelo econômico, o religioso[5] e é refletido, finalmente, na ordem jurídica oitocentista.

Em linhas gerais, os liberais clássicos defendiam a ideia de liberdade racional a partir da consciência do indivíduo e a total desconfiança do Estado, o qual não teria outra função senão difundir e impor uma concepção de vida alheia, o que significaria um paternalismo supressor da individualidade. Para esta corrente, o Estado deve ser neutro em relação à concepção individual sobre o bem[6] e o pluralismo de interesses deve ser apenas um dado a ser constatado – derivado das somas de visão de mundo – e não imposto ao indivíduo.[7] De tais premissas, percebe-se que sobressai a relevância, para os liberais, das regras de mercado como fruto da liberdade (negativa), cujo valor, precedente ao próprio Estado, é assegurado por direitos fundamentais previstos no ordenamento jurídico.[8]

---

4. Unificam-se propriedade e contrato, em que incidirá a função social, no termo "situações juírdicas patrimoniais". Compreende-se que tal função, como instrumento de qualificação da tutela a ser emprestada, não é diferenciada em razão do lócus de aplicação, seja na propriedade ou no contrato.
5. WOLKMER, Antonio Carlos. Cultura jurídica moderna, humanismo renascentista e reforma protestante. Revista Sequência, n. 50, jul. 2005, p. 12. Disponível em: https://periodicos.ufsc.br/index.php/sequencia/article/view/15182/13808. Acesso em 10.09.2013.
6. CITTADINO, Gisele. Pluralismo, Direito e Justiça. Rio de Janeiro: Lumen Juris. 3. ed., 2004, p. 129.
7. CITTADINO, Gisele. Pluralismo, Direito e Justiça. Rio de Janeiro: Lumen Juris. 3. ed., 2004. p. 81.
8. "A reflexão liberal não parte da existência do Estado, encontrando no governo um meio de atingir essa finalidade que ele seria para si mesmo, mas da sociedade que vem estar numa relação complexa de exterioridade e interioridade em relação ao Estado. FOUCAULT, Michel. Resumo dos Cursos do Collège de France. Trad. Andréa Daher. Rio de Janeiro: Jorge Zahar, 1997. p. 90.

A teoria liberal, portanto, valoriza o indivíduo em relação ao grupo social, o qual, autônomo, não se define por suas interdependências econômicas, sociais, religiosas, éticas, sexuais e culturais, visto que a ele é dada a liberdade de rejeitar qualquer proposição externa, por conta da sua racionalidade.

Renovado após a crise do Estado do Bem-Estar social e do socialismo soviético, o liberalismo ganha novos contornos no fim do Século XX com a globalização do mercado. Hayek[9] e, com tendência mais moderada, Rawls e Dworkin, despontam como pensadores liberais que voltam a marcar a dicotomia histórica. Ao afirmar que os indivíduos são pessoas livres e iguais[10] e que o Estado deve ser neutro e respeitar a liberdade,[11] Rawls e Dowrkin, respectivamente, releem as premissas liberais e imprimem novos contornos ao liberalismo clássico, sem, contudo, afastar de suas premissas básicas: a garantia da liberdade e da autonomia pessoal frente a um Estado que deve apenas tutelar o exercício livre deste primado.

Em contraposição às ideias liberais, o comunitarismo surge como movimento ideológico pouco após o liberalismo, sendo, por muitos, datado no pós-revoluções francesas e industrial.[12] Na realidade, a forma primitiva do comunitarismo é identificada na crítica marxista à Declaração de Direitos do Homem e do Cidadão, para quem a carta, sob o pretexto de difundir a liberdade, tinha como verdadeiro objetivo proteger a propriedade burguesa. O sarcasmo marxista contra a Declaração reside na célebre constatação de que, não obstante o texto tratar de direitos dos homens, não se via na sociedade esta categoria de forma homogênea; porém, burgueses e proletários.[13]

Assim, contra a atomização generalizada do indivíduo liberal, Marx propõe uma reorganização radical da sociedade, fundada na abolição da propriedade privada com sua substituição para aquela coletiva dos meios de produção, de forma a eliminar os confrontos éticos, políticos e econômicos entre classes. É, portanto, nesta maximização do interesse da coletividade em detrimento de interesses individuais que repousa o traço de identificação do comunismo marxista com a ideologia comunitária.[14]

O início do Século XX, no entanto, apresentou dificultosas e opostas experiências comunitárias, baseadas no interesse da coletividade, que impôs a este ideário um certo asilo. Seja o totalitarismo experimentado nos países da extinta Cortina de Ferro, seja

---

9. HAYEK, F. A. *A arrogância fatal. Os erros do socialismo*. Versão digital disponível em: http://www.libertarianismo. org/livros/fahaarroganciafatal.pdf. Acesso em: 20 maio 2013.

10. "Em virtude do que podemos chamar suas capacidades morais e as capacidades da razão (de raciocínio, de pensamento e capacidade de inferência relacionada com estas capacidades, dizemos que as pessoas são livres. E em virtude de possuírem essas capacidades em grau necessário a que sejam plenamente cooperativos das sociedades, dizemos que as pessoas são iguais" RAWLS, John. *Justiça como equidade*: uma concepção política, não metafísica. Trad. Regis Castro Andrade. Revista de Cultura Política n. 25, 1992. p. 37.

11. DWORKIN, Ronald. *Ética privada e igualitarismo político*. Trad. Antoni Domenèch. Barcelona, Ed. Paidós, 1993, p. 59.

12. Embora possa se identificar as raízes do comunitarismo na concepção organicista, própria da Idade Média, apenas se concebe como movimento ideológico estruturado no Século XIX. PAZÉ, Valentina. Comunitarismo. Enciclpedia delle Scienze Sociali. Treccani. Disponível em: http://www.treccani.it/enciclopedia/comunitarismo_(Enciclopedia-Scienze-Sociali)/. Acesso em: 12 maio 2015.

13. PAZÉ, Valentina. Comunitarismo. Enciclpedia delle Scienze Sociali. Treccani. Disponível em: http://www.treccani. it/enciclopedia/comunitarismo_(Enciclopedia-Scienze-Sociali)/. Acesso em: 12 maio 2015.

14. PAZÉ, Valentina. Comunitarismo. Enciclpedia delle Scienze Sociali. Treccani. Disponível em: http://www.treccani. it/enciclopedia/comunitarismo_(Enciclopedia-Scienze-Sociali)/. Acesso em: 12 maio 2015.

aquele imprimido pelos regimes nazifascistas, cuja semelhança reside no desconhecimento do valor da pessoa, a defesa de uma ideologia comunitária se tornou um tabu.[15] Não obstante a presença da comunidade no Estado do Bem Estar Social, foi necessário que pensadores norte-americanos reavivassem com novos argumentos teóricos para uma contraposição ao ideário liberal, conhecido com o comunitarismo contemporâneo.

Identifica-se em autores como Alasdair Macintyre, Michael Sandel, Michael Walzer, Charles Taylor, entre outros, uma teoria comunitária, com algumas variantes, em que se identifica, como elementos comum, a noção em torno de uma "prioridade à comunidade em relação ao indivíduo, na medida em que ele é essencialmente um ser produzido culturalmente".[16] Não se trata suprimir a expressão individual,[17] diversamente procura-se levá-la em consideração a partir dos olhos da comunidade.

Para um cotejo sintético de ambos paradigmas, é válida a citação de Maia:

> De modo simplificado, o principal traço caracterizador da grande divisão em torno da qual o debate sobre modelos de democracia vem se desenrolando na cultura anglo-saxônica é o seguinte: as vertentes liberais sublinham a importância dos direitos individuais como prioritários em relação à autonomia coletiva; já as correntes comunitarianas e republicanas asseveram – inspirados em Rousseau – a primazia da vontade coletiva em face dos direitos individuais.[18]

Dentre as variantes do comunitarismo, três despontam com primazia: o conservador, o universalista-igualitário e o liberal. Em resumo, enquanto o conservador prega o respeito à individualidade quando diante de uma sociedade homogênea,[19] o universalista-igualitário busca o sentido da comunidade global, nos direitos humanos, desconhecendo, inclusive, as fronteiras territoriais. Por fim, o comunitarismo liberal, que evita os exageros das duas correntes citadas, legitima os interesses da pessoa considerados a partir de um núcleo menor (família), que confere legitimidade à sociedade e, por fim, à humanidade. Pretende-se, desta forma, compreender a validade das obrigações morais a partir dos menores núcleos até alcançar toda a comunidade.[20]

Verifica-se que o fio condutor de ambas variantes sempre perpassa, diversamente do liberalismo, pelos interesses da comunidade, de forma que a autonomia individual somente se justifica com a validação conferida pelo grupo maior.

Para o Direito, ambas correntes imprimiram – e ainda imprimem – consequências metodológicas e interpretativas. Na realidade, é possível identificar, inclusive, ser no debate da amplitude da autonomia privada que ambas escolas surgiram e se desenvolve-

---

15. BRUGGER, WINFRIED. O comunitarimo como teoria social e jurídica por trás da Constituição Alemã. *Revista de Direito do Estado*, Rio de Janeiro, Ano 3, n. 11. p. 55.
16. CITTADINO, Gisele. *Pluralismo, Direito e Justiça*. 3. ed. Rio de Janeiro: Lumen Juris. 2004. p. 86.
17. Muito embora a crítica é no sentido de conduzir, de forma paternalista, a autonomia. FANRSWORTH, Alan. Contracts. 4. ed. New York: Aspen, 2004. p. 29.
18. MAIA, Antônio C. Revista Jurídica da PUC-RJ. Disponível em: http://wwwpuc- rio.br/sobrepuc/depto/direito/revista/online/rev11antonio.html. Acesso em 10 set. 2013.
19. O que seria utópico, pois na atualidade a maioria dos Estados são marcados pelo multiculturalismo. BRUGGER, WINFRIED. O comunitarimo como teoria social e jurídica por trás da Constituição Alemã. *Revista de Direito do Estado*, Rio de Janeiro, Ano 3, n. 11. p. 63.
20. RUGGER, WINFRIED. O comunitarimo como teoria social e jurídica por trás da Constituição Alemã. Revista de Direito do Estado, Rio de Janeiro, Ano 3, n. 11. p. 65.

ram:[21] para liberais, que concebem a liberdade como um dado pré-jurídico, a autonomia privada, protegida pelo Estado e por ele também incentivada, deverá ser imune a influências externas; já para a concepção comunitária, o exercício da autorregulamentação apenas se legitima, se atendidos os interesses da coletividade.

Neste confronto bilateral, entretanto, é válido tratar de uma terceira via proposta por Habermas. Para o filósofo alemão, interesses individuais e coletivos, embora tidos como fenômenos contrapostos, são, em verdade, situações complementares. Mais que complementares, duas faces de uma mesma moeda, pois, além de ambas não subsistirem de per si, moldam-se e têm origem mútua e conjuntamente.

Na medida em que ser humano apenas se reconhece como tal quando inserido em sociedade e esta, da mesma forma, somente é reconhecida a partir da coexistência próprio ser humano, o poder de auto e heterorregulamentação, da mesma forma, surge da simbiose sociedade/homem que, mediante diálogo e concessões mútuas, partilha as competência e atribuições de regulamentação.[22]

Trata-se, em verdade, da noção de cooriginariedade dos interesses, notadamente refletidos em autonomia pública e da autonomia privada, que, defendida por Habermas,[23] propõe não ser possível verificar a precedência ou sobreposição de um fenômeno em relação a outro. Em uma sociedade democrática, onde a autonomia privada constitui a legitimação para o exercício da autonomia pública – e vice-versa,[24] ambas formas de regulamentação são delimitadas simultaneamente e, através de um processo dinâmico, dialogam de modo perene.

Postas as divergências entre as escolas liberal e comunitária, bem como da terceira via habermasiana, não é indene de reflexos a interpretação que se dá à função social das situações patrimoniais no ordenamento brasileiro. Os prismas interpretativos a partir de cada visão, a propósito, são tão díspares quanto as próprias escolas.

3. A LEITURA LIBERAL DA FUNÇÃO SOCIAL DAS SITUAÇÕES PATRIMONIAIS

Na medida em que condiciona o exercício das situações patrimoniais no ordenamento brasileiro, a função social ganha contornos interpretativos próprios

---

21. "O conceito de liberdade acima exposto carrega de forma ínsita uma relação de oposição entre o exercício da autonomia privada e os então chamados limites externos ao exercício da autonomia, provenientes de leis de caráter geral com origem no poder político estabelecido. Esta relação de oposição acaba por gerar uma tensão que, de forma simplificada, pode ser identificada como a causa originária do debate entre liberais e comunitaristas, tendo-se que aqueles evocam uma visão kantiana acerca da interpretação recíproca dos conceitos de direitos do homem e soberania popular, ao passo que estes partem de uma concepção rousseauniana." SILVA, Denis Franco. O princípio da Autonomia: da Invenção `Reconstrução. In: MORAES, Maria Celina Bodin de (Coord.). *Princípios de Direito Civil Contemporâneo*. Rio de Janeiro, Renovar, 2006. p. 140.

22. "Neste sentido, as identidades individuais e sociais se constituem a partir da sua inserção em uma forma de vida compartilhada, na medida em que aprendemos a nos relacionar com os outros e com nós mesmos através de uma rede de conhecimento recíproco, que se estrutura através da linguagem" CITTADINO, Gisele. *Pluralismo, Direito e Justiça*. Rio de Janeiro: Lumen Juris. 3. ed., 2004. p. 91.

23. HABERMAS, Jurgen. *Facticidad y validez. sobre el derecho y el estado democratico de derecho en términos de teoría del discurso*. 4. ed. Madrid: Trotta, 2005. p. 165.

24. Nesse sentido: "Trata-se da codependência desses dois tipos de autonomia, vez que uma é condição para o exercício da outra". TEIXEIRA, Ana Carolina Brochado. *Saúde, Corpo e autonomia privada*. Rio de Janeiro: Renovar, 2010. p. 151.

em doutrina, a partir das lentes tingidas pela ideologia a que se filia o observador. Embora se apresente, de certa maneira, paradoxal uma leitura liberal da função social, já que, em tese e a prima facie, ambos os conceitos parecem configurar uma contradição terminológica, é possível encontrar textos que promovem a conjugação lógica e racional dos termos.

Ao assimilar a função social à supressão do exercício da autonomia privada do indivíduo, visto que própria de regimes totalitários, Sztajn é incisiva ao limitar seu significado a um compromisso moral com a responsabilidade social, reafirmando, de toda sorte, que o termo não pode ser enfrentado como limitador da liberdade contratual:

> Será que um código de direito privado – mesmo que seja visto como a constituição do homem comum, na dicção de Miguel Reale – deve conter dispositivos que induzam as pessoas a agirem tendo em vista interesses de terceiros, a distribuir benesses ou agir de conformidade com interesses do Poder Público? Esse sentido que se daca à expressão "função social"no ordenamento italiano à época do fascismo. Prever função social para a empresa, assim como para a propriedade, nada mais era que meio para facilitar a intervenção ou controle do Estado sobre a atividade econômica ou a propriedade fundiária, de vez que a titularidade sobre esses bens era reconhecida na medida em que satisfizessem o interesse nacional. Contudo, os italianos, assim como os alemães, não se atreveram a ipor função social aos contratos! Foram contidos por algum sentido de prudência.

> Retrospecto histórico permite constatar que recorre à "função social" é característica de regimes não democráticos (...).[25]

> Quanto ao exercício da empresa, que não se faz sem contratos, a função social que se pretende venha ela a exercer implica liberdade de contratar com responsabilidade social. Mas não se supõe sirva para comprometer a continuação e estabilidade que a atividade requer e que devem dominar a sua preservação.[26]

Parece seguir a mesma trilha Salomão Filho. Com efeito, ao alargar o conceito analisado e entender que a função social é a própria função "de toda e qualquer relação da vida civil",[27] constata-se um esvaziamento do próprio termo para permitir a manutenção do status quo. Também perfilha o mesmo entendimento Theodoro de Mello, que, embora reconheça um interesse externo na função social, entende, no entanto, que não se lhe pode permitir uma virtude solidária:

> O princípio dirige-se, portanto, a inspirar a interpretação de todo o microssistema do direito dos contratos e integrar suas normas, bem como para limitar a liberdade privada, impedindo que se ajustem obrigações atentatórias aos demais princípios, valores e garantias sociais. Deverá inspirar, ainda, a interpretação do próprio ajuste, porquanto não se admitirá sua execução de modo a contrariar os interesses e fins que a sociedade vislumbrou em determinado tipo contratual.

> Mas não poderá o aplicador do direito arvorar-se de realizador de políticas tendentes a realizar a redistribuição de riquezas e a política social que entender mais justa. A autonomia da vontade é garantia que só cede em face do interesse público e nos termos da lei. Sö a deformidade, o absurdo e o teratológico exercício do direito de contratar, que atente contra a regularidade das relações privadas e leve a avíltar

---

25. SZTAJN, Rachel. A função social do contrato e o direito dc empresa. *Revista de Direito Mercantil, Industrial Econômico e Financeiro*. n. 139. São Paulo: Malhciros. p. 31.

26. SZTAJN, Rachel. A função social do contrato e o direito dc empresa. *Revista de Direito Mercantil, Industrial Econômico e Financeiro*. n. 139. São Paulo: Malhciros. p. 48.

27. SALOMÃO FILHO, Calixto. Função social do contrato: primeiras anotações. *Revista de Direito Mercantil, Industrial, Econômico e Financeiro*. n. 132. São Paulo: Malheiros Editores. p. 13.

os próprios fundamentos, as garantias e os valores sociais que sustentam e protegem a liberdade é que será passível de invalidação por intervenção do juiz.[28]

Ainda sob ares liberais, mas com a internalização do discurso da análise econômica do direito, Timm segue o mesmo modelo do livre exercício da autonomia privada, defendendo, inclusive, uma reversão de paradigma contratual brasileiro, que é a proteção da parte mais fraca. Neste sentido, afirma que:

> A análise econômica do Direito pode ser empregada para explicar a função social do contrato em um ambiente de mercado. Esta perspectiva permite enxergar a coletividade não na parte mais fraca do contrato, mas na totalidade das pessoas que efetivamente, ou potencialmente, integram um determinado mercado de bens e serviços.[29]

A interpretação econômica conferida à função social, destacada pelo trecho acima transcrita, não é decerto, desconhecida da experiência judiciária brasileira, que já teve oportunidade de subjugá-la a fatores de mercado quando se trata de situação paritária.[30] Tratou-se da análise de aplicação da teoria da imprevisão em contrato de fornecimento estabelecido entre produtor de soja e respectivo comprador. Por conta de inesperada valorização da soja, que já havia sido comprada e paga pelos compradores por meio de aquisição de colheita futura, os produtores solicitavam a revisão do contrato com fundamento em prejuízos que teriam com a manutenção do preço anteriormente acordado. O caso chegou ao Superior Tribunal de Justiça que, não obstante pudesse ser resolvido à luz da teoria suscitada, optou por analisar os fatos à luz da função social, relegando-a a segundo plano na interpretação contratual:

> A função social infligida ao contrato não pode desconsiderar seu papel primário e natural, que é o econômico. Ao assegurar a venda de sua colheita futura, é de se esperar que o produtor inclua nos seus cálculos todos os custos em que poderá incorrer, tanto os decorrentes dos próprios termos do contrato, como aqueles derivados das condições da lavoura.[31]

Sob perspectiva diversa, mas ainda em tom liberal, é possível identificar em doutrina tendência que, apesar de reconhecer um papel limitador da função social, defende a permanência de um núcleo mínimo de liberdade, onde se entrincheira a vontade do titular da situação patrimonial, imune a controle externo. Neste sentido, Arruda Alvim:

> Penso também que apesar de profundas limitações que vieram se avolumando no mundo inteiro em relação ao direito de propriedade, há um núcleo essencial e irredutível desse direito, na linha do que

---

28. MELLO, Adriana Mandim Theodoro de. A função social do contrato e o princípio da boa-fé no Código Civil brasileiro. *Revista Síntese de Direito Civil e Processual* Civil, n. 16. São Paulo, mar./abr. 2002. p. 149.

29. TIMM, Luciano Benetti. Função Social do Direito Contratual no Código Civil Brasileiro: Justiça Distributiva vs. Eficiência Econômica. *Revista dos Tribunais.* v. 876, São Paulo: out. 2008. p. 35.

30. Aliás, constata-se uma tendência em aplicar a lógica de mercado, dissipada da função social, em situações patrimoniais entre iguais, não obstante o controle se encontrar no Código Civil: "Concreção do princípio da autonomia privada no plano do Direito Empresarial, com maior força do que em outros setores do Direito Privado, em face da necessidade de prevalência dos princípios da livre iniciativa, da livre concorrência e da função social da empresa. Reconhecimento da contrariedade aos princípios da obrigatoriedade do contrato (art. 1056 do CC/16) e da relatividade dos efeitos dos pactos, especialmente relevantes no plano do Direito Empresarial, com a determinação de que o cálculo dos prêmios considere a realidade existente na data em que deveriam ser pagos. (...)". STJ, 3ª Turma, REsp 1.158.815/RJ, Rel. Min. Paulo de Tarso Sanseverino, j. em 07.12.2012.

31. STJ, 3ª Turma, REsp. 783.404/GO, Rel. Min. Nancy Andrighi, j. em 28.06.2007.

é extensamente reconhecido na Alemanha, através da sua doutrina e pronunciamentos de seu tribunal constitucional.[32]

A constatação da permanência de um núcleo duro e inatingível da situação patrimonial, com efeito, também chegou a ser abraçado pelo Poder Judiciário no pós-Constituição de 1988. Cuidou-se de a analisar a irregularidade de desmatamento ocorrido em propriedade rural, a qual, no entanto, foi considerada lícita em razão da impossibilidade da intervenção externa no seu exercício:

> O fato de o legislador constitucional garantir o direito de propriedade, mas exigir que ela atenda a sua função social (art. 5, XXIII) não chegou ao ponto de transformar a propriedade em mera função e um pesado ônus e injustificável dever para o proprietário. Lembra Celso Ribiero Bastos, nos seus Comentários à Constituição de 1988, que:
>
> o primeiro ponto a notar é que o Texto acabe por repelir de vez alguns autores afoitos que quiseram ver no nosso direito constitucional a propriedade transformada em mera função. Em de um direito do particular, seria um ônus, impondo-lhe quase o que seria um autêntico dever.[33]

Portanto, em que pese a própria função em análise portar consigo um adjetivo social, a leitura liberal se inclina a compreender tal acepção como uma forma tendente a eliminar a autonomia, para o que faz alerta quanto ao perigo totalitário da expressão e seu viés antieconômico. Contudo, um discurso neste sentido parece negar o próprio paradigma da realidade contratual e proprietária adotada na Constituição da República. Quanto a este ponto, retorna-se mais adiante, sem antes, porém, analisar o percurso da função social nos passos empreendidos aos olhos de publicistas.

3.1 Uma nota sobre a doutrina administrativista: o interesse público

Se para civilistas a função social guarda uma pretensão de limitar a liberdade do exercício das situações patrimoniais; aos administrativistas, a sua previsão na Constituição da República e no Código Civil, dá lastro à ampliação da denominada doutrina da intervenção do Estado na propriedade privada, o que se faz em nome de um interesse público.

Nesta linha, Baptista, apoiada no festejado administrativista espanhol Garcia de Enterria,[34] adverte que:

> Nos dias atuais, ante a necessidade de se atender à função social prevista na norma constitucional, é imperioso reconhecer que a propriedade privada se acha mais e mais constrita a dar conta de diversas finalidades de interesse público, somente sendo assegurada na medida em que forem atingidos tais fins.[35]

---

32. ARRUDA ALVIM NETTO, José Manoel de. *Função Social da Propriedade*. Principais Controvérsias no Novo Código Civil. São Paulo: Saraiva, 2006. p. 21
33. STJ, 1ª Turma, REsp. 32.222/PR, Rel. Min. Garcia Vieira, j. 21.06.1993.
34. Para o citado jurista, a intevenção, justificadora da função social, de pauta em três níveis: delimitação administrativa, limitação administrativa e potestatividade ablativa real (expropriação). GARCIA DE ENTERRIA, Eduardo; FERNÁNDEZ, Tomás-Ramon. *Curso de derecho administrativo*. 9. ed. Madrid: Civitas, 1999, v. 2. p. 103.
35. BAPTISTA, Patrícia F. Limitação e Sacrifícios de Direito: O conteúdo e as Consequências dos Atos de Intervenção da Administração Pública sobre a Propriedade Privada. *Revista de Direito* (Rio de Janeiro), v. 7, 2003. p. 63.

Refletindo as vertentes doutrinárias que tratam o tema, o Superior Tribunal de Justiça também já teve oportunidade de se manifestar quanto à aplicação da função social, atrelada a um interesse público, cogitando, inclusive, na prevalência deste sobre o direito privado:

> 2. (...) Prestar contas significa demonstrar e comprovar todos os componentes de débito e de crédito vinculados à relação jurídica estabelecida entre as partes. Tratando-se de contrato de compra e venda de ações colocadas no mercado em razão de programa de desestatização, cabe ao ente financeiro responsável pela operação prestar contas sobre a transação efetuada, informando a quantidade de moeda utilizada na aquisição, datas, preços, a efetiva entrega para a Câmara de liquidação e custódia; revenda das ações e a que preços; quais os dividendos recebidos; o saldo do empréstimo por ocasião de sua liquidação, sem prejuízo de outras informações que advieram do ajuste firmado.
>
> 3. A função social do contrato veta seja o interesse público ferido pelo particular.
>
> 4. Recurso especial não conhecido.[36]

A manutenção do critério de interesse público e a ótica intervencionista, entretanto, além de reinaugurar o discurso liberal, não condiz com uma contemporânea concepção de autonomia privada em um ordenamento que reconhece eficácia das normas constitucional, retirando-lhe um papel meramente político (próprio do liberalismo).

Com efeito, a visão de intervenção/não intervenção, tal como posta, influenciou – e ainda influencia – todo o aparato dogmático do direito privado, encontrando na concepção do direito subjetivo, notadamente na denominada teoria dos limites externos desta situação jurídica, o seu ápice acadêmico.[37] Por esta teoria, entende-se que o direito subjetivo é tutelado pelo ordenamento jurídico, na medida em que não transborda os limites de atuação que a lei lhe impôs. Assim, dentro daquele limite e sem a intervenção do Estado, a autonomia da vontade é soberana, encastelada e é apenas condicionada ao puro interesse egoísta do indivíduo, sem qualquer influência externa.[38]

O isolamento que a doutrina jurídica moderna e liberal impôs à autonomia, a ponto de submetê-la ao arbítrio da vontade, fez surgir o dogma da suposta não intervenção estatal sobre seu exercício, contrapondo-a, portanto, à ideia de heteronomia. Sob este aspecto, nenhum fator externo poderia condicionar a autonomia, que, como direito moral nato, precederia a heteronomia. No entanto, conforme já se advertiu, interesse público

---

36. STJ, 4ª Turma, REsp 1062589/RS, Rel. Min. João Otávio de Noronha, j. em 24.03.2009.
37. Em doutrina brasileira, é possível identificar como defensores desta teoria: GONÇALVES, Carlos Roberto. Direito Civil Brasileiro. 7. ed. São Paulo: Saraiva. p. 8: "O direito subjetivo, em verdade, não constitui nem poder da vontade, nem interesse protegido, mas apenas um poder de agir e de exigir determinado comportamento para a realização de um interesse, pressupondo a existência de uma relação jurídica. Seu fundamento é a autonomia dos sujeitos, a liberdade natural que se afirma na sociedade e que se transforma, pela garantia do direito, em direito subjetivo, isto é, liberdade e poder jurídico". DINIZ, Maria Helena. Curso Geral de Direito Civil. Teoria Geral de Direito Civil. 26. ed. São Paulo: Saraiva. p. 11. "O direito subjetivo é subjetivo porque as permissões, com base na norma jurídica e em face dos demais membros da sociedade, são próprias das pessoas que as possuem, podendo ser, ou não usadas por elas".
38. A conhecida frase "a liberdade de cada um termina onde começa a liberdade do outro" é própria para ilustrar o que aqui se expõe. Seu autor, Herbert Spencer, conhecido pela teoria do darwinismo social, é figura expoente do pensamento liberal do século XIX e bem demonstra a concepção negativa da liberdade, adotada pela teoria dos limites externos do direito subjetivo. A frase original, "every man has freedom to do all that he wills, provided he infringes not the equal freedom of any other man" encontra-se em SPENCER, Herbert. Social Statics: or, The Conditions essential to Happiness specified, and the First of them Developed. London: John Chapman, 1851, p. 67. Disponível em: http://oll.libertyfund.org/title/273, acesso em 10 abr. 2013.

e interesse privado[39] são espaços simultâneos e complementares, que não permite, em uma situação estática, a verificação de uma proeminência de um em relação a outro. Cabe simplesmente à axiologia do sistema, encontrada no Texto Fundamental, valorar o exercício, ou não, da situação patrimonial.

Assim, uma concepção positiva ou negativa da intervenção, tende a reeditar o discurso do liberalismo, apartando a Administração Pública e seus interesses da própria sociedade, tal qual inspiraram-se os liberais clássicos.

4. CONCEPÇÕES NÃO LIBERAIS DA FUNÇÃO SOCIAL DAS SITUAÇÕES PATRIMONIAIS

Para analisar outras três interpretações conferidas à função social, opta-se por generalizá-las sob um viés negativo de adesão à concepção liberal, visto que não é possível, de pronto, assimilá-las a uma vertente comunitarista.

A primeira corrente não liberal é identificada por aqueles que defendem ser a função social – especificamente – do contrato uma forma de ratificação do compromisso de equilíbrio das prestações do ajuste.[40] Ainda seguindo a trilha do equilíbrio, mas não das prestações e, sim, da vulnerabilidade de algum contratante, Azevedo afirma que:

> A intervenção do Estado, no âmbito contratual, abriu as portas a um novo tempo, em que se mitigaram os malefícios do liberalismo jurídico, com a proteção social ao mais fraco.
>
> (...)
>
> O novo Código Civil não ficou à margem dessa indispensável necessidade de integrar o contrato na sociedade, como meio de realizar os fins sociais, pois determinou que liberdade contratual (embora se refira equivocadamente à liberdade contratar) deve ser "exercida em razão e nos limites da função social do contrato". Esse dispositivo (art. 421) alarga, ainda mais, a capacidade do juiz proteger o mais fraco, na contratação, por exemplo, possa estar sofrendo pressão econômica ou os efeitos maléficos de cláusulas abusivas ou de publicidade enganosa.[41][42]

Esta perspectiva, portanto, tende a imprimir os reflexos da função social internamente aos contratos, não havendo efeitos externos e tampouco aceitando influência de interesses estranhos aos contratantes.[43]

---

39. Como se ainda fosse possível manter a summa diviso. Em sentido que não mais existe: PERLINGIEIRI, Pietro. *O direito civil na legalidade constitucional*. Trad. Maria Cristina de Cicco. Rio de Janeiro: Renovar, 2008. p. 144.

40. "A aplicação da função social ao contrato deve, portanto, garantir o equilíbrio das prestações". WALD Arnoldo. *Revista Trimestral de Direito Civil*. A dupla função econômica e social do contrato. Rio de Janeiro: Ed. Padma, Ano 5, Vol. 17, jan/mar 2004, p. 5.

41. AZEVEDO, Álvaro Villaça. O novo Código Civil Brasileiro: Tramitação; função social do contrato; boa-fé objetiva; teoria da imprevisão e, em especial, onerosidade excessiva (laesio enormis). *Revista Jurídica* n. 4, abr. 2003, São Paulo: LTr. p. 11.

42. Honorários de 50%. A interpretação do instituto da lesão deve ser sempre promovida em conjunto, no Código Civil, com todas as normas legais que estabelecem cânones de conduta, como a do art. 421 (função social do contrato), 422 (boa-fé objetiva) e 187 (vedação ao abuso de direito). Na hipótese dos autos, a necessidade da recorrente era clara. Ela pode ser constatada, tanto pelos termos de sua petição inicial, na qual descreve situação de penúria, notadamente em função do vício de seu filho em entorpecentes, como na inicial da ação de execução ajuizada pelos advogados em face da recorrente (fls. 31 a 37, e-STJ), na qual pode se destacar a seguinte passagem: (REsp 1155200/DF, Rel. Ministro Massami Uyeda, Rel. p/ Acórdão Ministra Nancy Andrighi, Terceira Turma, julgado em 22.02.2011, DJe 02.03.2011).

43. KONDER, Carlos Nelson. Causa do contrato x função social do contrato: Estudo comparativo sobre o controle da autonomia negocial. *Revista Trimestral de Direito Civil*, n. 43. Rio de Janeiro, jul./set. 2010. p. 3

Em contrapartida, uma outra vertente imprime à função social dos contratos uma modulação ao princípio de sua relatividade. Significa dizer que o contrato, inserido no tecido social, propaga seus efeitos a terceiros além das partes contratantes.[44] No entanto, não obstante se tenha buscado garantir uma tutela externa do próprio crédito, acaba por fortalecer a própria posição dos contratantes, visto que a relativização do vínculo intersubjetivo também teria o condão de impor a terceiros o respeito ao próprio contrato.[45]

Por fim, identifica-se uma terceira corrente, da mesma forma não liberal, para a qual a função do social das situações patrimoniais agrega ao controle de sua proteção, a avaliação se há no pacto a observação de interesses coletivos. Neste sentido, Azevedo afirma que a função social determina a ineficácia superveniente do pacto quando para tanto concorrer qualquer uma das seguintes hipóteses: a "impossibilidade de obtenção do fim último visado pelo contrato, (...), juntamente com a ofensa a interesses coletivos (meio ambiente, concorrência etc.) e a lesão à dignidade humana".[46]

Mais incisivo na abertura do controle externo quanto ao merecimento de tutela, Tepedino, quanto à propriedade, afirma que o atendimento à sua função social ocorre pela utilização dos bens privados e o consequente exercício do domínio, com respeito e promoção das situações jurídicas subjetivas existenciais e sociais por ela atingidas.[47] E, na mesma linha, mas em sede contratual, Konder afima que a referida função preserva interesses extracontratuais socialmente relevantes, preenchidos pelos princípio das dignidade, livre iniciativa, igualdade substancial e solidariedade social (consumidores, livre concorrência, meio ambiente e às relações de trabalho.[48]

Embora díspares entre si, as três correntes acima se destacam do liberalismo clássico, na medida em que, além de não reconhecer um espaço de liberdade contratual imune a controle externo, propõem uma leitura com uma prospecção de interesses externos ao ambiente individualista do contrato.

---

44. NEGREIROS, Teresa. *Teoria do contrato*: novos paradigmas. 2. ed. Rio De Janeiro: Renovar, 2006, p. 245 e ss.
45. TEPEDINO, Gustavo. Notas sobre a função social dos contratos. In TEPEDINO, Gustavo e FACHIN, Luiz Edson (Coord.). *O direito e o tempo: embates jurídicos e utopias contemporâneas*. Rio de Janeiro: Renovar, 2008. p. 398.
46. AZEVEDO, Antonio Junqueira de. Natureza jurídica do contrato de consórcio. Classificação dos atos jurídicos quanto ao número de partes e quanto aos efeitos. Os contratos relacionais. A boa-fé nos contratos relacionais. Contratos de duração. Alteração das circunstancias e onerosidade excessiva. Sinalagma e resolução contratual. Resolução parcial do contrato. Função social do contrato. *Revista dos Tribunais*, São Paulo, ano 94, v. 832, fev. 2005. p. 133.
47. TEPEDINO, Gustavo. A função social da propriedade e o meio ambiente. *Revista Trimestral de Direito Civil*. Rio de Janeiro, n. 37, jan/mar. 2009. p. 141.
48. KONDER, Carlos Nelson. Causa do contrato x função social do contrato: Estudo comparativo sobre o controle da autonomia negocial. *Revista Trimestral de Direito Civil*, Rio de Janeiro, n. 43, jul./set. 2010. p. 68. Note-se que o autor compartilha da mesma opinião também esboçada por Tepedino, para quem a função social do contrato "deve ser entendida como princípio que, informado pelos princípios constitucionais da dignidade da pessoa humana (art. 1, III), do valor social da livre iniciativa (art. 1, IV) – fundamentos da República – e da igualdade substancial (art. 3, III) e da solidariedade social (art. 3, I) – objetivos da República, impõe às partes o dever de perseguir, ao lado de seus interesses individuais, a interesses extracontratuais socialmente relevantes, dignos de tutela jurídica, que se relacionam com o contrato ou são por ele atingidos". TEPEDINO, Gustavo. Notas sobre a função social dos contratos. In TEPEDINO, Gustavo. FACHIN, Luiz Edson. *O Direito e o Tempo: Embates Jurídicos e Utopias Contemporâneas*. Estudos em Homenagem ao Professor Ricardo Pereira Lira. Rio de Janeiro: Renovar, 2008. p. 399.

5. CONCLUSÃO: A FUNÇÃO SOCIAL É EXPRESSÃO DO COMUNITARISMO CONTEMPORÂNEO?

Entendido o comunitarismo contemporâneo como um conjunto de ideias em que a comunidade é legitimada para conceber o justo sem, no entanto, suprimir a expressão individual (como feito em regimes totalitários), parece que, tomada a função social como internalização, nas situações patrimoniais, de interesses coletivos para legitimar o seu exercício, é lícito encontrar na função social um dos reflexos deste ideário.

No entanto, afora esta vertente de pensamento, nenhuma outra acepção teria respaldo na doutrina comunitária; da mesma forma, se tomar por consideração correntes comunitárias tendenciosas a suprimir o valor individual, também não se poderia encontrar semelhança em uma compreensão mais solidária da função social, visto que a expressão da pessoa, não é eliminada pelo referido controle.

Portanto, apenas haverá compreensão da função social como reflexo de ideais comunitários se e quando houver sintonia entre o solidarismo próprio da função social, com o respectivo interesse coletivo do comunitarismo, sem jamais suprimir uma liberdade pessoal, a qual sempre será tutelada na medida e na forma do próprio ordenamento.

6. REFERÊNCIAS

ARRUDA ALVIM NETTO, José Manoel de. *Função Social da Propriedade*. Principais Controvérsias no Novo Código Civil. Editora Saraiva, São Paulo, 2006.

AZEVEDO, Álvaro Villaça. O novo Código Civil Brasileiro: Tramitação; função social do contrato; boa-fé objetiva; teoria da imprevisão e, em especial, onerosidade excessiva (laesio enormis). *Revista Jurídica* n. 4, abr. 2003, São Paulo: LTr.

AZEVEDO, Antonio Junqueira de. Natureza jurídica do contrato de consórcio. Classificação dos atos jurídicos quanto ao número de partes e quanto aos efeitos. Os contratos relacionais. A boa-fé nos contratos relacionais. Contratos de duração. Alteração das circunstâncias e onerosidade excessiva. Sinalagma e resolução contratual. Resolução parcial do contrato. Função social do contrato. *Revista dos Tribunais*, São Paulo, ano 94, v. 832, fev. 2005.

BAPTISTA, Patrícia F.. Limitação e Sacrifícios de Direito: O conteúdo e as Consequências dos Atos de Intervenção da Administração Pública sobre a Propriedade Privada. *Revista de Direito* (Rio de Janeiro), v. 7, 2003.

BRUGGER, WINFRIED. O comunitarimo como teoria social e jurídica por trás da Constituição Alemã. *Revista de Direito do Estado*, Rio de Janeiro, Ano 3, n. 11.

CITTADINO, Gisele. *Pluralismo, Direito e Justiça*. Rio de Janeiro: Lumen Juris. 3. ed. 2004.

DINIZ, Maria Helena. *Curso Geral de Direito Civil*. Teoria Geral de Direito Civil. 26. ed. São Paulo: Saraiva.

DWORKIN, Ronald. *Ética privada e igualistarismo político*. Trad.: Antoni Domenèch. Barcelona, Ed. Paidós.

FANRSWORTH, Alan. *Contracts*. 4. ed. New York: Aspen, 2004.

FOUCAULT, Michel. *Resumo dos Cursos do Collège de France*. Trad. Andréa Daher. Rio de Janeiro: Jorge Zahar, 1997.

GARCIA DE ENTERRIA, Eduardo; FERNÁNDEZ, Tomás-Ramon. *Curso de derecho administrativo*. 9. ed., Madrid: Civitas, 1999, v. 2.

GONÇALVES, Carlos Roberto. *Direito Civil Brasileiro*. 7. ed. São Paulo: Saraiva.

HABERMAS, Jurgen. *Facticidad y validez*. sobre el derecho y el estado democratico de derecho en términos de teoría del discurso. 4. ed. Madrid: Trotta, 2005.

HAYEK, F. A. A arrogância fatal. *Os erros do socialismo*. Versão digital disponível em: http://www.libertarianismo.org/livros/fahaarroganciafatal.pdf. Acesso em: 20 maio 2013.

KONDER, Carlos Nelson. Causa do contrato x função social do contrato: Estudo comparativo sobre o controle da autonomia negocial. *Revista Trimestral de Direito Civil*, n. 43. Rio de Janeiro, jul./set. 2010.

MAIA, Antônio C. Revista Jurídica da PUC-RJ. Disponível em: http://wwwpuc-rio.br/sobrepuc/depto/direito/revista/online/rev11antonio.html. Acesso em: 10 set. 2013.

MELLO, Adriana Mandim Theodoro de. A função social do contrato e o princípio da boa-fé no Código Civil brasileiro. *Revista Síntese de Direito Civil e Processual Civil*, n. 16. São Paulo, mar./abr. 2002.

NEGREIROS, Teresa. *Teoria do contrato*: novos paradigmas. 2. ed. Rio De Janeiro: Renovar, 2006.

PAZÉ, Valentina. *Comunitarismo*. Enciclpedia delle Scienze Sociali. Treccani. Disponível em: http://www.treccani.it/enciclopedia/comunitarismo_(Enciclopedia-Scienze-Sociali)/. Acesso em: 12 maio 2015.

PERLINGIEIRI, Pietro. *O direito civil na legalidade constitucional*. Trad. Maria Cristina de Cicco. Rio de Janeiro: Renovar, 2008.

RAWLS, John. *Justiça como equidade*: uma concepção política, não metafísica. Trad. Regis Castro Andrade. Revista de Cultura Política n. 25, 1992.

SALOMÃO FILHO, Calixto. Função social do contrato: primeiras anotações. *Revista de Direito Mercantil, Industrial, Econômico e Financeiro*. n. 132. São Paulo: Malheiros Editores.

SCHREIBER, Anderson. Função Social da Propriedade na Prática Jurisprudencial Brasileira. *Direito Civil e Constituição*. São Paulo: Atlas, 2013.

SILVA, Denis Franco. O princípio da Autonomia: da Invenção`Reconstrução. In: MORAES, Maria Celina Bodin de (Coord.). *Princípios de Direito Civil Contemporâneo*. Rio de Janeiro, Renovar, 2006.

SPENCER, Herbert. Social Statics: or, The Conditions essential to Happiness specified, and the First of them Developed. London: John Chapman, 1851, p. 67. Disponível em: http://oll.libertyfund.org/title/273, acesso em: 10 out. 2013.

SZTAJN, Rachel. A função social do contrato e o direito dc empresa. *Revista de Direito Mercantil, Industrial Econômico e Financeiro*. n. 139. São Paulo: Malhciros.

TEIXEIRA, Ana Carolina Brochado. *Saúde, Corpo e autonomia privada*. Rio de Janeiro: Renovar, 2010.

TEPEDINO, Gustavo. A função social da propriedade e o meio ambiente. *Revista Trimestral de Direito Civil*. Rio de Janeiro, n. 37, jan/mar. 2009.

TEPEDINO, Gustavo. Contornos Constitucionais da Propriedade Privada. *Temas de Direito Civil*. 4. ed. Rio de Janeiro: Renovar, 2008.

TEPEDINO, Gustavo. A MP da liberdade econômica e o direito civil. *Revista Brasileira de Direito Civil*. Belo Horizonte, v. 20, p. 12, abr./jun. 2019.

TEPEDINO, Gustavo. FACHIN, Luiz Edson. O Direito e o Tempo: Embates Jurídicos e Utopias Contemporâneas. *Estudos em Homenagem ao Professor Ricardo Pereira Lira*. Rio de Janeiro: Renovar, 2008.

TIMM, Luciano Benetti. Função Social do Direito Contratual no Código Civil Brasileiro: Justiça Distributiva vs. Eficiência Econômica. *Revista dos Tribunais*. v. 876, São Paulo: out. 2008.

WALD Arnoldo. *Revista Trimestral de Direito Civil*. A dupla função econômica e social do contrato. Rio de Janeiro: Ed. Padma, ano 5, v. 17, jan/mar 2004.

WOLKMER, Antonio Carlos. Cultura jurídica moderna, humanismo renascentista e reforma protestante. *Revista Sequência*, n. 50, jul. 2005. Disponível em: https://periodicos.ufsc.br/index.php/sequencia/article/view/15182/13808. Acesso em: 10 set. 2013.

IMPRESCINDIBILIDADE DOS PRINCÍPIOS CONSTITUCIONAIS NA INTERPRETAÇÃO DO DIREITO SUCESSÓRIO CONTEMPORÂNEO

Daniele Chaves Teixeira

Doutora e Mestre em Direito Civil pela Universidade do Estado do Rio de Janeiro (UERJ). Pesquisadora bolsista no Max Planck Institut für Ausländisches und Internationales Privatrecht, na Alemanha. Especialista em Direito Civil pela Università degli Studi di Camerino, na Itália. Especialista em Direito Privado pela Pontifícia Universidade Católica do Rio de Janeiro. Professora de cursos de Pós-Graduação em Direito Civil.

Danielle Tavares Peçanha

Mestranda em Direito Civil da Faculdade de Direito da Universidade do Estado do Rio de Janeiro (UERJ). Advogada.

Sumário: 1. Introdução. 2. Crise do direito das sucessões: descompasso com a sociedade contemporânea. 3. Metodologia civil constitucional aplicada à lógica sucessória. 4. A via principiológica como resposta à insuficiência legal e a propalada intangibilidade da legítima. 5. Notas conclusivas. 6. Referências.

1. INTRODUÇÃO

O presente artigo visa projetar, à luz da metodologia do direito civil constitucional, a emersão de valores e princípios estatuídos na Constituição da República, ao Direito das Sucessões, tendo em mira o primado da pessoa humana, e os princípios constitucionais, que devem se irradiar a todas as áreas do direito. Vale dizer, as normas infraconstitucionais hão de ser interpretadas em conformidade com os valores e princípios constitucionais, fruto da identidade cultural da sociedade, e não será diferente no âmbito sucessório, evidenciado em constrangedora incompatibilidade com os avanços e conquistas sociais.

Consequentemente, o Direito das Sucessões, cujas regras se encontram em manifesto descompasso com a sociedade contemporânea, ancorando-se em normas obsoletas e desatualizadas, encontra nos mandamentos constitucionais a necessária renovação pela via hermenêutica, própria do ordenamento complexo e unitário, em satisfatória resposta diante da ausência de reforma legislativa. Como solução a diversos problemas diuturnamente apresentados aos estudiosos desse ramo do direito, propugna-se pela atualização axiológica do direito sucessório, inserido no tecido normativo próprio da legalidade constitucional, e em resposta à aparência de neutralidade de seus institutos.

2. CRISE DO DIREITO DAS SUCESSÕES: DESCOMPASSO COM A SOCIEDADE CONTEMPORÂNEA

O Direito das Sucessões volta-se à análise de questão muito delicada, da qual normalmente as pessoas buscam se esquivar, que é, exatamente, encarar a finitude humana: a própria morte. Como a morte é fato inexorável, e comum a todos, abordar esse tema tabu requer esforço que demanda atitude de compreensão íntima e de observação externa.[1] A única certeza que se pode ter na vida é a de que todo ser humano morrerá; e tal certeza vem acompanhada de uma incerteza, que é a de se precisar o momento exato do fim.[2]

Como se sabe, a sucessão pode ocorrer durante a vida (*inter vivos*) ou após a morte (*causa mortis*),[3] ficando a cargo do Direito Sucessório disciplinar a sucessão *causa mortis*, que, por seu turno, pode ocorrer a título universal, em que se fala em herança, a ser recebida pelos herdeiros, ou a título singular, em que há o legado, e quem o recebe é o legatário. Em poucas palavras, a função precípua do Direito das Sucessões é estabelecer o destino das situações jurídicas transmissíveis do autor da herança, conforme os ditames constitucionais. Com a morte, ocorre a abertura da sucessão e é nesse momento que nascem os direitos hereditários.

O Código Civil brasileiro, todavia, pouco avançou na parte do livro do Direito das Sucessões, refletindo institutos que não se coadunam com a sociedade contemporânea, com todas as complexidades sociais, porque, em geral, o sistema atual das sucessões não atende aos anseios finais dos indivíduos, detenham eles vastos patrimônios ou não. Pode-se afirmar que, no atual diploma, poucas mudanças foram registradas quanto ao Direito das Sucessões, diferentemente do que ocorreu em outras áreas do Direito Civil.

A bem da verdade, o Código, no que concerne ao Direito Sucessório, baseia-se numa família tradicional, que não corresponde ao perfil das famílias da atual sociedade brasileira. Isso porque, assistiu-se à paradigmática mudança de perspectiva do próprio conceito de família, com efeitos diretos no âmbito das sucessões. Novas entidades familiares passaram a ser admitidas em igualdade de condições, atribuindo-se efeitos sucessórios à união estável e às famílias homoafetivas, sem falar do reconhecimento das famílias simultâneas e das relações plúrimas que envolvem o poliamor.[4] Como consequência do atraso da legislação específica, o Direito Sucessório acaba sendo esquecido ou renegado pela doutrina, tendo o legislador perdido a oportunidade de esclarecer e atualizar seus institutos, tornando-os mais coerentes com a sociedade contemporânea.

---

1. ARIÈS, Philippe. *História da morte no Ocidente*. Trad. Priscila Viana de Siqueira, Rio de Janeiro: Ediouro, 2003, p. 8.
2. Permita-se remeter a TEIXEIRA, Daniele Chaves. Noções prévias do direito das sucessões: sociedade, funcionalização e planejamento sucessório. In: TEIXEIRA, Daniele Chaves (Coord.). *Arquitetura do planejamento sucessório*, Belo Horizonte: Fórum, 2019, p. 29-46.
3. A sucessão *inter vivos* trata da transferência de direitos e obrigações entre pessoas vivas, como exemplo, a doação. Na segunda forma, da sucessão causa mortis, em que ocorre morte, os direitos e obrigações de uma pessoa são transferidos a seus herdeiros legítimos, testamentários e legatários. (TEIXEIRA, Silvia Maria Benedetti. Planejamento sucessório: uma questão de reflexão, p. 6. *Revista Brasileira de Direito de Família*, Porto Alegre, ano VIII, n. 31, ago./set. 2005, p. 5-18).
4. TEPEDINO, Gustavo. Solidariedade e autonomia na sucessão entre cônjuges e companheiros. Editorial. *Revista Brasileira de Direito Civil (RBDCivil)*, Belo Horizonte, v. 114, out./dez. 2017, p. 11-13.

A renovação da realidade sucessória decorre também do mundo globalizado, tecnológico, imediatista, consumista e fluido vivenciado atualmente, apresentando, inclusive, com frequência cada vez maior, sucessões hereditárias com componentes complexos e internacionais.[5] A globalização é normalmente associada a processos econômicos, tais como a circulação de bens e capitais, a ampliação dos mercados e, ainda, a integração produtiva em escala mundial.[6] Para Anthony Giddens, a globalização se define como "a intensificação de relações sociais em escala mundial que ligam localidades distantes de tal maneira, que acontecimentos locais são modelados por eventos ocorrendo a muitas milhas de distância e vice-versa".[7]

Destaque-se, nesse sentido, o intenso desenvolvimento tecnológico e, consequentemente, a velocidade das novas técnicas de comunicação eletrônica, que importa na unificação de espaços, ou seja, na intercomunicação dos lugares, que se tornaram próximos.[8] Zygmunt Bauman retrata precisamente essa sociedade instantânea e fluida,[9] destacando que "o derretimento dos sólidos levou à progressiva libertação da economia de seus tradicionais embaraços políticos, éticos e culturais. Sedimentou-se, assim, uma nova ordem, definida principalmente em temos econômicos".[10]

Outra característica da sociedade atual é o consumismo, o que nos leva de volta à teoria de Bauman. Para o autor, a vida líquida, assim como a sociedade líquido-moderna, não pode permanecer em seu curso por muito tempo, ou seja, a vida líquida é uma vida precária, vivida em condições de incerteza constante.[11] Seria imprudente negar a mudança que a "modernidade fluida" produziu na condição humana, alterando, dessa forma, a condição política-vida de um modo radical e, consequentemente, fazendo com que seja necessário repensar os velhos conceitos.

---

5. V. TEIXEIRA, Daniele Chaves. Sucessão internacional com ativos no exterior na perspectiva do direito brasileiro. In: TEIXEIRA, Daniele Chaves (Coord.). *Arquitetura do Planejamento Sucessório*. Belo Horizonte: Fórum, 2021. t. II, p. 119-130.

6. A globalização também é descrita como fenômeno da esfera social. Assim, o processo relaciona-se à criação de instituições supranacionais, à universalização de padrões culturais e de questões relacionadas ao planeta, tais como o meio ambiente, o desarmamento nuclear, o crescimento populacional e os direitos humanos. Pode-se dizer que o termo "globalização" tem significado uma crescente transnacionalização, com as cinco dimensões que compõem o conceito: econômicas, políticas, sociais, ambientais e culturais Entre as principais transformações decorrentes da globalização, encontram-se a organização econômica, as relações sociais, os padrões de vida e cultura, o Estado e a política. Pode-se constatar também outros aspectos, que são as migrações e as viagens internacionais, como também o aumento dos contatos e das redes de comunicações, o crescimento de relações e organizações interestatais, o aumento de redes de organizações não governamentais, a difusão de novas tecnologias, a internacionalização do conhecimento social e as novas formas de interdependência mundial. (VIEIRA, Liszt. *Cidadania e globalização*. 5. ed. Rio de Janeiro: Record, 2001, p. 72-74).

7. GIDDENS, Anthony. *The consequences of modernity*, Stanford: Stanford University Press, 1990, p. 27.

8. VIEIRA, Liszt. *Cidadania e globalização*. 5. ed. Rio de Janeiro: Record, 2001. p. 98.

9. Em sua obra Modernidade líquida, ele denomina de "'fluidez' a principal metáfora para o estágio presente da era moderna". Segundo ele, os fluidos não fixam o espaço, nem prendem o tempo; já para os sólidos, o que conta é o tempo mais do que o espaço que ocupa. As "descrições de líquidos são fotos instantâneas, que precisam ser datadas [...] A extraordinária mobilidade dos fluidos é o que os associa à ideia de 'leveza' [...]". Por isso, "fluidez" ou "liquidez" são metáforas adequadas quando se quer capturar "a natureza da presente fase, nova de muitas maneiras, na história da modernidade" (BAUMAN, Zygmunt. *Modernidade líquida*. Trad. Plínio Dentzien, Rio de Janeiro: Jorge Zahar, 2001, p. 8-9).

10. BAUMAN, Zygmunt. *Modernidade líquida*. Trad. Plínio Dentzien, Rio de Janeiro: Jorge Zahar, 2001, p. 10.

11. BAUMAN, Zygmunt. *Vida líquida*. Trad. Carlos Alberto Medeiros, Rio de Janeiro: Jorge Zahar, 2007, p. 7-8.

Desse contexto, se extrai o desconcertante descompasso observado entre a sociedade contemporânea e o Direito Sucessório brasileiro, que importa na necessidade de adequar o Direito das Sucessões a essa nova realidade, em cotejo com a renovação de seus fundamentos, à luz da tábua axiológica constitucional, como se pretende demonstrar no item subsequente.

3. A METODOLOGIA CIVIL CONSTITUCIONAL APLICADA À LÓGICA SUCESSÓRIA

Em panorama assim delineado, mais e mais se entreveem pessoas ciosas de exercerem sua liberdade para ditarem o próprio destino também em termos sucessórios, pondo em xeque os antigos dogmas da predominância do poder masculino, da monogamia, da indissolubilidade da vida a dois, da heterossexualidade etc. Formulam-se diariamente estatutos privados de convivência, com base nos interesses concretos dos indivíduos, mediante pactos antenupciais e contratos atípicos de união estável, de namoro, e assim por diante, em concretização à autonomia privada das pessoas.

De outro lado, o desenvolvimento intenso das novas tecnologias, em cenário já delineado, cria novas realidades objetivas com as quais se chocam os ultrapassados institutos de outrora. Não é possível cogitar que o Direito Sucessório passe imune a tais modificações, apresentando-se de forma absolutamente neutra quanto aos bens que integram a herança, garantia fundamental disposta no art. 5º, inciso XXX da Constituição da República,[12] à figura do sucessor, à vontade do falecido, bem como às inquietantes relações existentes entre todos esses elementos.

Diante de tamanha diversidade, para que o sistema se compatibilize com a legalidade constitucional, sem banalizar a elevada proteção conferida às famílias, deve-se trazer ao centro das discussões todas as necessárias reflexões sobre o Direito das Sucessões, sem perder de vista as modificações substanciais por que passaram seus fundamentos. Vale dizer, ante o hiato entre a realidade social contemporânea e a legislação que se tem disponível, na falta da esperada reforma pelo legislador, há que se fomentar a revisitação desse ramo do Direito segundo seu perfil funcional e conforme os princípios disponíveis no ordenamento jurídico.

Cumpre mencionar a relevância, tanto teórica quanto prática, que a metodologia civil constitucional[13] simboliza, em especial também, ao Direito das Sucessões. Situa-se

---

12. Sobre o direito à herança, previsto expressamente na Constituição da República, cfr. LÔBO, Paulo. Direito constitucional à herança, saisine e liberdade de testar. In: PEREIRA, Rodrigo da Cunha; DIAS, Maria Berenice (Coord.), *Família: pluralidades e felicidade*, Anais do IX Congresso de Direito de Família, Belo Horizonte: IBDFAM, 2014, p. 35-46, para quem: "Quando uma Constituição introduz uma garantia tem por finalidade proteger uma categoria de pessoas, o que redunda em contenção do legislador infraconstitucional e na imposição de respeito a esses direitos por parte de todos. As categorias protegidas pela Constituição de 1988 foram os herdeiros dos nacionais e os herdeiros nacionais de estrangeiros."

13. "O direito civil constitucional pode ser definido como a corrente metodológica que defende a necessidade de permanente releitura do direito civil à luz da Constituição. O termo "releitura" não deve, contudo, ser entendido de modo restritivo. Não se trata apenas de recorrer à Constituição para interpretar as normas ordinárias de direito civil (aplicação indireta da Constituição), mas também de reconhecer que as normas constitucionais podem e devem ser diretamente aplicadas às relações jurídicas estabelecidas entre particulares. A rigor, para o direito civil constitucional não importa tanto se a Constituição é aplicada de modo direto ou indireto (distinção nem sempre

a Constituição da República no ápice do ordenamento jurídico, sendo elementar que todas as normas inferiores não a contrariem, além de que sejam interpretadas e aplicadas com base nela, maximizando a eficácia dos princípios, cuja força normativa é hoje reconhecida. Adjetiva-se, nessa esteira, o direito civil e seus institutos, inserindo-os no tecido normativo constitucional e tendo em mira prioritariamente valores não patrimoniais, em especial, a realização da personalidade e a tutela da dignidade da pessoa humana, prevista no art. 1º, III, da Constituição da República, que impõe uma transformação radical na dogmática do direito civil.[14]

Tal evolução conceitual implica o necessário afastamento daquele direito civil de outrora, fiel ao método da subsunção[15] e ao direito subjetivo conforme concebido por Savigny, o qual não mais traduz o objeto de investigação dos civilistas modernos. Impõe-se, ao revés, atento estudo dos objetivos específicos dos institutos em cotejo, sem que se apegue cegamente a seus elementos estruturais. Este cuidado é indispensável à formação de uma renovada dogmática do direito privado, dentro da qual se situa o direito sucessório.

Embora não se deva perder de vista o valor desempenhado pela guinada estruturalista, cujos esforços se deram em outro contexto, principalmente com fins de secularização do direito, assiste-se cada vez maior destaque à 'função promocional do direito', conforme largamente difundido por Norberto Bobbio.[16] Desta sorte, importa averiguar a função dos institutos, atentando-se à principiologia constitucional, que deve servir como

---

fácil). O que importa é obter a máxima realização dos valores constitucionais no campo das relações privadas." (SCHREIBER, Anderson. Direito Civil e Constituição. In: SCHREIBER, Anderson; KONDER, Carlos Nelson (Coord.). *Direito Civil Constitucional*, São Paulo: Atlas, 2016, p. 1-24).

14. TEPEDINO, Gustavo. Premissas Metodológicas para a Constitucionalização do Direito Civil. In: *Temas de Direito Civil*. 4. ed. Rio de Janeiro: Renovar, 2008, p. 22, de cujas lições se pode extrair que "a adjetivação atribuída ao direito civil, que se diz *constitucionalizado, socializado, despatrimonializado*, se por um lado quer demonstrar, apenas e tão-somente, a necessidade de sua inserção no tecido normativo constitucional e na ordem pública sistematicamente considerada, preservando, evidentemente, a sua autonomia dogmática e conceitual, por outro lado poderia parecer desnecessária e até errônea. (...) Trata-se, em uma palavra, de estabelecer novos parâmetros para a definição de ordem pública, relendo o direito civil à luz da Constituição, de maneira a privilegiar, insista-se ainda uma vez, os valores não-patrimoniais e, em particular, a dignidade da pessoa humana, o desenvolvimento da sua personalidade, os direitos sociais e a justiça distributiva, para cujo atendimento deve se voltar a iniciativa econômica privada e as situações jurídicas patrimoniais". Sobre as situações existenciais em comparação às patrimoniais, Pietro Perlingieri ensina: "No ordenamento dito privatístico encontram espaço sejam as situações patrimoniais e entre essas a propriedade, o crédito, a empresa, a iniciativa econômica privada; sejam aquelas não patrimoniais (os chamados direitos da personalidade) às quais cabe, na hierarquia das situações subjetivas e dos valores, um papel primário." (PERLINGIERI, Pietro. *Perfis do Direito* Civil: Introdução ao Direito Civil-Constitucional. Rio de Janeiro: Renovar, 2002, p. 106).

15. Acerca do tema, v. TEPEDINO, Gustavo. O ocaso da subsunção. *Temas de Direito Civil*, t. III, Rio de Janeiro: Renovar, 2009, p. 443-445, em que se afirma que a subsunção parte de duas premissas equivocadas, quais sejam: "(i) a separação do mundo abstrato das normas e o mundo dos fatos, no qual aqueles devem incidir; (ii) a separação entre o momento da interpretação da norma abstrata (premissa maior) e o momento da aplicação ao suporte fático concreto (premissa menor)". Explica o autor, então, que tal raciocínio reduz a aplicação do direito a procedimento mecânico, especialmente se a primeira etapa concluir que a regra é clara, subtraindo o intérprete do poder-dever de utilização dos princípios e valores constitucionais. Além disso, diante dessa ótica, a norma infraconstitucional se tornaria a protagonista do processo interpretativo, reduzindo-se drasticamente a força normativa da Constituição.

16. BOBBIO, Norberto. *Da estrutura à função*: novos estudos de teoria do direito. São Paulo: Manole, 2007, p. 53-113. Para o autor, uma teoria funcional do direito caracteriza-se como "uma teoria geral que busca o elemento caracterizador do direito não na especificidade da estrutura, como ocorrera até agora por obra dos maiores juristas teóricos, mas, sim, na especificidade da função" e, embora não se confunda com a teoria estrutural do direito, ambas deveriam avançar lado a lado, sem que uma objetivasse eclipsar a outra. (p. 112-113).

parâmetro interpretativo das múltiplas situações fáticas que se colocam ao operador do direito diuturnamente, sem que isso signifique reduzir o espaço de aplicação do direito privado ao âmbito público, ainda que em searas em que princípios de ordem pública se coloquem com alguma frequência, como o direito de família e sucessório.[17]

Vislumbra-se possível que um mesmo instituto, cuja estrutura esteja já vastamente consignada em sede legal, assuma valor diferente daqueles que o caracterizavam em sua origem.[18] Assim, dentro da nova ordem constitucional, que atribui prevalência à proteção da personalidade, é possível que figuras que assumiram tradicionalmente uma função de certo tipo adquiram nova roupagem funcional na ordem constitucional, com fins de implementar a proteção máxima à tutela da pessoa humana.

No âmbito da metodologia civil constitucional, Pietro Perlingieri, ao tratar da função social do direito sucessório, destaca o fato de que a perspectiva funcional do direito hereditário vem sendo ignorada pela literatura jurídica e de que o esforço reconstrutivo deve ser realizado diante da transformação no contexto social e econômico. Quando se fala de sucessão *mortis causa*, não se pode deixar de considerar que a morte é um fato natural, não obstante a sucessão seja um produto da política legislativa.[19]

Nessa direção, os fundamentos basilares do Direito Sucessório, tradicionalmente associados às noções de *propriedade* (art. 5º, *caput* e inciso XXII, da C.R.) e *família* (art. 226, da C.R.), passam também por intensas transformações qualitativas segundo a nova ordem constitucional e as mudanças sociais vislumbradas, impactando diretamente toda a normativa, composta por regras e princípios, aplicáveis a esse setor do direito. Conforme afirma Inocêncio Galvão Telles, "o fenômeno sucessório, com efeito, depende, em medida muito estreita, de fatores que jogam com o próprio cerne das instituições sociais e que são amparo e esteio de conservação da coletividade: a família e a propriedade".[20]

À luz das importantes alterações axiológicas introduzidas nas relações familiares pela atual Constituição da República, impediu-se "que se pudesse admitir a superposição

---

17. TEPEDINO, Gustavo. Premissas Metodológicas para a Constitucionalização do Direito Civil. *Temas de Direito Civil*. 4. ed. Rio de Janeiro: Renovar, 2008, p. 21.

18. PERLINGIERI, Pietro. La personalità umana nell' ordinamento giuridico. In: *La persone e i suoi diritti: Problemi del diritto civile*, Napoli: Edizioni Scientifiche Italiane, 2005, p. 8. Em sua exímia lição, afirma que: "Il significato che, in una prospettiva di studio del diritto civile, assume il fenomeno della "funzionalizzazione degli instituti giuridici" si rinciene, nell'àmbito dell'ordenamento giuridico, a livello di ferarchia delle fonti; proprio il valore della personalità è di ausilio per comprendere che taluni istituti, talune strutture presenti nel codice civile e nelle legislazioni speciali assumono un significato, una funzione, un valore diversi da quelli che li caratterizzavano alla loro origine. Portare la personalità al primo posto nell'àmbito della gerarchia dei valori significa anche che molti degli instituti, che avevano assunto originariamente una funzione di un certo tipo, nel nuovo assetto costituzionale, proprio per attuare il massimo valore dell'ordinamento (ossia la tutela della personalità), vengono ad assumere dimensioni, funzioni molto diverse da quelle originarie. Il tema della funzionalizzazione come fenomeno, in generale, degli instituti giuridici è strettamente collegato ai valori fondamentali dell'ordinamento, quindi, in primo luogo, al valore dei valori, la tutela, appunto, della persona umana".

19. Apesar de a morte ser natural, a disciplina das consequências jurídicas é deixada à discricionariedade do legislador. Entretanto, a discricionariedade normativa encontra um forte limite nos valores fundamentais da carta constitucional, em particular no modo pelo qual se fundamenta no dever de solidariedade familiar, que, por sua vez, encontra expressão no princípio da contribuição, no qual se deve inspirar para reler todo o sistema de sucessão (PERLINGIERI, Pietro. La funzione sociale del diritto sucessório. In: PERLINGIERI, Pietro. *Rassegna di diritto civile*, Napoli: Edizioni Scientifiche Italiane, 2009, p. 131-132).

20. TELLES, Inocêncio Galvão. Apontamentos para a história do direito das sucessões português. *Revista da Faculdade de Direito da Universidade de Lisboa*, Lisboa, v. XV, 1963.

de qualquer estrutura institucional à tutela de seus integrantes, mesmo em se tratando de instituições com *status* constitucional".[21] Deixa a família, assim, de ter valor intrínseco, e passa a ser valorada de forma instrumental, merecedora de proteção apenas na medida em que sirva ao desenvolvimento da personalidade daqueles que a integram.[22] A família, hoje, traduz-se em tipo aberto, possível de infinitas espécies: é, sociológica e juridicamente, plural. O casamento é apenas mais um tipo, que não é o mais importante ou determinante para constituir a família.[23]

Com isso, o Direito Sucessório é imediatamente impactado pela nova e atualizada concepção de família, uma vez que, como se sabe, o legislador determina o rol de sucessores segundo os laços estabelecidos pelo falecido dentro da comunidade familiar, com as regras específicas sobre a vocação hereditária. A instituição familiar como instrumento de promoção da dignidade da pessoa humana de cada um dos seus membros, merecedora de tutela na medida em que promova seus interesses, deve, portanto, ser também absorvida por esse ramo do direito, produzindo efeitos também quando da sucessão.

Nessa mesma toada, o conceito e os contornos da propriedade, essencial ao exame do direito de herança, são substancialmente alterados. Em primeiro lugar, passa-se a admitir que a sucessão possa abranger bens de diferentes naturezas,[24] a englobar tanto os tradicionais direitos dominiais, quanto a propriedade incorpórea, que ganha cada vez mais destaque na sociedade contemporânea, com figuras como a propriedade literária, científica e artística, a propriedade industrial,[25] os títulos de crédito, e tantos outros bens, constituindo patrimônios cada vez mais complexos e variados.

---

21. TEPEDINO, Gustavo. A disciplina civil-constitucional das relações familiares, p. 422. *Temas de Direito Civil*. 4. ed. Rio de Janeiro: Renovar, 2008, p. 419-443.

22. Contemporaneamente, afirma a doutrina que "a principal função da família e sua característica de meio para a realização dos nossos anseios e pretensões. Não é mais a família um fim em si mesmo, conforme já afirmamos, mas, sim, o meio social para a busca de nossa felicidade na relação com o outro" (GAGLIANO, Pablo Stolze; PAMPLONA FILHO, Rodolfo. *Novo Curso de direito civil. Direito de família*, v. VI, São Paulo: Saraiva, 2011, p. 98). Nessa direção, também: "Verifica-se, do exame dos arts. 226 a 230, C.R., que o centro da tutela constitucional se desloca do casamento para as relações familiares dele (mas não unicamente dele) decorrentes; e que a milenar proteção da família como instituição, unidade de produção e reprodução dos valores culturais, éticos, religiosos e econômicos, dá lugar à tutela essencialmente funcionalizada à dignidade de seus integrantes e ao desenvolvimento da personalidade dos filhos." (TEPEDINO, Gustavo. A família entre autonomia existencial e tutela de vulnerabilidade. *Revista Brasileira de Direito Civil* – RBDCivil, v. 6, n. 4, 2015, p. 6). Na mesma direção, Maria Helena Diniz, ao analisar a polissemia própria da palavra família, acentua que: "deve-se, portanto, vislumbrar na família uma possibilidade de convivência, marcada pelo afeto e pelo amor, fundada não apenas no casamento, mas também no companheirismo, na adoção e na monoparentalidade. É ela o núcleo ideal do pleno desenvolvimento da pessoa. É o instrumento para a realização integral do ser humano" (DINIZ, Maria Helena. *Curso de direito civil brasileiro*. 25. ed. São Paulo: Saraiva, 2010. v. 5, p. 13).

23. TEIXEIRA, Ana Carolina Brochado. Novas entidades familiares, p. 13. *Revista Trimestral de Direito Civil – RTDC*, Rio de Janeiro, v. 16, out./dez. 2003, p. 3-30.

24. Como ressalta Pierre Catala, os direitos privados se modificam. Afirma o autor, ainda, que os "novos bens" são complexos e imateriais; não somente em razão de sua substância material composta, mas também porque a pessoa e a atividade de seu titular são os próprios apoios. A atividade humana é fonte de riqueza, como demonstram, entre outras, as atividades criativas, artísticas e industriais. (CATALA, Pierre. *La transformation du patrimoine dans le droit civil moderne*. Septième Congrès Internacional de Droit Compare, Paris: l'Université de Paris, 1966, p. 162). E complementa o autor: "Existem bens como o ouro que valem por sua própria substância. Outros como os domínios agrícolas, podem ter seu valor acrescentado a partir de uma boa exploração. A riqueza do solo é o elemento preponderante de seu valor O valor da exploração pode valorizar ainda mais sobre seu valor intrínseco. A exploração do solo é, às vezes, um imperativo jurídico, sob pena de perder os direitos caso não o faça" (p. 164-165).

25. PEREIRA, Caio Mário da Silva. *Instituições de Direito Civil*, 27. ed. Rio de Janeiro: Forense, 2014, v. 1, p. 342-343.

Além disso, como se sabe, a propriedade deve vincular-se, segundo os mandamentos constitucionais, ao cumprimento de sua função social, sendo dever do proprietário atender a interesses socialmente relevantes. A função social funciona como elemento interno da propriedade, condicionando o seu exercício ao atingimento de determinados fins, como a tutela do meio ambiente, e afastando-a da noção de um direito de usar e dispor da coisa de maneira absoluta.[26] Com isso, a transmissão causa mortis da situação proprietária assume especial destaque, na medida em que a modificação de seu titular poderá influenciar diretamente no cumprimento da função social da propriedade.

Convém destacar, ainda, que há que se afastar da visão superficial e deturpada que poderia induzir o investigador à conclusão de que o direito sucessório se prestaria em intensidade menor que as demais áreas do Direito Civil à abordagem da metodologia civil constitucional. De fato, a Constituição de 1988 pouco tratou expressamente sobre o Direito das Sucessões, e, quando o fez, parece ter se limitado a cuidar de questões essencialmente patrimoniais, como o fez no já mencionado art. 5º, XXX, estabelecendo o direito à herança, ou no inciso XXXI do mesmo dispositivo, determinando que a sucessão de bens de estrangeiros situados no país será regulada pela lei brasileira em benefício do cônjuge ou dos filhos brasileiros, sempre que não lhes seja mais favorável a lei pessoal do falecido.

Todavia, conforme constatado em doutrina, esse caráter predominantemente patrimonialista do direito sucessório não inibe o intérprete de identificar, em muitas de suas normas, a inspiração de princípios e regras da Constituição da República, inclusive plasmados por caráter existencial, dos quais deve o intérprete valer-se na interpretação dos dispositivos, adotando-se, em cada caso, a solução que melhor realize os ditames constitucionais, em sua completude.[27]

4. A VIA PRINCIPIOLÓGICA COMO RESPOSTA À INSUFICIÊNCIA LEGAL E A PROPALADA INTANGIBILIDADE DA LEGÍTIMA

Nesse cenário, os princípios constitucionais são imprescindíveis à necessária renovação da disciplina sucessória,[28] através de uma reforma pela via hermenêutica que não se limite a modificações setoriais, mas abranja a matéria em toda a sua complexidade,

---

26. Referindo-se à Constituição italiana, mas em lição de todo aplicável ao Direito brasileiro, adverte Pietro Perlingieri que "a conclusão pela qual é preciso falar de conteúdos mínimos da propriedade deve ser interpretada não em chave jusnaturalista, mas em relação à reserva de lei prevista na Constituição, a qual garante a propriedade atribuindo à lei a tarefa de determinar os modos de aquisição, de gozo e os limites, com o objetivo de assegurar a função social e de torná-la acessível a todos (art. 42, § 2º)" (PERLINGIERI, Pietro. *Perfis do Direito Civil*: introdução ao direito civil constitucional. Rio de Janeiro: Renovar, 2002, p. 231).

27. MOREIRA, Carlos Roberto Barbosa. Princípios constitucionais e o direito das sucessões, p. 37. *Revista Trimestral de Direito Civil* (RTDC), n. 29, v. 8, 2007, p. 35-51.

28. A matéria sucessória compreende problemáticas imponentes de teoria geral do direito, como o longo debate sobre o conceito de sucessão que, superada a abordagem estruturalista da perpetuação do interesse econômico, alcançou soluções mais persuasivas com a mudança do fenômeno sucessório para o externo da relação, no plano da imputação subjetiva e da qualificação vinculada no caso particular operado pelo ordenamento jurídico. Nesse sentido, ver a doutrina italiana em: MIRAGLIA, Caterina. Successioni e Costituizione. In: PERLINGIERI, Pietro (A cura di). *Temi e problemi della civilistica contemporânea*. Venticinque anni della Rassegna di diritto civile. Collana: Quaderni della Rassegna. Napoli: Scientifiche Italiane, 2005, p. 256.

adequando seu conteúdo às transformações macroscópicas ocorridas no plano social e econômico.[29] A evolução histórica, cultural e econômica das últimas décadas – que influenciou tanto a estrutura quanto a função da família, estabelecendo uma nova solidariedade plurifamiliar, *continuum* de vida e afeto no interior do qual se realiza a personalidade de forma plena – aliada à transformação do perfil dos bens, não deve ser preterida nesse processo de renovação.

Devem-se ponderar autonomia e solidariedade, para que a família e seus componentes singularmente considerados não sejam deixados à margem de uma consideração atenta aos perfis econômicos. Para tanto, é necessário revisitar o sistema hereditário em viés constitucional, desmembrando seus conteúdos de modo decidido a valorizar a autonomia negocial, devidamente equilibrada com o dever de solidariedade; prestar maior atenção às necessidades e possíveis vulnerabilidades da pessoa no interior da família; e elaborar critérios para a detecção dos legitimados mais flexíveis que a mera proximidade do grau de parentesco.

O confronto entre a reconhecidamente obsoleta disciplina sucessória atual e a realidade corrente, sobretudo na ausência de alteração legislativa, reforça a convicção de que o direito hereditário reclama uma reforma eficaz, que não se limite a modificações meramente setoriais e desordenadas de uma ou outra disposição singularmente considerada, mas que aspire, corajosamente, a remodelar a matéria em sua complexidade, para garantir solução adequada aos problemas, pronta a desenvolver sua função conforme a sociedade em constante modificação.[30]

Exemplo eloquente da necessária aplicação dos princípios reconduzidos ao ambiente sucessório se dá no âmbito da análise da propalada intangibilidade da legítima no ordenamento jurídico brasileiro.[31] Ao indicar a possibilidade de o testador dispor livremente de metade de seus bens, a legislação civil permite o exercício de seu direito de propriedade garantido no art. 5º, inciso XXVII da Constituição da República, à luz da autonomia privada. De outra parte, garante-se a salvaguarda de metade dos bens através da figura da legítima, que visa garantir que a família não fique desamparada em razão da morte do testador.[32]

Segundo Carlos Maximiliano, verifica-se a intangibilidade do instituto da legítima, porque esta não pode ser diminuída na essência por nenhuma cláusula testamentária.[33] Entende-se em doutrina majoritária que o princípio da intangibilidade da legítima[34] constitui premissa do direito sucessório. Na atualidade, contudo, o instituto deve ser

---

29. PERLINGIERI, Pietro. La funzione sociale del diritto sucessorio. In: PERLINGIERI, Pietro. *Rassegna di diritto civile,* Napoli: Edizioni Scientifiche Italiane, 2009, p. 135.
30. PERLINGIERI, Pietro. La funzione sociale del diritto sucessorio. In: PERLINGIERI, Pietro. *Rassegna di diritto civile,* Napoli: Edizioni Scientifiche Italiane, 2009, p. 146.
31. Sobre o tema, permita-se remeter a TEIXEIRA, Daniele Chaves; COLOMBO, Maici Barboza dos Santos. Faz sentido a permanência do princípio da intangibilidade da legítima no ordenamento jurídico brasileiro? In: TEIXEIRA, Daniele Chaves. *Arquitetura do planejamento sucessório.* Belo Horizonte: Fórum, 2019, p. 155-170.
32. TEPEDINO, Gustavo; NEVARES, Ana Luiza Maia; MEIRELES, Rose Melo Vencelau. *Fundamentos do Direito Civil,* v. 7: Sucessões, Rio de Janeiro: Forense, 2020, p. 22-23.
33. MAXIMILIANO, Carlos. *Direito das sucessões,* v. 1, Rio de Janeiro: Freitas Bastos, 1937, p. 361.
34. NEVARES, Ana Luiza Maia. O princípio da intangibilidade da legítima. In: MORAES, Maria Celina Bodin de (Coord.). *Princípios do direito civil contemporâneo,* Rio de Janeiro: Renovar, 2006, p. 496.

lido segundo a tábua axiológica constitucional, em sua complexidade e unidade que lhe são próprias, bem como à luz do princípio da solidariedade familiar.

Apesar de a legítima não estar tutelada expressamente na Constituição da República, pois somente o direito de herança é consagrado no art. 5º, XXX, da CRFB,[35] entende-se que os princípios pilares atinentes à consagração do instituto estão inseridos na Lei Maior. São eles: os princípios constitucionais de proteção à família (art. 226, da C.R.);[36] da solidariedade (art. 3º, I, da C.R.);[37] de garantia da propriedade privada (art. 5º, XXII, da C.R.);[38] e de livre iniciativa (art. 1º, IV, da C.R.).[39]

Nesse sentido, afirma autorizada doutrina que "a reserva hereditária realiza um princípio ainda mais amplo, que é a dignidade da pessoa humana, fundamento da República, enunciado no art. 1º, III,[40] da Carta Magna".[41] Não por outro motivo, ao concretizar no direito sucessório os valores constitucionais da dignidade da pessoa humana, da proteção à família, da solidariedade, da livre iniciativa e da propriedade privada, o princípio da intangibilidade da legítima encontra-se em consonância com o ordenamento constitucional vigente.[42]

Reconhece-se, portanto, segundo a metodologia civil-constitucional, a relevante função desempenhada pela legítima, que importa em grande aceitação social e consagração prática, como instrumento de proteção da dignidade dos membros da família. Sua disciplina, todavia, não pode furtar-se do devido cotejo com os preceitos constitucionais como um todo, definidos segundo a identidade cultural da sociedade atual, sob pena de que sua utilização pretensamente neutra sacrifique valores relevantes do ordenamento jurídico brasileiro.[43]

Como já restou demonstrado, a família não mais se resume a modelo único, matrimonializado e hierarquizado, que permita ao legislador deduzir abstratamente as necessidades de cada membro de modo genérico e abstrato. Com isso, a presunção absoluta de afeto proveniente do vínculo de parentesco que fundamenta a legítima mostra-se

---

35. C.R., "Art. 5º Todos são iguais perante a lei, sem distinção de qualquer natureza, garantindo-se aos brasileiros e aos estrangeiros residentes no País a inviolabilidade do direito à vida, à liberdade, à igualdade, à segurança e à propriedade, nos termos seguintes: [...] XXX – é garantido o direito de herança".

36. C.R., "Art. 226. A família, base da sociedade, tem especial proteção do Estado".

37. C.R., Art. 3º, I: "Constituem objetivos fundamentais da República Federativa do Brasil: I – construir uma sociedade livre, justa e solidária".

38. C.R., "Art. 5º Todos são iguais perante a lei, sem distinção de qualquer natureza, garantindo-se aos brasileiros e aos estrangeiros residentes no País a inviolabilidade do direito à vida, à liberdade, à igualdade, à segurança e à propriedade, nos termos seguintes: [...] XXII – é garantido o direito de propriedade".

39. C.R., "Art. 1º A República Federativa do Brasil, formada pela união indissolúvel dos Estados e Municípios e do Distrito Federal, constitui-se em Estado Democrático de Direito e tem como fundamentos: [...] IV – os valores sociais do trabalho e da livre iniciativa".

40. C.R., "Art. 1º A República Federativa do Brasil, formada pela união indissolúvel dos Estados e Municípios e do Distrito Federal, constitui-se em Estado Democrático de Direito e tem como fundamentos: [...] IV – dignidade da pessoa humana".

41. NEVARES, Ana Luiza Maia. O princípio da intangibilidade da legítima. In: MORAES, Maria Celina Bodin de (Coord.). *Princípios do direito civil contemporâneo*, Rio de Janeiro: Renovar, 2006, p. 537.

42. NEVARES, Ana Luiza Maia. O princípio da intangibilidade da legítima. In: MORAES, Maria Celina Bodin de (Coord.). *Princípios do direito civil contemporâneo*, Rio de Janeiro: Renovar, 2006, p. 539.

43. Para uma análise atenta do instituto da legítima, v. OLIVEIRA, Alexandre Miranda; TEIXEIRA, Ana Carolina Brochado. Qualificação e quantificação da legítima: critérios para partilha de bens. In: TEIXEIRA, Daniele Chaves (Coord.). *Arquitetura do Planejamento Sucessório*. Belo Horizonte: Fórum, 2021. t. II, p. 27- 40.

excessivamente abstrata, deixando de contemplar circunstâncias concretas que podem exigir maior ou menor proteção patrimonial dos membros da família, como a existência de vulnerabilidade ou a comprovada independência financeira.

Em situações de tal monta, a liberdade de testar, amparada por ferramentas próprias do planejamento sucessório,[44] tem o mérito de instrumentalizar a igualdade material dos herdeiros, na medida em que permite corrigir distorções decorrentes da igualdade formal com que são tratados os herdeiros legítimos abstratamente pela lei.[45] Sem descurar da necessária proteção aos herdeiros legítimos, sobretudo quando concretamente considerados, impõe-se que se levem em conta todos os ditames constitucionais pertinentes nessa análise, com especial destaque aos princípios constitucionais de proteção à família, da solidariedade, da livre iniciativa e da propriedade privada, todos lidos como corolários diretos da dignidade da pessoa humana.

Vale dizer, o direito sucessório "precisa se encaixar na configuração da família atual, que é plural, igualitária e democrática, com atenção voltada aos vulneráveis, em especial às crianças, aos incapazes e aos idosos".[46] Destaque-se, assim, a necessidade de que se revejam antigos dogmas do direito sucessório em razão das transformações pelas quais passaram as famílias nas últimas décadas e que demandam atualizações da legislação sucessória, em atenção às realidades plurais tuteladas pela Constituição, de tal modo que atenda-se às singularidades próprias dos herdeiros diante da (in)capacidade e dos vínculos com os bens da herança e, dessa forma, à liberdade do testador, quando não se verificam, na família, aqueles que necessitem de especial proteção patrimonial diante da morte do familiar.

---

44. Sobre o tema, cfr. TEIXEIRA, Daniele Chaves. *Planejamento sucessório*: pressupostos e limites, Belo Horizonte: Fórum, 2017, item 1.3, em que se afirma que: "o planejamento sucessório é instrumento jurídico que permite a adoção de uma estratégia voltada para a transferência eficaz e eficiente do patrimônio de uma pessoa após a sua morte. Vale ressaltar, ainda, que o planejamento é realizado em vida e que sua completa aplicabilidade de efeitos ocorrerá com a morte. Ele é essencial para quem quer a realização de sua vontade após sua morte e pode ser realizado por meio de diversos instrumentos jurídicos: o testamento é apenas um deles".

45. Nessa mesma linha, quando da análise do RE n. 646.721, que considerou inconstitucional o regime sucessório diferenciado entre cônjuge e companheiro, previsto pelo art. 1.790 do Código Civil, afirmou o Professor Gustavo Tepedino: "Diante de tamanha diversidade, para que o sistema se compatibilize com a legalidade constitucional, sem banalizar a elevada proteção conferida às famílias, o princípio da solidariedade, com a responsabilidade que lhe é ínsita, deve ser acompanhado da autonomia que alicerça a dignidade humana. Vale dizer, há que se fomentar a responsabilidade pelas escolhas de vida e a autonomia dos conviventes, inclusive no que tange à liberdade testamentária. (...) Solidariedade, nesse caso, não pode ser tomada como exclusão da autonomia, de modo a impor a comunicação de aquestos ou a sucessão causa mortis entre não vulneráveis. Entre pessoas livres e iguais, reclama-se o direito de organizar a sucessão entre conviventes, casados ou não, da maneira que lhes aprouver." (TEPEDINO, Gustavo. Solidariedade e autonomia na sucessão entre cônjuges e companheiros. Editorial. *Revista Brasileira de Direito Civil* (RBDCivil), v. 14, out./dez. 2017, p. 11-13).

46. NEVARES, Ana Luiza Maia. A proteção da família no direito sucessório: necessidade de revisão? *IBDFAM*, 20 maio 2015. p. 2. Disponível em: http://www.ibdfam.org.br/artigos/1033/A+prote%C3%A7%C3%A3o+da+fam%C3%A-Dlia+no+Direito+Sucess%C3%B3rio%3A+necessidade+de+revis%C3%A3o%3F. Acesso em: 22 nov. 2020. A autora, entretanto, recentemente publicou breve texto com o seguinte questionamento: "A proteção da família no direito sucessório: necessidade de revisão?". Nele, a autora apresenta a pertinência da discussão de o ordenamento jurídico garantir, para certos parentes, parte da herança de forma obrigatória, limitando a liberdade de testar. Propõe um debate mais amplo sobre: a) imposição de uma legítima para certos parentes, demonstrando uma procura por uma ampliação da liberdade de testar; e b) por uma revisão da posição neutra do direito sucessório em relação às singularidades dos chamados à sucessão. Fundamenta sua proposta nos seguintes fatores: a) a igualdade entre os cônjuges na família; b) a maior expectativa de vida das pessoas – consequentemente filhos já em idade adulta e produtiva e os pais muito idosos e dependentes; c) o fenômeno frequente das famílias recompostas.

5. NOTAS CONCLUSIVAS

Em panorama assim delineado, constata-se que as regras específicas de Direito Sucessório disponíveis no diploma privado se encontram em dissonância com o atual estágio da sociedade brasileira. As transformações socioeconômicas experimentadas nas últimas décadas abalaram diretamente os tradicionais alicerces do Direito das Sucessões, consubstanciados em grande medida nas ideias de família e propriedade, adequando-os aos ditames constitucionais. A falta de autonomia no Direito das Sucessões, todavia, enrijece-o, conservando-o com perfil compatível com uma sociedade oitocentista que, felizmente, já não mais se vislumbra.

Diante desse cenário, impõe-se a necessidade de superação de certos dogmas do Direito Sucessório em razão das transformações sociais e das famílias, que demandam atualizações da legislação sucessória segundo a tábua axiológica constitucional; bem como dos bens, que sofreram grandes modificações, com o eclodir de novos bens merecedores de tutela, que constituem hoje o patrimônio de diversas formas de riquezas, pautado não só na propriedade como tradicionalmente concebida, mas voltada à exigência de realização de sua função social.

Não apenas, mas especialmente na ausência de reforma legislativa comprometida com a renovação e atualização das regras de direito sucessório disponíveis em nosso ordenamento, propugna-se pela funcionalização do Direito das Sucessões em consonância aos ditames constitucionais. Vale dizer, mesmo à míngua da atuação positiva do legislador em prol da atualização por lei infraconstitucional das regras atinentes ao regime sucessório, não se deve perder de vista a necessidade de revisitação da matéria e unificação do sistema pelo caminho da interpretação, segundo os valores e princípios constitucionais, que se irradiam por todo o ordenamento jurídico.

Afinal de contas, não parece condizente com a sociedade contemporânea, diante de tantos modelos familiares, que se impeça aos interessados, mediante planejamento sucessório, de exercerem sua liberdade na escolha do modelo mais adequado a regular a sucessão hereditária entre pessoas não vulneráveis, que pretendam separar as relações afetivas e de parentalidade dos direitos sucessórios. Ilustrativamente, o pacto sucessório, em contexto de partes não vulneráveis, mostra-se benfazejo e condizente com a realidade contemporânea, afastando-se, desse modo, reversões de expectativas e conflitos familiares desnecessários, permitindo-se a afirmação dos princípios da igualdade e solidariedade de modo mais consentâneo com a legalidade constitucional.

Em exemplo eloquente, conclui-se também que a ampla aceitação social da legítima é fator que confere legitimidade à restrição da liberdade de testar do autor da herança, mas, no ordenamento jurídico contemporâneo, deve ela assumir função diversa daquela originalmente exercida, ou seja, deve atentar-se mais à concretização dos valores constitucionais, sobretudo a solidariedade familiar e a tutela das vulnerabilidades em concreto. As regras gerais sucessórias mostram-se excessivamente abstratas, o que, ao lado da também excessiva restrição na liberdade de testar, pode causar situações iníquas, que não atendem às realidades plurais tuteladas pela Constituição da República. Assim, a permanência da legítima no ordenamento brasileiro se justifica na medida em que realize em concreto a matriz axiológica constitucional, a partir da releitura do instituto conformada à nova realidade e às demandas sociais contemporâneas.

6. REFERÊNCIAS

ARIÈS, Philippe. *História da morte no Ocidente*, trad. Priscila Viana de Siqueira, Rio de Janeiro: Ediouro, 2003.

BAUMAN, Zygmunt. *Modernidade líquida*, trad. Plínio Dentzien, Rio de Janeiro: Jorge Zahar, 2001.

BAUMAN, Zygmunt. *Vida líquida*. Tradução de Carlos Alberto Medeiros, Rio de Janeiro: Jorge Zahar, 2007.

BOBBIO, Norberto. *Da estrutura à função: novos estudos de teoria do direito*, São Paulo: Manole, 2007.

CATALA, Pierre. *La transformation du patrimoine dans le droit civil moderne*. Septième Congrès Internacional de Droit Compare, Paris: l'Université de Paris, 1966.

DINIZ, Maria Helena. *Curso de direito civil brasileiro*. 25. ed. São Paulo: Saraiva, 2010. v. 5.

GAGLIANO, Pablo Stolze; PAMPLONA FILHO, Rodolfo. *Novo Curso de direito civil. Direito de família*. São Paulo: Saraiva, 2011. v. VI.

GIDDENS, Anthony. *The consequences of modernity*, Stanford: Stanford University Press, 1990.

LÔBO, Paulo. Direito constitucional à herança, saisine e liberdade de testar. In: PEREIRA, Rodrigo da Cunha; DIAS, Maria Berenice (Coord.). *Família: pluralidades e felicidade*, Anais do IX Congresso de Direito de Família, Belo Horizonte: IBDFAM, 2014.

MAXIMILIANO, Carlos. *Direito das sucessões*. Rio de Janeiro: Freitas Bastos, 1937. v. 1.

MIRAGLIA, Caterina. Successioni e Costituizione. In: PERLINGIERI, Pietro (A cura di). *Temi e problemi della civilistica contemporânea*. Venticinque anni della Rassegna di diritto civile. Collana: Quaderni della Rassegna. Napoli: Scientifiche Italiane, 2005.

MOREIRA, Carlos Roberto Barbosa. Princípios constitucionais e o direito das sucessões, p. 37. *Revista Trimestral de Direito Civil* (RTDC), n. 29, v. 8, 2007.

NEVARES, Ana Luiza Maia. A proteção da família no direito sucessório: necessidade de revisão? *IBDFAM*, 20 maio 2015. p. 2. Disponível em: http://www.ibdfam.org.br/artigos/1033/A+prote%C3%A7%-C3%A3o+da+fam%C3%ADlia+no+Direito+Sucess%C3%B3rio%3A+necessidade+de+revis%-C3%A3o%3F. Acesso em: 22 nov. 2020.

NEVARES, Ana Luiza Maia. O princípio da intangibilidade da legítima. In: MORAES, Maria Celina Bodin de (Coord.). *Princípios do direito civil contemporâneo*. Rio de Janeiro: Renovar, 2006.

OLIVEIRA, Alexandre Miranda; TEIXEIRA, Ana Carolina Brochado. Qualificação e quantificação da legítima: critérios para partilha de bens. In: TEIXEIRA, Daniele Chaves (coord.). *Arquitetura do Planejamento Sucessório*. Belo Horizonte: Fórum, 2021. t. II.

PEREIRA, Caio Mário da Silva. *Instituições de Direito Civil*. 27. ed. Rio de Janeiro: Forense, 2014. v. 1.

PERLINGIERI, Pietro. La personalità umana nell' ordinamento giuridico. *La persone e i suoi diritti: Problemi del diritto civile*, Napoli: Edizioni Scientifiche Italiane, 2005.

PERLINGIERI, Pietro. *Perfis do Direito Civil*: Introdução ao Direito Civil-Constitucional. Rio de Janeiro: Renovar, 2002.

PERLINGIERI, Pietro. *Rassegna di diritto civile*, Napoli: Edizioni Scientifiche Italiane, 2009.

SCHREIBER, Anderson. Direito Civil e Constituição. In: SCHREIBER, Anderson; KONDER, Carlos Nelson (Coord.). *Direito Civil Constitucional*, São Paulo: Atlas, 2016.

TEIXEIRA, Ana Carolina Brochado. Novas entidades familiares, p. 13. *Revista Trimestral de Direito Civil – RTDC*, Rio de Janeiro, v. 16, out./dez. 2003.

TEIXEIRA, Daniele Chaves. Noções prévias do direito das sucessões: sociedade, funcionalização e planejamento sucessório. In: TEIXEIRA, Daniele Chaves (Coord.). *Arquitetura do planejamento sucessório*. Belo Horizonte: Fórum, 2019.

TEIXEIRA, Daniele Chaves. *Planejamento sucessório: pressupostos e limites*. Belo Horizonte: Fórum, 2017.

TEIXEIRA, Daniele Chaves. Sucessão internacional com ativos no exterior na perspectiva do direito brasileiro. In: TEIXEIRA, Daniele Chaves (Coord.). *Arquitetura do Planejamento Sucessório*. Belo Horizonte: Fórum, 2021. t. II.

TEIXEIRA, Daniele Chaves; COLOMBO, Maici Barboza dos Santos. Faz sentido a permanência do princípio da intangibilidade da legítima no ordenamento jurídico brasileiro? In: TEIXEIRA, Daniele Chaves. *Arquitetura do planejamento sucessório*. Belo Horizonte: Fórum, 2019.

TEIXEIRA, Silvia Maria Benedetti. Planejamento sucessório: uma questão de reflexão, p. 6. *Revista Brasileira de Direito de Família*, Porto Alegre, ano VIII, n. 31, ago./set. 2005.

TELLES, Inocêncio Galvão. Apontamentos para a história do direito das sucessões português. *Revista da Faculdade de Direito da Universidade de Lisboa*, Lisboa, v. XV, 1963.

TEPEDINO, Gustavo. A disciplina civil-constitucional das relações familiares. 4. ed. *Temas de Direito Civil*, Rio de Janeiro: Renovar, 2008.

TEPEDINO, Gustavo. A família entre autonomia existencial e tutela de vulnerabilidade. *Revista Brasileira de Direito Civil* – RBDCivil, v. 6, n. 4, 2015.

TEPEDINO, Gustavo. O ocaso da subsunção. *Temas de Direito Civil*. Rio de Janeiro: Renovar, 2009. t. III.

TEPEDINO, Gustavo. Premissas Metodológicas para a Constitucionalização do Direito Civil. *Temas de Direito Civil*. 4. ed. Rio de Janeiro: Renovar, 2008.

TEPEDINO, Gustavo. Solidariedade e autonomia na sucessão entre cônjuges e companheiros. Editorial. *Revista Brasileira de Direito Civil (RBDCivil)*, Belo Horizonte, v. 114, out./dez. 2017.

TEPEDINO, Gustavo. Solidariedade e autonomia na sucessão entre cônjuges e companheiros. Editorial. In: *Revista Brasileira de Direito Civil* (RBDCivil), v. 14, out./dez. 2017.

TEPEDINO, Gustavo; NEVARES, Ana Luiza Maia; MEIRELES, Rose Melo Vencelau. *Fundamentos do Direito Civil*, v. 7: Sucessões, Rio de Janeiro: Forense, 2020.

VIEIRA, Liszt. *Cidadania e globalização*. 5. ed. Rio de Janeiro: Record, 2001.

CRITÉRIOS DISTINTIVOS DO INTÉRPRETE CIVIL-CONSTITUCIONAL[1]

Eduardo Nunes de Souza

Doutor e Mestre em Direito Civil pela Universidade do Estado do Rio de Janeiro (UERJ). Professor Adjunto de Direito Civil dos cursos de Graduação, Mestrado e Doutorado da Faculdade de Direito da UERJ.

Sumário: 1. Introdução: como identificar uma proposta hermenêutica (efetivamente) filiada ao direito civil-constitucional? 2. A postura do intérprete civil-constitucional diante da norma infraconstitucional. 3. A relevância da subsunção na fundamentação da decisão civil-constitucional. 4. Complexidade, ponderação e merecimento de tutela: a legalidade constitucional. 5. Síntese conclusiva. 6. Referências.

1. INTRODUÇÃO: COMO IDENTIFICAR UMA PROPOSTA HERMENÊUTICA (EFETIVAMENTE) FILIADA AO DIREITO CIVIL-CONSTITUCIONAL?

A metodologia do direito civil-constitucional, hoje amplamente difundida no cenário jurídico brasileiro, já teve seus pressupostos fundamentais esclarecidos e desenvolvidos pela mais autorizada doutrina. O presente estudo, composto especialmente para integrar a obra coletiva *Direito Civil na Legalidade Constitucional*, não deve, assim, ser compreendido como uma tentativa de sumarizar os diversos pilares essenciais dessa escola hermenêutica, as muitas fontes que a influenciaram ou os incontáveis desdobramentos decorrentes de sua aplicação. Com efeito, tantos estudos seminais sobre o tema já foram realizados e com tamanha minúcia, que um novo trabalho dedicado a tratar panoramicamente dessa corrente de pensamento pouco teria a acrescentar. O maior campo atual de desenvolvimento dogmático do direito civil-constitucional, de fato, não parece estar mais no estabelecimento teórico dos seus pressupostos, mas sim no enfrentamento das dificuldades práticas de sua implementação. Assim testemunham trabalhos recentes de alguns dos mais importantes autores filiados à escola civil-constitucional,[2] que concentram sua atenção no problema da fundamentação das decisões judiciais e de sua legitimação, por exemplo, ou que buscam elucidar equívocos ou desvios de perspectiva comuns ao jurista na interpretação civil-constitucional de temas específicos.

---

1. O autor agradece ao pesquisador de iniciação científica Matheus Mendes de Moura (PIBIC-CNPq) pelo auxílio com pesquisas e pela cuidadosa revisão dos originais.
2. Cf., dentre muitos outros, BODIN DE MORAES, Maria Celina. Do juiz boca-da-lei à lei segundo a boca-do-juiz: notas sobre a aplicação-interpretação do direito no início do século XXI. *Revista de Direito Privado*, v. 56. São Paulo: Ed. RT, out.-dez./2013; KONDER, Carlos Nelson. Princípios contratuais e exigência de fundamentação das decisões: boa-fé e função social do contrato à luz do CPC/2015. *Opinião Jurídica*, a. 14, n. 19. Fortaleza: jul.-dez./2016; SCHREIBER, Anderson; KONDER, Carlos Nelson. Uma agenda para o direito civil-constitucional. *Revista Brasileira de Direito Civil*, v. 10. Belo Horizonte: Fórum, out.-dez./2016.

Tampouco se buscou, com a presente análise, tecer uma defesa em face das críticas ainda hoje dirigidas ao direito civil-constitucional, em sua maior parte fundadas em uma suposta perda de segurança jurídica por essa metodologia,[3] ou, ainda, baseadas em um lamento generalizado pelo que se imagina ser uma intervenção indevida do direito público sobre o direito privado, com o aparente sacrifício à autonomia dogmática deste ou, em linhas mais gerais, à autonomia privada e às liberdades individuais. Embora relativamente frequentes, eis que fomentadas pelo atual cenário político brasileiro e mundial (cada vez mais recalcitrante a pautas de fundamental importância para a tutela de minorias e para a efetivação da dignidade humana, e saudoso de um modelo econômico por vezes designado, de maneira simplista, como "liberal"),[4] tais críticas pouco contribuem para o aperfeiçoamento do direito civil-constitucional em face dos seus mais relevantes desafios, notadamente o de desenvolver subsídios verdadeiramente úteis ao intérprete na solução de casos concretos.

De fato, postulando a relevância normativa dos elementos fáticos e sustentando que o ordenamento jurídico apenas se completa à luz do caso concreto, enfrentam os autores do direito civil-constitucional a dificuldade de propor, quase contraditoriamente, no âmbito teórico (portanto, em abstrato), critérios hermenêuticos úteis para uma interpretação-aplicação do Direito metodologicamente adequada – sem, por outro lado, estimularem o intérprete a incorrer no mesmo problema observado na subsunção crua da norma positiva (a desconsideração do potencial hermenêutico das idiossincrasias de cada caso concreto). Enfrentam, ainda, a tendência, cada vez mais presente no direito brasileiro, da aplicação, como se normas abstratas fossem, de enunciados sumulares e teses extraídos da solução de casos concretos pela jurisprudência. Como desenvolver uma cultura hermenêutica que ancore o intérprete ao caso concreto e, ao mesmo tempo, garanta uma decisão sistematicamente adequada e democraticamente legítima, se todos os referenciais com que pode ele contar para fundamentar seu julgamento (inclusive a própria produção doutrinária do direito civil-constitucional) se produzem, inevitavelmente, *a priori*? E como, por outro lado, garantir que a individuação da norma à luz do caso concreto preserve sua aderência ao sistema jurídico, sem recair em mera tópica descompromissada com a norma?

O presente estudo, furtando-se de abordar as críticas corriqueiras e buscando, por outro lado, oferecer subsídios possivelmente úteis para os verdadeiros desafios atuais da

---

3. Alegação que chega a ser curiosa, eis que a análise funcional do direito privado e a crescente abertura desse setor aos princípios e valores do ordenamento sempre foi pautada pela promoção da segurança jurídica. Veja-se, ilustrativamente, a lição de Stefano RODOTÀ a respeito da técnica das cláusulas gerais: segundo o autor, ao mesmo tempo que representa uma abertura de conteúdo da norma, a cláusula geral delimita o espaço de atuação do intérprete e "confirma, assim, o caráter residual da equidade no nosso ordenamento", de modo a excluir "intervenções puramente discricionárias do juiz" e contestando-se "o uso que historicamente se tem feito da equidade em nosso sistema, considerando-a como puro trâmite dos valores do mercado" (Il tempo delle clausole generali. *Rivista Critica di Diritto Privato*. Napoli: Jovene, 1987, p. 733. Tradução livre).

4. Reflexo recente dessa tendência pode ser observado, por exemplo, na recente reforma promovida no Código Civil pela assim denominada "Lei da Liberdade Econômica", movida por um discurso de defesa da autonomia privada em face de supostas intervenções estatais indevidas (com particular destaque para a revisão judicial dos contratos). A reforma parece ter ignorado que a implementação da solidariedade no direito contratual como meio de reduzir iniquidades e proteger contratantes vulneráveis tem sido há muito compreendida como pressuposto para a promoção de uma liberdade contratual efetiva – no que a doutrina civil-constitucional já denominou, em feliz expressão, *liberdade substancial* (sobre este último aspecto, cf. FACHIN, Luiz Edson. *Direito civil*: sentidos, transformações e fins. Rio de Janeiro: Renovar, 2015, p. 49).

CRITÉRIOS DISTINTIVOS DO INTÉRPRETE CIVIL-CONSTITUCIONAL **117**

metodologia, buscou abordar uma das dificuldades específicas enfrentadas pela doutrina civil-constitucional em seu propósito de auxiliar a atividade interpretativa. Trata-se, aqui, de uma certa crise de identidade do direito civil-constitucional – *rectius*, da frequente filiação a essa escola hermenêutica de estudos e propostas francamente destoantes dos seus pressupostos.[5] O problema não é inédito: com efeito, nas ciências em geral – e, em particular, nas humanidades –, o debate em torno da origem de determinadas correntes de pensamento e do pertencimento ou não de certos autores a elas pode revelar-se verdadeiramente interminável. Assim também o direito civil-constitucional não conta com uma espécie de "denominação de origem controlada", nem é possível certificar com um selo de autenticidade as propostas com ele compatíveis. A rigor, sobretudo no campo do debate teórico (vale dizer, quando não está em jogo a solução de um caso concreto), é mais do que natural que propostas frontalmente antagônicas se relevem igualmente compatíveis com a metodologia – o que reflete, em última análise, a própria complexidade do ordenamento jurídico e o caráter deliberadamente compromissório da ordem constitucional brasileira.

De todo modo, é possível afirmar, com alguma precisão, que a expressão *direito civil-constitucional* foi haurida da doutrina italiana, onde tem como seu maior expoente Pietro Perlingieri, professor de diversas universidades italianas (notadamente a de Salerno, em que foi professor titular de Instituições de Direito Privado) e, ainda na passagem dos anos 1980 para os anos 1990, diretor da *Scuola di Specializzazione in Diritto Civile* da Universidade de Camerino. A obra de Perlingieri reuniu, em uma metodologia coerente e unitária, propostas de vanguarda dos principais civilistas italianos, em particular das décadas de 1960 e 1970, que se esforçavam, à época, em promover, por meio de uma análise funcional e valorativa, uma reinterpretação do *Codice civile* de 1942, fruto do regime fascista, que o tornasse compatível com a Constituição italiana de 1947, marco da redemocratização do país no período pós-guerra.[6] Partiu-se para tanto, do pressuposto da força normativa da Constituição (*normative Kraft der Verfassung*), reconhecida

---

5. Como analisa Carlos Nelson KONDER, "O método fundado no pensamento de Pietro Perlingieri teve aqui grande receptividade, por encontrar também um contexto constitucional de redemocratização e civilistas ansiosos por transformar o arcaico direito civil clássico em um instrumento de emancipação das pessoas e de transformação social, rumo a uma comunidade mais justa e solidária. No entanto, a invocação descuidada desse método, sem a adequada indicação de suas premissas, vem causando receio e inquietude. Por vezes, doutrina e jurisprudência trilham caminhos alegadamente guiados pelo 'direito civil-constitucional', mas fazem tudo menos aplicar efetivamente o método da constitucionalização do direito civil" (Distinções hermenêuticas da constitucionalização do direito civil: o intérprete na doutrina de Pietro Perlingieri. *Revista da Faculdade de Direito da UFPR*, v. 60, n. 1. Curitiba: jan.-abr./2015, p. 194-195).

6. Emblemática desse processo é a inteira obra de Stefano RODOTÀ no período, como se extrai das seguintes ponderações do autor: "[...] a codificação de 1942 prolongou, para além do seu normal ciclo fisiológico, a prevalência na cultura jurídica italiana de um método que agregava a um indubitável rigor uma clausura formalística quase que total, excluindo todo momento problemático e toda valoração efetiva da reflexão jurídica, mantendo alheia ao horizonte do jurista toda consideração atinente à política legislativa. [...] a reconhecida historicidade dos conceitos jurídicos, se pretende ter um sentido, não pode não comportar uma modificação do método da sua elaboração e, assim, um abandono dos tradicionais procedimentos dogmáticos, em prol de uma construção sistemática capaz de modelar-se mais diretamente sobre a realidade histórica do ordenamento legislativo. De outra parte, o valor de diretivas internas do sistema privatístico assumido por alguns princípios constitucionais fundamentais comporta a necessidade de considerar esses mesmos princípios como os dados fundamentais para a construção do novo sistema, mudando o critério de valoração dos institutos entendidos como fundamentais da ordem civilística, em primeiro lugar a autonomia privada, a propriedade e a responsabilidade civil" (Ideologie e tecniche della riforma del diritto civile. *Rivista di diritto commerciale*, v. LXV, 1967, p. 85-86. Tradução livre).

principalmente pela doutrina e pela jurisprudência alemãs ao final dos anos 1950, e da consequente admissão da chamada eficácia direta (*Drittwirkung*) dos princípios constitucionais sobre as relações privadas.[7] Dentre as obras fundamentais de Perlingieri destacam-se os *Profili del diritto civile*,[8] cuja primeira edição data de 1975, e *Il diritto civile nella legalità costituzionale secondo il sistema italo-comunitario delle fonti*,[9] primeiramente editado em 1983, ambas com posteriores edições brasileiras.[10]

A difusão acadêmica do direito civil-constitucional no Brasil deu-se justamente no início dos anos 1990, nos primeiros anos de vigência da Constituição de 1988 e em pleno processo de redemocratização do País. A semelhança com a experiência italiana restava patente: o direito civil brasileiro, ainda centrado no antiquado Código Civil de 1916 (profundamente inspirado pela índole liberal da codificação francesa), demandava sua imediata adequação ao texto constitucional, pela primeira vez reconhecido como documento dotado de eficácia normativa. Essa adequação deu-se, inicialmente, por meio da edição de leis especiais, que complexificaram ainda mais o sistema de fontes e, por isso mesmo, exigiram uma metodologia capaz de harmonizar e restaurar a unidade lógica e valorativa do ordenamento jurídico brasileiro. Foi nesse cenário que professores do então recém-fundado Programa de Pós-Graduação em Direito da Universidade do Rio de Janeiro,[11] os quais haviam concluído seu curso de doutoramento precisamente junto à Universidade de Camerino, publicaram os primeiros trabalhos sobre a metodologia civil-constitucional na doutrina brasileira, sistematizando, aos moldes do que ocorrera no caso italiano, diversas propostas hermenêuticas na forma de uma escola de pensamento unitária e coesa.[12] A posterior promulgação do Código Civil de 2002, fruto de um (também) antiquado anteprojeto da década de 1970, sublinhou ainda mais a necessidade da releitura constitucional da norma ordinária no direito civil brasileiro[13] – ao contrário do que sustentaram, em um primeiro momento, alguns dos opositores da metodologia.

A constitucionalização do direito privado brasileiro, evidentemente, foi impulsionada, em primeiro lugar, pelo próprio cenário de redemocratização e pelo *status* normativo

---

7. Veja-se, nesse sentido, que data de 1959 a célebre aula inaugural de Konrad HESSE (*Die normative Kraft der Verfassung*: Freiburger Antrittsvorlesung. Tübingen: Mohr, 1959), em que o autor contrariava a então prevalente tese de Ferdinand LASSALLE, jurista prussiano segundo o qual a Constituição de um país, do ponto de vista jurídico, nada mais representaria do que uma "folha de papel". No campo jurisprudencial, vale a referência ao igualmente conhecido caso *Lüth*, julgado em 1958 pelo Tribunal Constitucional alemão (*Bundesverfassungsgericht*), em que se admitiu a eficácia jurídica dos direitos fundamentais no âmbito do direito infraconstitucional.

8. Cf. PERLINGIERI, Pietro. *Profili del diritto civile*. 3. ed. Napoli: ESI, 1996 [1. ed. 1975].

9. Cf. PERLINGIERI, Pietro. *Il diritto civile nella legalità costituzionale secondo il sistema italo-comunitario delle fonti*. 3. ed. Napoli: ESI, 2006 [1. ed. 1983].

10. A saber: PERLINGIERI, Pietro. *Perfis do direito civil*. 3. ed. Trad. Maria Cristina de Cicco. Rio de Janeiro: Renovar, 2007 [1. ed. 1997]; PERLINGIERI, Pietro. *O direito civil na legalidade constitucional*. Trad. Maria Cristina de Cicco. Rio de Janeiro: Renovar, 2008.

11. Fundado em 1991.

12. A respeito, cf. o primeiro artigo publicado na doutrina brasileira especificamente sobre a metodologia, de autoria de BODIN DE MORAES, Maria Celina. A caminho de um direito civil-constitucional. *Direito, Estado e Sociedade*, v. I. Rio de Janeiro: PUC-Rio, 1991. Cf., ainda, o registro escrito da aula inaugural do ano letivo de 1992 da Faculdade de Direito da UERJ proferida por TEPEDINO, Gustavo. Premissas metodológicas para a constitucionalização do direito civil. *Revista da Faculdade de Direito da UERJ*, n. 5, 1997.

13. Uma necessidade que a doutrina civil-constitucional já constatava mesmo antes da promulgação do Código Civil. Cf., a respeito, TEPEDINO, Gustavo. O Novo Código Civil: duro golpe na recente experiência constitucional brasileira. *Revista Trimestral de Direito* **Civil**, v. 7. Rio de Janeiro: Padma, 2001.

que se passou a reconhecer ao texto constitucional,[14] de forma paralela e relativamente autônoma ao desenvolvimento acadêmico da metodologia civil-constitucional. Portanto, algumas das propostas deste, como é natural, difundiram-se no de forma paralela e relativamente autônoma ao desenvolvimento acadêmico da metodologia civil-constitucional. Portanto, algumas das propostas deste, como é natural, difundiram-se no direito brasileiro antes que o próprio pensamento civil-constitucional, como método complexo abrangendo diversos pressupostos, ganhasse relevância na doutrina brasileira. A dignidade humana como valor universal, um dos maiores símbolos da redemocratização europeia no pós-guerra (inclusive na tardia experiência ibérica, com grande conexão com o caso brasileiro) e prevista expressamente pelo constituinte de 1988 como um fundamento da República, não tardou a revelar seu potencial, tanto entre os civilistas quanto entre os próprios constitucionalistas.[15] A incidência da solidariedade social sobre as relações patrimoniais também contou com certo desenvolvimento autônomo, ainda que atrelado quase que exclusivamente à boa-fé objetiva, a qual fora positivada pelo CDC já em 1990.[16] E, mais do que isso, a possibilidade de incidência direta dos princípios constitucionais sobre todos os ramos do Direito, inclusive na esfera civil, evidenciando uma mitigação da *summa divisio* entre público e privado,[17] começou a ser amplamente propalada na doutrina e, depois, na jurisprudência, vindo a ser reconhecida pelas Cortes Superiores já ao final dos anos 1990.[18]

Esses fatores, embora intimamente imbricados com a proposta civil-constitucional, não a definem plenamente; no entanto, sua aceitação no cenário brasileiro, concomitante ou até mesmo anteriormente à difusão do pensamento civil-constitucional, acabou suscitando uma progressiva tendência de se associar essa metodologia simplesmente com a incidência direta das normas constitucionais sobre as relações privadas, ou, ainda, com a

---

14. Ilustrativo desse momento é o fato de datar de 1991 a tradução para o português da já mencionada obra de Konrad HESSE (*A força normativa da Constituição*. Trad. Gilmar Ferreira Mendes. Porto Alegre: Sergio Antonio Fabris, 1991).

15. Como trabalhos pioneiros sobre o tema, destacam-se, entre os civilistas, o estudo de BODIN DE MORAES, Maria Celina. O conceito de dignidade humana: substrato axiológico e conteúdo normativo. In: SARLET, Ingo W. (Org.). *Constituição, direitos fundamentais e direito privado*. Porto Alegre: Livraria do Advogado, 2003; e, entre os constitucionalistas, SARLET, Ingo. *Dignidade da pessoa humana e direitos fundamentais na Constituição Federal de 1988*. Porto Alegre: Livraria do Advogado, 2001.

16. Conforme se observou em outra sede, "tamanha se revelou a força argumentativa do princípio [da boa-fé objetiva], e tantas foram as esperanças de inovação e arejamento do Direito Civil tradicional nele depositadas, que a doutrina e, sobretudo, a jurisprudência passaram a invocá-lo em ocasiões das mais diversas" (SOUZA, Eduardo Nunes de. Abuso do direito: novas perspectivas entre a licitude e o merecimento de tutela. *Revista Trimestral de Direito Civil*, v. 50. Rio de Janeiro: Padma, abr.-jun./2012, p. 38). A indesejável superutilização da boa-fé objetiva, amplamente criticada em doutrina, acabou permitindo que se atribuíssem ao princípio consequências que, a rigor, não derivavam efetivamente dele, mas de um processo muito mais amplo de análise funcional (a respeito, permita-se a remissão a SOUZA, Eduardo Nunes de. De volta à causa contratual: aplicações da função negocial nas invalidades e nas vicissitudes supervenientes do contrato. *Civilistica.com*. Rio de Janeiro, a. 8, n. 2, 2019, item 4) ou, ainda, de incidência da solidariedade social sobre os contratos, princípio do qual a boa-fé objetiva é um corolário e não propriamente a fonte (sobre o ponto, cf. BODIN DE MORAES, Maria Celina. O princípio da solidariedade. *Na medida da pessoa humana*. Rio de Janeiro: Renovar, 2010).

17. Sobre a mitigação da dicotomia, reconhecida na doutrina estrangeira muito antes de sua admissão no cenário brasileiro, cf., por todos, o texto clássico de Michele GIORGIANNI, de 1961, em sua tradução brasileira: O direito privado e as suas atuais fronteiras. *Revista dos Tribunais*, n. 747. São Paulo: Ed. RT, 1998.

18. Tornaram-se célebres, por exemplo, os julgamentos pelo STF do RE 160.222 (revista íntima de funcionárias de indústria), em 1995, do RE 161.243 (discriminação de trabalhador empregado por empresa estrangeira), em 1996 e do RE 201.819 (exclusão de associado sem devido processo legal), em 2004

aplicação de princípios como a dignidade humana ou a boa-fé objetiva (sem maior consideração quanto ao contexto, à fundamentação e às demais circunstâncias envolvidas nessa aplicação). Nesse processo, conforme a proposta civil-constitucional ampliava sua difusão no meio acadêmico, não tardaram a surgir novos adeptos de todos os matizes: desde aqueles que efetivamente conheciam e optavam por seguir os diversos pressupostos metodológicos defendidos por essa escola de pensamento até aqueles que simplesmente associavam a expressão à eficácia direta dos princípios constitucionais e à promoção de valores constitucionais. Ao cabo desse itinerário, a denominação "direito civil-constitucional" chegou, enfim, à jurisprudência das Cortes Superiores, raramente em remissão à metodologia propriamente dita, mas sim, via de regra, como forma de aludir ao processo difuso de constitucionalização do direito civil por meio da aplicação de princípios.

Embora esse relato confirme, em certa medida, a necessidade e a ampla aceitação da proposta civil-constitucional no Brasil, não se podem ignorar, de outra parte, os diversos entraves que a confusão conceitual opõe ao desenvolvimento da metodologia, a qual passou a ser associada a vícios interpretativos que sempre evitou e que há muito são objeto de intensa preocupação para seus autores. Este estudo pretende apresentar alguns pontos de frequente incompreensão acerca do direito civil-constitucional, com vistas a oferecer critérios úteis à identificação de propostas que, embora mantenham alguma relação com a metodologia, não atendem suficientemente aos seus pressupostos essenciais para serem consideradas compatíveis com ela. Como em toda tentativa de categorização, sempre haverá casos incertos ou que abram margem à argumentação – e mais ainda em uma análise voltada ao direito civil-constitucional, que parte justamente do pressuposto da complexidade valorativa do ordenamento, ao mesmo tempo em que reconhece a íntima relação entre os aspectos procedimentais e substanciais de seu método. De todo modo, os critérios a seguir, totalmente exemplificativos, buscam oferecer alguma segurança ao estudioso que pretenda distinguir, dentre os estudos que se declaram filiados ao direito civil-constitucional, quais se mantiveram fiéis à metodologia em questão.

2. A POSTURA DO INTÉRPRETE CIVIL-CONSTITUCIONAL DIANTE DA NORMA INFRACONSTITUCIONAL

Ao contrário do que muitas vezes se imagina, a metodologia civil-constitucional pressupõe uma profunda deferência à escolha legislativa veiculada pela norma infraconstitucional. Trata-se, com efeito, de uma escola de pensamento eminentemente positivista,[19] que não defende, em absoluto, nenhum tipo de "livre criação" do direito pelo jurista, muito menos autoriza o hermeneuta a inserir na sua decisão juízos valorativos colhidos da esfera moral ou de qualquer outra seara extrajurídica.[20] Analogamente, também na

---

19. Quanto a este ponto, a lição de Pietro PERLINGIERI mostra-se categórica: "O jurista é aquele que interpreta, individualiza e aplica as leis: se as desaplicasse, exerceria uma atividade às vezes historicamente louvável, mas diversa" (*O direito civil na legalidade constitucional*, cit., p. 173).

20. Conforme já se ponderou em outra sede, "uma interpretação civil-constitucional, portanto, deve ser responsável e devidamente fundamentada, levando em conta a perene tensão entre tendências valorativas antagônicas do ordenamento, reconhecendo que toda interpretação implica uma ponderação de princípios e um esforço de unificação de fontes normativas potencialmente contraditórias ao redor dos valores consagrados pela Constituição. Interpretações *contra legem* escoradas na invocação genérica de princípios constitucionais e não inseridas na unidade

CRITÉRIOS DISTINTIVOS DO INTÉRPRETE CIVIL-CONSTITUCIONAL **121**

contramão do que muitas vezes se acredita, não se cuida de uma metodologia que dê preferência à aplicação direta das normas constitucionais às relações privadas concretas, nem que autorize o intérprete a desprezar as escolhas democraticamente legítimas do legislador infraconstitucional. Ao contrário, a doutrina civil-constitucional expressamente proclama que o cenário ideal para a individuação da normativa do caso concreto é aquele em que se pode promover a incidência dita "indireta" da norma constitucional, isto é, a releitura da norma ordinária à luz dos preceitos constitucionais;[21] apenas na ausência de regra específica válida (isto é, que comporte alguma interpretação compatível com a Lei Maior) para regular a *fattispecie* concreta faz-se necessária a incidência dita "direta" da Constituição.

A razão para a usual incompreensão da doutrina acerca desses pontos parece derivar, em primeiro lugar, de uma resistência, ainda que velada, a se reconhecer que as disposições constitucionais são dotadas de força normativa e que, dentre tais disposições, aquelas mais relevantes são as que veiculam *valores*, normalmente na forma de enunciados de textura aberta, incidentes sobre a integralidade do ordenamento. Em outros termos, o direito civil-constitucional parte do pressuposto de que, de um universo potencialmente ilimitado de valores presentes na experiência social, foram alguns deles juridicizados por deliberada escolha do legislador (e, em particular, do constituinte),[22] adquirindo, portanto, força de lei, em um cenário que corresponde a uma das muitas acepções da locução *pós-positivismo*.[23] Nesse contexto, que não se limita a analisar por um viés fun-

---

lógica e axiológica do ordenamento, portanto, embora não se descarte sua validade argumentativa, pertencem a outra escola hermenêutica e não ao direito civil-constitucional" (SOUZA, Eduardo Nunes de. Em defesa do nexo causal: culpa, imputação e causalidade na responsabilidade civil. In: SOUZA, Eduardo Nunes de; SILVA, Rodrigo da Guia (Coord.). *Controvérsias atuais em responsabilidade civil*: estudos de direito civil-constitucional. São Paulo: Almedina, 2018, p. 40-41).

21. Segundo Pietro PERLINGIERI, "a releitura da legislação ordinária à luz das normas fundamentais, na dupla asserção de mera interpretação a partir dos princípios constitucionais e de individuação da justificação sob o perfil funcional da normativa ordinária, se por um lado constitui *uma metodologia útil que deve ser utilizada constantemente*, de outro, não aproveita totalmente as potencialidades das normas constitucionais" (*O direito civil na legalidade constitucional*, cit., p. 578. Grifou-se). O autor explica que essa eficácia, normalmente dita "indireta", não deve ser confundida como uma aplicação subsidiária dos princípios constitucionais, já que estes, consistindo em efetivas normas jurídicas, não são um mero instrumento hermenêutico, passando a integrar a própria normativa destinada a regular a concreta relação – e podendo, ainda, ser aplicados independentemente da mediação da norma infraconstitucional (Ibid., p. 578-580). Em outros termos, a incidência dos princípios é sempre, em certo sentido, *direta*, já que se trata de normas dotadas de um conteúdo substancial que passará a incidir sobre o caso concreto, mesmo quando mediadas pela norma ordinária; não há, porém, qualquer motivo para que, na presença da norma ordinária, não ocorra a sua aplicação à luz das disposições constitucionais (na forma da eficácia dita indireta).

22. A respeito, esclarece Carlos Nelson KONDER: "parte-se do pressuposto de que o direito é, sim, um sistema, e, portanto, demanda para seu funcionamento coerência e harmonia entre seus diversos elementos, mas o sistema do direito não é fechado, ou axiomático, pautado pela lógica formal e pela neutralidade dos enunciados, como se pretendera sob uma perspectiva hermética e autorreferenciada, de matriz positivista. Trata-se de um sistema aberto, em constante estado de complementação e evolução em razão da provisoriedade do conhecimento científico e, principalmente, da modificabilidade dos próprios valores fundamentais da ordem jurídica [...]. Por conta disso, o sistema permite – *rectius*, exige – a sua constante renovação por meio da introdução de elementos extraídos da realidade social [...]. No entanto, esse processo de incorporação de elementos extrajurídicos não pode dar-se de forma arbitrária, o que levaria à implosão do próprio pressuposto de sistematicidade. Necessariamente o processo de abertura deve ser viabilizado pelos próprios elementos do sistema: além do direito positivo, mas por meio do direito positivo" (Distinções hermenêuticas da constitucionalização do direito civil, cit., p. 199-200).

23. Sobre o ponto, leciona Maria Celina BODIN DE MORAES: "A reconstrução do Direito a partir de princípios – que representam valores estabelecidos na Constituição – é viabilizada através do que se denominou 'pós-positivismo'. O termo, pioneiramente apresentado entre nós por Paulo Bonavides, representa uma tentativa de superação do

cional e valorativo os interesses juridicamente relevantes, mas efetivamente reconhece a juridicidade dos valores selecionados pelo ofício legislativo (o que se poderia representar por uma progressão da jurisprudência dos interesses para uma jurisprudência dos valores),[24] não é de se estranhar que um julgamento possa ser legitimamente proferido com base diretamente em valores (leia-se, valores juridicamente relevantes), sem que, com isso, tenha o intérprete ultrapassado os limites do dado positivo.

Incumbe ao intérprete, em outros termos, respeitar uma legalidade qualificada – a *legalidade constitucional* –,[25] aqui entendida em sua complexidade de regras e princípios, normas de aberturas as mais variadas possíveis, valores potencialmente antagônicos e assim por diante. Como se percebe, essa adstrição da atividade interpretativa aos limites do direito positivo apenas não se contradiz com a matriz personalista e solidarista indissociável da metodologia civil-constitucional porque a dignidade humana e seus corolários (inclusive a solidariedade social) foram, à semelhança da experiência italiana, expressamente consagrados pelo constituinte brasileiro e, portanto, tornaram-se conteúdo de efetivas normas jurídicas. O direito civil-constitucional, em outros termos, sem refutar seu conteúdo substancial e reconhecendo seu papel político (inerente, de todo modo, a toda e qualquer outra escolha metodológica pelo intérprete), propõe uma metodologia adequada ao seu tempo: um tempo em que esses valores substanciais essenciais encontram-se consagrados na ordem constitucional. A própria escolha pelo direito civil-constitucional, nesse sentido, como parte do fenômeno jurídico, é dotada de historicidade e relatividade;[26] em uma ordem jurídica hipotética, esclarece Perlingieri, na qual a dignidade humana não fosse o valor central, o problema talvez não fosse passível de solução pela via hermenêutica, mas apenas no campo político e social.[27] Uma segunda

---

formalismo do positivismo sem o recurso jusnaturalista de se atribuir juridicidade a valores não positivados por meio de deliberação democrática" (Do juiz boca-da-lei à lei segundo a boca-do-juiz: notas sobre a aplicação-interpretação do direito no início do século XXI, cit., p. 19). Conclui a autora: "Reconhece-se, assim, dentro do próprio direito positivo, a abertura do sistema que, em sua dinâmica, permite, através do processo de interpretação, o recurso – sempre argumentativo – aos valores (morais). Isso se dá especialmente através dos princípios, normas que por sua estrutura peculiar, impõem ao intérprete um esforço especial de justificação. Daí o papel essencial que assume, neste modelo, chamado de pós-positivista porque aberto a valores, o ônus da argumentação" (BODIN DE MORAES, Maria Celina. O jovem direito civil-constitucional. Editorial. *Civilistica.com*. Rio de Janeiro, a.1, n. 1, jul.-set./2012). Vale reproduzir, ainda, a mencionada lição de Paulo BONAVIDES, segundo o qual o momento pós-positivista é justamente aquele em que "as novas Constituições promulgadas [ao final do século XX] acentuam a hegemonia axiológica dos princípios, convertidos em pedestal normativo sobre o qual assenta todo o edifício jurídico dos novos sistemas constitucionais" (*Curso de direito constitucional*. 15. ed. São Paulo: Malheiros, 2004, p. 264).

24. Como anota Pietro PERLINGIERI: "A jurisprudência dos valores constitui, sim, a natural continuação da jurisprudência dos interesses – mas com maiores aberturas para com as exigências de reconstrução de um sistema de 'Direito Civil-Constitucional' –, enquanto idônea a realizar, melhor do que qualquer outra, a funcionalização das relações patrimoniais àquelas existenciais, reconhecendo a estas últimas, em uma concretização dos princípios constitucionais, uma indiscutida preeminência" (*O direito civil na legalidade constitucional*, cit., p. 119).

25. "O jurista é independente, livre, mas não da aplicação da norma: ele está vinculado não à letra da lei, mas ao seu 'espírito', ao seu significado na globalidade do ordenamento, na realidade histórica sobre a qual deve incidir" (PERLINGIERI, Pietro. *O direito civil na legalidade constitucional*, cit., p. 174).

26. Sobre a historicidade e relatividade dos institutos jurídicos, em perspectiva civil-constitucional, cf. PERLINGIERI, Pietro. *O direito civil na legalidade constitucional*, cit., passim (ilustrativamente, p. 56); e, no direito brasileiro, KONDER, Carlos Nelson. Apontamentos iniciais sobre a contingencialidade dos institutos de direito civil. In: MONTEIRO FILHO, Carlos Edison do Rêgo; GUEDES, Gisela Sampaio da Cruz Costa; MEIRELES, Rose Melo Vencelau (Org.). *Direito civil*, v. II. Rio de Janeiro: Freitas Bastos, 2015, passim.

27. Segundo o autor: "A história, sobretudo das últimas décadas, ajuda a compreender que quando o poder Legislativo acredita estar acima e além dela própria, chegando a violar os direitos fundamentais da pessoa, uma ordem

razão para os desvios de concepção frequentes em torno do direito civil-constitucional parece estar na perene necessidade de releitura da norma infraconstitucional à luz das disposições da Constituição, o que, na visão de alguns autores, conduziria a uma falsa impressão de menosprezo à lei ordinária (por vezes, de efetiva negativa de vigência a ela), ou, ainda, à noção de que essa metodologia proporia uma necessária prevalência da eficácia dita "direta" das normas constitucionais. Conforme se esclareceu mais acima, contudo, cuida-se justamente do contrário: a metodologia civil-constitucional destaca a relevância da norma infraconstitucional para a solução do caso concreto e dá preferência, sempre que possível, à eficácia dita "indireta" dos princípios constitucionais. Esse processo, porém, revela-se sempre complexo, dada a própria pluralidade de fontes normativas e tendo em vista ser inexorável a verificação da compatibilidade da normativa incidente sobre o caso concreto com os valores do sistema como um todo. De fato, como se sabe, a chamada constitucionalização do direito civil compreendeu a transposição dos princípios constitucionais para o centro do ordenamento jurídico, com a sua consequente irradiação para todos os setores do sistema, a incidir inclusive sobre relações privadas. Na perspectiva civil-constitucional, esse processo não apenas levou à releitura de todo o sistema pelo prisma da Constituição (que deve servir de requisito de validade, tanto do ponto de vista formal quanto do ponto de vista substancial, para a normativa do caso concreto),[28] como também permitiu a restauração da unidade sistemática do ordenamento – outrora garantido pela centralidade do Código Civil, mas posto em xeque com a posterior proliferação de estatutos e leis especiais.[29]

Compreendido como um todo unitário (embora composto por fontes legislativas potencialmente conflituosas), entende-se que o ordenamento exige um tratamento uno também no que tange à sua interpretação e aplicação.[30] A cada momento em que o intérprete se põe diante de um caso concreto, cumpre-lhe aplicar, não esta regra ou tal princípio, mas a ordem jurídica como um todo (o que equivale a afirmar que nenhuma norma pode ter seu sentido apreendido isoladamente sem a consideração global do sistema). Nessa perspectiva, aplicar a norma implica interpretá-la – e a tal ponto que se chega a afirmar que aplicação e interpretação constituiriam um "momento único".[31] De outra parte, a interpretação torna-se um processo ainda mais complexo por um segundo fator: os elementos do caso concreto, ao contrário do que por muito tempo se sustentou,

---

jurídica legítima termina e inicia uma autoritária, fundada na pura força. Nesta hipótese, o jurista tem diante de si a alternativa: respeitar as normas, ainda que injustas ou moralmente ilícitas [...], fazendo coincidir sua escolha ideológica com a do legislador; ou se recusar a exercer a própria profissão e se empenhar eventualmente em uma atividade de resistência às escolhas ilegítimas do legislador" (*O direito civil na legalidade constitucional*, cit., p. 173).

28. Processo denominado por parte da doutrina constitucionalista como *filtragem constitucional* (BARROSO, Luís Roberto. *Curso de direito constitucional contemporâneo*: os conceitos fundamentais e a construção do novo modelo. São Paulo: Saraiva, 2009, p. 363).

29. Cf. BODIN DE MORAES, Maria Celina. A caminho de um direito civil-constitucional, cit., *passim*.

30. Na síntese de Pietro PERLINGIERI, "A unidade do ordenamento postula uma metodologia unitária [...]. A pesquisa-interpretação da normativa a aplicar ao caso concreto é uma atividade que envolve sempre o inteiro sistema normativo" (Applicazione e controllo nell'interpretazione giuridica. *Rivista di Diritto Civile*, a. LVI, n.1. Padova: CEDAM, jan-fev/2010, p. 322. Tradução livre).

31. Uma concepção que não se mostra exclusiva dos autores diretamente filiados à escola civil-constitucional. Nesse sentido, por exemplo, aduz Eros GRAU: "não há dois momentos distintos, mas uma só operação. Interpretação e aplicação se superpõem" (*Ensaio e discurso sobre a interpretação/aplicação do direito*. São Paulo: Malheiros, 2005, p. 284).

não permanecem estáticos à espera da incidência da norma – ao contrário, influenciam a compreensão desta última e compõem necessariamente a construção da solução jurídica a que chegará o intérprete.[32] Em outros termos, na perspectiva civil-constitucional, o ordenamento apenas se completa quando encontra os próprios elementos do caso; só existe um efetivo sistema normativo à luz de cada hipótese concreta, com suas peculiaridades e características – o que se costuma designar *ordenamento do caso concreto*.[33]

Talvez por esse motivo a metodologia civil-constitucional raras vezes recorra à declaração *tout court* da inconstitucionalidade de normas em abstrato, dando preferência, em vez disso, a outras técnicas, tais como a *interpretação conforme à Constituição* ou a *declaração de inconstitucionalidade parcial sem redução de texto*, instrumentos mais flexíveis e eminentemente hermenêuticos.[34] Mais ainda, ao contrário do que normalmente se admite na doutrina constitucionalista, para o direito civil-constitucional é perfeitamente possível que uma norma plenamente constitucional no plano abstrato possa conduzir, no caso concreto, a um resultado inconstitucional – e, por isso, não possa ser aplicada diante de certas circunstâncias casuísticas.[35] Essa conclusão decorre justamente do reconhecimento da interferência recíproca entre fatos e normas, que evidencia que peculiaridades do caso concreto podem influenciar no alcance e no sentido da norma aplicável – ou, ainda, demandar a não aplicação de certa norma (ainda que ela seja, *a priori*, plenamente válida e constitucional) para que se concretizem os escopos valorativos do sistema. Justamente por isso, a metodologia não trata, em regra, da aplicação de uma norma específica, mas afirma aplicar o inteiro sistema ao caso, *individuando a normativa do caso concreto* (i.e., identificando, em concreto, a resultante dessa complexidade de regras e princípios, comandos e valores, sistematicamente adequada ao caso).[36]

---

32. A relevância de elementos do caso concreto para além da norma positivada é destacada pelos mais diversos juristas. Por todos, cf. Karl LARENZ: "A norma, que tem de se simplificar, porque quer abarcar uma série de situações fáticas, apreende em cada situação fática particular apenas alguns aspectos ou elementos. E descura todos os outros. Mas isto conduz não raramente à questão de se alguns dos elementos descurados na norma são, no entanto, tão relevantes no caso concreto, que a sua consideração seja aqui iniludível, se não se quiser (a partir da noção do Direito) tratar o desigual como igual e assim resolver injustamente" (*Metodologia da ciência do direito*. Lisboa: Calouste Gulbenkian, 2012, p. 294).

33. "O ordenamento realmente vigente é o conjunto dos ordenamentos dos casos concretos, como se apresentam na vigência do dia a dia, e vive, portanto, exclusivamente enquanto individualizado e aplicado aos fatos e aos acontecimentos" (PERLINGIERI, Pietro. *O direito civil na legalidade constitucional*, cit., p. 201).

34. Para um estudo abrangente sobre esses e outros instrumentos aplicáveis ao controle abstrato de constitucionalidade, cf. BARROSO, Luís Roberto; MELLO, Patrícia Perrone Campos. O papel criativo dos tribunais: técnicas de decisão em controle de constitucionalidade. *Ajuris*, n. 146. Porto Alegre: jun./2019.

35. Nesse sentido, destaca Rodrigo da Guia SILVA a insuficiência da ponderação prévia realizada pelo legislador, constatando que "a afirmação abstrata da legitimidade de uma norma não assegura *ipso facto* a legitimidade dos efeitos que decorreriam da sua aplicação subsuntiva ao caso concreto" (Um olhar civil-constitucional sobre a 'inconstitucionalidade no caso concreto'. *Revista de Direito Privado*, v. 73. São Paulo: Ed. RT, jan./2017, p. 47).

36. Afirma Pietro PERLINGIERI: "Individuar a normativa a ser aplicada ao caso concreto, ou seja, individuar o ordenamento do caso concreto, é obra do intérprete, que se vale dos princípios e das regras que se encontram na totalidade da experiência e da realidade histórica" (*O direito civil na legalidade constitucional*, cit., p. 130). Remata o autor: "O ordenamento realmente vigente é o conjunto dos ordenamentos dos casos concretos, como se apresentam na experiência do dia a dia, e vive, portanto, exclusivamente enquanto individualizado e aplicado aos fatos e acontecimentos. Um ordenamento que não encontrasse aplicação pertenceria ao mundo das ideias e, perdendo a sua função ordenadora, a *societas*, nem mais seria assim considerado. Sob este perfil, ao fenômeno jurídico não é possível subtrair a complexidade da factualidade que, em realidade, é uma componente essencial da normatividade e, sobretudo, da sua historicidade" (Ibid., p. 201).

Eis aí uma das maiores dificuldades dos estudos de direito civil-constitucional: propor critérios, abstratamente, para que o intérprete possa legitimamente destacar, diante de futuros casos concretos, os aspectos fáticos relevantes para a individuação da normativa. Nesse intuito, um estudo vinculado à metodologia civil-constitucional raramente proporá critérios *sempre* relevantes ou necessários para o tratamento jurídico de certa matéria: ao contrário, tratará do que *normalmente* acontece, identificando particularidades fáticas que, quando presentes em certo caso concreto, *ordinariamente* demandarão a incidência de determinada norma, a modulação do conteúdo de um comando abstrato ou, ainda, o afastamento de uma disposição normativa, sob pena de, *via de regra*, alcançar-se um resultado inconstitucional. O objetivo haverá sempre de ser o oferecimento, ao intérprete, de parâmetros que o auxiliem na perquirição dos elementos relevantes do caso concreto e na compreensão da inter-relação entre tais elementos e o conteúdo da norma – tais critérios, porém, são necessariamente flexíveis, pois eles próprios podem mudar a depender do caso em apreciação.[37] O jurista civil-constitucional deve saber colher das fontes doutrinária e jurisprudencial tais parâmetros para explicar, fundamentadamente, por qual motivo considerou relevantes certas particularidades do caso – ao mesmo tempo em que deve ter sensibilidade para afastar, também fundamentadamente, os parâmetros ordinariamente propostos pela doutrina e pela jurisprudência quando for o caso.

Evidentemente, na grande maioria dos casos, a normativa aplicável ao caso será idêntica àquela que seria encontrada pelo intérprete que seguisse uma metodologia mais tradicional, a qual apenas aplicasse, subsuntivamente, a norma ao caso.[38] De fato, sendo válida a norma que se pretende aplicar (eis que conforme, do ponto de vista lógico e axiológico, à Constituição), e não contando o caso concreto com características que fujam à normalidade, o mais natural é que o juízo valorativo efetuado pelo legislador ordinário abstratamente quando editou essa norma se confirme diante do caso concreto (isto é,

---

37. Nesse sentido, pondera Carlos Nelson KONDER a respeito do procedimento de qualificação contratual, em raciocínio aplicável à generalidade do trabalho interpretativo: "a atenção às peculiaridades do caso concreto é exigência de justiça. Levando-se em conta especialmente a abertura própria dos preceitos superiores, a diversidade e riqueza dos elementos que compõem o ordenamento e a complexidade das relações que se estabelecem entre eles, percebe-se que somente diante do caso concreto é possível determinar a normativa que se lhe adéqua, os efeitos jurídicos que lhe são próprios. [...] Isto não significa, contudo, relegar ao juiz a tarefa de, sozinho, construir o sistema. Aqui entra o papel fundamental da doutrina de fornecer parâmetros e critérios que, posto não enrijeçam a liberdade do intérprete, sirvam de base para a construção social e dialógica das respostas do direito mais adequadas aos princípios do sistema. Daí a enorme importância dos estudos dedicados tanto a problemas específicos de qualificação como no que se refere aos métodos e guias a serem adotados de modo geral" (Qualificação e coligação contratual. *Revista Jurídica Luso-Brasileira*, a. 4, n. 1, 2018, p. 402-403).

38. Ilustrativamente, como se ponderou, em outra sede, acerca da interpretação civil-constitucional das normas que dispõem sobre a invalidade do negócio jurídico: "Como é intuitivo, o método ora proposto apenas esporadicamente conduzirá a soluções diversas daquelas que se alcançariam pela simples aplicação subsuntiva do abstrato regime legal sobre os negócios jurídicos nulos ou anuláveis. Na perspectiva civil-constitucional, porém, o raciocínio complexo ora apresentado, que leva em conta necessariamente a totalidade dos valores do ordenamento e as características do caso concreto, há de ser seguido em todos os casos, por se reconhecer que, por detrás da suposta neutralidade do método subsuntivo aplicado a casos de aparente clareza interpretativa, esconde-se sempre uma escolha do intérprete, que há de ser fundamentada à luz do sistema. De outra parte, cumpre destacar que apenas a interpretação unitária e sistemática do ordenamento em conjunto com os elementos do caso concreto permite superar o aspecto fragmentário e repleto de supostas exceções da teoria das invalidades negociais (com suas muitas regras excessivamente rígidas e potencialmente contraditórias), e recuperar a sistematicidade da matéria" (SOUZA, Eduardo Nunes de. *Teoria geral das invalidades do negócio jurídico*: nulidade e anulabilidade no direito civil contemporâneo. São Paulo: Almedina, 2017, p. 281).

que se conclua que a aplicação, por assim dizer, estrita do conteúdo da norma produz um resultado sistematicamente adequado ao caso).[39] A verificação da compatibilidade dessa aplicação normativa com os valores do sistema e com os aspectos do caso concreto, porém, deve ocorrer sempre, justamente para se garantir que, em absolutamente todos os casos, seja alcançado um julgamento sistematicamente adequado (vale dizer: seja individuado o ordenamento do caso concreto).

Em outros termos, a aplicação "direta" de normas constitucionais ou o afastamento da incidência de uma norma ordinária válida (ante o risco da produção de um resultado inconstitucional em certo caso concreto) são excepcionais na rotina do jurista civil-constitucional, pelo simples motivo de não haver, ordinariamente, qualquer fundamento sistemático para afastar a valoração democraticamente empreendida pelo legislador infraconstitucional ao editar a norma. Por isso mesmo, um estudo civil-constitucional, ao analisar abstratamente certa norma, apenas poderá chegar às mesmas conclusões admitidas pela doutrina em geral: ou constatará que a norma é constitucional (e que, portanto, deve-se respeitar a escolha legislativa), ou avaliará que a norma apresenta certo grau de desconformidade com a Constituição (seja a inconstitucionalidade plena, seja a necessidade de interpretação conforme ou outro tipo de modulação do seu conteúdo). O diferencial da metodologia civil-constitucional restringe-se, nesse particular, à diuturna necessidade de verificação da compatibilidade sistêmica da norma que se pretende aplicar à luz de cada caso concreto.

Nessa mesma linha, e pelos mesmos motivos, a escola direito civil-constitucional tem criticado fortemente a doutrina dos chamados microssistemas.[40] Afirma-se que tal doutrina põe em risco o aspecto sistemático da ordem jurídica, ao transformar os

---

39. Como leciona Ana Paula de BARCELLOS, o legislador prevê em abstrato ou preventivamente "[...] apenas situações-tipo de conflito (imaginadas e/ou colhidas da experiência) tanto no que diz respeito aos enunciados envolvidos, como no que toca aos aspectos de fato. Tudo isso sem que se esteja diante de um caso real. A partir das conclusões dessa ponderação preventiva, é possível formular parâmetros específicos para orientação do aplicador quando ele esteja diante dos casos concretos. Evidentemente, o aplicador estará livre para refazer a ponderação, considerando agora os elementos da hipótese real, toda vez que esses parâmetros não se mostrarem perfeitamente adequados. De toda sorte, caberá ao intérprete o ônus argumentativo de demonstrar por que o caso por ele examinado é substancialmente distinto das situações-tipo empregadas na ponderação preventiva" (*Ponderação, racionalidade e atividade jurisdicional*. Rio de Janeiro: Renovar, 2005, p. 154-155).

40. Nas palavras de Natalino IRTI, um dos principais expoentes da tese dos microssistemas na doutrina italiana: "Mas com frequência – já se advertiu – a lei, nascida como excepcional e provisória, protrai-se no tempo e conquista uma insuspeita estabilidade. Em torno dela se dispõem outras leis, que completam a sua disciplina e que introduzem, à sua volta, derrogações e exceções: delineia-se assim um microssistema, um pequeno mundo de normas, do qual o intérprete pode agora extrair princípios gerais e descobrir uma lógica autônoma" (L'età della decodificazione. *Revista de Direito Civil*, v. 10. São Paulo: Ed. RT, out.-dez./1979, p. 21. Tradução livre). Em perspectiva crítica, argumenta a doutrina civil-constitucional: "Não há normas que não pressupõem o sistema e que ao mesmo tempo não concorrem para formá-lo; não há normas que não sejam inteligíveis no seu efetivo alcance se não forem inseridas, como partes integrantes, em uma totalidade formal (sistema legislativo) e substancial (sistema social). Este resultado postula a superação da exegese considerada exclusivamente como busca e individualização do significado literal do texto. Fora de discussão é a igual dignidade das leis e do código; a sua diversa relevância é dada pelos conteúdos e pelos valores que exprimem, pelo grau de idoneidade, quer da norma regular, quer da norma excepcional, a atuar os princípios fundamentais. Ao contrário, justamente porque as leis especiais, por definição, não são mais concretizadoras dos princípios codicísticos, mas, sim, daqueles constitucionais, elas não podem ter lógicas de setor autônomas ou independentes das lógicas globais do quadro constitucional; elas também devem ser sempre concebidas e conhecidas obrigatoriamente no âmbito do sistema unitariamente considerado" (PERLINGIERI, Pietro. *O direito civil na legalidade constitucional*, cit., p. 628-629).

chamados estatutos e demais leis extravagantes em uma espécie de "reduto" de proteção desmesurada dos grupos sociais a que se referem, sem qualquer consideração ao conjunto dos valores constitucionais – que deveriam fundamentar, contextualizar e, em uma interpretação sistemática, balizar essa tutela especial.[41] Desse modo, não se poderia falar em uma principiologia própria dos estatutos, autônoma em relação ao restante do ordenamento, pois cada norma apenas se justifica no âmbito da axiologia unitária do sistema. Se às crianças e adolescentes, por exemplo, deve-se aplicar uma regra do Estatuto respectivo, isto ocorre porque o ordenamento determina que a pessoa humana tenha sua dignidade tutelada conforme sua vulnerabilidade específica no caso concreto – e porque as regras do Estatuto da Criança e do Adolescente, nesse particular, revelam-se mais sensíveis e adequada a tais peculiaridades concretas que as regras gerais do Código Civil.

No caso do direito do consumidor, tem-se difundido amplamente a expressão "diálogo das fontes", difundida no direito germânico pelo jurista Erik Jayme,[42] para se fazer alusão a uma aplicação do CDC integrada às demais normas do sistema, e não isolada ou de forma incoerente ou antinômica em relação ao restante do ordenamento.[43] Embora, à primeira vista, semelhante concepção pareça negar o pensamento microssistemático, na medida em que sugere a aplicação dos estatutos com referência a todo o sistema jurídico, a perspectiva do diálogo das fontes conduz aos mesmos resultados da doutrina dos microssistemas.[44] Com efeito, como a escola civil-constitucional considera o ordenamento uma unidade tanto em sua interpretação quanto em sua aplicação,[45] em momento algum admite que o sistema jurídico seja decomposto em duas ou mais partes, pois entende que as aparentes antinomias entre normas no interior do sistema não precisam ser explicadas em abstrato, equacionando-se justamente à luz do caso concreto. A doutrina do diálogo das fontes, ao contrário, como sugere a própria expressão, embora considere as

---

41. Defende Gustavo TEPEDINO que o conjunto de disposições do CDC "vai sendo mais e mais associado não à qualificação do consumidor como um *status*, um privilégio, uma espécie de salvo-conduto para o exercício de atividades econômicas, mas à preocupação constitucional com a redução das desigualdades e com o efetivo exercício da cidadania, perspectiva que não poderia deixar de compreender, segundo a vontade normativa do constituinte, todas as relações consideradas de direito privado" (As relações de consumo e a nova teoria contratual. *Temas de direito civil*, t. I. Rio de Janeiro: Renovar, 2008, p. 246).

42. Ilustrativamente, cf. JAYME, Erik. *Recueil des cours*: collected courses of the Hague Academy of International Law, t. 251. The Hague/Boston/London: Martinus Nijhoff, 1996, p. 259.

43. Segundo Claudia Lima MARQUES, o diálogo das fontes "é uma tentativa de expressar a necessidade de uma aplicação coerente das leis de direito privado, coexistentes no sistema. É a denominada 'coerência derivada ou restaurada' (*cohérence dérivée ou restaurée*), que, em um momento posterior à descodificação, à tópica e à microrrecodificação, procura uma eficiência não só hierárquica, mas funcional do sistema plural e complexo de nosso direito contemporâneo" (In: BENJAMIN, Antonio Herman; MARQUES, Claudia Lima; BESSA, Leonardo Roscoe. *Manual de direito do consumidor*. São Paulo: Ed. RT, 2009, p. 89).

44. De fato, o enquadramento do CDC no conceito de microssistema é um pressuposto da doutrina brasileira do diálogo das fontes: Claudia Lima Marques analisa o CDC como "um pequeno sistema, especial, subjetivamente, e geral, materialmente", motivo pelo qual emprega "a expressão de Natalino Irti, microssistema, para o descrever" (*Manual de direito do consumidor*, cit., p. 47).

45. Cite-se, ainda uma vez, Pietro Perlingieri: "A complexidade do ordenamento, no momento de sua efetiva realização, isto é, no momento hermenêutico voltado a se realizar como ordenamento do caso concreto, só pode resultar unitária: um conjunto de princípios e regras individualizadas pelo juiz que, na totalidade do sistema sócio-normativo, devidamente se dispõe a aplicar. Sob este perfil, que é o que realmente conta, em uma ciência jurídica que é ciência prática, o ordenamento, por mais complexo que seja, independentemente do tipo de complexidade que o caracterize, só pode ser uno, embora resultante de uma pluralidade de fontes e componentes" (*O direito civil na legalidade constitucional*, cit., p. 200-201).

diversas fontes normativas que poderiam incidir sobre cada caso concreto, considera-as individualmente, e não como um todo unitário (bastaria argumentar, a esse propósito, que, para que se possa cogitar de um "diálogo", é preciso haver dois interlocutores: um emissor e um receptor). Porque o Código Civil "dialogaria" com o CDC é que seria possível extrair de cada diploma algumas regras aplicáveis à relação de consumo.[46] Trata-se de pensamento indutivo, por meio do qual o intérprete poderia buscar em cada lei as regras preferidas (e se afirma, de modo geral, que tais regras devem ser sempre aquelas que oferecerem maior benefício ou proteção ao consumidor).[47]

À luz da metodologia civil-constitucional, que parece oferecer resultados mais consentâneos com a lógica do ordenamento, o raciocínio do intérprete-julgador deveria percorrer o caminho inverso, tomando a via dedutiva: é justamente *porque* a Constituição determina que a pessoa humana deva ser sempre protegida à luz de suas vulnerabilidades concretas (nem mais, nem menos do que tais vulnerabilidades exigirem) que o legislador ordinário previu um estatuto específico, com normas que compreendeu perfeitamente adequadas às peculiaridades de certo grupo social – no caso, o consumidor.[48] Pode acontecer que, no caso concreto, certo sujeito se mostre menos vulnerável do que o padrão previsto pelo legislador – e, nesse caso, talvez nem mesmo deva ser considerado consumidor, exigindo-se qualificação diversa e a atração de regime jurídico diferenciado – sempre, porém, à luz dos mesmos valores. Por outro lado, se restar de fato caracterizada a relação de consumo, não há sentido em se determinar, abstratamente, o procedimento de buscar normas mais favoráveis em leis de natureza geral para as questões disciplinadas pelo CDC, pois, ao menos em princípio, este já propôs a disciplina mais adequada à especial vulnerabilidade do consumidor.[49]

---

46. No entendimento de Claudia Lima MARQUES: "'Diálogo' porque há influências recíprocas, 'diálogo' porque há aplicação conjunta das duas normas ao mesmo tempo e ao mesmo caso, seja complementarmente, seja subsidiariamente, seja permitindo a opção pela fonte prevalente ou mesmo permitindo uma opção por uma das leis em conflito abstrato – uma solução flexível e aberta, de interpenetração, ou mesmo a solução mais favorável ao mais fraco da relação" (*Manual de direito do consumidor*, cit., pp. 89-90).

47. Sustentando a aplicação do diálogo das fontes, afirma Leonardo Roscoe BESSA: "O Código de Defesa do Consumidor (Lei 8.078/90), em razão de corte horizontal nas mais diversas relações jurídicas, é significativo exemplo da exigência atual de convivência com diversos outros diplomas. A par da necessária utilização de base conceitual do Código Civil, o art. 7°, *caput*, do CDC é expresso no sentido de que não é exclusividade do CDC estabelecer os direitos do consumidor. Outras normas podem, especialmente quando mais vantajosas ao consumidor, ser invocadas, aplicadas e, invariavelmente, analisadas em conjunto, buscando-se sempre coerência e harmonia nas conclusões" (*Aplicação do Código de Defesa do Consumidor*: análise crítica da relação de consumo. Brasília: Brasília Jurídica, 2007, p. 90).

48. Pietro PERLINGIERI critica de forma contundente tal concepção: "Não se pode duvidar que a relação entre mercado e instituições represente o problema central da modernidade. É necessário, porém, a consciência de que o protagonista dessa relação é e permanece, o homem, como pessoa e não reduzido a consumidor ou a produtor" (*O direito civil na legalidade constitucional*, cit., p. 129).

49. Conforme ressalta Gustavo TEPEDINO: "a proteção do consumidor representa a tutela da pessoa em especial situação de vulnerabilidade, não se cuidando de sujeitos privilegiados por opção aleatória do legislador. Em última análise, não se pode considerar a proteção do consumidor como sistema fragmentado, que se oponha ao Código Civil e que autorize a seleção de normas esparsas por todo o ordenamento para ampliar sua tutela ainda que em dissonância com o conjunto de normas do Código de Defesa do Consumidor" (A aplicabilidade do Código Civil nas relações de consumo: diálogos entre o Código Civil e o Código de Defesa do Consumidor. In LOTUFO, Renan; MARTINS, Fernando (Coord.). *20 anos do Código de Defesa do Consumidor*: conquistas, desafios e perspectivas. São Paulo: Saraiva, 2011, p. 88)

Sem dúvida, tendo-se em conta que a proteção ao consumidor constitui princípio constitucional, e que se deve interpretar a lei ordinária à luz da Constituição (e não o contrário), caso alguma opção legislativa no diploma consumerista destoasse da adequada proteção exigida pela Lei Maior ao consumidor, abrir-se-iam duas opções ao intérprete: aplicar o CDC de modo consentâneo com a tutela pretendida pelo constituinte para as relações de consumo, ou, caso isso não fosse possível, simplesmente considerar inconstitucional esse hipotético dispositivo, aplicando diretamente o princípio de proteção ao consumidor à relação em concreto.[50] De fato, se a disciplina do CDC não servisse ao propósito constitucional, simplesmente não haveria regra especial a aplicar, apenas então cabendo ao julgador buscar outra norma, mais geral, a aplicar – sempre observando a incidência, direta ou indireta, dos princípios constitucionais.

3. A RELEVÂNCIA DA SUBSUNÇÃO NA FUNDAMENTAÇÃO DA DECISÃO CIVIL-CONSTITUCIONAL

Tais pressupostos põem em xeque o clássico brocardo segundo o qual *in claris non fit interpretatio*[51] e propõem um novo adágio: *in claris semper fit interpretatio* – ou, talvez fosse mais adequado dizer, nenhum caso jamais será, de fato, "claro". Justamente porque o caso concreto não permite conduzir imediatamente a uma norma abstrata que o discipline (mas, ao contrário, é a consideração da integralidade do ordenamento que autoriza concluir por tal ou qual normativa aplicável), e porque o próprio ordenamento somente se considera completo após sua fusão aos elementos do caso concreto (igualmente relevantes para a identificação dessa normativa), nenhuma hipótese de aplicação do direito dispensa o processo interpretativo. O encaixe entre as *fattispecie* abstrata e concreta nunca é, em uma palavra, automático, como sugeria a dogmática tradicional – na verdade, ambas constituem aspectos de uma única realidade.[52]

Nesse cenário, afirma a metodologia civil-constitucional a insuficiência da subsunção como método interpretativo (e, por via de consequência, como forma de fundamentação das decisões judiciais). Em sua formulação mais clássica, o mecanismo subsuntivo implicava o encaixe mecânico entre uma premissa maior (a norma) e outra menor (o fato), na estrutura de um silogismo. Se é certo que tal concepção, nos seus moldes mais rígidos, apenas prevaleceu pelo exíguo período histórico em que sobreviveu a dita escola da exegese,[53] fato é que a subsunção, ainda que temperada por mecanismos

---

50. Conforme leciona Pietro PERLINGIERI, "o que importa não é tanto estabelecer se em um caso concreto se dê aplicação direta ou indireta (distinção nem sempre fácil), mas sim, confirmar a eficácia, com ou sem uma específica normativa ordinária, da norma constitucional respeito às relações pessoais e socioeconômicas" (*O direito civil na legalidade constitucional*, cit., p. 590).

51. Máxima, aliás, originalmente dirigida apenas à interpretação de testamentos (para os quais sua lógica literal mostra-se mais adequada) e depois degenerada em regra geral de hermenêutica (MAXIMILIANO, Carlos. *Hermenêutica e aplicação do direito*. Rio de Janeiro: Forense, 1980, pp. 33-34).

52. Conforme observa Pietro PERLINGIERI, com base em HABERMAS, a factualidade e a normatividade "compõem problematicamente o objeto da interpretação" (Applicazione e controllo, cit., p. 333).

53. E esta já teria sido superada, ao final do século XIX, pela escola científica de autores como Raymond SALEILLES e François GÉNY, conforme anota Henri DE PAGE, que registra ter sido a exegese "um parêntese" na história do desenvolvimento das ideias jurídicas e alude mesmo à *"nécrose de l'exegese"* (*Traité élémentaire de droit civil belge*, v. I. Bruxelles: Émile Bruylant, 1948, p 12).

menos literais[54] aos quais a doutrina precisou recorrer (como as interpretações histórica, sistemática e teleológica), não logrou impedir que o hermeneuta continuasse a buscar uma identificação automática da norma aplicável ao caso concreto, desconsiderando na prática a unidade lógica e valorativa da ordem jurídica. Após essa identificação, qualquer esforço para o enquadramento sistemático da norma escolhida apenas servia a adaptar sua literalidade ao caso concreto, i.e., a justificar a escolha feita previamente.[55]

O inconveniente na tradição hermenêutica em torno da subsunção consiste em permitir ao intérprete ocultar-se por trás de determinado enunciado normativo, encontrando nele uma fundamentação definitiva e inquestionável para a sua decisão.[56] Ao conseguir localizar uma norma que "claramente" se dirigisse ao caso em julgamento, bastava-lhe usar essa norma como fundamento para a decisão. Em outros termos, todo o esforço hermenêutico se voltava, na prática, para justificar a escolha da normativa, e não propriamente para demonstrar as consequências jurídicas dela extraídas. A aparente neutralidade do mecanismo silogístico permitia ocultar ou mesmo negar a existência de pré-compreensões[57] e escolhas políticas do intérprete – tudo isso sob a justificativa de uma suposta "clareza", diante da qual não seria necessário, alegadamente, interpretar.[58]

Com efeito, já se observou que o raciocínio subsuntivo, talvez o mais conhecido aspecto do positivismo formalista, abrigava uma ampla margem de discricionariedade do intérprete, na medida em que, no interior da "moldura normativa" aludida por Kel-

---

54. Karl LARENZ, ao analisar o método subsuntivo na evolução da ciência jurídica, destaca a insuficiência do critério literal: "A problemática do procedimento silogístico referido reside principalmente, como desde há muito se reconheceu, na correta constituição das premissas, especialmente da premissa menor. No que respeita à premissa maior, não se pode, decerto, admitir que possa ser retirada simplesmente do texto da lei. Ao invés, toda a lei carece de interpretação e nem toda proposição jurídica está, de modo algum, contida na lei" (*Metodologia da ciência do direito*, cit., p. 383).

55. Um bom exemplo do raciocínio subsuntivo, ainda que superada a lógica exclusivamente literal com a qual por vezes é caracterizado, pode ser encontrado em Karl ENGISCH, que, após explicar o mecanismo da subsunção, indaga o que fazer quando a premissa menor não pode ser enunciada, quer porque não é possível verificar quais são os fatos relevantes, quer porque os fatos não se deixam subsumir à premissa maior: "é necessário que se retirem da lei novas premissas maiores, com as quais se haverão de combinar as correspondentes premissas menores, a fim de fundamentar a sentença sob a forma de uma conclusão" (*Introdução ao pensamento jurídico*. Lisboa: Calouste Gulbenkian, 2001, p. 94-100).

56. A elucidar o papel mascarador do recurso à subsunção, aduz Karl LARENZ: "O que o jurista frequentemente designa, de modo logicamente inadequado, como subsunção, revela-se em grande parte como apreciação com base em experiências sociais ou numa pauta valorativa carecida de preenchimento" (*Metodologia da ciência do direito*, cit., p. 645).

57. Pré-compreensões estas que não devem (nem poderiam) ser extirpadas da interpretação, mas integradas a ela de modo consciente: "Aquele que quer compreender não pode se entregar, já desde o início, à causalidade de suas próprias opiniões prévias e ignorar o mais obstinada e consequentemente possível a opinião do texto – até que este, finalmente, já não possa ser ouvido e perca sua suposta compreensão. Quem quer compreender um texto, em princípio, [deve estar] disposto a deixar que ele diga alguma coisa por si. [...] Mas essa receptividade não pressupõe nem 'neutralidade' com relação à coisa nem tampouco autoanulamento, mas inclui a apropriação das próprias opiniões e preconceitos, apropriação que se destaca destes. O que importa é dar-se conta das próprias antecipações, para que o próprio texto possa apresentar-se em sua alteridade" (GADAMER, Hans-Georg. *Verdade e método*. Petrópolis: Vozes, 1999, p. 405).

58. Aduz Maria Celina BODIN DE MORAES: "ultrapassado o positivismo jurídico, o sistema tem agora potencialidade para se tornar muito mais racional e coeso (*rectius*, previsível), porque a ambiguidade intrínseca aos dispositivos normativos tende a diminuir ou desaparecer se, ao interpretar a regra, o juiz é capaz de motivar sua aplicação mediante a explicitação do princípio jurídico que serve a justificá-la naquele caso concreto" (Prefácio. *Na medida da pessoa humana*. Rio de Janeiro: Renovar, 2010, p. iv).

sen, caberia qualquer preenchimento que aprouvesse ao juiz.[59] Todos os significados comportados pela norma eram justificados pela simples existência dela: a legitimidade democrática do legislador salvaguardava qualquer sentido que coubesse no texto positivo. O reconhecimento do papel das escolhas pessoais do hermeneuta afasta o escudo do raciocínio silogístico e redimensiona a tão propalada necessidade de fundamentação das decisões à luz dos valores e da lógica do ordenamento.[60] Afirmar que o limite da interpretação reside no dever de fundamentação à luz da legalidade constitucional significa, sem dúvida, ampliar a moldura normativa – que deixa de se prender ao texto da norma e passa a remeter à axiologia de todo o sistema –, mas também permite lançar o foco da discussão sobre o aspecto discricionário (mas não arbitrário) que sempre existiu na decisão, oculto pela suposta neutralidade silogística.[61]

Evidentemente, não se pode supor que o intérprete, em seu primeiro contato com o caso concreto, não reconheça, ainda que involuntariamente, a proximidade da espécie fática em exame com alguma norma jurídica. Diante de um contrato em que uma das partes se obriga a entregar certa coisa e a outra a pagar preço correspectivo, seria humanamente improvável que o intérprete se furtasse a pensar no tipo normativo da compra-e-venda.[62] A metodologia aqui proposta simplesmente postula que não se pode conferir qualquer relevância jurídica a essa primeira identificação (de moldes silogísticos), uma vez que em nenhuma hipótese se admite que a interpretação esgote-se nela;[63] ao contrário, é necessário que o julgador (re)conheça suas pré-compreensões, justamente para impedir que seu convencimento se forme apenas com base nelas.[64] O entendimento que o ma-

---

59. Lênio STRECK reputa a principal característica do positivismo "a discricionariedade, que ocorre a partir da 'delegação' em favor dos juízes para a resolução dos casos difíceis (não abarcados pela regra)" (Hermenêutica, Constituição e autonomia do direito. *Revista de Estudos Constitucionais, Hermenêutica e Teoria do Direito*, v. 1, n. 1, jan.-jun./2009, p. 69).

60. Previsto pela própria Constituição em seu art. 93, IX, o dever de fundamentação consubstancia-se no grande elemento de legitimação da sentença, sobretudo diante de uma sociedade multifacetada e infensa à previsão geral e abstrata proporcionada pela técnica regulamentar, o que tem conduzido a uma cada vez maior atuação criativa do intérprete – não raro fazendo escolhas de ordem política, naquilo que se costuma denominar "ativismo judicial". A respeito, cf. BARROSO, Luís Roberto. Judicialização, ativismo judicial e legitimidade democrática. *Seleções jurídicas*, n. 5/2009, que define esse fenômeno como "uma participação mais ampla e intensa do Judiciário na concretização dos valores e fins constitucionais" (p. 35).

61. Aduz Maria Celina BODIN DE MORAES que a subsunção "traduz uma segurança ilusória e uma neutralidade falsa, por trás das quais apenas se mascaram as escolhas políticas existentes no processo. [...] Ao que parece, todavia, parte do Judiciário não percebeu que a derrubada do limite externo, formal, que restringia o intérprete – o dogma da subsunção – não significou a consagração do arbítrio, mas, ao contrário, impôs um limite interno, – metodológico – a exigência de fundamentação (argumentativa) da sentença" (*Do juiz boca-da-lei à lei segundo a boca-do-juiz*, cit., p. 27-28).

62. Com efeito, sabe-se na psicologia que os estímulos são processados pela mente humana de forma a se extrair deles uma impressão imediata o mais coerente possível, de modo automático e com mínimo esforço cognitivo. Em geral, a mente aceita essa primeira impressão como verdadeira com pouca ou nenhuma modificação; apenas diante de casos difíceis exige-se um esforço mental mais intenso para a identificação do estímulo (e, mesmo assim, é possível treinar a mente para identificá-lo de modo automático). A respeito, v. KAHNEMAN, Daniel. *Thinking – Fast and Slow*. New York: Farrar, Stratus and Giroux, 2011, *passim* e, especialmente, p. 24 e ss.

63. Destaca Carlos KONDER a complexidade da qualificação dos contratos, que não pode ser segmentada "em etapas preclusivas, uma vez que tais etapas – *rectius*, aspectos – imiscuem-se uns nos outros. Em oposição à visão clássica do trajeto único, subsuntivo, do fato à norma, a atitude do intérprete constrói-se em um constante ir-e-vir entre a reconstrução da realidade e seu diálogo com os enunciados normativos" (Qualificação e coligação contratual, cit., p. 370).

64. GADAMER ressalta o "caráter essencialmente preconceituoso de toda compreensão" e alerta: "são os preconceitos não percebidos os que, com o seu domínio, nos tornam surdos para a coisa de que nos fala a tradição" (*Verdade e método*, cit., p. 406).

gistrado adquire sobre o caso concreto forma-se no processo que a filosofia denomina *círculo hermenêutico*, um movimento dialético constante que faz com que ele se reporte do fato à norma e da norma ao fato, até alcançar a solução.[65]

Em outras palavras, como a aparente combinação entre o fato e a norma jamais pode servir de justificativa a uma decisão – considerando-se que a clareza normativa deve ser considerada sempre um *posterius* no processo interpretativo[66] –, exige-se do hermeneuta que reconheça a necessidade de interpretação e que, reportando-se à legalidade constitucional, explicite o raciocínio que o conduziu à sua decisão, fundamentando-a.[67] É também nesse sentido que se pode afirmar que interpretação e aplicação constituem um "momento único": não se trata, por evidente, de um instante cronológico único – como se fosse possível esperar que a solução jurídica decorrente da integralidade do ordenamento se materializasse diante dos olhos do intérprete em um átimo de segundo –, mas sim do reconhecimento de que fato e norma se influenciam mutuamente e, por isso, nenhum momento do processo decisório deixa de consistir em uma interpretação.[68] O raciocínio subsuntivo segue lógica oposta, propondo que a interpretação seria necessária apenas para a identificação da premissa maior, mas que a aplicação desta à premissa menor representaria um mecanismo lógico neutro – a dispensar, por isso, fundamentação, que estaria suprida pela norma positivada.

A insuficiência da subsunção como mecanismo de fundamentação das decisões judiciais, como se percebe, traduz, no campo da atividade jurisdicional, a própria insuficiência da análise exclusivamente estrutural do direito (vinculada a um controle excepcional, dito externo, da autonomia privada), a qual, com a progressiva constitucionalização do direito privado, ante a natureza das normas constitucionais (eminentemente veiculadoras de valores), foi aos poucos precedida[69] pela perspectiva funcional (atenta

---

65. O conceito de círculo hermenêutico, baseado no pensamento heideggeriano, é aludido por Michele TARUFFO, que o considera o método inevitável de aplicação do Direito, mesmo quando se afirma tratar-se de subsunção: "o que se usa chamar de *sussunzione* do fato [à] norma, ou correspondência entre fato e norma, é somente o resultado final de um particular círculo hermenêutico que liga, dialeticamente, o fato e a norma até chegar a uma correspondência entre o fato, juridicamente qualificado e a norma interpretada como referência ao caso, no qual ela é concretamente aplicada" (Legalidade e justificativa da criação judiciária do direito. *Revista da EMASPE*, v. 6, n. 14. Recife: jul-dez/2001, p. 435).

66. PERLINGIERI, Pietro. *O direito civil na legalidade constitucional*, cit., p. 616.

67. Conforme anota GADAMER, o fato de o próprio juiz estar jungido à ordem jurídica torna insustentável o recurso à subsunção: "A tarefa da interpretação consiste em *concretizar a lei*, em cada caso, isto é, em sua *aplicação*. A complementação produtiva do direito, que ocorre com isso, está obviamente reservada ao juiz, mas este encontra-se por sua vez sujeito à lei [...]. Entre a hermenêutica jurídica e a dogmática jurídica existe pois uma relação essencial, na qual a hermenêutica detém uma posição determinante. Pois não é sustentável a ideia de uma dogmática jurídica total, sob a qual se pudesse baixar qualquer sentença por um simples ato de subsunção" (*Verdade e método*, cit., p. 489-490).

68. Ao binômio interpretação-aplicação poder-se-ia adicionar um terceiro termo, o da *qualificação*. De fato, é a noção de qualificação que permite a aproximação entre fato e norma, e também este aspecto, na perspectiva civil-constitucional, não pode ser separado em um momento estanque (PERLINGIERI, Pietro. Applicazione e controllo, cit., p. 320-321).

69. A análise funcional, registre-se, não exclui a estrutural, ponto de partida natural (e inevitável) do raciocínio do intérprete. Assim já se teve oportunidade de afirmar, por exemplo, a respeito do papel contemporâneo do raciocínio subsuntivo (cf. SOUZA, Eduardo Nunes de. Merecimento de tutela: a nova fronteira da legalidade no direito civil. *Revista de Direito Privado*, v. 58. São Paulo: Ed. RT, abr.-jun./2014, item 2). A função, porém, pode condicionar a estrutura, gozando, assim, não de exclusividade, mas de prioridade valorativa. A respeito, cf. PERLINGIERI, Pietro. *O direito civil na legalidade constitucional*, cit., p. 642.

aos interesses envolvidos nesses mesmos institutos e aos valores que o constituinte e, em sua esteira, o legislador ordinário começavam a aportar para o interior do sistema). Incumbe à doutrina civil-constitucional, portanto, cada vez menos procurar uma grande categoria em que se possa encaixar, sem maior reflexão, a *fattispecie* concreta, e cada vez mais desenvolver instrumentos que possam conferir um tratamento jurídico flexível e adequado a cada caso concreto, de acordo com as suas características únicas, analisadas à luz dos valores do sistema.[70]

Logicamente, como se afirmou acima, o raciocínio subsuntivo integra, inevitavelmente, a atividade hermenêutica; é útil, embora sempre insuficiente. Do mesmo modo, pode-se afirmar que a técnica legislativa regulamentar não deve (e nem poderia) ser substituída pela técnica das cláusulas gerais, em um primado absoluto das disposições normativas de textura mais aberta: as duas técnicas concorrem para uma aplicação ideal da ordem jurídica, embora não se ignore que os valores, normalmente veiculados por normas de conteúdo mais fluido, devam prevalecer no raciocínio do intérprete. No campo doutrinário, por outro lado, que conta com muito mais liberdade do que o trabalho legiferante, convém ao intérprete civil-constitucional evitar a tendência de multiplicar classificações e categorias abstratas, em um verdadeiro convite ao julgador para que se atenha à argumentação subsuntiva. Especialmente nocivas, nesse sentido, têm sido as iniciativas doutrinárias que, ao tratarem da tutela jurídica de pessoas vulneráveis, criaram "graus" de vulnerabilidade, mais ou menos cumuláveis, conforme a pessoa ostente um ou mais atributos normalmente associados a partes mais frágeis na relação jurídica. Nessa lógica indesejável, por exemplo, o consumidor *per se* seria menos vulnerável do que o consumidor idoso, este último seria menos vulnerável do que o consumidor idoso com deficiência e assim por diante. Alude-se até mesmo à expressão "hipervulnerável" para designar tal gradação.[71]

Esse tipo de lógica deve ser evitado porque, em vez de contribuir para o aperfeiçoamento dos instrumentos de tutela das pessoas vulneráveis à luz de suas necessidades concretas, apenas proporciona um tratamento abstrato e genérico, que não dista das limitações ínsitas ao próprio tratamento normativo. Ideal, assim, ao menos no campo doutrinário, é o desenvolvimento de estudos que correlacionem vulnerabilidades específicas que podem ocorrer em cada caso concreto com consequências jurídicas ordinariamente associáveis a elas, tais como a atração ou o afastamento de certos regimes jurídicos ou de certos instrumentos de tutela – sem a criação ou a complexificação de novas classificações para além daquelas já adotadas pelo legislador. Em uma palavra, o trabalho doutrinário deve buscar oferecer ao julgador critérios flexíveis que aperfeiçoem a aplicação das categorias normativas à luz do caso concreto, e não oferecer a ele simplesmente novas categorias igualmente abstratas. No caso específico da tutela das

---

70. Uma necessidade que se mostra ainda mais clara em inovadoras relações jurídicas surgidas nos últimos anos, como se observou, por exemplo, a propósito dos contratos pertencentes à chamada economia do compartilhamento (cf. SOUZA, Eduardo Nunes de; RODRIGUES, Cássio Monteiro. Tutela da vulnerabilidade contratual nas relações de economia do compartilhamento. *Pensar*, v. 25, n. 3. Fortaleza: UNIFOR, jul.-set./2020).

71. Como exemplo, cf. SCHMITT, Cristiano Heineck. *Consumidores hipervulneráveis*: a proteção do idoso no mercado de consumo. São Paulo: Atlas, 2014, p. 219, segundo o qual "a hipervulnerabilidade resulta da soma da vulnerabilidade intrínseca à pessoa do consumidor com a fragilidade que atinge alguns determinados indivíduos".

vulnerabilidades humanas, essa orientação ainda decorre de um postulado substancial da metodologia civil-constitucional: sendo universal o valor da dignidade humana, nenhuma pessoa deve ser retratada como merecedora de uma tutela jurídica supostamente "superior" ou "mais importante" em relação às outras, em reedição da lógica microssistemática – ao contrário, todas as pessoas demandam uma tutela simplesmente adequada às suas respectivas posições em cada relação jurídica, para que todas possam existir em condições igualmente dignas.[72]

4. COMPLEXIDADE, PONDERAÇÃO E MERECIMENTO DE TUTELA: A LEGALIDADE CONSTITUCIONAL

A exposição realizada até aqui conduz à seguinte perplexidade: se a subsunção não se reputa mais uma forma legítima de fundamentação das decisões, que metodologia se deve aplicar à interpretação-aplicação do direito? A doutrina constitucionalista tem difundido, nos últimos anos, uma possível resposta: afirma-se usualmente que, nos casos em que não se pode aplicar a subsunção, deve-se proceder à técnica da ponderação.[73] O termo não corresponde a um conceito unitário, mas, na formulação mais difundida no Brasil, a ponderação consiste na técnica adequada à solução de conflitos concretos em que princípios de mesma hierarquia entram em rota de colisão, indicando soluções antagônicas para o mesmo caso concreto.[74] Em tais hipóteses, faz-se preciso ponderar os princípios em questão, para que se torne possível identificar qual deles deve prevalecer e qual deve ceder espaço para o outro; não se trata da supressão de nenhum dos dois princípios na solução do caso concreto, mas sim da preferência a um em face do outro, apenas na medida em que são incompatíveis.

Pressuposto imediato para essa técnica consiste na distinção, geralmente atribuída aos estudos de autores como Ronald Dworkin e Robert Alexy, entre regras e princípios. Afirma-se das primeiras que consistem em enunciados normativos de textura menos aberta, aplicados segundo um princípio de "tudo ou nada" (quando uma regra prevalece para certo caso concreto, outra, antagônica a ela, deve ser necessariamente afastada), sendo por isso denominadas por Alexy "mandados definitivos".[75] Os princípios, por

---

72. A esse respeito, ponderam Carlos Nelson KONDER e Cíntia Muniz de Souza KONDER: "parece que a generalização do conceito de vulnerabilidade e a construção do conceito de hipervulnerabilidade poderiam ser evitados se observada com mais rigor outra premissa metodológica fundamental, qual seja, a unidade do ordenamento jurídico. [...] Dessa forma, o legislador federal, ao cumprir o comando constitucional de promover a defesa do consumidor, partiu da posição contratual de inferioridade das pessoas que integram ou venham a integrar uma relação de consumo na condição de destinatários finais. Esta qualificação, todavia, não afasta nem reduz a importância da proteção mais ampla do sujeito como pessoa humana, imposta pela normativa constitucional, em especial pelo princípio da dignidade humana. Assim, mais importante do que a criação de novas categorias de tutela, é reconhecer a necessidade de *in concreto*, verificar a forma mais adequada e ponderada de realização do preceito constitucional" (O conceito de hipervulnerabilidade é necessário para o Direito? In: TEIXEIRA, Ana Carolina Brochado; MENEZES, Joyceane Bezerra de (Coord.). *Gênero, vulnerabilidade e autonomia*: repercussões jurídicas. Indaiatuba: Foco, 2020, p. 99).
73. Ou balanceamento, como é conhecida na língua inglesa (*balancing*) e italiana (*bilanciamento*).
74. Por todos, cf. BARROSO, Luís Roberto. *Curso de direito constitucional contemporâneo*, cit., pp. 333-334; e, ainda, BARCELLOS, Ana Paula de. *Ponderação, racionalidade e atividade jurisdicional*, cit., pp. 31-33, que afirma ser a ponderação uma "alternativa à subsunção".
75. ALEXY, Robert. *A theory of constitutional rights*. New York: Oxford University Press, 2010, p. 47.

sua vez, ditos "mandados de otimização", aplicar-se-iam de modo diverso, permitindo a ponderação que um princípio prevalecesse sobre outro que lhe fosse antagônico sem a necessidade de eliminar nenhum deles.[76] Um princípio, assim, pode ceder espaço ao outro que lhe seja contrário, mas ambos incidem, em maior ou menor grau, sobre a *fattispecie* concreta.[77] Por força dessa distinção, convencionou-se afirmar que a ponderação seria a técnica de solução adequada aos chamados *hard cases*[78] (casos que apenas poderiam ser solucionados pela aplicação de princípios, potencialmente colidentes). A todos os demais casos, ditos "simples", seria possível chegar a uma solução por meio da subsunção.

É justamente esse cabimento restrito da técnica da ponderação que se mostra dissonante da metodologia acima exposta de interpretação-aplicação do direito. Partindo-se do pressuposto de que o ordenamento, complexo em suas fontes, deve ser sempre compreendido de modo unitário e aplicado como um todo coerente ao caso concreto, necessariamente compreender-se-á que todos os casos exigem a harmonização dos muitos valores, princípios e regras potencialmente conflituosos do sistema. Afirmar a unidade e a coerência de um ordenamento complexo implica um esforço diuturno (e não meramente esporádico) de compatibilização das normas que o compõem. Assim, pode-se afirmar que, para a metodologia civil-constitucional, todos os casos são, na acepção dos autores constitucionalistas, casos difíceis.[79] Com efeito, a solução do caso não é obtida exclusivamente pela aplicação de uma regra ou de um princípio, mas pela construção do ordenamento do caso concreto. Perde o sentido, assim, a dicotomia entre casos fáceis solucionáveis por regras que se subsumem e casos difíceis solucionados por princípios que se ponderam. No mínimo, seria necessário dizer que é preciso ponderar princípios sempre, uma vez que todo ordenamento do caso concreto é composto por princípios potencialmente colidentes. Portanto, "ponderação", no sentido de compatibilização de princípios, traduz um procedimento presente em toda interpretação-aplicação do direito.[80]

---

76. Em interessante metáfora, afirma Luís Roberto BARROSO: "A subsunção é um quadro geométrico, com três cores distintas e nítidas. A ponderação é uma pintura moderna, com inúmeras cores sobrepostas, algumas se destacando mais do que outras, mas formando uma unidade estética" (*Curso de direito constitucional contemporâneo*, cit., p. 334).

77. A doutrina especializada registra que a decisão oriunda da ponderação deve respeitar o núcleo dos direitos fundamentais envolvidos (suas prerrogativas essenciais), embora persista controvérsia quanto à existência *a priori* de um núcleo duro e intangível ou a flexibilidade desse núcleo, definido apenas após ponderação em concreto (BARCELLOS, Ana Paula de. *Ponderação, racionalidade e atividade jurisdicional*, cit., pp. 139-146).

78. A respeito, cf. DWORKIN, Ronald. *Taking rights seriously*. Cambridge: Harvard University Press, 1978, pp. 81 e ss.

79. E mesmo na filosofia jurídica a noção de casos fáceis é reputada artificial. Aduz, a respeito, Lênio STRECK: "casos fáceis [...] são aqueles que demandam respostas corretas que não são discutidas; casos difíceis são aqueles nos quais é possível propor mais de uma resposta correta 'que se situe dentro das margens permitidas pelo direito positivo'. Mas pergunto: como definir 'as margens permitidas pelo direito positivo'? Como isso é feito? A resposta que a teoria da argumentação jurídica parece dar é: partir de raciocínios em abstrato, *a priori*, como se fosse, primeiro, interpretar e, depois, aplicar..." (Hermenêutica, Constituição e autonomia do direito, cit., p. 70).

80. A viva discussão doutrinária sobre a possibilidade de se ponderarem regras parece, nessa perspectiva, um falso problema. Talvez por essa razão afirme Humberto ÁVILA: "a ponderação diz respeito tanto aos princípios quanto às regras, na medida em que qualquer norma possui um caráter provisório que poderá ser ultrapassado por razões havidas como mais relevantes pelo aplicador diante do caso concreto" (*Teoria dos princípios*: da definição à aplicação dos princípios jurídicos. São Paulo: Malheiros, 2005, p. 50).

De outra parte, a noção de ordenamento do caso concreto correlaciona-se com a expectativa de que a ordem jurídica, ao final do processo hermenêutico, seja capaz de fornecer uma *única solução adequada* ao caso.[81] A crença na possibilidade de mais de uma solução decorria, para muitos autores positivistas, do simples reconhecimento da complexidade do sistema[82] – e é por força dessa complexidade que se tem afirmado contemporaneamente que aplicar o direito corresponde a interpretá-lo. Sob a ótica da subsunção, na qual a aplicação do direito acontecia em momento posterior à interpretação e dispensaria fundamentação, era possível cogitar de mais de uma solução extraível da norma e à escolha do julgador; quando se compreende que o ordenamento se interpreta de modo unitário, a solução mais adequada surge ao final do processo hermenêutico; só se pode identificar, assim, qual é a resposta "certa" no exato momento de sua aplicação, porque esta não acontece em separado da interpretação.

Nessa perspectiva, aliás, resta claro que a técnica da ponderação como mecanismo de solução de casos em que dois princípios indicam soluções antagônicas corresponde, no conceito da doutrina constitucionalista, *mutatis mutandis*, a uma espécie de subsunção qualificada: tratar-se-ia de um procedimento para harmonizar a complexidade do ordenamento (em casos não solucionáveis pelo mecanismo do "tudo-ou-nada") após o qual seria possível aplicar ao caso concreto o equilíbrio encontrado entre os princípios originalmente colidentes como se fosse uma premissa maior – lógica que não dista do raciocínio silogístico.[83] Em outras palavras, a ponderação funcionaria como uma forma mais complexa de se encontrar a premissa maior, exigida por determinados casos, ditos difíceis. Semelhante postura hermenêutica não traduz, como se vê, uma superação da subsunção, padecendo das mesmas críticas que o direito civil-constitucional dirige a esta última.

As considerações anteriores não implicam, cumpre ressaltar, que a ponderação não ocorra na metodologia civil-constitucional, mas, ao contrário, que ela ocorre, a rigor, o tempo todo.[84] Não são, em outros termos, excepcionais ou especiais as hipóteses em que é necessário compatibilizar princípios – o intérprete o faz o tempo todo. [85] Reconhecida

---

81. A crença em uma única resposta certa apenas se torna possível em uma hermenêutica unificada pelos valores constitucionais: "é a partir da hermenêutica filosófica que se falará da possibilidade de respostas corretas ou, se assim for almejado, de respostas hermeneuticamente adequadas à Constituição (portanto, sempre será possível dizer que uma coisa é certa e outra é errada [...])" (STRECK, Lênio. Hermenêutica, Constituição e autonomia do direito, cit., p. 69). O positivismo, por outro lado, vinculava-se à possibilidade de múltiplas respostas (o.l.u.c.).

82. Ilustrativamente, LARENZ associava o termo "ponderação" à impossibilidade de se obter uma resposta única por subsunção: "Que se recorra pois a uma ponderação de bens no caso concreto é na verdade, como se fez notar, precisamente consequência de que não existe uma ordem hierárquica de todos os bens e valores jurídicos em que possa ler-se o resultado como numa tabela" (*Metodologia da ciência do direito*, cit., pp. 575-576).

83. A convertibilidade da ponderação de princípios em uma subsunção é reconhecida, dentre outros, por José Juan MORESO, que considera a racionalidade subsuntiva "um pressuposto necessário" à justificação das decisões (Conflitti tra princìpi costituzionali. *Diritto & questioni pubbliche*, n. 2, ago/2002, p. 33).

84. O que se poderia afirmar, aliás, de toda metodologia de interpretação, como ressalta Giorgio PINO: "é possível afirmar que uma tal lógica de balanceamento esteja subjacente a qualquer atividade interpretativa, posto que toda técnica interpretativa pressupõe uma reconstrução [...] ou uma proposta de individuação de uma possível *ratio legis*" (*Diritti fondamentali e ragionamento giuridico*. Torino: G. Giappichelli, 2008, p. 100. Tradução livre).

85. O reconhecimento da força normativa dos princípios, neste ponto, talvez tenha apresentado à hermenêutica constitucional um problema semelhante àquele que o direito civil há muito enfrenta com os conflitos entre regras contemporâneas que apresentem igual hierarquia e especialidade. Nesses conflitos, já observava Norberto BOBBIO, "poderíamos quase falar de um autêntico poder discricionário do intérprete, ao qual cabe resolver o conflito

essa ressalva, toda a técnica relacionada ao balanceamento revela-se de grande utilidade ao hermeneuta.[86] Tampouco significa que a metodologia civil-constitucional não conheça, por analogia à teoria da ponderação, casos mais difíceis (no sentido de ensejarem um tipo ainda mais árduo de fundamentação a ser realizada pelo intérprete). Simplesmente a dificuldade nunca consistirá na impossibilidade de resolução de determinado caso por subsunção (uma impossibilidade permanente), mas em características de outra ordem. Como se afirmou anteriormente, o dever de fundamentação das decisões se torna cada vez mais relevante no direito contemporâneo, justamente porque nestes casos, abertos à escolha do juiz, os limites impostos pela *legalidade constitucional* ao julgador mostram-se imprescindíveis. Vale, assim, tecer algumas considerações sobre o conceito contemporâneo de legalidade no direito civil.

Como é sabido, o ambiente revolucionário especialmente favorável ao advento do Código Civil francês em 1804 identificava na codificação a possibilidade de criar um espaço de atividade negocial privada infensa às intervenções estatais. A aspiração de reunir toda a disciplina das relações civis em um único corpo normativo, para além de sua base filosófica iluminista, buscava isolar as atividades privadas em um setor específico (consolidando a *summa divisio* entre direito público e privado, que perduraria de forma inflexível por mais de um século), de modo a demarcar um âmbito de autonomia individual tão amplo quanto possível, sobre o qual o Estado liberal não deveria intervir, salvo em momentos patológicos. Da maior relevância para a consolidação deste cenário foi a concepção que se convencionou denominar *princípio da legalidade*. De um lado, a garantia de uma legalidade oponível ao Estado contribuía para restringir seu espectro de atuação ao que determinara a vontade majoritária da classe que gozava de participação política à época – justamente, o homem burguês, contratante e proprietário, ao qual se dirigia o próprio Código Civil como sujeito de direitos. Delineava-se, nesta lógica, aquela consequência das revoluções liberais que resultaria, na célebre síntese de John Adams, em um governo de leis, e não de homens.[87] Por outro lado, o desenvolvimento da noção de legalidade contribuiu para o fortalecimento da distinção entre direito público e privado, na medida em que se atribuíram ao princípio conteúdos distintos conforme se tratasse de relações entre particulares ou relações com a participação do Estado.

A legalidade no direito civil constituía, assim, a afirmação de uma liberdade apresentada na forma de controle. Afirmar que a atividade particular encontrava limites apenas na ilicitude (vale dizer, na contrariedade à expressa disposição legal) implicava afirmar, por via de consequência, que nenhum outro limite além da própria lei se aplicava

---

segundo a oportunidade" (*Teoria do ordenamento jurídico*. Brasília: UnB, 1995, p. 100). Em tais casos, "aquilo a que tende o intérprete comumente não é mais à eliminação das normas incompatíveis, mas, preferentemente, à eliminação da incompatibilidade" (p. 102). Essa solução, que o direito constitucional tem alcançado com a ponderação, parece, na verdade, mais simples em matéria de princípios, justamente porque sua textura aberta facilita sua compatibilização.

86. Afirma Pietro PERLINGIERI que, em um sistema "caracterizado axiologicamente, a interpretação e a consequente qualificação não podem mais prescindir dos normais instrumentos de integração, de adequação e de balanceamento" (Applicazione e controllo, cit., p. 321. Tradução livre).

87. No original, "*a government of laws not men*". A frase, publicada na obra *Novanglus (or A History of the Dispute with America from its Origin, in 1754, to the Present Time)* em 1775, seria inserida posteriormente na Constituição de Massachussets de 1779, da qual Adams foi o principal redator.

a ela. A segunda metade do século XIX e o começo do século XX trariam, porém, uma significativa mudança a este panorama. O reconhecimento (pioneiramente feito pelos tribunais franceses) de que certas condutas estruturalmente lícitas contrariavam, na locução de Louis Josserand, o *espírito do direito* no momento de seu exercício, permitiu a construção da figura do abuso do direito e criou uma nova instância de controle valorativo das atividades privadas.[88] A concepção de abuso seria, assim, possivelmente, a maior responsável por inaugurar no direito civil uma nova forma de análise das prerrogativas individuais, não mais estática e estrutural como aquela pressuposta pela licitude, mas dinâmica (aplicada ao momento do exercício da situação subjetiva) e funcional. Se a autonomia privada continua sendo um princípio basilar do direito civil, seu controle negativo (repressivo) apenas se justifica com a demonstração de que certo ato de autonomia causou uma afronta ao ordenamento.[89]

Nesse cenário, tão ínsito ao próprio raciocínio do civilista é esse controle valorativo da autonomia privada que não causa qualquer surpresa o uso frequente da expressão "merecimento de tutela" para traduzir esse tipo de julgamento. Afirma-se com frequência que certa pretensão é merecedora de tutela quando se deseja indicar sua compatibilidade com o sistema e, assim, concluir que os efeitos jurídicos pretendidos merecem ser albergados pelo ordenamento.[90] Em sentido lato, de fato, a noção de merecimento de tutela representa justamente o reconhecimento de que a eficácia de certa conduta particular é compatível com o sistema e, por isso, deve ser protegida; trata-se, como se vê, de uma consequência necessária da constatação de que certo ato é lícito do ponto de vista estático ou estrutural e, em perspectiva dinâmica ou funcional, não é abusivo (não constitui o exercício disfuncional de uma situação jurídica).[91]

Existiria, porém, um sentido estrito para a expressão *merecimento de tutela*, independente das noções de licitude e não abusividade? Onde se poderia buscar esse sentido? O legislador brasileiro não faz uso da locução. De fato, a principal referência que se tem dela repousa no Código Civil italiano – diploma que, por seu turno, exerceu enorme influência sobre a codificação brasileira de 2002 –, no âmbito da disciplina dos contratos atípicos: "*Art. 1.322. 'Autonomia contrattuale'.* [...] *Le parti possono anche concludere contratti che non appartengono ai tipi aventi una disciplina particolare, purché siano diretti a realizzare interessi meritevoli di tutela secondo l'ordinamento giuridico*".[92] Não à toa, a

---

88. Cf. JOSSERAND, Louis. *De L'esprit des droits et de leur rélativité*. Paris: Dalloz, 1927.
89. Contemporaneamente, poder-se-ia dizer, simplesmente, uma afronta à legalidade constitucional.
90. Alude-se difusamente a direitos "merecedores de tutela legal" ou a pretensões "merecedoras de tutela judicial". Vejam-se alguns usos da expressão em fragmentos de acórdãos do Superior Tribunal de Justiça: "ausente a presença do consumidor, não se há falar em relação merecedora de tutela legal especial [...]" (2ª S., CC 46747/SP, Rel. Min. Jorge Scartezzini, julg. 8.3.2006); "embora seja uma abstração enquanto entidade jurídica [...] a empresa merece tutela jurídica própria" (2ª T., REsp. 594.927, Rel. Min. Franciulli Neto, julg. 4.2.2004). "A antevisão de possíveis atentados aos direitos de outrem é sempre merecedora de tutela jurisdicional [...]" (5ª. T., HC 24.817, Rel. Min. José Arnaldo da Fonseca, julg. 10.12.2002); "Contrato de parceria rural [...] não tem por objeto, aliás, direito indígena, merecedor de tutela através da Justiça Federal" (2ª S., CC 3585, Rel. Min. Athos Gusmão Carneiro, julg. 10.3.1993).
91. A respeito, seja consentido remeter a SOUZA, Eduardo Nunes de. Abuso do direito: novas perspectivas entre a licitude e o merecimento de tutela, cit., pp. 66 e ss.
92. Em tradução livre: "Art. 1.322. Autonomia contratual. [...] As partes podem ainda concluir contratos que não pertencem aos tipos detentores de uma disciplina particular, desde que estejam dirigidas a realizar interesses merecedores de tutela segundo o ordenamento jurídico".

menção ao merecimento de tutela está no dispositivo atinente à manifestação mais simbólica da autonomia privada: o poder criativo que têm as partes de celebrarem contratos não previstos em lei.

O dispositivo do *Codice* busca subordinar a possibilidade da celebração de contratos atípicos no ordenamento italiano à demonstração de que tais contratos se prestam à realização de interesses merecedores de tutela. Afirma-se, nesse sentido, que os tipos contratuais previstos em lei já teriam sido aprovados em uma valoração prévia do legislador, ao passo que, se a causa contratual não corresponder à previsão típica, esta valoração ainda teria de ser feita, para que se pudessem tutelar os efeitos negociais.[93] A doutrina italiana, no entanto, costuma atribuir usos mais diversificados à expressão. Ilustrativamente, Pietro Perlingieri afirma: "Para receber um juízo positivo o ato deve ser também merecedor de tutela"; e conclui: "não basta, portanto, negativamente, a não invasão de um limite de tutela, mas é necessário, positivamente, que o fato possa ser representado como realização prática da ordem jurídica de valores, como desenvolvimento coerente de premissas sistemáticas colocadas na Carta Constitucional".[94]

Os já mencionados juízos de licitude e não abusividade constituíram, por muito tempo, o conteúdo da noção de legalidade (entendida como o limite imposto pelo Direito para o exercício de prerrogativas particulares). Estas duas instâncias valorativas construíram um sistema de controle predominantemente negativo, compatível com a lógica tradicional que sempre visualizou no direito uma função repressiva e prescritiva de condutas. A evolução do pensamento jurídico exigiria, porém, uma nova mudança nesse sistema, para acomodar o que se passou a denominar *função promocional do direito*.[95] De fato, com a afirmação dos direitos sociais e a superação do Estado liberal clássico, passou-se a compreender que o direito também poderia funcionar como um veículo de promoção de valores socialmente relevantes, incentivando e, muitas vezes, postando-se à frente de importantes mudanças sociais em direção aos valores do ordenamento. Nesse contexto, não basta mais que certo ato se apresente conforme ao Direito, sendo igualmente necessário que se revele *merecedor de tutela* – o que equivale a dizer que as situações jurídicas subjetivas não se encontram mais limitadas apenas por critérios negativos (repressivos) de controle, mas são valoradas positivamente pelos princípios do ordenamento (em uma perspectiva promocional). Não à toa, afirma-se contemporaneamente que o conceito atual de legalidade no direito privado corresponde à noção de merecimento de tutela. Sustenta Pietro Perlingieri: *"Per l'atto di autonomia negoziale, il*

---

93. Sobre o ponto, permita-se a remissão a SOUZA, Eduardo Nunes de. De volta à causa contratual, cit., p. 21.
94. PERLINGIERI, Pietro. *O direito civil na legalidade constitucional*, cit., p. 650. Remata o autor: "Se o ordenamento italiano se colocasse como objetivo apenas a tutela das situações adquiridas e das liberdades e os limites a tais liberdades fossem considerados exceção, então as liberdades deveriam prevalecer de qualquer forma, como expressões de um princípio-valor. [...] O ato negocial é válido não tanto porque desejado, mas se, e apenas se, destinado a realizar, segundo um ordenamento fundado no personalismo e no solidarismo, um interesse merecedor de tutela" (Ibid., pp. 370-371).
95. A expressão foi consagrada por Norberto BOBBIO: "Nas constituições pós-liberais, ao lado da função de tutela ou garantia, aparece, cada vez com maior frequência, a função de promover" (A função promocional do direito. *Da estrutura à função*. São Paulo: Manole, 2007, p. 13).

controllo di legalità assume quindi i contorni di un diversificato controllo di meritevolezza che abbia conto particolarmente della sua precipua funzione e del suo oggetto".[96]

Que sentido se poderia atribuir a esse significado contemporâneo de legalidade? O próprio autor sinaliza, no trecho citado, que a noção de legalidade passa a levar em conta também o aspecto funcional, para além da perspectiva simplesmente estrutural que era associada à noção de "conformidade à lei". O desenvolvimento da teoria do abuso do direito, porém, já havia realizado esta evolução, ao demonstrar que é vedado pelo ordenamento o exercício disfuncional de situações jurídicas subjetivas, ainda quando em conformidade com uma estrutura legalmente válida. A atual definição da legalidade como merecimento de tutela, portanto, sugere uma nova evolução conceitual, que vá além da vedação ao ilícito e ao abuso. Essa evolução parece ser justamente aquela que acrescentou à função repressiva do direito uma função promocional. Em outras palavras, afirmar que a legalidade corresponde, hoje, ao merecimento de tutela indica que não se preveem apenas limites à autonomia privada na forma de vedações, mas também preferências conferidas aos atos de autonomia que promovam especialmente valores juridicamente relevantes – eis aí o *mérito*, maior que a simples *conformidade* (estrutural e funcional) ao sistema, que pode apresentar o exercício privado.[97]

De fato, pode acontecer que dois atos particulares sejam indubitavelmente lícitos e não abusivos, mas, ainda assim, encontrem-se, no caso concreto, em rota de colisão, de tal modo que o exercício de um não se compatibilize com o de outro. É justamente neste ponto, quando já se verificou que não há ilicitude nem abuso de nenhuma das partes, e ainda assim um novo juízo valorativo precisa incidir sobre tais atos (de modo a solucionar a controvérsia concreta, decidindo-se qual deles irá prevalecer), que se revela especialmente útil o juízo de merecimento de tutela. Trata-se de verdadeiros *hard cases*, nos quais a decisão buscará proteger primordialmente o ato que se reputar mais promovedor dos valores do ordenamento, e apenas por via transversa negará tutela jurídica ao outro ato, apenas na medida em que for inevitável que ambos convivam. Esse sentido estrito para a expressão "merecimento de tutela", que não é unívoco nem mesmo entre os autores do direito civil-constitucional (muitos dos quais costumam empregar a locução em acepção lata, para descrever qualquer tipo de juízo funcional), foi objeto de ulterior desenvolvimento em outra sede[98] e não comportaria maior detalhamento neste estudo. Contudo, a análise profundamente funcional ora descrita, composta a um só tempo dos escopos repressivo e promocional do Direito, e sua equiparação ao sentido contemporâneo de legalidade são, sem dúvida, marcas do pensamento civil-constitucional.

---

96. PERLINGIERI, Pietro. Il diritto di legalità nel diritto civile. *Rassegna di diritto civile*. Anno 31, n. 1. Milano: ESI, 2010, p. 187.
97. Com efeito, a própria semântica da expressão "merecimento de tutela" permite inferir que não se trata do simples não descumprimento da lei; um ato *merecedor* de tutela deve trazer um significado adicional, um mérito a mais, promovendo ativamente valores em vez de apenas não violá-los. Segundo o Dicionário Houaiss, "merecimento" significa, dentre outros sentidos, "aquilo que empresta valor a algo; aquilo que há de bom, vantajoso, admirável ou recomendável" em algo. Entre o antigo conceito de legalidade e o atual merecimento de tutela há, assim, uma distância semelhante àquela entre o correto e o recomendável.
98. A propósito, permita-se a remissão a SOUZA, Eduardo Nunes de. Merecimento de tutela: a nova fronteira da legalidade no direito civil, cit., passim.

5. SÍNTESE CONCLUSIVA

A adesão, ainda quando parcial, de intérpretes de diferentes orientações a algumas das premissas do direito civil-constitucional, assim como a convivência dessa escola de pensamento com correntes hermenêuticas as mais diversas, consistem em circunstâncias absolutamente salutares e indispensáveis ao aprimoramento da própria metodologia. É da lição de Pietro Perlingieri que se extrai, aliás, a relevância do diálogo com critérios interpretativos oferecidos por outras escolas hermenêuticas, desde o dogmatismo até o pragmatismo, desde a análise sociológica até a análise econômica – todas são capazes de oferecerem subsídios úteis, mesmo ao intérprete mais convicto da corrente civil-constitucional. Esclarece o autor que, essencial, nesse particular, é a consciência do intérprete acerca da complexidade de seu ofício e da natureza essencialmente política da escolha do método a seguir, a ser situado na historicidade e relatividade do contexto social em que se encontra inserido.[99] Ao jurista, contudo, que afirme filiar-se ao direito civil-constitucional não basta a autodeclaração – sob pena de se perpetuarem ainda mais as muitas incompreensões hoje difundidas acerca da metodologia, em grave prejuízo ao diálogo, sempre indispensável, entre as diversas escolas de pensamento. Um estudo efetivamente compromissado com as premissas civil-constitucionais terá sempre consciência da complexidade do sistema de fontes normativas, a qual compreenderá como equacionável apenas à luz do caso concreto e a partir do prisma axiológico oferecido pela Constituição. Seguirá, assim, uma abordagem (não exclusivamente, mas sempre precipuamente) funcional, que não proponha soluções definitivas em abstrato, mas, ao contrário, valorize as peculiaridades do caso concreto e a interferência recíproca que elas mantêm com o dado normativo. Compreenderá, ainda, a subsunção apenas como um momento possível do processo hermenêutico, sempre insuficiente para fundamentar qualquer procedimento de interpretação do direito civil – que, dado seu viés eminentemente aplicativo, somente se completa na individuação da normativa do caso concreto, cuja compatibilidade com a lógica e a axiologia do sistema deve sempre colocar à prova, em todos os casos, ante a inexistência de uma clareza *a priori* do conteúdo de qualquer norma.

Ainda quando conduza aos mesmos resultados práticos que seriam obtidos por metodologias mais tradicionais, fundadas na simples subsunção e na análise estrutural do direito (o que ocorrerá com frequência, já que, ordinariamente, o juízo valorativo abstrato empreendido pelo legislador ao editar a norma conduz a resultados sistematicamente coerentes no momento aplicativo), esse procedimento, ao exigir o diuturno exame de compatibilidade lógica e axiológica da normativa aplicável, é o único capaz de garantir o cumprimento permanente do projeto constitucional, de restaurar a unidade do sistema mesmo quando concorrem fontes potencialmente antagônicas, e de permitir a efetiva aplicação da integralidade do ordenamento ao caso concreto. Em qualquer

---

99. "O que essencialmente se exige de um jurista é a coerência com o método adotado. O confronto depois, sobre qual seja o método mais adequado para abordar o assunto, é um discurso aberto sobre o qual ninguém possui, em um certo sentido, a verdade" (*O direito civil na legalidade constitucional*, cit., p. 88). Remata o autor: "Não existe para o jurista uma fórmula obrigatória de pensar: quem cria tem um método mesmo que não tenha consciência disso. A reflexão sobre o método não é tanto reflexão sobre a escolha, quanto a consciência da escolha e dos resultados que a sua concretização comporta. É nesse sentido que a ciência e a metodologia se envolvem reciprocamente" (Ibid., p. 124).

caso, estará o intérprete adstrito aos limites da legalidade constitucional, aplicará os valores inseridos no âmago do sistema jurídico por escolha do próprio legislador e jamais deixará de atentar à norma positiva, ainda quando precise afastar sua incidência, seja por verificar sua incompatibilidade total ou parcial com a Constituição já no plano abstrato (inconstitucionalidade, interpretação conforme, declaração sem redução de texto etc.), seja, ainda, por verificar que a norma, conquanto válida, poderia conduzir um resultado inconstitucional no caso concreto. E, ao efetuar a filtragem constitucional da norma ordinária, poderá aplicar diretamente as disposições da Constituição ao caso, quando não for possível a eficácia dita "indireta" (a rigor, ainda e sempre aplicação da norma constitucional).

Em todas as hipóteses, uma abordagem civil-constitucional observará seu ônus argumentativo, e mais ainda quando estiver em causa a não aplicação de uma norma que, do ponto de vista abstrato, seria vocacionada a regular o caso. Para esse fim, poderá lançar mão dos critérios desenvolvidos pela doutrina e pela jurisprudência, embora consciente de que mesmo tais parâmetros são flexíveis e sofrem influência dos elementos fáticos concretamente observados. Considerará sempre a complexidade do sistema, ponderando os valores e interesses em jogo, sem ocultar-se por detrás da lógica microssistemática ou da alegação de uma falsa segurança jurídica proporcionada pela subsunção. E, quando decidir com base em um princípio constitucional (em lugar de uma norma ordinária), não o fará porque tenha preferido invocar, de forma vazia, determinado valor e ignorar as escolhas efetuadas pelo legislador para a matéria, mas sim porque levou em consideração o teor da norma positiva e muito mais: aplicou ao caso o inteiro sistema jurídico em sua complexidade, levando em conta regras e princípios, valores e interesses potencialmente contraditórios, até individuar a normativa sistematicamente adequada ao caso concreto.

6. REFERÊNCIAS

ALEXY, Robert. *A theory of constitutional rights*. New York: Oxford University Press, 2010.

ÁVILA, Humberto. *Teoria dos princípios*: da definição à aplicação dos princípios jurídicos. São Paulo: Malheiros, 2005.

BARCELLOS, Ana Paula de. *Ponderação, racionalidade e atividade jurisdicional*. Rio de Janeiro: Renovar, 2005.

BARROSO, Luís Roberto. *Curso de direito constitucional contemporâneo*: os conceitos fundamentais e a construção do novo modelo. São Paulo: Saraiva, 2009.

BARROSO, Luís Roberto. Judicialização, ativismo judicial e legitimidade democrática. *Seleções jurídicas*, n. 5/2009.

BARROSO, Luís Roberto; MELLO, Patrícia Perrone Campos. O papel criativo dos tribunais: técnicas de decisão em controle de constitucionalidade. *Ajuris*, n. 146. Porto Alegre: jun./2019.

BENJAMIN, Antonio Herman; MARQUES, Claudia Lima; BESSA, Leonardo Roscoe. *Manual de direito do consumidor*. São Paulo: Ed. RT, 2009.

BESSA, Leonardo Roscoe. *Aplicação do Código de Defesa do Consumidor*: análise crítica da relação de consumo. Brasília: Brasília Jurídica, 2007.

BOBBIO, Norberto. A função promocional do direito. *Da estrutura à função*. Barueri: Manole, 2007.

BOBBIO, Norberto. *Teoria do ordenamento jurídico*. Brasília: UnB, 1995.

BODIN DE MORAES, Maria Celina. A caminho de um direito civil-constitucional. *Direito, Estado e Sociedade*, v. I. Rio de Janeiro: PUC-Rio, 1991.

BODIN DE MORAES, Maria Celina. Do juiz boca-da-lei à lei segundo a boca-do-juiz: notas sobre a aplicação-interpretação do direito no início do século XXI. *Revista de Direito Privado*, v. 56. São Paulo: Ed. RT, out.-dez./2013.

BODIN DE MORAES, Maria Celina. O conceito de dignidade humana: substrato axiológico e conteúdo normativo. In: SARLET, Ingo W. (Org.). *Constituição, direitos fundamentais e direito privado*. Porto Alegre: Livraria do Advogado, 2003.

BODIN DE MORAES, Maria Celina. O jovem direito civil-constitucional. Editorial. *Civilistica.com*. Rio de Janeiro, a.1, n. 1, jul.-set./2012.

BODIN DE MORAES, Maria Celina. O princípio da solidariedade. *Na medida da pessoa humana*. Rio de Janeiro: Renovar, 2010.

BODIN DE MORAES, Maria Celina. Prefácio. *Na medida da pessoa humana*. Rio de Janeiro: Renovar, 2010.

BONAVIDES, Paulo. *Curso de direito constitucional*. 15. ed. São Paulo: Malheiros, 2004.

DE PAGE, Henri. *Traité élémentaire de droit civil belge*, v. I. Bruxelles: Émile Bruylant, 1948.

DWORKIN, Ronald. *Taking rights seriously*. Cambridge: Harvard University Press, 1978.

ENGISCH, Karl. *Introdução ao pensamento jurídico*. Lisboa: Calouste Gulbenkian, 2001.

FACHIN, Luiz Edson. *Direito civil*: sentidos, transformações e fins. Rio de Janeiro: Renovar, 2015.

GADAMER, Hans-Georg. *Verdade e método*. Petrópolis: Vozes, 1999.

GIORGIANNI, Michele. O direito privado e as suas atuais fronteiras. *Revista dos Tribunais*, n. 747. São Paulo: Ed. RT, 1998.

GRAU, Eros. *Ensaio e discurso sobre a interpretação/aplicação do direito*. São Paulo: Malheiros, 2005.

HESSE, Konrad. *A força normativa da Constituição*. Trad. Gilmar Ferreira Mendes. Porto Alegre: Sergio Antonio Fabris, 1991.

HESSE, Konrad. *Die normative Kraft der Verfassung*: Freiburger Antrittsvorlesung. Tübingen: Mohr, 1959.

IRTI, Natalino. *L'età della decodificazione*. *Revista de Direito Civil*, v. 10. São Paulo: Ed. RT, out.-dez./1979.

JAYME, Erik. *Recueil des cours*: collected courses of the Hague Academy of International Law, t. 251. The Hague/Boston/London: Martinus Nijhoff, 1996.

JOSSERAND, Louis. *De L'esprit des droits et de leur rélativité*. Paris: Dalloz, 1927.

KAHNEMAN, Daniel. *Thinking – Fast and Slow*. New York: Farrar, Stratus and Giroux, 2011.

KONDER, Carlos Nelson. Apontamentos iniciais sobre a contingencialidade dos institutos de direito civil. In: MONTEIRO FILHO, Carlos Edison do Rêgo; GUEDES, Gisela Sampaio da Cruz Costa; MEIRELES, Rose Melo Vencelau (Org.). *Direito civil*, v. II. Rio de Janeiro: Freitas Bastos, 2015.

KONDER, Carlos Nelson. Distinções hermenêuticas da constitucionalização do direito civil: o intérprete na doutrina de Pietro Perlingieri. *Revista da Faculdade de Direito da UFPR*, v. 60, n. 1. Curitiba: jan.-abr./2015

KONDER, Carlos Nelson. Princípios contratuais e exigência de fundamentação das decisões: boa-fé e função social do contrato à luz do CPC/2015. *Opinião Jurídica*, a. 14, n. 19. Fortaleza: jul.-dez./2016.

KONDER, Carlos Nelson. Qualificação e coligação contratual. *Revista Jurídica Luso-Brasileira*, a. 4, n. 1, 2018.

KONDER, Carlos Nelson; KONDER, Cíntia Muniz de Souza. O conceito de hipervulnerabilidade é necessário para o Direito? In: TEIXEIRA, Ana Carolina Brochado; MENEZES, Joyceane Bezerra de (Coord.). *Gênero, vulnerabilidade e autonomia*: repercussões jurídicas. Indaiatuba: Foco, 2020.

LARENZ, Karl. *Metodologia da ciência do direito*. Lisboa: Calouste Gulbenkian, 2012.

MAXIMILIANO, Carlos. *Hermenêutica e aplicação do direito*. Rio de Janeiro: Forense, 1980.

MORESO, José Juan. Confliti tra princìpi costituzionali. *Diritto & questioni pubbliche*, n. 2, ago/2002.

PERLINGIERI, Pietro. Applicazione e controllo nell'interpretazione giuridica. *Rivista di Diritto Civile*, a. LVI, n.1. Padova: CEDAM, jan-fev/2010.

PERLINGIERI, Pietro. *Il diritto civile nella legalità costituzionale secondo il sistema italo-comunitario delle fonti*. 3. ed. Napoli: ESI, 2006 [1. ed. 1983].

PERLINGIERI, Pietro. Il diritto di legalità nel diritto civile. *Rassegna di diritto civile*. Anno 31, n. 1. Milano: ESI, 2010.

PERLINGIERI, Pietro. *O direito civil na legalidade constitucional*. Trad. Maria Cristina de Cicco. Rio de Janeiro: Renovar, 2008.

PERLINGIERI, Pietro. *Perfis do direito civil*. 3. ed. Trad. Maria Cristina de Cicco. Rio de Janeiro: Renovar, 2007 [1. ed. 1997].

PERLINGIERI, Pietro. *Profili del diritto civile*. 3. ed. Napoli: ESI, 1996 [1. ed. 1975].

PINO, Giorgio. *Diritti fondamentali e ragionamento giuridico*. Torino: G. Giappichelli, 2008.

RODOTÀ, Stefano. Ideologie e tecniche della riforma del diritto civile. *Rivista di diritto commerciale*, v. LXV, 1967.

RODOTÀ, Stefano. Il tempo delle clausole generali. *Rivista Critica di Diritto Privato*. Napoli: Jovene, 1987.

SARLET, Ingo. *Dignidade da pessoa humana e direitos fundamentais na Constituição Federal de 1988*. Porto Alegre: Livraria do Advogado, 2001.

SCHMITT, Cristiano Heineck. *Consumidores hipervulneráveis*: a proteção do idoso no mercado de consumo. São Paulo: Atlas, 2014.

SCHREIBER, Anderson; KONDER, Carlos Nelson. Uma agenda para o direito civil-constitucional. *Revista Brasileira de Direito Civil*, v. 10. Belo Horizonte: Fórum, out.-dez./2016.

SILVA, Rodrigo da Guia. Um olhar civil-constitucional sobre a 'inconstitucionalidade no caso concreto'. *Revista de Direito Privado*, v. 73. São Paulo: Ed. RT, jan./2017.

SOUZA, Eduardo Nunes de. Abuso do direito: novas perspectivas entre a licitude e o merecimento de tutela. *Revista Trimestral de Direito Civil*, v. 50. Rio de Janeiro: Padma, abr.-jun./2012.

SOUZA, Eduardo Nunes de. De volta à causa contratual: aplicações da função negocial nas invalidades e nas vicissitudes supervenientes do contrato. *Civilistica.com*. Rio de Janeiro, a. 8, n. 2, 2019.

SOUZA, Eduardo Nunes de. Em defesa do nexo causal: culpa, imputação e causalidade na responsabilidade civil. In: SOUZA, Eduardo Nunes de; SILVA, Rodrigo da Guia (Coord.). *Controvérsias atuais em responsabilidade civil*: estudos de direito civil-constitucional. São Paulo: Almedina, 2018.

SOUZA, Eduardo Nunes de. Merecimento de tutela: a nova fronteira da legalidade no direito civil. *Revista de Direito Privado*, v. 58. São Paulo: Ed. RT, abr.-jun./2014.

SOUZA, Eduardo Nunes de. *Teoria geral das invalidades do negócio jurídico*: nulidade e anulabilidade no direito civil contemporâneo. São Paulo: Almedina, 2017.

SOUZA, Eduardo Nunes de; RODRIGUES, Cássio Monteiro. Tutela da vulnerabilidade contratual nas relações de economia do compartilhamento. *Pensar*, v. 25, n. 3. Fortaleza: UNIFOR, jul.-set./2020.

STRECK, Lênio. Hermenêutica, Constituição e autonomia do direito. *Revista de Estudos Constitucionais, Hermenêutica e Teoria do Direito*, v. 1, n. 1, jan.-jun./2009.

TARUFFO, Michele. Legalidade e justificativa da criação judiciária do direito. *Revista da EMASPE*, v. 6, n. 14. Recife: jul-dez/2001.

TEPEDINO, Gustavo. A aplicabilidade do Código Civil nas relações de consumo: diálogos entre o Código Civil e o Código de Defesa do Consumidor. In: LOTUFO, Renan; MARTINS, Fernando (Coord.). *20 anos do Código de Defesa do Consumidor*: conquistas, desafios e perspectivas. São Paulo: Saraiva, 2011.

TEPEDINO, Gustavo. As relações de consumo e a nova teoria contratual. *Temas de direito civil*, t. I. Rio de Janeiro: Renovar, 2008.

TEPEDINO, Gustavo. O Novo Código Civil: duro golpe na recente experiência constitucional brasileira. *Revista Trimestral de Direito Civil*, v. 7. Rio de Janeiro: Padma, 2001.

TEPEDINO, Gustavo. Premissas metodológicas para a constitucionalização do direito civil. *Revista da Faculdade de Direito da UERJ*, n. 5, 1997.

A RESPONSABILIDADE CIVIL E A CAPACIDADE JURÍDICA DAS PESSOAS COM DEFICIÊNCIAS PSÍQUICAS E/OU INTELECTUAIS

Francisco Luciano Lima Rodrigues

Doutor em Direito. Professor Titular do Programa de Pós-Graduação em Direito Constitucional Mestrado/Doutorado da Universidade de Fortaleza – UNIFOR. Desembargador do Tribunal de Justiça do Estado do Ceará.

José de Alencar Neto

Tabelião e Registrador Civil. Doutorando do Programa de Pós-Graduação em Direito Constitucional Mestrado/Doutorado da Universidade de Fortaleza – UNIFOR.

Sumário: 1. Introdução. 2. Pessoas com deficiências: cenário de discriminação e de exclusão social. 3. A capacidade jurídica das pessoas com deficiência psíquica e/ou intelectual após a convenção sobre os direitos das pessoas com deficiência. 4. A responsabilidade civil das pessoas com deficiência psíquica e/ou intelectual. 5. Conclusão. 6. Referências

1. INTRODUÇÃO

O cenário de preconceitos e de exclusão social no qual as pessoas com deficiência ainda estão imersas, é o mesmo no qual vigem a Convenção Internacional sobre os Direitos da Pessoa com Deficiência e o Estatuto brasileiro da Pessoa com Deficiência. As normas trouxeram avanços significativos para promoção da inclusão pela igualdade, mas ainda persiste a visão social capacitista.

Sob a perspectiva do modelo social de abordagem da deficiência, o sistema jurídico foi renovado por estas normas, cuja premissa central é a igualdade. Algumas mudanças já vinham sendo defendidas pela doutrina civilista, inclusive, a brasileira; enquanto outras, como o reconhecimento da capacidade jurídica, foram severamente enfrentadas.

Reconhecer a capacidade jurídica das pessoas com deficiência psíquica e/ou intelectual, entretanto, é garantir-lhes a possibilidade de praticar atos jurídicos da seara existencial e/ou da seara patrimonial. As críticas que se opõem concentram-se na ideia de que uma tal mudança afastará a dimensão protetiva do regime das incapacidades como a interrupção do curso da prescrição, a nulidade dos negócios jurídicos e a responsabilidade civil diferenciada.

Se por um lado a Convenção da ONU e o Estatuto brasileiro da Pessoa com Deficiência expõem normas de tratamento igualitário das pessoas com deficiência em relação às demais, por outro lado, diante da reconhecida vulnerabilidade desse grupo de pessoas, é importante à releitura do sistema jurídico na sua unidade, a fim de buscar soluções que favoreçam os interesses das pessoas com deficiência e, por conseguinte, busque o equilíbrio das relações sociais.

Ou seja, responsabilizar as pessoas com deficiência psíquica e/ou intelectual de acordo unicamente com os preceitos do artigo 927 do Código Civil brasileiro, é não reconhecer as suas vulnerabilidades e, portanto, o tratamento estritamente igualitário em relação às demais pessoas.

Por outro lado, indicar o artigo 928 do CC como solução para a responsabilidade civil deste grupo de pessoas, seria adotar a premissa da modulação da capacidade civil pela deficiência, classificando-as como incapazes pelo simples fato de serem deficientes.

Cumpre ao presente artigo, analisar a responsabilidade civil das pessoas com deficiência psíquica e/ou intelectual, a partir da capacidade jurídica, mas em atenção à sua vulnerabilidade existencial. Para tanto, se desenvolverá pesquisa bibliográfica, seguindo com adoção de método dedutivo. O primeiro tópico apresenta o cenário de exclusão social, ressaltando a discriminação interseccional que essas pessoas enfrentaram ao longo dos tempos. No segundo, analisa-se a capacidade jurídica das pessoas com deficiência psíquicas e/ou intelectuais, conforme a nova sistemática. Nessa altura, confronta-se a capacidade civil com a vulnerabilidade existencial concreta, perquirindo sobre a eventual possibilidade de aplicação das soluções protetivas comuns ao regime das incapacidades. Por fim, enfrenta-se a responsabilidade civil da pessoa com deficiência intelectual/psíquica maior de idade, cotejando as hipóteses em que estariam sob curatela e a que não encontram sob curatela.

2. PESSOAS COM DEFICIÊNCIAS: CENÁRIO DE DISCRIMINAÇÃO E DE EXCLUSÃO SOCIAL

No mundo, mais de um bilhão de pessoas (cerca de quinze por cento da população global) possui algum tipo de deficiência, destas, aproximadamente, duzentos milhões apresentam dificuldades funcionais.[1] No Brasil, as pessoas com deficiência[2] representam quase vinte e cinco por cento da população total.[3]

Esse elevado número de indivíduos que possuem deficiência impõe a necessidade urgente de implementação e concretização de políticas globais de inclusão social e de não discriminação, haja vista o histórico de um tratamento inadequado e preconceituoso com relação a esse grupo de pessoas.

---

1. ORGANIZAÇÃO MUNDIAL DA SAÚDE. World report on disability. Disponível em: https://apps.who.int/iris/bitstream/handle/10665/44575/9788564047020_por.pdf;jsessionid=FAA085E5304EE1DE72EC86CB4C38C-21D?sequence=4 . Acesso em: jun. 2020.
2. Utiliza-se, neste artigo, o conceito de pessoa com deficiência com base no Art. 2º da Convenção Internacional sobre os Direitos da Pessoa com Deficiência: "Considera-se pessoa com deficiência aquela que tem impedimento de longo prazo de natureza física, mental, intelectual ou sensorial, o qual, em interação com uma ou mais barreiras, pode obstruir sua participação plena e efetiva na sociedade em igualdade de condições com as demais pessoas".
3. Disponível em: https://www2.camara.leg.br/atividade-legislativa/comissoes/comissoes-permanentes/cpd/documentos/cinthia-ministerio-da-saude.

As discriminações podem ser vistas, de forma clara, ao se analisar brevemente os moldes de tratamento social, sob uma perspectiva global, das pessoas com deficiência ao longo dos tempos que, por entendimento doutrinário, podem ser divididos em três modelos: o da prescindência, o médico e o social.

Em suma, o modelo da prescindência identificava a deficiência como um verdadeiro castigo religioso imposto às crianças, cujos pais descumpriam os dogmas da igreja. Neste modelo, como a nomenclatura sugere, a sociedade prescinde das pessoas com deficiências, classificando-as como inúteis e expondo, de forma clara, a exclusão social por elas enfrentada.[4]

O fim da Primeira Grande Guerra e o consequente aumento do número de pessoas com deficiência física no mundo, devido às amputações havidas nas batalhas e aos efeitos psicológicos advindos do conflito, exsurgiu o segundo grande modelo de abordagem da deficiência: o modelo médico. A deficiência passa a ser explicada por argumentos de ordem científica que classificam-na como patologia ou anormalidade a ser curada ou retificada pela reabilitação. Consubstancia-se em uma anormalidade do sujeito, a condição intrínseca que lhe impõe limitação permanente até que seja normalizado. Mesmo assim, as discriminações se perpetuavam tanto pelo reflexo do modelo anterior, quanto pela capacidade laboral reduzida da pessoa que é depreciada como *homo faber*.[5]

Com a força da importância dos direitos humanos, o século XX vai delinear o modelo social de abordagem que refuta os dois anteriores, a partir da premissa basilar de que a deficiência é um fenômeno social e não pessoal. Por essa via, a sociedade precisa ser reabilitada, e não a pessoa.[6] Pela teoria dos direitos humanos e fundamentais, a pessoa torna-se um valor central do ordenamento jurídico, de sorte que não pode ser inferiorizada por qualquer critério.

Paralelamente a isso, na medida em que novas legislações nacionais e internacionais surgem com ideais de igualdade e inclusão social, percebe-se uma tendência, ainda que carente de ratificação, de cenários inclusivos e mais favoráveis a esse grupo de pessoas.

Neste sentido, no Brasil, a título de exemplo, cita-se a não recepção da expressão "loucos de todo gênero" pelo Código Civil brasileiro de 2002, consagrada no artigo 5º, II, do antigo Código Civil do Brasil, datado de 1916. Além disso, esse revogado Código previa em seu artigo 12º a inscrição da interdição dos "loucos" em Registros Públicos e o seu recolhimento a estabelecimentos adequados, sempre que parecesse "inconveniente conservá-los em casa".

Mais recentemente, sem que haja intenção de esgotar o tema, traz-se a revogação do artigo 3º do Código Civil de 2002, pelo Estatuto da Pessoa com Deficiência, que atribuía a incapacidade absoluta às pessoas com deficiência mental, que não tivessem

---

4. PALACIOS, Agustina; BARIFFI, Francisco. La discapacidad como una cuestión de derechos humanos: una aproximación a la Convención Internacional sobre los derechos de las personas con discapacidad. Colección Telefónica Accesible CERMI y Telefónica. Madrid: Ediciones Cinca, 2007, p. 13-15.
5. Idem.
6. PALACIOS, Agustina. El modelo social de discapacidad: orígenes, caracterización y plasmación en la Convención Internacional sobre los Derechos de las Personas con Discapacidad. Madri: Cinca, 2008. p. 103-104.

discernimento para praticar atos da vida civil (ou mesmo incapacidade relativa àquelas pessoas que possuíam tal discernimento reduzido).

Porém, malgrado a dignidade da pessoa humana, a eliminação das desigualdades sociais e a busca pela prevalência dos direitos humanos estejam expressos na Constituição brasileira de 1988, como, respectivamente, fundamento, objetivo e princípio da República, as pessoas com deficiência enfrentam, ainda, dificuldades relacionadas principalmente a preconceitos, à exclusão social e a discriminações.

O tratamento diferenciado e as dificuldades enfrentadas ao longo dos anos pelas pessoas com deficiência, porém, não se restringem apenas às normativas legais, muito menos seria um problema específico do Brasil[7].

Durante muitos anos, as pessoas com deficiência psíquica ou intelectual tiveram sua capacidade, seus bens e sua personalidade desrespeitadas[8], por motivos que vão muito além da edição de diplomas legais. Além disso, "(...) *ser una persona con discapacidad supone experimentar la discriminación, la vulnerabilidad y los asaltos abusivos a la propia identidad y estima*".[9]

Expressões que afrontam a personalidade e a capacidade das pessoas com deficiência psíquica ou intelectual, por exemplo, devem ser abolidas do sistema jurídico-social. Pessoas "portadoras"[10] de deficiência, "loucos de todo gênero", "excepcional", pessoas com "necessidades especiais" ou "pessoa deficiente"[11] são exemplos de expressões pejorativas e preconceituosas que devem ser evitadas; afinal, a deficiência não se porta ou se carrega. Muito menos se pode classificar uma pessoa como incapaz pelo fato da deficiência.

Não utilizar expressões depreciativas ao tratar de pessoas com deficiência, contribui para, pelo menos, elevar sua autoestima, diminuir as atitudes discriminatórias e, consequentemente, a exclusão social[12]. Não se pode, entretanto, esperar que meras mudanças de nomenclaturas alterem por completo o cenário desigual e discriminatório que esse grupo de pessoas enfrenta.

Diante da necessidade de implementação de políticas públicas globais de inclusão social das pessoas com deficiência, especialmente psíquica e/ou intelectual, a Organização das Nações Unidas, em 2008, publicou a Convenção Internacional sobre os Direitos da Pessoa com Deficiência, ratificada pelo Congresso Nacional brasileiro (portanto com status de norma constitucional) no ano seguinte, por meio do Decreto 6.949/2009. Posteriormente, no ano de 2015, promulgou-se o Estatuto Brasileiro da Pessoa com Deficiência.

---

7. MADRUGA, Sidney. *Pessoas com deficiência e direitos humanos*: ótica da diferença e ações afirmativas. 2. ed. São Paulo: Saraiva, 2016, p. 24.
8. MENEZES, Joyceane Bezerra de. *O Direito Protetivo no Brasil após a convecção sobre a pessoa com deficiência*: impactos do novo CPC e do estatuto da pessoa com deficiência. Civilística.com. Rio de Janeiro, a. 4, n. 1, jan. jun./2015, p.3.
9. PALACIOS, Agustina. *El modelo social de discapacidad*: orígenes, caracterización y plasmación en la Convención Internacional sobre los Derechos de las Personas con Discapacidad. Madri: Cinca, 2008, p. 175.
10. MULHOLLAND, Caitlin. A responsabilidade civil da pessoa com deficiência psíquica e/ou intelectual. IBERC. v. 1, n. 1. mar. 2018.
11. SCHULMAN, Gabriel. Direitos da pessoa com deficiência física: fundamentos para a acessibilidade (aos seus direitos) à luz da interlocução entre Saúde e Direito. Revista Brasileira de Direito da Saúde, v. 1, p. 88, 2012, p. 91.
12. MADRUGA, Sidney. *Pessoas com deficiência e direitos humanos*: ótica da diferença e ações afirmativas. 2.ed. São Paulo: Saraiva, 2016, p. 17.

Aponta-se, de forma introdutória, três pilares dessa Convenção Internacional: i) a assistência aos direitos das pessoas com deficiência, notadamente aos direitos básicos, como a educação, a cultura e a religião; ii) a busca pela igualdade e pela não discriminação e iii) a autonomia e o apoio às pessoas com deficiência.[13]

Ainda, como uma clara oposição ao modelo médico de capacidade das pessoas com deficiência psíquica ou intelectual e uma aproximação ao modelo social, a Convenção da ONU apresenta, dentre outros, os princípios da *in dubio pro capacitas* e o princípio da intervenção mínima nos direitos das pessoas com deficiência.[14]

Apesar da clareza dos dispositivos da Convenção e do esforço de parte da doutrina civilista brasileira, ainda há discussões acerca, principalmente, da capacidade – e da igualdade – das pessoas com deficiência psíquica e intelectual. Por esse motivo, torna-se necessário analisar, no próximo seguimento, em que medida essas pessoas com deficiência podem praticar atos da vida civil para, só então, enfrentar os aspectos relevantes da responsabilidade civil dessas pessoas.

3. A CAPACIDADE JURÍDICA DAS PESSOAS COM DEFICIÊNCIA PSÍQUICA E/ OU INTELECTUAL APÓS A CONVENÇÃO SOBRE OS DIREITOS DAS PESSOAS COM DEFICIÊNCIA

A promoção da igualdade e o reconhecimento da capacidade legal das pessoas com deficiência compõem um dos objetivos primordiais da Convenção Internacional da ONU[15] e da Lei 13.146/15 (Estatuto da Pessoa com Deficiência). Tais objetivos podem ser vistos, também, nos artigos 4º, 5º, 8º, 12º e 13º da Convenção e nos artigos 1º, 4º, 6º, 18º, 34º, 79º e 84º do Estatuto brasileiro.

Para fins deste capítulo, tem-se como ponto de partida, especificamente, os artigos 5º e 12º da Convenção da ONU e os artigos 84º e 6º do Estatuto brasileiro que tratam, respectivamente, das regras de igualdade e capacidade das pessoas com deficiência. Para analisar essas normas mostra-se necessário, neste momento, percorrer os fundamentos da responsabilidade civil das pessoas com deficiência psíquica e/ou intelectual.

O paradoxo é o seguinte: reconhece-se, por um lado, que a Convenção do ONU e o EPD trazem ideais de tratamento igualitário e não discriminação das pessoas com deficiência psíquica ou intelectual, mas, por outro lado, cumpre analisar se este grupo de pessoas pode ser considerado vulnerável e, então, fazer jus ao tratamento de caráter protetivo da norma, portanto, diferenciado das demais pessoas.

---

13. DHANDA, Amita. Construindo um novo léxico dos direitos humanos: Convenção sobre os Direitos das Pessoas com Deficiência. *Revista Internacional de Direitos Humanos*. v. 5, n. 8. São Paulo, jun. 2008. p. 45-48.
14. MENEZES, Joyceane Bezerra de. O Direito Protetivo no Brasil após a convecção sobre a pessoa com deficiência: impactos do novo CPC e do estatuto da pessoa com deficiência. *Civilística.com*. Rio de Janeiro, a. 4, n. 1, jan. – jun./2015.
15. MENEZES, Joyceane Bezerra de. MORAES, Maria Celina Bodim de. Um diálogo entre a convenção da ONU sobre os direitos da pessoa com deficiência e o Código Civil brasileiro. *Revista de Derecho, Empresa y Sociedad*. n. 7, Época I, Julio 2015 – Diciembre 2015. p. 218.

Antes disso, entretanto, passa-se a discorrer sobre a possibilidade de as pessoas com deficiência psíquica ou intelectual praticarem negócios jurídicos e, assim, identificar os limites e os aspectos relevantes da sua capacidade jurídica.

A previsão de tratamento igualitário do artigo 5º da Convenção da ONU e do artigo 84º do EPD tem grande influência no resultado da análise da capacidade civil das pessoas com deficiência psíquica ou intelectual, trazendo a necessidade, então, de traçar notas sobre este instituto.

O princípio da não discriminação e o da igualdade, previstos na Convenção da ONU, devem ser analisados de forma sistemática. Assim, identifica-se, ao menos, três facetas (todas previstas de forma expressa no texto da Convenção) deste princípio: a) a igualdade como propósito do instrumento; b) a igualdade como princípio e como valor; e c) a igualdade como direito.[16]

A igualdade como propósito do instrumento está disposta no artigo 1º da Convenção, cuja previsão é no sentido de os Estados-membros promoverem o exercício pleno dos direitos humanos. A igualdade como princípio, posta no artigo 3º da norma, prevê a necessidade da inclusão plena e da aceitação da deficiência como parte da diversidade da condição humana.[17]

Por fim, a igualdade como direito, identificada como mais pertinente para este seguimento do texto, estampada no artigo 5º da Convenção da ONU, proíbe o tratamento diferenciado em razão da deficiência, isto é, "(...) reafirma y obliga a los Estados Partes a visibilizar la perspectiva de la discapacidad como un colectivo o categoría específica a la par de otros grupos como las mujeres, los niños, las personas mayores, las minorías raciales etc.".[18]

O Estatuto da Pessoa com Deficiência brasileiro também seguiu essa linha, prevendo, em seu artigo 84º, a obrigatoriedade do reconhecimento da igualdade e da capacidade legal das pessoas com deficiência nas mesmas condições das demais, seguindo o artigo 12º da Convenção, *"superando a categoria abstrata e apriorística que vinculava à incapacidade dos maiores que não tinham discernimento para os atos da vida civil"*.[19]

Malgrado essas normas indicarem a igualdade (como direito) entre as pessoas, muito se discutiu acerca da extensão da capacidade jurídica, que o artigo 12º da Convenção outorgou às pessoas com deficiência.

Sustenta-se, neste momento, a interpretação extensiva da capacidade, ou seja, aquela que reúne a capacidade de gozo e de exercício.[20] Trata-se da capacidade plena, fundamentada no reconhecimento da personalidade e da autonomia das pessoas com deficiência, tendo por base o princípio da dignidade da pessoa humana.

---

16. BARIFFI, Francisco. *El regimen jurídico internacional de la capacidad juridical de las personas com discapacidad.* Madrid: Cinca c/ General Ibanez Íbero, 2014, p. 142-143.
17. Idem.
18. Idem, p.143.
19. TEPEDINO, Gustavo; TERRA, Aline Miranda Valverde . A evolução da responsabilidade civil por fato de terceiro na experiência brasileira. *Revista de Direito da Responsabilidade*, v. 1, p. 1077-1104, 2019, p. 1090.
20. GÒMEZ, Patricia Cuenca. La capacidade jurídica de las personas con discapacidad: el art. 12 da la convención de la ONU y su impacto em ele ordenamiento jurídico espanhol. *Derechos y Libertades*. n. 24, época II, enero de 2011, p. 228.

Por outro lado, o histórico da análise da capacidade das pessoas com deficiência nem sempre foi nesse sentido. Utilizavam-se os critérios do *status approach*, do *outcome approach* e da *functional approach* para moldar o sistema das incapacidades, que tinham por base, respectivamente, o fato de a pessoa ser deficiente, a razoabilidade dos atos praticados por este grupo de pessoas e o seu nível de discernimento.[21]

Neste sentido, no Brasil, durante muito tempo, observou-se a reprodução dessa prática, ou seja, buscava-se modular a capacidade jurídica dessas pessoas em razão da sua própria deficiência. Nos dias de hoje, tal modulação deve ser considerada inconstitucional, haja vista o *status* de norma constitucional da Convenção da ONU, no Brasil.

Ratifica-se que a citada capacidade jurídica engloba a capacidade de fato e de direito. Enquanto, a capacidade de direito é a medida da personalidade jurídica e corresponde aos "poderes de ação que são inerentes à personalidade: a capacidade de fato seria a aptidão que uma pessoa tem para praticar os atos da vida civil e para exercer os direitos previstos no ordenamento jurídico (...)"[22].

Em verdade, utilizar a deficiência como critério para aferir ou não capacidade a alguém é, inclusive, discriminação.[23] O Estatuto da Pessoa com Deficiência, a propósito, abomina esta prática, de modo expresso. A título de exemplo, cita-se a própria revogação do artigo 3º do Código Civil brasileiro, pela Lei 13.146/15.

A capacidade jurídica plena da pessoa com deficiência para praticar atos da vida civil fundamenta-se, ainda, na análise sistêmica do Estatuto da Pessoa com Deficiência e da Convenção da ONU.

Reconhece-se, porém, que os atos civis patrimoniais, diferentemente dos atos civis de natureza existencial, rogam maior conhecimento técnico e/ou jurídico, sendo, assim, compreensível que uma pessoa com deficiência psíquica ou intelectual, a depender do seu nível de discernimento, tenha mais dificuldade de compreender os efeitos daquele ato.[24] Para isso, porém, tem-se os sistemas de apoio e a representação legal.

Neste sentido, como exceção, as hipóteses de mitigação ao regime da capacidade das pessoas com deficiência psíquica ou intelectual devem seguir o devido processo legal, com decisões judiciais que garantam o acesso à justiça formal e material. Ainda assim, nos casos de constituição de curatela, por exemplo, a opinião do deficiente deve ser l considerada pelo curador.

Sustentada a capacidade jurídica plena das pessoas com deficiência psíquica ou intelectual, passa-se a debater acerca da vulnerabilidade desse grupo de pessoas. Reco-

---

21. CONCIL OF EUROPE. *Who gets to decide?* Right to legal capacity for persons with intellectual and psychosocial disabilities. 2012. p.8-9.

22. JUNIOR, Marcos Ehrhardt; BATISTA, Bruno Oliveira de Paula. O Negócio Jurídico Processual Celebrado pela Pessoa com Deficiência e a tomada de decisão apoiada. *Direito e Justiça*: reflexões sociojurídicas, v. 18, p. 65-84, 2018, p. 67.

23. MENEZES, Joyceane Bezerra de. A capacidade jurídica pela Convenção sobre os Direitos da Pessoa com Deficiência e a insuficiência dos critérios do status, do resultado, da conduta e da funcionalidade. *Revista Pensar*, Fortaleza, v. 23, n. 2, p. 1-13, abr./jun. 2018, p.5.

24. MENEZES, Joyceane Bezerra de. O Direito Protetivo no Brasil após a convecção sobre a pessoa com deficiência: impactos do novo CPC e do estatuto da pessoa com deficiência. *Civilística.com*. Rio de Janeiro, a. 4, n. 1, jan. – jun./2015.

nhecer, ou não, essa vulnerabilidade é de grande importância para o próximo seguimento deste artigo, haja vista, em princípio, a configuração da fundamentação de um possível tratamento legal protetivo da responsabilidade civil da pessoa com deficiência.

Vulnerabilidade significa a existência de uma desigualdade de fato em um determinado grupo de pessoas para com os demais[25], justificando o tratamento desigual da norma, cujo objetivo é a busca pelo equilíbrio das relações. Observa-se tal vulnerabilidade, por exemplo, nas relações consumeristas e trabalhistas, cujas normas impõem tutelas diferenciadas aos consumidores e aos trabalhadores. Não se trata, entretanto, de analisar a vulnerabilidade patrimonial dessas pessoas, mas sim a existencial.

A diferença entre esses dois tipos de vulnerabilidade está no fato de que a patrimonial diz respeito às questões contratuais, cuja ameaça de lesão é diretamente ligada ao patrimônio do indivíduo, enquanto a existencial *"indica situação jurídica subjetiva em que o titular se encontra sob maior suscetibilidade de ser lesionado na sua esfera extrapatrimonial, impondo a aplicação de normas jurídicas de tutela diferenciada para a satisfação do princípio da dignidade da pessoa humana"*[26].

A vulnerabilidade existencial, em suma, decorre do princípio da dignidade da pessoa humana e da solidariedade social, devendo ser aferida à pessoa com deficiência psíquica e/ou intelectual.[27] Coube à doutrina, então, reconhecer uma espécie de vulnerabilidade existencial desse grupo de pessoas.

Apesar do reconhecimento da capacidade das pessoas com deficiência psíquica ou intelectual, tem-se que ponderar que aos deficientes psíquicos ou intelectuais "falta, em não raras ocasiões, uma plena consciência dos efeitos que seus atos possam causar aos direitos de terceiros – reconhecimento e previsibilidade da conduta", caracterizando a vulnerabilidade existencial.[28]

Em outras palavras, *"las personas con discapacidades mentales o intelectuales viven una situación de especial vulnerabilidad en lo que al ejercicio de sus derechos fundamentales atañe".*[29]

Em verdade, a garantia de uma proteção especial e específica da Convenção da ONU baseia-se na própria vulnerabilidade das pessoas com deficiência. Esta Convenção, em última análise, *"tienen como principal objetivo garantizar un nivel de protección específico*

---

25. MULHOLLAND, Caitlin. A responsabilidade civil da pessoa com deficiência psíquica e/ou intelectual. *IBERC.* v. 1, n. 1. mar. 2018.
26. KONDER, Carlos Nelson. Vulnerabilidade patrimonial e vulnerabilidade existencial: por um sistema diferenciador. *Revista de Direito do Consumidor.* v. 99. p. 101-123. Mai – Jun. 2015, p. 105.
27. KONDER, Carlos Nelson de Paula; TEIXEIRA, Ana Carolina Brochado. Crianças e adolescentes na condição de pacientes médicos: desafios da ponderação entre autonomia e vulnerabilidade. Pensar: *Revista de Ciências Jurídicas*, Fortaleza, v. 21, n. 1, p. 74, jan./abr. 2016.
28. MULHOLLAND, Caitlin. A responsabilidade civil da pessoa com deficiência psíquica e/ou intelectual. In: MENEZES, Joyceane Bezerra de (Org.). *Direito das pessoas com deficiência psíquica e intelectual nas relações privadas. Convenção sobre os direitos da pessoa com deficiência e Lei Brasileira de Inclusão.* Rio de Janeiro: Editora Processo, 2020, p. 721.
29. BARIFFI, Francisco. *El regimen jurídico internacional de la capacidad jurídica de las personas con discapacidad.* Madrid: Cinca c/ General Ibanez Íbero, 2014, p.372.

de las personas con discapacidad, partiendo de la premisa de que en tales situaciones existe una situación de mayor vulnerabilidad o riesgo."[30]

De fato, as normas e as doutrinas já citadas inclinam-se para o reconhecimento da igualdade, da autonomia, da capacidade, da vulnerabilidade e do discernimento das pessoas com deficiência para praticar atos da vida civil, gerando uma presunção, ainda que relativa, da possibilidade destas pessoas celebrarem negócios jurídicos.

Porém, a dúvida surge quando se analisa a possibilidade das pessoas com deficiência psíquica ou intelectual respondem por seus atos e, se positivo, em que medida podem ser responsabilizadas. Tema este que será abordado no próximo seguimento.

4. A RESPONSABILIDADE CIVIL DAS PESSOAS COM DEFICIÊNCIA PSÍQUICA E/OU INTELECTUAL

Ao reconhecer a capacidade jurídica e a consequente possibilidade da prática de atos da vida civil às pessoas com deficiência psíquica e/ou intelectual, a Convenção da ONU e o EPD ratificaram entendimentos doutrinários que já indicavam a necessidade de inclusão social e não discriminação desse grupo de pessoas.

Porém, praticar atos jurídicos pode ensejar responsabilidade civil. Em outras palavras: "Atribuir autonomia/liberdade representa conferir, na mesma proporção, responsabilidade".[31] Daí surge a problemática deste artigo.

A questão que surge, neste momento, é a seguinte: em que medida as pessoas com deficiência psíquica e/ou intelectual respondem civilmente por seus atos? Ou, a responsabilidade civil das pessoas com deficiência psíquica e/ou intelectual está tipificada no artigo 927[32] ou no artigo 928[33] do Código Civil brasileiro?

Enquadrar a responsabilidade civil deste grupo de pessoas na regra do artigo 927 do Código Civil é não reconhecer a vulnerabilidade das pessoas com deficiência psíquica e/ou intelectual e, por conseguinte, o tratamento igualitário da norma em relação aos demais. Por outro lado, impor as regras do artigo 928 do CC a essas pessoas é enquadrá-las como incapazes, contrariando os pilares de igualdade, capacidade e inclusão social da Convenção da ONU e do EPD.

Ainda, absolver sumariamente a pessoa com deficiência da responsabilidade civil pelo dano causado à terceiro, deixa-se a vítima sem qualquer. E, certamente, o interesse da vítima também é merecedor de tutela.

---

30. PALACIOS, Agustina; BARIFFI, Francisco. *La discapacidad como una cuestión de derechos humanos*: una aproximación a la Convención Internacional sobre los derechos de las personas con discapacidad. Colección Telefónica Accesible CERMI y Telefónica. Madrid: Ediciones Cinca, 2007, p. 107.
31. MULHOLAND, Caitlin. A responsabilidade civil da pessoa com deficiência psíquica e/ou intelectual. In: MENEZES, Joyceane Bezerra de (Org.). *Direito das pessoas com deficiência psíquica e intelectual nas relações privadas. Convenção sobre os direitos da pessoa com deficiência e Lei Brasileira de Inclusão*. Rio de Janeiro: Editora Processo, 2020, p.721.
32. Art. 927. "Aquele que, por ato ilícito (arts. 186 e 187), causar dano a outrem, fica obrigado a repará-lo".
33. Art. 928. "O incapaz responde pelos prejuízos que causar, se as pessoas por ele responsáveis não tiverem obrigação de fazê-lo ou não dispuserem de meios suficientes. Parágrafo único. A indenização prevista neste artigo, que deverá ser equitativa, não terá lugar se privar do necessário o incapaz ou as pessoas que dele dependem".

Surgem, então, algumas situações a serem analisadas: i) estejam sobre regime de representação e/ou não possam, por causa transitória ou permanente, expressar suas vontades; ii) manifestem suas vontades de forma livre, consciente e desembaraçada mas possuam "guardião de fato" e iii) manifestem suas vontades de forma livre, consciente e desembaraçada e não possuam representantes, assistentes ou "guardiões de fato".

No primeiro caso, sustenta-se que a responsabilidade civil das pessoas com deficiência psíquica e/ou intelectual que estejam sobre regime de representação e não possam, por causa transitória ou permanente, expressar suas vontades, deve seguir os preceitos previstos nos artigos 932, II[34] c/c 933[35] do Código Civil, ou seja, responsabilidade objetiva dos representantes, na moldura em que "o tutor e o curador respondem objetivamente pelos danos causados pelos pupilos e curatelados que se encontrem sob sua autoridade e em sua companhia".[36]

Entretanto, caso os representantes não disponham de meios suficientes para arcar com a reparação do dano sofrido pela vítima, deve-se aplicar a regra do artigo 928 do Código Civil, imputando a obrigação de reparar o dano, independente de culpa, à pessoa com deficiência, de forma subsidiária ao artigo 932 do CC.[37]

Além disso, deve-se observar, também, a regra posta no parágrafo único[38] do artigo 928 do CC, em conjunto com o enunciado 39 da Jornada de Direito Civil do Superior Tribunal de Justiça[39], que tratam da reparação equitativa do dano, fundamentada da dignidade da pessoa humana.

Por outro lado, analisa-se a responsabilidade civil das pessoas com deficiência psíquica e/ou intelectual, que manifestem suas vontades de forma livre, consciente e desembaraçada, que não tenham representante legal, mas que possuam "guardião de fato".

Reconhece-se a existência deste instituto no plano dos fatos, porém registre-se a má utilização da sua nomenclatura, haja vista aproximação do significado da palavra "guardião" com o da palavra "proprietário", podendo induzir o leitor ao erro, sugerindo que o "guardião" da pessoa com deficiência tenha poderes inerentes à posse ou a propriedade sobre ela. Sugere-se a utilização das expressões "assistente de fato" ou "representante de fato" para este instituto.

---

34. Art. 932. "São também responsáveis pela reparação civil; II – o tutor e o curador, pelos pupilos e curatelados, que se acharem nas mesmas condições"

35. Art. 933. "As pessoas indicadas nos incisos I a V do artigo antecedente, ainda que não haja culpa de sua parte, responderão pelos atos praticados pelos terceiros ali referidos".

36. TEPEDINO, Gustavo; TERRA, Aline Miranda Valverde. A evolução da responsabilidade civil por fato de terceiro na experiência brasileira. *Revista de Direito da Responsabilidade*, v. 1, p. 1077-1104, 2019, p. 1090.

37. MULHOLLAND, Caitlin. A responsabilidade civil da pessoa com deficiência psíquica e/ou intelectual. In: MENEZES, Joyceane Bezerra de (Org.). *Direito das pessoas com deficiência psíquica e intelectual nas relações privadas*. Convenção sobre os direitos da pessoa com deficiência e Lei Brasileira de Inclusão. Rio de Janeiro: Editora Processo, 2020, p.723.

38. Art. 928, Parágrafo único. "A indenização prevista neste artigo, que deverá ser equitativa, não terá lugar se privar do necessário o incapaz ou as pessoas que dele dependem".

39. Enunciado 39 da Jornada de Direito Civil do Superior Tribunal de Justiça: "A impossibilidade de privação do necessário à pessoa, prevista no art. 928, traduz um dever de indenização equitativa, informado pelo princípio constitucional da proteção à dignidade da pessoa humana. Como consequência, também os pais, tutores e curadores serão beneficiados pelo limite humanitário do dever de indenizar, de modo que a passagem ao patrimônio do incapaz se dará não quando esgotados todos os recursos do responsável, mas se reduzidos estes ao montante necessário à manutenção de sua dignidade.'"

De uma forma ou de outra, a "guarda de fato" pode ser conceituada como "uma situação em que uma pessoa se encarrega do cuidado de outra que necessita de proteção, sem intervenção administrativa ou judicial, e a margem da existência de um dever legal".[40] Ou ainda, "(...) *toda pessoa que custodie ou atenda a alguém necessitado de proteção, sem possuir título legal que o habilite para tanto*"[41].

Em suma, os "guardiões de fato" são pessoas que, possuindo ou não vínculo familiar com o deficiente, encarregam-se voluntariamente de participar ativamente da vida do deficiente cuja capacidade não tenha sido alterada judicialmente, auxiliando-o diariamente na prática de atos civis.

Não há previsão legal deste instituto no Brasil, diferentemente do que ocorre em alguns países da Europa, fazendo com que a "guarda de fato" fique à margem do Direito, beirando a informalidade.

Como forma de documentar a "guarda de fato", então, sugere-se a lavratura do instrumento notarial denominado de ata notarial[42], elaborada no Cartório de Notas de preferência das partes. Este ato atestará a existência ou o modo pelo qual ocorre a relação, constituindo-se meio de prova eficaz e grafado de segurança jurídica. Reconhece-se, entretanto, que a ata notarial não constitui a "guarda de fato," funcionando tão somente como meio de prova daquela relação.

Sustenta-se que não se pode responsabilizar o guardião de fato da mesma forma que se responsabiliza o curador ou o tutor, haja vista a relação de representação não ser reconhecida judicialmente, ou seja, não ter passado pelo crivo de um juízo. Por outro lado, neste caso, não se deve responsabilizar o deficiente psíquico ou intelectual unicamente de acordo com a regra da responsabilidade civil do artigo 927, haja vista a sua vulnerabilidade e os preceitos legais aqui já discutidos.

Nestes casos, tem que haver uma ponderação entre responsabilizar o deficiente e/ou o "guardião", mas nunca em deixar a vítima sem a reparação do dano. Assim, conclui-se que, "ainda que não haja curatela regularmente constituída, é possível que a situação fática imponha a responsabilidade a quem conhece a deficiência do maior não interdito e se omite em adotar as providências necessárias para o estabelecimento da curatela".[43]

Desta forma, a solução encontrada para esses casos, inclina-se para a possibilidade da responsabilidade solidária entre o deficiente psíquico e/ou intelectual e o "guardião de fato", com direito de regresso deste último, respeitado a indenização equitativa do parágrafo único do artigo 928 do Código Civil. Ainda, deve haver uma oscilação entre responsabilizar de forma objetiva ou subjetiva o "guardião", "conforme a intensidade da

---

40. ALBALADEJO, Maria Cristina Berenguer. *Responsabildiad civil de la persona mayor com discapacidad.* Madrid: Editora Reus, 2017, p. 30..
41. ROSENVALD, Nelson. A responsabilidade civil da pessoa adulta incapaz não incapacitada e a de seu guardião de fato por danos causados a terceiros. *Revista IBERC*, Minas Gerais, v. 1, n. 1, p. 1-43, nov-fev, 2019, p. 9.
42. A previsão legal da ata notarial está posta no artigo 384 do Código de Processo Civil.
43. TEPEDINO, Gustavo; TERRA, Aline Miranda Valverde . A evolução da responsabilidade civil por fato de terceiro na experiência brasileira. *Revista de Direito da Responsabilidade*, v. 1, p. 1077-1104, 2019, p. 1093.

restrição psíquica ou intelectual" do deficiente, ficando a análise da casuística a critério do juízo.[44]

A responsabilidade do "guardião de fato" apontada acima deve ser estendida, inclusive, para os casos em que os genitores dos deficientes psíquicos ou intelectuais não exerçam de fato a "guarda" sobre eles, mas que pratiquem condutas conscientes e omissivas em relação ao filho deficiente psíquico e/ou intelectual. Foi neste sentido, inclusive, que o Superior Tribunal de Justiça julgou o REsp 1101324/RJ.[45]

A dúvida maior surge quando se passa a analisar a responsabilidade civil das pessoas com deficiência psíquica e/ou intelectual que manifestem suas vontades de forma livre, consciente e desembaraçada e não possuam representantes, assistentes ou "guardiões de fato".

Aplicar puramente o artigo 928 do Código Civil, que trata da responsabilidade do incapaz, a esses casos, não é o caminho mais razoável, haja vista a impossibilidade de se modular a capacidade em razão da deficiência e a presunção de capacidade, da autonomia e da igualdade previstas na Convenção da ONU e do EPD.

Neste sentido, tendo por base o caráter inclusivo e igualitário das normas que tratam das pessoas com deficiência e os princípios da dignidade social e da igualdade substancial, indica-se, nesses casos, utilizar os artigos 186 e 927 do Código Civil, para tipificar a responsabilidade civil, ou seja, o deficiente psíquico ou intelectual responderá de forma direta e integral pelos seus atos.[46]

Em suma: "Diante da plena capacidade civil da pessoa com deficiência psíquica ou intelectual, a regra passou a ser a sua responsabilidade direta e integral pelos danos por ela causados, com base na cláusula geral de responsabilidade subjetiva, nos termos do artigo 927".[47]

Porém, em razão da sua vulnerabilidade (que não desconfigura a sua capacidade), o *quantum* da indenização deve ser reduzida de forma equitativa, com base no parágrafo único do artigo 928 do CC, sendo clara exceção ao princípio da reparação integral, como forma de proteção legal ao deficiente psíquico ou intelectual, em razão da dita vulnerabilidade existencial.[48]

---

44. ROSENVALD, Nelson. A responsabilidade civil da pessoa adulta incapaz não incapacitada e a de seu guardião de fato por danos causados a terceitos. *Revista IBERC*, Minas Gerais, v. 1, n. 1, p. 1-43, nov-fev, 2019, p. 29.

45. Neste sentido, apresenta-se parte da Ementa: "Consta do acórdão recorrido que o primeiro réu, apesar de maior, é portador de esquizofrenia paranoide, mora sozinho, tem surtos periódicos e agride transeuntes. Sua genitora (segunda ré), plenamente ciente da situação e omissa no cumprimento de suas obrigações em relação ao filho incapaz e na adoção de medidas com o propósito de evitar a repetição de tais fatos, deve ser responsabilizada civilmente pelos danos morais sofridos pela autora, decorrentes de lesões provocadas pelo deficiente" (STJ, 4ª T., REsp 1101324/RJ, Rel. Min. Antônio Carlos Ferreira julg. 13.10.2015)."

46. MULHOLAND, Caitlin. A responsabilidade civil da pessoa com deficiência psíquica e/ou intelectual. In: MENEZES, Joyceane Bezerra de (Org.). *Direito das pessoas com deficiência psíquica e intelectual nas relações privadas*. Convenção sobre os direitos da pessoa com deficiência e Lei Brasileira de Inclusão. Rio de Janeiro: Editora Processo, 2020, p.726.

47. TEPEDINO, Gustavo; TERRA, Aline Miranda Valverde. A evolução da responsabilidade civil por fato de terceiro na experiência brasileira. *Revista de Direito da Responsabilidade*, v. 1, p. 1077-1104, 2019, p. 1091.

48. ROSENVALD, Nelson. A responsabilidade civil da pessoa adulta incapaz não incapacitada e a de seu guardião de fato por danos causados a terceiros. *Revista IBERC*, Minas Gerais, v. 1, n. 1, p. 1-43, nov-fev, 2019, p. 6.

Não atribuir responsabilidade civil direta à pessoa com deficiência psíquica ou intelectual, que não seja curatelada ou tutelada, seria contrário à interpretação conjunta das normas da Convenção da ONU e do Estatuto da Pessoa com Deficiência, que preveem a presunção de capacidade, de autonomia e de igualdade das pessoas com deficiência psíquico e/ou intelectual.

5. CONCLUSÃO

As pessoas com deficiência enfrentam, atualmente, preconceitos e discriminações em razão da própria deficiência.

Diante da necessidade de implementação de políticas públicas globais de inclusão social desse grupo de pessoas, às Organizações Unidas promulgou a Convenção Internacional dos Direitos das Pessoas com Deficiência, ratificada pelo Congresso brasileiro com status de norma constitucional. Em 2015, editou-se a Lei brasileira de inclusão (Lei 13.146/2015), também denominada de Estatuto da Pessoa com deficiência.

Essas normas, baseadas em princípios da inclusão social, da autonomia e da igualdade das pessoas com deficiência, reconheceram a sua capacidade jurídica, fazendo com que a modulação dessa capacidade não seja mais em razão das suas próprias deficiências.

Reconhecida a possibilidade das pessoas com deficiência psíquica e/ou intelectual praticaram negócios jurídicos, concluiu-se que a responsabilidade civil deste grupo de pessoas deve ser analisada com base em critérios que ponderem a igualdade prevista pelas normas nacionais e internacionais e o reconhecimento da sua vulnerabilidade.

Diante da crescente tendência da responsabilidade civil em reparar o dano sofrido pela vítima, indicasse, ao menos, três hipóteses de analisar a responsabilidade desse grupo de pessoas, quais sejam, pessoas com deficiência que i) estejam sobre regime de representação e/ou não possam, por causa transitória ou permanente, expressar suas vontades; ii) manifestem suas vontades de forma livre, consciente e desembaraçada mas possuam "guardião de fato" e iii) manifestem suas vontades de forma livre, consciente e desembaraçada e não possuam representantes, assistentes ou "guardiões de fato".

Na primeira hipótese indica-se a utilização dos artigos 932, II c/c 933 do Código Civil e, subsidiariamente, o artigo 928 do CC. Sendo garantida o ônus do parágrafo único do artigo 928 do CC.

Na segunda hipótese, a saída mais razoável é responsabilizar solidariamente deficiente psíquico e/ou intelectual e o "guardião de fato", com direito de regresso deste último, respeitado a indenização equitativa do parágrafo único do artigo 928 do Código Civil. Ainda, deve haver uma oscilação entre responsabilizar de forma objetiva ou subjetiva o "guardião", "conforme a intensidade da restrição psíquica ou intelectual" do deficiente, ficando a análise da casuística a critério do juízo.

Por fim, na terceira hipótese, deve-se utilizar os artigos 186 e 927 do Código Civil c/c o parágrafo único do artigo 928 do CC para aferir a responsabilidade civil desse grupo de pessoas.

6. REFERÊNCIAS

ALBALADEJO, Maria Cristina Berenguer. *Responsabildiad civil de la persona mayor com discapacidad.* Madrid: Editora Reus, 2017.

BARIFFI, Francisco. *El regimen jurídico internacional de la capacidad juridical de las personas com discapacidad.* Madrid: Cinca c/ General Ibanez Íbero, 2014.

CONCIL OF EUROPE. Who gets to decide? Right to legal capacity for persons with intellectual and psychosocial disabilities. 2012.

DHANDA, Amita. Construindo um novo léxico dos direitos humanos: Convenção sobre os Direitos das Pessoas com Deficiência. *Revista Internacional de Direitos Humanos.* v. 5, n. 8. São Paulo, jun. 2008.

GÒMEZ, Patricia Cuenca. La capacidade jurídica de las personas com discapacidad: el art. 12 da le convención de la ONU y su impacto em ele ordenamento jurídico espanhol. *Derechos y Libertades.* n. 24, época II, enero de 2011.

JUNIOR, Marcos Ehrhardt; BATISTA, Bruno Oliveira de Paula. O Negócio Jurídico Processual Celebrado pela Pessoa com Deficiência e a tomada de decisão apoiada. *Direito e Justiça*: reflexões sociojurídicas, v. 18, p. 65-84, 2018.

KONDER, Carlos Nelson. Vulnerabilidade patrimonial e vulnerabilidade existencial: por um sistema diferenciador. *Revista de Direito do Consumidor.* v. 99. p. 101-123. Maio – Jun. 2015.

KONDER, Carlos Nelson de Paula; TEIXEIRA, Ana Carolina Brochado. Crianças e adolescentes na condição de pacientes médicos: desafios da ponderação entre autonomia e vulnerabilidade. *Pensar: Revista de Ciências Jurídicas*, Fortaleza, v. 21, n. 1, p. 74, jan./abr. 2016.

MADRUGA, Sidney. *Pessoas com deficiência e direitos humanos*: ótica da diferença e ações afirmativas. 2.ed. São Paulo: Saraiva, 2016.

MENEZES, Joyceane Bezerra de. O Direito Protetivo no Brasil após a convecção sobre a pessoa com deficiência: impactos do novo CPC e do estatuto da pessoa com deficiência. *Civilística.com.* Rio de Janeiro, a. 4, n. 1, jan. – jun./2015.

MENEZES, Joyceane Bezerra de. A capacidade jurídica pela Convenção sobre os Direitos da Pessoa com Deficiência e a insuficiência dos critérios do status, do resultado, da conduta e da funcionalidade. *Revista Pensar*, Fortaleza, v. 23, n. 2, p. 1-13, abr./jun. 2018.

MENEZES, Joyceane Bezerra de. MORAES, Maria Celina Bodim de. Um diálogo entre a convenção da ONU sobre os direitos da pessoa com deficiência e o Código Civil brasileiro. *Revista de Derecho, Empresa y Sociedad.* Número 7, Época I, Julio 2015 – Diciembre 2015.

MULHOLLAND, Caitlin. A responsabilidade civil da pessoa com deficiência psíquica e/ou intelectual. *Revista IBERC.* v. 1, n. 1. mar. 2018.

MULHOLAND, Caitlin. A responsabilidade civil da pessoa com deficiência psíquica e/ou intelectual. In: MENEZES, Joyceane Bezerra de (Org.). *Direito das pessoas com deficiência psíquica e intelectual nas relações privadas. Convenção sobre os direitos da pessoa com deficiência e Lei Brasileira de Inclusão.* Rio de Janeiro: Editora Processo, 2020.

ORGANIZAÇÃO MUNDIAL DA SAÚDE. World report on disability. Disponível em: https://apps.who. int/iris/bitstream/handle/10665/44575/9788564047020_por.pdf;jsessionid=FAA085E5304EE1DE-72EC86CB4C38C21D?sequence=4 . Acesso em: jun. 2020.

PALACIOS, Agustina. *El modelo social de discapacidad*: orígenes, caracterización y plasmación en la Convención Internacional sobre los Derechos de las Personas con Discapacidad. Madri: Cinca, 2008.

PALACIOS, Agustina; BARIFFI, Francisco. *La discapacidad como una cuestión de de- rechos humanos: una aproximación a la Convención Internacional sobre los derechos de las personas con discapacidad.* Colección Telefónica Accesible CERMI y Telefónica. Madrid: Ediciones Cinca, 2007.

ROSENVALD, Nelson. A responsabilidade civil da pessoa adulta incapaz não incapacitada e a de seu guardião de fato por danos causados a terceiros. *Revista IBERC*, Minas Gerais, v. 1, n. 1, p. 1-43, nov-fev, 2019.

SCHULMAN, Gabriel. Direitos da pessoa com deficiência física: fundamentos para a acessibilidade (aos seus direitos) à luz da interlocução entre Saúde e Direito. *Revista Brasileira de Direito da Saúde*, v. 1, p. 88, 2012.

TEPEDINO, Gustavo; TERRA, Aline Miranda Valverde. A evolução da responsabilidade civil por fato de terceiro na experiência brasileira. *Revista de Direito da Responsabilidade*, v. 1, p. 1077-1104, 2019.

POR UM NOVO MÉTODO HERMENÊUTICO?

Gabriel Rocha Furtado

Doutor e Mestre em Direito Civil (UERJ). Professor Adjunto de Direito (UFPI). Advogado.

*"A interpretação de qualquer texto de direito impõe ao intérprete,
sempre, em qualquer circunstância, o caminhar pelo percurso
que se projeta a partir dele – do texto – até a Constituição"* (Eros Grau)

Sumário: 1. Introdução. 2. Funcionalização do Direito. 3. O processo de interpretação e aplicação do Direito. 4. Crítica à metodização da hermenêutica jurídica. 5. Um novo método hermenêutico? 6. Conclusão. 7. Referências.

1. INTRODUÇÃO

Dentre tantas outras, questão tormentosa para o Direito é a da construção e aplicação da norma jurídica mais adequada a um caso concreto[1] especialmente pelas implicações daí advindas[2] ligadas às soluções dos conflitos e à pacificação social. Um fator tem direta influência para tanto: a irredutibilidade da vida a um arcabouço jurídico abstrato e genérico, como foi a proposta pela qual resultou o *Code Napoléon* – este um marco para toda a Teoria do Direito, não obstante especificamente voltado à vida civil.

A promulgação daquele Código Civil, em 1804, ocorreu durante a fase em que a crença na racionalidade estava em seu ponto máximo. O homem usando o seu intelecto, ferramenta suprema a sobrelevar o ser humano frente aos outros animais e a aproximá-lo dos deuses, teria sido capaz – de acordo com o pensamento reinante à época – de construir um corpo normativo perfeito.

---

1. Alerta Plauto Faraco de AZEVEDO: "Ao falar do processo interpretativo é necessário dizer a partir de que se fala, isto é, quais os pressupostos que orientam e condicionam esse processo. O processo interpretativo pressupõe uma posição previamente assumida em relação ao direito e à vida, que nele vai refletir-se inelutavelmente. Por outras palavras, a questão da interpretação guarda indissociável vinculação com a ideia que se tem do direito, em certo contexto histórico-cultural, bem como do modo por que se liga essa ideia à vida, às necessidades e finalidades humanas" (*Crítica à dogmática e hermenêutica jurídica.* Porto Alegre: Sergio Antonio Fabris Editor, 1989, p. 12-13).
2. Em crítica ao estudo e ao ensino dogmatizante do Direito, afirma Lenio STRECK: "É neste contexto – crise de paradigma do Direito e da dogmática jurídica – que devemos permear a discussão acerca dos *obstáculos que impedem a realização dos direitos em nossa sociedade.* Se é verdade a afirmação de Clève de que a dogmática jurídica é constituinte do saber jurídico instrumental e auxiliar da solução dos conflitos, individuais e coletivos, de interesses e que não há direito sem doutrina e, portanto, sem dogmática, então é também razoável afirmar que o discurso jurídico-dogmático, instrumentalizador do Direito, *é importante fator impeditivo/obstaculizante do Estado Democrático de Direito em nosso país – e portanto, da realização da função social do Direito –, traduzindo-se em uma espécie de censura significativa"* (*Hermenêutica jurídica e(m) crise*: uma exploração hermenêutica da construção do Direito. 7. ed. rev. atual. Porto Alegre: Livraria do Advogado, 2007, p. 91).

Seria tão burilado a ponto de poder ser tachado como definitivo, aplicável em qualquer lugar e em qualquer momento histórico. Essas características faziam parte do plano da burguesia ascendente ao poder na França de estabelecer alhures seu modelo socioeconômico.[3] Tinha por escopo também tolher a amplitude de escolha dos juízes quando da aplicação das regras jurídicas para dirimir conflitos. Isto porque havia certa desconfiança dos revolucionários em relação aos magistrados, em larga escala ainda vinculados ao poder destituído.[4]

A história mostrou, contudo, que a vida é irredutível a jogos de palavras. Lacunas nos ordenamentos jurídicos, modificações sociais, novos anseios e problemas humanos e – especialmente – o processo de constitucionalização do Direito, implementado durante o século XX,[5] deram nova orientação à interpretação jurídica.[6] Escolas hermenêuticas

---

3. Pontua R. C. van Caenegem: "O direito absoluto da propriedade privada e os diferentes modos de sua aquisição; sua administração, sobretudo pelo chefe de família, e os meios de sua transmissão: estes são os conceitos essenciais dos livros II e III do *Code*. O segundo pilar do *Code* é a família, cuja característica principal é a submissão ao poder do marido e pai (livro I)" (*Uma introdução histórica ao direito privado*. São Paulo: Martins Fontes, 1999, p. 11). Em outra amplitude, diz Luiz Fernando Coelho: "A ambiência histórica que as revoluções burguesas consolidaram cristalizou-se em uma forma de organização social, o Estado moderno, em um sistema econômico, o capitalismo, e em uma filosofia, o positivismo. É dentro desse contexto que se desenvolve uma noção de direito a ser absorvida pelo senso comum: a concepção dogmática do direito ou dogmática jurídica. Aceitando-se que toda sociedade produz normas de controle de conduta de seus membros, e que os grupos sociais hegemônicos tendem a impor suas próprias regras de controle social aos demais, dessa ambiência histórica, forjada na civilização europeia exsurgida da dissolução do feudalismo, decorreu que as normas de conduta socialmente exigíveis, caracterizadas como obrigatórias, heterônomas e diferenciadas em relação ao conjunto de normas sociais, religiosas, morais, de simples convivência e também as técnicas, fossem as da classe social que se afirmava como dominante – a burguesia –; e que se integrassem naquele contexto triádico: as normas do Estado voltadas para a manutenção de relações econômicas de tipo capitalista, centradas na propriedade privada e destinadas a reproduzir a ordem social que a burguesia consolidara" (*Teoria crítica do direito*. 3. ed. rev., atual e ampl. Belo Horizonte: Del Rey, 2003, pp. 195-196). Diz Gustavo Tepedino: "Para o bem ou para o mal, nenhum outro diploma legislativo contribuiu tanto para a circulação de modelos de direito privado quanto o Código Civil francês" (*Editorial da Revista Trimestral de Direito Civil* – RTDC, v. 17. Rio de Janeiro: Padma, 2004).

4. A ponto de proibir que os juízes dessem outras soluções às causas que porventura lhes fossem submetidas, a não ser as expressamente definidas em lei: "*Il est défendu aux juges de prononcer, par voie de disposition générale et réglementaire, sur les causes qui leur sont soumises*" (*Code Napoléon*, Titre Préliminaire, art. 5º).

5. Sobre a constitucionalização do Direito, ver mais em ACKERMAN, Bruce. *A ascensão do constitucionalismo mundial*. In: SOUZA NETO, Cláudio Pereira de; SARMENTO, Daniel (Coord.). *A constitucionalização do direito*: fundamentos teóricos e aplicações específicas. Rio de Janeiro: Lumen Juris, 2007. E também em BODIN DE MORAES, Maria Celina. "A caminho de um direito civil-constitucional". *Na medida da pessoa humana*: estudos de direito civil-constitucional. Rio de Janeiro: Renovar, 2010; e TEPEDINO, Gustavo. "Premissas metodológicas para a constitucionalização do direito civil". In *Temas de direito civil*. 4. edição revista e atualizada. Rio de Janeiro: Renovar, 2008.

6. "A pensarmos como nos idos dos Séculos XVIII e XIX, a supremacia formal do texto constitucional tenderia a ser mais simbólica que efetiva, como um programa normativo vinculante, todavia principiológico, a ser legislativamente desenvolvido. As fundações e exercícios do controle de constitucionalidade se apropriaram dessa principiologia, às vezes, espectral, tanto para fornecer matéria aos supostos fragmentos normativos constitucionais, quanto para invadir a interpretação das normas infraconstitucionais, reduzindo ou ampliando seus significados" (SAMPAIO, José Adércio Leite. "Mito e história da Constituição: prenúncios sobre a constitucionalização do Direito". In: SOUZA NETO, Cláudio Pereira de; SARMENTO, Daniel. (Coord.). *A constitucionalização do direito*, cit., p. 200). No mesmo sentido: "Nos Estados de democratização mais tardia, como Portugal, Espanha e, sobretudo, o Brasil, a constitucionalização do Direito é um processo mais recente, embora muito intenso. Verificou-se, entre nós, o mesmo movimento translativo ocorrido inicialmente na Alemanha e em seguida na Itália: a passagem da Constituição para o centro do sistema jurídico. A partir de 1988, e mais notadamente nos últimos cinco ou dez anos, a Constituição passou a desfrutar já não apenas da supremacia formal que sempre teve, mas também de uma supremacia material, axiológica, potencializada pela abertura do sistema jurídico e pela normatividade de seus princípios. Com grande ímpeto, exibindo força normativa sem precedente, a Constituição ingressou na paisagem

POR UM NOVO MÉTODO HERMENÊUTICO? **165**

voltadas apenas, ou primordialmente, à legislação infraconstitucional[7] têm se mostrado defasadas e incapazes de proporcionar a realização do Direito em adimplemento – no caso brasileiro – aos direitos fundamentais assegurados pela Constituição da República de 1988.

A vigente Constituição brasileira, promulgada após a redemocratização do país ocorrida em meados da década de 1980, representou importante passo dado para o estabelecimento de novo marco legislativo, a orientar não só a feitura de novas regras abaixo de si (função costumeiramente mais aceita por parte da doutrina menos flexível)[8], mas sobretudo a exigir a sintonia consigo por parte das decisões judiciais,[9] e dos regramentos estabelecidos entre particulares.[10]

Entretanto, mesmo passados pouco mais de vinte anos, ainda há muito por ser feito até que sejam alcançados os objetivos da República Federativa do Brasil (Constituição da República, art. 3°): construção de uma sociedade livre, justa e solidária; garantia do desenvolvimento nacional; erradicação da pobreza, da marginalização e redução das desigualdades sociais e regionais; e promoção do bem de todos, sem qualquer discriminação.[11]

Pois bem, é sobre o cumprimento das promessas da modernidade – como liberdade, igualdade, solidariedade (advinda da fraternidade), educação, saúde e moradia – que se propõe a tratar este escrito. A tentativa é de circunscrever o papel da hermenêutica jurídica na construção deste (novo) Direito, constitucionalizado, no qual todas as normas jurídicas a serem construídas a partir da legislação infraconstitucional gravitam em torno e *em harmonia* com a Constituição, a realizar os seus desígnios.[12]

Para tanto, será abordado primeiramente o movimento que propõe o estudo do Direito a partir das funções de seus institutos, em ultrapassagem (e não superação, como

---

jurídica do país e no discurso dos operadores jurídicos" (BARROSO, Luís Roberto. *Curso de direito constitucional contemporâneo*: os conceitos fundamentais e a construção do novo modelo. São Paulo: Saraiva, 2009, p. 362).

7. Ver mais em Maurizio FERRARIS. *Historia de la hermenéutica*. México, D. F.: Siglo XXI Editores, 2002. Mauricio Beuchot PUENTE. *Filosofia del derecho, hermenéutica y analogia*. Bogotá: Universidad Santo Tomás, 2006. Darío Botero URIBE et al. *Hermenéutica jurídica*: homenaje al maestro Darío Echandía. Bogotá: Ediciones Rosaristas, 1997.

8. TEPEDINO, Gustavo. "Normas constitucionais e direito civil na construção unitária do ordenamento". *Temas de Direito Civil* – t. III. Rio de Janeiro: Renovar, 2009.

9. A ser aferida, por exemplo, no mérito de um recurso extraordinário interposto contra alegada contrariedade de decisão a dispositivo constitucional (Constituição da República, art. 102, III, "a").

10. A respeito da chamada eficácia horizontal da Constituição, ver SARMENTO, Daniel. *Direitos fundamentais e relações privadas*. 2. ed. Rio de Janeiro: Lumen Juris, 2008. Conferir também HÄBERLE, Peter. *Hermenêutica constitucional*: a sociedade aberta dos intérpretes da Constituição: contribuição para a interpretação pluralista e 'procedimental' da Constituição. Tradução de Gilmar Ferreira Mendes. Porto Alegre: Sergio Antonio Fabris Editor, 1997. E ainda NINO, Carlos Santiago. *Fundamentos de derecho constitucional*: analisis filosofico, juridico y politologico de la practica constitucional. Buenos Aires: Astrea, 1992, p. 155-157.

11. Provocativamente, diz Lenio STRECK: "No Brasil, a modernidade é tardia e arcaica. O que houve (há) é um *simulacro de modernidade*. Como muito bem assinala Eric Hobsbawn, o Brasil é 'um monumento à negligência social', ficando atrás do Sri Lanka em vários indicadores sociais, como mortalidade infantil e alfabetização, tudo porque o Estado, no Sri Lanka, empenhou-se na redução das desigualdades. Ou seja, em nosso país as promessas da modernidade ainda não se realizaram. [...] As promessas da modernidade só são aproveitadas por um certo tipo de brasileiros. Para os demais, o atraso! O *apartheid* social!" (*Hermenêutica jurídica e(m) crise*. cit., p. 25-28).

12. "Law's attitude is constructive: it aims, in the interpretative spirit, to lay principle over practice to show the best route to a better future, keeping the right faith with the past. It is, finally, a fraternal attitude, an expression of how we are united in community though divided in project, interest, and conviction. That is, anyway, what law is for us: for the people we want to be and community we aim to have" (DWORKIN, Ronald. *Law's empire*. Cambridge, USA: Belknap Press, 1986, p. 413).

será mais bem abordado na sequência) ao estudo centrado na sua parte estrutural. A este ponto, segue-se o enfrentamento do modo pelo qual se dá a interpretação e aplicação das normas jurídicas, oportunidade na qual se tenta demonstrar que o processo jurídico hermenêutico não é de revelação, mas de construção da norma jurídica.

Por fim, precedido pela exposição da doutrina que critica a metodização da hermenêutica jurídica, expõe-se sobre as necessidades atuais do Direito brasileiro a fim de se chegar a uma resposta quanto à necessidade e utilidade ou não de adotar-se um novo método jurídico hermenêutico.

2. FUNCIONALIZAÇÃO DO DIREITO

Norberto Bobbio foi um dos teóricos do Direito que de início mais atenção deu à sua análise funcional.[13] Essa perspectiva de estudo ganhou fôlego com a expansão da sociologia do direito[14] e, mais ainda, no período que sucedeu às duas grandes guerras do último século, quando o estudo formalista da ciência jurídica entrou em crise.[15]

Buscando sensibilizar os juristas para a necessidade da complementação axiológica ao estruturalismo[16], diz Plauto Faraco de Azevedo:

> Pode-se afirmar, em síntese, que a redução gnoseológica resultou na elaboração de um discurso jurídico flagrantemente ideológico, que termina por desembocar no formalismo lógico-jurídico, cuja premissa fundamental consiste justamente na pretensão de conhecimento do direito separado de toda e qualquer ideologia. Nessas condições, o estudo e a investigação do direito se realizam em um sistema fechado, cujos pressupostos são aprioristicamente tidos como verdadeiros e cujo objeto mostra-se imune à crítica e distante dos problemas sociais reais. Em nome da autonomia da 'ciência do direito', assim construída e limitada, aferram-se os juristas àquilo que é 'puramente' jurídico. Às teimosas investidas de um mundo em vertiginosa mutação, às crises sociais sucessivas, ao clamor da vida que reclama nova configuração político-jurídica, inspirada pela ética da solidariedade em um universo cada vez mais interdependente, os juristas respondem com o refinamento de suas técnicas analítico-descritivas,

---

13. BOBBIO, Norberto. *Da estrutura à função*: novos estudos de teoria do direito. Barueri: Manole, 2007.
14. Idem, p. 82. E mais: "Na obra de Kelsen, não só análise funcional e estrutural estão declaradamente separadas, como esta separação é a base teórica sobre a qual ele funda a exclusão da primeira em favor da segunda. Como todos sabem, para o fundador da teoria pura do direito, uma teoria científica do direito não deve se ocupar da função do direito, mas tão somente dos seus elementos estruturais. A análise funcional é confiada aos sociólogos e, talvez, aos filósofos. O movimento em direção ao estudo da estrutura do ordenamento jurídico foi favorecido por uma rígida divisão do trabalho entre juristas (que observam o direito a partir de seu interior) e sociólogos (que o observam a partir do seu exterior)" (Ibidem, p. 54).
15. Ilustrando o aumento das preocupações com aspectos para além da estrutura do Direito, professa Flávia Piovesan: "A partir da Declaração de 1948, começa a se desenvolver o Direito Internacional dos Direitos Humanos, mediante adoção de inúmeros instrumentos internacionais de proteção. A Declaração de 1948 confere lastro axiológico e unidade valorativa a este campo do Direito, com ênfase na universalidade, indivisibilidade e interdependência dos direitos humanos" ("Igualdade, diferença e direitos humanos: perspectivas global e regional". In SARMENTO, Daniel; IKAWA, Daniela; PIOVESAN, Flávia (Coord.). *Igualdade, diferença e direitos humanos*. Rio de Janeiro: Lumen Juris Editora, 2010, p. 52).
16. Norberto BOBBIO fala da "guinada estruturalista": "Sem fazer concessões a rótulos, sempre perigosos por mais úteis que sejam, acredito ser possível afirmar como certa tranquilidade que, no seu desenvolvimento posterior à guinada kelseniana, a teoria do direito tenha obedecido muito mais a sugestões estruturalistas do que funcionalistas. Em poucas palavras, aqueles que se dedicaram à teoria geral do direito se preocuparam muito mais em saber 'como o direito é feito' do que 'para que o direito serve'. A consequência disso foi que a análise estrutural foi levada muito mais a fundo do que a análise funcional" (*Da estrutura à função*. cit., p. 53-54).

encarando o drama humano com o óculo de um aparato conceitual que lhes garante um confortável afastamento do campo de luta.[17]

Percebe-se que o discurso formulado em favor de uma preocupação maior dos juristas para com o conteúdo do Direito – ligado a uma axiologia jurídica[18] – levou e foi levado a cabo como causa e consequência de uma leitura crítica do modo como até a segunda grande guerra do século passado estava em voga o estudo jurídico: em busca de uma pureza fincada na estrutura e na forma das normas jurídicas.[19]

Embora uma posição de ataque ao estrito formalismo jurídico tenha sido adotada, as novas preocupações com o conteúdo da norma não devem com aquele ser tidas como incompatíveis. A proposta não era a de trocar um fetiche por outro.[20] Ao contrário, projetava-se uma complementaridade entre os dois vieses.

Na mesma intensidade em que o estudo meramente formal do Direito possibilita todo tipo de arbitrariedade e tirania por parte do(s) detentor(es) do poder, uma visão tão somente voltada para o conteúdo das normas gera todo tipo de insegurança jurídica e coloca em risco de desmoronamento todo o ordenamento jurídico e instituições de uma sociedade.

A partir dessa nova guinada, o Direito passou a ser visto como um instrumento que se propõe a algo – e algo que não pode ser apenas se auto-ordenar e se reproduzir, senão também projetar a construção de uma ordem social a partir da defesa de certos valores basilares. Mais do que estrutura, o Direito teria, portanto, função – função de promover e incentivar o implemento daqueles valores.

Daí a doutrina falar em *função promocional* do Direito: "nas constituições liberais clássicas, a principal função do Estado parece ser a de *tutelar* (ou *garantir*). Nas constituições pós-liberais, ao lado da função de tutela ou garantia, aparece, cada vez com maior frequência, a função de *promover*".[21] Promoção dos valores basilares de um ordenamento jurídico, que são aqueles assim considerados pela Constituição.[22]

Para Pietro Perlingieri, "o caráter fundamental [da unidade do ordenamento] se identifica por meio da constitucionalidade: os princípios constitucionais, explicitamente

---

17. AZEVEDO, Plauto Faraco de. *Crítica à dogmática e hermenêutica jurídica,* cit., p. 21.
18. Marco dessa nova orientação foi Gustav RADBRUCH, que de um retilíneo positivismo passou a carregar a bandeira do direito natural ("Five minutes of legal philosophy". *Oxford Journal of Legal Studies*, v. 26, Issue 1, p. 13-15, 2006. Disponível em: http://ssrn.com/abstract=916281. Acesso em: 12 set. 2011).
19. Hans KELSEN (*Teoria pura do direito*. 6. ed. São Paulo: Martins Fontes, 1998) é o maior representante da corrente formalista. Todavia, é imperiosa a leitura dos capítulos dois e três desta obra, cujos títulos são respectivamente "Direito e Moral" e "Direito e Ciência", para que se dissipe a má compreensão de que para o jurista austríaco o Direito seria *apenas* forma.
20. STRECK, Lenio Luiz. *Hermenêutica jurídica e(m) crise,* cit., p. 93.
21. BOBBIO, Norberto. *Da estrutura à função,* cit., p. 13.
22. Lembra Luís Roberto BARROSO que "uma das grandes mudanças de paradigma ocorridas ao longo do século XX foi a atribuição à norma constitucional do *status* de norma jurídica. Superou-se, assim, o modelo que vigorou na Europa até meados do século passado, no qual a Constituição era vista como um documento essencialmente político, um convite à atuação dos Poderes Públicos. Atualmente, passou a ser premissa do estudo da Constituição o reconhecimento de sua força normativa, do caráter vinculativo e obrigatório de suas disposições. Vale dizer: as normas constitucionais são dotadas de imperatividade, que é atributo de todas as normas jurídicas, e sua inobservância há de deflagrar os mecanismos próprios de coação, de cumprimento forçado" ("A constitucionalização do direito e o direito civil". In: TEPEDINO, Gustavo. *Direito civil contemporâneo*: novos problemas à luz da legalidade constitucional. São Paulo: Atlas, 2008, p. 238).

expressos ou declarados mediante referências explícitas, são os fundamentos de um sistema concebido hierarquicamente".[23]

Como decorrência da ascendência, ou superioridade hierárquica, da Constituição no ordenamento jurídico, e da grande densidade dos princípios e valores por ela albergados, as normas jurídicas de determinado ordenamento àquela devem tributo. Por outras palavras, devem estar impregnadas com seus valores e orientadas à consecução de seus mandamentos.[24] É essa a fisiologia da antes mencionada constitucionalização do Direito.

Com a hierarquização do ordenamento pela Constituição e a exigência de harmonia consigo do direito infraconstitucional consigo,

> garante-se que a ordem do Direito não se disperse numa multiplicidade de valores singulares desconexos, antes se deixando reconduzir a critérios gerais relativamente pouco numerosos; e com isso fica também demonstrada a efetividade da segunda característica do conceito de sistema, da unidade.[25]

Nesse panorama, a unidade do ordenamento é catalisadora da funcionalização de todo o Direito à concretização dos valores constitucionais,[26] visto que um sistema coeso mais facilmente caminha em um mesmo sentido. A funcionalização do Direito é, assim, o direcionamento de todas as normas jurídicas de um dado ordenamento jurídico – inclusive de clássicos institutos como o contrato, a propriedade e a família[27] – para a promoção, em casos concretos,[28] da tábua axiológica da Constituição.[29]

---

23. *O direito civil na legalidade constitucional.* Rio de Janeiro: Renovar, 2008, p. 205.
24. Sobre a juridicidade de uma norma dada por seu pertencimento a um ordenamento jurídico, ver KELSEN, Hans. *Teoria pura do direito,* cit., passim. Tratando da hierarquia no Direito e do papel primordial da Constituição, afirma Gustavo TEPEDINO que "se o conceito de ordenamento pudesse se reduzir ao conjunto de normas de um mesmo nível hierárquico, poder-se-ia admiti-lo como universo técnico homogêneo e fechado em si mesmo. Sendo, ao contrário, o ordenamento jurídico composto por uma pluralidade de fontes normativas, apresenta-se necessariamente como sistema heterogêneo e aberto; e, daí a sua complexidade que, só alcançará a unidade, caso seja assegurada a centralidade da Constituição, que contém a tábua de valores que caracterizam a identidade cultural da sociedade" ("Normas constitucionais e direito civil na construção unitária do ordenamento". *Temas de direito civil – Tomo III.* Rio de Janeiro: Renovar, 2009, p. 9-10). Para uma ótica mais estrutural a respeito da hierarquia e funcionamento de um ordenamento jurídico, ver CAVALCANTI, Arthur José Faveret. *A estrutura lógica do direito.* 2. ed. rev. e atual. Rio de Janeiro: Renovar, 2003.
25. CANARIS, Claus-Wilhelm. *Pensamento sistemático e conceito de sistema na ciência do direito.* 2. ed. Lisboa: Calouste Gulbenkian, 1996, p. 20-21.
26. Dos quais, de acordo com a doutrina de escol, tem proeminência a dignidade da pessoa humana (Constituição da República, art. 1º, III). Por todos, ver BODIN DE MORAES, Maria Celina. "O princípio da dignidade da pessoa humana". *Na medida da pessoa humana:* estudos de direito civil. Rio de Janeiro: Renovar, 2010.
27. Conferir, a respeito, a nota 3.
28. Nas palavras de Pietro PERLINGIERI, "a relação jurídica é, portanto, sob o perfil funcional, regulamento, disciplina de centros de interesses opostos ou coligados, tendo por objetivo a composição destes interesses. A relação jurídica é regulamento dos interesses na sua síntese: é a normativa que constitui a harmonização das situações subjetivas. Ela se apresenta como o ordenamento do caso concreto; não é casual, de fato, a definição do ordenamento como sistema de relações jurídicas." (*O direito civil na legalidade constitucional.* cit., p. 737).
29. Para Gustavo TEPEDINO, "a complexidade do ordenamento, resultante de inúmeros fatores, tais como a composição legislativa, o sistema sociocultural, a aplicação jurisprudencial das normas, traduz a pluralidade de fontes normativas, mas há de ser compreendida de forma unitária a partir da tábua axiológica contida na Constituição Federal. Com efeito, a Constituição exerce papel unificador do sistema, permitindo a harmonização da pluralidade de fontes normativas" ("O direito civil-constitucional e suas perspectivas atuais". *Temas de direito civil – t. III,* cit., p. 28). Já quanto ao mecanismo promocional do Direito, ver BOBBIO, Norberto. "A função promocional do direito". In *Da estrutura à função.* cit.

3. O PROCESSO DE INTERPRETAÇÃO E APLICAÇÃO DO DIREITO

Possivelmente, o primeiro ponto que deve receber a atenção no estudo da hermenêutica jurídica diz respeito à unicidade dos processos de interpretação e aplicação do Direito. Pode-se dizer que os dois constituem o unitário processo de criação da norma jurídica do caso concreto.

Dito de outra maneira: a interpretação e a aplicação não são momentos estanques e independentes, autônomos e isolados um do outro. Não se interpreta o texto normativo[30] para só então, num eventual e incerto futuro, aplicar-se a norma jurídica em dado caso concreto que se apresente perante o jurista.

Um grande juiz – mesmo Hércules[31] – não pode (por incapacidade lógica de sustentação) interpretar o Direito em seu escritório de estudos,[32] debruçado sobre abstrações jurídicas para assim formar um banco de dados de boas decisões, já devidamente pré-moldadas, a serem aplicadas nos casos concretos que lhe venham a ser levados a conhecimento no fórum.[33]

Aproveitando peculiar expressão de Lenio Streck,[34] pode-se dizer metaforicamente que a interpretação/aplicação do Direito não é compatível com modelos *prêt-à-porter*; Direito, nesse sentido, é alta costura. A norma jurídica só se revela casuisticamente, visto que resultante do confronto do texto normativo com o fato concreto sob análise.[35]

Logo, em sendo a norma jurídica o resultado específico do confronto dialético do texto normativo com dado caso concreto, revela-se ultrapassado o modelo subsuntivo, que via no processo interpretativo apenas um amoldamento silogístico grosseiro sem maiores atenções e cuidados com as vicissitudes da vida.[36]

---

30. Não obstante esse ponto ser retomado adiante, "cumpre desde logo anotar que a norma não é apenas o texto normativo nela transformado, pois ela resulta também do conúbio entre o texto e os fatos (a realidade)" (GRAU, Eros Roberto. *Ensaio e discurso sobre a interpretação/aplicação do direito*. 3. ed. São Paulo: Malheiros, 2005, p. 65). No mesmo sentido, STRECK, Lenio Luiz. *Hermenêutica jurídica e(m) crise*, cit., p. 222.

31. Heroico juiz idealizado por Ronald Dworkin (*Los derechos en serio*. Barcelona: Ariel, 1984).

32. Que bem poderia ser imaginado sendo retratado por Rembrandt, pintor holandês do século XVII, como um aposento de tom amadeirado pesado, com alguma lugubridade, onde se veem apenas algumas estantes prenhes de livros jurídicos, uma escrivaninha e um homem de média idade com seu olhar decidido, porém cansado, voltado a um livro de páginas já amareladas, o único ponto da tela a receber iluminação mais forte.

33. "É necessário dizer, ainda, que a hermenêutica está ancorada na facticidade e na historicidade, de modo que entre a linguagem, instrumento necessário de que nos utilizamos para apreender o objeto a ser compreendido – os textos normativos, no caso da interpretação jurídica –, e esse objeto interpõem-se os mundos da cultura e da história. Por isso o saber jurídico há de ser concebido como um processo de diálogo, de troca entre o ser e o mundo" (Eros Roberto GRAU. *Ensaio e discurso sobre a interpretação/aplicação do direito*, cit., p. 111).

34. "*Prêts-à-porter* significativos", exposta em um outro contexto, mas com este não incompatível (*Hermenêutica jurídica e(m) crise*. cit., p. 84).

35. "Exatamente por isso é que o processo interpretativo jamais será reprodutivo. É impossível ao intérprete 'arrancar' o sentido que estaria 'contido' no texto. Os sentidos não estão acoplados/presos aos textos, prontos para serem desacoplados a partir de uma *Auslegung*, como queria a hermenêutica clássica e como quer, ainda hoje, boa parte dos juristas que busca inserção nesse complexo terreno que é a hermenêutica" (STRECK, Lenio. "Os métodos de interpretação, a metafísica e de como não há um *grundmethode* na hermenêutica: um contributo à luz do *ontological turn*". In: MELLO, Cleyson M. e FRAGA, Thelma (Org.). *Novos direitos*: os paradigmas da pós-modernidade. Niterói: Impetus, 2004, p. 81). E mais: "(...) interpretar passou a significar *applicatio*, isto é, interpretar significa que estamos sempre diante de um determinado caso, de uma situação concreta, 'daquele caso', e que nunca é igual ao outro." (Idem, p. 76).

36. Ver mais em GRAU, Eros Roberto. *Ensaio e discurso sobre a interpretação/aplicação do direito*, cit.

Com invejável clareza e simplicidade, afirma Eros Grau que

a interpretação jurídica é mais do que um exercício de simples compreensão ou conhecimento do que está escrito nas leis. Porque a interpretação do direito é sempre voltada à obtenção de uma decisão para problemas práticos. Por isto, interpretação e aplicação não se realizam autonomamente. O intérprete discerne o sentido do texto a partir e em virtude de um determinado caso, diz Gadamer. [...] Por isso, se eu tivesse aqui, por exemplo, um Código Civil, eu diria, com Gustavo Zagrebelski, que não tenho em minhas mãos um conjunto de normas. Tenho aqui um conjunto de possibilidades de normas, um conjunto de normas em potencial. Eu tenho aqui, na verdade, um conjunto de textos normativos para serem transformados em norma, mediante a sua interpretação. Quer dizer: o ordenamento jurídico é um conjunto de interpretações, é um conjunto de significados retirados, extraídos dos textos normativos e da consideração da realidade.[37]

Cuide-se, entretanto, para que não se reste nem tanto ao mar, nem tanto à terra. O fato de o texto normativo não se confundir com a norma de si extraída não deve significar que não haja certo grau de vinculação entre ambos. É o alerta de Nelson Saldanha:

Todo texto é um enunciado linguístico, mas nenhum texto é apenas isto: o texto de um poema se distingue de seu 'conteúdo', como ocorre com o de uma prece ou o de uma mensagem pessoal. Mas em cada caso o texto está relacionado ao conteúdo: não se procuraria uma mensagem religiosa no texto de um livro de química, nem se buscaria um conteúdo poético no texto de um decreto. Os textos que integram o direito positivo contêm a norma: são textos jurídicos e não contábeis, nem litúrgicos. Não se 'chegaria' à norma sem o texto dela, nem com outro que não fosse jurídico. A distinção entre as palavras do texto e o conteúdo normativo não pode levar a uma negação da relação entre ambas as coisas.[38]

Há, assim, dois pontos de sustentação na teoria hermenêutica jurídica: (i) texto normativo e norma jurídica são conceitos distintos, referidos a objetos distintos; e (ii) interpretação e aplicação do Direito constituem momentos de um mesmo e único processo, não sendo possível cindi-los.

Contudo, isto não é suficiente, evidentemente. É necessário que seja desenvolvido o estudo de *como* o jurista parte do texto normativo para chegar à norma do caso concreto. A grande pergunta é: há uma metodologia segura a ser seguida?

---

37. GRAU, Eros Roberto. "Técnica legislativa e hermenêutica contemporânea". *Direito civil contemporâneo*, cit., p. 284-285. Complementarmente, Gustavo Tepedino aduz que "Assim, chega-se à noção de ordenamento não como repositório de normas jurídicas, mas como conjunto de ordenamentos dos casos concretos, para cuja construção o intérprete levará em conta os elementos condicionantes dos fatos e das normas jurídicas conjuntamente interpretadas em cada conflito de interesses. Daí a importância atual da argumentação jurídica, a qual não se repete, por isso mesmo, entre dois casos concretos (sendo sempre singular e indispensável para a legitimidade desta fusão de culturas e de compreensões de mundo operada pelo magistrado na decisão judicial). E tendo em vista a unidade indispensável à própria existência do ordenamento, a interpretação deste processo complexo há de ser feita, necessariamente – convém insistir –, à luz dos princípios emanados pela Constituição da República, que centraliza hierarquicamente os valores prevalentes do sistema jurídico, devendo suas normas, por isso mesmo, incidir diretamente nas relações privadas" ("Normas constitucionais e direito civil na construção unitária do ordenamento". *Temas de Direito Civil*. cit., p. 11-12).
38. SALDANHA, Nelson. "Racionalismo jurídico, crise do legalismo e problemática da norma". In *Anuário dos Cursos de Pós-Graduação em Direito da UFPE*, n.10. Recife, 2000, p. 203 e segs. Apud STRECK, Lenio Luiz. "Os métodos de interpretação, a metafísica e de como não há um *grundmethode* na hermenêutica". cit., p. 62-63.

4. CRÍTICA À METODIZAÇÃO DA HERMENÊUTICA JURÍDICA

Antes de se averiguar a existência de uma certa metodologia, é importante, para dar amplitude e falseabilidade ao discurso, que se exponha a posição de parte da doutrina que entende ser despicienda a busca por métodos.

A crítica se funda sobre a alegada falta de mecanismos de aferição a respeito da confiabilidade de qualquer método que seja. Isso pela inexistência de critérios que não poderiam ser criados não por incompetência técnica da doutrina, mas por não ser o processo hermenêutico passível de redução a esquemas teóricos definitivos.

Relativamente a essa visão, diz Lenio Streck que

> a questão fundamental no Direito será, assim, conseguir compreender que *fundamentar não é um problema de metodologia ou de procedimento argumentativo*, mas, sim, um modo de ser, pela simples razão de que hermenêutica é filosofia e não normatização de 'procedimentos metodológicos' que sustentariam o raciocínio dos juristas.[39]

Assim, interpretar não seria um processo mecânico que pudesse ser reduzido a procedimentos, que pudesse ser compartimentalizado, que pudesse ser padronizado – impossibilidades estas derivadas do fato de o intérprete não agir à distância. O intérprete, ao se colocar nessa posição, já faria parte da própria interpretação – que, para além de simples concatenações de procedimentos, seria vivência. O intérprete integraria, ele mesmo, o processo interpretativo.

Nilo Bairros Brum vai em direção semelhante ao afirmar que

> apresentados como caminhos neutros que levam à verdade, nada mais são os métodos e teorias de interpretação jurídica que sendas que apontam aos valores. Constituem procedimentos partilhados por um setor social especializado na resolução de problemas concretos, mas implicam, também, a tomada de posições políticas, a ação e reação frente ao poder constituído. [...] podem ser vistos como instâncias retóricas que têm a função de canalizar, de forma aparentemente neutra e científica, determinados valores que se quer preservar. Conforme o método ou conjunto de métodos que se use, pode-se trocar a linha de decisão, extraindo-se da mesma norma legal diferentes consequências jurídicas. Assim, a fungibilidade dos métodos transforma a interpretação jurídica num jogo de cartas marcadas.[40]

São observações pertinentes, não há dúvidas. Incisivas e peçonhentas à doutrina que vê no método hermenêutico um espeque para a fluidez das razões que levam um determinado juiz a decidir um caso de tal ou qual maneira.

A essa doutrina, a definição de um método teria por finalidade dar certa previsibilidade e grau de certeza ao momento decisório. Ainda mais acaso seja levado em conta que o estabelecimento de um determinado método hermenêutico seria o resultado final de grande reflexão da doutrina sobre como, por exemplo, extrair o significado verdadeiro de um texto normativo[41], ou de captar a *mens legis* ou *legislatoris*.[42]

---

39. Idem, p. 57.
40. BRUM, Nilo Bairros de. *Requisitos retóricos da sentença penal*. São Paulo: Ed. RT, 1980, p. 39-40. Apud STRECK, Lenio Luiz. *Hermenêutica jurídica e(m) crise*, cit., p. 109-110.
41. MAXIMILIANO, Carlos. *Hermenêutica e aplicação do direito*. 19. ed. Rio de Janeiro: Forense, 2005, passim.
42. "A referência à 'vontade do legislador' consubstancia (...) o lugar-comum que tantas vezes aproxima exegetas, ideólogos estáticos e os que reagem contra a ideologia constitucional. No nível constitucional a referência é feita

Para essa ordem de pensamento, as críticas acima transcritas são largamente procedentes. Não há como se ter a segurança exigida e esperada em decorrência da aplicação de qualquer método por não existir o mencionado metacritério, ou noutras palavras, um método dos métodos; um *Grundmethode*.[43]

Ocorre que não se está a defender neste escrito a fixação/demarcação de um método definitivo, de um método seguro, de um método servível a um Direito abstrato, atemporal e desterrado. Está-se a pontuar um compromisso ao qual, na atual ordem constitucional brasileira, todos (legisladores, administradores, juízes e cidadãos em geral) devem estar alinhados. Mais importante do que se encontrar *o* método, é se ter *um* método – funcional e serviente à concretização dos desígnios constitucionais no caso concreto.[44]

Está-se a olhar, sim, para o Direito brasileiro e para a sociedade brasileira (e suas carências e necessidades) na corrente época. Não se quer doutrinar para um direito eterno e universal. Não se está a negar, também, que há certo matiz político na definição do caminho e daqueles compromissos. Matiz dado pelo legislador constituinte. Trata-se, por fim, de orientação política definida na Constituição da República Federativa do Brasil de 1988.

5. UM NOVO MÉTODO HERMENÊUTICO?

Duas premissas são aqui levadas em consideração. A primeira a respeito da preponderância hierárquica da Constituição da República no ordenamento jurídico brasileiro. A segunda quanto à indissociabilidade entre a interpretação e a aplicação do Direito.

A construção hierarquizada do ordenamento é produto da lógica.[45] É sistematicamente escalonado para que seja uno; para que todo o Direito, mesmo aquele que ainda está por ser produzido,[46] tenda a uma homogeneidade direcional.[47]

à 'vontade do legislador constitucional'. Ocorre que o legislador dos exegetas, titular dessa vontade, e o Deus dos teólogos são uma e a mesma pessoa, já que, como observa Vernengo, seus atributos são indiscerníveis. Em uma palavra: o legislador dos exegetas é Deus; e, como o legislador é Deus, o direito positivo é sagrado. Essa doutrina, assim, nos conduz de retorno ao passado e à recusa de qualquer mudança (social e jurídica), pois o passado é imutável. No seu bojo o direito instrumenta o governo dos vivos pelos mortos" (GRAU, Eros Roberto. *Ensaio e discurso sobre a interpretação/aplicação do direito*. cit., p. 125).

43. STRECK, Lenio Luiz. "Os métodos de interpretação, a metafísica e de como não há um *grundmethode* na hermenêutica". cit.

44. "Anular os contrastes entre o perfil dogmático e aquele sociológico, entre o contexto normativo e aquele social com o uso de um único método significaria imobilizar a ciência jurídica. Vice-versa, reconhecer a íntima e necessária vitalidade de uma pluralidade metodológica que conduz à necessária mediação das mais diversas tendências, se traduz em uma perspectiva que não tem a pretensão de construir 'o' método de investigação, mas 'um' método que tenda a conciliar os resultados das pesquisas realizadas autonomamente" (PERLINGIERI, Pietro. *O direito civil na legalidade constitucional*, cit., p. 124).

45. Ver mais em CAVALCANTI, Arthur José Faveret. *A estrutura lógica do direito*, cit.; KELSEN, Hans. *Teoria pura do direito*. cit.; e BOBBIO, Norberto. *Teoria do ordenamento jurídico*. 10. ed. Brasília: UnB, 1999.

46. "Isso, contudo – note-se bem –, não significa que o intérprete, literalmente, crie a norma. Dizendo-o de modo diverso: o intérprete não é um criador *ex nihilo*; ele produz a norma – não, porém, no sentido de fabricá-la, mas no sentido de reproduzi-la. O produto da interpretação é a norma expressada como tal. Mas ela (a norma) parcialmente preexiste, potencialmente, no invólucro do texto, invólucro do enunciado" (GRAU, Eros Roberto. *Ensaio e discurso sobre a interpretação/aplicação do direito*, cit., p. 86).

47. "O papel do conceito de sistema é [...] o de traduzir e realizar a adequação valorativa e a unidade interior da ordem jurídica" (CANARIS, Claus-Wilhelm. *Pensamento sistemático e conceito de sistema na ciência do direito*. cit., p. 23).

Para Humberto Ávila,

> o decisivo [...] é registrar que a relação de hierarquia é normalmente associada à ideia de prevalência e termina por indicar qual norma 'vale mais'. A noção de hierarquia envolve uma relação linear entre duas normas separadas semanticamente, de tal sorte que uma delas se sobrepõe à outra. E, no caso de conflito, a norma inferior incompatível com a norma superior perde, *ipso facto*, a validade por meio de um raciocínio de exclusão. Trata-se, portanto, de uma sistematização linear (a norma superior constitui o fundamento da norma inferior), simples (baseada numa relação de hierarquia linear entre as normas) e não gradual entre duas normas jurídicas (as normas estão, ou não, sistematizadas enquanto hierarquicamente postas) com implicações no plano de sua validade.[48]

Um dos maiores objetivos, senão o maior, da sistematização hierárquica do ordenamento jurídico é o de garantir que todas as normas jurídicas infraconstitucionais vibrem em consonância com os comandos constitucionais (não à toa colocados no ápice do sistema). Dessa finalidade decorre a existência do controle de constitucionalidade[49] das normas infraconstitucionais, por meio do qual se faz a aferição da desejada sintonia, sob pena de invalidade – eis que em nível hierárquico inferior.[50]

Assim, em sendo o ordenamento jurídico uno e sistemático, Eros Grau expõe preciosa lição:

> Por isso mesmo a interpretação do direito é interpretação do direito, e não textos isolados, desprendidos do direito. Não se interpretam textos de direito, isoladamente, mas sim o direito, no seu todo – marcado [...] pelas suas premissas implícitas. [...] a interpretação da lei é sempre interpretação não de uma lei ou de uma norma singular, mas de uma lei ou de uma norma que é considerada em relação à posição que ocupa no todo do ordenamento jurídico; o que significa que o que efetivamente se interpreta é esse ordenamento e, como consequência, o texto singular. [...] Não se interpreta o direito em tiras, aos pedaços. A interpretação de qualquer texto de direito impõe ao intérprete, sempre, em qualquer circunstância, o caminhar pelo percurso que se projeta a partir dele – do texto – até a Constituição. Por isso insisto em que um texto de direito isolado, destacado, desprendido do sistema jurídico, não expressa significado normativo algum. As normas [...] só têm existência em um contexto de normas, isto é, no sistema normativo.[51]

Ainda para o mesmo jurista: "Só a ordenação sistemática permite entender a norma questionada não apenas como fenômeno isolado, mas como parte de um todo" (Idem, p. 156).

48. ÁVILA, Humberto. *Teoria dos princípios*: da definição à aplicação dos princípios jurídicos. São Paulo: Malheiros, 2010, p. 127.

49. Ver mais em BARROSO, Luís Roberto. *O controle de constitucionalidade no direito brasileiro*: exposição sistemática da doutrina e análise crítica da jurisprudência. 2. ed. rev. e atual. São Paulo: Saraiva, 2006; DANTAS, Ivo. *O valor da constituição*: do controle de constitucionalidade como garantia da supralegalidade constitucional. Rio de Janeiro: Renovar, 1996; MENDES, Gilmar Ferreira. *Controle de constitucionalidade*: aspectos jurídicos e políticos. São Paulo: Saraiva, 1990; e MENDES, Gilmar Ferreira. *Direitos fundamentais e controle de constitucionalidade*: estudos de direito constitucional. São Paulo: Celso Bastos Editor, 1998.

50. A respeito das antinomias jurídicas, ver BOBBIO, Norberto. *Teoria do ordenamento jurídico*. cit.

51. GRAU, Eros Roberto. *Ensaio e discurso sobre a interpretação/aplicação do direito*. cit., p. 131-132. Em complemento, Pietro PERLINGIERI: "Pensar que se possa interpretar a norma singular 'na sua nudez linguística', como realidade 'solitária, irregular, errante' torna-se, de um ponto de vista lógico, uma petição de princípio e, de um ponto de vista axiológico, uma escolha não conforme à vigente hierarquia das fontes e dos valores. A mesma regularidade ou irregularidade da norma é um *posterius*, e não um *prius* da interpretação. 'Entender' a norma não é, não pode ser, o resultado da exegese puramente literal, mas a individuação da sua lógica e da sua justificação axiológica; e isso é impossível sem levar em conta o resto do ordenamento e dos princípios que o suportam. A humilde fadiga da exegese e do comentário não são incompatíveis; ao contrário, postulam um espaço mais amplo: também os 'fragmentos do mundo' podem ser entendidos se se conhece o mundo ao qual pertencem. Portanto, *in claris* ou

Aqui já se passa à segunda premissa, relativa à unicidade do processo interpretativo e aplicativo do Direito. Constatado que a norma jurídica resulta do conúbio entre o texto normativo e o substrato fático sob análise em dado caso concreto,[52] torna-se impossível ao jurista interpretar o Direito em abstrato. No máximo, saberá dos princípios e regras jurídicas de dado ordenamento, e conhecerá a juridicidade latente, e em estado de potência, naqueles existente.[53]

Portanto, num sistema constitucionalizado, o intérprete/aplicador do Direito tem o compromisso inafastável de produzir a norma jurídica do caso concreto em harmonia com os preceitos constitucionais.[54] Tem por dever, assim, colaborar para a concretização da Constituição.[55]

O respeito aos valores constitucionais é imperativo. Na ordem constitucional inaugurada no Brasil em 1988, o princípio constitucional da dignidade da pessoa humana é tido como o valor dos valores; a referência máxima da axiologia constitucional. Disto decorre funcionalização dos direitos patrimoniais em proveito dos existenciais. Para Maria Celina Bodin de Moraes, "os objetivos constitucionais de construção de uma sociedade livre, justa e solidária e de erradicação da pobreza colocaram a pessoa humana – isto é, os valores existenciais – no vértice do ordenamento jurídico brasileiro"[56].

A força dos e a vinculação aos valores constitucionais são tão intensas a ponto de poderem/deverem ser aplicados diretamente, sem a intermediação da legislação ordinária, sempre que esta inexistir ou não corroborar os preceitos máximos do ordenamento.[57]

---

não, *semper fit interpretatio*" (*Perfis do direito civil*: introdução ao direito civil constitucional. 3. ed. rev. e ampl. Rio de Janeiro: Renovar, 2002. p. 79-80).

52. Ver referência 29.
53. "Negar que a norma é produto da interpretação do texto e que interpretar é sempre um ato aplicativo (*applicatio*), implica negar a temporalidade. Os sentidos são temporais. A diferença (que é ontológica) entre texto e norma ocorre na incidência do tempo. Daí a impossibilidade de reprodução de sentidos, como se o sentido fosse algo que pudesse ser arrancado dos textos (da lei etc.). Os sentidos são atribuíveis, a partir da faticidade em que está inserido o intérprete" (STRECK, Lenio Luiz. *Hermenêutica jurídica e(m) crise*. cit., p. 319-320).
54. "O que se deve geralmente excluir é que se possa qualificar a abundante legislação dita especial como realização, por definição, dos interesses emergentes e prevalecentes na Carta Constitucional, com a consequência de ler esta última à luz da primeira caracterizada, desde há muito, pela necessidade e pela emergência. Disso deriva uma distorção que influi na própria gradação dos interesses e que não tardaria a influenciar em modo desviante a negociação privada. É necessário um retorno à genuína tábua de valores que permita sair de um patológico ciclo vicioso. Para isso a contribuição do intérprete é decisiva: ele tem a tarefa de utilizar o texto constitucional, seja ao corrigir e integrar o dado normativo ordinário, seja no controle da sua legitimidade." (PERLINGIERI, Pietro. *O direito civil na legalidade constitucional*. cit., p. 441).
55. Especialmente no Brasil contemporâneo, que ainda claudica em efetivar direitos e garantias fundamentais a toda a população, como à educação, à saúde, à moradia etc. Conferir nota 11.
56. BODIN DE MORAES, Maria Celina. "A caminho de um direito civil-constitucional". *Na medida da pessoa humana*. cit., p. 11.
57. "O intérprete passa a se valer dos princípios constitucionais, como normas jurídicas privilegiadas para a reunificação do sistema interpretativo, evitando, assim, as antinomias provocadas por núcleos normativos díspares, correspondentes a lógicas setoriais nem sempre coerentes. Por outro lado, o legislador especial, por mais frenética que seja sua atividade legiferante, não consegue atender à torrente de novas situações geradas no seio da realidade econômica, situação agravada pelo envelhecimento do Código Civil, sendo fundamental, por isso mesmo, que possa o magistrado decidir os conflitos atinentes às situações não ainda regulamentadas, com base nos valores constitucionais" (TEPEDINO, Gustavo. "Normas constitucionais e relações de Direito Civil na experiência brasileira". *Temas de direito civil* – t. II. Rio de Janeiro: Renovar, 2006, p. 33). Como consequência da constitucionalização do Direito, há o paulatino fim da *summa divisio* entre direito público e direito privado, eis que os preceitos constitucionais são aplicáveis diretamente seja nas relações públicas, seja nas privadas. A respeito, ver as lições de BODIN DE MORAES, Maria Celina. "A caminho de um direito civil-constitucional". *Na medida da*

Respeito a esses valores que se dá também, evidentemente, quando há textos normativos intermédios. Nesses casos, o dever do intérprete/aplicador é, reforça-se, o de produzir a norma do caso concreto reportando-se diretamente aos comandos da Constituição.

Funcionaliza-se, desse modo, todo o Direito em favor da realização dos valores constitucionais.[58]

6. CONCLUSÃO

Enfim, o estudo da hermenêutica jurídica tem grande importância por estar ligado ao precioso momento da passagem do Direito em abstrato – criado genericamente para um sem-número de casos e pessoas – para o caso concreto, único e irrepetível.

A disciplina não é nova. Desde o *Code Napoléon*, escolas jurídico-hermenêuticas têm se sucedido, em busca da definição do método definitivo. O método que seria absolutamente seguro para permitir ao intérprete tocar o ponto oculto do Direito e fazer florescer, como mágica, a normativa "correta" para cada caso em análise.

Tentou-se que esse método fosse o exegético, o histórico, o sistemático, o lógico, o teleológico etc. Até o momento, contudo, nenhum logrou o sucesso para o qual foi inicialmente idealizado. Possivelmente essa seja uma batalha já de início perdida por ser a vida muito mais elástica e fugaz do que a capacidade humana de antecipatória compreensão.

Em resumo, a despeito das discussões sobre (dever) haver ou não um novo método hermenêutico (definitivo) para os juristas – sem nenhum desprezo à doutrina a que a esse objeto se dedica, até mesmo porque este escrito bem ou mal a isso se refere –, fulcral é que se tenha comprometimento e fidelidade à Constituição quando da produção e aplicação das normas jurídicas dos casos concretos. Foi em busca dessa sensibilização pelo que se até aqui perorou.

É essa a esperança da sociedade brasileira.

7. REFERÊNCIAS

ACKERMAN, Bruce. *A ascensão do constitucionalismo mundial*. In: SOUZA NETO, Cláudio Pereira de; SARMENTO, Daniel (Coord.). *A constitucionalização do direito*: fundamentos teóricos e aplicações específicas. Rio de Janeiro: Lumen Juris, 2007.

ÁVILA, Humberto. *Teoria dos princípios*: da definição à aplicação dos princípios jurídicos. São Paulo: Malheiros, 2010.

---

pessoa humana. cit.; PERLINGIERI, Pietro. *O direito civil na legalidade constitucional*, cit.; e TEPEDINO, Gustavo. "Normas constitucionais e Direito Civil na construção unitária do ordenamento". *Temas de direito civil* – t. III, cit.

58. "A complexidade do ordenamento, no momento de sua efetiva realização, isto é, no momento hermenêutico voltado a se realizar como ordenamento do caso concreto, só pode resultar unitária: um conjunto de princípios e regras individualizadas pelo juiz que, na totalidade do sistema sócio-normativo, devidamente se dispõe a aplicar. Sob este perfil, que é o que realmente conta, em uma ciência jurídica que é ciência prática, o ordenamento, por mais complexo que seja, independentemente do tipo de complexidade que o caracterize, só pode ser uno, embora resultante de uma pluralidade de fontes e componentes" (PERLINGIERI, Pietro. *O direito civil na legalidade constitucional*, cit., p. 200-201).

AZEVEDO, Plauto Faraco de. *Crítica à dogmática e hermenêutica jurídica*. Porto Alegre: Sergio Antonio Fabris Editor, 1989.

BARROSO, Luís Roberto. A constitucionalização do direito e o direito civil. In: TEPEDINO, Gustavo. *Direito civil contemporâneo*: novos problemas à luz da legalidade constitucional. São Paulo: Atlas, 2008.

BARROSO, Luís Roberto. *Curso de direito constitucional contemporâneo*: os conceitos fundamentais e a construção do novo modelo. São Paulo: Saraiva, 2009.

BARROSO, Luís Roberto. *O controle de constitucionalidade no direito brasileiro*: exposição sistemática da doutrina e análise crítica da jurisprudência. 2. ed. rev. e atual. São Paulo: Saraiva, 2006.

BOBBIO, Norberto. *Da estrutura à função*: novos estudos de teoria do direito. Barueri: Manole, 2007.

BOBBIO, Norberto. *Teoria do ordenamento jurídico*. 10. ed. Brasília: UnB, 1999.

BODIN DE MORAES, Maria Celina. A caminho de um direito civil-constitucional. *Na medida da pessoa humana*: estudos de direito civil-constitucional. Rio de Janeiro: Renovar, 2010.

BODIN DE MORAES, Maria Celina. O princípio da dignidade da pessoa humana. *Na medida da pessoa humana*: estudos de direito civil. Rio de Janeiro: Renovar, 2010.

CAENEGEM, R. C. van. *Uma introdução histórica ao direito privado*. São Paulo: Martins Fontes, 1999.

CANARIS, Claus-Wilhelm. *Pensamento sistemático e conceito de sistema na ciência do direito*. 2. ed. Lisboa: Calouste Gulbenkian, 1996.

CAVALCANTI, Arthur José Faveret. *A estrutura lógica do direito*. 2. ed. rev. e atual. Rio de Janeiro: Renovar, 2003.

COELHO, Luiz Fernando. *Teoria crítica do direito*. 3. ed. rev., atual e ampl. Belo Horizonte: Del Rey, 2003.

DANTAS, Ivo. *O valor da constituição*: do controle de constitucionalidade como garantia da supralegalidade constitucional. Rio de Janeiro: Renovar, 1996.

DWORKIN, Ronald. *Law's empire*. Cambridge, USA: Belknap Press, 1986.

DWORKIN, Ronald. *Los derechos en serio*. Barcelona: Ariel, 1984.

FERRARIS, Maurizio. *Historia de la hermenéutica*. México, D.F.: Siglo XXI Editores, 2002.

GRAU, Eros Roberto. *Ensaio e discurso sobre a interpretação/aplicação do direito*. 3. ed. São Paulo: Malheiros, 2005.

GRAU, Eros Roberto. Técnica legislativa e hermenêutica contemporânea. *Direito civil contemporâneo*: novos problemas à luz da legalidade constitucional. São Paulo: Atlas, 2008.

HÄBERLE, Peter. *Hermenêutica constitucional*: a sociedade aberta dos intérpretes da Constituição: contribuição para a interpretação pluralista e 'procedimental' da Constituição. Tradução de Gilmar Ferreira Mendes. Porto Alegre: Sergio Antonio Fabris Editor, 1997.

KELSEN, Hans. *Teoria pura do direito*. 6. ed. São Paulo: Martins Fontes, 1998.

MAXIMILIANO, Carlos. *Hermenêutica e aplicação do direito*. 19. ed. Rio de Janeiro: Forense, 2005.

MENDES, Gilmar Ferreira. *Controle de constitucionalidade*: aspectos jurídicos e políticos. São Paulo: Saraiva, 1990.

MENDES, Gilmar Ferreira. *Direitos fundamentais e controle de constitucionalidade*: estudos de direito constitucional. São Paulo: Celso Bastos Editor, 1998.

NINO, Carlos Santiago. *Fundamentos de derecho constitucional*: analisis filosofico, juridico y politologico de la practica constitucional. Buenos Aires: Astrea, 1992.

PERLINGIERI, Pietro. *O direito civil na legalidade constitucional*. Rio de Janeiro: Renovar, 2008.

PERLINGIERI, Pietro. *Perfis do direito civil*: introdução ao direito civil constitucional. 3. ed. rev. e ampl. Rio de Janeiro: Renovar, 2002.

PIOVESAN, Flávia. Igualdade, diferença e direitos humanos: perspectivas global e regional. In: SARMENTO, Daniel; IKAWA, Daniela; PIOVESAN, Flávia (Coord.). *Igualdade, diferença e direitos humanos*. Rio de Janeiro: Lumen Juris Editora, 2010.

PUENTE, Mauricio Beuchot. *Filosofia del derecho, hermenéutica y analogia*. Bogotá: Universidad Santo Tomás, 2006.

RADBRUCH, Gustav. "Five minutes of legal philosophy". In *Oxford Journal of Legal Studies*, Vol. 26, Issue 1, p. 13-15, 2006. Disponível em: http://ssrn.com/abstract=916281. Acesso em: 12 set. 2011.

SAMPAIO, José Adércio Leite. "Mito e história da Constituição: prenúncios sobre a constitucionalização do Direito". In: SOUZA NETO, Cláudio Pereira de; SARMENTO, Daniel. (Coord.). *A constitucionalização do direito*: fundamentos teóricos e aplicações específicas. Rio de Janeiro: Lumen Juris, 2007.

SARMENTO, Daniel. *Direitos fundamentais e relações privadas*. 2. ed. Rio de Janeiro: Lumen Juris, 2008.

STRECK, Lenio. *Hermenêutica jurídica e(m) crise*: uma exploração hermenêutica da construção do Direito. 7. ed. rev. atual. Porto Alegre: Livraria do Advogado, 2007.

STRECK, Lenio. Os métodos de interpretação, a metafísica e de como não há um *grundmethode* na hermenêutica: um contributo à luz do *ontological turn*. In: MELLO, Cleyson M. e FRAGA, Thelma (Org.). *Novos direitos*: os paradigmas da pós-modernidade. Niterói: Impetus, 2004.

TEPEDINO, Gustavo. *Editorial da Revista Trimestral de Direito Civil – RTDC*, v. 17. Rio de Janeiro: Padma, 2004.

TEPEDINO, Gustavo. Normas constitucionais e direito civil na construção unitária do ordenamento". *Temas de Direito Civil* – t. III. Rio de Janeiro: Renovar, 2009.

TEPEDINO, Gustavo. O direito civil-constitucional e suas perspectivas atuais. *Temas de direito civil* – t. III. Rio de Janeiro: Renovar, 2009.

TEPEDINO, Gustavo. Premissas metodológicas para a constitucionalização do direito civil. *Temas de direito civil*. 4. ed. rev. e atual. Rio de Janeiro: Renovar, 2008.

URIBE, Darío Botero *et al. Hermenéutica jurídica*: homenaje al maestro Darío Echandía. Bogotá: Ediciones Rosaristas, 1997.

A PROTEÇÃO DE DADOS PESSOAIS NA LEGALIDADE CONSTITUCIONAL: ESTUDO DE CASO SOBRE O CENSO DO IBGE

Gabriel Schulman

Doutor em Direito pela Universidade Estadual do Rio de Janeiro (UERJ). Mestre e Bacharel em Direito pela Universidade Federal do Paraná (UFPR). Especialista em Direito pela Universidade de Coimbra. Professor da Escola de Direito da Universidade Positivo (UP), onde leciona a disciplina de proteção de dados, coordena o curso de Pós-Graduação em Direito e Tecnologia, e é líder do grupo "Pessoa, Tecnologia e Mercado". Advogado.

Ana Carolina Contin Kosiak

Mestre e Bacharel em História pela Universidade Federal do Paraná (UFPR). Mestranda e Bacharel em Direito pela Universidade Positivo (UP).

Sumário: 1. Introdução. 2. Legalidade constitucional: "premissas metodológicas a caminho do direito civil constitucional". 3. O caso concreto: discussão objeto da Ação Direta de Inconstitucionalidade 6.387. 4. A leitura da proteção de dados e da própria LGPD à luz da Constituição. 5. "O caminho se faz no andar": aprendizados e considerações finais. 6. Referências.

Brasil, meu nego

Deixa eu te contar

A história que a história não conta

O avesso do mesmo lugar

Na luta é que a gente se encontra[1]

O IBGE esclarece alguns princípios fundamentais sobre a adoção da Medida Provisória 954. Essa Medida Provisória atende a pedido do Ministério da Economia, a partir de demanda técnica emergencial apresentada pelo IBGE. Para atender as recomendações de afastamento social do Ministério da Saúde e da OMS, o IBGE adiou o Censo Demográfico e suspendeu todas as suas pesquisas presenciais no dia 17 de março. Em função disso, para não comprometer a produção de indicadores e estatísticas sobre a economia, e fornecer um retrato fidedigno e atualizado sobre o País, o IBGE, como a maioria dos institutos de estatística do mundo, terá que migrar suas pesquisas para formas de coleta de dados não presenciais, adotando, principalmente, a coleta por telefone. Para isso o instituto necessita ter acesso aos dados (nomes, dos números de telefone e dos endereços de seus consumidores, pessoas físicas ou jurídicas) das operadoras telefônicas de modo a viabilizar a aplicação de suas pesquisas[2].

---

1. MANGUEIRA. *História pra ninar gente grande. Samba enredo de 2019.* Disponível em: https://g1.globo.com/rj/rio-de-janeiro/carnaval/2019/noticia/2019/01/19/mangueira-veja-a-letra-do-samba-enredo-do-carnaval-2019-no-rj.ghtml. Acesso em: 05 nov. 2020.
2. IBGE. Comunicado sobre adoção da Medida Provisória 954/2020. Disponível em: https://www.ibge.gov.br/novo-portal-destaques/27477-comunicado-sobre-adocao-da-medida-provisoria-954-2020.html. Acesso em: 05 nov. 2020.

1 INTRODUÇÃO

Em 17 de abril de 2020 foi editada a Medida Provisória 954/2020, que dispõe sobre o compartilhamento de dados por empresas de telecomunicações para o Instituto Brasileiro de Geografia e Estatística – IBGE. Por força da MP, as empresas de telefonia deveriam "disponibilizar à Fundação IBGE, em meio eletrônico, a relação dos nomes, dos números de telefone e dos endereços de seus consumidores, pessoas físicas ou jurídicas" (art. 2º).

A medida provisória gerou absoluta controvérsia, e contou com dura oposição de diversas entidades. Tamanha a repercussão do tema, prontamente foram distribuídas cinco ações diretas de inconstitucionalidade (ADIs), promovidas por grupos de diferentes posições políticas[3] para discutir a (falta de) higidez constitucional da MP.

Neste contexto, elege-se como objeto de análise o acórdão proferido pelo Supremo Tribunal Federal por meio da ADI 6387[4], que reconheceu a inconstitucional material da Medida Provisória 954/2020. Dentre os vários temas que afloram do acórdão, o recorte proposto recai sobre a leitura à luz da Constituição, e o reconhecimento da proteção de dados como direito fundamental. Como percurso, inicia-se com um resgate da legalidade, ao que se segue a discussão do caso concreto julgado pelo STF e, por fim, extraem-se aprendizados úteis.

Sob o prisma metodológico, a escolha do caso do Censo do IBGE se justifica por variados fundamentos. Além da repercussão social e jurídica, consiste no primeiro caso em que o STF reconheceu expressamente a *autodeterminação informativa* como direito fundamental, bem como a primeira oportunidade em que tratou da Lei Geral de Proteção de Dados Pessoais (LGPD).

Salienta-se igualmente que na solução do caso, a despeito da menção expressa aos princípios da LGPD, o Supremo utilizou-se da leitura constitucional. Como se exporá ao longo na seção seguinte, a legalidade constitucional rejeita qualquer possibilidade de interpretação que não seja à luz da Constituição. De todo modo, o exame do acórdão auxilia na compreensão da sistemática interpretativa e afasta alguns argumentos frágeis como a visão de que o texto constitucional não possuísse força normativa, fosse excessivamente abstrato ou tivesse aplicação subsidiária[5].

É inevitável também a comparação do caso do censo brasileiro com o julgamento pela Corte Alemã, que considerou inconstitucional a Lei do Censo de 1982[6]. A despeito das diferenças de contexto, de sistemas jurídicos, os casos apresentam interessantes pontos de contato, eis que, além de versarem sobre o uso de dados sobre censo, permitiram aos

---

3. As ações diretas de inconstitucionalidade, que questionam o repasse das informações de empresas telefônicas ao IBGE, estabelecido pela MP 954/2020 foram propostas pela Ordem dos Advogados do Brasil (ADI 6387) e pelos partidos políticos PSDB (ADI 6388), PSB (ADI 6389), PSOL (ADI 6390), e PCdoB (ADI 6393). Disponível em: http://www.stf.jus.br/portal/cms/verNoticiaDetalhe.asp?idConteudo=441728 Considerando que as ações diretas de inconstitucionalidade igualmente impugnam a validade constitucional da Medida Provisória n. 954/2020, determinou-se a tramitação conjunta dos feitos, e com a reprodução da decisão da ADI 6387 nos demais casos.

4. STF. ADI n. 6387. Rel. Min. Rosa Weber. Tribunal pleno. Dje: 11.11.2020.

5. FLÓREZ-VALDÉS, Joaquín Arce y. *El derecho civil constitucional*. Madrid (Espanha): Civitas, 1991. p. 89-94.

6. MENDES, Laura Schertel. Habeas Data e autodeterminação informativa: dois lados da mesma moeda. *Revista Direitos Fundamentais & Justiça*, a. 12, n. 39, p. 185-216, jul./dez. 2018.

julgadores se debruçarem, à luz da constituição, sobre a finalidade do emprego de dados pessoais, autodeterminação e o caráter imperioso de sua proteção.

É interessante perceber que, na Alemanha, também se julgou um caso de proteção de dados pessoais envolvendo o censo e os dados que lá se pretendia coletar. Trata-se de conhecido precedente sobre o qual se apresentam considerações mais adiante. No tocante ao caso brasileiro, sob uma perspectiva de leitura à luz da Constituição, três aspectos merecem serão aprofundados no exame do julgamento do caso pelo STF.

Em primeiro, entre os fundamentos relevantes da decisão está a regra da proporcionalidade, a qual, embora consagrada na jurisprudência nacional, é reforçada na LGPD, como denota, inclusive, a previsão dos princípios da necessidade, adequação e proporcionalidade, além de diversas outras normas que os reforçam. Nessa linha, defende-se que a LGPD, além de guiar-se pelo direito fundamental ao tratamento de dados pessoais, ao estabelecer tais princípios, institui um importante acervo de filtros relevantes na depuração do tratamento dos dados pessoais.

Em segundo, a decisão do STF sublinhou o reconhecimento da proteção de dados como direito fundamental, o que repercute nas relações cidadão-Estado e nas relações entre particulares. Em terceiro, a solução do caso se restringe a acolher, como base normativa, "apenas" a LGPD ou o texto constitucional. Essa compreensão ampla e integrada das normas jurídicas, que leva em conta os diversos diplomas legais se coaduna com o reconhecimento de um marco normativo mais amplo de proteção de dados pessoais no direito brasileiro, consentâneo à noção de ordenamento unitário e complexo, que não isola textos legislativos para casos ou situações específicas, orienta-se por um conjunto mais denso de normas, em sintonia com o texto constitucional.

Diante de tal cenário, procura-se, na próxima seção, revisitar a leitura à luz da constituição como processo interpretativo necessário à proteção de dados pessoais, bem como, ao longo do artigo, apreender a maneira como foi aplicada no julgamento deste importante precedente pelo Supremo Tribunal Federal.

2. LEGALIDADE CONSTITUCIONAL: "PREMISSAS METODOLÓGICAS A CAMINHO DO DIREITO CIVIL CONSTITUCIONAL"

A *legalidade constitucional* em sua essência implica um duplo movimento. Em primeiro, tem por pressuposto o reconhecimento da força normativa da Constituição, inclusive dos direitos fundamentais[7]; em segundo, assinala que as normas constitucionais "condicionam a validade e o sentido de todo ordenamento jurídico"[8]. Tal perspectiva traduz, portanto, a necessidade de uma leitura axiológica, finalística, que toma as normas

---

7. CANARIS, Claus-Wilhelm. A influência dos direitos fundamentais sobre o direito privado na Alemanha. In: SARLET, Ingo Wolfgang (Org.). *Constituição, Direitos Fundamentais e Direito Privado*. 2. ed. Porto Alegre: Livraria do Advogado, 2006. p. 225-245.

8. BARROSO, Luís Roberto. *Curso de Direito Constitucional Contemporâneo*. Os conceitos fundamentais e a construção do novo modelo. 9. ed. Saraiva, 2019. Item 4.1. Em sentido similar: CANARIS, Claus-Wilhelm. *Direitos Fundamentais e Direito Privado*. Coimbra (Portugal): Almedina, 2006. p. 27-28.

constitucionais como bússola. Dessa maneira, em face da legalidade constitucional "tudo encontra validade e legitimidade no sistema constitucional"[9].

Do ponto de vista do conteúdo, consagra os direitos fundamentais e a promoção da pessoa concreta. Como norte da legalidade constitucional, estão a centralidade da pessoa, a promoção da dignidade da pessoa humana[10], o desenvolvimento da sua personalidade, os direitos humanos e fundamentais[11]. Essa leitura do Direito constitui, ao mesmo tempo, uma *visão* e uma *metodologia interpretativa*, que se opõe à neutralidade dos intuitos[12], da hermenêutica estritamente literal[13], a despreocupada com a fundamentação das normas e com seus impactos na realidade[14]. Busca-se a concretização de *normas-valores* como a dignidade da pessoa humana e a igualdade substancial[15].

Sob um ângulo técnico ou metodológico, faz-se necessário um conjunto de cuidados importantes que permitem atender a segurança jurídica material. Nessa toada, a utilização das aspas no título desta seção busca homenagear dois textos clássicos sobre o tema[16], os quais refletem um conteúdo atual e necessário ao apresentarem os fundamentos da interpretação-aplicação[17] do direito à luz da Constituição. Permita-se reiterar que é exatamente sob essa perspectiva que o STF estabeleceu as bases de sua análise do caso do censo do IBGE. Nessa linha, o acórdão, ao julgar a inconstitucionalidade da medida provisória sublinha que "a MP 954/2020 descumpre as exigências que exsurgem do texto constitucional no tocante à efetiva proteção dos direitos fundamentais dos brasileiros".

---

9. PERLINGIERI, Pietro. *O Direito Civil na Legalidade Constitucional*. Rio de Janeiro: Renovar, 2008. Prefácio a 1. ed. p. XXIII.

10. BARROSO, Luís Roberto. *A dignidade da pessoa humana no direito constitucional contemporâneo. A construção de um conceito jurídico à luz da jurisprudência mundial*. Belo Horizonte: Fórum, 2014. NOVAIS, Jorge Reis. *A dignidade da pessoa humana. Dignidade e direitos fundamentais*. v. I, Coimbra: Almedina, 2015. BODIN DE MORAES, Maria Celina. O conceito de dignidade humana. In: BODIN DE MORAES, Maria Celina . *Princípios do direito civil contemporâneo*. Rio de Janeiro: Renovar, 2006. p. 1-60. NEVES, Maria do Céu Patrão. Sentidos da vulnerabilidade: característica, condição, princípio. *Revista Brasileira de Bioética*, v. 2. n. 02, p. 153-172, 2006.

11. TEPEDINO Gustavo. Premissas metodológicas para a constitucionalização do direito civil. *Revista de Direito do Estado*, Bahia, ano 1, n. 2, abr./jun. 2006, p. 37-53.

12. RAMOS, Carmem Lucia Silveira. Constitucionalização do direito privado e a sociedade sem fronteiras. In: FACHIN, Luiz Edson (Coord.). *Repensando fundamentos de Direito Civil Brasileiro Contemporâneo*. Rio de Janeiro: Renovar, 1998.

13. RODOTÀ, Stefano. *La vita e le regole*. Tra diritto e non diritto. 4. ed. Milão: Feltrini, 2007. p. 28.

14. LÔBO, Paulo Luiz Netto. Constitucionalização do direito civil. *Revista de Informação Legislativa*. Brasília, Senado Federal, n. 141, ano 36, p. 99-109, jan./mar. 1999. p. 100.

15. TEPEDINO, Gustavo. Crise das Fontes Normativas e Técnica Legislativa na Parte Geral do Código Civil de 2002. In: TEPEDINO, Gustavo. (Org.). *A Parte Geral do Novo Código Civil*. 3. ed. Rio de Janeiro: Renovar, 2007. p. XV-XXXIII. "Se o direito e, sobretudo a Constituição, têm a sua eficácia condicionada aos fatos concretos da vida, não se afigura possível que a interpretação faça deles tábua rasa. Ela há de contemplar essas condicionantes, correlacionando-as com as proposições normativas da Constituição. A interpretação adequada é aquela que consegue concretizar de forma excelente, o sentido (Sinn) da proposição normativa dentro das condições reais dominantes numa determinada situação". HESSE, Konrad. *Força Normativa da Constituição*. Porto Alegre: Sergio Fabris, 1991. p. 22-23. Cf. também HERRERA FLORES, Joaquín. ¿Crisis de la ideología o ideología de la crisis? Respuestas neoconservadoras. Crítica Jurídica, *Revista Latino Americana de Política, Filosofía y Derecho*, UNAM/ Instituto de Investigaciones Jurídicas, n. 13, p. 123-143, 1993.

16. BODIN DE MORAES, Maria Celina. A Caminho de um Direito Civil Constitucional. *Revista de Direito Civil Imobiliário, Agrário e Empresarial*, São Paulo, v. 65, ano 17, jul./set. 1993, p. 21-32. TEPEDINO Gustavo. Premissas metodológicas para a constitucionalização do direito civil. *Revista de Direito do Estado*, Bahia, ano 1, n. 2, abr./jun. 2006, p. 37-53.

17. PERLINGIERI, Pietro. *Perfis do Direito Civil. Introdução ao Direito Civil Constitucional*. 2. ed. São Paulo: Renovar, 2002. p. 71.

Como se pode observar, a legalidade constitucional não se confunde com um recurso a uma noção vaga de constituição. No processo de interpretação-aplicação, o texto constitucional não é um mero adorno a enfeitar a aplicação das leis; é fonte normativa primária, direta, cuja força confere unidade ao ordenamento. O caráter irradiante das normas constitucionais significa que iluminam todo o ordenamento. Nessa linha, como expressou o Supremo, "todas as possíveis limitações a direitos e garantias individuais precisam seguir os parâmetros constitucionais de excepcionalidade, razoabilidade e proporcionalidade". Nessa seção, segue-se com a revisita à legalidade constitucional e suas premissas para facilitar o exame dos critérios adotados pela Corte para concluir pela inconstitucionalidade da MP.

A partir da compreensão da constitucionalização do direito, torna-se imprescindível e urgente a checagem da compatibilização da legislação com texto constitucional, em qualquer caso; afinal, não há interpretação em que a constituição não esteja presente, ainda que a solução seja obtida pela aplicação do texto normativo infraconstitucional. Por meio do controle de constitucionalidade, em todo e qualquer caso se promove a "filtragem constitucional"[18].

Na lição de Tepedino, a atividade interpretativa deve superar alguns graves preconceitos que o afastam de uma perspectiva civil-constitucional. Em primeiro lugar, trata sobre a necessária dissociação do texto constitucional como "carta política", porque isso, além de destituir a Constituição de seu papel unificador do direito privado, ainda o tornaria refém do legislador ordinário[19]. Depois, afirma que não se pode concordar com os "civilistas que se utilizam dos princípios constitucionais como princípios gerais de direito", uma vez que isso representaria uma "subversão da hierarquia normativa"[20].

Em terceiro lugar, o autor apresenta que, no que tange à técnica interpretativa, não se pode vincular à "necessidade de regulamentação casuística", justamente porque as constituições contemporâneas utilizam-se de cláusulas gerais que equivalem a "cláusulas jurídicas aplicáveis direta e imediatamente nos casos concretos"[21]. Por fim, defende que a "interpenetração do direito público e do direito privado" caracteriza a sociedade contemporânea, sendo que a perspectiva de interpretação civil-constitucional permite que sejam "revigorados os institutos de direito civil"[22]. Nesse passo, o julgamento do Supremo Tribunal Federal acerca do Censo sublinhou o reconhecimento da proteção de dados como direito fundamental, e da própria compreensão de que não há leitura do ordenamento que dispense a compreensão à luz da Constituição.

Ao tomar o ordenamento jurídico como "unitário complexo",[23] supera-se a clássica dicotomia entre direito público e direito privado, haja vista que não há zonas imunes

---

18. SCHIER, Paulo Ricardo. *Filtragem Constitucional*. Construindo uma nova dogmática jurídica. Porto Alegre: Sergio Antonio Fabris, 1999.
19. TEPEDINO, Op. Cit. p. 50.
20. Idem.
21. Ibidem, p. 51.
22. Ibidem, p. 51-52.
23. PERLINGIERI, Pietro. *Perfis do Direito Civil. Introdução ao Direito Civil Constitucional*. 2. ed. São Paulo: Renovar, 2002. p. 6. Por essa razão, "o direito especial tem sua peculiaridade e sua limitada autonomia, mas sempre derivada e vinculada pelas diretrizes e valores do sistema". Obra citada, p. 79.

aos direitos fundamentais. A leitura à luz da Constituição afasta a possibilidade destas áreas de sombra, e implica que as normas constitucionais penetram todas as áreas, de maneira a consagrar os direitos fundamentais e priorizar os valores existenciais. Nas palavras de Bodin de Moraes:

> Acolher a construção da unidade (hierarquicamente sistematizada) do ordenamento jurídico significa sustentar que seus princípios superiores, isto é, os valores propugnados pela Constituição, estão presentes em todos os recantos do tecido normativo, resultando, em consequência, inaceitável a rígida contraposição direito público-direito privado. Os princípios e valores constitucionais devem se estender a todas as normas do ordenamento, sob pena de se admitir a concepção de um *"mondo in frammenti"*, logicamente incompatível com a ideia de sistema unitário[24].

Para a autora, a regulamentação da atividade privada (porque regulamentação da vida cotidiana) deve ser, em todos os momentos "expressão da indubitável opção constitucional de privilegiar a dignidade da pessoa humana"[25]. Em consequência, delineia-se um "direito civil constitucionalizado", que se traduz em um direito civil "efetivamente transformado pela normativa constitucional"[26].

Em sintonia com tal perspectiva, ao julgar o Caso do Censo do IBGE, o STF sublinhou que esta compreensão foi essencial para a apreciação do Caso do Censo alemão, "por ter permitido que o direito à privacidade não mais ficasse estaticamente restrito à frágil dicotomia entre as esferas pública e privada, mas, sim, se desenvolvesse como uma proteção dinâmica e permanentemente aberta às referências sociais e aos múltiplos contextos de uso"[27].

Ao tomar o ordenamento jurídico como unitário complexo, supera-se a clássica dicotomia entre direito público e direito privado, haja vista que não há zonas imunes aos direitos fundamentais[28]. A leitura à luz da Constituição afasta a possibilidade destas áreas de sombra, e implica que as normas constitucionais penetram todas as áreas, de maneira a consagrar os direitos fundamentais e priorizar os valores existenciais.

Não se trata apenas de recorrer à Constituição para interpretar as normas ordinárias de direito civil (aplicação indireta), mas também de reconhecer que as normas constitucionais podem, e devem, ser diretamente aplicadas às relações jurídicas estabelecidas entre particulares. A rigor, para o direito civil-constitucional, não importa tanto se a Constituição é aplicada de modo direto ou indireto (distinção nem sempre fácil)[29]. O que importa é obter a máxima realização dos valores constitucionais no campo das relações privadas.

---

24. BODIN DE MORAES, Maria Celina. A Caminho de um Direito Civil Constitucional. *Revista de Direito Civil Imobiliário, Agrário e Empresarial*, São Paulo, v. 65, ano 17, jul./set. 1993, p. 21-32. p. 24.
25. Ibidem, p. 28.
26. Ibidem, p. 29.
27. STF. ADI n. 6387. Rel. Min. Rosa Weber. Tribunal pleno. Dje: 11.11.2020.
28. ZAGREBELSKY. *El Derecho Dúctil. Ley, Derecho, Justicia*. 8. ed. Madrid (Espanha): Editorial Trotta, 2008. p. 39-40. PERLINGIERI, Pietro. *Perfis do Direito Civil. Introdução ao Direito Civil Constitucional*. 2. ed. São Paulo: Renovar, 2002. p. 6. Por essa razão, "o direito especial tem sua peculiaridade e sua limitada autonomia, mas sempre derivada e vinculada pelas diretrizes e valores do sistema". Obra citada, p. 79.
29. SCHREIBER, Anderson; KONDER, Carlos Nelson. Uma agenda para o direito civil-constitucional. *Revista Brasileira de Direito Civil*, v. 10, out./dez. 2016.

Como ensina Maria Celina Bodin de Moraes, a metodologia civil-constitucional propõe uma "reconstrução do Direito a partir de princípios – que representam valores estabelecidos na Constituição"[30]. Em harmonia, Barroso afirma que os princípios expressam os valores fundamentais do sistema, dando-lhe unidade e condicionando a atividade do intérprete. Em um ordenamento jurídico pluralista e dialético, princípios podem entrar em rota de colisão. Em tais situações, o intérprete, à luz dos elementos do caso concreto, da proporcionalidade e da preservação do núcleo fundamental de cada princípio e dos direitos fundamentais, procede a uma ponderação de interesses[31].

A respeito, extrai-se do voto do Min. Alexandre de Moraes no acórdão que trata do julgamento do caso do Censo, "Em cada uma das hipóteses legais, ou mesmo judiciais, há que se analisar se, na hipótese, constam as necessárias adequações, razoabilidade e proporcionalidade" que seriam necessários para "excepcionalmente, relativizar-se a proteção constitucional ao sigilo de dados". Da mesma maneira, Perlingieri destaca a importância central da ponderação, técnica idônea a promover o sopesamento de todas as normas (e, sobretudo, dos princípios), para a solução de cada caso concreto[32]. À luz do conceito-chave da proporcionalidade, desenvolveu-se o método de ponderação pelo qual o magistrado, considerando-se a importância que os bens jurídicos cotejados têm, em tese, mas também as peculiaridades do caso concreto, poderá prover ao direito postulado, "fundamentando-se na precedência condicionada deste sobre os princípios contrapostos"[33].

Desse modo, integra-se ao acervo de ferramentas oferecidas pela leitura constitucional a incidência da regra da proporcionalidade. Sem adentrar na interessante controvérsia da literatura jurídica sob as etapas aplicáveis à proporcionalidade, ou sua diferenciação em relação à razoabilidade[34], acolhe-se o ensinamento de Luís Roberto Barroso que esclarece que o "princípio da razoabilidade ou proporcionalidade" traduz-se em um teste que permite o exame dos atos e invalidá-los quando:

a) não haja adequação entre o fim perseguido e o instrumento empregado (*adequação*);

b) a medida não seja exigível ou necessária, havendo meio alternativo menos gravoso para chegar ao mesmo resultado (*necessidade/vedação do excesso*);

c) não haja proporcionalidade em sentido estrito, ou seja, o que se perde com a medida é de maior relevo do que aquilo que se ganha (*proporcionalidade em sentido estrito*)[35].

---

30. BODIN DE MORAES, Maria Celina. Do juiz boca-da-lei à lei segundo a boca do juiz: notas sobre a aplicação-interpretação do direito no início do Século XXI. *Revista de Direito Privado*, São Paulo, ano 14, v. 56, p.11-30, out./dez. 2013. p. 19.

31. BARROSO, Luís Roberto. Fundamentos Teóricos e Filosóficos do Novo Direito Constitucional Brasileiro. *Revista da EMERJ*, v. 4, n. 15, 2001, p. 1-47. p. 27.

32. PERLINGIERI, Giovanni. *Profili applicativi della ragionevolezza nel diritto civile*. Napoli: Edizioni Scientifiche Italiane, 2015. p. 68.

33. BARROSO, Op. Cit., p. 27.

34. SILVA, Virgílio Afonso. O proporcional e o razoável. *Revista dos Tribunais*, v. 798, p. 23-50, 2002. p. 40.

35. BARROSO, Luís Roberto. *Curso de Direito Constitucional Contemporâneo*. Os conceitos fundamentais e a construção do novo modelo. 9. ed. São Paulo: Saraiva, 2019. Item 4.5. Com compreensão similar: SARMENTO, Daniel. Os Princípios Constitucionais e a Ponderação de Bens. In: TORRES, Ricardo Lobo. (Org.). *Teoria dos Direitos Fundamentais*. Rio de Janeiro: Renovar, 1999. p. 35-93. p. 58. Para outras compreensões sobre o tema, confrontar: SILVA, Virgílio Afonso. O proporcional e o razoável, *Revista dos Tribunais*, v. 798, p. 23-50, 2002. Humberto Ávila também diferencia razoabilidade e o "postulado da proporcionalidade", que não designa de princípio. ÁVILA.

Dessa maneira, no exercício de restrições ao direito fundamental à proteção de dados, com base no critério da *necessidade*, deve-se considerar se o objetivo pode ser atingido com menor limitação de direitos fundamentais[36].

A *constitucionalização* marca, pois, não uma alteração perfunctória, mas de fundo[37]. Não se trata apenas de uma troca de fontes[38], mas da construção de um sistema plural, complexo, pautado na concretude, eis que centrado na pessoa e na adequada atenção às vulnerabilidades[39]. Sob o prisma interpretativo "a interpretação axiológica representa a superação histórica e cultural da interpretação literal"[40]. Sob o prisma metodológico – ao qual, é certo, o anterior não está despegado – a interpretação sofre uma *virada*[41] significativa, alterando seu ponto de referência[42], de modo que "a mudança de atitude é substancial: deve o jurista interpretar o Código Civil segundo a Constituição e não a Constituição de acordo com Código, como ocorria com frequência (e ainda ocorre)"[43].

Deve prevalecer, dessa maneira, a compreensão segundo a qual o Direito contemporâneo encontra sua unidade ou integridade na axiologia constitucional[44]. Portanto, o que explica o Direito contemporâneo é ser, conforme reflete Perlingieri, unitário e complexo:

Humberto. *Teoria dos Princípios*. Da definição à aplicação dos princípios jurídicos. 4. ed. São Paulo: Malheiros, 2005, p. 108-115. ALEXY, Robert. *Teoria dos direitos fundamentais*. São Paulo: Malheiros, 2008.

36. SILVA, Virgílio Afonso. O proporcional e o razoável. *Revista dos Tribunais*, v. 798, p. 23-50, 2002. p. 40.

37. Aduz PERLINGIERI: "A harmonização entre fontes exige por parte do jurista um esforço constante, contínuo, em grande parte ainda a ser concretizado. A hierarquia das fontes não responde apenas uma expressão de certeza formal do ordenamento para resolver os conflitos entre as normas emanadas de diversas fontes; é inspirada, sobretudo, em uma lógica substancial, isto é, nos valores e na conformidade da filosofia da vida presente no modelo constitucional". PERLINGIERI, Pietro. *Perfis do Direito Civil*. Introdução ao Direito Civil Constitucional. 2. ed. Rio de Janeiro: Renovar, 2002. p. 9-10.

38. Segundo Pietro SANCHÍS: "*La Constitución no ha venido simplemente a ocupar el papel de la ley, sino a diseñar un modelo de producción normativa notablemente más complejo, donde todos los sujetos encuentran, no un orden jerárquico unívoco, sino orientaciones de sentido conflictivo que exigen ponderación*". SANCHÍS, Luis Pietro. *Constitucionalismo y Positivismo*. 2. ed. México: Fontamara, 1999. (Biblioteca de Ética Filosofía del Derecho y Política, v. 60). p. 36.

39. BARBOZA, Heloisa Helena. Vulnerabilidade e cuidado: aspectos jurídicos. In: PEREIRA, Tânia; OLIVEIRA, Guilherme de (Coord.). *Cuidado e vulnerabilidade*. São Paulo: Atlas, 2009, p. 106-118. BARBOZA, Heloísa Helena. Reflexões sobre autonomia negocial. In: TEPEDINO, Gustavo, FACHIN, Luiz Edson (Coord.). *O direito e o tempo*: embates jurídicos e utopias contemporâneas – Estudos em homenagem ao Professor Ricardo Pereira Lira. Rio de Janeiro: Renovar, 2008.

40. PERLINGIERI, Pietro. *Perfis do Direito Civil*. Introdução ao Direito Civil Constitucional. 2. ed. Rio de Janeiro: Renovar, 2002. p. 73.

41. A referência à *Virada* se fez em homagenm à obra: FACHIN, Luiz Edson (Coord.). *Repensando fundamentos de Direito Civil Brasileiro Contemporâneo*. Rio de Janeiro: Renovar, 1998. e ao Núcleo de Pesquisa de Direito Civil da UFPR – Projeto "Virada de Copérnico". Sobre a "virada" confira-se, entre outros artigos: FACHIN, Luiz Edson. "Virada de Copérnico"; um convite à reflexão sobre o Direito Civil brasileiro contemporâneo. In: FACHIN, Luiz Edson (Coord.). *Repensando fundamentos de Direito Civil Brasileiro Contemporâneo*. Rio de Janeiro: Renovar, 1998.

42. Consoante TEPEDINO: "[...] é de se buscar a unidade do sistema, deslocando para a tábua axiológica da Constituição da República o ponto de referência antes localizado no Código Civil". TEPEDINO, Gustavo. Premissas Metodológicas da Constitucionalização do Direito Civil. In: TEPEDINO, Gustavo. *Temas de Direito Civil*. v. I. 2. ed. rev. atual. Rio de Janeiro: Renovar, 2001. p. 1-22. p. 13.

43. LÔBO, Paulo Luiz Netto. Constitucionalização do direito civil. *Revista de Informação Legislativa*. Brasília, Senado Federal, n. 141, ano 36, p. 99-109, jan./mar. 1999. p. 100.

44. Destarte, "o papel unificador do sistema, tanto em seus aspectos mais tradicionalmente civilísticos quanto naqueles de relevância publicista, é desempenhado de maneira cada vez mais incisiva pelo Texto Constitucional". PERLINGIERI, Pietro. *Perfis do Direito Civil*. Introdução ao Direito Civil Constitucional. 2. ed. Rio de Janeiro: Renovar, 2002. p. 6. Nesse sentido, também as ideias lançadas por Gustavo TEPEDINO, Luiz Edson FACHIN, Paulo LÔBO, Maria Celina Bodin de MORAES. Desta última, em especial: TEPEDINO, Maria Celina Bodin de Moraes. A caminho de um Direito Civil Constitucional. *Revista de Direito Civil Imobiliário, Agrário e Empresarial*, São Paulo: Ed. RT, v. 65, ano 17, p. 21-32, jul./set. 1993.

è indispensabile concepire l'ordinamento giuridico come unitario e complesso, là dove i princípi costituzionali fungono da valori guida e assumono un ruolo di baricentro nell'articolata pluralità delle fonti del diritto. Ciò esclude che si possa configurare il sistema ordinamentale diviso in branche autonome o in tanti microsistemi policentrici, in ranghi o livelli normativi tra loro separati e non comunicabili.[45]

A partir do exposto, a perspectiva adotada no presente artigo adota os seguintes pressupostos, oferecidos aqui como uma espécie de síntese da ordem de ideias exposta:

i. A Constituição, toda ela, é norma, juridicamente eficaz. O reconhecimento da força normativa do texto constitucional engloba suas regras, princípios e os direitos fundamentais;

ii. Diante da supremacia do texto constitucional sua aplicação não depende de norma ordinária;

iii. Na interpretação do direito é indispensável a filtragem constitucional; toda interpretação deve ser constitucional;

iv. O texto normativo não é um dado, é um construído e deve atender, entre outros critérios, a promoção da pessoa e a proteção do vulnerável;

v. Nenhuma leitura do texto originário é uma leitura que não seja do texto constitucional;

vi. O ordenamento é complexo e unitário; a legislação setorial é relevante, mas não se pode isolar normas como se fossem ilhas incomunicáveis no sistema jurídico;

vii. O direito deve buscar a concretização dos direitos fundamentais, levar em conta os impactos concretos das interpretações e distanciar-se das abstrações;

viii. O direito deve buscar, também, uma leitura funcionalizada, que sem desprezar as categorias formais e a estrutura dos institutos jurídicos os insere em uma realidade concreta de modo que *Law in Books* não se feche a realidade;

ix. À luz da historicidade, reconhece-se que os significados dos significantes se transformam ao longo do tempo[46]; o exame dos institutos do passado (e do presente) demanda sua compreensão em harmonia com a Constituição e com o mundo que não apenas os circunda, mas no qual se inserem. Não se pode estancar o Direito, descambando em soluções estáticas.

Dessa maneira, a leitura constitucional pressupõe um enfoque na melhor proteção da pessoa, efetivando e promovendo os direitos fundamentais, os direitos humanos e a proteção da pessoa humana – além dos valores constitucionais e os objetivos da República. Ainda, a premissa da interpretação à luz do texto constitucional expõe que não existem estatutos isolados no ordenamento jurídico, mas que, por outro lado, todas as

---

45. PERLINGIERI, Pietro. *La dottrina del diritto civile nella legalità costituzionale*. Conferência Magna proferida por ocasião do Congresso de Direito Civil Constitucional da Cidade do Rio de Janeiro. Rio de Janeiro: 21/09/2006. Em tradução livre: "é indispensável que se conceba o ordenamento jurídico como unitário e complexo, em que os princípios constitucionais funcionam como valores guias e assumem um rol de baricentro na articulada pluralidade de fontes do direito. Isto é, exclui-se que se possa configurar um sistema ordinariamente dividido em ramos autônomos ou em tantos microsistemas policêntricos, em classes ou níveis normativos entre si separados e incomunicáveis". Ao examinar o monismo estatal na produção da lei a culminar na limitação da juridicidade ao plano da validade, acentua GROSSI: "Hoje, adverte-se sobre a decrepitude deste castelo de outros tempos, absolutamente inadequado com o seu fosso isolador, a sua ponte levadiça, as muralhas interrompidas por mínimas aberturas no alto. Deixando de lado as imagens evocadoras, não se pode mais eximir da verificação de que o mundo inteiro corre em uma direção que já não é mais aquela do encerramento na couraça da validade, mas de uma valorização do oposto princípio da efetividade; veja-se a carga vital de certos fatos e sua incisividade no social, está determinada pelas suas próprias forças interiores. Efetividade mais do que validade, tem-se como resultado imediato o abandono do velho e inadequado monismo jurídico para uma abertura substancialmente pluralista, já que é unitário e compacto o reino do válido, heterogêneo, plural, complexo é, ao contrário, o reino do efetivo". GROSSI, Paolo. A formação do jurista e a exigência de um hodierno "repensamento" epistemológico. (Trad. Ricardo Marcelo Fonseca). *Revista da Faculdade de Direito da UFPR*, Curitiba, UFPR, v. 40, p .6-25, 2004. p. 15.

46. FACHIN, Luiz Edson. *Direito Civil. Sentidos, transformações e fim*. Rio de Janeiro: Renovar, 2015. p. 60-65.

normas devem ser aplicadas e analisadas em conjunto. Nesse sentido, deve-se analisar a Lei Geral de Proteção de Dados, por exemplo, e a todo momento, à luz da Constituição.

Algumas leis, inclusive, fazem referência à aplicação constitucional em seu próprio texto normativo como verifica-se na própria LGPD ao reproduzir expressamente diversos princípios constitucionais. Tal repetição é desnecessária, a Constituição não é afastada pela lei ordinária, a quem só resta obedecer. Em contrapartida, a repetição de princípios e regras constitucionais na LGPD termina por reforçar a leitura aqui proposta.

3. O CASO CONCRETO: DISCUSSÃO OBJETO DA AÇÃO DIRETA DE INCONSTITUCIONALIDADE 6.387

Conforme exposto, a Medida Provisória 954/2020 determinava um vasto compartilhamento de dados com o IBGE com o intuito de dar suporte à produção estatística oficial durante a pandemia de COVID-19. Sem prejuízo à reconhecida importância do instituto e da realização do censo, foram opostas diversas ações diretas de inconstitucionalidade para discutir sua (in)constitucionalidade.

Em termos práticos, a medida provisória implicava que as empresas de telecomunicação seriam obrigadas a enviar ao IBGE a relação dos nomes, dos números de telefone e dos endereços de seus consumidores, pessoas físicas ou jurídicas, para "produção estatística oficial" e "entrevistas em caráter não presencial no âmbito de pesquisas domiciliares". Apontou o Conselho Federal da OAB, em síntese, que a MP:

> a) viola dados sigilosos, inclusive o telefônico, de todos os brasileiros; b) tem como finalidade informada, de modo genérico e impreciso, a produção de estatística oficial mediante a realização de entrevistas não presenciais no âmbito de pesquisas domiciliares; c) estabelece a guarda dos dados disponibilizados no âmbito da Fundação IBGE, sem definir procedimentos de controle pelo Judiciário, pelo Ministério Público ou por órgãos da sociedade civil; d) não apresenta com precisão a modalidade, a frequência e o objetivo das pesquisas a serem realizadas; e) não aponta razões justificadoras da urgência e da relevância da medida; f) não apresenta razões que justifiquem a necessidade do compartilhamento dos dados para a pesquisa estatística; g) silencia sobre a adoção de mecanismo de segurança para reduzir o risco de acesso e uso indevidos; e h) ao prever a elaboração de relatório de impacto após o uso dos dados, e não previamente ao compartilhamento, impede a efetiva avaliação dos riscos[47].

A petição inicial, no que se refere à inconstitucionalidade material da MP, considerou como indiscutível, na ordem constitucional brasileira, o direito fundamental à proteção de dados pessoais, essencial para assegurar a tutela da intimidade e da vida privada[48]. Em consonância, afirmou que, do mesmo dispositivo constitucional, é possível extrair a existência de um direito fundamental à autodeterminação informativa – direito este que figura como um dos fundamentos expressos da Lei Geral de Proteção de Dados Pessoais (LGPD)[49].

---

47. STF. Ação Direta de Inconstitucionalidade (ADI) com pedido cautelar proposta pelo Conselho Federal da Ordem dos Advogados do Brasil (CFOAB), perante o Supremo Tribunal Federal (STF), em face da integralidade dos dispositivos estabelecidos pela Medida Provisória 954, de 17 de abril de 2020. Disponível em: http://redir.stf.jus. br/paginadorpub/paginador.jsp?docTP=TP&docID=752502168&prcID=5895165#. Acesso em: 28 nov. 2020.

48. Idem.

49. Ibidem.

Extrai-se do acórdão notável influência do posicionamento do Tribunal Constitucional Federal Alemão[50], mencionado diversas vezes. Tal como no caso europeu, a corte brasileira tratar-se de uma deliberação de que "a proteção à autodeterminação informativa" se baseia no "direito fundamental da personalidade", entendendo, por sua vez, que o livre desenvolvimento da personalidade[51] pressupõe o poder individual de gerir seus dados pessoais[52]. Dessa forma, consignou-se que:

> Para garantir o direito de autodeterminação sobre a informação, também são necessárias precauções especiais no levantamento e processamento de dados, já que as informações, nessa fase, ainda são individualizáveis. Exige-se a estipulação de regras de eliminação para as informações auxiliares, como dados de identificação e que possibilitariam facilmente a quebra do anonimato, como nome, endereço, número de identificação e lista do recenseamento.

Além disso, argumentou-se que há violação à proporcionalidade ou proibição do excesso quando se buscam "restrições desproporcionais e arbitrárias ao direito à privacidade e ao sigilo das pessoas"[53]. Nessa toada, afirmou que "para a realização de uma pesquisa por amostra domiciliar não se faz necessário o acesso aos dados pessoais de todos os brasileiros, violando diversos sigilos, inclusive telefônicos". Dessa maneira, deve-se agir da maneira menos invasiva possível, o que na LGPD foi indicado, por exemplo, ao fixar-se o princípio da necessidade traduzido como "limitação do tratamento ao mínimo necessário para a realização de suas finalidades, com abrangência dos dados pertinentes, proporcionais e não excessivos em relação às finalidades do tratamento de dados". Deve-se, portanto, privilegiar sempre a menor limitação de direitos fundamentais[54].

A avaliação de outras possibilidades menos invasivas foi sublinha pelo STF, ao salientar-se no acórdão que "inexiste a extrema exigência de realização desta pesquisa estatística nesse momento de pandemia" e que "outro meio pode ser utilizado para a consecução do mesmo fim, tão logo haja a normalização da convivência social"[55].

A decisão do Supremo Tribunal Federal, sob a relatoria da Ministra Rosa Weber, evidenciou a "desnecessidade" e o "excesso do compartilhamento de dados" previsto na MP 954/2020, ao cotejá-los com a finalidade invocada pelo IBGE como sua justificativa, qual seja a realização do PNAD[56].

> O objetivo alegado não só pode, como está sendo realizado de forma menos intrusiva à privacidade. Assim, se a PNAD é realizada com uma amostra de pouco mais de duzentos mil domicílios, questiono: por que compartilhar duas centenas de milhões de números de telefone, com os riscos intrínsecos à manipulação desses dados? Somado tal fato ao adiamento do Censo 2020 para o próximo ano, parece-me que sua eloquência reverbera.

---

50. Bundesverfassungsgericht. *Urteil des Erten Senats vom 15*. Dezembro de 1983. Disponível em: https://www. bundesverfassungsgericht.de/SharedDocs/Entscheidungen/DE/1983/12/rs19831215_1bvr020983.html. Acesso em: 06 dez. 2020.
51. PERLINGIERI, Pietro. *Perfis do Direito Civil*. Introdução ao Direito Civil Constitucional. 2. ed. Rio de Janeiro: Renovar, 2002. p. 158-159, § 103.
52. Ação Direta de Inconstitucionalidade..., Op. Cit.
53. Idem.
54. DIMOULIS, Dimitri; MARTINS, Leonardo. *Teoria geral dos direitos fundamentais*. 5. ed. São Paulo: Atlas, 2014. p. 224.
55. Ação Direta de Inconstitucionalidade..., Op. Cit.
56. PNAD – Pesquisa Nacional por Amostra de Domicílios.

Além disso, entendeu a Corte que "não bastasse a coleta de dados se revelar excessiva", os dados coletados ainda seriam utilizados para a produção estatística oficial, o que permitiria a conservação dos dados pessoais, pelo ente público, por tempo "manifestamente excedente ao estritamente necessário para o atendimento da sua finalidade declarada"[57].

No que diz respeito à proporcionalidade da disponibilização dos dados:

> Destaco, ainda, que a desproporcionalidade no tocante ao universo dos dados a serem disponibilizados com base na MP 954/2020, em cotejo com as finalidades declaradas para o seu uso, se agrava pela ausência de previsão, no ato normativo, de cuidados mínimos para a sua anonimização ou pseudonimização, procedimentos técnicos pelos quais os dados perdem a capacidade de identificar, direta ou indiretamente, o indivíduo a que originalmente se refere, sendo certo que em momento algum a identificação dos indivíduos titulares dos dados foi reivindicada como necessária ao relevante trabalho desenvolvido pelo IBGE[58].

Ainda, ressalta que, apesar de prevista a exclusividade do uso dos dados coletados pelo IBGE, a medida provisória "não (contempla) garantia alguma que assegure o seu tratamento de forma segura"[59]. Com efeito, é preciso notar que a proporcionalidade se desdobra não apenas como critério de admissibilidade, mas deve também ser confrontada no plano protetivo. "Em síntese, quanto maior a invasão, maior deve ser a proteção"[60].

No voto do Ministro Edson Fachin, como complementação à ideia aqui discutida, afirma-se que a MP intervém fortemente na esfera nuclear da configuração da vida privada. Segundo ele, "não se depreende que os protocolos de segurança no tratamento e no armazenamento de dados sigilosos tenham sido ampliados ou, simplesmente, aperfeiçoados na proporção da interferência que a MP causa aos direitos fundamentais dos usuários"[61]. Também nesse sentido, o Ministro Luís Barroso, em seu voto, afirma que "o compartilhamento de dados pessoais para fins de produção de estatísticas somente será compatível com o direito à privacidade", se:

> 1) a finalidade da pesquisa for precisamente delimitada;
>
> 2) o acesso for permitido na extensão mínima necessária para a realização dos seus objetivos;
>
> 3) forem adotados procedimentos de segurança suficientes para prevenir riscos de acesso desautorizado, vazamentos acidentais ou utilização indevida[62].

Em um olhar concreto sobre a necessidade, a proteção significa levar em conta um juízo sobre os riscos e impactos decorrentes de usos para finalidades distintas daquelas

---

57. Dispõe sobre o compartilhamento de dados por empresas de telecomunicações prestadoras de Serviço Telefônico Fixo Comutado e de Serviço Móvel Pessoal com a Fundação Instituto Brasileiro de Geografia e Estatística, para fins de suporte à produção estatística oficial durante a situação de emergência de saúde pública de importância internacional decorrente do coronavírus (COVID-19), de que trata a Lei 13.979, de 6 de fevereiro de 2020. BRASIL. Medida Provisória 954, de 17 de abril de 2020 (sem eficácia). Disponível em: https://legis.senado.leg.br/sdleg-getter/documento?dm=8097182&ts=1605035315518&disposition=inline. Acesso em: 28 nov. 2020.
58. STF. Referendo na Medida Cautelar na Ação Direta de Inconstitucionalidade 6.387. Rel. Min. Rosa Weber.
59. Idem.
60. SCHULMAN, Gabriel. *Internação forçada, saúde mental e drogas:* é possível internar contra a vontade? São Paulo: Foco, 2020.
61. STF. Referendo na Medida Cautelar na Ação Direta de Inconstitucionalidade 6.387. Rel. Min. Rosa Weber.
62. Idem.

almejadas, expressas na justificação do IBGE. Como ressalta a ementa do acórdão, "deve ser anotado com um dado da realidade que, fragilizando o ambiente de proteção de dados pessoais no Brasil, obriga sejam medidas como a implementada na MP 954/2020 escrutinadas com maior cuidado, sob pena de se permitir que milhões de indivíduos sejam lesionados em suas esferas de direitos".

Assim, extrai-se da decisão que por meio da proteção de dados pessoais, garantias a princípio relacionadas à privacidade devem ser vistas em uma ótica mais abrangente, pela qual outros interesses devem ser considerados, abrangendo as diversas formas de controle tornadas possíveis com a manipulação de dados pessoais[63].

É de grande relevância, também, observar o controle estatal de seus próprios atos em matéria de proteção de dados pessoais. No caso em exame, a repercussão foi do Estado como solicitante e como gestor dos dados pessoais. É preciso, contudo, salientar que a proteção dos direitos fundamentais à luz da Constituição deve também abarcar outras duas "situações": a primeira consiste no Estado como titular de dados (por exemplo a localização de presos com tornozeleiras, CPF dos servidores públicos etc.); a segunda consiste no controle da própria atividade dos particulares. Atenta a tal perspectiva, a LGPD expressamente aponta Estado e particulares como destinatários de suas normas.

4. A LEITURA DA PROTEÇÃO DE DADOS E DA PRÓPRIA LGPD À LUZ DA CONSTITUIÇÃO

A Lei Geral de Proteção de Dados Pessoais (Lei 13.709/2018) estabelece, reitera e enfatiza um importante acervo de direitos e princípios para o tratamento de dados pessoais. Em seu núcleo, a LGPD estabelece condições de legitimidade para o tratamento de dados pessoais, com hipóteses legais em que violada, por óbvio, redunda na ilegalidade do uso dos dados. Por meio da legislação, confere-se ampla proteção à pessoa concreta, nas relações entre particulares e com o Estado, consagrando a autodeterminação informativa[64] durante todo o ciclo de dados pessoais. Suas normas dialogam com a concretização da dignidade da pessoa humana, livre desenvolvimento da personalidade, cidadania, direitos humanos e fundamentais. Dessa maneira, trata-se de norma que estabelece interessantes parâmetros para a efetivação do direito fundamental à proteção de dados, reconhecido pelo STF em seu acórdão[65].

Além de reconhecer o caráter constitucional da proteção de dados pessoais, Mulholland[66] sublinha que uma primeira análise da estrutura constitucional dos direitos

---

63. DONEDA, Danilo. A proteção dos dados pessoais como um direito fundamental. *Espaço Jurídico*, Joaçaba, v. 12, n. 2, p. 91-108, jul./dez. 2011.

64. FRAZÃO, Ana. Objetivos e alcance da Lei Geral de Proteção de Dados. In: FRAZÃO, Ana. TEPEDINO, Gustavo; OLIVA, Milena Donato (Coord.). *A Lei Geral de Proteção de Dados Pessoais e suas Repercussões no Direito Brasileiro*. São Paulo: Revista dos Tribunais. 2019. p. 100.

65. O acórdão menciona também o reconhecimento pela Corte Alemã e em julgado do "Tribunal de Justiça da União Europeia num caso exatamente de Digital Rights Ireland".

66. Interessante ressaltar que, enquanto o presente capítulo busca apresentar uma leitura da Lei Geral de Proteção de Dados à luz do texto constitucional, Mulholland percorre o caminho inverso, realizando uma leitura funcionalizada da Constituição Federal e de seus princípios e valores, considerando a tutela da privacidade como *locus* constitucional

fundamentais leva ao reconhecimento de que a proteção de dados pessoais, ainda que não prevista constitucionalmente de forma expressa, poderia ser tutelada em relação à proteção da intimidade, ao direito à informação, direito ao sigilo de comunicações e dados, e a garantia individual ao conhecimento e correção de informações sobre si pelo *habeas corpus*[67]. Proteger os dados pessoais se torna, então, instrumento para a efetivação de (outros) direitos fundamentais.

Rodotà sustenta que a proteção de dados corresponde a um verdadeiro direito fundamental autônomo, pressuposto da cidadania, expressão da liberdade e da dignidade humana, que está intrinsicamente relacionada à impossibilidade de transformar as pessoas em objeto de vigilância constante[68].

> [...] estamos diante da verdadeira reinvenção da proteção de dados – não somente porque ela é expressamente considerada como um direito fundamental autônomo, mas também porque se tornou uma ferramenta essencial para o livre desenvolvimento da personalidade. A proteção de dados pode ser vista como a soma de um conjunto de direitos que configuram a cidadania do novo milênio[69].

No mesmo compasso, Frazão aponta que a LGPD pode, igualmente, ser vista como um freio e um agente transformador das técnicas atualmente utilizadas pelo capitalismo de vigilância[70], a fim de conter a maciça extração de dados e as diversas aplicações e utilizações que a eles podem ser dadas sem a ciência ou o consentimento informado dos usuários[71]. A entrada em vigor de um estatuto claramente voltado à tutela de uma situação em que há particular vulnerabilidade, nomeadamente diante dos riscos conhecidos e desconhecidos das "novas" tecnologias, suscita reflexões sobre o juízo valorativo efetuado pelo legislador ao atribuir expressamente certos direitos ao grupo vulnerável – os titulares de dados pessoais[72].

Por força da perspectiva dos princípios constitucionais da prevenção e precaução, assim como em vista dos princípios do livre acesso, segurança e prevenção da LGPD (art. 6º, incs. V, VII, VIII), deve-se consagrar a confidencialidade, integridade e disponibilidade. A confidencialidade significa assegurar que uma informação não seja disponibilizada ou exposta. A necessidade de se manter intacta a informação (ela deve circular sem sofrer alterações, ou seja, permanecer protegida mesmo que se compartilhada); e ao fato de que

---

da proteção dos dados pessoais. As duas leituras, correlatas e complementares, enfatizam a necessária aplicação da metodologia da constitucionalização da interpretação dos instrumentos legislativos.

67. MULHOLLAND, Caitlin Sampaio. Dados pessoais sensíveis e a tutela de direitos fundamentais: uma análise à luz da Lei Geral de Proteção de Dados (Lei 13.709/18). *Revista de Direito e Garantias Fundamentais*, Vitória, v. 19, n. 3, p. 159-180, set./dez. 2018. p. 171.
68. RODOTÀ, Stefano. *A vida na sociedade de vigilância. A privacidade hoje*. Rio de Janeiro: Renovar, 2008. p. 18-19.
69. RODOTÀ. Op. Cit., p. 14.
70. Sobre a expressão, cf. ZUBOFF, Shoshana, Big Other: Surveillance Capitalism and the Prospects of an Information Civilization, *Journal of Information Technology*, v. 30, p. 75-89. April 4, 2015.
71. FRAZÃO, Ana. Fundamentos para a proteção dos dados pessoais. Noções introdutórias para a compreensão da LGPD. In: FRAZÃO, Ana. TEPEDINO, Gustavo; OLIVA, Milena Donato (Coord.). *A Lei Geral de Proteção de Dados Pessoais e suas Repercussões no Direito Brasileiro*. São Paulo: Ed. RT, 2019.
72. SOUZA, Eduardo Nunes. SILVA, Rodrigo da Guia. Tutela da pessoa humana na lei geral de proteção de dados pessoais: entre a atribuição de direitos e a enunciação de remédios. *Pensar Revista de Ciências Jurídicas*, Fortaleza, v. 4, n. 3, p. 1-22, jul./set. 2019. p. 2.

A PROTEÇÃO DE DADOS PESSOAIS NA LEGALIDADE CONSTITUCIONAL **193**

a informação pode ser obtida, se for necessária (pode-se obter uma informação, ainda que confidencial)[73].

Nas palavras da Relatora Min. Rosa Weber ao julgar o caso do Censo:

> ao não prever exigência alguma quanto a mecanismos e procedimentos para assegurar o sigilo, a higidez e, quando o caso, o anonimato dos dados compartilhados, a MP n. 954/2020 não satisfaz as exigências que exsurgem do texto constitucional no tocante à efetiva proteção de direitos fundamentais dos brasileiros.

Em interessante leitura das ideias de Daniel Solove[74], o acórdão ressalta um movimento pendular pela qual se procura, frequentemente, propor uma dicotomia entre privacidade e segurança, rechaçada pelo STF. A legitimidade do tratamento de dados pessoais leva em conta não apenas sua finalidade, mas também a proteção. Dessa maneira, sem negar a importância do Censo, a rejeição da MP levou-se em conta que "o imediato compartilhamento de dados pode causar danos irreparáveis à intimidade".

Além disso, e no que se relaciona à temática discutida pela ADI 6.387, a LGPD apresenta uma disciplina jurídica que estabelece deveres, no âmbito da proteção de dados pessoais, também em relação à administração pública. O texto da LGPD regulamenta de maneira específica tratamento de dados pessoais pela administração pública, para o tratamento e uso compartilhado de dados necessários à execução de políticas públicas previstas em leis e regulamentos ou respaldadas em contratos, convênios ou instrumentos congêneres[75], observadas as disposições do Capítulo IV da lei. As políticas em questão podem envolver, por exemplo, a implementação de saneamento básico, de auxílios a cidadãos em situação de vulnerabilidade ou de projetos voltados à educação de crianças e adolescentes[76].

A execução de políticas públicas é também uma das justificativas para que o setor público realize tratamento de dados. Nesse sentido, vale ressaltar que a LGPD estabelece critérios para o tratamento de dados pessoais pelas pessoas jurídicas de direito público referidas pela Lei de Acesso à Informação (Lei 12.527/2011)[77], devendo ser realizado para o atendimento de sua finalidade pública, na persecução do interesse público, com o objetivo de executar as competências legais ou cumprir as atribuições legais do serviço

---

73. "The protection of information and information systems from unauthorized access, use, disclosure, disruption, modification, or destruction in order to ensure confidentiality, integrity, and availability". NIELES, Michael; DEMPSEY, Kelley; PILLITTERI, Victoria Yan. *An Introduction to Information Security*. IST Special Publication 800-12 Revision 1.

74. SOLOVE, Daniel J. *Nothing to hide*: The false tradeoff between privacy and security. Yale University Press, 2011.

75. Art. 5º, XVI – uso compartilhado de dados: comunicação, difusão, transferência internacional, interconexão de dados pessoais ou tratamento compartilhado de bancos de dados pessoais por órgãos e entidades públicos no cumprimento de suas competências legais, ou entre esses e entes privados, reciprocamente, com autorização específica, para uma ou mais modalidades de tratamento permitidas por esses entes públicos, ou entre entes privados.

76. TEFFÉ, Chiara Spadaccini de; VIOLA, Mario. Tratamento de dados pessoais na LGPD: estudo sobre as bases legais. *Civilistica.com*, Rio de Janeiro, ano 9, n. 1, 2020, p. 1-38. p. 22.

77. Art. 1º Esta Lei dispõe sobre os procedimentos a serem observados pela União, Estados, Distrito Federal e Municípios, com o fim de garantir o acesso a informações previsto no inciso XXXIII do art. 5º, no inciso II do § 3º do art. 37 e no § 2º do art. 216 da Constituição Federal.

público[78]. Todo o exposto pode ocorrer desde que contempladas duas condições[79]. A primeira, que sejam informadas as hipóteses em que, no exercício de suas competências, realizam o tratamento de dados pessoais, fornecendo informações claras e atualizadas sobre a previsão legal, a finalidade, os procedimentos e as práticas utilizadas para a execução dessas atividades, em veículos de fácil acesso, preferencialmente em seus sítios eletrônicos. E a outra, que seja indicado um encarregado quando realizarem operações de tratamentos de dados pessoais.

Percebe-se, assim, que a LGPD é um importante passo rumo ao fortalecimento do marco normativo da sociedade da informação no Brasil[80], estimulando o desenvolvimento de uma cultura de proteção de dados, a construção de uma estrutura institucional para a aplicação da lei, e também o incentivo à aplicação conjunta de normas e princípios já existentes no ordenamento brasileiro. Há também uma preocupação em relação aos diversos atores inseridos nesse contexto de discussão, e também na dinâmica de problemáticas atuais, como o posicionamento e enfrentamento de dados pela administração pública em relação à pandemia de COVID-19.

Nesse sentido, a essência constitucional que orienta (e deve orientar) a legislação é muito importante, uma vez que reafirma a natureza de direito fundamental da autodeterminação informativa e da própria proteção de dados pessoais. A lei regulamenta e complementa, de modo geral, a legislação que se correlaciona à temática[81], ressaltando *o exame da proporcionalidade como parte do processo de proteção dos direitos fundamentais*. O eixo valorativo da LGPD é a proteção da pessoa humana e de suas situações existenciais relevantes, o que, em conjunto com a Constituição e os princípios constitucionais que iluminam a legislação, deve ser levado em consideração para a interpretação de suas disposições.

Exige-se na atividade de interpretação, a aplicação de um itinerário interpretativo denso, iluminado pelos preceitos constitucionais, cujas etapas perpassam inclusive o indispensável cotejo crítico entre direito e concretude, de modo a promover a tutela da pessoa humana, em sintonia com a constitucionalização de todo direito.

5. "O CAMINHO SE FAZ NO ANDAR": APRENDIZADOS E CONSIDERAÇÕES FINAIS

A decisão proferida pelo STF ao julgar a inconstitucionalidade da MP n. 954/2020, a partir do exame da proporcionalidade, identificou excessos no tratamento de dados

---

Parágrafo único. Subordinam-se ao regime desta Lei:

I – os órgãos públicos integrantes da administração direta dos Poderes Executivo, Legislativo, incluindo as Cortes de Contas, e Judiciário e do Ministério Público;

II – as autarquias, as fundações públicas, as empresas públicas, as sociedades de economia mista e demais entidades controladas direta ou indiretamente pela União, Estados, Distrito Federal e Municípios.

78. Art. 23, da Lei Geral de Proteção de Dados Pessoais.
79. Art. 23, I e II, da Lei Geral de Proteção de Dados Pessoais.
80. MENDES, Laura Schertel; DONEDA, Danilo. Reflexões iniciais sobre a nova Lei Geral de Proteção de Dados. *Revista de Direito do Consumidor*, São Paulo, v. 120, ano 27, nov./dez. 2018, p. 469-483. p. 482.
81. Das quais podem ser citadas, entre tantas outras: Código Civil, Marco Civil da Internet e Código de Defesa do Consumidor, Lei de Acesso à Informação.

pessoais e, por conseguinte, sua contrariedade à legalidade constitucional. A compreensão foi corroborada pela legislação e, também, por agências reguladoras, que destacam a necessária observância de extrema cautela no tratamento dos dados de usuários de serviços de telecomunicações, por exemplo. Destaca-se a necessidade de se assegurar a proteção da privacidade, da intimidade e dos dados pessoais, e de diversos princípios expostos na LGPD. Para ilustrar, se a pesquisa do Censo é feita por amostragem, porque é necessário ter acesso a todos os dados e dados de todos? Ademais, porque a MP estipulava prazos exíguos como três dias para o presidente do IBGE regulamentar o "procedimento para a disponibilização dos dados" (MP n. 954/2020, art. 2º, § 2º) e o recebimento de todo o acervo de dados nos sete dias subsequentes (MP n. 954/2020, art. 2º, § 3º, inc. I)?

A Lei Geral de Proteção de Dados Pessoais reforça a importância da delimitação específica da *finalidade do uso dos dados* já consagrada pelo texto constitucional. Note-se que o texto da MP aponta uma finalidade muito genérica ("estatística oficial"), não estabelece padrões de segurança, não justifica para que pedir o telefone, não esclarece por que exigir dados, também de pessoa jurídicas. Também não havia mecanismos de controle que permitissem aferir o uso subsequente, ou seja, a pertinência[82] ao propósito inicial. Embora haja previsão de eliminação os dados após o fim do estado de emergência, faltam elementos que permitam *accountability*.

Nessa toada, importante notar que o princípio da finalidade estabelece que os fins para os quais os dados pessoais serão utilizados devem estar especificados no momento de sua coleta, e que seu uso subsequente seja compatível com o propósito inicial, de modo a efetivar o princípio da pertinência[83]. Assim, defende-se o entendimento de que o tratamento dos dados pessoais só deve ser realizado quando necessário ao atendimento da finalidade concedida, devendo ocorrer de modo mais simplificado possível, sem que se legitime a utilização desproporcional desses dados[84].

Ao reiterar o texto constitucional que consagra a adequação entre meios e fins, a legislação federal além de regulamentar repete os valores constitucionais, encorpando a reverberação das normas constitucionais. Em oposição a tais premissas, como detalha-se no julgamento, a MP não delimitou o "objeto da estatística a ser produzida, nem a finalidade específica, tampouco a amplitude". Igualmente não esclarece a necessidade de disponibilização dos dados nem como serão efetivamente utilizados. Nessa toada, é necessário ressaltar que os princípios da LGPD são guias úteis e necessários para a proteção de dados pessoas e, inclusive, para estabelecer uma boa governança de dados.

Questionar critérios, parâmetros e espaços de proteção é, portanto, parte relevante do processo de reflexão e (re)significação da proteção de dados pessoais[85]. Trata-se de ingredientes relevantes que tornam ainda mais complexas as análises em torno da

---

82. MENEZES, Joyceane Bezerra de; COLAÇO, Hian Silva. Facebook como o novo *big brother*: uma abertura para a responsabilização civil por violação à autodeterminação informativa. *Quaestio Iuris,* Rio de Janeiro, v. 10, 04, 2017, p. 2319-2338.
83. Idem.
84. Ibidem.
85. SCHULMAN, Gabriel; SCHIRRU, Luca. Pequenos titulares e grandes desafios, a proteção de dados pessoais de crianças e adolescentes: um debate sobre melhor interesse, (des)equilíbrios, e LGPD a partir do episódio *"arkangel"* da série *"black mirror". Revista da Ouvidoria,* Tribunal de Justiça do Estado do Paraná, 2. ed. 2020, p. 27-51. p. 32.

proteção de dados pessoais e, também, da própria privacidade[86]. A proporcionalidade, prevenção, precaução, segurança, transparência não são normas jurídicas "apenas" da LGPD, mas do ordenamento brasileiro, e de grande utilidade para solucionar questões em matéria de proteção de dados pessoais[87].

Na medida em que a informação se impõe como instrumento de distribuição de riquezas e combustível do progresso econômico, não deve ser legítima sua utilização de forma ilimitada[88], sob o risco de ferir de valores e princípios para a ordem jurídica, cabendo ao Direito estabelecer limites para sua utilização, de modo a impedir que o manejo desse bem econômico venha a violar quaisquer direitos, notadamente os direitos de personalidade.

A discussão aqui trazida permite revelar, desta maneira, a necessária conexão entre a proteção e utilização de dados com os valores constitucionais. A proteção de dados pessoais no ordenamento brasileiro não se estrutura a partir de um diploma legal isolado A Constituição Brasileira contempla o problema da informação inicialmente por meio das garantias à liberdade de expressão e do direito à informação, que deverão eventualmente ser confrontados com a proteção da personalidade e, em especial, com o direito à privacidade[89]. Também protege sigilo, intimidade, dignidade e livre desenvolvimento.

A própria designação da LGPD como uma "lei geral" deve ser bem compreendida. Defendê-la como uma ilha, tal como se fazia no oitocentos em relação ao código civil é linha de pensamento que não coaduna nem ao mesmo com o próprio texto legislativo. A opção pelo argumento legalista na compreensão a LGPD – seja no sentido de se buscar um local obscuro, longe da leitura à luz da constituição, seja no sentido de aplicar a LGPD como uma norma autossuficiente colide com a própria leitura do teor da lei. No texto normativo, consta a previsão de que devem ser consideradas normas "gerais e setoriais" (LGPD, art. 34, inc. I), além disso, determina-se que a ANPD deve articular-se com as "autoridades reguladoras públicas para exercer suas competências em setores específicos de atividades econômicas e governamentais sujeitas à regulação" (LGPD, art. 55-J, inc. XXIII). Há previsão também de diálogo com o Código de Defesa do Consumidor, com expressa previsão de que as sanções ali previstas persistem (LGPD, art. 52, § 2º). A incidência da Constituição não depende – e nem pode ser condicionada – pela legislação infraconstitucional. Não obstante, há na LGPD, art. 55-J, § 1º, expressa previsão da incidência dos princípios do art. 170, da CF, que incluem, vale lembrar, a proteção do consumidor.

Há, portanto, um desafio de interpretação que compreende a LGPD como mais uma norma do nosso ordenamento que precisa ser conjugada. Seu sentido geral se traduz assim em uma eficácia irradiante, não em seu isolamento.

Essa percepção também é útil para que o argumento da absoluta novidade da LGPD não seja tomado como a ignorar toda a construção jurídica em torno de vários dos princípios que traz, ou melhor, que repete de outras normas. Trata-se de uma lei positiva, que apresenta e reforça muitas temáticas já legisladas de forma esparsa. Apesar de ter

---

86. Idem.
87. SCHULMAN; SCHIRRU, Op. Cit., p. 33.
88. MENEZES; COLAÇO, Op. Cit., p. 2325.
89. DONEDA, Op. Cit., p. 103.

visibilizado o tema da proteção de dados pessoais, é necessário que não se esqueça dos outros diplomas, especialmente da Constituição Federal.

As restrições deste direito à "autodeterminação sobre a informação" são permitidas somente em caso de interesse predominante da coletividade. Tais restrições necessitam de uma base legal constitucional que deve atender ao mandamento da clareza normativa próprio do Estado de Direito. O legislador deve, além disso, observar, em sua regulamentação, o princípio da proporcionalidade. Também deve tomar precauções organizacionais e processuais que evitem o risco de uma violação do direito da personalidade[90].

O julgamento do Caso do Censo do IBGE pelo STF permite importantes lições, as quais em diversos pontos permitem aproveitar as conclusões da Corte Alemã. De maneira sistemática, entre outras contribuições úteis que se pode obter do exame do julgamento da ADI n. 6387 pelo Supremo Tribunal Federal, cumpre salientar, sob o prisma da legalidade constitucional:

i. reconhecimento da autodeterminação informativa e da proteção de dados pessoais como direitos fundamentais autônomos;

ii. aplicação da proporcionalidade em matéria de proteção de dados pessoais, parâmetro que permeou o exame da finalidade do uso dos dados pessoais, do grau de invasão na esfera pessoas, na apreciação no risco e na avaliação da (in)suficiência das proteções oferecidas no tratamento de dados pessoais;

iii. à luz de uma leitura constitucional, impõe-se uma avaliação a priori dos riscos, à luz do binômio probabilidade e consequências, o que exige o devido esclarecimento, inclusive com base na garantia do devido processo legal;

iv. não há dados pessoais neutros ou insignificantes, sobretudo porque em uma análise contextual a associação de dados ou processamentos eletrônicos podem implicar consequências muito danosas[91].

v. é preciso confrontar riscos e mecanismos protetivos de maneira concreta;

vi. a falta de relatório de impacto opõe-se à perspectiva protetiva que orienta a materialização do direito fundamental à proteção de dados pessoais;

vii. deve-se analisar a possibilidade de identificação das pessoas, e o impacto desta identificação[92];

viii. o sigilo, intimidade e privacidade não são direitos absolutos; por outro lado, sua flexibilização é excepcional e deve ser fundamentada;

ix. faz-se necessário um repensar da proteção dos dados pessoais diante do advento de novos mecanismos tecnológicos.

A teor do acórdão, a aplicação da LGPD ocorreu como mecanismo de controle do próprio ente estatal, a demonstrar os enormes riscos que envolvem a matéria de dados pessoais. A respeito, ao argumento de que o censo é relevante deve-se contrapor a própria

---

90. Trata-se de trecho da fundamentação do conhecimento julgamento da Lei do Censo pelo Tribunal Constitucional alemão. SCHWABE, Jürgen. *Cinquenta Anos de Jurisprudência do Tribunal Constitucional Federal Alemão*. Uruguai: Konrad Adenauer-Stiftung, 2005. p. 235.

91. SCHWABE, Op. cit. p. 239. Extrai-se do acórdão da Lei do Censo: "Decisivos são sua utilidade e possibilidade de uso. Estas dependem, por um lado, da finalidade a que serve a estatística e, por outro lado, das possibilidades de ligação e processamento próprias da tecnologia de informação. Com isso, um dado em si insignificante pode adquirir um novo valor: desse modo, não existem mais dados "insignificantes" no contexto do processamento eletrônico de dados".

92. Extrai-se do acórdão: "há o risco de identificação precisa e formação de perfil dos usuários. Dados como nome, endereço e telefone de todos os usuários dos serviços de telefonia móvel e fixa, somados às entrevistas pessoais, podem gerar um nível preocupante de precisão na identificação dos usuários".

credibilidade do Estado e do IBGE. Não deixa de ser curioso recordar que, em 2017, foi o próprio IBGE que argumentava a proteção ao sigilo estatístico para rejeitar pedido do Ministério Público Federal que pretendia compelir o instituto "a prestar informações necessárias à identificação de 45 crianças domiciliadas em Bauru/SP que, de acordo com o censo realizado em 2010, não teriam sido regularmente registradas nos Cartórios de Registro Civil de Pessoas Naturais"[93]. Na ocasião, o STF ao assegurar a proteção do sigilo, destacou que "o afastamento excepcional do sigilo estatístico, surge como grave precedente e parece ganhar contornos extravagantes".

No tocante ao ciclo dos dados pessoais, além de não haver mecanismos de controle, a avaliação do risco seria feita após já ter ocorrido a coleta, em oposição à ótica preventiva e proativa que orienta a LGPD. "Ao não definir apropriadamente como e para que serão utilizados os dados coletados, a MP 954/2020 desatende a garantia do devido processo legal (art. 5º, LIV, da CF)"[94]. Nessa linha, constava da MP, em seu art. 2º, "A Fundação IBGE informará, em seu sítio eletrônico, as situações em que os dados referidos no caput do art. 2º foram utilizados e divulgará relatório de impacto à proteção de dados pessoais".

Falha-se também por não ter se definido uma estratégia de redução do tempo de exposição dos dados pessoais afinal, se não houver como alcançar um resultado sem a utilização de dados pessoais, estes devem ser eliminados o quanto antes. Em relação ao ciclo dos dados pessoais, de forma igualmente vaga se estabelecia no art. 4º da MP que "Superada a situação de emergência de saúde pública" as informações coletadas "serão eliminadas das bases de dados da Fundação IBGE". Embora houvesse na MP previsão de exclusão dos dados pessoais após o fim do estado de emergência, não foram definidos mecanismos de controle que permitissem acompanhar o cumprimento dessa promessa, gerir, e comprová-la quanto executada.

A proteção de dados pessoais impõe que haja mecanismos para controlar e comprovar tal medida, em sintonia com a *accountability*[95] estabelecida pela LGPD em muitas passagens (art. 6º, inc. X; art. 32, art. 37, art. 38, entre outros), assim como decorrência do direito fundamental à proteção de dados pessoais e do direito fundamental autodeterminação informativa, em harmonia com os princípios da publicidade, legalidade, transparência que orientam a Administração Pública (CR, art. 37), bem como a proteção da dignidade humana, inviolabilidade da intimidade, da privacidade e da vida privada, sigilo de dados (CR, art. 1º, 5º, caput e inc. X).

Nessa toada, é necessário ressaltar que os princípios da Lei Geral de Proteção de Dados Pessoais são guias úteis e necessários para a proteção de dados pessoas e, inclusive, para estabelecer uma boa governança de dados. Questionar critérios, parâmetros e espaços de proteção é, portanto, parte relevante do processo de reflexão e (re)significação da proteção de dados pessoais[96]. Trata-se de ingredientes relevantes que tornam

---

93. STF. SL 1103. Rel. Min. Cármen Lúcia. DJe: 05.05.2017.
94. STF. ADI n. 6387. Rel. Min. Rosa Weber. Tribunal pleno. Dje: 11.11.2020.
95. *The Privacy, Data Protection and Cybersecurity Law Review*. Alan Charles Raul (Editor). 3. ed. Reino Unido: Law Business Research Ltd, 2016. p. 15.
96. SCHULMAN, Gabriel; SCHIRRU, Luca. Pequenos titulares e grandes desafios, a proteção de dados pessoais de crianças e adolescentes: um debate sobre melhor interesse, (des)equilíbrios, e LGPD a partir do episódio "*arkangel*" da série "*black mirror*". *Revista da Ouvidoria*, Tribunal de Justiça do Estado do Paraná, 2. ed. 2020, p. 27-51. p. 32.

ainda mais complexas as análises em torno da proteção de dados pessoais e, também, da própria privacidade[97].

A proporcionalidade, prevenção, precaução, segurança, transparência não são normas jurídicas "apenas" da LGPD, mas do ordenamento brasileiro, e de grande utilidade para solucionar questões em matéria de proteção de dados pessoais[98]. Não deixa de ser significativa, nessa linha, a própria circunstância de que o STF aplicou a LGPD antes mesmo de sua vigência.

Apenas para rápidos exemplos sobre a presença nos princípios antes e independente da LGPD, a precaução e prevenção não são princípios novos, são empregados há anos em matéria ambiental; transparência e informação adequada nas relações Estado-cidadão e no âmbito das relações de consumo são igualmente conhecidos.

É notável a circunstância de terem sido empregados antes da vigência da lei, o que decorre do fato de serem princípios jurídicos anteriores a LGPD, porém, também, da consagração da própria constitucionalidade do diploma legal. Na medida em que a informação se impõe como instrumento central da economia, não deve ser legítima sua utilização de forma ilimitada[99], sob o risco de ferir de valores e princípios para a ordem jurídica. Deve, portanto, submeter-se a legalidade constitucional.

A opção pelo argumento legalista na compreensão a LGPD – seja no sentido de se buscar um local obscuro longe da leitura à luz da constituição, seja no sentido de aplicar a LGPD como uma norma autossuficiente colide com a própria leitura do teor da lei. No texto normativo, consta a previsão de que devem ser consideradas normas "gerais e setoriais" (LGPD, art. 34, inc. I), além disso, determina-se que a ANPD deve articular-se com as "autoridades reguladoras públicas para exercer suas competências em setores específicos de atividades econômicas e governamentais sujeitas à regulação" (LGPD, art. 55-J, inc. XXIII).

A LGPD também prevê o diálogo com o Código de Defesa do Consumidor. Embora a unidade do ordenamento afastasse a necessidade da referência específica, a sinalização reforça a necessária harmonização dos diplomas legais. É importante sublinhar que a lei geral de proteção de dados pessoais inclusive ressalva que as sanções previstas na legislação consumerista estão mantidas (LGPD, art. 52, § 2º). No tocante às punições, significa dizer que as penalidades previstas no direito do consumidor não foram revogadas pela lei geral de proteção de dados pessoais; além disso, há possibilidade de que as sanções da LGPD e CDC sejam aplicadas em conjunto em certas circunstâncias. Nesse sentido, a punição concomitante em esferas distintas é admitida em nosso ordenamento[100]. Esta

---

97. Idem.
98. SCHULMAN; SCHIRRU, Op. Cit., p. 33.
99. MENEZES; COLAÇO, Op. Cit., p. 2325.
100. No direito ambiental já se decidiu: "A sanção administrativa não esgota, nem poderia esgotar, o rol de respostas persuasivas, dissuasórias e punitivas do ordenamento no seu esforço – típico desafio de sobrevivência – de prevenir, reparar e reprimir infrações. Assim, a admissibilidade de 'cumulação' de multa administrativa e de multa civil integra o próprio tecido jurídico do Estado Social de Direito brasileiro, inseparável de um dos seus atributos básicos, o 'imperativo categórico e absoluto de eficácia de direitos e deveres" (STJ. AgInt no AREsp 1413621, Rel. Min. Francisco Falcão, 2ª. Turma, DJe 11.05.2020).

temática deve observar algum temperamento por força da ne bis in idem, tema que merece estudo próprio.

A força normativa da constitucional e sua hierarquia superior significam que a Constituição se irradia por todo o ordenamento. Assim, a incidência das normas constitucional nem depende, nem pode ser condicionada pela legislação infraconstitucional. Ainda assim, a LGPD expressamente reforça, em seu art. 55-J, § 1º, a incidência dos princípios do art. 170, da CF. Entre tais princípios estão a proteção do consumidor. Essa repetição torna ainda mais claro o reconhecimento da possibilidade de que o titular dados pessoais será, muitas vezes, também um consumidor – inclusive por equiparação (CDC, arts. 17), a atrair a incidência conjunta das normas respectivas.

Há, portanto, um desafio de interpretação que compreende a LGPD como mais uma norma do nosso ordenamento cuja unidade e complexidade já restou acima exposta. Seu sentido geral se traduz assim em uma eficácia irradiante, não em seu isolamento. Essa percepção também é útil para que o argumento da absoluta novidade da LGPD não seja tomado como a ignorar toda a construção jurídica em torno de vários dos princípios que traz, ou melhor, que repete de outras normas. Também permite melhor aproveitar o desenvolvimento doutrinário e jurisprudencial em torno da proteção da vida privada, do sigilo, da intimidade.

Por fim, é importante frisar que a LGPD é uma ferramenta com enorme potencial, desde que bem empregada. Propõe-se aqui sua análise com a perspectiva *fractal*: deve--se olhar de perto e de longe para compreender sua complexidade. Em outras palavras, aproximações e distanciamentos, a partir do necessário diálogo com outros instrumentos regulatórios, como o Marco Civil da Internet, mas, especialmente, com o texto constitucional e seus reflexos na compreensão e interpretação da legislação.

O advento de novas tecnologias potencializa as possibilidades de uso de dados. A teor do acórdão que julgou a ADI n. 6387, "quanto maior for a capacidade de acumulação e armazenamento da informação, maior a potencialidade de que elas possam ser elemento fundamental de influência em nosso cotidiano".

Como no verso de Antonio Machado, tomado por empréstito no título desta seção, "El camino se hace al andar"[101]. A legalidade constitucional demanda uma construção dinâmica de sentidos das normas, apta a captar as novas tecnologias. É preciso, dessa maneira, conferir flexibilidade ao sistema jurídico[102] e porosidade à realidade concreta. Como apontou o voto do Min. Gilmar Mendes, "nunca foi estranha à jurisdição constitucional a ideia de que os parâmetros de proteção dos direitos fundamentais devem ser permanentemente abertos à evolução tecnológica". Por fim, seu voto acrescenta outra advertência, que consiste em apreender um sentido mais amplo a proteção de dados, porque "a disciplina jurídica do processamento e da utilização da informação acaba por afetar o sistema de proteção de garantias individuais como um todo".

---

101. MACHADO, Antonio. *Poesías Completas*. México: Universidad Autónoma del Estado de México, 2016. p. 87.
102. ZAGREBELSKY. *El Derecho Dúctil. Ley, Derecho, Justicia*. 8. ed. Madrid (Espanha): Editorial Trotta, 2008.

6. REFERÊNCIAS

ALEXY, Robert. *Teoria dos direitos fundamentais.* São Paulo: Malheiros, 2008.

ÁVILA. Humberto. *Teoria dos Princípios.* Da definição à aplicação dos princípios jurídicos. 4. ed. São Paulo: Malheiros, 2005.

BARBOZA, Heloísa Helena. Reflexões sobre autonomia negocial. In: TEPEDINO, Gustavo, FACHIN, Luiz Edson (Coord.). *O direito e o tempo*: embates jurídicos e utopias contemporâneas – Estudos em homenagem ao Professor Ricardo Pereira Lira. Rio de Janeiro: Renovar, 2008.

BARBOZA, Heloisa Helena. Vulnerabilidade e cuidado: aspectos jurídicos. In: PEREIRA, Tânia; OLIVEIRA, Guilherme de (Coord.). *Cuidado e vulnerabilidade.* São Paulo: Atlas, 2009, p. 106-118.

BARROSO, Luís Roberto. *A dignidade da pessoa humana no direito constitucional contemporâneo. A construção de um conceito jurídico à luz da jurisprudência mundial.* Belo Horizonte: Fórum, 2014.

BARROSO, Luís Roberto. *Curso de Direito Constitucional Contemporâneo.* Os conceitos fundamentais e a construção do novo modelo. 9. ed. Saraiva, 2019.

BARROSO, Luís Roberto. Fundamentos Teóricos e Filosóficos do Novo Direito Constitucional Brasileiro. *Revista da EMERJ*, v. 4, n. 15, 2001, p. 1-47.

BODIN DE MORAES, Maria Celina. A Caminho de um Direito Civil Constitucional. *Revista de Direito Civil Imobiliário, Agrário e Empresarial*, São Paulo, v. 65, ano 17, jul./set. 1993, p. 21-32.

BODIN DE MORAES, Maria Celina. Do juiz boca-da-lei à lei segundo a boca do juiz: notas sobre a aplicação-interpretação do direito no início do Século XXI. *Revista de Direito Privado,* São Paulo, ano 14, v. 56, p.11-30, out./dez. 2013.

BODIN DE MORAES, Maria Celina. O conceito de dignidade humana. In: BODIN DE MORAES, Maria Celina. *Princípios do direito civil contemporâneo.* Rio de Janeiro: Renovar, 2006.

BRASIL. Medida Provisória 954, de 17 de abril de 2020 (sem eficácia). Disponível em: https://legis. senado.leg.br/sdleg-getter/documento?dm=8097182&ts=1605035315518&disposition=inline. Acesso em: 28 nov. 2020.

BUNDESVERFASSUNGSGERICHT. *Urteil des Erten Senats vom 15.* Dezembro de 1983. Disponível em: https://www.bundesverfassungsgericht.de/SharedDocs/Entscheidungen/DE/1983/12/rs19831215_1b-vr020983.html. Acesso em: 06 dez. 2020.

CANARIS, Claus-Wilhelm. A influência dos direitos fundamentais sobre o direito privado na Alemanha. In: SARLET, Ingo Wolfgang (Org.). *Constituição, Direitos Fundamentais e Direito Privado.* 2. ed. Porto Alegre: Livraria do Advogado, 2006. p. 225-245.

CANARIS, Claus-Wilhelm. *Direitos Fundamentais e Direito Privado.* Coimbra (Portugal): Almedina, 2006.

DIMOULIS, Dimitri; MARTINS, Leonardo. *Teoria geral dos direitos fundamentais.* 5. ed. São Paulo: Atlas, 2014.

DONEDA, Danilo. A proteção dos dados pessoais como um direito fundamental. *Espaço Jurídico,* Joaçaba, v. 12, n. 2, p. 91-108, jul./dez. 2011.

FACHIN, Luiz Edson (Coord.). *Repensando fundamentos de Direito Civil Brasileiro Contemporâneo.* Rio de Janeiro: Renovar, 1998.

FACHIN, Luiz Edson. *Direito Civil. Sentidos, transformações e fim.* Rio de Janeiro: Renovar, 2015.

FLÓREZ-VALDÉS, Joaquín Arce y. *El derecho civil constitucional.* Madrid (Espanha): Civitas, 1991.

FRAZÃO, Ana. Fundamentos para a proteção dos dados pessoais. Noções introdutórias para a compreensão da LGPD. In: FRAZÃO, Ana. TEPEDINO, Gustavo; OLIVA, Milena Donato (Coord.). *A Lei Geral de Proteção de Dados Pessoais e suas Repercussões no Direito Brasileiro.* São Paulo: Ed. RT, 2019.

FRAZÃO, Ana. Objetivos e alcance da Lei Geral de Proteção de Dados. In: FRAZÃO, Ana. TEPEDINO, Gustavo; OLIVA, Milena Donato (Coord.). *A Lei Geral de Proteção de Dados Pessoais e suas Repercussões no Direito Brasileiro.* São Paulo: Revista dos Tribunais. 2019. p. 100.

GROSSI, Paolo. A formação do jurista e a exigência de um hodierno "repensamento" epistemológico. (Trad. Ricardo Marcelo Fonseca). *Revista da Faculdade de Direito da UFPR,* Curitiba, UFPR, v. 40, p .6-25, 2004.

HERRERA FLORES, Joaquín. ¿Crisis de la ideología o ideología de la crisis? Respuestas neoconservadoras. Crítica Jurídica, *Revista Latino Americana de Política, Filosofía y Derecho,* UNAM/Instituto de Investigaciones Jurídicas, n. 13, p. 123-143, 1993.

HESSE, Konrad. *Força Normativa da Constituição.* Porto Alegre: Sergio Fabris, 1991.

IBGE. *Comunicado sobre adoção da Medida Provisória 954/2020.* Disponível em: https://www.ibge.gov.br/novo-portal-destaques/27477-comunicado-sobre-adocao-da-medida-provisoria-954-2020.html. Acesso em: 05 nov. 2020.

LÔBO, Paulo Luiz Netto. Constitucionalização do direito civil. *Revista de Informação Legislativa.* Brasília, Senado Federal, n. 141, ano 36, p. 99-109, jan./mar. 1999.

MACHADO, Antonio. *Poesías Completas.* México: Universidad Autónoma del Estado de México, 2016.

MANGUEIRA. *História pra ninar gente grande. Samba enredo de 2019.* Disponível em: https://g1.globo.com/rj/rio-de-janeiro/carnaval/2019/noticia/2019/01/19/mangueira-veja-a-letra-do-samba-enredo-do-carnaval-2019-no-rj.ghtml. Acesso em: 05 nov. 2020.

MENDES, Laura Schertel. Habeas Data e autodeterminação informativa: dois lados da mesma moeda. *Revista Direitos Fundamentais & Justiça,* a. 12, n. 39, p. 185-216, jul./dez. 2018.

MENDES, Laura Schertel; DONEDA, Danilo. Reflexões iniciais sobre a nova Lei Geral de Proteção de Dados. *Revista de Direito do Consumidor,* São Paulo, v. 120, ano 27, nov./dez. 2018, p. 469-483.

MENEZES, Joyceane Bezerra de; COLAÇO, Hian Silva. Facebook como o novo *big brother*: uma abertura para a responsabilização civil por violação à autodeterminação informativa. *Quaestio Iuris,* Rio de Janeiro, v. 10, n. 04, 2017, p. 2319-2338.

MULHOLLAND, Caitlin Sampaio. Dados pessoais sensíveis e a tutela de direitos fundamentais: uma análise à luz da Lei Geral de Proteção de Dados (Lei 13.709/18). *Revista de Direito e Garantias Fundamentais,* Vitória, v. 19, n. 3, p. 159-180, set./dez. 2018.

NEVES, Maria do Céu Patrão. Sentidos da vulnerabilidade: característica, condição, princípio. *Revista Brasileira de Bioética,* v. 2. n. 02, p. 153-172, 2006.

NIELES, Michael; DEMPSEY, Kelley; PILLITTERI, Victoria Yan. *An Introduction to Information Security.* IST Special Publication 800-12 Revision 1.

NOVAIS, Jorge Reis. *A dignidade da pessoa humana. Dignidade e direitos fundamentais.* v. I, Coimbra: Almedina, 2015.

PERLINGIERI, Giovanni. *Profili applicativi della ragionevolezza nel diritto civile.* Napoli: Edizioni Scientifiche Italiane, 2015.

PERLINGIERI, Pietro. *La dottrina del diritto civile nella legalità costituzionale.* Conferência Magna proferida por ocasião do Congresso de Direito Civil Constitucional da Cidade do Rio de Janeiro. Rio de Janeiro: 21/09/2006.

PERLINGIERI, Pietro. *O Direito Civil na Legalidade Constitucional.* Rio de Janeiro: Renovar, 2008.

PERLINGIERI, Pietro. *Perfis do Direito Civil. Introdução ao Direito Civil Constitucional.* 2. ed. São Paulo: Renovar, 2002.

RAMOS, Carmem Lucia Silveira. Constitucionalização do direito privado e a sociedade sem fronteiras. In: FACHIN, Luiz Edson (Coord.). *Repensando fundamentos de Direito Civil Brasileiro Contemporâneo.* Rio de Janeiro: Renovar, 1998.

RODOTÀ, Stefano. *A vida na sociedade de vigilância. A privacidade hoje.* Rio de Janeiro: Renovar, 2008.

RODOTÀ, Stefano. *La vita e le regole. Tra diritto e non diritto.* 4. ed. Milão: Feltrini, 2007.

SANCHÍS, Luis Pietro. *Constitucionalismo y Positivismo.* 2. ed. México: Fontamara, 1999. (Biblioteca de Ética Filosofía del Derecho y Política, v. 60).

SARMENTO, Daniel. Os Princípios Constitucionais e a Ponderação de Bens. In: TORRES, Ricardo Lobo. (Org.). *Teoria dos Direitos Fundamentais.* Rio de Janeiro: Renovar, 1999. p. 35-93.

SCHIER, Paulo Ricardo. *Filtragem Constitucional.* Construindo uma nova dogmática jurídica. Porto Alegre: Sergio Antonio Fabris, 1999.

SCHREIBER, Anderson; KONDER, Carlos Nelson. Uma agenda para o direito civil-constitucional. *Revista Brasileira de Direito Civil,* v. 10, out./dez. 2016.

SCHULMAN, Gabriel. *Internação forçada, saúde mental e drogas:* é possível internar contra a vontade?. São Paulo: Foco, 2020.

SCHULMAN, Gabriel; SCHIRRU, Luca. Pequenos titulares e grandes desafios, a proteção de dados pessoais de crianças e adolescentes: um debate sobre melhor interesse, (des)equilíbrios, e LGPD a partir do episódio *"arkangel"* da série *"black mirror"*. *Revista da Ouvidoria,* Tribunal de Justiça do Estado do Paraná, 2. Ed. 2020, p. 27-51.

SCHWABE, Jürgen. *Cinquenta Anos de Jurisprudência do Tribunal Constitucional Federal Alemão.* Uruguai: Konrad Adenauer-Stiftung, 2005.

SILVA, Virgílio Afonso. O proporcional e o razoável. *Revista dos Tribunais,* v. 798, p. 23-50, 2002.

SOLOVE, Daniel J. *Nothing to hide*: The false tradeoff between privacy and security. Yale University Press, 2011.

SOUZA, Eduardo Nunes. SILVA, Rodrigo da Guia. Tutela da pessoa humana na lei geral de proteção de dados pessoais: entre a atribuição de direitos e a enunciação de remédios. *Pensar Revista de Ciências Jurídicas,* Fortaleza, v. 4, n. 3, p. 1-22, jul./set. 2019.

STF. Ação Direta de Inconstitucionalidade (ADI) com pedido cautelar proposta pelo Conselho Federal da Ordem dos Advogados do Brasil (CFOAB), perante o Supremo Tribunal Federal (STF), em face da integralidade dos dispositivos estabelecidos pela Medida Provisória 954, de 17 de abril de 2020. Disponível em: http://redir.stf.jus.br/paginadorpub/paginador.jsp?docTP=TP&docID=752502168&prcID=5895165#. Acesso em: 28. nov. 2020.

STF. ADI n. 6387. Rel. Minª. Rosa Weber. Tribunal pleno. Dje: 11.11.2020.

STF. Referendo na Medida Cautelar na Ação Direta de Inconstitucionalidade 6.387. Rel.: Minª. Rosa Weber.

STF. SL 1103. Rel. Minª. Cármen Lúcia. DJE: 05.05.2017.

TEFFÉ, Chiara Spadaccini de; VIOLA, Mario. Tratamento de dados pessoais na LGPD: estudo sobre as bases legais. *Civilistica.com,* Rio de Janeiro, ano 9, n. 1, 2020, p. 1-38.

TEPEDINO Gustavo. Premissas metodológicas para a constitucionalização do direito civil. *Revista de Direito do Estado,* Bahia, ano 1, n. 2, abr./jun. 2006, p. 37-53.

TEPEDINO, Gustavo. Crise das Fontes Normativas e Técnica Legislativa na Parte Geral do Código Civil de 2002. In: TEPEDINO, Gustavo. (Org.). *A Parte Geral do Novo Código Civil.* 3. ed. Rio de Janeiro: Renovar, 2007.

The Privacy, Data Protection and Cybersecurity Law Review. Alan Charles Raul (Editor). 3. ed. Reino Unido: Law Business Research Ltd, 2016.

ZAGREBELSKY. *El Derecho Dúctil. Ley, Derecho, Justicia.* 8. ed. Madrid (Espanha): Editorial Trotta, 2008.

ZUBOFF, Shoshana, Big Other: Surveillance Capitalism and the Prospects of an Information Civilization, *Journal of Information Technology*, v. 30, p. 75–89. April 4, 2015.

NOTAS ESPARSAS SOBRE O DIREITO CIVIL NA LEGALIDADE CONSTITUCIONAL

Gustavo Tepedino

Professor Titular de Direito Civil e ex-diretor da Faculdade de Direito da Universidade do Estado do Rio de Janeiro (UERJ). Doutor em Direito Civil pela Universidade de Camerino, Itália. O autor agradece à Profa. Danielle Tavares Peçanha, Mestranda em Direito Civil no Programa de Pós Graduação da UERJ, pela pesquisa, reflexão conjunta e revisão dos originais.

Sumário: 1. Introdução: o processo de constitucionalização do Direito Civil, aspecto metodológico e circunstâncias históricas. 2. Complexidade do ordenamento e a ultrapassada resistência à aplicação direta das normas constitucionais nas relações interprivadas. 3. A construção da jurisprudência segundo a principiologia constitucional. 4. Os sentidos da constitucionalização do direito civil e o seu significado na experiência brasileira. 5. Conclusão. 6. Referências.

1. INTRODUÇÃO: O PROCESSO DE CONSTITUCIONALIZAÇÃO DO DIREITO CIVIL, ASPECTO METODOLÓGICO E CIRCUNSTÂNCIAS HISTÓRICAS

O tema da "Constitucionalização do Direito Civil" situa-se na ordem do dia em razão de, pelo menos, uma questão metodológica e duas circunstâncias históricas. A questão metodológica consiste na constatação, no mundo contemporâneo, da notável complexidade do ordenamento. Este deve ser compreendido como sistema composto por núcleos legislativos que não se compadecem com a uniformidade traduzida pelas grandes codificações do passado. De tal complexidade decorre a necessidade de interpretá-lo a partir do conjunto de fontes normativas caraterizadoras da pluralidade própria da sociedade, resguardando, contudo, a sua unidade axiológica, para que se possa manter o conceito de ordenamento e sua função propiciadora da paz social. Pluralidade de fontes, portanto, e unidade sistemática convivem lado a lado, evitando-se a fragmentação e o desvirtuamento da própria ideia de ordenamento.[1] Decorre daí a preocupação metodológica de que a Constituição não represente apenas um limite ao legislador ordinário, devendo ao revés incidir diretamente nas relações intersubjetivas, sendo este o norte central da atividade interpretativa.

Além desta questão metodológica, a incidência do Texto Constitucional sobre as relações privadas invoca duas circunstâncias históricas que influenciaram decidadamente a reconstrução dogmática do Direito Privado. A primeira delas é a revolução tecnológica, com repercussão extraordinária nas diversas searas do Direito Civil, como no direito de família e direito das sucessões, a partir das novas técnicas de procriação e de identificação

---

1. Cfr. TEPEDINO, Gustavo; OLIVA, Milena Donato. *Fundamentos do Direito Civil*, v. 1: Teoria Geral do Direito Civil, Rio de Janeiro: Forense, 2020.

genética; e na responsabilidade civil, com a potencialização dos riscos e dos danos. As transformações oriundas das tecnologias fizeram com que a *summa divisio* público *x* privado entrasse em crise, não sendo mais possível compartimentar os institutos e categorias jurídicas a partir da dicotomia 'interesse privado' ou 'interesse público'. A biotecnologia e a bioética, por exemplo, suscitam contemporaneamente a atenção do Direito Público e do Direito Privado, transitando permanentemente entre os valores constitucionais e a autonomia nas relações privadas.

A segunda circunstância histórica traduz a preocupação com a dignidade da pessoa humana e com a solidariedade social, proclamadas no Texto Constitucional e vinculantes também entre particulares. Após a Segunda Guerra Mundial, as cartas constitucionais inseriram, paulatinamente, na Europa e (finalmente) no Brasil em 1988, a dignidade da pessoa humana, a solidariedade social e a igualdade substancial no centro do ordenamento jurídico, impondo deveres também nas relações privadas.

Essa principiologia produziu enorme impacto no Direito Civil. Se a modernidade trouxe vitórias extraordinárias ao Direito Público (como a liberdade de ir e vir, a liberdade de voz, a liberdade, especialmente de imprensa, o mandado de segurança, e tantos instrumentos processuais de proteção do indivíduo em face do Estado), o Direito Privado não consegue ostentar semelhante orgulho. Isso porque, em nome da liberdade e da autonomia que tanto professamos e defendemos, permitimos o desenvolvimento de uma desigualdade assombrosa nas relações contratuais, no interior das famílias; uma desproporção abissal nas relações agrárias; e uma abusividade gigante em práticas comerciais e relações com consumidores.

Ou seja, com o Texto Constitucional de 1988, exige-se o respeito à pessoa humana não apenas por parte do Estado, mas também nas relações privadas, para que a autonomia negocial não se transforme em salvo-conduto para a imposição da força do poder econômico e do mercado, avesso aos valores constitucionais. O direito civil como espaço de liberdade patrimonial garantido ao proprietário e ao contratante expande-se na promoção da liberdade substancial e da autonomia existencial na legalidade constitucional.[2]

Essas duas circunstâncias nos obrigaram a deixar de lado nosso orgulho em relação aos alicerces aparentemente neutros do Código Civil e evitar a resistência cega às interferências do Direito Público. Ao contrário, sem diminuir a relevância da dogmática, é indispensável a incorporação dos valores e princípios constitucionais para fins de oxigenar as bases teóricas do Direito Civil, em busca da otimização dos instrumentos atribuídos à autonomia privada, instrumentalizando-os em favor da pessoa humana, da igualdade substancial e dos demais valores da Constituição da República.

---

2. Na palavra de Luiz Edson Fachin: "Da autonomia privada à liberdade substancial, das titularidades exclusivas aos deveres extraproprietários, dos modelos excludentes ao valor jurídico da afetividade, são exemplos dessa passagem da estrutura para a função, e bem assim dos princípios gerais do Direito para os princípios constitucionais como normas vinculantes" (FACHIN, Luiz Edson. *Direito Civil*: sentidos, transformações e fim, Rio de Janeiro: Renovar, 2015, p. 49).

2. COMPLEXIDADE DO ORDENAMENTO E A ULTRAPASSADA RESISTÊNCIA À APLICAÇÃO DIRETA DAS NORMAS CONSTITUCIONAIS NAS RELAÇÕES INTERPRIVADAS

A percepção da complexidade do ordenamento encontrou vozes de intuitivo apoio desde a segunda metade do Século XX, como reflexo de esforço interpretativo desenvolvido por estudiosos para a efetivação de valores existenciais e humanitários. Exemplifique-se com o instituto da lesão, objeto da consagrada tese do Professor Caio Mário de 1949,[3] que permitiu a utilização de preceitos do Direito Penal para a proteção de vulnerabilidade no Direito Civil. Pense-se também na investigação de paternidade, tendo o ordenamento por muito tempo recusado a paternidade ao filho ilegítimo, chamado adulterino (ou, pior ainda, bastardo, naquela época). Note-se, pois, como o Direito Civil necessita de extrapolar os próprios lindes do Código para a afirmação de valores que permitem a abertura do sistema, favorecendo o reconhecimento, no ordenamento, da identidade cultural da sociedade.[4]

Nessa perspectiva, há de se superar a doutrina que pretende estabelecer critérios interpretativos a partir dos chamados microssistemas. Embora didaticamente seja tentadora a utilização dessa expressão, o *microssistema* pretende fragmentar o sistema com soluções setoriais que, propiciadas por pressões parlamentares e econômicas prevalentes em determinados diplomas legislativos, impedem a abrangência da incidência dos valores constitucionais para todo o ordenamento.[5] Como se os diversos setores da economia – mercado de locação imobiliária, mercado de ações, sistema bancário, de energia, de óleo e gás, e assim por diante – não devessem responder a uma mesma tábua de valores. Bem ao contrário, justamente a percepção da unidade do ordenamento rompe essa visão de microssistema, na busca pela utilização dos princípios constitucionais e seus valores em todos os domínios do Direito Civil e, de uma maneira geral, em todo o direito.

Essa compreensão prevalece hoje na jurisprudência brasileira, como se buscará demonstrar com alusão a paradigmáticas decisões no item subsequente. Após indignada reação de muitos civilistas, há 30 anos, contrários à utilização das normas constitucionais nas relações interprivadas, na atualidade, a despeito de algumas pontuais divergências

---

3. PEREIRA, Caio Mário da Silva. *Lesão nos contratos*. Rio de Janeiro: Forense, 1959.

4. Pietro Perlingieri observa a influência recíproca entre direito e realidade social e daí faz derivar os seguintes corolários, caracterizadores do ordenamento jurídico: "a) historicidade da societas e historicidade do *ius* são um todo único; b) o *ius* coincide com a societas sem exaurir-se na pura normatividade; c) o *ius*, que justamente pode se definir totalidade da experiência jurídica, é, como qualquer totalidade, necessariamente complexidade; d) a complexidade do *ius* exige que a sua análise não perca a sua necessária unidade; e) tal unidade conceitual é síntese individual somente na efetividade da sua aplicação" (PERLINGIERI, Pietro. *O direito civil na legalidade constitucional*. Trad. Maria Cristina de Cicco, Rio de Janeiro: Renovar, 2008, p. 194).

5. A construção da doutrina dos microssistemas encontra-se bem descrita na série de ensaios reunidos de Natalino Irti. *L'età della decodificazione*. 3. ed. Milano: Giuffrè, 1989, passim. O autor retoma o tema, com nova abordagem, em *Codice civile e società política*, Roma-Bari: Laterza, 1995, em cuja introdução adverte, com fina ironia: "Não escolhemos os nossos temas de estudo; os encontramos, como na vida encontramos pessoas, unindo-nos por empatia ou por afinidade espiritual ou refutando-as com fastio e impaciência" (tradução livre). No original: "Non scegliamo i nostri temi di studio; li incontriamo, come nella vita incontriamo persone, legandoci di simpatia e di consonanza spirituale o rifiutandole con fastidio ed impazienza" (p. 5). Cfr., em perspectiva crítica, Gustavo Tepedino, Diálogos entre fontes normativas na complexidade do ordenamento. Editorial. *Revista Brasileira de Direito Civil* (RBDCivil), v. 5, jul. 2015, p. 6-9.

ainda existentes, há certo consenso acerca da força normativa dos princípios constitucionais. Não mais prevalece a ultrapassada percepção da Constituição como mera Carta Política, exclusivamente dirigida ao legislador.

Tal entendimento, que consagra a força normativa da Constituição, gerou, contudo, certa divergência em relação à aplicação direta das normas constitucionais nas relações intersubjetivas. De modo geral, pode-se sintetizar em quatro grupos as críticas centrais à aplicação direta das normas constitucionais às relações privadas. Em primeiro lugar, objetou-se que a norma constitucional teria índole organizacional, ou seja, seria voltada à organização das instituições, não sendo vocacionada à solução de litígios entre particulares. Afirmava-se, nessa direção, tratar-se de atecnia a introdução pelo constituinte de dispositivos dirigidos a disciplinar matérias de Direito Privado sem a intermediação de regras infraconstitucionais. Estas seriam indispensáveis à compreensão do significado normativo de cada um dos postulados constitucionais.

O segundo grupo de críticas aludia à baixa densidade analítica dos princípios constitucionais, insuficiente para a mediação de conflitos de interesses entre particulares. Ou seja, os princípios constitucionais seriam fluidos e genéricos, o que estimularia o desenvolvimento de ativismo judicial, atribuindo ao intérprete, sem a mediação do legislador infraconstitucional, liberdade excessiva para a definição do conteúdo dos preceitos normativos no caso concreto.

O terceiro grupo de críticas diz respeito à estabilidade milenar da dogmática do Direito Civil, sistematizada desde o Direito Romano. Dizia-se que, uma vez subordinado diretamente às normas de direito constitucional, o Direito Civil se tornaria mutante, vulnerável a escolhas políticas e às eleições legislativas. Dessa maneira, a supremacia hermenêutica da Constituição da República importaria em instabilidade à dogmática do Direito Civil, tornando-o suscetível a sucessivas reformas, em verdadeira ameaça à milenar e tradicional estrutura dogmática.

Finalmente, o quarto grupo de críticas diz respeito à ingerência exacerbada que esses princípios constitucionais, aplicados diretamente, acarretariam nos espaços de liberdade privada. Ou seja, para além do lícito e do ilícito, o magistrado ainda teria que verificar a compatibilidade da situação jurídica a tais princípios e valores. Daqui decorreria suposta insegurança jurídica que a aplicação direta das normas constitucionais representaria para os particulares.

Tais críticas, embora em alguma medida consistentes, apresentam-se inteiramente descontextualizadas. Em primeiro lugar, porque a vocação dos textos constitucionais alterou-se muito. Não é verdadeiro que a vocação da Constituição seja a mesma que, por exemplo, animou a elaboração da Magna Carta. Quando se critica no Brasil a extensão da nossa Constituição, há de se ponderar que algo em nossa sociedade reclamou tal abrangência. Uma Constituição na qual se torna necessário garantir o direito à vida, à integridade psicofísica e à igualdade, provavelmente indica a ausência de promoção de tais valores no convívio social. Daí a relatividade histórica da vocação e das características das Constituições.

Quanto à deliberada baixa concretude do texto constitucional, esta não se associa exclusivamente à Constituição. Decorre da adoção da técnica das cláusulas gerais e de conceitos indeterminados, que, a rigor, advém dessa complexidade do mundo contemporâneo, tanto no Brasil quanto no exterior. Conceitos como a boa-fé objetiva, introduzidos pelo legislador infraconstitucional, ou a dignidade humana, proclamado pela Constituição, necessitam de construção hermenêutica gradual que lhes dê máxima concretude. Pouco a pouco, as cláusulas gerais adquirem sentido específico, a partir da definição, pelo Judiciário, de soluções casuísticas que, reiteradas, vão definindo paulatinamente padrões de comportamento aceitos ou reprovados socialmente. O princípio da segurança jurídica, portanto, adquire novos contornos, não mais associado à letra fria das chamadas regras claras – que, a rigor, não dispensam interpretação e tampouco asseguram estabilidade –, mas subordinado à construção do direito vivo,[6] decorrente da solução casuística propiciada por normas que, em abstrato, oferecem baixa definição analítica das hipóteses fáticas sobre as quais incidem.[7]

À luz das cláusulas gerais, inseridas em textos legais e na Constituição da República, a jurisprudência, criticada no passado por se mostrar excessivamente conservadora, adquiriu renovado protagonismo, liderando soluções interpretativas fundamentadas nos princípios. Nessa direção, a contribuição das Cortes brasileiras tem sido extraordinária na construção desse Direito Privado principiológico. Vale dizer: as cláusulas gerais vão fixando, paulatinamente, a partir do debate jurisprudencial e doutrinário, padrões de comportamento normativos. A título de exemplo, no âmbito do Código de Defesa do Consumidor, após propalada banalização do princípio da boa-fé objetiva, foram-se definindo gradativamente, na jurisprudência, repertórios de cláusulas contratuais e práticas comerciais consideradas legítimas ou abusivas, estabelecendo segurança jurídica a partir da argumentação, da persuasão e da fundamentação na esfera judicial.[8]

---

6. Tullio Ascarelli, em página de aguda atualidade, analisa o conflito entre as codificações do Século XIX, moldadas por valores de sociedades rurais e pré-industriais, e a realidade econômica pós-industrial, especialmente após o segundo pós-guerra europeu, a exigir do intérprete a *"reconstrução tipológica da realidade"*. É ver-se: "É assim a necessidade de aplicação humana do direito, em uma realidade sempre mutante porque identificada com a própria história humana, que impõe a contínua reconstrução tipológica à qual é levado o intérprete, e justamente para conciliar com a historicidade e com a concretude da realidade, a presença de um dado na realidade sempre renovado na renovação permanente deste esquema da realidade ao qual se refere a disciplina por isso mesmo (e somente por isso) aplicável. Ao lado daquelas que, retomando o passo paulino, diremos as regras *iuris*, os resumos mnemônicos da disciplina, encontraremos sempre aqueles conceitos (ou, se preferir, pseudo-conceitos) que, servindo a determinar o respectivo âmbito de aplicação da norma, de outra forma inaplicável, respondem a uma construção tipológica da realidade em função da norma" (tradução livre). No original: "È così la stessa necessità di umana applicazione del diritto, in una realtà sempre mutevole perchè identica con la stessa storia umana, che impone la continua ricostruzione tipologica alla quale è indotto l'interprete e proprio per conciliare con la storicità e la concretezza della realtà, la costanza di un dato in realtà così sempre rinnovato nel rinnovamento di quella schematizzazione della realtà alla quale si riferisce la disciplina, perciò stesso (e solo perciò) applicabile. Accanto a quelle che, riprendendo il passo paulino, diremo le *regule juris*, i riassunti mnemonici della disciplina, incontreremo sempre quei concetti (o, se vuolsi, pseudoconcetti) che, servendo a determinare lo stesso ambito di applicazione della norma, altrimenti inapplicabile, attengono a una costruzione tipologica della realtà in funzione della norma" (*Problemi giuridici*, tomo primo, Milano: Casa Editrice Dott. A. Giuffrè, 1959, p. 75-76).

7. Sobre o tema, Gustavo Tepedino, Pós-verdades hermenêuticas e o Princípio da Segurança Jurídica. In: *Coluna OAB/RJ*. Disponível em: https://www.oabrj.org.br/colunistas/gustavo-tepedino/pos-verdades-hermeneuticas-principio-seguranca-juridica. Acesso em: 11 nov. 2020, em que se conclui que: "Os valores constitucionais servem de norte ou *leitmotif* permanente da teoria da interpretação. Desse modo, independentemente da técnica legislativa empregada, sejam princípios ou regras, cláusulas gerais ou prescrições específicas, a segurança jurídica é alcançada a partir da recondução sistemática de cada norma à legalidade constitucional."

8. Sobre o tema, v. Gustavo Tepedino, Atividade interpretativa e o papel da doutrina e da jurisprudência. Editorial. *Revista Brasileira de Direito Civil (RBDCivil)*, v. 1, jul./set. 2014, p. 6-8.

A paulatina criação de padrões de comportamento trouxe nova concepção acerca do princípio da segurança jurídica, com o ocaso do prestígio da técnica da subsunção silogística, a qual, a rigor, jamais representou certeza jurídica.[9] Afinal, quantas vezes a referência a uma regra qualquer, a uma mera instrução normativa, se transforma em mecanismo para o magistrado deixar de aprofundar o exame da controvérsia, ou de fundamentar a própria decisão? A letra da lei se transforma, assim, em método para se evitar o controle social acerca dos argumentos prevalentes na jurisprudência.

Assistiu-se, ao longo do Século XX e início do Século XXI, a diversos dramas humanos deixados de lado pelo Judiciário por suposta ausência de direito (*rectius*, de texto legal), como nos casos de transexualismo. As pessoas eram consideradas sem direito algum, por ausência de regra específica capaz de assegurar a sua dignidade na sociedade.[10] A subsunção regulamentar autorizava ao magistrado, à falta da regra, lavar as mãos. E a própria jurisprudência reagiu ao método subsuntivo, passando a liderar a aplicação direta de princípios constitucionais para dar concretude a valores existenciais e sociais, mesmo na ausência de regras específicas.

3. A CONSTRUÇÃO DA JURISPRUDÊNCIA SEGUNDO A PRINCIPIOLOGIA CONSTITUCIONAL

As críticas, como se pôde demonstrar, à aplicação direta das normas constitucionais não se justificam. E nem se tenha medo da ingerência exacerbada na esfera da liberdade individual, porque a liberdade de todos implica o respeito à igualdade, de modo a se coibir a liberdade abusiva do forte sobre o fraco; do homem sobre a mulher; do fornecedor sobre o consumidor e assim por diante. Desse modo, a crítica à ingerência estatal excessiva, se verdadeira, não se resolve com o afastamento da posição do magistrado ou dos princípios constitucionais. Pelo contrário, reclama o aperfeiçoamento da construção da liberdade de todos no âmbito da solidariedade social; da liberdade no âmbito da dignidade da pessoa humana, preservando-se, assim, a unidade do ordenamento em torno de valores que reflitam a identidade social.[11]

A título exemplificativo, vale passar em revista alguns julgados emblemáticos, que bem traduzem a reconstrução principiológica por parte da jurisprudência, estimulada por notável renovação da magistratura. Causou grande polêmica em 2011 o reconhecimento pelo STF da família formada por pessoas do mesmo sexo, tendo a decisão se baseado nos princípios constitucionais, em particular na igualdade, que exige respeito às decisões de cada pessoa quanto à orientação e escolhas definidoras de sua própria

---

9. TEPEDINO, Gustavo. O ocaso da subsunção. *Temas de Direito Civil*, t. III, Rio de Janeiro: Renovar, 2009, p. 443-446.

10. Para o exame de casos paradigmáticos, em que profundas injustiças eram cometidas por suposta ausência de lei protetiva específica, v. TEPEDINO, Gustavo. *Direitos Humanos e Relações Jurídicas Privadas* – aula inaugural do ano acadêmico de 1998 da Faculdade de Direito da Universidade Federal da Paraíba. *Temas de Direito Civil*. 4. ed. Rio de Janeiro: Renovar, 2008, p. 63 e ss.

11. Acerca do papel do magistrado e da teoria da interpretação, v. TEPEDINO, Gustavo. Os sete pecados capitais da teoria da interpretação. *Revista da EMERJ*, vol. 20, 2018, p. 319-343; CASTRO, Thamis Dalsenter Viveiros de. O papel criativo do juiz na legalidade civil-constitucional. *Revista Pensar*, v. 21, Fortaleza, 2016, maio/ago., p. 721-750.

vida. A Corte assim decidiu, a despeito da regra clara do art. 1.723 do Código Civil, que previa como união estável exclusivamente aquela entidade familiar formada entre homem e mulher,[12] à exemplo também, no âmbito do casamento, dos artigos 1.514 e 1.517. Prevaleceram os princípios constitucionais da igualdade, da dignidade da pessoa humana, da solidariedade.

O segundo julgado que merece atenção vem do Superior Tribunal de Justiça, datando de 1999, logo depois de promulgada a Constituição.[13] O Ministro Eduardo Ribeiro, no REsp 93.634, analisou o caso originário do Estado de Minas Gerais, em que certo associado do Minas Tênis Clube foi impedido de incluir como dependente seu no quadro social da associação seu neto, sobre quem tinha a guarda judicial. O Tribunal informou na ocasião que o clube, que possui autonomia quanto à sua organização e funcionamento, teria a liberdade de dispor em seus estatutos e resoluções como melhor lhe parecesse, podendo até estabelecer, de modo geral, que não haveria a categoria de sócios dependentes; mas não poderia fazê-lo com base em discriminação que a lei não admite.

Outro acórdão importante do Supremo Tribunal Federal, muito conhecido, refere-se à União Brasileira de Compositores, no RE 201.819/RJ,[14] julgado pela Segunda Turma, em 2005, que gerou intenso debate à época. No estatuto dessa associação privada constava previsão segundo a qual o desrespeito a cláusulas estatutárias poderia levar à exclusão do associado. O Supremo Tribunal Federal entendeu, por maioria, que, a despeito da autonomia associativa, outros princípios constitucionais deveriam ser respeitados, especialmente em termos de ampla defesa. Na época, informou o relator para o acórdão, Ministro Gilmar Mendes: *"os direitos fundamentais assegurados pela Constituição vinculam diretamente não apenas os poderes públicos, estando direcionados também à proteção dos particulares em face dos poderes privados"*.

Outro acórdão que merece destaque diz respeito à decisão, no Supremo Tribunal Federal, proferida pelo Min. Carlos Velloso, datada de 1996, no âmbito do RE 161.243.[15] Analisou-se, na ocasião o regime de certa empresa francesa multinacional, que possuía em seu quadro de empregados, brasileiros e franceses. Havia diferenciação estatutária segundo a qual o empregado francês tinha privilégios negados a trabalhadores brasileiros. O Supremo Tribunal Federal decidiu que o princípio da igualdade deveria ser respeitado também em empresas privadas, marcando momento decisivo do cenário jurisprudencial brasileiro.

No âmbito do Tribunal de Justiça do Rio Grande do Sul, em 1991, em concretização dos princípios no âmbito contratual, remeta-se ao paradigmático caso dos tomates, cuja precisão técnica e sensibilidade à orientação principiológica adotada pela ordem jurídica pós-1988 resultaram em decisão de admirável pioneirismo.[16] O voto do então Des. Ruy Rosado de Aguiar Júnior , proferido quando Desembargador do Tribunal de

---

12. STF, ADPF 132/RJ e ADI 4277/DF, Rel. Min. Ayres Britto, julg. 05.05.2011.
13. STJ, 3ª T., REsp 93.634/MG, Rel. Min. Eduardo Ribeiro, julg. 24.08.1999, publ. DJ 18.10.1999.
14. STF, 2ª T., RE 201.819/RJ, Rel. p/ Acórdão Min. Gilmar Mendes, julg. 11.10.2005, publ. DJ 27.10.2006.
15. STF, 2ª T., RE 161.243, Rel. Min. Carlos Velloso, julg. 29.10.1996, publ. DJ 19.12.1997. Na ocasião, afirmou-se que *"A discriminação que se baseia em atributo, qualidade, nota intrínseca ou extrínseca do indivíduo, como o sexo, a raça, a nacionalidade, o credo religioso etc., é inconstitucional."*
16. TJRS, 5ª C.C., Ap. Cív. 591.028.295, Rel. Des. Ruy Rosado de Aguiar Júnior, julg. 06.06.1991.

Justiça do Estado do Rio Grande do Sul, congrega boa parte das questões que ainda geram perplexidades para o intérprete hodierno em sede de responsabilidade pré-contratual, notadamente: a natureza (contratual ou aquiliana) da responsabilidade, a incidência da boa-fé objetiva como princípio fundamental dos contratos, o dever de lealdade entre as partes decorrente desse princípio, a vedação ao comportamento contraditório, a possibilidade de conferir responsabilidade por interesses positivos delineados pelo contrato em formação.

Determinada comunidade de pequenos agricultores do Rio Grande do Sul mantinha, com a Companhia Industrial de Conservas Alimentícias Cica, prática negocial bastante peculiar: a empresa fornecia a totalidade das sementes a serem utilizadas, por intermédio de caminhoneiros, aos produtores de tomate da região. No período da colheita, adquiria os frutos, que eram recolhidos e transportados pelos mesmos caminhoneiros, para integrar sua produção industrial. O costume foi reiterado ao longo de muitos ciclos produtivos, sem interrupção. A empresa, entretanto, desistiu de adquirir a safra de 1987/1988, alegando que teria despesas operacionais adicionais. Irresignado, um dos camponeses ajuizou ação de cobrança pleiteando a indenização pelas despesas decorrentes da perda da produção. O juízo de primeira instância deu total provimento à pretensão indenizatória, condenando a empresa ré ao pagamento do equivalente a 40.000 (quarenta mil) quilos de tomate, no valor de Cr$ 1,20 por quilo, atualizados monetariamente. A ré apelou ao Tribunal de Justiça do Rio Grande do Sul, cabendo à 5ª Câmara Cível enfrentar a questão. O acórdão, de relatoria do então Des. Ruy Rosado, concluiu pela procedência parcial do recurso – a reduzir o *quantum* indenizatório pela metade, tendo em vista que parte da produção não se perdeu, mas foi, ao revés, comercializada.[17]

Vale ainda destacar a polêmica em torno do levantamento do FGTS diante da crudelíssima patologia conhecida como *Mal de Parkinson*.[18] A Lei 8.036/90 prevê as hipóteses de levantamento do fundo mediante rol taxativo, de modo a se preservarem as reservas, extremamente relevantes para a efetivação de numerosas políticas públicas. Segundo o entendimento que prevaleceu na jurisprudência, a despeito da existência de rol taxativo definido pelo legislador para o levantamento dos recursos do fundo, dever-se-ia autorizar o levantamento dos saldos individuais em favor de pessoas acometidas por aquela doença, em nome da dignidade humana e da sua integridade psicofísica. O fato, portanto, da Lei 8.036/90, de forma clara e textual, não prever expressamente determinadas doenças, e explicitar as hipóteses permitidas para os saques dos saldos de contas individuais, não impediu a jurisprudência de, em nome de princípios constitucionais, autorizá-los. Diante da dignidade da pessoa humana e da integridade psicofísica, portanto, os princípios prevaleceram sobre regras clariíssimas que, nos casos concretos, não eram capazes de promovê-los adequadamente.

---

17. "Responsabilidade da empresa alimentícia, industrializadora de tomates, que distribui sementes, no tempo do plantio, e então manifesta a intenção de adquirir o produto, mas depois resolve, por sua conveniência, não mais industrializá-lo, naquele ano, assim causando prejuízo ao agricultor, que sofre a frustração da expectativa de venda da safra, uma vez que o produto ficou sem possibilidade de colocação. (...) Inadimplemento. Efeitos. – Précontrato. Responsabilidade pré-contratual. – Disposições doutrinarias. – Dever de lealdade e de probidade entre as partes. – Princípio da confiança e da boa-fé entre as partes." (TJRS, 5ª C.C., Ap. Cív. 591.028.295, Rel. Des. Ruy Rosado de Aguiar Júnior, julg. 06.06.1991).
18. STJ, 2ª T., REsp 853.002/SC, Rel. Min. Eliana Calmon, julg. 19.09.2006, publ. DJ 03.10.2006.

Percebe-se, assim, o papel extraordinário que tem sido exercido pela jurisprudência e pela doutrina, superando dogmas e permitindo que, mercê da incorporação dos princípios constitucionais pela legislação infraconstitucional, possam ser potencializados os instrumentos e categorias do Direito Civil, promovendo-se, em última análise, a pessoa humana e sua dignidade.

4. OS SENTIDOS DA CONSTITUCIONALIZAÇÃO DO DIREITO CIVIL E O SEU SIGNIFICADO NA EXPERIÊNCIA BRASILEIRA

Traçado assim, em sintética trajetória, o panorama da jurisprudência brasileira, vale delinear o sentido técnico atual da denominada *constitucionalização* do direito civil.[19] Não se poderia reduzir essa expressão ao mero deslocamento topográfico de garantias incidentes sobre as relações privadas, atribuindo-a à providência contra a morosidade do legislador ordinário, ou à contingência política passageira ou mesmo à mera atecnia. O significado da expressão parece ser de bem maior dimensão.

Dois dos sentidos possíveis para a *Constitucionalização do Direito Civil* vêm sendo cada vez mais reconhecidos pela doutrina, na esteira da difusa admissão por autores da eficácia horizontal dos direitos e garantias individuais. Não há dúvida que as normas constitucionais incidem sobre a legislação ordinária, exigindo produção legislativa compatível com o programa constitucional, e se constituindo em limite para a reserva legal. Por outro lado, a eficácia da Constituição é amplamente reconhecida no plano interpretativo, reclamando-se leitura da lei civil conforme o texto constitucional, postulado cada vez mais acatado entre os constitucionalistas. Tais efeitos, contudo, embora alvissareiros, no sentido de se construir um sistema harmônico das fontes legislativas, atribuindo-se à Constituição papel central da unificação do ordenamento e considerando-a como norma jurídica, não esgota, no plano da eficácia social, o impacto da Carta Constitucional nas relações de direito civil.

Não se poderia supor – advirta-se logo – que a intervenção do constituinte pudesse representar a absorção do direito civil por parte do direito constitucional, daí resultando em drástica e autoritária redução dos espaços de liberdade garantidos à sociedade civil. A este respeito, corrobora-se a objeção à qualificação do direito civil como mero *direito constitucional concretizado*. Vale dizer, "por detalhado que seja, o conjunto dos direitos fundamentais não forma uma ordem acabada e fechada, de que dedutiva e mecanicamente se possam inferir as regulações concretas que moldam as relações civis".[20]

Por isso mesmo, o Texto Constitucional, sem sufocar a vida privada e suas relações civis, confere maior eficácia aos institutos codificados, revitalizando-os, mediante nova

---

19. TEPEDINO, Gustavo. Normas constitucionais e relações de Direito Civil na experiência brasileira. *Temas de direito civil*, t. II, Rio de Janeiro: Renovar, 2006, p. 21.
20. Joaquim de Sousa Ribeiro, Constitucionalização do Direito Civil. *Boletim da Faculdade de Direito de Coimbra*, v. 74, 1998, p. 754. Em relação às normas infraconstitucionais, para o autor, "o espectro das suas valorações tem que se situar dentro dos parâmetros constitucionais e ordenação, com respeito pelo papel de integração do sistema que, em última instância, a estes cabe (...) o enquadramento constitucional fornece as bases para um permanente zelar para que o direito civil não acolha soluções contrastantes com os valores da pessoa eu, em primeira linha, deve servir".

tábua axiológica. Eis o terceiro significado, provavelmente o mais importante, traduzido pela constitucionalização do direito civil. Em outras palavras, a interposição de princípios constitucionais nas vicissitudes das situações jurídicas subjetivas está a significar uma alteração valorativa do próprio conceito de ordem pública, tendo na dignidade da pessoa humana o valor maior, posto ao ápice do ordenamento. Se a proteção aos valores existenciais configura momento culminante da nova ordem pública instaurada pela Constituição, não poderá haver situação jurídica subjetiva que não esteja comprometida com a realização do programa constitucional.[21]

Não se vislumbra, com isso, repita-se ainda uma vez, qualquer *redução quantitativa* dos espaços de autonomia privada. Propriedade, família, contrato, empresa, não migram para outros ramos do direito, diante da forte intervenção do poder público, vinculando-os à opção valorativa constitucional. Trata-se, ao revés, de *transformação qualitativa* de cada um dos institutos do direito civil, iluminados pelo Texto Maior, sem que com isso se pretenda subtrair da autonomia privada, seus poderes, titularidades e responsabilidades, na construção de uma sociedade (que o constituinte quis) justa e solidária.

O papel do legislador, da magistratura e da doutrina, no âmbito do direito civil, adquire maior importância, empenhados não em dar forma racional à realidade que lhes é oferecida pela história, como queria a Escola da Exegese, mas em construir bases objetivas para a realização de um direito civil que corresponda à tábua de valores previstos constitucionalmente, engendrando-se as técnicas e os critérios interpretativos, bem como uma renovada dogmática, capazes de atender aos desafios suscitados pelo sistema de fontes. Confirma-se a linha de argumentação até aqui proposta, ao se examinar a legislação posterior a 5 de outubro de 1988. A vigência do Código de Defesa do Consumidor, de 1990, em particular, tem sido fecunda na experiência brasileira: os princípios da boa-fé objetiva e do equilíbrio das prestações, que não encontravam lugar no Código Civil, remodelam a atuação da vontade individual, em obediência aos princípios constitucionais da dignidade da pessoa humana, da solidariedade social e da igualdade substancial, que integram o conteúdo do Estado social de Direito delineado pelo constituinte.

O legislador e a jurisprudência mais atenta estabelecem o nexo de legitimidade entre a Constituição e as leis infraconstitucionais, bem como entre os princípios normativos e o conteúdo das cláusulas gerais. Do ponto de vista interpretativo, conforme se observou em doutrina, "a progressiva atribuição de eficácia normativa aos princípios vem associada ao processo, delimitável historicamente, de abertura do sistema jurídico. Num sistema aberto, os princípios funcionam como conexões axiológicas e teleológicas entre, de um lado, o ordenamento jurídico e o dado cultural, e de outro, a Constituição e a legislação infraconstitucional". A análise serve de base para ulterior conclusão: "a articulação entre a eficácia normativa dos princípios e a abertura do sistema jurídico através da aplicação

---

21. TEPEDINO, Gustavo. Normas Constitucionais e Direito Civil na Construção Unitária do Ordenamento. *Temas de Direito Civil*, Rio de Janeiro: Renovar, 2009, p. 3-20, destacando-se que o ordenamento jurídico, "composto por uma pluralidade de fontes normativas, apresenta-se necessariamente como sistema heterogêneo e aberto; e daí a sua complexidade que só alcançará a unidade, caso seja assegurada a centralidade da Constituição, que contém a tábua de valores que caracterizam a identidade cultural da sociedade".

dos princípios constitucionais é o que serve a fundamentar metodologicamente a reconstrução do direito civil em chave constitucional".[22]

Ainda no âmbito do Código do Consumidor, diante do art. 51, IV, que considera nula a cláusula contratual incompatível com a boa-fé objetiva, se sustenta a necessidade de "buscar na normativa constitucional critérios de interpretação e densificação desta noção que a funcionalizem à proteção da pessoa, de sua dignidade – onde e para onde, em última análise e definitiva instância, se radicam e convergem os princípios constitucionais".[23] Na mesma esteira, pondera-se que "a boa-fé é uma cláusula geral cujo conteúdo é estabelecido em concordância com os princípios gerais do sistema jurídico (liberdade, justiça e solidariedade, conforme está na Constituição da República) numa tentativa de concreção em termos coerentes com a racionalidade global do sistema".[24]

Se tais considerações são verdadeiras, como parecem, compreende-se a desconfiança provocada pelas reformas legislativas que proponham uma racionalização estática, vale dizer, uma adequação ininterrupta das leis às transformações pregressas da sociedade, sem se preocuparem com a realidade econômica, política e cultural, cuja contínua transformação faz do direito fenômeno social (não já uma ciência pura). Pretende-se restabelecer a pureza técnica da codificação, sem se dar conta do contexto histórico, político e cultural do momento presente, desconsiderando-se, ainda, que a intervenção estatal, embora redefinindo a tábua axiológica do ordenamento, não reduz o papel indispensável das técnicas do direito civil.

Sobre o tema, fundamental se apresenta a página crítica de Stefano Rodotà contra a reforma das bases exclusivamente formais e técnicas da legislação civil italiana (*opera di formica*), quando a legislação já não mais respondia aos anseios da sociedade, prescindindo-se das discussões de política legislativa (como se isso não fosse da alçada do jurista).[25] Agindo assim, o legislador corre o risco de produzir um corpo de normas que, a despeito do rigor ou da atualidade técnica, esteja de costas para a sociedade, seus valores, sua identidade.

Mais grave ainda, anotou Rodotà, é considerar a tarefa do jurista apartada das ciências sociais, cabendo-lhe tão somente racionalizar o conjunto de transformações ocorridas na sociedade, cuja análise, no entanto, estaria a cargo dos historiadores, filósofos, economistas e sociólogos. Daí a tendência a reduzir a categorias técnicas os fenômenos

---

22. BODIN DE MORAES, Maria Celina em *Prefácio* a Teresa Negreiros, *Fundamentos para uma Interpretação Constitucional do Princípios da Boa-Fé*, Rio de Janeiro, Renovar, 1998, p. IV-V. A autora conclui, ainda: "o princípio da boa-fé reaparece (...) funcionando como o elo entre o direito contratual e os princípios constitucionais. Sob a ótica civil-constitucional, a boa-fé representa, pois, a valorização da pessoa humana em oposição à senhoria da vontade expressa pelo individualismo jurídico. O contrato vem configurado como um espaço de desenvolvimento da personalidade humana; uma relação econômico-jurídica em que as partes devem colaboração umas com as outras com vistas à construção de uma sociedade que a Constituição quer livre, justa e solidária".

23. Negreiros, Teresa. *Fundamentos para uma Interpretação Constitucional do Princípios da Boa-Fé*, cit., p. 81.

24. AGUIAR JUNIOR, Ruy Rosado de. A Boa-Fé na Relação de Consumo. *Revista de Direito do Consumidor*, v. 14, p. 21-22.

25. RODOTÀ, Stefano. *Ideologie e tecniche della riforma del diritto civile* (1966), Napoli: Editoriale Scientifica, 2007, p. 83.

culturais, tratados pelos reformadores como meros indicadores da necessidade de uma revisão formal das previsões legislativas. [26]

É preciso resistir a essa cíclica e renitente tentativa de regulamentação de toda a vida social, empoderando-se, ao contrário, o magistrado com a atribuição do dever de esgotar o dado normativo disponível, a partir da aplicação, em cada sentença, da totalidade do ordenamento, informado pelos princípios e valores constitucionais incidentes no caso concreto. Como na página clássica de Giacomo Leopardi, em Gattopardo, em que o nobre siciliano percebe a necessidade de realizar uma *completa* transformação para que tudo pudesse permanecer como sempre fora, há de se rejeitar as tentativas de reformas legislativas desenfreadas, vestindo os institutos com indumentária renovada, sem que se altere a fundamentação axiológica das decisões, repristinando-se, de modo inquietante, o conceitualismo e a cultura jurídica ultrapassados pelas demandas sociais contemporâneas [27].

5. CONCLUSÃO

Pode-se dizer, em conclusão, que a complexidade do ordenamento, em sua inquebrantável unidade, constituído pelo conjunto de núcleos legislativos codificados e esparsos, exige a incidência de princípios normativos e de cláusulas gerais que não sejam meras estruturas formais e neutras mas, vinculados a critérios expressamente definidos, exprimam a tábua de valores da sociedade, consagrada na Constituição.[28]

---

26. Stefano Rodotà, *Ideologie e tecniche*, cit., p. 86: cada intervenção de mera estabilização corre o risco de se tornar, no exato momento em que é produzida, envelhecida e ineficaz; em uma palavra, vã; manifestação da ilusão faustiana de paralisar no átimo o inexorável transcurso do tempo"(tradução livre). No original: "*ogni intervento di mera stabilizzazione rischia d'essere, all'atto stesso in cui si produce, invecchiato ed inefficace; in una parola, vano, manifestazione della illusione faustiana di arrestare nell'attimo l'inesorabile trascorrere del tempo*". Mais ainda (p. 89): "para o jurista reformador, este reconhecimento (que processo histórico e processo de reforma coincidem) assume valor particular: para ele, a história não é somente reflexão sobre fatos passados, mas sim juízo sobre o presente e previsão do futuro, entendidos como as dimensões temporais nas quais o regulamento jurídico é destinado a operar. E é, portanto, inadequada à sua finalidade uma reforma compreendida como mera racionalização dos fatos do passado, já que as únicas reformas merecedoras deste nome são aquelas que pretendem ser criativas do advir" (tradução livre). No original: "*per il giurista riformatore, questo riconoscimento (che processo storico e processo di riforma si confondono) assume valore particolare: per lui la storia non è soltanto riflessione sui fatti passati, ma è già giudizio sul presente e previsione del futuro, intesi come le dimensione temporali in cui il regolamento giuridico è destinato ad operare. Ed è quindi inadeguata al suo fine una riforma intesa come mera razionalizzazione dei fatti del passato, poiché le uniche riforme meritevoli di questo nome sono ormai quelle soltanto che vogliono essere creatrici d'avvenire*".
27. A preocupação com o contexto histórico, cultural e ideológico sobreleva-se na análise de Luiz Edson Fachin, A Reforma no Direito brasileiro: novas notas sobre um velho debate no direito civil. In: CAMARGO, Margarida (Org.). 1988-1998. *Uma Década de Constituição*, Rio de Janeiro: Renovar, 1999, p. 129 e ss., acerca da reforma do Código Civil: "E aí uma leitura mais atenta da temática quiçá recoloque os termos da questão, para volvermos as preocupações menos para a moldura e mais para o objeto fotografado" (p. 136).
28. Cf., ainda uma vez, Stefano Rodotà, *Ideologie e tecniche*, cit., p. 95: "essas indicações não podem ser entendidas como um apelo à consciência individual dos juízes, à sua capacidade de ser voz e verdadeira do tempo e da sociedade: uma legislação como aquela indicada não pode ser vista senão como expansão dos princípios constitucionais, que constituem o filtro através do qual as exigências da sociedade podem penetrar na ordem jurídica". (tradução livre). No original: "*queste indicazione non possono essere intese come un appello alla coscienza individuale dei giudici, alla loro capacità di essere voce viva e vera del tempo e della società: una legislazione, come quella indicata, non può esprimersi che come espansione dei princìpi costituzionali, che costituiscono il filtro attraverso il quale le esigenze della società possono penetrare nell'ordine giuridico*" (grifou-se).

O desafio do jurista de hoje encontra-se em lidar com a complexidade dos núcleos normativos que caracterizam o sistema, composto pela Constituição, Códigos, leis gerais, especiais, tratados internacionais, promulgados em experiências culturais e momentos históricos diferenciados. Trata-se de promover o apregoado diálogo de fontes, em esforço hermenêutico em favor da pessoa humana e de suas relações existenciais, tendo por ponto de partida e de chegada a legalidade constitucional. O Código Civil deve contribuir para tal esforço hermenêutico, não devendo o intérprete deixar-se levar por eventual sedução de nele imaginar microclima de conceitos e liberdades patrimoniais descomprometidas com o Texto Maior. Nessa esteira, a solução para as controvérsias do caso concreto jamais se submeterá a regra isoladamente considerada, devendo-se, ao revés, ter em conta o ordenamento jurídico como um todo, com seus valores e princípios fundamentais.

Em síntese apertada, as relações jurídicas de direito privado devem ser interpretadas incorporando os valores, princípios e normas constitucionais, seja em obediência às escolhas político-jurídicas do constituinte, seja em favor da proteção da dignidade, princípio capaz de reformular o conceito de ordem pública, fundado na solidariedade social e na plena realização da pessoa humana. Como advertiu, há tempos, o Professor Caio Mário da Silva Pereira, *"passou a hora de legislar consequências"*.[29] Ao jurista do tempo presente, há que se reservar missão mais nobre do que a de ser simplesmente alguém que chancele as transformações sociais, sem as protagonizar: nada além de um *notário da história.*[30]

6. REFERÊNCIAS

AGUIAR JUNIOR, Ruy Rosado de, A Boa-Fé na Relação de Consumo. *Revista de Direito do Consumidor*, v. 14.

ASCARELLI, Tullio, *Problemi giuridici*, tomo primo, Milano: Casa Editrice Dott. A. Giuffrè, 1959.

DALSENTER, Thamis. Viveiros de Castro. O papel criativo do juiz na legalidade civil-constitucional. *Revista Pensar*, v. 21, Fortaleza, 2016, maio/ago.

FACHIN, Luiz Edson, A Reforma no Direito brasileiro: novas notas sobre um velho debate no direito civil. In: Margarida Camargo (Org.), 1988-1998. *Uma Década de Constituição*, Rio de Janeiro: Renovar, 1999.

FACHIN, Luiz Edson, *Direito Civil: sentidos, transformações e fim*, Rio de Janeiro: Renovar, 2015.

NEGREIROS, Teresa, *Fundamentos para uma Interpretação Constitucional do Princípio da Boa-Fé*, Rio de Janeiro: Renovar, 1998.

PEREIRA, Caio Mário da Silva, Discurso proferido em 12 de março de 1998. In: *Revista da Faculdade de Direito da UERJ*, Renovar, v. 5.

PEREIRA, Caio Mário da Silva, *Lesão nos contratos*, Rio de Janeiro: Forense, 1959.

---

29. *Discurso* proferido em 12 março de 1998. *Revista da Faculdade de Direito da UERJ*, Renovar, v. 5, p. 316.

30. Assim, com refinado sarcasmo, Stefano Rodotà, *Ideologie e tecniche*, cit., p. 88: "Vi è qualcosa di grandioso e di nobile in questo disegno di alta conservazione in cui si inscrive l'opera del giurista, per il quale non a caso se era foggiata l'espressione, solenne e seducente, di notaio della storia". Em tradução livre: "Há alguma coisa de grandioso e nobre nesse desenho de alta conservação na qual se insere a obra do jurista, para o qual não por acaso se forjou a expressão, solene e sedutora, de notário da história".

PERLINGIERI, Pietro, *O direito civil na legalidade constitucional*. Trad. Maria Cristina de Cicco, Rio de Janeiro: Renovar, 2008.

RIBEIRO, Joaquim de Sousa Constitucionalização do Direito Civil. *Boletim da Faculdade de Direito de Coimbra*, v. 74, 1998.

RODOTÀ, Stefano, *Ideologie e tecniche della riforma del diritto civile* (1966), Napoli: Editoriale Scientifica, 2007.

TEPEDINO, Gustavo; Milena Donato Oliva, *Fundamentos do Direito Civil*, v. 1: Teoria Geral do Direito Civil, Rio de Janeiro: Forense, 2020.

TEPEDINO, Gustavo, Atividade interpretativa e o papel da doutrina e da jurisprudência. Editorial. *Revista Brasileira de Direito Civil* (RBDCivil), v. 1, jul./set. 2014.

TEPEDINO, Gustavo, Diálogos entre fontes normativas na complexidade do ordenamento. Editorial. *Revista Brasileira de Direito Civil* (RBDCivil), v. 5, jul. 2015.

TEPEDINO, Gustavo, Direitos Humanos e Relações Jurídicas Privadas – aula inaugural do ano acadêmico de 1998 da Faculdade de Direito da Universidade Federal da Paraíba. *Temas de Direito Civil*. 4. ed. Rio de Janeiro: Renovar, 2008.

TEPEDINO, Gustavo, Normas Constitucionais e Direito Civil na Construção Unitária do Ordenamento. *Temas de Direito Civil*. Rio de Janeiro: Renovar, 2009.

TEPEDINO, Gustavo, Normas constitucionais e relações de Direito Civil na experiência brasileira. *Temas de direito civil*, t. II, Rio de Janeiro: Renovar, 2006.

TEPEDINO, Gustavo, O ocaso da subsunção. *Temas de Direito Civil*, t. III. Rio de Janeiro: Renovar, 2009.

TEPEDINO, Gustavo, Os sete pecados capitais da teoria da interpretação. *Revista da EMERJ*, v. 20, 2018, p. 319-343;

TEPEDINO, Gustavo, Pós-verdades hermenêuticas e o Princípio da Segurança Jurídica. *Coluna OAB/RJ*. Disponível em: https://www.oabrj.org.br/colunistas/gustavo-tepedino/pos-verdades-hermeneuticas-principio-seguranca-juridica. Acesso em: 11 nov. 2020.

CAPACIDADE E DIREITOS
DOS FILHOS MENORES

Maria Celina Bodin de Moraes

Professora Titular de Direito Civil da Faculdade de Direito da UERJ e Professora Associada do Departamento de Direito da PUC-Rio. Doutora em Direito Civil. E-mail: mcbm@puc-rio.br.

L'enfant est une personne.

– Françoise Dolto

Sumário: 1. Introdução. 2. Os direitos da personalidade. 3. O direito de conhecer as próprias origens genéticas. 4. O direito de conviver com ambos os pais. 5. O direito a ser assistido, criado e educado pelos pais. 6. O direito às próprias escolhas afetivas. 7. O direito de ir à escola. 8. Conclusão.

1. INTRODUÇÃO

Com as mudanças trazidas pelo Estatuto das Pessoas com Deficiência em 2015, manteve-se, no Código Civil, apenas "os menores de 16 anos" na condição de pessoas "absolutamente incapazes", cuja vontade, portanto, é tida por inexistente e qualquer ato praticado considerado nulo. A origem do instituto da incapacidade baseia-se, como se sabe, no conceito de discernimento, isto é, a possibilidade, mais ou menos ampla, de "entender e querer", ideia que, todavia, foi abandonada pelo EPD no que se refere às pessoas maiores de qualquer grau de deficiência mental.

O arbítrio radical na determinação da incapacidade dos menores faz com que o legislador trate pessoas com níveis de discernimento completamente diferentes – como são, por exemplo, a criança de 4 anos e o adolescente de 14 anos –, de maneira idêntica. Enquanto o sistema do direito civil dizia respeito unicamente a situações patrimoniais, essa política ainda poderia ser aceitável porque se trata, neste caso, de proteger o patrimônio de terceiros e da família. Todavia, quando se cuida de situações existenciais, que se referem exclusivamente à personalidade da criança e do adolescente até os 16 anos, sua vontade não pode mais ser ignorada nem tampouco o exercício de tais direitos atribuído a outrem.

Daí decorre que capacidade de exercício em matéria existencial não deve ser aferida da mesma forma como se avalia a capacidade de agir para a prática de atos de natureza patrimonial.[1] E, com efeito, o direito dos menores à vida privada é assegurado não apenas pela Convenção sobre os Direitos da Criança da ONU, mas também pelo Estatuto da

---

1. RUSCELLO, Francesco. Potestà genitoria e capacità dei figli minori: dalla soggezione all'autonomia. *Esperienze giuridiche*. Vita Notarile Edizioni Giuridiche, 2000, p. 59.

Criança e do Adolescente que garante aos seus destinatários todos os direitos deferidos à pessoa humana, inclusive a vida privada individual.[2]

No campo das situações existenciais, portanto, a criança e o adolescente são sujeitos de direitos que não podem ser negados pelo exercício do poder familiar: o nome, a imagem, a intimidade, as inclinações e aspirações pessoais, dentre outros. Cabe à autoridade parental respeitar as disposições que garantem aos menores o direito de brincar, de se divertir, de escolher o esporte que pretendem praticar, sua liberdade de crença e culto e a sua liberdade de expressão (ECA, art.16). A sujeição do menor à autoridade parental, se e quando egoísta ou desarrazoada, no trato dessas questões não patrimoniais, implica violação ao princípio da dignidade e da solidariedade, prejudicando o desenvolvimento da sua personalidade.[3]

Reconhece-se aqui uma ambivalência que é própria das relações familiares porque na conjugação dos deveres de cuidar e educar, ora se cerceia e ora se promove a liberdade. Assim, se de muitas formas a família limita o menor e o sacrifica em sua pretensão de liberdade, por outro lado e ao mesmo tempo, a família também o liberta, promovendo, pelos contatos mais profundos a que dá origem, sua realização pessoal.[4]

A maior dificuldade está, claramente, na aferição do grau de discernimento do menor. Para avaliar sua maturidade e seu nível de compreensão cumpre ouvi-lo, por meio de diálogo no qual ele se sinta respeitado e considerado como um interlocutor ativo. A propósito, o Código Civil italiano, em modificação de 2013, incluiu no art. 315-bis que o filho de 12 anos, ou mesmo de idade inferior se tiver discernimento, tem o direito de ser ouvido em todas as questões que lhe disserem respeito.

Visa-se assim compartilhar um conhecimento consolidado para o incremento do pensamento jurídico no que tange às relações paterno-filiais, em que às crianças deve ser atribuído, como titulares de direitos existenciais e em prol da realização de seus próprios interesses, pelo menos o direito a ser ouvido[5] Trata-se, em última análise, do reconhecimento jurídico da *pessoa* da criança.

2. OS DIREITOS DA PERSONALIDADE

Situações existenciais pertinentes ao corpo, aos dados genéticos e à recusa de tratamento médico não podem mais ser atribuídas apenas aos pais, no esquema da substituição

---

2. Estatuto da Criança e do Adolescente, art. 3º.
3. RUSCELLO, Francesco. Postestà genitoria, cit., p. 69. No mesmo sentido, AUTORINO, Gabriella. Situazioni esistenziali dei figli minori e potestà dei genitori, p. 186. In: G. Autorino; P. Stanzione. *Diritto civile e situazioni esistenziali*. Torino: Giappichelli, 2007, p. 178.
4. VILLELA, João Baptista. Liberdade e família. *Movimento Editorial da Revista da Faculdade de Direito da UFMG*, vol. 1. n. 2. Belo Horizonte: Edição da Faculdade de Direito da UFMG, 1980, p. 10.
5. A propósito, embora numerosas experiências já tenham sido feitas, indica-se aqui apenas uma pesquisa demonstrativa da competência das crianças. Weithorn e Campbell compararam as respostas de participantes com 9, 14, 18 e 21 anos a problemas hipotéticos de tomada de decisão relativos a tratamento médico e psicológico. As crianças de 14 anos não diferiram dos grupos adultos em nenhum dos principais padrões de competência para consentir: evidência de escolha; compreensão dos fatos; processos de tomada de decisão razoáveis; resultado razoável da escolha. Até mesmo as crianças de 9 anos mostraram-se tão competentes quanto o adulto médio, de acordo com os padrões de evidência e razoabilidade de escolha (Michael Freeman. The Best Interests of the Child? Michael Freeman, The Best Interests of the Child? Is the Best Interests of the Child in the Best Interests of Children? *International Journal of Law, Policy and the Family* 11, (1997), 366-367).

da vontade do menor. Ainda que se lhes atribua o dever de zelar pela saúde e integridade psicofísica dos filhos, é imprescindível considerar o interesse e a vontade dos envolvidos. A esse respeito, a Declaração Internacional sobre Dados Genéticos Humanos destaca a necessidade de se considerar o consentimento do menor, na conformidade com o seu discernimento e maturidade. Em todo caso, destaca a importância de os representantes legais considerarem o seu interesse fundamental. Nos termos do art. 8º, alínea 'c': "(...) A opinião de um menor deverá ser tomada em consideração como um fator cujo caráter determinante aumenta com a idade e o grau de maturidade".

Questões atinentes à sexualidade também se inserem no processo educativo e podem gerar conflitos entre pais e filhos. A descoberta do corpo, a compreensão da pessoa do outro, as perguntas sobre a reprodução, a identidade de gênero, o marco da vida sexual ativa, a prevenção contra as doenças sexualmente transmissíveis e a gravidez precoce, a proteção contra o abuso, contra a violência e a exploração sexual são questões atinentes à sexualidade e importantes na formação da criança e do adolescente. Desde cedo, os pais são chamados a lidar com a temática, orientando seus filhos. Conjugam nesta tarefa, os deveres de cuidar, proteger e educar com o respeito à intimidade e à dignidade da pessoa.

Outro tema delicado, pertinente à vida privada do menor, refere-se à liberdade de crença e de culto. A partir de que idade a pessoa pode escolher sua própria religião, manifestar uma fé e escolher um tipo de culto? Os pais podem tentar persuadir, orientar e buscar convencer, mas, evidentemente, não podem usar de violência ou abuso para constranger o filho à fé. Seguir os pais à igreja, de modo automático, não significa professar a mesma religião. O delineamento jurídico do poder familiar permite aos pais orientar o filho conforme o código de regras religiosas, éticas e morais que professarem. Mas a educação das crianças de acordo com uma determinada crença também encontra limite no melhor interesse da criança. A adesão a uma fé religiosa e o desempenho de suas práticas não poderão ocasionar prejuízo à prole.[6]

Contudo, em razão de ser a crença uma questão existencial, à medida que o filho reunir condições de realizar uma escolha consciente, os pais deverão respeitar a sua orientação, ainda que remanesça o dever de cuidado e de proteção. É de ressaltar a sutil distinção entre crença e culto que integram a chamada liberdade religiosa, direito assegurando pelo ECA, no art.16, III. A primeira diz respeito à experiência subjetiva da fé, enquanto a segunda, liberdade de culto, envolve a participação em cerimônias e celebrações coletivas de uma dada religião. Se a autoridade parental não tem tanta ingerência no que toca à fé, poderá intervir no exercício da liberdade de culto, quando esta expuser a saúde, segurança e personalidade do filho a risco. Não é incomum o conflito que se estabelece entre hospitais e pais que professam o credo Testemunhas de Jeová, quando os seus filhos menores necessitam de transfusão de sangue.

Destaca-se que a laicidade não resulta na total indiferença do Estado à religião, mas na garantia da liberdade religiosa em um regime de pluralismo confessional e cultural

---

6. STANZIONE, Pasquale e SCIANCALEPORE, Giovanni. *Minori e diritti fondamentali*. Milano: Giuffrè, 2006, p. 130. A esse respeito, os autores citam decisão do Tribunal de Roma, na qual se determina a retirada do menor da residência familiar para se lhe prestar tratamento médico adequado, recusado pelos pais, por razões de ordem religiosa.

que beneficia a todos, inclusive o menor.[7] Não é demais lembrar que a Convenção sobre os Direitos da Criança prevê, expressamente, que os Estados deverão assegurar-lhes a liberdade de pensamento, de consciência e de religião (art.14).

Em linhas gerais, a eventual tensão entre poder familiar e o respeito à vida privada dos filhos terá de ser mediada pela composição entre o dever de cuidado e a promoção da emancipação, no respeito aos princípios da dignidade da pessoa e do melhor interesse da criança.

3. O DIREITO DE CONHECER AS PRÓPRIAS ORIGENS GENÉTICAS

O ordenamento jurídico brasileiro, em comparação com outros ordenamentos do sistema romano-germânico, caracteriza-se pelo avanço na proteção dos direitos dos filhos, tendo sido um dos primeiros a reconhecer a igualdade de estado da filiação. A pessoa humana configura um valor unitário daí decorrendo o reconhecimento, pelo ordenamento jurídico, de uma cláusula geral de tutela a consagrar a proteção integral da personalidade, em todas as suas manifestações, tendo como ponto de confluência a dignidade da pessoa humana, posta no ápice da Constituição Federal de 1988 (art. 1º, III).

Embora o direito à identidade pessoal pudesse, nesta ordem de ideias, e por si só, abranger tanto o direito ao nome como o direito ao conhecimento da origem biológica, isto é, o direito ao conhecimento da identidade dos genitores, servindo a fundamentar o direito à investigação de paternidade ou maternidade, o legislador estatutário, conhecedor das históricas resistências doutrinárias e jurisprudenciais na matéria, entendeu necessário dispor expressamente no art. 27 do ECA: "O reconhecimento do estado de filiação é direito personalíssimo, indisponível e imprescritível, podendo ser exercido sem qualquer restrição, observado o segredo de justiça".

A força da expressão "sem qualquer restrição" contida no dispositivo mencionado levou o legislador ordinário a adotar, sob inspiração do modelo português,[8] a averiguação oficiosa da paternidade, mediante a atribuição ao Ministério Público de legitimidade ativa para intentar ação investigatória, com o fim de defender direitos individuais indisponíveis, como se dá com o estabelecimento da relação de paternidade.[9] A legitimidade concedida ao Ministério Público coaduna-se com a noção de estado, individual e familiar, regulada desde há muito, nos ordenamentos de tradição romano-germânica, por preceitos de ordem pública, sob a consideração de que a situação jurídica de cada indivíduo interessa à sociedade toda.[10]

Pesquisas demonstraram, todavia, que no Brasil a responsabilidade parental, em cerca de um terço dos casos,[11] é suportada unicamente pela mãe que, em caso de gravidez

---

7. Stanzione e Sciancalepore, *Minori*, cit., p. 135.
8. V. os art. 1808º e 1865º do Código Civil português que tratam, respectivamente, da averiguação oficiosa da maternidade e da paternidade. Tal averiguação foi instituída pelo Decreto-Lei 496/77, instrumento de adequação dos preceitos do Código Civil, relativos à família, aos então novos parâmetros constitucionais.
9. Lei 8560/92, art. 2º, §§ 4º e 5º.
10. GOMES, O. *Introdução*. Rio de Janeiro: Forense, p. 150.
11. THURLER, Ana Liési. *Paternidade e deserção*. Crianças sem reconhecimento e maternidades penalizadas pelo sexismo. Tese de Doutoramento em Ciências Sociais, UnB, 2005. A autora, depois de ter investigado milhares de certidões em cartórios de registro civil e os dados do IBGE, concluiu que, anualmente, cerca de 800 mil crianças são registradas sem a filiação paterna estabelecida.

acidental, é obrigada a suportar a parentalidade solitária. Como forma de incrementar a responsabilização do pai, cuja "deserção" configura verdadeiro drama social, os tribunais passaram a usar, em caso de recusa à realização do exame biológico, o princípio da presunção de paternidade, que foi consolidado pelo enunciado da Súmula 301 (2004) do STJ,[12] e recepcionado pela Lei 12.004/de 2010.

A integral tutela da criança, em particular de sua dignidade, reflete, ainda hoje, tarefa primária e urgente, da qual decorre, em primeiro lugar, o conhecimento da identidade verdadeira, e não presumida, dos progenitores. [13] Núcleo fundamental da origem de direitos a se agregarem no patrimônio do filho, sejam eles direitos da personalidade ou direitos de natureza patrimonial, a paternidade e a maternidade representam as únicas respostas possíveis ao questionamento humano acerca de quem somos e de onde viemos. A presunção é, claramente, insuficiente. [14]

O patrimônio genético não é mais indiferente em relação às condições nas quais a pessoa vive. [15] Conhecê-lo significa não apenas impedir o incesto e possibilitar a aplicação de impedimentos matrimoniais ou prever e evitar enfermidades hereditárias, mas, responsavelmente, estabelecido o vínculo entre o titular do patrimônio genético e sua descendência, assegurar o uso do sobrenome familiar, com sua história e sua reputação, garantir o exercício dos direitos e deveres decorrentes do pátrio poder, além de repercussões patrimoniais e sucessórias. Daí decorre que, em nosso sistema jurídico, o conhecimento verídico acerca da própria historicidade deve ser considerado direito fundamental.[16]

Dados colhidos pelo Conselho Nacional de Justiça (CNJ), com base no Censo Escolar de 2011, indicavam cerca de 5,5 milhões de crianças brasileiras sem o nome do pai na certidão de nascimento. Em 2012, o CNJ aprovou o Provimento n. 16, que "dispõe sobre a recepção, pelos Oficiais de Registro Civil das Pessoas Naturais, de indicações de supostos pais de pessoas que já se acharem registradas sem paternidade estabelecida, bem como sobre o reconhecimento espontâneo de filhos perante os referidos registradores", admitindo a indicação da paternidade diretamente no cartório, podendo ser feita pela mãe ou pelo filho maior. [17]

---

12. Eis o teor da Súmula: "Em ação investigatória, a recusa do suposto pai a submeter-se ao exame de DNA induz presunção *juris tantum* de paternidade".

13. No mesmo sentido, Yussef S. Cahali. Reconhecimento do filho extramatrimonial. *Livro de estudos jurídicos*. Rio de Janeiro: IEJ, 1996, v. 7, p. 210-211, o qual já afirmava: "(...) nos dias de hoje manifesta-se uma preocupação ostensiva e decisiva com a verdade da paternidade, procurando afirmar a filiação para seu reconhecimento conforme a verdade real, biológica, com vistas a mais eficiente proteção da pessoa do filho".

14. V. Ana Liési Thurler. *Paternidade e deserção*, cit., a qual afirma: "No Brasil, ocorre a blindagem do pai, que não se sente obrigado a reconhecer filhos concebidos fora do casamento ou em relações não estáveis".

15. Assim, Pietro Perlingieri. *Perfis do direito civil*. Rio de Janeiro: Renovar, 1997.

16. STF, RE 248.869, Rel. Min. Maurício Corrêa, j. 07.08.2003, que assegura que o direito à dignidade, ao respeito e à convivência familiar da criança pressupõe reconhecer seu legítimo direito de saber a verdade sobre sua paternidade, decorrência lógica do direito à filiação. Afirma T. Silva Pereira. *Direito da Criança*, cit., p. 107-108: "A grande verdade é que se trata de direito fundamental do ser humano conhecer seu pai, o que é básico na convivência familiar".

17. Esse termo, de acordo com o art. 4º do Provimento, acompanhado da correspondente certidão de nascimento, deve ser enviado ao magistrado da respectiva comarca, ouvida se possível a mãe, para notificar o suposto pai para que se manifeste sobre a paternidade que lhe foi atribuída. Essa inversão de iniciativa (um "*nudge*", na verdade) aumentou significativamente o número de crianças com paternidade registrada. Entre 2011 e 2016, apenas no Estado de São Paulo o reconhecimento de paternidade diretamente nos cartórios aumentou mais de 100%. Disponível em

Em 2016, por meio do Provimento n. 52 (art. 2°, II) o CNJ incluiu entre os documentos exigidos para o registro a declaração do diretor da clínica de reprodução indicando a técnica usada, o nome dos beneficiários e "o nome do doador do material genético", impondo, direta e concretamente, a vedação ao anonimato do doador na reprodução assistida.[18] O CNJ afirmava, acertadamente, o direito de o indivíduo conhecer as próprias origens genéticas, diversamente do que estabelecia a Resolução n. 1.121/2016 do CFM. Em 2017, contudo, o Provimento n. 63 veio acabar com o conflito, em regra que se se compatibiliza com a posição esposada pelo CFM, confronta o direito fundamental ao conhecimento da origem genética.[19]

4. O DIREITO DE CONVIVER COM AMBOS OS PAIS

Um balanço feito pelo IBGE entre 1984 e 2016 mostra que o número de divórcios disparou com o passar dos anos. As dissoluções conjugais vieram acompanhadas, como se sabe, de crescente judicialização dos conflitos familiares. A dificuldade em separar o exercício da parentalidade daquele da conjugalidade, seja pelo ex-casal, seja por apenas um dos pais, mostra-se como o principal obstáculo para o exercício da corresponsabilidade parental, acabando por impedir a efetiva participação de ambos os genitores no processo de educação e formação dos filhos após a separação do casal.

A alienação parental corresponde a uma conhecida prática nas separações marcadas pela litigiosidade expressa ou implícita.[20] Em um ambiente de conflito, não é excepcional que aflore o desejo de vingança de um dos ex-cônjuges pelo fim do casamento ou, eventualmente, pela reconstituição da vida afetiva do outro. Os filhos tornam-se o instrumento preferido de vingança e sua realização tem como objetivo anular a existência de qualquer sentimento de afeto pelo outro genitor.[21]

Trata-se de uma síndrome, isto é, de um distúrbio que surge no contexto de disputas de guarda, cuja principal manifestação é o afastamento ressentido da criança, decorrente de campanha injustificada de descrédito contra um dos pais, feita pelo outro genitor. O distúrbio, descrito pela primeira vez pelo psiquiatra americano Richard Gardner, resulta da desconstrução da imagem paterna ou materna de maneira lenta, gradual e sub-reptícia.[22] No primeiro estágio, a campanha de desmoralização é discreta; na segunda fase, os

---

http://www.cnj.jus.br/noticias/cnj/83660-norma-do-cnj-aumenta-registros-de-paternidade-tardia-em-cartorios, acesso em 10 dez. 2020.

18. No art. 4° do mesmo documento indicava-se que "O conhecimento da ascendência biológica não importará no reconhecimento de vínculo de parentesco e dos respectivos efeitos jurídicos entre o doador ou a doadora e o ser gerado por meio da reprodução assistida".

19. Sobre o tema, v. Marília Aguiar Ribeiro do Nascimento. O direito ao conhecimento das origens genéticas e suas implicações na inseminação artificial heteróloga: uma análise à luz do ordenamento jurídico brasileiro e português. In: Jorge Miranda; Otavio L. Rodrigues Junior; Gustavo Fruet (Org.). *Direitos da Personalidade*. São Paulo: Atlas, 2012. p. 333-358.

20. Sobre o tema, v. BODIN DE MORAES, Maria Celina e TEIXEIRA, Ana Carolina Brochado. Descumprimento do art. 229 da Constituição Federal e responsabilidade civil: duas hipóteses de danos morais compensáveis. *Revista de Investigações Constitucionais*, Curitiba, v. 3, n. 3, p. 117-139, set./dez. 2016. DOI: 10.5380/rinc.v3i3.48534. Acesso em: 15 dez. 2020.

21. V., tb., LEITE, Eduardo de Oliveira. Alienação parental: do mito à realidade. São Paulo: *Revista dos Tribunais*, 2015, p. 245.

22. GARDNER, Richard A.. *The Parental Alienation Syndrome*. Cresskill, NJ, Creative Therapeutics, 1998.

CAPACIDADE E DIREITOS DOS FILHOS MENORES **225**

filhos já sabem exatamente o que o alienador quer escutar e, para agradá-lo, começam a participar da campanha de denegrir o genitor alienado; no último estágio, os filhos não querem mais conviver com o alienado, evitando contatos.

Como se sabe, não cabe ao legislador civil definir os institutos. Quando, porém, o fenômeno é novo, a definição é bem-vinda, evitando celeumas desnecessárias. É o que faz o art. 2º da Lei 12.318/2010 em relação aos atos de alienação parental: "Considera-se ato de alienação parental a interferência na formação psicológica da criança ou do adolescente promovida ou induzida por um dos genitores, pelos avós ou pelos que tenham a criança ou adolescente sob a sua autoridade, guarda ou vigilância para que repudie genitor ou que cause prejuízo ao estabelecimento ou à manutenção de vínculos com este". A lei, em seguida, indica os atos mais comuns, em enumeração apenas exemplificativa vez que diversas outras condutas podem gerar o mesmo resultado danoso.[23]

Com vistas a coibir os atos alienadores, no art. 6º prevê-se, também exemplificativamente, as medidas de proteção aos filhos alienados e sanções ao genitor alienador, cujo escopo é a tutela dos menores e a punição ao genitor alienador. Elas deverão ser aplicadas de acordo com a gravidade da alienação, garantindo uma reação proporcional. Para tanto, faz-se imprescindível a realização da perícia psicológica e biopsicossocial (art. 5º), a fim de se apurar a existência de alienação e o grau de comprometimento da integridade psíquica do menor. A perícia é de suma relevância no processo onde se apura a existência da alienação, na medida em que vai municiar o juiz para que ele, então, verifique qual a melhor forma de se reverter a situação, a fim de se concretizar o princípio do melhor interesse da criança e do adolescente.

Dentre as reações possíveis contra a alienação parental, a lei prevê a responsabilidade civil, no art. 6º,[24] sem prejuízo das demais sanções e medidas de proteção. Por isso, afirma-se (i) a possibilidade de indenização quando ocorre alienação parental e, concomitantemente, (ii) a aplicação dos outros instrumentos previstos no art. 6º da referida lei, dependendo da gravidade da alienação perpetrada. Tal qual na hipótese de abandono moral (item 4, *infra*), há violação direta do princípio da solidariedade, embora, aqui, seja causada pelo abuso no exercício do poder familiar, ao impedir o outro genitor de exercer o seu poder-dever. Evidentemente, não há necessidade da

---

23. Art. 2º, § 2º da Lei 12.318/2010. No art. 3º, a lei define o direito que está a ser ferido: "A prática de ato de alienação parental fere direito fundamental da criança ou do adolescente de convivência familiar saudável, prejudica a realização de afeto nas relações com genitor e com o grupo familiar, constitui abuso moral contra a criança ou o adolescente e descumprimento dos deveres inerentes à autoridade parental ou decorrentes de tutela ou guarda". Além disso, esclarece que os sujeitos (ativos) da relação jurídica instaurada pela alienação parental são os pais, avós, ou aqueles "tenham a criança ou adolescente sob a sua autoridade, guarda ou vigilância" pois a proximidade cotidiana é o fator que permite a "reprogramação mental" – outrora dita "lavagem cerebral" – dos filhos para que eles venham a repudiar o outro genitor, causando prejuízos ao estabelecimento ou à manutenção de vínculos com este (art. 2º). Os sujeitos passivos, a sofrerem a alienação, são os filhos e o genitor alienado".

24. "Art. 6º Caracterizados atos típicos de alienação parental ou qualquer conduta que dificulte a convivência de criança ou adolescente com genitor, em ação autônoma ou incidental, o juiz poderá, cumulativamente ou não, *sem prejuízo da decorrente responsabilidade civil* ou criminal e da ampla utilização de instrumentos processuais aptos a inibir ou atenuar seus efeitos, segundo a gravidade do caso: I – declarar a ocorrência de alienação parental e advertir o alienador; II – ampliar o regime de convivência familiar em favor do genitor alienado; III – estipular multa ao alienador; IV – determinar acompanhamento psicológico e/ou biopsicossocial; V – determinar a alteração da guarda para guarda compartilhada ou sua inversão; VI – determinar a fixação cautelar do domicílio da criança ou adolescente; VII – declarar a suspensão da autoridade parental." Grifou-se.

prova do dano, bastando a prova da alienação já que, em situações como a presente, o dano é *in re ipsa.*

Outro instrumento criado com vistas a garantir a convivência com ambos os pais é o da guarda compartilhada, que foi instituída inicialmente pela Lei n. 11.696/2008, alterando a redação dos artigos 1.583 e 1.584 do Código Civil. Em decorrência dela, ambos os pais assumiam plena e cotidiana responsabilidade pela criação, educação e lazer dos filhos comuns. A ideia, elogiável em si, era permitir maior convivência entre ambos os pais e seus filhos. Trata-se do modelo de "corresponsabilidade parental", capaz de assegurar aos filhos a participação de ambos os genitores no processo de sua formação e educação, o que frequentemente não se conseguia alcançar com o "direito-dever de visita", presente na guarda unilateral.[25]

Com efeito, passou-se a considerar, e não apenas no Brasil, que o "melhor interesse da criança" decorre da máxima convivência possível com ambos os genitores, separados ou não. É de se ressaltar, contudo, que no direito brasileiro, diversamente de outros países de nosso sistema jurídico, a noção de guarda nunca se confundiu com o exercício do poder familiar, sempre realizado por ambos os genitores, como previsto no art. 1.632, CC e no art. 21 do ECA. Dessa forma, tanto as intervenções mais importantes, como a autorização para o casamento, como questões simples do dia a dia do filho sempre tiveram que ser decididas por ambos os pais, em comum acordo, qualquer que fosse o modelo de guarda.

Essa primeira modificação do art. 1594 CC ocorreu no sentido de que quando não houvesse acordo entre a mãe e o pai sobre a guarda da criança, a custódia compartilhada seria "sempre que possível" adotada. A doutrina criticou abundantemente o dispositivo o qual, todavia, na ocasião, pareceu bem justificar-se como um meio de fazer com que, do ponto de vista sociocultural, os pais viessem a participar mais da vida dos filhos. Cumpre recordar que antes da mudança, a sociedade esperava que a guarda fosse exclusivamente da mãe, o que de fato ocorria na imensa maioria dos casos, a ponto de a mãe que não obtivesse a guarda passar a ser mal vista e a criança considerada digna de pena.

Pouco tempo depois, em 2014, o legislador entendeu por bem transformar o que era "sempre que possível" em obrigatório, estabelecendo que quando não houver acordo entre os pais "aplicar-se-á a regra geral da guarda compartilhada, a não ser que um dos genitores expressamente declare ao magistrado não querer a guarda da criança.[26] O sistema passou a ser, portanto, *opt out* (isto é, de autoexclusão) e resulta, em tudo e por tudo, análogo à célebre sentença do Rei Salomão, embora, ao contrário da lição contida

---

25. V., na jurisprudência, a decisão da Terceira Turma do STJ, REsp 1.251.000, Rel. Min. Nancy Andrighi, pub. 31.08.2011 e comentada por Renata Vilela e Vitor Almeida. Guarda compartilhada: entre o consenso e a imposição judicial. *Civilistica.com.* Rio de Janeiro, a. 1, n. 2, 2012. Disponível em http://civilistica.com/guarda-compartilhada/, acesso em 10 dez. 2020. Sobre o tema, v., tb., Bruna Barbieri Waquim; Bruno Amaral machado. Heterorreferências sobre a parentalidade: abertura cognitiva aos discursos "psi", senso comum e descrições jurídicas da alienação parental e guarda compartilhada. *Civilistica.com.* Rio de Janeiro, a. 6, n. 2, 2017. Disponível em: http://civilistica.com/heterroreferencias-sobre-a-parentalidade/. Acesso em: 10 dez. 2020.

26. Lei n. 13.058/2014 modificou o teor do CC., 2° do art. 1.584. "Quando não houver acordo entre a mãe e o pai quanto à guarda do filho, encontrando-se ambos os genitores aptos a exercer o poder familiar, *será* aplicada a guarda compartilhada, salvo se um dos genitores declarar ao magistrado que não deseja a guarda do menor". Grifou-se para sublinhar que quando o legislador usa o verbo no tempo futuro, ele cria regra de conteúdo imperativo.

na parábola, muito dificilmente um dos genitores terá a coragem de abrir mão da guarda, ainda que seja para não prejudicar ainda mais a criança.[27]

Alguns entenderam que intenção do legislador era louvável para impedir que na briga do casal um deles consiga "alienar" o outro. Com efeito, foi sustentado que, em tese, a guarda compartilhada serve a diminuir, preventivamente, as disputas passionais pelos filhos, respeitando-se "a família como sistema, maior do que a soma das partes, que não se dissolve, mas se transforma",[28] sendo o objetivo da lei assegurar o direito à convivência familiar, em sua maior plenitude possível, convocando ambos os pais a assumirem de forma efetiva o conteúdo da autoridade parental.[29]

Diversamente, há quem considere que a ligação entre os dois institutos "(...) baseia-se muito mais em senso comum, (...) do que em evidências empíricas dessa sua potencialidade", indo-se além para advertir que "diante da natureza complexa e interdisciplinar do problema da alienação parental, este não deve ser enfrentado de forma genérica em todos os casos, só sendo recomendada a adoção da guarda compartilhada quando os envolvidos no litígio se disponham ao exercício da coparentalidade de forma saudável ou admitam intervenções terapêuticas que restabeleçam a saúde dos seus estilos parentais e padrões relacionais".[30] Com efeito, enfiar a criança, até o pescoço, no meio da guerra que ocorre entre ex-cônjuges que sequer conseguem acordar sobre a guarda, não obstante a ameaça da estipulação de compartilhamento, parece, a não ser muito excepcionalmente, o menos indicado dos caminhos.

Ressalte-se que a alienação parental, como síndrome que é, não é a regra, mas a exceção. Além disso, ela é de ocorrência lenta e gradual; acredita-se que se o genitor não guardião for cuidadoso e prestar atenção ao filho, com quem ele também ele deve conviver e a quem deve educar, será capaz, na enorme maioria dos casos, de eficazmente impedir essa alienação. Será imprescindível que reaja e denuncie quando o filho parecer juntar forças com outro genitor; ou se o filho se recusar a vê-lo e buscar identificar e corrigir a própria contribuição para conflitos com o filho, enfim, defender-se contra falsas acusações e, eventualmente, optar por uma terapia de família.

As controvérsias que giram em torno da imposição do modelo da guarda compartilhada, diante de situação de litígio dos pai, são muitas.[31] Fato é que não obstante a

---

27. V. COSTA, Ana Paula Motta e PAIXÃO, Rodrigo Freitas. A Lei 13.058/2014 e a possibilidade de um dos genitores optar por não exercer a guarda compartilhada do filho frente ao princípio do melhor interesse da criança e do adolescente. *Civilistica.com*. Rio de Janeiro, a. 6, n.1, 2017. Disponível em: http://civilistica.com/a-lei-13-0582014-e-a-possibilidade-de-um-dos-genitores/. Acesso em: 10 dez. 2020.

28. LOBO, Paulo. Direito-dever à convivência familiar. In: Maria Berenice Dias (Org.). *Direitos das Famílias*. São Paulo: Ed. RT, 2009. p. 401. No mesmo sentido, v. Douglas Phillips Freitas. *Alienação parental*: comentários à Lei 12.318/2010. 2.ed., atual. e ampl. Rio de Janeiro: Forense, 2012, p.96.

29. MULTEDO, Renata Vilela. *Liberdade e família*, cit., p. 137.

30. Assim, dentre outros, WAQUIM, Bruna Barbieri e MACHADO, Bruno Amaral. Heterorreferências, cit., p. 30.

31. Na VII Jornada de Direito Civil do CFJ (2015) foram aprovados os seguintes enunciados sobre o controverso tema: i) Enunciado 603: A distribuição do tempo de convívio na guarda compartilhada deve atender precipuamente ao melhor interesse dos filhos, não devendo a divisão de forma equilibrada, a que alude o § 2 do art. 1.583 do Código Civil, representar convivência livre ou, ao contrário, repartição de tempo matematicamente igualitária entre os pais; ii) Enunciado 604: A divisão, de forma equilibrada, do tempo de convívio dos filhos com a mãe e com o pai, imposta na guarda compartilhada pelo § 2° do art. 1.583 do Código Civil, não deve ser confundida com a imposição do tempo previsto pelo instituto da guarda alternada, pois esta não implica apenas a divisão do tempo de permanência dos filhos com os pais, mas também o exercício exclusivo da guarda pelo genitor que

clareza cristalina da lei, alguns tribunais estaduais "continuam não aplicando o referido dispositivo em casos de litígio".[32] O principal argumento é o de que a interpretação da lei deve ser compatível com o ditado constitucional, e que "se se quer um estado constitucional que efetivamente promova os princípios da proteção integral e da garantia ao melhor interesse das crianças e adolescentes (art. 227 CF), não se pode entender a guarda compartilhada como um imperativo legal dotado de automaticidade. De modo que, não obstante o texto legal vigente, não está o julgador obrigado ao seu cumprimento estrito (e estreito)."[33]

A posição do STJ, no entanto, tem sido reiterada e constantemente favorável à guarda compartilhada em praticamente todos os casos. Em decisão de 2017, afirmou-se que, excluída a exceção da lei, "a guarda compartilhada somente deixará de ser aplicada quando houver inaptidão de um dos ascendentes para o exercício do poder familiar, fato que deverá ser declarado, prévia ou incidentalmente à ação de guarda, por meio de decisão judicial".[34]

5.   O DIREITO A SER ASSISTIDO, CRIADO E EDUCADO PELOS PAIS

A relação entre pais e filhos menores encontra seu fundamento na responsabilidade e na solidariedade familiar. A relação parental destaca-se pela vulnerabilidade dos filhos menores, bem como pela ampliação, cada vez maior, das intervenções jurídicas nas relações de filiação, com vistas à proteção dos menores. Diante da natureza *sui generis* do vínculo paterno-filial, seu reconhecimento pelo constituinte brasileiro contribui para uma tutela mais eficaz da criança e do adolescente nas relações de família. Na relação parental, o vínculo de solidariedade familiar é o mais forte que há, e por isso, sua violação, bem como a da integridade psicofísica das crianças e adolescentes, poderá dar azo ao dano moral quando tiver havido abandono moral por parte de genitor biológico e ausência de figura parental substituta.

Este termo, responsabilidade, é como vimos o que melhor define hoje a relação parental. Trata-se, com efeito, de uma relação assimétrica, entre pessoas que estão em posições completamente diferentes, sendo uma delas dotada de particular vulnerabilidade. Além disso, a relação é tendencialmente permanente, sendo custoso e excepcional o seu término: de fato, a perda ou a suspensão do poder familiar só ocorre em casos de risco elevado ou de abuso. Assim, como a autoridade parental

---

se encontra na companhia do filho; iii) Enunciado 605: A guarda compartilhada não exclui a fixação do regime de convivência; iv) Enunciado 606: O tempo de convívio com os filhos "de forma equilibrada com a mãe e com o pai" deve ser entendido como divisão proporcional de tempo, da forma que cada genitor possa se ocupar dos cuidados pertinentes ao filho, em razão das peculiaridades da vida privada de cada um; v) Enunciado 607: A guarda compartilhada não implica ausência de pagamento de pensão alimentícia.

32.   MULTEDO, Renata Vilela. *Liberdade e família*, cit., p. 146.

33.   TJRS. 8ª C.C., Agr. de Instrumento n. 70065972713, Rel. Des. Luiz Felipe Brasil Santos, j. 10.11.2015.

34.   STJ, 3ª T., REsp 1.629.994, Rel. Min. Nancy Andrighi, j. 06.12.2016. Antes da lei de 2014, o STJ já mantinha o entendimento: v. STJ, 3ª T., REsp 1.251.000, Rel. Min. Nancy Andrighi, j. 23.08.2011, onde se pode ler: "A drástica fórmula de imposição judicial das atribuições de cada um dos pais e do período de convivência da criança sob a guarda compartilhada, quando não houver consenso, *é medida extrema, porém necessária à implementação dessa nova visão, para que não se faça do texto legal letra morta*". Grifou-se.

CAPACIDADE E DIREITOS DOS FILHOS MENORES **229**

raramente cessa, a responsabilidade não pode, evidentemente, evanescer-se por simples ato de autonomia.

Em virtude da imprescindibilidade de proteção por parte dos pais e da dependência e vulnerabilidade dos filhos, a solidariedade familiar alcança aqui o seu grau de intensidade máxima. Em caso de abandono moral ou material, são lesados os direitos próprios do *status* de filho e de menor, cujo respeito, por parte dos genitores, é pressuposto para o sadio e equilibrado crescimento da criança, além de condição para a sua adequada inserção na sociedade. Ou seja, os prejuízos causados são de grande monta.

Na análise do equilíbrio dos interesses contrapostos, ter-se-ia do lado dos genitores o princípio da liberdade, e da parte dos filhos os princípios da solidariedade e da integridade psicofísica. Levando-se em conta a peculiar condição de filho menor e a responsabilidade dos pais na sua criação, educação e seu sustento, seria inconstitucional valorizar a liberdade dos primeiros em detrimento da solidariedade familiar e da integridade da prole. Do contrário, ter-se-ia a completa desvalorização do planejamento familiar, que integra em seu conteúdo liberdade e responsabilidade: liberdade para decidir ter ou não filhos; e uma vez optando-se por tê-los, responsabilidade para criá-los de modo a preservar seu crescimento biopsíquico saudável.[35]

Assim, verificados, pois, os interesses contrapostos, a solidariedade familiar e a integridade psíquica são princípios que se superpõem, com a força que lhes dá a tutela constitucional, à autonomia dos genitores em relação a comportamento que ignore os interesses dos filhos. Nesta hipótese, a realização do princípio da dignidade humana dá-se a partir da integralização do princípio da solidariedade familiar, que contém, em si, como característica essencial e definidora, a assistência moral dos pais em relação aos filhos menores.[36]

A Constituição e a lei obrigam os genitores a cuidar dos filhos menores. Na ausência deste cuidado, que causa prejuízos necessários à integridade de pessoas vulneráveis que podem comprometer sua "vida de relações", a quem o legislador constitucional atribui expressamente "prioridade absoluta", pode haver dano moral a ser reparado. Em outras palavras, para a configuração de dano moral à integridade psíquica do filho menor, é preciso que tenha havido o abandono moral por parte do pai ou da mãe, somado à ausência de uma figura substituta.

De fato, a importância da figura paterna, especialmente depois das conclusões da psicologia moderna, não precisa de mais comprovações. É notória a sua imprescindibilidade – assim como o é a da figura materna – para a adequada estruturação da personalidade da criança. Quanto aos pais, *tertius non datur*: ou se tem pais ou se tem ausência de pais (isto é, completa ausência de quem exerça tal função). Quando este último caso ocorrer, estará caracterizado um dano moral a ser ressarcido. Se, porém, alguém assume o papel paternal ou maternal, desempenhando adequadamente suas funções, não haverá dano

---

35. CF, art. 226, § 7º. Fundado nos princípios da dignidade da pessoa humana e da paternidade responsável, o planejamento familiar é livre decisão do casal, competindo ao Estado propiciar recursos educacionais e científicos para o exercício desse direito, vedada qualquer forma coercitiva por parte de instituições oficiais ou privadas.

36. CF, art. 229. Os pais têm o dever de assistir, criar e educar os filhos menores, e os filhos maiores têm o dever de ajudar e amparar os pais na velhice, carência ou enfermidade.

a ser indenizado, não obstante o comportamento moralmente condenável do genitor biológico. Não se admite caráter punitivo à indenização do dano moral.

Não se trata, pois, de condenar um pai que abandonou seu filho (sendo este dano, em princípio, meramente hipotético), mas de ressarcir o (concreto) dano sofrido pelo filho quando, abandonado pelo genitor biológico, não pôde contar nem com seu pai biológico, nem com qualquer figura substituta. Configura-se, então, aí, o que se alude como uma "ausência" (isto é, ausência de uma figura paterna ou materna), a qual configura, sem dúvida, dano moral indenizável. O ressarcimento do dano moral causado pelo abandono moral deve, por isso mesmo, fundar-se em outra premissa, mais nítida e criteriosa: a violação concreta de um dos corolários diretos da dignidade dos filhos, identificado objetivamente na violação dos deveres legais impostos pelo art. 229 da Constituição.

Ainda em sede de construção doutrinária, cabe esclarecer que parece ser necessário sustentar que o filho somente deverá pleitear o ressarcimento depois de completar a maioridade. Antes disso, seria necessário que fosse representado, via de regra, pela mãe (ou pelo pai, conforme o caso), o que poderia abrir grande margem para que a indenização por abandono moral do filho se transformasse em instrumento de vingança entre ex-cônjuges, e chegasse às raias da alienação parental. Além disso, e mais relevante, apenas depois de chegar à idade adulta terá o filho plenas condições de ponderar se o afastamento do pai biológico lhe causou dano concreto e efetivo; em outras palavras, o abandono apenas pode ser reconhecido pelo filho, pessoalmente, em fase da vida na qual já poderia, em tese, prescindir da educação e da criação do pai. Esse entendimento em nada prejudica a vítima, vez que a prescrição não corre contra o incapaz e que a indenização em questão não tem natureza alimentar, podendo ser pleiteada em momento posterior.

As crianças e os adolescentes brasileiros somente conquistaram o direito de ser educados sem o uso de castigos físicos com a promulgação da Lei n. 13.010/2014,[37] consequência direta de movimento iniciado pela ONU, em 2002, por meio da Resolução 57/90, pela qual a Assembleia Geral solicitou a um especialista, o Professor da USP Paulo Sergio Pinheiro, estudo sobre o tema, finalizado em 2006, quando apenas 16 países (sendo a Suécia o primeiro deles, em 1980) proibiam o uso de castigos físicos no âmbito da família. O relatório apresentado pelo especialista assim tem início: "Nenhum tipo

---

37. A lei acresce o ECA dos arts. 18-A, 19-A e 70-A. Dispõe o art. 18-A: "A criança e o adolescente têm o direito de ser educados e cuidados sem o uso de castigos físicos ou de tratamento cruel ou degradante, como formas de correção, disciplina, educação ou qualquer outro pretexto, pelos pais, pelos integrantes da família ampliada, pelos responsáveis, pelos agentes públicos executores de medidas socioeducativas ou por qualquer pessoa encarregada de cuidar deles, tratá-los, educá-los ou protegê-los. Parágrafo único. Para os fins desta Lei, considera-se: I – castigo físico: ação de natureza disciplinar ou punitiva aplicada com o uso da força física sobre a criança ou o adolescente que resulte em: a) sofrimento físico; ou b) lesão; II – tratamento cruel ou degradante: conduta ou forma cruel de tratamento em relação à criança ou ao adolescente que: a) humilhe; ou b) ameace gravemente; ou c) ridicularize." E dispõe o art. 18-B: Os pais, os integrantes da família ampliada, os responsáveis, os agentes públicos executores de medidas socioeducativas ou qualquer pessoa encarregada de cuidar de crianças e de adolescentes, tratá-los, educá-los ou protegê-los que utilizarem castigo físico ou tratamento cruel ou degradante como formas de correção, disciplina, educação ou qualquer outro pretexto estarão sujeitos, sem prejuízo de outras sanções cabíveis, às seguintes medidas, que serão aplicadas de acordo com a gravidade do caso: I – encaminhamento a programa oficial ou comunitário de proteção à família; II – encaminhamento a tratamento psicológico ou psiquiátrico; III – encaminhamento a cursos ou programas de orientação; IV – obrigação de encaminhar a criança a tratamento especializado; V – advertência. Parágrafo único. As medidas previstas neste artigo serão aplicadas pelo Conselho Tutelar, sem prejuízo de outras providências legais."

CAPACIDADE E DIREITOS DOS FILHOS MENORES

de violência contra crianças é justificável; todas as formas de violência contra crianças podem ser prevenidas". No entanto, o estudo detalhado sobre a violência contra crianças (doravante, o Estudo) confirma que esse tipo de violência ainda prevalece em todos os países do mundo e está presente em todas as culturas, classes, níveis de escolaridade, faixas de renda e origens étnicas. Em todas as regiões, contradizendo obrigações de respeito aos direitos humanos e às necessidades de desenvolvimento da criança, a violência contra crianças é um fenômeno socialmente aprovado e frequentemente legal e autorizado pelo Estado.[38]

Em 2006, portanto, o objetivo de acabar com a punição física deixou de ser local ou regional e tornou-se mundial. O Secretário Geral das Nações Unidas, no relatório apresentado à Assembleia Geral sobre a violência contra as crianças, fixou 2009 como sendo o ano alvo para alcançar a abolição universal. A América Latina avançou nos anos seguintes: Argentina (2014), Brasil (2014),[39] Bolívia (2014), Paraguai (2016), Peru (2015), Uruguai (2007) e Venezuela (2007) proibiram totalmente os castigos físicos, enquanto os governos de Equador, Chile e do México estão comprometidos com a abolição. Apenas Colômbia, Guiana, Suriname, Panamá, e Guatemala ainda nada fizeram. Já na Europa, países como a Inglaterra, França, Itália, Bélgica e Suíça resistem e ainda não aboliram nem se comprometeram a abolir os castigos corporais ao longo desses anos.

Em 2020, o Japão tornou-se o 60° país a proibir completamente o uso de castigos físicos, inclusive dentro de casa. A lei entrou em vigor em 1° de abril de 2020 – e declara: "Uma pessoa que exerce autoridade parental sobre uma criança não deve disciplinar a criança infligindo-lhe punições corporais ou usando outras formas de ação que vão além do âmbito necessário para o cuidado e a educação da criança, estipulado na provisão do art. 820 do Código Civil".[40]

As crianças, tanto como os adultos, têm direito ao respeito da sua dignidade humana e da sua integridade física e assim como à sua proteção pela lei. Em virtude dos instrumentos internacionais e regionais de direitos humanos, os 197 membros da ONU têm a obrigação imperiosa de reformar a sua legislação e de tomar medidas educativas entre outras medidas para proibir e eliminar todos os castigos corporais infligidos às crianças, incluindo em casa pela sua família.

Com efeito, se, por um lado, não há qualquer prova de que bater realmente tenha algum efeito positivo sobre a educação de crianças, há hoje pesquisas abundantes que comprovam que a criança que apanha é muito mais agressiva.[41]

---

38. V. o site *Global Initiative to End All Corporal Punishment for Children*. A página em português intitula-se "Progresso global para acabar com o castigo corporal". Disponível em: https://endcorporalpunishment.org/pt. Acesso em: 10 dez. 2020.

39. No Brasil, em posição crítica a lei, v. por todos, Nelson Rosenvald. A lei da palmada – Aonde vamos com isto? *Carta Forense*. 03.10.2014. Disponível em: http://www.cartaforense.com.br/conteudo/artigos/a-lei-da-palmada--aonde-vamos-com-isto/14516. Acesso em: 15 dez. 2020. Em posição favorável v., por todos, Luciana Fernandes Berlini. *Lei da palmada*: uma análise sobre a violência doméstica infantil. Belo Horizonte: Arraes Editores, 2014.

40. Informação disponível no site *Global Initiative to End All Corporal Punishment for Children*. Acesso em: 12 dez. 2020. Tradução livre.

41. Elizabeth T. Gershoff and Andrew Grogan-Kaylor. Spanking and Child Outcomes: Old Controversies and New Meta-Analyses. *Journal of Family Psychology*. Online First Publication, April 7, 2016. Disponível em: http://dx.doi.org/10.1037/fam0000191, acesso em: 10 dez. 2020. Em português, v. o interessante artigo intitulado Pais

6. O DIREITO ÀS PRÓPRIAS ESCOLHAS AFETIVAS

O plenário do Supremo Tribunal Federal, em setembro de 2016, no julgamento do RE 898.060, proferiu decisão revolucionária. Entendeu a Suprema Corte, por maioria, que "a paternidade socioafetiva, declarada ou não em registro, não impede o reconhecimento do vínculo de filiação concomitante, baseado na origem biológica, com os efeitos jurídicos próprios".[42] A decisão admitiu a não prevalência da paternidade biológica em relação à socioafetiva bem como rompeu com o paradigma da biparentalidade por meio do reconhecimento da multiparentalidade no caso concreto.

Os impactos dessa histórica decisão não se limitaram à seara do direito de família. Manifestações a respeito das consequências nas sucessões, no direito previdenciário e mesmo no direito empresarial foram imediatamente sentidas na doutrina. Além do temor generalizado de incentivo a demandas baseadas em interesses puramente patrimoniais, a "multihereditariedade", considerada por alguns como o maior óbice para o reconhecimento da multiparentalidade, foram pontos de destaque. Afinal, pode um filho receber mais de duas heranças? E se o filho falecer antes dos pais sem deixar descendentes? Como resolver a divisão entre os ascendentes se a previsão do art. 1.836 do Código Civil dispõe a divisão da herança pela metade entre a linha materna e paterna?[43]

De toda sorte, não é de hoje que a afetividade figura na ponderação dos juristas que buscam explicar as relações familiares contemporâneas. Um dos primeiros autores a atribuir valor jurídico à afetividade foi João Baptista Villela ao relegar papel secundário à consanguinidade na configuração da paternidade. De acordo com o autor, não seria a derivação biológica que apontaria a figura do pai, mas o "amor, o desvelo e o serviço que alguém se entrega ao bem da criança".[44] A parentalidade socioafetiva é a aceitação de que o afeto se tornou capaz de criar laços de família entre pessoas que não compartilham vínculos biológicos. Todavia, e evidentemente, não são os sentimentos de amor e afeto por si sós capazes de gerar o reconhecimento da socioafetividade. Como destaca a doutrina, o que cria o liame jurídico entre pais e filhos é o exercício da autoridade parental, ou seja, a real e efetiva prática das condutas necessárias para criar, sustentar e educar os filhos menores, nos termos do art. 229, primeira parte, da CF, com o escopo de edificar sua personalidade, independentemente de vínculos consanguíneos que geram essa obrigação".[45]

A ausência de vontade, por outro lado, também deve ser levada em consideração, embora ela também não possa, por si só, fulminar a possibilidade de criação dos laços familiares. Isso porque, normalmente, a busca pela parentalidade é do filho e é o seu

---

violentos: como o relacionamento abusivo marca a vida. Disponível em: https://www.eusemfronteiras.com.br/pais-violentos-como-o-relacionamento-abusivo-marca-a-vida/. Acesso em: 10 dez. 2020.

42. RE 898.060, com repercussão geral reconhecida. Vencidos, em parte, ficaram os Ministros Dias Toffoli e Marco Aurélio Mello. Ausente, justificadamente, o Min. Luís Roberto Barroso.

43. MULTEDO, Renata Vilela. *Liberdade e família*. Limites para a intervenção do Estado nas relações conjugais e parentais. Rio de Janeiro: Editora Processo, p. 181.

44. VILLELA, João Baptista. Desbiologização da Paternidade. Revista da Faculdade de Direito UFMG, v. 21, p. 401-419, 1979. Disponível em: http://www.direito.ufmg.br/ revista/index.php/revista/article/view/1156. Acesso em: 10 dez. 2020.

45. TEIXEIRA, Ana Carolina Brochado; RODRIGUES, Renata de Lima. A multiparentalidade como nova estrutura de parentesco na contemporaneidade. *Revista Brasileira de Direito Civil*, v. 4, p. 21-22, abr./jun. 2015.

status que ele demanda alterar. O que há de ser examinado pelo julgador, na análise da parentalidade socioafetiva no caso concreto, não é tanto a anuência do suposto pai ou mãe socioafetivos, mas sim a existência da prática reiterada dos atos típicos da autoridade parental, objetivamente verificados. São tais condutas que irão gerar a posse de estado de filho e se bastam para o reconhecimento da filiação socioafetiva.[46]

Aqui, revisita-se o princípio constitucional de maior relevância para o tema da parentalidade em geral, o princípio da paternidade responsável, o qual se une aos princípios da solidariedade, da dignidade humana e do melhor interesse da criança. Cabe ressaltar que a parentalidade socioafetiva, uma vez reconhecida, torna-se irrevogável da mesma forma que a biológica, impondo-se a ela todos os deveres e poderes – existenciais e patrimoniais – referentes a esse *status*.[47]

No que se refere ao direito à convivência familiar, previsto no *caput* do art. 227 CF, a doutrina e a jurisprudência nacionais já há muito reconheciam, independentemente de previsão legal, o direito decorrente do vínculo biológico e afetivo, habitualmente presente entre netos e avós, tutelando a visitação avoenga nos casos em que, após a separação, o divórcio ou a morte de um dos pais, um dos genitores afastava os filhos da família daquele que não detinha a guarda.[48]

A L. 12.398/2011 acrescentou parágrafo único ao art. 1.589 do Código Civil para explicitar que o direito de visita se estende a qualquer dos avós da criança ou adolescente, a critério do juiz e observados os interesses do filho. A dicção legal, por um lado, serviu de reforço ao que já se sustentava em doutrina, no sentido de que "avós, tios, padrastos, padrinhos, irmãos etc. podem buscar o direito de conviver, com crianças e adolescentes, quando os elos de afetividade existentes merecem ser resguardados";[49] por outro lado, todavia, levou alguns a crer ser este um "direito dos avós", em perversa abstração do princípio maior do melhor interesse da criança. Com efeito, o legislador induz a confusão ao afirmar ter havido uma "extensão do direito de visita aos avós".[50] Curiosamente, a mesma lei no art. 2º, ao dar nova redação ao inc. VII do art. 888 do antigo CPC, muito mais coerentemente dispôs: "A guarda e a educação dos filhos, regulado o direito de visitas que, *no interesse da criança ou do adolescente, pode*, a critério do juiz, *ser extensivo a cada um dos avós*". Neste último dispositivo, com efeito, esclarece-se de que direito se trata e a quem pertence.[51] Essa confusão não é uma jabuticaba.[52]

---

46. Para uma definição v., MALUF, Adriana Caldas do Rego Freitas Dabus. *Direito das Famílias*: amor e bioética. Elsevier, 2012. p. 18.
47. MULTEDO, Renata Vilela. *Liberdade e família*. Limites para a intervenção do Estado nas relações conjugais e parentais. Rio de Janeiro: Editora Processo, p. 183.
48. V. TJRJ. 13ª C.C. Agravo de Instr. n. 0048703-79.2008.8.19.0000. Rel. Des. Sergio Cavalieri Filho, j. 19.12.2008 e TJRS. 8ª C.C., Agravo de Instr. n. 70030869839. Rel. Des. Luiz Ari Azambuja Ramos, j. 12.11.2010.
49. DIAS, Maria Berenice. *Manual*, cit., p. 449.
50. O parágrafo único acrescentado ao art. 1.589 do Código Civil, dispõe o seguinte: "*O direito de visitas* estende-se a qualquer dos avós, a critério do juiz, observados os interesses da criança ou do adolescente".
51. Art. 888. O juiz poderá ordenar ou autorizar, na pendência da ação principal ou antes de sua propositura: (...) VII – a guarda e a educação dos filhos, regulado o direito de visita que, *no interesse da criança ou do adolescente, pode*, a critério do juiz, ser extensivo a cada um dos avós; (Redação dada pela Lei n. 12.398, de 2011). Grifou-se.
52. V., dentre outros, Felipe Danovi. Il d.lgs. n. 154/2013 e l'attuazione della delega sul versante processuale: l'ascolto del minore e *il diritto dei nonni alla relazione affettiva*. Famiglia e diritto. n. 5/2014. Scuola Superiore Sant'Anna Biblioteca – Wolters Kluwer Italia, p. 535-548.

Casos houve em que o conflito veio à tona justamente em decorrência da animosidade existente entre os pais e os avós, em um cenário em que estes já mantinham com o neto um vínculo afetivo preexistente ao litígio.[53] Nessas situações, as decisões eventualmente reconheciam o direito de visitação dos avós, a fim de garantir a manutenção e o fortalecimento do laço afetivo, atentando-se para a necessária inexistência de "riscos ou prejuízos para a criança".[54]

Ocorre que, se a realidade demonstrar que jamais existiu qualquer convivência entre avós e netos ou que a relação entre aqueles e os pais é conflituosa a ponto de atingir a educação da criança, certo é que a própria criança não deve ser utilizada como instrumento para tentar reestabelecer vínculos rompidos por razões certamente alheias ao infante, muitas vezes anteriores a seu nascimento.[55] Cumpre frisar que a convivência familiar, neste caso, é tutelada somente como medida que promova o melhor interesse da criança, razão pela qual se afirma que "também é o direito de viver em um ambiente saudável, livre de situações ou de pessoas que possam obstaculizar o seu processo de amadurecimento, incluindo a preservação do contato com os familiares e outras pessoas, desde que tal relação seja benéfica à criança".[56]

7. O DIREITO DE IR À ESCOLA

A prática do ensino domiciliar (*homeschooling*)[57] sempre foi ampla e publicamente rejeitada no país, inclusive pelo próprio Ministério da Educação, que se mostrava frontalmente contrário a essa metodologia. Recentemente, porém, o mesmo Ministério da Educação, revendo sua posição, divulgou nota informando que solicitou às suas áreas técnicas e jurídicas "um estudo técnico e aprofundado sobre o assunto e, inclusive, disse

---

53. STJ. Terceira Turma. REsp 1.573.635, Rel. Min. Nancy Andrighi, j. 27.11.2018: Ação de regulamentação de visita avoenga. Restrição ou supressão ao direito de visitação existente entre avós e netos. Possibilidade. Em caráter excepcional, em observância ao dever de máxima proteção ao menor. Animosidade entre pais e avós. Irrelevância. Exame de viabilidade do pedido que se submete exclusivamente a existência de benefício ou prejuízo ao menor. Neto diagnosticado com transtorno psíquico que não recomenda a exposição a ambientes desequilibrados, conturbados ou potencialmente traumáticos. Observância do melhor interesse do menor.
54. TJSP. Ap. Cív. n. 0325383-92.2009.8.26.0000. Rel. Des. Donegá Morandini, j. 17.09.2009. Neste caso, o TJSP considerou que "sequer as desavenças existentes entre as partes obstam o exercício das visitas dos avós aos netos; a convivência entre eles (avós e netos), conforme destacado no laudo psicológico (...), traz benefícios para a vida e a formação dos menores, confirmando a importância e adequação da função parental. Aliás, acima dos interesses dos recorrentes está o chamado `melhor interesse da criança', que, neste particular, tem assegurada a convivência familiar, na forma estabelecida no artigo 19 da Lei 8.069/90 (Estatuto da Criança e do Adolescente)". O julgado afirmou ainda que o direito de visita aos netos está fundado no princípio da solidariedade familiar, "tendo em vista que participam, mesmo indiretamente, da criação e formação destes, com afeto e carinho que ultrapassam o círculo paterno". Ainda em outra decisão anterior à promulgação da Lei, destacou-se que a neta "somente começou a apresentar problemas quando iniciou a animosidade dos pais com os avós, com impedimento que ficasse na companhia daquelas que sempre auxiliaram em sua criação e desenvolvimento, desde tenra idade".
55. Assim MULTEDO, Renata Vilela. Liberdade e família, cit., p. 158.
56. TEIXEIRA, Ana Carolina Brochado; VIEIRA, Marcelo de Mello. Construindo o direito à convivência familiar de crianças e adolescentes no Brasil: um diálogo entre as normas constitucionais e a Lei n. 8.069/1990. *Civilistica.com*, Rio de Janeiro, v. 4, n. 2, 2015. Disponível em http://civilistica.com/construindo-o-direito-a-convivencia-familiar/". Acesso em: 15 dez. 2020.
57. V., sobre o tema, MORAES, Maria Celina Bodin de; SOUZA, Eduardo Nunes de. Educação e cultura no Brasil: a questão do ensino domiciliar, *Civilistica.com*, Rio de Janeiro, a. 8, n. 3, 2017. Disponível em: http://civilistica.com/educacao-e-cultura-no-brasil/. Acesso em: 20 dez. 2020.

estar aberto ao diálogo".[58] O diálogo em questão tem sido travado, em especial, com a Associação Nacional de Ensino Doméstico (ANED), instituição dedicada a articular a autorização do *homeschooling* no Brasil e, ao contrário do que se esperava, não foi encerrado pela Corte Suprema, que, limitando-se ela a reconhecer que a Constituição não trata da prática, entendeu ser necessária a intervenção do legislador ordinário para sua regulamentação.[59]

A primazia do princípio da liberdade tem pautado muitas matérias controversas submetidas à Suprema Corte nos últimos anos. É preciso, porém, neste ponto, indagar se, de fato, a questão do ensino domiciliar diz respeito a um problema de liberdade civil. Embora a maioria da Suprema Corte tenha decidido pela impossibilidade de se ministrar o ensino domiciliar no Brasil sem a devida regulamentação legal, o que impede, portanto, a prática imediata no país, a tutela da liberdade da família foi um ponto relevante do debate.

O relator, Min. Roberto Barroso, que restou vencido, votou pelo provimento do recurso, considerando constitucional a prática do ensino domiciliar, em virtude da sua compatibilidade com as finalidades e os valores da educação infanto-juvenil expressos na CF, propondo algumas regras de regulamentação da matéria, independentemente, portanto, de lei nova autorizadora. Já o Min. Edson Fachin votou pelo parcial provimento do recurso, acolhendo igualmente a tese da constitucionalidade do direito de liberdade de educação em casa, divergindo do Relator apenas no que tange ao exercício do direito, que dependeria de lei nova para sua regulamentação.

Abriu a divergência o Min. Alexandre de Moraes ao entender que o ensino domiciliar não é um direito, e sim de uma possibilidade legal, e que a falta de regulamentação para a adoção do ensino domiciliar é impeditiva do provimento do recurso. Seguiram a divergência os Min. Rosa Weber, Dias Toffoli e Cármen Lúcia. Desproveram também o recurso, por ausência de lei, os Min. Gilmar Mendes e Marco Aurélio.

Somente os Min. Luiz Fux e Ricardo Lewandowski consideraram inconstitucional o ensino domiciliar. O Min. Fux ressaltou a importância da função socializadora da educação formal, que contribui para o exercício da cidadania e a qualificação para o trabalho. O Min. Lewandowski afirmou que a educação é direito e dever do Estado e da família, mas não exclusivamente desta, e deve ser construída coletivamente; identificando ainda o risco de fragmentação social e desenvolvimento de "bolhas" de conhecimento, que contribuiriam para a divisão do país, a intolerância e a incompreensão.

Os partidários da admissibilidade da educação doméstica citam as graves deficiências do sistema educacional brasileiro, sobretudo da rede pública de ensino, como argumento legitimador.[60] A dúvida, porém, persiste quanto à viabilidade de se transigir com a integração comunitária promovida pela escola para o menor diante da falha na

---

58. CASTRO, Gabriel Arruda. Ministério da Educação decide rever posição contrária ao *homeschooling*. *Gazeta do Povo*, 20.10.2017.

59. STF, RE 888.815, Rel. Min. Roberto Barroso, Rel. p/ ac. Min. Alexandre de Moraes, j. 12.09.2018.

60. Segundo Domingos Franciulli Netto, "no Estado brasileiro, como é sabido, a deficiência do sistema educacional é crônica (...) e, muitas vezes, as famílias têm mais condições intelectuais, financeiras, afetivas etc. para realizar tudo aquilo que a Constituição Federal preceitua" (Aspectos constitucionais e infraconstitucionais do ensino fundamental em casa pela família. *Coletânea de Julgados e Momentos Jurídicos dos Magistrados no TFR e no STJ*,

prestação estatal de um serviço constitucionalmente previsto e, mais ainda, a adequação da transferência, na prática, desse serviço para a família.

No cenário atual, a resistência ao ensino institucional parece radicada em discordâncias puramente ideológicas quanto a algumas das disciplinas ministradas (o ensino religioso é apenas um dos exemplos, como também a educação sexual),[61] ou na crença de ser possível proteger as crianças de "más influências" exercidas por outros alunos. Em um contexto no qual crescem manifestações em oposição a movimentos culturais legítimos[62] e campanhas de inclusão social de minorias,[63] parece salutar proporcionar às crianças e adolescentes a oportunidade de contato com um ambiente de diversidade e de tolerância à diferença, garantido apenas pelo espaço público da escola.

Este não é, frise-se, um posicionamento contrário à autonomia privada dos pais, porque, em matéria de exercício do poder familiar, a questão que se põe não é, por definição, de autonomia privada dos responsáveis.[64] Ainda, porém, que a matéria dissesse respeito ao exercício de uma liberdade – o que não se coaduna com qualquer aspecto da situação jurídica subjetiva denominada poder jurídico –, fato é que, na legalidade constitucional brasileira, e a despeito de recentes desenvolvimentos da jurisprudência de nossas Cortes Superiores, não há fundamento constitucional para privilegiar a tutela de determinadas liberdades (como, por exemplo, a liberdade de expressão e manifestação do pensamento) sobre todas as outras nem muito menos se admite que o exercício de uma liberdade prepondere sobre a própria dignidade humana, sobretudo quando a dignidade em questão é de pessoas particularmente vulneráveis, como crianças e adolescentes.

Em termos simples, como falar em tutela da liberdade quando o resultado a ser obtido consistiria em negar às crianças e aos adolescentes um universo de oportunidades, conhecimentos e visões de mundo que lhes permitirão, quando adultos, exercerem escolhas verdadeiramente autônomas de vida? De fato, é do confronto entre a ética familiar, que deve ser ensinada em casa, com o ensino formal e o convívio social, oferecidos pela escola, que o menor poderá extrair, em uma síntese única e extremamente pessoal, sua própria identidade, que carregará consigo ao longo de sua vida. Parece que somente se essas duas instâncias, tão essencialmente formativas da identidade pessoal, se complementam e caminham em conjunto, é possível aspirar a que os jovens educandos usufruam, quando adultos, de uma vida efetivamente autônoma.

---

n. 49 (2007), p. 14. Disponível em: https://ww2.stj.jus.br/publicacaoinstitucional/index.php/coletanea/article/view/1703/1627. Acesso em: 15 dez. 2020.

61. Um dentre muitos exemplos pode ser encontrado na notícia do site G1. Disponível em: https://g1.globo.com/mato-grosso/noticia/tj-suspende-lei-que-proibia-cartilha-de-orientacao-sexual-em-escolas-de-cidade-de-mt.ghtml. Acesso em: 19 nov. 2020.

62. Para um exemplo eloquente, v., MENDONÇA, Heloísa. Queermuseu: O dia em que a intolerância pegou uma exposição para Cristo. *El País Brasil*, 13.9.2017.

63. Ilustrativamente, cf., CASTRO, Gabriel Arruda de. Justiça obriga prefeito a distribuir livro didático com menções a casal gay. *Gazeta do Povo*, 1.9.2017.

64. A respeito, v., BODIN DE MORAES, Maria Celina; SOUZA, Eduardo Nunes de. Educação e cultura no Brasil: a questão do ensino domiciliar, cit.

8. CONCLUSÃO

No Prefácio à primeira edição do Livro I de O Capital, Marx dirige-se ao leitor alemão, dizendo que investigará o modo de produção capitalista e suas relações de produção e de circulação na Inglaterra, que servirá de ilustração à exposição teórica a ser feita em seguida. Adverte-o, porém, que se o leitor quiser encolher farisaicamente os ombros ante a situação dos trabalhadores ingleses, ou se for tomado por uma tranquilidade otimista convencido de que na Alemanha as coisas estão longe de ser tão ruins, então terá que "gritar-lhes" que, comparada com a inglesa, a estatística social da Alemanha e demais países ocidentais do continente europeu ocidental é muito mais miserável.[65]

Sobre a situação inglesa propriamente dita, Marx assim a ilustra:

> Ao longo dos últimos 22 anos as olarias de *Staffordshire* foram objeto de três inquéritos parlamentares. (...) Para meu propósito, bastam alguns testemunhos fornecidos pelas próprias crianças exploradas nos relatórios de 1860 e 1863. A partir da situação das crianças, podemos ter uma ideia do que se passa com os adultos (...) Wilhelm Wood, de 9 anos de idade, "tinha 7 anos e 10 meses quando começou a trabalhar". Desde o começo, ele carrega as mercadorias já moldadas para a sala de secagem e voltava trazendo os moldes vazios. Chega ao trabalho todos os dias da semana às 6 horas da manhã e o deixa por volta das 9 da noite. Portanto, 15 horas de trabalho para uma criança de 7 anos! [66]

A mesma advertência cabe aqui. O senso comum nacional gosta de acreditar que somos um povo pacífico, cuidadoso com crianças e, ao assistir filmes de Hollywood e assemelhados, pensa que o abuso infantil nos Estados Unidos é muito mais extenso e frequente do que entre nós. Na verdade, há apenas maior exposição e dados. Enquanto lá diversas entidades[67] contabilizam esse tipo de informação, no Brasil *nenhuma entidade governamental* reúne números do combate ao abuso sexual de crianças.

É o que relata reportagem da BBC Brasil, publicada em fevereiro de 2018:

> A BBC procurou informações centrais sobre crianças reportadas como vítimas em denúncias, como saber se estão em segurança. Encontrou um verdadeiro buraco negro de informações e descontrole estatístico por parte das autoridades. A reportagem, que envolveu dezenas de telefonemas e envios de mensagens para autoridades federais e estaduais em todas as 26 unidades de Federação e do Distrito Federal, revela que nenhum órgão mapeia denúncias ou monitora o que acontece com elas. Não há controle consistente e padronizado seja nível federal, estadual ou municipal que acompanhe quantas denúncias eram procedentes, quantas se tornaram inquéritos policiais, quantas chegaram à Justiça ou o que aconteceu com as crianças.[68]

---

65. MARX, Karl. *O Capital*. Livro I. São Paulo: Boitempo, 2006, p. 113: "(...) Ficaríamos horrorizados ante nossa própria situação se nossos governos e parlamentos, como na Inglaterra, formassem periodicamente comissões para investigar as condições econômicas; se a essas comissões fossem conferidas a mesma plenitude de poderes para investigar a verdade de que gozam na Inglaterra; se, para essa missão, fosse possível encontrar homens tão competentes, imparciais e inflexíveis como os inspetores de fábrica na Inglaterra, seus relatores médicos sobre *public health* (saúde pública), seus comissários de inquérito sobre a exploração de mulheres e crianças, sobre as condições habitacionais e nutricionais etc.

66. Karl Marx. *O Capital*, cit., p. 404. Há, na obra, evidentemente muitíssimos outros exemplos.

67. Assim, por exemplo, o Departamento de Saúde federal e a instituição *Crimes against Children Research Center* reúnem os dados nacionais – e o acompanhamento das denúncias é feito pelo FBI, a polícia federal americana. Também no Reino Unido os números são divulgados por diversas entidades governamentais e contabilizados pela NSPCC (*National Society for Prevention of Cruelty to Children*).

68. BBC Brasil. Letícia Mori. Levantamento revela caos no controle de denúncias de violência sexual contra crianças, publicado em 21.02.2018. Disponível em: https://www.bbc.com/portuguese/brasil-43010109. Acesso em: 10 dez.

A falta de dados centralizados evidentemente prejudica sobremaneira o combate já que o primeiro passo para elaboração de políticas públicas contra crimes passa por saber a dimensão do problema, como ele costuma ocorrer, se há maior incidência em determinados lugares e que situações, em alguns casos culturais, precisam ser combatidos em busca de uma solução. Como afirma Rodrigues, autor de extensa pesquisa sobre o tema: "É muito difícil pensar políticas públicas sem ter dados e estatísticas (...) Os dados sobre o assunto são um caos. Os órgãos não estão preparados para lidar com o problema".[69]

Outra lacuna diz respeito ao que acontece com as denúncias que chegaram pelos diferentes caminhos.

> Elas [as denúncias] podem chegar a delegacias de polícia (especializadas ou não), ir direto ao Ministério Público, a Conselhos Tutelares ou a Varas de Infância e da Juventude. Casos envolvam crimes, as denúncias virtuais são investigadas pela Polícia Federal. Não há números consolidados no país por nenhum desses caminhos. As suspeitas também podem chegar pelo Disque-Denúncia e serem encaminhadas a algum desses outros canais. Só por este caminho chegaram cerca de 9 mil denúncias no primeiro semestre de 2017. Em 2016, foram 15.707. Os dados são do Ministério dos Direitos Humanos, que mantém o serviço do Disque 100. (...) As suspeitas são passadas individualmente para serem investigadas pelas polícias estaduais ou por outras autoridades. Todos os casos são repassados e, em tese, investigados. Mas como não há uma regra que obrigue quem recebeu as denúncias a dar retorno, os *feedbacks* que chegam são poucos. O serviço só recebe retorno sobre o andamento da apuração em 16% dos encaminhamentos na média, segundo o Ministério dos Direitos Humanos.[70]

Em busca das informações sobre o destino das denúncias que chegam por outros caminhos, a BBC Brasil procurou as polícias estaduais e também o Ministério Público de todos os 26 Estados brasileiros e do Distrito Federal. Na maioria dos Estados, nem a própria polícia ou secretaria de segurança agrupa essas informações. A ausência de dados centralizados gera a impossibilidade de cobrança e acompanhamento por uma esfera superior. A BBC Brasil recebeu informações apenas da Secretaria de Segurança Pública de Minas Gerais e dos Ministérios Públicos de Santa Catarina, Distrito Federal, Acre, Rio Grande do Sul e Paraná. As Secretarias de Segurança Pública de São Paulo, Rio de Janeiro, Rio Grande do Sul e Santa Catarina e os Ministérios Públicos de Minas Gerais, Goiás e Ceará admitiram não ter os dados.

Os demais órgãos sequer responderam ou deram explicações por não terem enviado as informações solicitadas. A jornalista complementa:

> Os únicos dados centrais que a BBC Brasil conseguiu identificar revelam a brutalidade deste tipo crime, ou seja, quando vítimas vão parar em um hospital com machucados, doenças ou outros problemas decorrentes do abuso. Em 2016, o sistema de saúde registrou 22,9 mil atendimentos a vítimas de estupro no Brasil. Em mais de 13 mil deles – 57% dos casos – as vítimas tinham entre 0 e 14 anos. Dessas, cerca de 6 mil vítimas tinham menos de 9 anos. Os números mais consistentes são os do Ministério da Saúde – que mostram as vítimas que chegaram ao sistema de saúde. As estatísticas são do SINAM, o sistema de informações do Ministério da Saúde, que registra casos de atendimento de diferentes ocorrências médicas desde 2011. É uma espécie de ponta do iceberg do problema. O sistema consolida

---

2020.

69. RODRIGUES, Herbert. *A pedofilia e suas narrativas*: uma genealogia do processo de criminalização da pedofilia no Brasil. Tese de Doutorado. USP, 2014. Rodrigues defende que o poder público tenha um sistema exclusivo de monitoramento de abuso sexual infantil a exemplo do que nos Estados Unidos e no Reino Unido.

70. BBC Brasil. Letícia Mori, op. cit.

dados tanto dos serviços de saúde pública quanto da rede privada. Nos casos de estupros de menores, os profissionais de saúde responsáveis pelo atendimento em hospitais devem comunicar as ocorrências aos conselhos tutelares locais. A partir deste ponto, o sistema de saúde não faz mais o acompanhamento – portanto mesmo pelos números da área de saúde não há como saber quais desses casos chegaram à polícia ou à Justiça. (...)[71]

Como é notório, crianças e adolescentes até 14 anos são as pessoas mais vulneráveis à ocorrência de estupro, principalmente na esfera doméstica. Os autores da violência, na maioria das vezes, são familiares e pessoas conhecidas e *o fato de a maior parte dos abusos – físicos e sexuais – virem das próprias famílias torna o problema muito mais complexo e difícil de ser resolvido*, já que a criança fica completamente desamparada e sem o apoio justamente de quem deveria protegê-la.

A propósito desse difícil tema, dados obtidos pela Revista Piauí:

(...) Até junho de 2020, 642 meninas de dez a catorze anos foram internadas no SUS para fazer um aborto, seja por decisão médica ou legal ou por complicações na gravidez. É quase a mesma quantidade de meninas dessa faixa etária internadas por asma, também até junho. Em 2019, a cada dia foram internadas por aborto, em média, cinco crianças de até catorze anos, segundo os dados do Ministério da Saúde. Dez anos atrás, a média era o dobro disso. A maioria dessas crianças é preta, parda e vive no Nordeste. Os números oficiais são subnotificados, já que não levam em conta os abortos feitos ilegalmente.[72]

O abuso infantil é um tipo penal que poderia ser prevenido, sendo considerado um "crime evitável".[73] Embora a legislação seja extensa e, aparentemente, adequada para proteger as crianças, ela não é suficientemente aplicada.

---

71. Nem mesmo os números do SINAM (Sistema Nacional de Atendimento Médico) retratam todos os casos de abuso sexual de crianças que acabaram no sistema de saúde porque, embora o procedimento seja obrigatório, nem todos os municípios do país reportam os casos.
72. LICHOTTI, Camille; MAZZA, Luigi e BUONO, Renata. Os abortos diários do Brasil. *Revista Piauí* de 24.08.2020. Disponível em: https://piaui.folha.uol.com.br/os-abortos-diarios-do-brasil/. Acesso em: 20 dez. 2020.
73. Cf. a opinião do Coordenador de Infância e Juventude do Tribunal de Justiça de São Paulo, Des. Eduardo Freitas Gouvea: "É necessário um trabalho de prevenção e hoje em dia o Judiciário é visto como o caminho de resolução de tudo, mas é preciso que o Executivo aplique a lei e haja uma rede de proteção às crianças para evitar que os crimes aconteçam."

O "NOVO" PERFIL DO DIREITO À IDENTIDADE PESSOAL: O DIREITO À DIVERSIDADE

Maria Cristina De Cicco

Sumário: 1. Introdução. 2. Diversidade e diferença: um problema de qualificação. 3. Acenos à diversidade cultural na jurisprudência italiana. 4. Diversidade como expressão do direito à identidade pessoal. 5. O caso da *bodyart* e da *body modification*. 6. E da identidade de gênero. 7. O outro lado da medalha: aceno à tolerância. 8. Conclusão.

1. INTRODUÇÃO

Um dos maiores desafios do século XXI para os juristas, especialmente os civilistas, diz respeito ao alcance da igualdade na atual sociedade globalizada, caracterizada pela multietnia e pelo multiculturalismo. A primeira manifestação do princípio da igualdade, consistente na proibição de tratamentos discriminatórios, é essencialmente formal. No entanto, a consciência do fato que as pessoas não gozam de idênticas condições sociais, econômicas, para não dizer psicológicas, levou à previsão da necessidade de tratar as pessoas, quando desiguais, em conformidade com as próprias desigualdades, emergindo, assim, o perfil substancial do princípio de igualdade.

Neste contexto, o presente trabalho parte da convicção de que, no âmbito do princípio da igualdade, o principal problema concerne, hoje, ao direito à diversidade[1].

O objetivo inicial da pesquisa era verificar a possibilidade de configurar o direito à diversidade[2] como um direito autônomo, lembrando sempre que tratando-se de questão ligada às pessoas, não se deve ter a pretensão de encontrar "a" solução, mas sim, soluções ligadas às especificidades do caso concreto. Por esse motivo, mais do que dar uma resposta, procurou-se evidenciar os múltiplos aspectos que a questão apresenta. O estudo do direito por problemas acompanha o posicionamento da pessoa no ápice do

---

1. Não se pretende abordar, neste trabalho, a delicada e complexa questão dos direitos dos imigrantes e da condição jurídica dos estrangeiros, mas colocar em evidência, sem pretensões de exaurir o problema, que a presença de uma pluralidade de culturas no mesmo território apresenta problemas complexos relacionados à regulação ético-jurídica, na medida em que traz à tona as diferenças e as diversidades seja no plano das concepções culturais, filosóficas, religiosas, seja no plano dos costumes e tradições, colocando em crise o princípio da igualdade formal e substancial entendido de forma absoluta. Sovre a relação entre direito e pluralismo, v. BRIGHENTI, A. Realmente distinti, ma inseparabili: il diritto e l'altro. *Sociol. dir.*, 2003, 2, p. 37 ss.

2. Adverte que o direito diversidade, o direito à diferença não nasceram "sobre as cinzas da igualdade formal, mas usando-a de qualquer forma como seu pedestal!", RODOTÀ, S. *Repertorio di fine secolo*, Bari, 1999, p. 112.

sistema jurídico, de acordo com a lição de Pietro Perlingieri[3,] que coloca em evidência a necessidade de uma teoria da interpretação orientada para a realização dos valores fundamentais do ordenamento, em procedimento voltado não ao mero respeito da lei, mas à realização da justiça do caso concreto. É nessa direção que devem ser entendidas tanto a necessidade de releitura dos institutos civilísticos à luz da Constituição, quanto a direta aplicação das normas constitucionais nas relações interprivadas. Uma reconstrução do direito civil como setor não separado do direito constitucional, mas como parte integrante de um ordenamento unitário que requer a concretização dos princípios constitucionais também nas relações entre particulares[4.]

Nessa ótica, mesmo sem pretender encontrar "A" resposta, pelo menos até o presente momento a conclusão tem sido negativa, no sentido de que o direito à diversidade não se configura como um direito autônomo, podendo ser entendido, contudo, como expressão do direito à identidade pessoal. Isso porque a diversidade é, de toda sorte, um valor e como tal deve ser analisada.

Lembrando que o Homem, como entidade que representa universalmente a totalidade do gênero humano, não existe[5], quando se leva em consideração o conjunto dos direitos fundamentais de sujeitos portadores de elementos de diversidade em um ordenamento, os aspectos a serem considerados são essencialmente dois: *i*) o relativo à identidade cultural vista como expressão de uma individualidade caracterizada por valores que podem ser também não compartilhados ou mesmo conflitantes com os do ordenamento considerado; *ii*) e um segundo, relativo ao possível modo de se entender os direitos fundamentais[6].

2. DIVERSIDADE E DIFERENÇA: UM PROBLEMA DE QUALIFICAÇÃO

Ao abordar o tema, a dificuldade maior foi distinguir entre "diversidade" e "diferença" posto que em muitos textos as duas palavras são usadas quase como sinônimo e por vezes o que um autor considera diversidade, para outros é diferença.

---

3. Das obras de P. Perlingieri, v., em língua portuguesa, *Perfis do Direito Civil. Uma introdução ao direito civil constitucional*. Trad. Maria Cristina De Cicco, Rio de Janeiro, Renovar, 1997; Normas constitucionais nas relações privadas, *Revista da Faculdade de Direito da UERJ*, n. 6 e 7, 1998/1999, p. 63 ss.; *O Direito Civil na Legalidade Constitucional*, edição brasileira organizada por Maria Cristina De Cicco, Rio de Janeiro: Renovar, 2008.

4. Sobre a metodologia do direito civil-constitucional, além de Pietro Perlingieri, *Il diritto civile nella legalità costituzionale secondo il sistema italo-comunitario delle fonti*, Napoli, ESI, 2006, v., entre todos, principalmente, E. R. Grau *A Constituição Brasileira e as Normas Programáticas*, in *Revista de Direito Constitucional e Ciências Política*, 1985, n. 4, p. 41 s.; M. C. De Cicco, Teoria da interpretação e normas de direito civil, *Revista brasileira de filosofia*, ano 59, v. 235, julho-dezembro, 2010, p. 231 ss.; G. T., *Premissas metodológicas para a Constitucionalização do Direito Civil*, in Id., *Temas de Direito Civil*, Rio de Janeiro, Renovar, 1999, p. 1 ss.; Id, *A Tutela da Personalidade no Ordenamento Civil-constitucional Brasileiro*, in Id., *Temas de Direito Civil*, Rio de janeiro, Renovar, 2004, p. 23 ss.; M/ C. Bodin de Moraes, *Danos à pessoa humana – uma leitura civil-constitucional dos danos morais*, Rio de Janeiro, Renovar, 2003; Id, A Caminho de um Direito Civil Constitucional, *Revista de Direito Civil*, 1993, v. 65, p. 21 ss.; Id, *Ampliando os direitos da personalidade*, in José Ribas Vieira (a cura di), *20 anos da Constituição cidadã: efetivação ou impasse institucional?*, Rio de Janeiro, Forense, 2008, p. 371 ss.; L. E. Fachin, *Questões de Direito Civil Brasileiro Contemporâneo*, Rio de Janeiro, Renovar, 2008.

5. Nesse sentido, H. Arendt, *La vita nella mente*. Trad. di G. Zanetti, Bologna 1987, p. 99, para quem a pluralidade é a lei da terra posto que "non l'Uomo, ma uomini abitano questo pianeta".

6. Para uma visão dos direitos fundamentais como base de uma nova antropologia humana v. S. Rodotà, *L'età dei diritti al crepuscolo?*, em *Italia civile*. Atti del convegno dedicato al centenario di Norberto Bobbio, Torino, 15 ottobre 2009, passim.

O "NOVO" PERFIL DO DIREITO À IDENTIDADE PESSOAL: O DIREITO À DIVERSIDADE

Não só, de diversidade usa-se falar em relação às distintas culturas presente no mundo. A diversidade cultural é, hoje, reconhecida pacificamente em vários ordenamentos e também no plano internacional[7]. Basta pensar na Convenção UNESCO sobre a "proteção e a promoção da diversidade das expressões culturais" aprovada pela XXXIII conferência geral de 2005. Uma diversidade cultural reconhecida, contudo, nem sempre respeitada. A Convenção pretende dar uma resposta a duas preocupações fundamentais: a de assegurar o respeito das identidades culturais de todos os povos em um contexto democrático e a de contribuir à criação de um ambiente favorável para sustentar a criatividade dos indivíduos e dos grupos.

Todavia, acredito que a diversidade vá muito além disso, contribuindo mesmo a definir a identidade pessoal do indivíduo[8].

A diversidade, como tudo e como todos os direitos, tem duas vertentes: uma positiva, ligada à identidade pessoal e outra negativa, que pode levar à emarginação e à exclusão e nesse caso se aproxima da diferença, que pode provocar discriminação.

Na sua vertente positiva, a diversidade se relaciona à liberdade de expressão, nos seus múltiplos significados; se relaciona à orientação sexual; ao direito de ser si mesmo em toda a sua complexidade, incluída a diversidade em relação à manifestação de pensamento e ideias, ou mais especificamente, à forma de manifestar o pensamento e as ideias.

No meu entender, a diferença é um dado de fato positivo ligado à pessoa, por exemplo, um afrodescendente é diferente de um asiático, por sua vez diferente de um europeu, por sua vez diferente de um latino-americano, porque diferentes são os traços característicos de cada um desses grupos. Uma pessoa magra é diferente de uma gorda, uma alta diferente de uma baixa, sem que todavia qualquer dessas características implique por si só uma discriminação. O traço que as acomuna é o fato de serem pessoas. Pode-se dizer, portanto, que todos são iguais, ao mesmo tempo em que todos são diferentes[9]. Afirma-se, de fato, ser "proprio la differenza [...] di un uomo rispetto agli altri a renderlo umano; simili agli altri proprio per l'elevato livello di differenziazione. È questo che permette all'uomo di attribuirsi una identità umana e, di conseguenza, anche una identità personale".[10]

Na sua vertente individual, a diversidade é ligada à personalidade, enquanto de um ponto de vista coletivo, é relacionada à cultura, por exemplo. Num ordenamento norteado pelo princípio da dignidade humana, a pessoa é protegida integralmente em

---

7. Sobre a essencialidade da cultura para a existência humana v. C. Geertz, *O impacto do conceito de cultura no conceito de homem*, in *The Interpretation of Cultures*, Nova York, Basic Books,1973, p. 46 ss., para quem "Não existe algo como uma natureza humana independente de cultura". A globalização e a internacionalização da proteção dos Direitos Humanos ocorrida após a Segunda Guerra Mundial, intensificaram a discussão sobre a possibilidade da efetiva proteção do direito à diversidade cultural no âmbito internacional, seja na perspectiva universalista, seja na visão multiculturalista dos Direitos Humanos.
8. É notória a dificuldade filosófica de se definir a pessoa humana: cf. F. K. Comparato, *A afirmação histórica dos direitos humanos*, São Paulo, Saraiva, 2001, p. 3, para quem, "na verdade, a indagação central de toda a filosofia é bem esta: – Quem é o homem?".
9. No mesmo sentido expressou-se M. C. Bodin de Moraes (PUC-RJ e UERJ) em uma das tantas conversas que tive o prazer de ter com essa renomada jurista e caríssima amiga sobre temas relativos à pessoa e à sua tutela.
10. Assim, G. Devereux, *Saggi di etnopsicanalisi complementarista*, Milano, 1979, p. 199, citado por M. Bouchard, Obiettivo: immigrazione, cultura, diritto, identità culturale, uguaglianza, diversità, *Quest. giust.*, 2001, 3, p. 471.

suas relações concretas e não mais (somente) como "cidadão"[11], conceito historicamente ligado ao exercício dos direitos políticos[12]. Por conseguinte, o vínculo de participação em uma sociedade caracterizada pelo pluralismo, como a atual, compreende e deve compreender, cada vez mais, o respeito aos direitos dos membros das diversas culturas minoritárias[13]. Daí os dilemas postos pelas atuais e complexas dimensões conferidas ao direito à igualdade que impõe o reconhecimento do direito à diversidade e à diferença[14], lembrando sempre que igualdade e diversidade caminham juntas e constituem as condições necessárias à garantia da dignidade humana.

Afirma-se, justamente, que "a igualdade dos direitos, que não é redução do outro ao mesmo, inclui o direito à diferença e à diversidade". De fato, não se trata de conceber a igualdade no sentido de absoluta coincidência, mas no sentido de restituir ao igual a sua diferença e a sua diversidade[15]. O entrelaçamento entre igualdade e diversidade resulta também da leitura do artigo. 21 da Carta dos Direitos Fundamentais[16], que proíbe a discriminação com base em características genéticas e em *handicap*. Portanto, um direito na diferença e na diversidade e um direito à diferença e à diversidade[17].

Devemos ter sempre presente o imperativo intercultural tantas vezes invocado por Boaventura de Sousa Santos[18]: "as pessoas e os grupos sociais têm o direito a ser iguais

---

11. De fato, ao estrangeiro, enquanto pessoa, serão reconhecidas as garantias relacionáveis ao *status personae* e não os direitos políticos reconduzíveis ao *status civitatis*. Sobre esse ponto v. P. Perlingieri, *I diritti civili dello straniero*, (2001), ora in Id., *La persona e i suoi diritti*, Napoli, 2005, p. 85 ss. Nessa perspectiva, a reciprocidade invocada pelo art. 16 disp. prel. c.c., não opera em relação ao gozo dos direitos constitucionalmente garantidos, entre os quais o direito inviolável da igualdade: Corte cost., 21 de junho de 1979, n. 54, em *Foro it.*, 1979, I, c. 1943 ss., segundo o qual, o princípio da igualdade si aplica também aos estrangeiros, levando-se em consideração inclusive aquelas diferenciações que pareçam razoáveis. Mais recentemente, afirma que a reciprocidade *ex* art. 16 *preleggi* não condiga respeito aos direitos fundamentais, Cass., 11 gennaio 2011, n. 450, disponível em: www.personaedanno.it.
12. Sobre o conceito de italiano não pertencente à República, v. O interessante trabalho de G. Libralato, *L'evoluzione del concetto di italiano non appartenente alla Repubblica*, disponibile em http://www.diritto.it/archivio/1/26290. pdf, acesso em: 2 de abril de 2016.
    Sobre a relação entre cidadania e nacionalidade, v. M. La Torre, *Cittadinanza e nazionalità. Identità o differenza?*, em *Sociol. dir.*, 2001, 3, p. 81 ss.
13. Sobre o assunto, v. G. M. Flick, *Minoranze e uguaglianza: il diritto alla diversità e al territorio come espressione dell'identità nel tempo della globalizzazione*, in *Politica del diritto*, 2004, n. 1, p. 3 ss.
14. Cf. G. De Vergottini, *Multiculturalismo, minoranze linguistiche e immigrazione*, in T. Bonazzi e M. Dunne, *Cittadinanza e diritti nelle società multiculturali*, Bologna, Il Mulino, 1994, fasc. 2, p. 237 ss.
15. A. de Benoist, *Il diritto alla differenza non può essere negato*, disponibile in https://s3-eu-west-1.amazonaws.com/alaindebenoist/pdf/il_diritto_alla_differenza.pdf.
16. A referência é à Carta dei diritti fondamentali di Nizza, de 7 de dezembro de 2000, reelaborada em Strasburgo, em 12 de dezembro de 2007, disponível em: www.europarl.europa.eu.
17. Para H. Arendt, *Vita activa*, tradução de Sergio Finzi, Milano, 1991, a pluralidade humana apresenta um duplo aspecto, o da igualdade e o da diferença: "La pluralità umana, condizione fondamentale sia del discorso sia dell'azione, ha il duplice carattere dell'eguaglianza e della distinzione. Se gli uomini non fossero uguali, non potrebbero né comprendersi fra loro, né comprendere i propri predecessori, né fare progetti per il futuro e prevedere le necessità dei loro successori. Se gli uomini non fossero diversi, e ogni essere umano distinto da ogni altro che è, fu, o mai sarà, non avrebbero bisogno né del discorso né dell'azione per comprendersi a vicenda. Sarebbero soltanto sufficienti segni e suoni per comunicare desideri e necessità immediati e identici" (p. 183). Para um estudo aprofundado do pensamento arendtiano, v. C. Lafer, *A reconstrução dos direitos humanos*: um diálogo com o pensamento de Hannah Arendt, São Paulo, 2001.
18. B. de Sousa Santos, *A construção multicultural da igualdade e da diferença*, Oficina do CES, n. 135, Coimbra, Centro de Estudos Sociais, disponível em: http://www.ces.uc.pt/publicacoes/oficina/135/135.pdf, acesso em 5 de maio de 2016; A. C. Santos, *Orientação sexual em Portugal: para uma emancipação*, in B. de Sousa Santos, *Reconhecer para libertar: os caminhos do cosmopolitanismo multicultural*, Rio de Janeiro, Civilização Brasileira, 2003, p. 339, a qual

quando a diferença os inferioriza, e o direito a ser diferentes quando a igualdade os descaracteriza. Daí a necessidade de uma igualdade que reconheça as diferenças e de uma diferença que não produza, alimente ou reproduza as desigualdades". Como oportunamente foi lembrado, o direito à diferença, à diversidade nasceram da igualdade formal[19].

Mas os iguais são diversos, por definição. A diversidade de cultura, de caráter, de propensões, inclinações são a expressão evidente da nossa igualdade. São o sinal de que a igualdade vive na diversidade e que não devemos encontrar valores compartilhados, mas encontrar a convivência também de valores diversos: valores que nos permitam conviver apesar da diversidade, que permitam viver juntos apesar e graças à nossa diversidade. Somos iguais porque somos diversos. Temos diversidades e não diferenças. Nenhuma diferença é aceitável porque as diferenças produzem desigualdade. A diversidade, ao contrário, se nutre reciprocamente da diversidade dos outros. Por isso, enquanto as diferenças dividem e criam desigualdades, a diversidade, de um ponto de vista coletivo, une e enriquece a sociedade[20].

A igualdade vai além de um direito, como adverte Dalmo de Abreu Dallari[21], para quem a ideia de democracia exige a superação de uma concepção mecânica e estratificada da igualdade, que, portanto, hoje, deve ser vista como um direito convertido em possibilidade[22].

Afirma-se justamente a necessidade de distinguir a igualdade factual e a igualdade material, verdadeiro princípio do ordenamento e elemento integrante da dignidade da pessoa humana. A diferença é o contrário da igualdade factual já que se duas coisas são diferentes é porque não são iguais; todavia, o oposto da igualdade material não é a diferença mas, sim, a desigualdade[23].

O princípio de igualdade, portanto, tutela os diversos e combate as diferenças. O direito à diversidade pressupõe e implica a alteridade e pode portanto, ser identificado como o direito de continuar a ser si mesmo[24].

---

enfatiza que "Falar do direito à diferença nunca é o mesmo que reivindicar direitos iguais para todos. O direito à diferença exige a especificidade sem desvalorização, a alternativa sem culpabilização".

19. Cfr. S. Rodotà, *Repertorio di fine secolo*, cit, p. 112: "*Proprio il rispetto dell'individualità, che muoveva le antiche battaglie egualitarie contro una individualità fonte di discriminazione, appariva parziale e incompiuto se l'eguaglianza diveniva un'amputazione, e non un recupero della pienezza della persona*".

20. Tal consciência é evidente e se sintetiza no spot recentemente veiculado pela televisão dinamarquesa sobre o tema da igualdade e intitulado *All that we share*. A intenção do vídeo é mostrar e explicar aos cidadãos dinamarqueses, atores protagonistas do spot, como na verdade, as suas diferenças iniciais sejam, na realidade, menos fortes, importantes, umerosas e significativas das coisas que os unem: *www.quotidiano.net*, 31 gennaio 2017.

21. D. de A. Dallari, *Elementos da Teoria Geral do Estado*, 25. ed. São Paulo, 2005, p. 309, para quem "O que não se admite é a desigualdade no ponto de partida, que assegura tudo a alguns, desde a melhor condição econômica até o melhor preparo intelectual, negando tudo a outros, mantendo os primeiros em situação de privilégio, mesmo que sejam socialmente inúteis ou negativos". Afirma que as expressões "oportunidades iguais" e "condições iguais no ponto de partida" seriam falsas, C. Ocone, *L'uguale diritto alla diversita ovvero alle impari opportunita. Una riflessione controcorrente*, disponibile em: http://www.reset.it/blog/luguale-diritto-alla-diversita-ovvero-alle-im-pari-opportunita-una-riflessione-controcorrente, acesso em 28 de fevereiro de 2016.

22. Nesse sentido o voto do Min. Ricardo Lewandovski, ADPF 186/DF, Sistema de cotas, constitucionalidade.

23. Entre outros, M. C. Bodin de Moraes, *Danos à pessoa humana*: uma leitura civil-constitucional dos danos morais, cit.

24. Sobre esse ponto, cf. R. Lewontin, *La diversità umana*, tradução de Lucia Maldacea, Bologna, Zanichelli, 1987, para quem a diversidade é o direito inalienável de qualquer pessoa a se concretizar e a se expandir em toda a sua plenitude original, afirmando-se como uma humanidade diferente, não só dos outros, mas também de si mesmo, a fim de não deteriorar-se no conformismo e na repetição.

MARIA CRISTINA DE CICCO

Se a igualdade vive na diversidade, não existe uma identidade, associo-me por isso à sugestão feita de se substituir o termo "identidade por "reconhecimento", que permite reconhecer" o outro como um ser igual a nós. Na identidade existiria tão somente a ideia de "mesmo, enquanto o reconhecimento permite a dialética do mesmo com o "outro"[25]. Reconhecer o outro implica não somente reconhecê-lo como outro, mas também admitir que, se somos semelhantes é porque, antes de tudo, somos diversos[26].

É interessante verificar que em alguns casos a diferença foi usada para realizar e remarcar a própria identidade cultural, como no caso, bem conhecido, de duas homossexuais surdas de nascimento, Sandra Duchesneau e Candy McCullough, que pretendiam gerar uma criança também surda[27]. Diante da impossibilidade de encontrar um banco de sêmen que satisfizesse essa aspiração, já que todos os estabelecimentos rejeitaram o pedido, elas decidiram usar o sêmen de um amigo em cuja família a surdez se manifestava há várias gerações. Para o casal, a justificação da escolha estava no fato de que para elas a surdez não representava uma deficiência, mas ao contrário, a própria identidade cultural. Todavia, nesse caso, a identidade cultural comporta relevante perda em relação à integridade psicofísica de um terceiro e, por isso, não poderá ser considerada uma justificação merecedora de tutela, principalmente tratando-se de crianças e adolescentes que merecem concreta tutela por parte do ordenamento[28].

3. ACENOS À DIVERSIDADE CULTURAL NA JURISPRUDÊNCIA ITALIANA

A delicadeza e o caráter problemático da questão do respeito à diversidade cultural[29] emerge com clareza da jurisprudência da Corte de Cassação italiana sobre o tema. Alguns exemplos poderão ser úteis para confirmar essa afirmação.

---

25. Assim, P. Ricoeur, *A crítica e a convicção*. Conversas com F. Azouvi e M. De Launay, Lisboa, Edições 70, 1997, p. 88 ss.

26. A. de Benoist, *Il diritto alla differenza non può essere negato*, cit. O autor lembra que foi Hegel, em 1807, o primeiro a evidenciar a essencialidade do reconhecimento de um ponto de vista da identidade na medida em que "*la piena coscienza di sé richiama, e passa attraverso, il riconoscimento dell'altro*". Nessa perspectiva, o reconhecimento completa a identidade no sentido de que "*non esiste piena identità se non quando essa viene riconosciuta*".

27. V. a notícia na edição *online* do cotidiano La Repubblica de 8 de abril de 2002, disponível em: www.repubblica.it, que reenvia à edição do Washington Post Magazine de 2 de april de 2002.

28. V. sobre esse assunto, S. Rodotà, *Dal soggetto alla persona*, Napoli, Editoriale scientifica, 2007; Id., *Il diritto di avere diritti*, Bari, 2012, p. 174, 288 ss., o qual afirma, justamente, que os casais podem autodeterminar-se em relação aos direitos procreativos, mas com limites representados pelos direitos de terceiros. O casal é livre de autodeterminar-se em relação à própria vida, mas não quando a escolha, "*disegnando" la persona che deve nascere in una forma che ne sacrifica la libertà esistenziale*", influi sobre a vida de outros. A previsão de uma proibição de uma determinada escolha procreativa (logicamente limitada ao acesso a específicas técnicas procreativas) traz como consequência a possibilidade da "*persona fatta nascere sorda o nana di chiedere ai genitori il risarcimento dei danni derivanti da questa loro scelta procreativa valutata negativamente dall'ordinamento giuridico*", p. 288 s.

29. Um dos casos mais emblemáticos sobre o respeito de uma cultura de minoria foi julgado no início dos anos 70 do século passado por parte da Corte Suprema dos Estados Unidos. Trata-se do caso o Wisconsin v. Yoder, (406 Stati Uniti 208 1972) no qual se discutiu o direito dos membros da comunidade religiosa Amish a não frequentar mais uma escola estatal, como determinado pela lei do Estado do Wisconsin. A Corte, de fato, reconheceu o exonero do dever de respeitar a obrigação legal a favor dos jovens da comunidade, entrevendo na obrigação escolástica até os 16 anos, um possível atentado à fundamental liberdade religiosa deles. De acordo com a maioria dos membros da Corte, nos termos do *Chief Justice Burger*, os Amish tinham um motivo válido para querer retirar as crianças da escola porque essa enfatizava os valores contrários aos próprios, como por exemplo, a competitividade, privando

Em 2008, a Corte[30], em um caso relativo a uma mãe de etnia Rom que pedia esmola juntamente com o filho de apenas 4 anos, decidiu que o caso específico não constituía crime de redução à condição análoga à de escravo[31], argumentando que para algumas etnias "pedir esmola constitui uma condição de vida tradicional profundamente enraizada na cultura e na mentalidade de tais populações", que a mendicância se limitava ao período da manhã e que no restante do dia a mãe "provavelmente dava atenção ao filho". No caso específico, poder-se-ia tratar no máximo de maus tratos e como tal deveria ser julgado[32]. Um caso evidente de discriminação contra essa criança que, pelo fato de pertencer a uma determinada comunidade, deixa de receber a proteção que a Constituição impõe ao Estado de garantir às pessoas vulneráveis, crianças *in primis*.

No mesmo ano, a Corte anulou uma sentença de condenação contra o Prefeito de Verona, afiliado ao partido político Liga Norte, de extrema direita, por instigação ao crime de ódio racial por ter proferido em público a frase "onde há ciganos, há roubos"[33]. A tese sustentada pelos Juízes de mérito foi que "a discriminação em razão da diver-

---

assim a comunidade da possibilidade seja de transmitir os próprios valores às crianças, seja de utilizar o trabalho deles.

O interesse do Estado à instrução universal, com o objetivo de criar cidadãos capazes de participar ao sistema político e preparar as pessoas capazes de sustentar a si mesmo, deve ser balanceado com as exigências dos grupos especiais. Para a minoria, o *Justice* Douglas sustentou que as razões e os interesses dos genitores poderiam ser diversos dos interesses dos filhos e que a decisão da Corte baseou-se na errada identificação destes dois núcleos de interesses. O juiz afirmou que o sistema de instrução pública não é fim a si mesmo, mas uma tentativa de alimentar e desenvolver o potencial humano das crianças, sejam Amish ou não. Algumas crianças provavelmente depois vão querer retornar à vida rural da própria comunidade; outros, ao contrário, poderiam querer seguir outros percursos e o Estado tem um interesse legítimo de garantir essa opção.

30. Corte di Cassazione, V sez. pen., 29 novembre 2008. Para a Suprema Corte a mulher não fazia parte de "uma organização voltada à exploração de menores", sendo além do mais também necessário "prestar atenção às situações concretas". Como a mãe mendigava em razão da pobreza e "somente" das 9 às 13, não existe "aquela negação integral da liberdade e dignidade humana da criança que permite considerar que se encontre em estado de completa servidão". Por fim, evidencia a Corte que não podem ser "criminalizadas as condutas que se encaixam na tradição cultural de um povo", como a mendicância para os ciganos. Disponível em: www.osservatoriointerventitratta.it, acesso em 06.02.2017. A decisão foi aplaudida pela Associação Everyone, Group for international cooperation on Human Rights Culture, para quem a posição da Corte reflete uma "scintilla di civiltà e di verità nell'attuale buio che circonda i diritti delle minoranze etniche". Deixou-se, todavia de se levar em conta a criança que, justamente em razão de sua vulnerabilidade, é merecedora de tutela especial por parte do ordenamento.

31. Para uma análise da jurisprudência sobre o tema v., L. Miazzi, *Immigrazione, regole familiari e criteri di giudizio*, em *Quest. giust.*, 2005, 4, p. 768 ss.

32. A Corte delineia a fronteira entre as duas figuras de crime, lembrando que depois da reforma de 2003, "l'interesse tutelato dalla norma in esame", art. 600 c.p., "è costituito dallo *status libertatis* dell'individuo" e também que "la finalità principale del legislatore era quella di porre un argine al crescente traffico di donne e bambini provenienti dai Paesi del terzo mondo e dall'Est europeo e ridotti in condizioni di schiavitú e/o servitú".

33. Cass. pen., 13 de dezembro de 2007, n. 13234, disponível em *www.Meltingpot.org*, que anulou com reenvio a outra seção da Corte d'appello de Venezia, a decisione da Corte di appello de Venezia, 30 de janeiro de 2007. No mesmo sentido, Cass. Pen., 22 de novembro de 2012, n. 47894, in *DeJure online*, que afronta um caso semelhante àquele objeto da decisão de 2007, chegando à mesma conclusão. Em especial, os Juízes de legitimidade colocam em evidência, e como fundamento da própria decisão de anular a sentença da Corte de Apelação de Trento, o fato de que a fala do Conselheiro Municipal durante uma sessão pública do Conselho Municipal, não pode ser considerada uma "manifestação de pensamento isolada", o que caracteriza como propagandística, na medida em que "*anche un'isolada manifestazione a connotazione razzista*" pode levar à acusa de "propaganda discriminatória". No caso concreto, além disso, o Conselheiro Municipal exprimiu claramente sua "aversão" em relação à etnia dos "ciganos", indicados por ele como "assassinos, ladrões, preguiçosos, canalhas", augurando o "*sequestro di Stato*" para "salvar" as crianças nômades, "com evidente finalidade de recolher adesões em torno à sua ideia, visto o púlpito a partir do qual avançava-se a discutível proposta".

sidade de outrem é coisa diferente da discriminação em razão da *criminosità* (caráter criminoso) de outrem", alegando também que um sujeito pode ser legitimamente discriminado pelo seu comportamento mas não pela sua qualidade de ser diverso. Os juízes, porém, não levaram em consideração que no caso a definição de "ladrões" foi atribuída pelo Prefeito a toda comunidade rom e não somente aos que roubam, legitimando, assim, um conceito de culpa coletiva que representa o fundamento mesmo do crime de racismo.

No mesmo sentido colocam-se outra sentença da Corte de Cassação de 2012 e uma decisão do Tribunal de Roma de 2015.

No mesmo sentido posicionou-se também o Tribunal de Roma[34], ao ordenar que fosse retirado do comércio um livro de Direito penal, da Editora Simone, por comportamento discriminatório contra as comunidades rom e sinti. De fato, abordando o crime de compra de bens de proveniência duvidosa (art. 712 cod. pen. it.), o texto assumia como válida a equação ciganos=ladrões, na medida em que advertia sobre o perigo de "adquirir um bem de valor elevado de um mendicante, cigano ou de um delinquente habitual" porque *"probabilmente all'origine c'è un reato"*.

Recentemente, a Corte de Cassação, em outro caso de mendicância, mudou orientação deixando claro que o respeito a uma cultura minoritária não deve significar que possam ser toleradas situações de abuso, quando rejeitou o pedido de considerar como atenuante o fato do réu pertencer a uma comunidade de ciganos onde a exploração de crianças para mendicância é considerada como normal[35].

Essa sentença coloca-se em linha com a Convenção UNESCO que prevê, no art. 2, uma cláusula de salvaguarda, pela qual os direitos humanos e as liberdades fundamentais não podem em caso algum ser comprimidos para proteger ou promover a diversidade cultural[36], posto que o respeito pelos direitos humanos e as liberdades fundamentais[37] são o único remédio para a possibilidade que diferenças culturais resultem em um relativismo total, o que pode levar a uma perigosa deriva em direção a condutas antijurídicas, violentas e desestabilizantes para o ordenamento. Basta pensar às mutilações genitais

---

34. Trib. Roma, 16 de fevereiro de 2015, disponível em: www.asgi.it, acesso em: 06.02.2017.
35. Cass., V sez. pen., n. 37638 de 28 de setembro de 2012, pela qual "le consuetudini di usare i bambini nell'accattonaggio non sono invocabili come causa di giustificazione dell'esercizio del diritto, atteso che la consuetudine può avere efficacia scriminante solo in quanto sia stata richiamata da una legge", disponível em: www.briguglio.asgi.it, acesso em: 02.02.2017.
36. Sobre esse ponto v. as interessantes considerações de S. Rodotà, *Repertorio di fine secolo*, cit., p. 112.
37. Os problemas ligados à diversidade cultural surgem também nos países particularmente multiétnicos, como a Suécia, há muito tempo na vanguarda em tema de *gender equality*, onde as salas de aula separadas com base no sexo, apesar de não terem sido nunca expressamente proibidas, não existem há décadas. A divisão meninos-meninas em algumas aulas ou anos de curso até agora foram toleradas em casos isolados com a finalidade de respeitar algumas comunidades religiosas, como a muçulmana, fortemente radicada na Suécia. No entanto, segundo uma notícia veiculada nos jornais, o aumento do número de salas de aula divididas levou o Ministro da educação, Gustav Fridolin, a tomar uma posição a favor da igualdade entre os sexos afirmando que "nas escolas as salas de aula separadas devem ser totalmente proibidas, expressamente, e quem tiver um problema com esse nosso valor constituído deve se adaptar, e não pedir ao Estado de separar os rapazes das moças": v., entre todos, o artigo de A. Tarquini, *Svezia, il governo ai musulmani: qui niente classi separate*, publicado no jornal *La Repubblica* de 4 de fevereiro de 2017, disponível em: www.repubblica.it.

O "NOVO" PERFIL DO DIREITO À IDENTIDADE PESSOAL: O DIREITO À DIVERSIDADE   **249**

femininas[38], à violência doméstica por motivos culturais[39]. Adolescentes e mulheres muçulmanas que são espancadas e por vezes assassinadas pelo pai ou pelos irmãos por se vestir ou ter adquiridos hábitos à moda ocidental[40]. E, o que causa maiores preocupações, muitas vezes o comportamento violento por parte dos homens da família são apoiados e encorajados pela mãe[41].

---

38. Sobre esse ponto v., M. C. Venuti, *Mutilazioni sessuale e pratiche rituali nel diritto civile*, em *Trattato di biodiritto* diretto da S. Rodotà e P. Zatti, III, *Il governo del corpo*, Milano, 2011, p. 657 ss.; N. Colaianni, *Eguaglianza e diversità culturali e religiose – Un percorso costituzionale*, Bologna, 2006, p. 183 ss.

   A questão encontra-se regulamentada pela l. 9 gennaio 2006, n. 7, em G.U. 18 de janeiro de 2006 n. 14, e também em *Guida dir.*, 2006, 5, p. 16 ss., com comentários de Gius. Amato, *L'introduzione in Italia di un apposito reato è un'innovazione opportuna ma perfettibile*.

   Antes da aprovação da lei já havia se pronunciado o Comitê Nacional de Bioética com um parecer de 25 de setembro de 1998, sobre "*La circoncisione: Profili bioetici*" (em Comitato Nazionale per la Bioetica, *Problemi bioetici in una società multietnica – La circoncisione: profili bioetici*, Presidenza del Consiglio dei Ministri – Dipartimento per l'informazione e l'editoria, Roma, 1998, p. 17 ss.), onde, apesar da consciência "*del rispetto che è doveroso prestare alla pluralità delle culture, anche quando queste si manifestino in forme estremamente lontane da quelle della tradizione occidentale, e del gran valore del giusto confronto con la diversità culturale*" ha tuttavia affermato "*nessun rispetto sia dovuto a pratiche, ancorché ancestrali, volte non solo a mutilare irreversibilmente le persone, ma soprattutto ad alterarne violentemente l'identità psico-fisica, quando ciò non trovi una inequivocabile giustificazione nello stretto interesse della salute della persona in questione*" (p. 18).

   Depois da introdução do art. 583 *bis* c.p. foi emitida somente uma condenação pelo crime de mutilações genitais femininas: Trib. Verona, 14 de abril de 2010, n. 979, em *Diritto, immigrazione e cittadinanza*, 2010, 3, p. 209; entre os comentários, E. Ghizzi Gola, *Multiculturalismo e diritti delle donne. Il trattamento giuridico delle mutilazioni genitali femminili*, em *Europa: casi giurisprudenziali e soluzioni normative*, disponível in *www.altrodiritto.unifi.it.*; C. Pecorella, *Mutilazioni, genitali femminili: la prima sentenza di condanna* (nota a Trib. *Verona 14 aprile 2010*), em *Riv. it. dir. proc. pen.*, 2/2011, p. 861 ss.

   A sentença foi modificada pela Corte di appello de Venezia, que absolveu os réus: App. Venezia, 23 de novembro de 2012, n. 1485, disponível em *www.penalecontemporaneo.it.* Para um comentário, v. F. Basile, *Il reato di "pratiche di mutilazione degli organi genitali femminili" alla prova della giurisprudenza: un commento alla prima (e finora unica) applicazione giurisprudenziale dell'art. 583 bis c.p.*, em *Stato, Chiese, pluralismo confessionale*, rivista telematica, n. 24/2013, *www.statoechiese.it.*

39. Nesse sentido, cfr. Cass. pen., 26 de novembro de 2008, n. 46300, em *Guida dir.*, 2009, 11, p. 63, para quem, em relação aos chamados crimes culturais, qualificados pelo fato que a norma penal deva ser aplicada a cidadãos de cultura e etnia diversa, portadores de tradições sociológicas e hábitos antropológicos conflitantes com a norma penal, o juiz não pode se subtrair à sua tarefa de ministrar justiça imparcial aplicando as normas vigentes, não se podendo admitir qualquer interpretação que pretenda excluir a existência do elemento subjetivo do crime, invocando as convicções religiosas e o patrimônio cultural do acusado, porque tal interpretação contrastaria com as normas fundamentais que informam e fundamentam o ordenamento jurídico italiano e a regulação concreta das relações interpessoais.

40. Em relação à diversidade cultural, os problemas mais complexos surgem quando o modelo cultural que pretende ser reconhecido for caracterizado pela negação de direitos fundamentais da pessoa, como nas hipóteses de graves discriminações contra a mulher por motivos culturais. Nesse caso, indaga-se se o imperativo do multiculturalismo possa ser levado "*fino a legittimare violazioni che ci appaiono intollerabili*": S. Rodotà, *Repertorio di fine secolo*, cit., p. 135.

41. Sobre esse aspecto, v. L. Mormile, *Attuazione dei diritti fondamentali e multiculturalismo: Il diritto all'identità culturale*, em *Familia*, 2004, p. 57 ss., que recorda as preocupações do mundo feminino e dos movimentos feministas "*che temono che la promozione di una politica multiculturale porti all'indifferenza verso il benessere dei singoli individui, e specificatamente [sic!] delle donne, spesso vittime delle loro stesse culture* (p. 68, nota 18 in fine). Cfr. também S. Rodotà, *Repertorio di fine secolo*, cit., p. 125 ss., espec. p. 137, o qual coloca em evidência o caso egípcio (sobre mutilações geniais femininas) e o caso indiano (sobre seleção do sexo do nascituro) que "*mostrano con chiarezza l'affiorare e il diffondersi di criteri universali, il rifiuto di considerare il multiculturalismo come una resa a tradizioni che si presentano ormai come violazioni di diritti primari*".

4. DIVERSIDADE COMO EXPRESSÃO DO DIREITO À IDENTIDADE PESSOAL

Todos esses aspectos são fundamentais em uma ordem democrática. Todavia, gostaria de retomar a questão que diz respeito ao que eu chamei de vertente individual e positiva da diversidade, ou seja, quando ela se relaciona à liberdade de expressão, nos seus múltiplos significados; à orientação sexual; ao direito de ser si mesmo em toda sua complexidade, incluída a diversidade em relação à manifestação de pensamento e ideias, ou mais especificamente, à forma de manifestar o pensamento e as ideias.

Para tanto, temos de verificar em que consiste o direito à identidade pessoal[42]: No direito à identidade pessoal indicou-se o direito de cada um de ser identificado mediante os próprios sinais distintivos, e principalmente o direito do indivíduo de ser representado, na sua vida de relação, no respeito das suas ideias e convicções[43]. É um direito de construção jurisprudencial que se afirmou, na Itália, a partir de 1974 com uma sentença de um Tribunal de mérito de Roma, confirmando-se depois na jurisprudência da Corte de Cassação e mais tarde nas decisões da Corte Constitucional, que o consagrou definitivamente como "um bem em si mesmo", independentemente da condição pessoal, das virtudes e dos defeitos do sujeito, de maneira que sua individualidade seja preservada[44].

A identidade pessoal, então, traduz o direito de ser si mesmo compreendido como o conjunto de características físicas, convicções religiosas, ideológicas e morais que servem para individualizar e distinguir as pessoas perante o meio social. Isso quer dizer que os indivíduos são livres para criar sua identidade e a forma pela qual serão representados perante a sociedade[45].

O conteúdo do direito à identidade pessoal pode ser individuado também como direito à integridade da esfera individual da pessoa, assumindo significado não somente através dos sinais que representam a pessoa na sociedade em que vive e da paternidade das próprias ideias e convicções, mas também em relação ao patrimônio constituído por uma ampla gama de características pessoais das quais cada um é portador[46]. Para confirmar essa assertiva é interessante citar a decisão da Pretura de Roma de 1974[47]. O caso dizia

---

42. Para uma reconstrução histórica do direito à identidade pessoal, v. E.C. Raffiotta, *Appunti in materia di diritto all'identità personale*, disponível em: www.forumcostituzionale.it.

43. Sobre um perfil específico do direito à identidade pessoal cfr. também A. Gambaro, *Falsa luce agli occhi del pubblico*, em *Riv. dir. civ.*, 1981, I, p. 90 ss.; evidencia que o direito à identidade pessoal não se identifica com o direito à reputação porque "*concerne le deformazioni e non le deturpazioni della personalità*", A. Falzea, *Il diritto all'identità personale: motivi di perplessità*, cit., p. 88.

44. Corte cost., 3 de fevereiro de 1994, n. 13, disponível *online* em *www.giurcost.org*, para quem "a ciascuno è riconosciuto il diritto a che la sua individualità sia preservata".

45. Para a Suprema Corte italiana, "*Ciascun soggetto ha interesse, ritenuto generalmente meritevole di tutela giuridica, di essere rappresentato, nella vita di relazione, con la sua vera identità, così come questa nella realtà sociale, generale e particolare, è conosciuta o poteva essere conosciuta con l'applicazione dei criteri della normale diligenza e della buona fede soggettiva; ha, cioè, interesse a non vedersi all'esterno alterato, travisato, offuscato, contestato il proprio patrimonio intellettuale, politico, sociale, religioso, ideologico, professionale ecc. quale si era estrinsecato od appariva, in base a circostanze concrete ed univoche, destinato ad estrinsecarsi nell'ambiente sociale*": Cass., 22 de junho de 1985, n. 3769, in *Foro it.*, 1985, I, c. 2211.

46. Para uma analise da jurisprudência da Corte Costituzionale italiana sobre o direito à identidade pessoal, v., L. Valle, *Il diritto all'identità personale*, in M. Sesta e V. Cuffaro (a cura di), *Persona, famiglia e successioni nella giurisprudenza costituzionale*, Napoli, ESI, 2006, p. 75 ss.

47. Pret. Roma, 6 de maio de 1974, in *Giur. it.*, 1975, I, 2, c. 514 ss., onde se afirma que "*costituisce violazione del diritto all'identità personale, inteso quale diritto a non vedere travisare la propria personalità individuale, l'affissione*"

respeito à difusão de um cartaz de propaganda do Comitê Nacional para o Referendum sobre o Divórcio para sustentar o voto a favor do referendum, que reproduzia a foto de um homem e uma mulher, capturada sem o consentimento deles, os quais não compartilhavam a ideia da ab-rogação da referida lei. O juiz reconheceu a tutela pela utilização abusiva da imagem, mas o que é mais importante, assegurou tutela também aos interesses do casal lesados pela correlação das finalidades políticas do cartaz às opiniões dos sujeitos retratados, os quais tinham afirmado expressamente a própria opinião a favor do divórcio e portanto opostas àquelas afirmadas pela mensagem do cartaz de propaganda. O juiz operou uma distinção, pela primeira vez, entre a tutela do mero direito à imagem e a tutela da identidade pessoal, colocando em evidência a necessidade de garantir "a verdade sobre a pessoa".

A mesma jurisprudência que afirmou a autonomia do direito à identidade pessoal não deixou de indicar na sua intrínseca modificabilidade, o aspecto fundamental desse direito, já que no decorrer da vida, a identidade pessoal frequentemente muda com o evoluir da pessoa[48]. Um direito, o da identidade pessoal, portanto, que se identifica no direito à verdade, à própria verdade.

Ao analisar a questão devemos levar em conta que a identidade pessoal, no tempo, enriqueceu-se de novos contornos, como o direito de conhecer a própria origem, a identidade biológica, o direito ao esquecimento, a identidade digital, a identidade sexual e, agora, diria também o direito à diversidade.

Como foi afirmado, a diversidade é o que nos torna *únicos* e que nos define como tais. Assim, se o direito à identidade pessoal é o direito de ser si mesmo e se esse direito se encontra embasado no princípio da dignidade humana, então a negação do meu ser diverso lesa a minha dignidade.

5. O CASO DA *BODYART* E DA *BODY MODIFICATION*

Um exemplo de direito à diversidade como expressão do direito à identidade pessoal é representado por uma forma de dispor sobre e do próprio corpo[49] na medida em que este, afastando-se da lógica proprietária, permite à pessoa usá-lo como instrumento de expressão para realizar protestos ou mesmo manifestar a própria posição diante da vida. Nessa perspectiva, o corpo passa a ser visto e entendido como instrumento de manifestação da personalidade, conjugando a liberdade de expressão, constitucionalmente garantida, com o princípio da autodeterminação, no prisma do personalismo, da dignidade e da solidariedade constitucionais[50].

---

di un manifesto per la propaganda a favore dell'abrogazione della legge sul divorzio, nel quale sia ritratta l'immagine di persone che, pur essendo fautori dell'istituto del divorzio, vengono fatte apparire quali esponenti abrogazionisti".

48. Essa característica da modificabilidade é bem resumida por D. Le Breton, *La pelle e la traccia. Le ferite del sé*, trad. di A. Perri, Roma, 2005, p. 20, quando afirma que *"l'identità personale non è mai data una volta per tutte, non è un recinto chiuso ma un tessuto a cui trama – mai completa – evolve sempre, incessantemente".*

49. Sobre os atos de disposição do corpo v., na perspectiva da valorização da pessoa humana della persona umana, V. Rizzo, *Atti di "disposizione" del corpo e tecniche legislative, Rass. dir. civ.*, 1980, p. 618 ss.

50. M. C. De Cicco, *Atos de disposição do próprio corpo entre autonomia e dignidade da pessoa humana*, in www.civilistica. com, 2013, a. 2, n. 2.

A referência é ao fenômeno da *bodyart*[51] e da *body modification*. A *bodyart* é um antigo método de manifestação cultural, política e intelectual que utiliza o corpo para veicular ideias, como o caso da estudante de artes plásticas que decidiu tatuar o próprio corpo com manchas pretas, imitando uma vaca malhada holandesa com o intuito de protestar contra a incapacidade de ser humano de digerir ideias novas e diferentes[52].

A *body modification*, ao contrário, concerne às modificações deliberadas sobre o próprio corpo por razões não terapêuticas. O exemplo mais conhecido é o do homem lagarto[53], um indivíduo que se submeteu, com sucesso, a intervenções cirúrgicas sucessivas com a finalidade de se assemelhar a um lagarto. O seu objetivo era levar as pessoas a refletir sobre a condição humana.

Na esteira do conceito de direito à identidade pessoal indicado pelo Tribunal constitucional italiano, a prática da *body modification* pode ser considerada como uma forma de expressão dessa identidade na medida em que a manifestação da individualidade e da subjetividade acontece através do corpo. Configura-se, portanto, como instrumento de uma ampla promoção e desenvolvimento da personalidade[54].

---

51. V. sobre o tema e sobre a concepção do "corpo como obra de arte", v. D. Le Breton, *La pelle e la traccia*, cit., p. 114 ss.

52. Trata-se de Priscilla Davanzo, que em uma entrevista reclama: "A condição humana é muito superficial, fútil". "É muito chato ser humano, entediante". Segundo a sua opinião, "Não digerimos bem as ideias que recebemos de filmes, livros, jornais". Daqui a decisão de homenagear as vacas, porque. "Elas digerem o bolo alimentar duas vezes": www.terra.com.br.

53. V. www.absurdityisnothing.net. V. também o site oficial de Erik Sprague: www.thelizardman.com.

54. Sobre o assunto merece um aceno o fenômeno das tatuagens, que também representa uma forma de expressão da própria personalidade e da liberdade de autodeterminação do e sobre o próprio corpo (inclui a faculdade de alterar o próprio corpo no direito de liberdade pessoal *ex* art. 13 cost., G. Gemma, *Sterilizzazione e diritti di libertà*, in *Riv. trim.*, 1977, p. 254), se bem, no caso, trate-se de embelezamento do corpo e não especificamente de uma forma de protesto ou de expressão de uma determinada concepção de vida. A diferença de finalidade em relação à *bodyart* e à *body modification* provavelmente justifica a maior difusão da tatuagem, reconhecida hoje como uma forma de arte apesar de n ainda alcançado plena aceitação social (M. Piccinni, *Il corpo artefatto: le "marchiature artistiche" tra integrità e autodeterminazione*, in *Trattato di biodiritto* diretto da S. Rodotà e P. Zatti, III, *Il governo del corpo*, Milano, 2011, p. 603 ss.). A questão invoca o problema do acesso ao emprego público nas forças armadas que ainda apresenta limitações devidas à presença de tatuagens no corpo. Na Itália, a tatuagem representa motivo de exclusão nos concursos para as Forças Armadas quando, "pelo lugar onde estão situadas e pela natureza delas, sejam deturpantes, ou, seu conteúdo sejam índices de personalidade aberrante", ou então, quando se encontram em partes do corpo não cobertas pelo uniforme [d.m. (Interno), 30 de junho de 2003, n. 198, *All.* I, ponto 2, let. *b*]. Como estabelecido pela jurisprudência administrativa, "a mera presença de uma tatuagem não pode constituir causa automática de exclusão do concurso por não idoneidade, sendo necessário que tal alteração adquirida pela cute apresente um caráter "relevante" e que seja idônea a comprometer o decoro da pessoa e do uniforme, com consequente ônus para a administração de especificar, com motivação adequada, as razões com base nas quais a presença da tatuagem possa configurar causa de não idoneidade ao alistamento, tendo em consideração os parâmetros específicos de avaliação indicados na normativa de referência": TAR Lazio, Sez. II, 30 de setembro de 2010, n. 32617, in *Pluris online*, que invoca os próprios precedentes nessa matéria.

No Brasil a questão adquiriu repercussão geral, em um caso decidido pela Corte suprema (STF), em 17 de agosto de 2016, RE 898450, restando estabelecida a seguinte tese: "Editais de concurso público não podem estabelecer restrição a pessoas com tatuagem, salvo situações excepcionais em razão de conteúdo que viole valores constitucionais". Disponível em: http://www.stf.jus.br/portal/jurisprudencia/listarJurisprudencia. asp?s1=%28898450%2ENUME%2E+OU+898450%2EPRCR%2E%29&base=baseRepercussao&url=http://tinyurl. com/hwez8hy.

O caso dizia respeito a um candidato excluído de um concurso público para o preenchimento de vagas de Soldado PM de 2ª Classe no Estado de São Paulo, por possuir uma tatuagem na perna, o que estaria em desacordo com as normas do edital do concurso. O STF reconheceu que a restrição imposta configurava uma violação das normas e princípios constitucionais, argumentando do fato que "O Estado não pode querer desempenhar o papel de

Não se pode negar que os adeptos da *body art* e da *body modification* sejam, por assim dizer, diversos dos não adeptos, seja fisicamente, seja na maneira de conceber a vida e a forma de se expressar. É verdade que a diversidade, por vezes, assusta e, em muitos casos, o conteúdo dos variados projetos de vida individuais possam parecer estranhos e sem sentido. Contudo, no respeito do princípio da dignidade humana, eles devem ser inseridos nos espaços destinados ao pluralismo democrático consagrados na Constituição, que proclama o respeito pela alteridade, pela tolerância e a não discriminação. O fenômeno da *bodyart* e da *body modification* obriga a considerar os valores jurídicos particularmente importantes que, por vezes, se sobrepõem e que, portanto, devem ser ponderados em vista da concretização da dignidade humana; valores que, em definitivo, devem se compor na individualização das faculdades reconhecidas pelo ordenamento e dos limites que os mesmos encontram no exercício da autonomia privada[55].

6. E DA IDENTIDADE DE GÊNERO

Outro exemplo emblemático do direito à diversidade como expressão do direito à identidade pessoal é o chamado direito à identidade sexual, inicialmente negado pela Corte Constitucional (n. 98/1979[56]), mas sucessivamente previsto expressamente na lei n. 164 de 1982[57] que consentiu a retificação do sexo de um indivíduo, reconhecendo todos os fatores que concorrem a formar a identidade sexual da pessoa, sejam físicos, sejam psicológicos[58]. O ordenamento portanto estabeleceu que o sexo da pessoa deva ser definido e

---

adversário da liberdade de expressão, incumbindo-lhe, ao revés, assegurar que minorias possam se manifestar livremente, ainda que por imagens estampadas definitivamente em seus corpos. O direito de livremente se manifestar é condição mínima a ser observada em um Estado Democrático de Direito e exsurge como condição indispensável para o cidadão possa desenvolver sua personalidade em seu meio social".

O eminente relator, Min. Luiz Fux, bem argumentou com um discurso generalista que, identificando a tatuagem como modalidade de exercício da liberdade de expressão, reconhece ampla liberdade à pessoa, com o único limite do seu conteúdo constituir violação a valores constitucionais.

Por essa tese, certamente "politicamente correta", em qualquer concurso público, e assim, exemplificativamente, também no da Magistratura, candidato algum poderá ser excluído por apresentar tatuagem no corpo, visível ou não, independentemente do tamanho e lugar da sua colocação e, portanto, também no rosto, o que não deixa de causar perplexidades. Na Itália, o limite tem sido identificado no decoro, profissional ou não, sem exasperar o "politicamente correto".

55. V. as interessantes páginas de P. Zatti, *Il diritto a scegliere la propria salute (in margine al caso S. Raffaele)*, in *Nuova giur. civ. comm.*, 2000, II, p. 1 ss., spec. p. 4, o qual adverte, em relação à extensão do direito à saúde no âmbito da relação médico-paciente, que, quando são feitas escolhas concernentes, entre outras, à modificação do próprio corpo sucede un "inviluppamento di libertà, identità, salute". No mesmo sentido, mas em relação à configuração jurídica de marcas artísticas sobre o corpo vistas no âmbito de uma relação jurídica, v. M. Piccinni, *Il corpo artefatto: le "marchiature artistiche" tra integrità e autodeterminazione*, cit., p. 601 ss., para quem *"Quando si operano scelte volte alla costruzione o alla modifica del proprio corpo, valori quali l'integrità fisica, l'integrità della persona, l'autodeterminazione e la salute si "inviluppano" e richiedono delicate operazioni di bilanciamento laddove vengano a trovarsi in concreta antinomia".*

56. Corte cost., 1 de agosto de 1979, n. 98, in *DeJure online*.

57. Em contra tendência à jurisprudência prevalecente que não admitia a retificação do sexo, colocava-se uma orientação minoritária (por todos, Trib. Napoli, 9 de novembro de 1977, em *Dir. fam. pers.*, 1978, p. 540), a qual, com base no art. 165 ord. st. civ. que previa a possibilidade, para o Ministério Público, de requerer as retificações "no interesse público", afirmava que incluía-se nessa categoria a adequação da situação efetiva àquela legal, ou seja, do sexo real àquele legal, como resultava dos atos do registro público, com uma perspectiva tendente a eliminar qualquer obstáculo ao pleno desenvolvimento da pessoa humana ai sensi dell'art. 3, comma 2, cost.

58. Relacionado à questão da identidade sexual è o problema do nome da pessoa que se submete à mudança de sexo. A jurisprudência prevalecente, sobre esse ponto, demonstrou-se favorável em reconhecer o novo nome já com a

eventualmente modificado quando mudarem os elementos de fato físicos, especialmente o aspecto externo dos órgãos genitais. O Tribunal constitucional, com sentença n. 161 de 1985[59], estendeu o âmbito de aplicação da lei ao afirmar que a identidade sexual deve ser determinada também com base em uma declarada psicossexualidade, ainda que em contraste com a presença de órgãos do outro sexo, como no caso dos transexuais. A tutela à identidade sexual da pessoa foi ampliada ainda mais depois da sentença n. 221 de 2015[60] com a qual o Tribunal Constitucional estabeleceu não ser mais necessária a cirurgia de retificação de sexo para modificar o próprio gênero e o próprio nome no registro civil[61], afirmando expressamente que o art. 1, par. 1, da lei n. 164 de 1982 "constitui o culminar de uma evolução cultural e ordenamental voltada ao reconhecimento do direito à identidade de gênero como elemento constitutivo do direito à identidade pessoal, que passa a fazer parte a pleno titulo dos direitos fundamentais da pessoa (art. 2 cost. e art. 8 CEDH)"[62].

A Corte reconheceu também o direito de realizar, na vida de relação, a própria identidade sexual, como aspecto e fator de desenvolvimento da personalidade que encontra fundamento no art. 2 da Const., individuando mesmo um dever dos outros membros da coletividade de reconhecê-lo, em razão do dever de solidariedade social.

Ao colocar em primeiro plano o elemento psicológico respeito àquele físico, o Tribunal constitucional sustentou a tese pela qual a identidade sexual deve ser entendida como uma parte relevante da pessoa, da sua identidade, da sua verdade, para além das aparências físicas[63].

---

sentença de retificação, com base n, indicações do sujeito interessado. Na doutrina, favorável à possibilidade de escolha do novo nome por parte do sujeito, mostram-se U. Breccia, em *Comm. c.c. Scialoja e Branca*, a cura di F. Galgano, *sub* art. 6, Bologna-Roma, 1988, p. 432; P.M. Vecchi, *Transessualismo*, in *Enc. giur.* Treccani, Roma, 1994, p. 8. Sobre a necessidade de recorrer ao procedimento previsto no art. 158 ss. ord st. civ. quando o novo nome não for a transposição no gênero oposto ao atual, S. Patti, *"Attribuzione" di sesso e "mutamento" di nome: lacune della legge e soluzioni giurisprudenziali*, em S. Patti e M.R. Will, *Mutamento di sesso e tutela della persona. Saggi di diritto civile e comparato*, Padova, 1986, p. 90; M. Dogliotti, *Transessualismo (profili giuridici)*, em *Noviss. Dig. it.*, App., Torino, 1987, p. 790.

59. Corte cost., 6 de maio de 1985, n. 161, em *Giur. it.*, 1986, I, 1, c. 806, com nota de M. Dogliotti, *La Corte costituzionale riconosce il diritto all'identità sessuale*, ivi, 1987, I, 1, c. 235 ss. Sobre esse ponto v. P. Perlingieri, *Note introduttive ai problemi giuridici del mutamento di sesso* (1970), agora em Id., *La persona e i suoi diritti*, cit., p. 151 ss.

60. Corte cost., 5 de novembro de 2015, n. 221 (in *www.cortecostituzionale.it*), que declara não fundada a questão de legitimidade constitucional do art. 1 par. 1, da l. n. 164/1982 (sobre retificação da atribuição do sexo), especificando que o tratamento cirúrgico não deve ser considerado como pré-requisito para o acesso ao procedimento de retificação, mas como possível meio, funcional à obtenção de um bem estar psíquico-físico total, reconhecendo à norma impugnada "*il ruolo di garanzia del diritto all'identità di genere, come espressione del diritto all'identità personale (art. 2 Cost. e art. 8 della CEDU) e, al tempo stesso, di strumento per la piena realizzazione del diritto, dotato anch'esso di copertura costituzionale, alla salute*". No mesmo sentido, Cass., 20 de julho de 2015, n. 15138, disponível em: www.foroitaliano.it.

61. No Brasil, na ausência de uma legislação específica sobre mudança de sexo e para fins de tutelar o direito à identidade pessoal e sexual das pessoas, a práxis introduziu o chamado "nome social", que é aquele com o qual as pessoas trans preferem ser chamadas na cotidianidade, em contraste com o nome oficialmente registrado e que não reflete a sua identidade de gênero. A consolidação de tal práxis verificou-se com a aprovação do Decreto 28 de abril de 2016, n. 8727, que Dispõe sobre o uso do nome social e o reconhecimento da identidade de gênero de pessoas travestis e transexuais no âmbito da administração pública federal direta, autárquica e fundacional. Disponível em: www.planalto.gov.br.
A própria Ordem dos Advogados do Brasil emanou a Resolução, n. 5/2016, de 7 de julho de 2016, reconhecendo o direito de travestidos e trans a usar o nome social nos próprios documentos de identificação como advogados e advogadas.

62. Trad. do autor.

63. No mesmo sentido coloca-se a decisão da Suprema Corte italiana: Cass., I sez. civ., de 20 de julho de 2015, n. 15138 segundo a qual, "*la percezione di una disforia di genere determina l'esigenza di un percorso soggettivo di riconoscimento di questo primario profilo dell'identità personale né breve né privo d'interventi modificativi delle caratteristiche somatiche ed ormonali originarie. Il profilo diacronico e dinamico ne costituisce una caratteristica ineludibile e la conclusione del*

O "NOVO" PERFIL DO DIREITO À IDENTIDADE PESSOAL: O DIREITO À DIVERSIDADE

A questão da identidade pessoal é tão evidente que hoje se reconhece formalmente o sexo neutro. Um caso conhecido deu-se na Austrália. Trata-se de uma pessoa, Norrie May-Welby, nascida homem mas que aos 28 anos mudou de sexo. Todavia, mesmo com tal mudança, Norrie não conseguia se realizar como pessoa. Submetida a diversos exames médicos, resultou impossível determinar exatamente o seu sexo e assim, aos 48 anos foi declarada, primeira vez no mundo, como pessoa de sexo neutro. O Cartório de Registros, todavia, voltou atrás na sua decisão e anulou a certidão de nascimento com a indicação de "sexo não especificado", sob a alegação da impossibilidade jurídica em admitir a neutralidade do sexo. Norrie apresentou recurso à Comissão de direitos humanos e conseguiu finalmente que fosse reconhecida a "sua verdade" em relação à sua identidade sexual.

Seguindo a mesma orientação, a Alemanha, recentemente, aprovou uma lei[64] dando a possibilidade aos pais de crianças das quais, no momento do nascimento, não for possível determinar com exatidão a qual sexo pertence, de registrá-la como sendo de sexo neutro até que se possa, com certeza, identificar o sexo correto. Uma vez adultos, as pessoas intersexuais poderão optar por um dos dois sexos ou permanecerem "indeterminados". A solução alemã sintetiza o problema da classificação dos critérios sociais e jurídicos que definem sexo e identidade sexual[65]. A esse propósito, afirmou-se, justamente que a melhor opção para fins de tutela da pessoa seja conceber o sexo não como um atributo adquirido instantaneamente no momento da concepção (visão biomédica), mas como um aspecto que se forma sucessivamente até o início da vida adulta, reconhecendo-se, assim, a justa relevância à esfera psíquica da pessoa[66]. É, portanto, limitativo identificar a identidade sexual, ou melhor, de gênero, com os fatores estáticos e imutáveis da pessoa, na medida em que torna-se cada vez mais importante fazer referência principalmente aos elementos dinâmicos da identidade, como os psicológicos, sociais e culturais. No mesmo sentido posiciona-se a justiça francesa que reconheceu o direito de um individuo intersexual, ou seja, com cromossomos sexuais, genitais e/ou caracteres sexuais secundários não definíveis como exclusivamente masculino ou feminino, a escrever "sexo neutro" no seu registro civil[67].

---

processo di ricongiungimento tra"'soma e psiche" non può, attualmente, essere stabilito in via predeterminata e generale soltanto mediante il verificarsi della condizione dell'intervento chirurgico".

64. Lei 7 de maio de 2013. Art. 1. O teor da lei deixava aberta a questão sobre a possível aplicação também às pessoas nascidas anteriormente à sua entrada em vigor.

    A Corte federal alemã (*Bundesgerichtshof*), em 22 de junho de 2016, em uma importante decisão sobre a questão do sexo neutro na Alemanha, deu resposta positiva ao problema: www.juris.bundesgerichtshof.de.

65. Cfr. S. Rodotà, *Présentation Générale des problèmes liés au transsexualisme*, in *Transsexualisme, médicine e droit*. Actes XXIII Colloque de droit européen. Vrije Universiteit Amsterdam, 14-16 avril 1993, Strasbourg, 1995, p. 17.

66. S. Rodotà, op. ult. cit., p. 20 ss.: *"l'état des personnes qui résulte des registres de l'état civil est una discription du rôle social liée à une donnée biologique présumée immuable. Mais vous savez bien et on l'a déjà dir que cette présomption, cette fiction juridique, ne peuvent pas être considérées aujourd'hui avec la même certitude que dans le pass"* (p. 21).

67. TGI de Tours, 20 de agosto de 2015, para quem "Não se trata de reconhecer a existência de um "terceiro sexo, mas de tomar consciência da impossibilidade de indicar o interessado como deste ou daquele sexo" Para os juízes, o sexo imposto a essa pessoa no momento do nascimento "apresentava-se como uma pura ficção" (www.20minutes.fr).

    Infelizmente a decisão foi revista pelo Tribunal de Apelação de Orléans, 22 de março de 2016 (disponível em https://www.legifrance.gouv.fr/affichJuriJudi.do?idTexte=JURITEXT000032317554), o qual, justificando a decisão *sur les faits de l'espèce*, afirma que "*la demande ne peut être accueillie en ce qu'elle est en contradiction avec l'apparence physique et le comportement social du requérant*". Para os juízes, a clareza do art. 57 c.c. impede a sua interpretação e além disso, "*permettre l'inscription d'un sexe neutre dépasse le pouvoir dévolu aux juges et que la création d'une autre catégorie sexuelle relève de la seule appréciation du législateur*". A decisão enfatizou também os possíveis riscos de estigmatização que a pessoa poderia sofrer caso fosse reconhecida uma nova categoria de sexo neutron. Em

Vê-se, portanto que a evolução do direito à identidade pessoal leva-o a identificar-se, cada vez mais, no direito à verdade, à própria verdade.

7. O OUTRO LADO DA MEDALHA: ACENO À TOLERÂNCIA

Os exemplos trazidos servem para demonstrar que a diversidade deve ser vista como um valor, um recurso, um direito, uma riqueza que não permite a sua anulação em benefício de uma homologação que torne todos iguais, onde o indivíduo deva necessariamente se identificar com o grupo dominante.

Eu acredito na reciprocidade, por isso, concordo com quem afirma que o reconhecimento da diversidade e da diferença implica a reciprocidade: se a uma pessoa foi reconhecida a diversidade, a diferença, ela por sua vez deve reconhecer quem a reconheceu[68]. Correto também afirmar que o respeito à diversidade e à diferença não significa recusar qualquer possibilidade de juízo moral sobre tal diferença ou diversidade. Não se é obrigado a aceitar a diferença ou a diversidade do outro, mas deve-se respeitá-las.

Corolário ao direito à diversidade é a questão da tolerância que, atualmente, ocupa um papel central no debate político, interno e internacional, principalmente em relação aos conflitos com motivações religiosas.

De acordo com Rainer Forst[69], a tolerância é um conceito normativamente dependente porque não pode ser preenchido sem que se recorra a outros fundamentos normativos, que não são dependentes no mesmo sentido. Por esse motivo, não se reconhece a tolerância como um valor em si mesmo. É necessário analisar o seu núcleo para que se possa verificar quais são os limites da tolerância no contexto da atual sociedade, marcada por profundas diferenças culturais, religiosas, políticas, morais e ideológicas que se diferenciam e ao mesmo tempo qualificam o indivíduo dentro dessa sociedade. A tal fim, Rainer evidencia duas concepções diferentes de tolerância aplicáveis no contexto desse tipo de sociedade: tolerância como permissão, caracterizada pela não reciprocidade e que influencia ainda hoje a nossa ideia de tolerância[70] e tolerância como respeito, que parte de uma consideração recíproca dos atores que se toleram. Em extrema síntese, essa concepção parte de considerações de justiça, ou seja, nem a maioria, nem a autoridade política poderão ter jamais o direito de projetar as instituições do Estado a partir das próprias convicções éticas. De fato, é característica da democracia reflexiva o fato que todas as instituições condicionantes a vida da sociedade e dos indivíduos devem se justificar à luz de normas que os cidadãos não podem recíproca e geralmente rejeitar. Seria como um "direito a se justificar".

---

definitivo, deu-se prevalência ao princípio da indisponibilidade do *status personae* sobre o direito ao respeito da vida privada *ex* art. 8 CEDH.

68. Assim, A. de Benoist, *Il diritto alla differenza non può essere negato*, cit.

69. R. Forst, *Os limites da tolerância*, tradução de Mario Victoria Soares, in Novos Estudos CEBRAP, n. 84, São Paulo, 2009, disponível em http://www.scielo.br/scielo.php?script=sci_arttext&pid=S0101-33002009000200002, acesso em 8 de dezembro de 2015. O autor indica seis características que devem ser observadas ao se analisar o núcleo (*hardcore*) da tolerância: o contexto, a recusa, a aceitação, os limites, a espontaneidade e as praxes.

70. Nessa concepção, a maioria ou a autoridade podem sempre se intrometer nas práticas de uma minoria, mas não o faz, enquanto esta última aceita viver em submissão. Aqui a autoridade é quem define arbitrariamente os limites da tolerância, inexistindo, portanto igualdade entre os grupos: maioria e minoria.

Nessa concepção, os limites da tolerância são ultrapassados quando o respeito do outro é negado. E negar esse respeito é uma forma de intolerância intolerável. Não é suficiente tolerar quem pensa diversamente de nós ou mostra um aspecto estranho e diverso do nosso. A tolerância tem sentido somente se determinadas convicções ou práticas puderem ser criticadas ou recusadas de maneira fundada. A recusa infundada que se verifica na reação diante de tudo o que for meramente diverso, estranho, não será tolerância, mas provavelmente prejuízo, fanatismo ou ressentimento. Nessas situações não se faz apelo à tolerância, sendo necessário simplesmente fazer apelo ao respeito e à superação do prejuízo.

Aqueles que se toleram entre si podem considerar erradas as opiniões do outro, mas, com base em razões que o outro pode recusar a partir da sua concepção diversa do bem, que deve ser respeitada. A tolerância como respeito resulta da visualização da diversidade dentro da igualdade, quando todas as pessoas se reconhecem como pessoas equiparadas.

8. CONCLUSÃO

A esse propósito, como foi muito bem enfatizado, "afirma-se que "ser normal" signifique respeitar seja as leis oficiais, seja as leis não escritas que controlam a nossa vida moral, estabelecendo a distinção entre o bem e o mal, vício e virtude, sucesso e falência. Quem se afasta da norma, ao contrário, è anormal, diverso dos outros. É diverso quem assim se sente: quem não consegue entrar na norma porque incapaz de se comportar e de viver como os outros ou porque crê em outros valores e em outros modelos de vida. É diverso quem é considerado assim e, portanto, é marginalizado, excluso. Os outros são, ao contrário, aqueles que são ou se creem "normais", que respeitam as regras do jogo, que em virtude da posição que ocupam, determinam a diversidade"[71]. Nessa perspectiva, quando a exclusão e a emarginação acontecerem em ambiente de trabalho talvez seja possível configurar uma hipótese de assédio moral. Quando, isto é, a diversidade depender do fato, por exemplo, de a pessoa se manifestar segundo as próprias convicções, sem levar em conta a posição oficial do grupo dominante[72] o qual, por esse motivo a exclui, a marginaliza, nem sempre, ou quase nunca, de forma explícita[73]. Quando, em definitiva, a diversidade for expressão da identidade pessoal do sujeito na medida em que a diversidade não deveria mais representar "um elemento a ser tolerado, mas sim, um bem a ser tutelado"[74].

---

71. M. Antonello, *Diversità e differenza. La diversità come valore*, in M. Antonello, P.P. Eramo e M. Polacco, *Le voci dell'altro: materiali per un'educazione alla differenza*, Torino, 1995.
72. V. sobre esse ponto, M. R. Marella, *L'integrazione sociale delle persone disabili fra normalità e differenza*, em *Riv. crit. dir. priv.*, 1997, 183 ss., a qual, analisando a posição das pessoas com disabilidade, afirma que a legislação especial a favor das pessoas vulneráveis, mostra como a diversidade reflita uma distribuição de poder na sociedade na medida em que permite à maioria que encarna o modelo cultural dominante – e que por esse motivo coloca as regras – "de considerar o próprio ponto de vista como objetivo e a partir daí traçar o divisor de águas entre quem é normal e quem é diverso".
73. Assim, M. Antonello, *Diversità e differenza. La diversità come valore*, in M. Antonello, P. P. Eramo, M. Polacco, *Le voci dell'altro: materiali per un'educazione alla differenza*, Torino, Loescher, 1995, trad. livre.
74. A. de Benoist, op. cit.

CONSTITUCIONALIZACIÓN Y JURISPRUDENCIA CONSTITUCIONAL EN EL DERECHO DE FAMILIA CHILENO

Fabiola Lathrop

Profesora Asociada de Derecho Civil de la Universidad de Chile. Doctora en Derecho, Universidad de Salamanca. Este trabajo ha sido publicado en la revista chilena Estudios Constitucionales, 2017, v.15, n.1, p. 329-372.

flathrop@derecho.uchile.cl.

Sumario: 1. Introducción. 2. Constitucionalización y Derecho Privado. 3. Constitucionalización y Derecho de Familia. 4. Derecho de Familia y jurisprudencia constitucional chilena. 4.1 Matrimonio y orientación sexual. 4.2 Libertad probatoria en el divorcio. 4.3 Discriminación contra la mujer en las relaciones familiares. 4.4 Filiación y relaciones de cuidado. 4.4.1 Acción de reclamación de filiación contra los herederos del supuesto progenitor fallecido. 4.4.2 Acción de filiación y cosa juzgada. 4.4.3 Cuidado personal de los hijos. 4.4.4 Guardas. 4.4.5 Corolario en materia de filiación y relaciones de cuidado. 5. Conclusiones. 6. Jurisprudencia Citada, Tribunal Constitucional Chileno (requerimientos de inaplicabilidad por inconstitucionalidad). 7. Bibliografía Citada. 8. Normas Jurídicas Citadas.

1. INTRODUCCIÓN

La Constitucionalización del Derecho ha sido definida como un proceso de transformación de un ordenamiento al término del cual éste resulta totalmente "impregnado" de normas constitucionales.[1] Este fenómeno implicaría dos cuestiones elementales. En primer lugar, la recepción constitucional de derechos y principios provenientes de las divisiones en que tradicionalmente se separa el Derecho, para dotarlos de la protección que entrega la norma fundamental. En segundo lugar, importaría la obligatoriedad directa de las normas y principios así recogidos, para todos los órganos del Estado, incluidos sus tribunales y particulares.[2]

El objeto de este trabajo no es dilucidar la existencia o inexistencia de la constitucionalización del Derecho, ni sus ventajas y desventajas. Este artículo parte de la base de la existencia de un fenómeno que ha invitado a los privatistas a revisar ciertos postulados clásicos de su disciplina basados en la supremacía legal.[3] En particular, la

---

1. Guastini (2009), citando a Louis Joseph Favoreu, p. 49.
2. Domínguez (2001), p. 37. A este segundo elemento de la constitucionalización del Derecho se opone particularmente en nuestro país, Francisco Zúñiga, al señalar que la aplicabilidad mecánica, directa y sin mediación infraconstitucional, conlleva al absurdo de transformar a la Constitución en un demiurgo normativo, esto es, en derecho material para todo tipo de hechos y situaciones. Zúñiga (2005), p. 18.
3. Creo que es innegable que el fenómeno existe y que ha repercutido en el Derecho Privado sea por vía doctrinal como jurisprudencial; creo que más allá de sus deficiencias dogmáticas ha generado interpretaciones más acordes a los

verificación de este fenómeno, cualquiera sea el nombre con que se conozca, ha impactado una rama entendida tradicionalmente como perteneciente al Derecho Privado, cual es el Derecho de Familia, en la cual me centraré.

En este trabajo se asume que la justicia constitucional juega una función esencial en el proceso de constitucionalización del Derecho, a tal punto de ser considerada como una de las *condiciones* de su verificación (garantía de la jurisdicción). Bajo este supuesto, se intenta determinar el grado de verificación del proceso de constitucionalización del Derecho de Familia en el específico aspecto de la jurisprudencia constitucional, efectuando críticas al estado de avance de ésta en materias específicas del Derecho de Familia.

Efectuado tal análisis, la principal conclusión que arroja este trabajo es que nuestro país no cuenta con una debida acumulación de normas constitucionales a través del desarrollo de la justicia constitucional. Las ocasiones en que nuestro Tribunal Constitucional (TC) se ha pronunciado sobre el fondo de los asuntos sometidos a su decisión en virtud de requerimientos de inaplicablidad por inconstitucionalidad, constituyen la excepción. Existen dos elementos que explican esta situación. En primer lugar, el que la mayoría de dichos requerimientos hayan sido declarados inadmisibles. En segundo lugar, el hecho de que a menudo el Tribunal invoque la denominada "reserva legal", estrechando determinantemente el ámbito sobre el cual puede pronunciarse. En este sentido, en este trabajo se concluye que el TC chileno no ha hecho propio uno de los elementos que describen el proceso de constitucionalización del Derecho, esto es, el que la norma legal se impregne de los principios constitucionales. En la medida que el Tribunal considera que hay ciertos ámbitos que le están vedados por ser privativos del terreno legal, se dificulta directa e indirectamente el fenómeno de la constitucionalización del ordenamiento jurídico.

En este trabajo se agrupa y sistematiza la jurisprudencia constitucional en materia de Derecho de Familia, detectando aquellas áreas en que nuestro TC ha efectuado una re-interpretación de normas del Derecho de Familia a la luz de principios constitucionales y estándares internacionales. Por su parte, en este artículo se efectúan algunas consideraciones en torno a la importancia de la función interpretativa y de control de constitucionalidad que cumple dicho Tribunal frente a la regulación de las relaciones de las personas en familia. Finalmente, se presentan ciertos elementos de análisis en cuanto a la labor de la dogmática en el proceso de constitucionalización del Derecho de Familia y la redefinición de sus principios fundantes.

---

derechos fundamentales de ciertas disposiciones decimonónicas que no se justifican en una sociedad moderna. Manuel Atienza, al referirse a la constitucionalización del Derecho, señala que pueden adoptarse tres posturas: ignorar o negar el fenómeno y, por tanto, seguir construyendo la teoría del Derecho y la dogmática constitucional como se viene haciendo; en segundo lugar, reconocer la existencia de esos cambios pero pensar que ellos pueden explicarse y manejarse sin necesidad de introducir algo así como un nuevo "paradigma" en el pensamiento jurídico; o bien, finalmente, pensar que el nuevo fenómeno requiere de una nueva teorización. Cfr. Atienza (2007), p. 116-117.

2. CONSTITUCIONALIZACIÓN Y DERECHO PRIVADO

La doctrina que asume la existencia de la constitucionalización del Derecho en nuestro país, atribuye las siguientes características a este proceso. En primer término, se asume que constituye un fenómeno generalizado en diversas áreas del Derecho de países de las más variadas latitudes. En el contexto nacional, este fenómeno ha sido relevado por diversos constitucionalistas que, en la década de los noventa, declaraban que constituía el cambio "de mayor relevancia en nuestra Teoría Democrática y Estado de Derecho".[4]

El surgimiento del fenómeno de la constitucionalización del Derecho en general en nuestro país ha sido fijado en dos hitos: la existencia del recurso de protección en virtud de la Constitución Política de 1980 y la función que le ha cabido al TC desde mayo de 1981.[5] En el Derecho Privado, el origen del proceso de constitucionalización se remonta a la Alemania de la década del sesenta,[6] siendo su principal efecto el haber cambiado el eje o centro de gravedad del orden jurídico, desde la ley (principio de supremacía legal vigente en el siglo XIX) a la Constitución (hacia fines del siglo XX).[7]

En el contexto nacional, se ha definido la constitucionalización del Derecho Privado como aquel ejercicio de "conferir rango constitucional a ciertos derechos de contenido privatístico";[8] lo que significa que estos derechos existían antes de la vigencia constitucional pero con otra jerarquía. Un ejemplo de ello estaría dado por la re-definición de los atributos de la personalidad, tradicionalmente desarrollados por la doctrina civilista. Al respecto, se ha señalado que la capacidad de goce sería el único de esos atributos que acerca la noción de persona a la emanación de una dignidad que le confiere derechos por sí misma, pero que, sin embargo, reviste connotaciones primordialmente patrimoniales.[9]

A su vez, la normativa constitucional incidiría directamente en las relaciones privadas entre particulares, sean éstas de índole patrimonial, tales como contratos (autonomía privada y límites a la libre iniciativa económica), bienes (modos de adquirir el dominio y de protegerlo), responsabilidad civil (garantía de protección de la integridad psíquica y reparación integral), y sucesiones (libertad de testar y función social de la propiedad).[10] En especial, los preceptos constitucionales han repercutido directamente

---

4. Cea (1996), p. 11. Para el autor, la constitucionalización fue desarrollada primeramente por la jurisprudencia de países con una cultura jurídica que le otorga preponderancia a los principios, cláusulas generales, costumbres y valores supremos, finales y cohesionantes del proyecto nacional, plasmados en el preámbulo, o articulados en el texto de la Carta Fundamental; superando la mera incorporación de catálogos más exhaustivos de derechos humanos en las constituciones, la creación de Tribunales Constitucionales y la introducción de acciones y recursos que cautelen tales derechos. Para el autor, este fenómeno supone la concurrencia de causas más profundas, como la perdurabilidad de una sólida conciencia constitucional, la buena fe y la honestidad en la hermenéutica de la Carta Fundamental; la redefinición de su naturaleza y funciones, con sujeción a la dignidad de y los derechos inalienables de las personas (p. 11-12).

5. Cea (1996), p. 13.

6. Corral (2004), p. 4.

7. Favoreau (2001), p. 43.

8. Guzmán (2001), p. 36. Para el autor, la operación constitucionalizadora obedece a la denominada "garantía de los derechos", esto es, la seguridad de poder remover el obstáculo que se oponga a la existencia o ejercicio de los mismos, lo cual implica la disponibilidad de alguna acción judicial de reclamación frente a tal obstáculo (p. 38).

9. Domínguez (2001), p. 42.

10. Corral (2004), p. 6.

en cuestiones de carácter extrapatrimonial, como el Derecho de la Persona (protección de la vida y derecho a la honra, intimidad e imagen, entre otros) y el Derecho de Familia.

La estrecha relación entre Constitución y Derecho Privado pasaría por tres vectores:[11]

a) la primacía constitucional, toda vez que sustituye el principio de superpotencia de la ley propio de los Códigos decimonónicos;

b) el ámbito de aplicación de los derechos fundamentales, sea por estar llamados a regir con eficacia horizontal como por su marcada y extendida internacionalización;

c) las vías procesales para su tutela; quedando en evidencia la importancia de la justicia constitucional en el proceso de constitucionalización del Derecho, a tal punto de ser considerada como una de las *condiciones* de su verificación (garantía de la jurisdicción).[12]

Por su parte, se ha señalado que el proceso de constitucionalización del Derecho Privado ha podido verificarse mediante:[13]

a) una vía reformadora, es decir, a través de modificaciones tendientes a ajustar las leyes a la Constitución o a la interpretación que predomine de ella en la voluntad política mayoritaria;

b) una vía hermenéutica o de aplicación indirecta que, a su vez, presenta:

una *versión moderada,* consistente en interpretar la ley conforme a los preceptos constitucionales; llenando con tales normas conceptos abstractos como la buena fe, la moral, las buenas costumbres y el orden público; concibiendo la normativa constitucional como parte del espíritu general de la legislación al interpretar la ley;[14] y recurriendo a valores y principios constitucionales a la hora de interpretar actos y contratos que imponen exigencias que lesionan la dignidad o derechos fundamentales de los contratantes o de la parte más débil;

una *versión radical*, que apuesta por un cambio en la perspectiva metodológica y en la comprensión del Derecho Privado en general, de tal forma que pasa a ser concebido, en todas sus ramas e instituciones, como un conjunto de pautas, criterios y preceptos que asumen como propios los valores y principios del orden constitucional.

Ahora bien, este fenómeno ha generado reticencias y, en particular en el ámbito del Derecho Privado, la versión de carácter radical de la vía hermenéutica recién referida, ha generado serias resistencias. En cierta medida, resulta razonable cuestionarse si la Carta Fundamental, a través de la constitucionalización de las relaciones privadas, ha "robado" espacio a la norma civil, de modo que esta haya perdido su importancia. Es la razón de fondo que subyace a algunas críticas a dicho proceso por parte de la doctrina privatista.

Algunos autores[15] se oponen a este proceso de constitucionalización pues habría dado lugar a la creación de lagunas artificiales: al afirmarse que si una materia no es propia de la ley civil, esta falta de ley debe llenarse por una norma constitucional; se señala también que en virtud de este proceso se habrían "expropiado" materias propias de la ley civil (conceptos de persona o propiedad); se afirma que la propia Constitución

---

11. Kemelmajer (2005), p. 1196.
12. Guastini (2009), p. 51-52.
13. Tomados de Corral (2004), p. 7-9.
14. Ramón Domínguez señala que de la subordinación del resto de las normas jurídicas a la Constitución, ha de derivarse una consecuencia en cuanto al sistema de interpretación de las leyes: la superposición a los elementos de interpretación de los arts. 19 y siguientes del CC, de uno más elemental, esto es, el de la adecuación a la norma fundamental. Domínguez (1996), p. 111.
15. Corral (2004), p. 7-9.

se declara incompetente para regular las materias propias de leyes con estructuras de Código, como el Código Civil (CC); y, por último, que este proceso puede contrariar el sistema de control constitucional.

A su vez, en el ámbito del Derecho Constitucional se ha criticado la forma en que los privatistas estarían entendiendo y extremando el protagonismo de la Constitución en el ordenamiento jurídico. Así, se ha señalado que el Derecho Civil muestra una "cuasi patológica fijación hacia el derecho constitucional", toda vez que pretende encontrar en la Constitución un punto de origen para diversas instituciones, tales como la buena fe o el fundamento a la indemnización por daño moral en la integridad síquica, llegando a ver en las disposiciones constitucionales un sustituto de los principios o fundamentos de la disciplina civilista.[16]

A esta crítica se añade el que la constitucionalización del Derecho chileno, en especial la justicia constitucional chilena, contribuiría a su vulgarización (constitucionalización por vía judicial y no por codificación).[17] En efecto, al no existir en nuestro país ni la doctrina de precedentes ni una dogmática suficiente –que serían las dos condiciones para evitar que la constitucionalización por vía judicial desemboque en vulgarización-, no contamos con una debida acumulación de normas constitucionales a través del desarrollo de la justicia constitucional.

Al respecto, creo que la constitucionalización enriquece el Derecho Privado, revitalizándolo, armonizándolo con concepciones jurídicas modernas; en especial, lo renueva a la luz de los derechos fundamentales, como ha sucedido en materias relativas a la persona y a las familias. En este sentido, mal podría constituir una amenaza para la ley civil; no debe temerse que la norma fundamental termine por relegar al Derecho Privado pues, a mi juicio, este mantiene vigentes sus propios principios e instituciones cardinales. Lo que ocurre es que algunos de ellos deben re-leerse o re-interpretarse.[18]

3. CONSTITUCIONALIZACIÓN Y DERECHO DE FAMILIA

Una parte creciente de la dogmática contemporánea del Derecho de Familia en Latinoamérica ha analizado las formas en que nuestras Constituciones definen y regulan la vida familiar, así como en las implicancias de los derechos constitucionales de los miembros de la familia. Inspirados en el proceso de constitucionalización del Derecho, especialistas en Derecho de Familia y de Derecho de la Infancia han comenzado a efectuar un análisis dogmático que se relaciona directamente con los principios, normas y precedentes constitucionales,[19] llegando a afirmar que la constitucionalización del

---

16. Aldunate (2006), p. 43.
17. Correa (2005), p. 163 y 171. Entre otros elementos característicos, el autor identifica en la vulgarización el que la argumentación jurídica tiende a hacerse menos institucional y por tanto más abierta a consideraciones generales, sean económicas o propiamente morales (p. 162).
18. Así, se ha afirmado que: "La materialización de esos principios generales y abstractos [contenidos en la Constitución] en reglas precisas es una tarea que corresponde al legislador y, particularmente, al Código Civil", precisando que "la constitucionalidad del derecho civil no supone un abandono del Código, sino una nueva 'mirada' sobre sus categorías y reglas esenciales (...)." Tapia (2005), p. 364.
19. (Soto (1994), p. 217-229; Hernández (2008). p. 17-52; Lloveras y Salomón (2010), p. 73-115; Álvarez (2011), p. 27–51).

Derecho de Familia ha "transformado" esta rama del Derecho. Así, sobre la base de este enfoque, han comenzado a cuestionar las bases de una dogmática que justifica la regulación de la vida familiar en términos de una concepción orgánica e ideal de la familia y un reconocimiento desigual de los derechos individuales de todos los miembros de la familia (en particular, las mujeres y niños).[20]

Este tipo de doctrina vincula las instituciones específicas del Derecho de Familia con los presupuestos normativos que los sostienen, en el marco de un orden constitucional y democrático de Derecho. En esta doctrina es posible distinguir trabajos que ponen de relieve el impacto de las reformas constitucionales en la regulación de la familia,[21] y otros que se centran en las principales consecuencias derivadas del Derecho Internacional de Derechos Humanos.[22]

El estudio de la persona en sus relaciones jurídico-familiares (Derecho de Familia o Derecho de la Persona en familia) ha sido estudiado tradicionalmente por los especialistas del Derecho Civil (o del Derecho Privado), aplicando categorías e interpretaciones propias de esta rama del Derecho. Una vez que las Constituciones latinoamericanas comienzan a proteger, de manera más o menos explícita e integral a la familia, el enfoque de análisis se traslada a uno de corte público, generándose tensiones entre la Constitución nacional y la legislación sobre dichas relaciones personales y familiares.

Estas tensiones han sido abordadas por disciplinas constitucionalistas y familistas en forma paralela, y con ocasión de instituciones específicas impactadas por este proceso de constitucionalización. Así, salvo escasas excepciones en el contexto latinoamericano, estas problemáticas no han sido abordadas por ambas disciplinas conjunta y conjugadamente. La adecuación de la legislación de familia a los principios constitucionales y la redefinición de ciertos contenidos civiles presentes en la Constitución constituye un gran desafío para la doctrina de familia. Esto, porque, como consecuencia derivada de un extendido neoconstitucionalismo,[23] la sujeción de la ley a la Constitución podría debilitar el carácter

---

20. En esta parte tomo algunas ideas expuestas por Nicolás Espejo en la conferencia dictada el día 18 de noviembre de 2014, en la Universidad Diego Portales, en el marco de la Cátedra por el Derecho Continental (Congreso Internacional. Universidad Diego Portales – Fondation pour le Droit Continental).

21. (Zannoni (1998) p. 22 y ss.; Parra (1996) p. 47-52; Calvo (2000) p. 163-165; De la Fuente (2012)). En nuestro país, Zúñiga y Turner han efectuado un estudio comparado a nivel latinoamericano, poniendo de relieve que el texto constitucional chileno no contiene un estatuto sistemático sobre la familia que oriente la labor del legislador, agregando que "la hipertrofia abstencionista del constituyente original sumada a una regulación fragmentaria de la familia a nivel legal, han provocado una protección insuficiente y dispar de esta institución en el ordenamiento chileno". Turner y Zúñiga (2013), p. 277.

22. Existe cierto consenso en que los Derechos Humanos han impactado fuertemente las relaciones familiares, tornándose directamente aplicables a ellas. Esto ha llevado a aseverar que los Derechos Humanos se han convertido en el "principal" motor de evolución del Derecho de Familia. Gil *et al* (2006), p.5. Véase también (Beloff (2008), p. 11-44; Lloveras y Salomón (2010), p. 73-115). La constitucionalización del Derecho de Familia ha sido escasamente abordada en el ámbito nacional; a ella se ha referido Schimdt, enfatizando la importancia de la codificación y de la humanización del Derecho como elementos caracterizadores de tal fenómeno. Schmidt (2005), p. 1235-1244.

23. El término "neoconstitucionalismo" alude a una doctrina alimentada por la constitucionalización del Derecho, que describe ciertos fenómenos o prácticas institucionales de los Estados constitucionales tras la segunda guerra mundial. (Núñez (2012), p. 515; Aldunate (2010), p. 80). El primero de estos autores reconoce la existencia de esta corriente señalando que su sustrato corresponde a "la existencia de sistemas normativos encabezados por una Constitución que pretende condicionar de modo importante las decisiones de las mayorías a través de su carga axiológica y de las instituciones jurisdiccionales que garantizan su supremacía y en donde, a consecuencia de lo anterior, el protagonismo en la concreción de las disposiciones constitucionales no corresponde al legislador sino

dogmático de la primera, ya que sólo *toma posesión* de su carácter dogmático una vez que se produce su encaje o ajuste con la normatividad constitucional (súper-dogma). Y ello ocurre, sin embargo, con el coste de que, debido a la presencia en la Constitución de contenidos sustantivos difíciles de precisar, no es fácil saber cuál es su contenido o qué es *lo que dicen* las normas constitucionales.

4. DERECHO DE FAMILIA Y JURISPRUDENCIA CONSTITUCIONAL CHILENA

Como he señalado, el objeto de este trabajo es determinar el grado de verificación del proceso de constitucionalización del Derecho de Familia en el específico aspecto de la jurisprudencia constitucional, efectuando críticas a su estado de avance. También he señalado que la justicia constitucional jugaría una función esencial en el proceso de constitucionalización del Derecho, a tal punto de ser considerada como una de las *condiciones* de su verificación (garantía de la jurisdicción). Al respecto, podemos concluir que nuestro país no cuenta con una debida acumulación de normas constitucionales a través del desarrollo de la justicia constitucional.

Como se verá, las ocasiones en que nuestro TC se ha pronunciado sobre el fondo de los asuntos sometidos a su decisión en virtud de requerimientos de inaplicablidad por inconstitucionalidad constituyen la excepción (la mayoría de ellos han sido declarados inadmisibles). Por su parte, en varios casos en que ello ha sucedido, la invocación de la denominada "reserva legal" estrecha determinantemente el ámbito sobre el cual puede pronunciarse. Revisada la jurisprudencia del TC chileno entre los años 1973 y 2016, es posible rescatar 61 fallos dictados en materias de Derecho de Familia. De ellos, este Tribunal ha dictado 9 sentencias recaídas en control de constitucionalidad de las leyes. Para efectos de este artículo, en cambio, revisaré las sentencias emitidas en virtud del control concreto de constitucionalidad autorizado por el art. 93 n. 6 de nuestra Constitución. Esta jurisprudencia – constituida por 52 fallos pronunciados desde 2007- puede agruparse bajo las siguientes materias.

Materias matrimoniales		Materias filiativas		Otras materias	
Matrimonio entre personas del mismo sexo	1	Acciones de Filiación	23	Secuestro internacional de menores de edad	1
Divorcio sanción por conducta homosexual	2	Cuidado Personal de los hijos	4	Guardas	1
Divorcio de común acuerdo y libertad probatoria	3	Relación directa y regular con los hijos	2		
Separación judicial matrimonial	1	Alimentos debidos a menores de edad	2		
Compensación Económica	9	Adopción	2		
Bien familiar	1				

---

a los jueces" (p. 515). El segundo autor es reticente a la existencia de una "teoría" neoconstitucionalista; el que denomina "neoconstitucionalismo histórico", en cambio, estaría relacionado con los elementos que señala Núñez y, en especial, en lo que interesa relevar en este artículo, con la constitucionalización del Derecho, en la medida que comprende el reconocimiento de las fuerza normativa directa del texto constitucional y su proyección en el sistema de fuentes subconstitucionales (p. 100).

A continuación me referiré a las sentencias del elenco que presenta el recuadro anterior, y que me han parecido más relevantes, agrupadas de la siguiente forma: matrimonio y orientación sexual; libertad probatoria en el divorcio; discriminación contra la mujer en las relaciones de familia; y filiación y relaciones de cuidado.

4.1 Matrimonio y orientación sexual

En materia de orientación sexual y relaciones familiares, existen dos sentencias que analizaré. La primera dice relación con la constitucionalidad de la norma que define el matrimonio como con un contrato entre un hombre y una mujer; la segunda se relaciona con la disolución del matrimonio por una especial causal, cual es la conducta homosexual del cónyuge demandado.

El TC chileno, con fecha 3 de noviembre de 2011, resolvió un requerimiento de inaplicabilidad por inconstitucionalidad del art. 102 del CC chileno[24]. Esta acción fue impulsada por el Presidente de la Corte de Apelaciones de Santiago, como medida para mejor resolver, al conocer de un recurso de protección interpuesto ante una supuesta vulneración al derecho de igualdad ante la ley.[25] La conculcación de esta garantía se habría producido luego de que un Oficial del Registro Civil se negara a otorgar hora para contraer matrimonio a los señores Peralta y Arias, por una parte, y a convalidar, por otra, el matrimonio celebrado en Argentina por los señores Arce y Lillo y el matrimonio celebrado en Canadá por los señores Abran y Mardones. El Oficial del Registro Civil argumentó que sólo podía inscribir matrimonios celebrados entre un hombre y una mujer.

Al hacerse parte en la acción, el abogado patrocinante del recurso de protección señaló que el art. 102 del Código Civil establecía una diferencia arbitraria que vulneraba el principio de igualdad ante la ley. A su vez, el Director Regional Metropolitano del Servicio de Registro Civil informó que el actuar del Servicio se ajustaba a la legislación vigente, pues el art. 102 del CC establecía que el matrimonio es entre un hombre y una mujer, y que el art. 80 de la Ley de Matrimonio Civil (LMC) prescribía que el matrimonio celebrado en país extranjero producirá en Chile los mismos efectos que el contraído en territorio nacional, siempre que se trate de la unión entre un hombre y una mujer.

El TC rechazó este requerimiento por motivos de forma, señalando que lo que verdaderamente se cuestionaba en él era un estatuto jurídico complejo –el vínculo matrimonial- regulado por el CC y la LMC, y no solo el art. 102 del CC. Señaló, además, que calificar un estatuto jurídico no se encontraba dentro de la esfera de sus atribuciones; y refirió una errónea formulación del requerimiento, al no haberse impugnado el mencionado art. 80 de la LMC, que sería una norma decisiva para la resolución de la gestión impuesta por las parejas casadas en el extranjero.

En especial, el Tribunal argumentó que la reserva de ley impedía su pronunciamiento por las siguientes razones.[26] Por una parte, afirmó que el art. 63 n. 3 de la Carta Fundamental, al señalar cuáles son las materias de ley, indicaba como una de ellas las que *"son objeto de*

---

24. Tribunal Constitucional, Rol 1881, de 3 de noviembre de 2011.
25. Rol 6787-2010, caratulado "Peralta Wetzel, César Antonio, y otros con Soto Silva, Juana".
26. Considerando quinto.

la codificación civil". Por otra parte, el n. 20 del mismo artículo establecía como materia de ley *"toda otra norma de carácter general y obligatoria que estatuya las bases esenciales de un ordenamiento jurídico"*. De esta forma, la regulación del matrimonio, en concepto del Tribunal, sería un asunto propio de la codificación civil; por ello, resultaría evidente que la definición de lo que se entenderá por matrimonio con carácter general y obligatorio, por su importancia social, estatuiría una de las bases esenciales del ordenamiento jurídico civil, siendo, de esta forma, la ley la llamada a establecerlo.[27]

Por último, el Tribunal afirmó que la acción pretendía reformular un sistema de normas de modo integral, al tiempo de buscar regular positivamente una institución de modo distinto al vigente; señaló, además, que lo que verdaderamente se impugnaba era la aplicación de un estatuto jurídico complejo derivado del vínculo matrimonial entre hombre y mujer, y que tal Tribunal no se encontraba facultado para modificar y regular las instituciones que contempla el ordenamiento jurídico mediante un pronunciamiento de inaplicabilidad.[28]

Como puede apreciarse, el voto de mayoría del TC no se pronunció sobre la pretendida inconstitucionalidad de la norma que regula el matrimonio entre un hombre y mujer. El argumento para obviar dicha decisión fue, fundamentalmente, el que la regulación del matrimonio es una cuestión dejada al legislador. Hubo cinco votos de minoría, de los cuales cuatro estuvieron a favor del rechazo del requerimiento y solo uno a favor del mismo.

En cuanto al divorcio sanción por conducta homosexual, el 10 de abril de 2014,[29] el TC pronunció sentencia rechazando el requerimiento de inaplicabilidad por inconstitucionalidad del art. 54 n. 4° de la LMC. En efecto, se alegaba la inaplicabilidad de tal norma en un proceso de divorcio por culpa seguido en contra del accionante, a quien se le imputaba conducta homosexual por parte de su cónyuge en causa seguida ante Juzgado de Familia de Antofagasta.[30]

El TC señaló que la falta que se le imputaba al cónyuge era un *acto o actividad* constitutiva de conducta homosexual, sin que fuera causal de divorcio culpable la mera orientación afectiva hacia persona del otro o del mismo sexo. Señaló, asimismo, que la norma objetada consideraba como causal de divorcio la transgresión grave al deber de fidelidad propio del matrimonio; agregando que, en este caso, ello se verificaba por la conducta o actos de uno de los cónyuges con personas del otro o del mismo sexo que implicaban contacto sexual o que, sin llegar a serlo, constituían la exteriorización de afectos propios del matrimonio. En suma, afirmó que la norma no representaría una diferenciación arbitraria respecto a otras causales de divorcio por culpa, pues todas ellas -al menos- supondrían una infracción al deber de fidelidad conyugal, sin perjuicio de que alguna de tales conductas, además, llegase a ser constitutiva de delito.[31]

---

27. Considerando séptimo.
28. Considerando noveno.
29. Tribunal Constitucional, Rol 2435-13, de 10 de abril de 2014.
30. RIT C-200-2013. Las normas constitucionales invocadas eran: art. 1°, incisos 1° y 2°; art. 5° inciso 2°; y art. 19 n. 2°.
31. Considerandos decimosexto y decimoctavo.

4.2 Libertad probatoria en el divorcio

El TC se ha pronunciado sobre la constitucionalidad de ciertas normas específicas que regulan la disolución del matrimonio por divorcio de mutuo acuerdo; en concreto, sobre las exigencias probatorias del cese efectivo de la convivencia establecidas en la LMC. Este cuerpo legal efectúa una distinción dependiendo de si el matrimonio en cuestión ha sido celebrado antes o después de la entrada en vigencia de dicha Ley. El TC ha emitido pronunciamiento al respecto con fecha 26 de marzo de 2013,[32] rechazando un requerimiento de inaplicabilidad por inconstitucionalidad de los arts. 22, 25 y 2° transitorio de la LMC.

En este caso, una jueza de familia había promovido tal acción en el contexto de sustanciación de una causa sobre divorcio de común acuerdo.[33] Al respecto, la LMC establece que, en este tipo de juicios, el cese efectivo de la convivencia de un año debe probarse a través de medios específicos: a) escritura pública o acta extendida y protocolizada ante notario público; b) acta extendida ante un Oficial del Registro Civil; c) transacción aprobada judicialmente; d) demanda en que se solicite reglar las relaciones mutuas de los cónyuges o las relaciones con los hijos; y, por último, e) escritura pública o acta extendida y protocolizada ante notario público, o acta extendida ante un Oficial del Registro Civil, o constancia unilateral de la intención de poner fin a la convivencia ante el juzgado correspondiente, siempre que en estos tres últimos casos el otro cónyuge sea notificado de tal intención.

Sin embargo, los matrimonios celebrados antes de la entrada en vigencia de la LMC, es decir, antes de octubre de 2005, no están sujetos a estas limitaciones probatorias para comprobar la fecha de cese de la convivencia entre los cónyuges; pudiendo el juez estimar que ella no se ha acreditado si los medios de prueba aportados no le permiten formarse plena convicción sobre ese hecho o, al contrario, estimar que los medios de prueba que se le presenten sí se lo han permitido.

En este caso, el requirente esgrimía que la Ley había establecido una discriminación arbitraria entre los matrimonios celebrados antes de la vigencia de la mencionada Ley y los celebrados con posterioridad a ella; ello, en cuanto dejaba a los primeros en una posición probatoria más favorable que los segundos.

Al respecto, el Tribunal señaló que el juez natural conservaba la posibilidad de revisar la certeza de la respectiva probanza, tal como podía hacerlo respecto de aquélla rendida por los cónyuges casados después de la entrada en vigencia de la ley en aquellos casos en que hubiere sospecha de fraude. Señaló que "(...) es al *juez de la causa* al que incumbe ponderar la pertinencia y valor de las demás pruebas que las partes en el juicio de divorcio puedan hacer valer para acreditar la época de cese de la convivencia, sin *exclusión de medios probatorios* (...)."

No obstante este razonamiento, el Tribunal rechaza el requerimiento señalando que parecía claro que el límite probatorio impuesto en los arts. 22 y 25 de la LMC respecto

---

32. Tribunal Constitucional, Rol 2207-12, de 26 de marzo de 2013.
33. RIT C-7198-2011, caratulada "Valverde con Ruiz Tagle". Las normas constitucionales invocadas eran: art. 1° inciso 1°; y el art. 19 n. 2, n. 3 inciso 1° y 5°, y n. 26.

de los cónyuges que contrajeron matrimonio después de su vigencia, por remisión del inciso tercero de su art. 2° transitorio, no importaba crear una diferenciación arbitraria respecto de personas que se encontraban en similar situación. El distingo, por el contrario, devenía lógico y razonable "en la medida que procura evitar que, por la vía de la simulación, *se vulneraran los objetivos de la norma*, como podría suceder en el caso de producirse un consenso fraudulento entre los cónyuges respecto de la fecha del cese de la convivencia, alternativa que no podría darse en el caso de quienes se casaron con anterioridad a la ley."[34]

Como vemos, el TC estima que no hay discriminación entre uno y otro tipo de matrimonio. Sin embargo, más allá de si constituye o no una arbitrariedad facilitar o dificultar la prueba de la fecha del cese de la convivencia a partir de un elemento cronológico, cual es la época de celebración del matrimonio que se pretende disolver, el problema de fondo, a mi juicio, es la pertinencia de normas que exigen el transcurso de ciertos plazos para poder acceder al divorcio, sea este unilateral (tres años) o de mutuo acuerdo (un año).

Mi opinión es que, en estos casos, al igual que en el divorcio-sanción del art. 54 de la LMC -que no requiere el transcurso de cierto término –, el elemento que subyace a la solicitud es el cese del afecto matrimonial, pues los cónyuges no desean seguir con su comunidad de vida, sea cual sea la causa que se invoque a tal efecto.

Los plazos exigidos para acceder al divorcio y a la separación judicial en América Latina varían dependiendo de si la solicitud es unilateral o de común acuerdo. En el caso de solicitudes unilaterales, en general, se requiere no menos de dos años continuos de separación física.[35] Cuando la petición es presentada por ambos cónyuges o convivientes civiles, las legislaciones, en general, exigen no menos de un año de separación de cuerpos.[36] En todo caso, cabe señalar que se observa una tendencia a acortar o suprimir los plazos de cese de la convivencia exigidos, como ha sucedido en México,[37] Bolivia[38] y Argentina.[39]

Al igual que en nuestra región, en Europa[40] existen países que distinguen entre divorcio por solicitud unilateral y por solicitud de ambos cónyuges al momento de exigir transcurso de plazos de separación de cuerpos. Así, considerando los Estados que hacen esa distinción, el promedio de tiempo para acceder al divorcio unilateral es de casi tres

---

34. Considerando decimoquinto.
35. Dos años: arts. 349 y 333 n. 12 del CC de Perú (habiendo hijos el plazo se eleva a cuatro años); art. 1580.2 del CC de Brasil; art. 154 n. 8 del CC de Colombia. Tres años: art. 110.11 del CC de Ecuador; arts. 148.9 y 187.1 del CC de Uruguay. Excepcionalmente, el art. 4° de la Ley 45/91 de Paraguay requiere un año de separación sin la intención de reasumir la cohabitación.
36. Artículo 1580.2 del CC de Brasil; art. 333 n. 12 del CC de Perú.
37. El CC Federal de 2008 regula, en su art. 267, una causal de divorcio consistente en el mutuo acuerdo (causal XVII) que no exige plazo de cese de convivencia, pero puede solo solicitarse transcurrido un año de la celebración del matrimonio (art. 274).
38. El art. 205 del Código de las Familias, de 2014, establece que el divorcio o la desvinculación de la unión libre proceden en la vía judicial por ruptura del proyecto de vida en común, por acuerdo de partes o voluntad de una de ellas; agregando que también proceden en la vía notarial por mutuo acuerdo.
39. Artículo 435 y siguientes del CC, que no exigen plazo de cese de convivencia.
40. Red Judicial Europea, https://e-justice.europa.eu/content_divorce-45-es-es.do, fecha de consulta 15 de junio de 2016.

años, mientras que el promedio es de un año para el caso en que ambos cónyuges piden el divorcio.[41] En cambio, en los países que no efectúan tal diferencia, el promedio del plazo para acceder al divorcio es de un año, teniendo en cuenta que al menos cinco de ellos no exigen transcurso alguno de plazo.[42]

Esta tendencia normativa en materia de divorcio se debe al creciente reconocimiento de la autonomía de la voluntad en el ámbito de las relaciones familiares; sea en el acceso al matrimonio o a otras uniones no matrimoniales formalizadas, como a su terminación. También se observa esta tendencia en la regulación de los efectos de dicha terminación, sea en cuanto a la facilitación de procedimientos, acortamiento o supresión de plazos de cese de convivencia exigidos, libertad probatoria, o reconocimiento de acuerdos conyugales, con lo cual se abandona el excesivo paternalismo e intervencionismo legal y judicial que caracterizó a las primeras legislaciones divorcistas.

Lamentablemente, a mi juicio, nuestro TC no se ha referido a este aspecto. Las normas de la LMC referidas a estos plazos han sido impugnadas alegando una discriminación entre los matrimonios celebrados antes y después de la entrada en vigencia de dicha Ley, y no a la razón formal de la exigencia de los plazos. Probablemente, influye en esta reticencia, el que la normativa sobre matrimonio civil es relativamente reciente, razón por la cual podría ser injustificado revisar su pertinencia. Cabe recordar que Chile fue uno de los últimos países del mundo en legislar sobre divorcio vincular, por lo que es dable pensar que deberá generarse aún un cúmulo de doctrina y jurisprudencia que consolide los argumentos que desde la doctrina más moderna se han construido defendiendo la intimidad personal y familiar, la autonomía de la voluntad y la armonía familiar, e impulsar un cambio de mantalidad de nuestros jueces y legisladores.

4.3 Discriminación contra la mujer en las relaciones familiares

El TC chileno ha tenido ocasión de referirse a la discriminación por razón de género en contra de la mujer, a propósito de la compensación económica, que es una institución del Derecho de Familia chileno basada en el principio de la protección del cónyuge más débil consagrado en el art. 3º de la LMC. Si bien esta ley no refiere el género del cónyuge beneficiario de la misma, en la práctica se ha transformado en un mecanismo tendiente a eliminar el menoscabo económico que, en la mayoría de los casos sufre la mujer, por haberse dedicado a las labores del hogar y cuidado de los hijos comunes, habida consideración de que la composición de los hogares chilenos aún se basa en una marcada división de roles y funciones en razón del género de sus integrantes. De esta manera, puede afirmarse que la compensación económica está inspirada, entre otros elementos, en el respeto al principio de igualdad y no discriminación. En especial, tal como se desprende de la sentencia del TC chileno que se comentará a continuación, se trata de un derecho que nace de la declaración de divorcio o nulidad encaminado a la efectividad del principio de igualdad, es decir, a la igualdad real.

---

41. Francia efectúa tal distinción pero no exige plazo para el caso de divorcio de común acuerdo; lo mismo ocurre en Portugal y en Latvia.
42. Países Bajos, Polonia, Eslovenia, Bulgaria, y España. El art. 81 del CC español solo requiere que el matrimonio haya durado tres meses, sin requerir plazo de cese de convivencia.

En efecto, en materia de compensación económica, el TC, en sentencia de 27 de septiembre de 2012,[43] rechazó un requerimiento de inaplicabilidad por inconstitucionalidad del art. 66 de la LMC 19.947 de 2004 y del art. 14 de la Ley de Abandono de Familia y Pago de Pensiones Alimenticias 14.908 de 1962. Se trataba de un proceso sobre cumplimiento de acuerdo de compensación económica; en el cual el accionante tenía la calidad de parte demandada.[44] El accionante sostenía la improcedencia del apremio consistente en arresto en caso de no pago de compensación económica pactado en cuotas, por ser contrario a la prohibición de prisión por deudas contenida en el art. 7.7 de la Convención Americana de Derechos Humanos. El Tribunal rechazó el requerimiento utilizando argumentos provenientes del Derecho Internacional de Derechos Humanos, en especial, instrumentos tales como la Convención Americana de Derechos Humanos (CA) y la Convención de Naciones Unidas para la Eliminación de Todas las Formas de Discriminación Contra la Mujer (CEDAW).

En primer lugar, el Tribunal consideró que la compensación económica era una obligación legal; agregando que algunos de los elementos sustantivos que se consideraban para determinar esa obligación eran también de aquellos propios de las obligaciones alimentarias – tales como la situación patrimonial de ambos ex cónyuges, la edad y el estado de salud del beneficiario, su situación en materia de beneficios previsionales y de salud, su cualificación profesional y posibilidades de acceso al mercado laboral-[45], de manera tal que, al menos en parte, dicha obligación tenía un componente alimentario que, por razones técnicas –fijeza o inmodificabilidad y ausencia de relación familiar durante su pago–, se calificaba de asistencial. El Tribunal añadió que aun cuando la sola naturaleza legal de la obligación compensatoria bastaría para desplazar la presencia de una prohibición por deudas en los términos prohibidos por la CA, sus componentes alimentarios o asistenciales hacían que la asimilación legal referida para efectos de su cobro en cuotas fuera compatible con la excepción a dicha prohibición.[46]

En segundo lugar, el Tribunal señaló que debía rechazarse el requerimiento porque no se transgredía la CA cuando al deudor se le encarcelaba por no pago de las cuotas; pues no se le sancionaba penalmente sino que se le presionaba o apremiaba para que cumpliera, mediante una restricción de libertad ordenada en una orden judicial de arresto nocturno.[47]

En tercer lugar, afirmó que por medio de este correctivo se trataba de igualar el punto de partida de la mujer para la vida postmatrimonial, en armonía con la CEDAW, vigente en Chile desde 9 de diciembre de 1989.[48]

Finalmente, el TC señaló que debía rechazarse el requerimiento porque el no cumplimiento injustificado de las obligaciones de familia en materia de compensación económica con respecto a la mujer divorciada, importaba de suyo y por sí mismo una

---

43. Tribunal Constitucional, Rol 2102-11, de 27 de septiembre de 2012.
44. Juicio caratulado "Stolzembach con Marchessi", RIT Z-70-2011, sustanciado ante el Juzgado de Familia de Puerto Varas. Las normas constitucionales invocadas eran: el art. 5° y el art. 19 n. 7.
45. Conforme al art. 62 de la LMC.
46. Considerando trigésimo cuarto.
47. Considerandos trigésimo sexto, trigésimo séptimo, trigésimo octavo y trigésimo noveno.
48. Considerando cuadragésimo cuarto.

forma de discriminación omisiva inaceptable, de modo que la medida de apremio de arresto se disponía para corregirla. Mediante esa medida de *ultima ratio*, se tendía, a juicio del Tribunal, *"a crear de facto igualdad de oportunidades entre los ex cónyuges y a no perpetuar diferencias arbitrarias entre ambos (...)."*[49]

Como puede apreciarse, en esta sentencia se alude a Tratados Internacionales de Derechos Humanos para fundamentar las decisiones del Tribunal. En primer lugar, se alude a la CA, rechazando el argumento del accionante en cuanto a que se estaría vulnerando la prohibición de prisión por deudas. El Tribunal estima que restringir la libertad de una persona mediante orden judicial de arresto nocturno no implica sanción penal sino solo presión o apremios en orden a cumplir una deuda. En segundo lugar, la sentencia invoca la CEDAW para efectuar interesantes disquisiciones sobre la discriminación por razón de género. En efecto, afirmó que el apremio constituía un correctivo que trataba de igualar el punto de partida de la mujer para la vida postmatrimonial, y que el no cumplimiento injustificado de las obligaciones de familia con respecto a la mujer divorciada importaba de suyo y por sí mismo una forma de discriminación omisiva inaceptable.

El Tribunal efectúa un ejercicio de constitucionalización de derechos civiles, esto es, el derecho a exigir el pago de una obligación pecuniaria derivada del divorcio tendiente a favorecer al cónyuge más débil, desde una perspectiva de derechos fundamentales, en concreto, del derecho a la no discriminación arbitraria. No cabe duda de que el Tribunal efectúa un razonamiento de género al reforzar la procedencia del cumplimiento de una obligación civil invocando un Tratado Internacional de Derechos Humanos.

4.4   Filiación y relaciones de cuidado

Me referiré a la jurisprudencia constitucional recaída en materias relacionadas con la filiación y las relaciones de cuidado. La primera área es la de la filiación; en ella analizaré la jurisprudencia recaída en cuestiones relacionadas con las acciones de filiación, en especial, la situación en que es ejercida la acción de reclamación contra los herederos del supuesto progenitor fallecido (4.4.1.) y, en segundo término, la cosa juzgada en algunas acciones de filiación (4.4.2.). La segunda materia es la relacionada con las relaciones de cuidado; respecto de ella abordaré jurisprudencia referida a una particular institución perteneciente, en general, a los efectos de la filiación, esto es, el cuidado personal de los hijos (4.4.3) y, en segundo lugar, a las guardas (4.4.4). Al final de este apartado se incluye un corolario en materia de filiación (4.4.5.).

4.4.1   Acción de reclamación de filiación contra los herederos del supuesto progenitor fallecido

Desde la promulgación de la Ley de Filiación 19.585 de 1998, el TC ha pronunciado 23 sentencias sobre materias que dicha ley vino a modificar. De dichas sentencias, 16 dicen relación con la constitucionalidad del art. 206 del CC;[50] 11 se refieren a la

---

49. Considerando cuadragésimo quinto.
50. Se trata de las sentencias del Tribunal Constitucional con Roles: 1340-09, de 29 de septiembre de 2009, 1611-10, de 9 de marzo de 2010, 1563-09, de 30 de agosto de 2011, 1537-09, de 1 de septiembre de 2011, 1656-9, de 1 de

constitucionalidad del art. 5° transitorio de la Ley de Filiación;[51] en 4 fallos se ha pronunciado sobre otros artículos del CC relacionados con acciones de filiación[52] declarando, en todos ellos, la inadmisibilidad del requerimiento;[53] y en 1 fallo se ha pronunciado acerca de la constitucionalidad del art. 175 del Código de Procedimiento Civil (CPC),[54] rechazando el requerimiento. Cabe mencionar que en 6 de estos fallos se ha acogido la inaplicabilidad por inconstitucionalidad y en 12 de ellos se han rechazado los requerimientos presentados.

El primer fallo sobre la inaplicabilidad por inconstitucionalidad de determinadas normas relativas a la filiación data del año 2009.[55] En dicha sentencia, se resolvió la inaplicabilidad del art. 206 del CC por estimarse contraria a los arts. 5° y 19 n. 2 de la Constitución Política de la República (CPR). El tenor literal de la norma del Código restringe la posibilidad de accionar de reclamación de filiación en contra de los herederos del supuesto padre o madre fallecido a la situación del hijo póstumo o del hijo cuyo padre o madre fallece dentro de los ciento ochenta días siguientes al parto, estableciendo, además, un término para intentar tal demanda. La disposición reza así: "Si el hijo es póstumo, o si alguno de los padres fallece dentro de los *ciento ochenta días* siguientes al parto, la acción podrá dirigirse en contra de los herederos del padre o de la madre *fallecidos*, dentro del plazo de *tres años*, contados desde su muerte o, si el hijo es incapaz, desde que éste haya alcanzado la plena capacidad."

Esta sentencia de 2009 es relevante pues define los argumentos de los futuros pronunciamientos en esta materia: los fundamentos dados para acoger los posteriores requerimientos son, en esencia, similares a los entregados en este fallo de 2009; y los argumentos presentados en el voto de minoría de esta sentencia han sido también utilizados en fallos posteriores al momento de rechazar los requerimientos presentados respecto de la inaplicabilidad por inconstitucionalidad del mencionado art. 206 del CC. Por otra parte, con posterioridad a él, se presentaron requerimientos alegando la inaplicabilidad de esta norma en conjunto con la del art. 5° transitorio de la Ley 19.585. A continuación se presentan los argumentos más relevantes que el TC ha desarrollado para acoger o rechazar los requerimientos de inaplicabilidad de ambas disposiciones.

---

septiembre de 2011, 2105-11, de 4 septiembre de 2012, 2035-11, de 4 de septiembre de 2012, 2081-11, de 21 de marzo de 2013, 2215-12, de 30 de mayo de 2013, 2195-12, de 18 de junio de 2013, 2200-12, de 18 de junio de 2013, 2303-12, de 2 de julio de 2013, 2296-12, de 13 de noviembre de 2013, 2408-13, de 6 de marzo de 2014 y 2739-14, de 6 de agosto de 2015.

51. Se trata de las sentencias del Tribunal Constitucional con Roles: 1611-10, de 9 de marzo de 2010, 1926-11, de 15 de marzo de 2011, 1537-09, de 1 de septiembre de 2011, 2105-11, de 4 de septiembre de 2012, 2035-11, de 4 de septiembre de 2012, 2215-12, de 30 de mayo de 2013, 2333-12, de 11 de junio de 2013, 2192-12, de 10 de septiembre de 2013, 2408-13, de 6 de marzo de 2014 y 2739-14, de 6 de agosto de 2015. Aunque, en estricto análisis, en solo tres (Roles: 1611-10, 1926-11, 2192-12) de estos fallos se ha conocido exclusivamente de la inaplicabilidad del art. 5° transitorio.

52. Me refiero a las siguientes normas: arts. 199 y 208 del CC, y 272 del CC en su texto anterior a la entrada en vigencia de la Ley 10.271 de 1952; art. 165 del CPC; y artículo 1° de la Ley 20.030 de 2005.

53. Se trata de las sentencias del Tribunal Constitucional con Roles: 1796-10, de 24 de agosto de 2010, 1955-11, de 13 de abril de 2011, 1974-11, de 4 de mayo de 2011 y 2318-12, de 13 de noviembre de 2012.

54. Se trata de la sentencia del Tribunal Constitucional, Rol 2690-14, de 25 de julio de 2014

55. Tribunal Constitucional, Rol 1340-09, de 29 de septiembre de 2009.

La revisión de estos argumentos es importante pues contribuye a definir desde qué perspectiva nuestro TC verifica la coherencia de las normas sobre filiación frente a nuestra Carta Fundamental. La filiación es una de las instituciones más importantes del Derecho de Familia pues es fuente de estado civil, es decir, constituye un atributo de la personalidad, situando a la persona en sociedad en lo que respecta a sus relaciones de familia.

a) Argumentos esgrimidos al acoger los requerimientos de inaplicabilidad de los arts. 206 CC y 5 transitorio de la Ley 19.585

Respecto del art. 206 CC

En cuanto a la regla del Código, el voto de mayoría del Tribunal desarrolla el derecho a la identidad y la garantía de igualdad ante la ley. El Tribunal acoge parcialmente el requerimiento de inaplicabilidad, esto es, sólo en lo que atinge a la exigencia de que el presunto padre haya debido fallecer dentro del plazo de ciento ochenta días posteriores al nacimiento del hijo para que sea procedente la reclamación de la filiación respecto de los herederos de aquél.[56]

En cuanto al derecho a la identidad, advierte la existencia de un atentado al mismo, en conformidad al art. 5º inciso segundo de la CPR y ciertos Tratados internacionales ratificados por Chile. Señala que la reclamación de la filiación constituye un derecho que permite acceder a la verdad biológica y, por ende, concretar el derecho a la identidad personal. Considerando que no puede existir una facultad más ligada a la naturaleza humana que la necesidad de reafirmar el propio yo -la identidad- y, en definitiva, la posición que cada quien ocupa dentro de la sociedad, afirma que el derecho a la identidad personal – reflejado en las acciones de reclamación de la filiación- emana de la propia naturaleza humana y que, aun cuando no tenga reconocimiento expreso en la Carta Fundamental, en ese carácter, limita el ejercicio de la soberanía, el cual que se expresa, entre otras modalidades, en la función legislativa. Así, el Tribunal afirma que no puede resultar acorde con la CPR un precepto legal que circunscribe la acción de reclamación de paternidad o maternidad a los supuestos que ella contempla.[57]

En cuanto a la igualdad ante la ley, el Tribunal señala que el CC introduce una diferencia entre la misma categoría de personas que reclaman el reconocimiento de la filiación, de manera tal que debe verificarse si tal diferencia resulta razonable. Agrega que,

---

56. Tribunal Constitucional, Rol 2035-11, de 4 de septiembre de 2012, considerandos tercero, cuarto y quinto. En este mismo sentido, ver: fallo Rol 2215-12, de 30 de mayo de 2013, considerandos quinto y séptimo; Rol 2195-12, de 18 de junio de 2013, considerandos quinto y séptimo; Rol 2200-12, de 18 de junio de 2013, considerandos quinto y séptimo; Rol 2303-12, de 2 de julio de 2013, considerandos decimosegundo y decimocuarto; y Rol 2408-13, de 6 de marzo de 2014, considerandos quinto y séptimo.

57. Considerandos noveno y décimo de la sentencia de Tribunal Constitucional, Rol 1340-09, de 29 de septiembre de 2009. Ver sentencia del Tribunal Constitucional Rol 2215-12, de 30 de mayo de 2013, considerando vigésimo (en que se refiere, a su vez, a la sentencia Rol 1340-09, de 29 de septiembre de 2009, considerandos décimo) y vigésimo primero (en que se refiere a la sentencia Rol 226-95, de 30 de octubre de 1995, considerando vigésimo quinto, sentencia Rol 834-07, de 13 de mayo de 2008, considerando vigésimo segundo, y sentencia Rol 1340-09, considerando noveno); y los fallos Rol 2195-12, de 18 de junio de 2013, considerandos decimoprimero y decimosegundo; Rol 2200-12, 18 de junio de 2013, considerandos decimotercero y decimocuarto, y Rol 2408-13, de 6 de marzo de 2014, considerandos vigésimo primero y vigésimo segundo.

examinando la historia del establecimiento de este artículo se comprueba que, lejos de apreciarse un fundamento objetivo y razonable en la limitación que contempla, se tuvo en cuenta la regulación contenida en una norma precedente que aludía a una distinción entre tipos de hijos que el proyecto de ley del Ejecutivo quería, precisamente, superar. Por lo tanto, sostuvo que la falta de razonabilidad en la diferencia de trato entre quienes ejercen la acción de reclamación de filiación, genera un incumplimiento de la idoneidad de la norma para perseguir el fin previsto por el legislador. Asimismo, señaló que si se trataba de equilibrar la búsqueda de la verdad biológica en materia de investigación de la paternidad con la necesidad de preservar la paz y armonía familiares de los herederos que veían alterada su vida por tal investigación, bastaba con introducir resguardos frente a demandas temerarias o infundadas, o con asegurar que se respondiera de la mala fe empleada, pero sin sacrificar el pleno respeto a los derechos a la identidad personal y a obtener la verdad biológica.[58]

Respecto del art. 5° transitorio de la Ley 19.585

El TC ha argumentado invocando el derecho a la identidad y el derecho a la igualdad. El primero estaría contenido en el art. 5° inciso segundo de nuestra CPR en relación a diversos tratados internacionales ratificados por Chile. El segundo, como es sabido, está consagrado en el art. 19 n. 2 de nuestra Carta Fundamental.

El Tribunal ha defendido la existencia de un derecho a la determinación de la filiación. Así, en cuanto al derecho a la identidad, ha afirmado que la reclamación de la filiación constituye un *derecho* desde una doble perspectiva: posibilita el legítimo ejercicio de las facultades que conlleva tal calidad y, en segundo lugar, permite acceder a la verdad biológica y, por ende, concretar el derecho a la identidad personal. Así, ha afirmado que el artículo 5° transitorio mencionado es contrario a la CPR, considerando la circunstancia de que el derecho a la identidad personal constituye un derecho esencial que emana de la propia naturaleza humana y que, por ende, limita el ejercicio de la soberanía que se expresa, entre otras modalidades, en la función legislativa. Los incisos tercero y cuarto de dicho artículo impiden que la acción de reclamación de paternidad pueda prosperar cuando el supuesto padre ha fallecido antes de la entrada en vigencia de la Ley 19.585 y cuando, tratándose de las situaciones contempladas en los arts. 206 y 207 del CC, establece un plazo de prescripción de un año contado desde la aludida vigencia.[59]

---

58. Considerandos trigésimo primero, trigésimo segundo, trigésimo cuarto, trigésimo quinto de la sentencia del Tribunal Constitucional Rol 1340-09, de 29 de septiembre de 2009. El fallo Rol 1563-09, de 30 de agosto de 2011, hace suyos los argumentos señalados con anterioridad, en sus considerandos decimosexto, decimoctavo y decimonoveno. En el mismo sentido, el fallo del Tribunal Constitucional Rol 1537-09, de 1 de septiembre de 2011, en los considerandos decimoquinto, decimosexto, decimoctavo y decimonoveno; el fallo Rol 1656-09, de 1 de septiembre 2011, en sus considerandos decimoquinto, decimosexto, decimoctavo y decimonoveno; el fallo Rol 2215-12, de 30 de mayo de 2013, considerando sexto; el fallo Rol 2195-12, de 18 de junio de 2013, considerando sexto; el fallo Rol 2200-12, de 18 de junio de 2013, considerando sexto; el fallo Rol 2303-12, de 2 de julio de 2013, considerando decimotercero; y el fallo Rol 2408-13, de 6 de marzo de 2014, considerando sexto.

59. Tribunal Constitucional, Rol 2333-12, de 11 de junio de 2013, considerandos tercero, cuarto, sexto, octavo y noveno. En el mismo sentido, el fallo Rol 2215-12, de 30 de mayo de 2013, considerandos vigésimo y vigésimo primero; y el fallo Rol 2408-13, de 6 de marzo de 2014, considerandos vigésimo primero y vigésimo segundo.

En cuanto al principio de igualdad, el Tribunal ha señalado que el art. 5° transitorio de la Ley 19.585 introduce una diferencia de trato entre aquellos hijos que pueden reclamar su paternidad o maternidad y aquellos que no pueden hacerlo por intentar la respectiva acción transcurrido el plazo de un año desde la vigencia de dicha Ley. Ha señalado que la necesidad de la norma no se encuentra suficientemente justificada a la luz de los bienes jurídicos en juego. Así, ha añadido que se trata de proteger la tranquilidad de los herederos del supuesto padre frente al derecho que toda persona tiene de reclamar su filiación. En este sentido, ha puntualizado que el tenor del art. 5° transitorio de la Ley 19.585 satisface el deber de proteger la tranquilidad de los herederos, pero que el derecho a reclamar la filiación resulta anulado en caso de que el supuesto hijo no reclame su filiación antes de un año desde la vigencia del referido cuerpo legal.[60]

B) Argumentos esgrimidos al rechazar los requerimientos de inaplicabilidad de los arts. 206 del CC y 5 transitorio de la Ley 19.585

Respecto del art. 206 del CC

El TC también se ha pronunciado rechazando requerimientos de inconstitucionalidad del art. 206 del CC. Ha afirmado que tales solicitudes presentan un problema interpretativo de nivel legal. Ha señalado que una primera posición – que sería la tesis restrictiva- sostendría que el art. 206 sólo permite que los hijos del presunto padre o madre muerto demanden a los herederos de éste: hijo póstumo y padre o madre fallecidos dentro de los ciento ochenta días siguientes al parto. La otra posición -tesis amplia- sostiene que este precepto debe mirarse como una excepción, pues hay otros preceptos del CC que abren la posibilidad de demanda a otras situaciones que las contempladas en el artículo impugnado.

El Tribunal ha señalado que estos requerimientos de inconstitucionalidad no se hacen cargo de la tesis amplia, de forma que tomar partido en un conflicto de nivel legal implicaría invadir las atribuciones de los tribunales ordinarios y convertirse en árbitro de disputas legales. Además, el Tribunal argumenta que la presunción de constitucionalidad de la ley y el principio de interpretación conforme debían aplicarse al caso en cuestión

---

60. En el fallo del Tribunal Constitucional, Rol 1537-09, de 1 de septiembre de 2011, se acoge la inaplicabilidad por inconstitucionalidad del art. 5° transitorio de la Ley 19.585 de 1998, utilizando los mismos argumentos vertidos en favor de la inaplicabilidad del art. 206 del CC. Sobre la inaplicabilidad del artículo en comento, y en el fallo Rol 2215-12, considerandos décimo, decimotercero, decimocuarto y decimosexto, se señalaba que la aplicación del mencionado art. 5° transitorio introduciría una diferencia de trato entre aquellos hijos que pueden reclamar su paternidad o maternidad y aquellos que no pueden hacerlo por intentar la respectiva acción transcurrido el plazo de un año desde la vigencia de dicha ley; y que, además, la necesidad de la norma que se analiza no aparecería suficientemente justificada a la luz de los bienes jurídicos en juego: la necesidad de preservar la paz y armonía familiar de los herederos, que podía verse violentada por falsas imputaciones de paternidad, podía satisfacerse, igualmente, introduciendo resguardos frente a ese tipo de demandas o asegurando que se respondiera de la mala fe empleada. En el mismo sentido el fallo del Tribunal Constitucional Rol 2333-12, de 11 de junio de 2013, considerandos decimotercero, decimosexto, decimoséptimo y decimonoveno; y Rol 2408-13, de 6 de marzo de 2014, considerandos decimoprimero, decimocuarto, decimoquinto y decimoséptimo.

toda vez que existía una interpretación que armonizaba el texto impugnado con la Carta Fundamental.[61]

En cuanto al fondo del asunto, el Tribunal considera que la norma impugnada no vulnera el principio de igualdad. Ello, pues el legislador habría tenido fundamentos objetivos y razonables, basados en la seguridad jurídica, para introducir excepciones a la caducidad de la acción de filiación a que se refiere el artículo.[62]

Respecto del art. 5° transitorio de la Ley 19.585

En lo que respecta al art. 5° transitorio de la Ley 19.585, el Tribunal se refiere a la constitucionalidad del plazo que contiene, declarando que el mismo no vulnera ni el derecho a la igualdad ni el derecho a la identidad. Recordemos que esta norma establece que la reclamación de paternidad o maternidad no podrá formularse contra personas fallecidas con anterioridad a la vigencia de dicha Ley, a menos que la acción se interponga dentro del año siguiente de su entrada en vigor. En este sentido, el Tribunal alude nuevamente a la certeza jurídica señalando que el término se justifica plenamente toda vez que evita que las relaciones de filiación permanezcan potencialmente indefinidas en el tiempo respecto de personas que han muerto mucho antes.[63]

Por otra parte, el Tribunal establece que la ley ha creado un derecho fijando las condiciones de su ejercicio. El artículo impugnado no reconocería la calidad de hijo de una persona respecto de cierto padre o madre, sino que solo permitiría un reclamo judicial al respecto. Este reclamo quedaría sujeto a un límite temporal.

En cuanto a la imprescriptibilidad de la acción de filiación, el Tribunal señala que si bien el art. 195 del CC establece que el derecho a reclamar la filiación es imprescriptible, al tratarse de un derecho de carácter legal, otra norma de la misma naturaleza (el art. 5° transitorio impugnado) puede establecer reglas de caducidad. El Tribunal añade que la regla que obliga a entablar la demanda dentro de un plazo es parte de otra serie de medidas destinadas a consolidar situaciones que la Ley 19.585 estableció, en especial, en materia patrimonial.[64] Por último, reitera los argumentos referidos a la existencia de fundamentos

---

61. Tribunal Constitucional, Rol 2215-12, de 30 de mayo de 2013, considerandos decimoprimero, decimosegundo, decimotercero y decimocuarto. En el mismo sentido, el fallo Rol 2195-12, de 18 de junio de 2013, considerandos decimosegundo, decimotercero, decimocuarto y decimoquinto; fallo Rol 2200-12, de 18 de junio de 2013, considerandos décimo, decimoprimero, decimosegundo, decimotercero; fallo Rol 2408-13, de 6 de marzo de 2014, en el voto por rechazar el requerimiento de los Ministros Carlos Carmona y Domingo Hernández, considerandos décimo, decimoprimero, decimosegundo, decimotercero; y fallo Rol 2739-14, de 6 de agosto de 2015, considerandos décimo, decimoprimero, decimosegundo y decimotercero.
62. Tribunal Constitucional, Rol 2408-13, de 6 de marzo de 2014, en el voto por rechazar el requerimiento de los Ministros Iván Aróstica y María Luisa Brahm, considerando quinto.
63. Tribunal Constitucional, Rol 2105-11, de 4 de septiembre de 2012, considerando décimo; fallo Rol 2035-11, de 4 de septiembre de 2012, considerandos séptimo y octavo.
64. Tribunal Constitucional, Rol 2215-12, de 30 de mayo de 2013, considerandos decimoctavo, vigésimo y vigésimo primero. En el mismo sentido, el fallo Rol 2333-12, de 11 de junio de 2013, considerandos tercero, sexto, séptimo, octavo, noveno y décimo; y fallo Rol 2408-13, de 06 de marzo de 2014, en el voto por rechazar el requerimiento de los Ministros Carlos Carmona y Domingo Hernández, considerandos decimoséptimo, decimonoveno y vigésimo; y el fallo Rol 2739-14, de 6 de agosto de 2015, considerandos décimo, decimoprimero, decimosegundo y decimotercero.

objetivos y razonables que autorizarían introducir excepciones a la caducidad conforme al establecimiento fidedigno de la Ley.[65]

4.4.2 Acción de filiación y cosa juzgada

En lo que respecta a la aplicación de la cosa juzgada en procedimientos que sustancian acciones de filiación, comentaré una sentencia del TC de 25 de julio de 2014, que rechazó un requerimiento de inconstitucionalidad de los arts. 175 y 177 del CPC por una supuesta vulneración del derecho a la identidad.[66]

En primer lugar, cabe señalar que la propia sentencia del Tribunal afirma que la causa pendiente respecto de la cual ha surgido la objeción de inconstitucionalidad dice relación con hechos muy frecuentes ventilados en los tribunales. En el caso en particular, la madre del requirente había mantenido una relación sentimental con el demandado en la gestión pendiente, producto de la cual había quedado embarazada del requirente. Ante la negativa del supuesto padre en orden a reconocer al hijo, la madre había omitido señalar la atribución de paternidad de aquél al momento de proceder a la inscripción. Sin embargo, con posterioridad, esta madre, en representación de su hijo menor de edad, había interpuesto una acción de reclamación que había sido rechazada el año 2005. A su vez, el requirente, que había tenido conocimiento de estos hechos toda su vida, al llegar a la mayoría de edad y contar con legitimación activa personal para demandar a su progenitor, interpuso demanda de reclamación de filiación no matrimonial. Al contestar la demanda, en conformidad al art. 177 del CPC, el supuesto padre interpuso excepción dilatoria de cosa juzgada, invocando los efectos producidos por la sentencia firme y ejecutoriada dictada en los autos civiles que habían rechazado la primera acción de filiación interpuesta. En subsidio, el demandado opuso como excepción perentoria la misma cosa juzgada, fundada en la referida sentencia y en los arts. 175 y 177 del CPC. El requirente afirma que la aplicación de estos últimos artículos resultaría inconstitucional debido a que le impediría determinar su identidad.

Al respecto, el Tribunal manifiesta dudas; si bien se muestra reacio a aplicar las reglas de la cosa juzgada impugnadas, termina rechazando el requerimiento para evitar inmiscuirse en materias que serían de conocimiento del Poder Judicial. Esta es la única de las sentencias revisadas en la que el Tribunal, no obstante parece afirmar que la materia no es de su competencia, desarrolla argumentos en orden a desestimar la aplicación de las normas impugnadas.[67]

El Tribunal parte constatando la existencia de una incipiente línea que importaría un cambio de paradigma en cuanto al efecto de cosa juzgada que emana de acciones judiciales rechazadas. Así, frente a procedimientos en que hijos extramatrimoniales ejercen acciones de filiación una vez alcanzada la mayoría de edad, que las interponen habiendo mediado desistimiento de la madre cuando el hijo era menor de edad y, en general, toda vez que en la instancia judicial pretérita no se produjo prueba efectiva

---

65. Tribunal Constitucional, Rol 2408-13, de 06 de marzo de 2014, en el voto por rechazar el requerimiento de los Ministros Iván Aróstica y María Luisa Brahm, considerando quinto.
66. Tribunal Constitucional, Rol 2690-14, de 25 de julio de 2014.
67. Considerando noveno.

o concluyente acerca de si el hijo lo era o no efectivamente del padre demandado, los argumentos de índole procesal cederían frente a la aplicación de normas que consagran la vigencia de derechos fundamentales involucrados.[68]

En este sentido, el Tribunal refiere la existencia de múltiples fallos, nacionales y extranjeros, que resuelven que la cosa juzgada debe ceder en favor del valor justicia, que se expresa en el derecho humano a la identidad, especialmente cuando el primer juicio ha terminado por desistimiento de la madre o la acción se ha rechazado por falta de pruebas, permaneciendo indeterminada la filiación. Añade que se ha discutido si se produciría cosa juzgada con la resolución que, en cambio, rechazare derechamente la demanda por falta de fundamento razonable, respecto de otra que, revestida de seriedad, se interpusiera nuevamente.[69] Sin embargo, más adelante, el Tribunal afirma que "el tópico del eventual conflicto entre la cosa juzgada en materia de filiación y el reconocimiento del derecho humano a la identidad, cuando se ejerce una segunda demanda, después de afinado el primer proceso sobre ello, está residenciado actualmente *a nivel de justicia ordinaria*, como cuestión de legalidad o, a lo más, de convencionalidad.", evitando zanjar la cuestión de inconstitucionalidad. De hecho, la sentencia del Tribunal cita y reproduce extractos de sentencias emanadas del Poder Judicial que darían cuenta de pronunciamientos disímiles al respecto; añadiendo que la Corte Suprema no ha unificado ni definido las corrientes jurídicas sobre la materia.[70]

El Tribunal dictamina que la cuestión debe resolverse sobre la base de criterios de delimitación de los derechos fundamentales concurrentes, que se encontrarían en un conflicto más aparente que real. El Tribunal entiende que los derechos humanos, como el derecho a la identidad invocado por el requirente, son intangibles, pero delimitables; añadiendo que tales límites a veces están fijados en la propia CPR y, otras veces, en la ley. En el caso en concreto, ni el derecho a la identidad ni el derecho a la cosa juzgada se encontrarían constitucionalmente definidos, por lo que sus límites no estarían claramente establecidos. El Tribunal declara que las complejidades de la especie emergen de la conceptualización de los particulares efectos de la cosa juzgada en materia de filiación, afirmando que "(...) para nosotros, *es dudoso* que en la instancia pueda ser configurada legalmente la excepción de cosa juzgada, toda vez que en el juicio pretérito no se determinó si el padre era o no, en concreto, verdaderamente tal con respecto al demandante, actual requirente. Es decir, la filiación de este último sigue siendo indeterminada, con respecto al demandado, por lo cual es difícil entender que hay cosa juzgada a este respecto, conforme al artículo 315 del Código Civil, cuestión que en todo caso *es interpretativa y corresponde resolverla al Poder Judicial.*"[71]

4.4.3   Cuidado personal de los hijos

Como señalé anteriormente, en materia de filiación y relaciones de cuidado me referiré a las sentencias del TC más relevantes dictadas sobre el cuidado personal de los hijos y a un fallo dictado recientemente sobre guardas.

---

68. Considerandos primero y segundo.
69. Considerandos tercero, cuarto y quinto.
70. Considerando octavo.
71. Considerando vigésimo primero.

Antes de entrar en este análisis, cabe señalar que la institución del cuidado personal se encuentra regulada principalmente en el CC y que ha sido objeto de una importante modificación introducida mediante Ley 20.680 de 21 de junio de 2013. A continuación, comentaré tres sentencias que abordan el fondo de la cuestión debatida presentada ante el Tribunal, dos de las cuales fueron dictadas antes de la referida reforma.

El 20 de noviembre de 2012, el TC rechazó el requerimiento de inaplicabilidad por inconstitucionalidad del entonces vigente art. 225 inciso 3° del CC,[72] en especial, de la frase: *"lo haga indispensable, sea por maltrato, descuido u otra causa calificada"*. El requirente -demandante en un juicio sobre cuidado personal[73] – aducía que las disposiciones legales cuya inaplicabilidad se solicitaba vulneraban el derecho a la igualdad ante la ley, el derecho a la igual repartición de las cargas públicas, y el derecho y deber de educación preferente de los padres.

El Tribunal consideró que si la desigualdad se adjudicaba a la concurrencia indispensable del interés del hijo ("lo haga indispensable") para calificar la causal justificativa del cambio de titularidad del cuidado personal, no se entendía cómo una opción inspirada en el bien jurídico de mayor relevancia en juego podía provocar efectos inconstitucionales. Agregó que cabía tener en cuenta que los preceptos comentados contenían una regla de cuidado preferente operable sólo a falta de acuerdo y que la intervención judicial se concebía a favor del padre que no tenía actualmente el cuidado personal del hijo, en cuanto lo legitimaba para la causa otorgándole acción. [74]

Con posterioridad, en sentencia de 30 de mayo de 2013, el TC[75] acogió parcialmente el requerimiento de inaplicabilidad, solo en cuanto se declaraba la inaplicabilidad de la frase "cuando el interés del hijo lo haga *indispensable*, sea por maltrato, descuido u otra causa calificada" contenida en el antiguo inciso tercero del art. 225 del CC. El requirente impugnaba los incisos primero y tercero del art. 225 del CC, invocados en la causa sobre aumento de pensión de alimentos y demanda reconvencional de cuidado personal, por considerar que su aplicación resultada contraria al derecho a la igualdad y a la Convención Sobre los Derechos del Niño (CDN).[76]

En esta oportunidad, el TC se pronunció acerca de la impugnación del inciso primero del art. 225 del CC, rechazando el requerimiento. Afirmó que, incluso si tal inciso era aplicado en abstracto, no representaría por sí mismo una vulneración a la garantía de igualdad ante la ley, pues aunque introdujera una diferencia de trato entre la madre y el padre, ella tenía justificación en la realidad social de nuestro país. Esta realidad social consistía en que, tradicionalmente, se ha estimado que la madre es más apta para cuidar a los hijos comunes y más beneficioso para éstos que ello ocurra. Por ello, el Tribunal agregó que la adopción de esta regla era una opción lícita que, además, por su fácil aplicación simplificaba la solución de un problema que muchas veces requería de una solución urgente para no lesionar el interés superior de los niños.[77]

---

72. Tribunal Constitucional, Rol 2156-11, de 20 de noviembre de 2012.
73. RIT C-1234-2011.
74. Considerando decimoctavo.
75. Tribunal Constitucional, Rol 2306-12, de 30 de mayo de 2013.
76. RIT C-1303-2013.
77. Considerando decimoquinto.

A su vez, en cuanto a la impugnación del inciso tercero del antiguo art. 225 del CC, el Tribunal señaló que la excepción que tal inciso tercero contemplaba para variar la regla de atribución que hubiera operado en virtud del inciso primero o segundo del mismo artículo, resultaba excesivamente onerosa y desproporcionada para aquel de los padres que, no teniendo el cuidado personal de los hijos, aspiraba a tenerlo. Ello, pues exigía la ocurrencia de circunstancias tan altas y calificadas que constituían una diferencia de trato que cabía calificar de arbitraria y que no tenía amparo en la CPR.[78]

La Ley 20.680, de 21 de junio de 2013, derogó la norma de preferencia materna en la asignación del cuidado personal, reemplazándola por una más neutra en términos de género de los progenitores y más respetuosa de los derechos del niño. Asimismo, estableció ciertos criterios de interpretación en un nuevo art. 225-2. Con posterioridad a dicha reforma, el fallo de 17 de junio de 2015 es el más reciente del TC en esta materia y dice relación con el reformado art. 225 inciso 3° del CC.[79] Se solicitó su inaplicabilidad por inconstitucionalidad, toda vez que, la aplicación de dicho precepto vulneraría los arts. 5°, inciso 2°, en relación a normas de tratados internacionales; art. 7°; art. 19 n. 2; art. 19 n. 3, inciso 2° y 6°, todos de la CPR.

Al requirente le había sido denegada, *ad limine*, su solicitud de cuidado personal compartido ante el Tercer Juzgado de Familia de Santiago,[80] debido a que esta figura solo procedía ante el acuerdo de los progenitores. Ante ello, el requirente sostuvo que dicha decisión respondía a una errada interpretación y que implicaba una infracción a diversas disposiciones constitucionales y a lo dispuesto en el art. 224 del CC, en virtud del cual los padres tienen derecho a ejercer el cuidado personal de los hijos, aun cuando vivan separados.[81]

En primer lugar, cabe señalar que el Tribunal considera que para que la regla cuestionada del inciso tercero del art. 225 del CC se haga operativa, se requiere la concurrencia de una situación de hecho, consistente en la convivencia entre el hijo y el progenitor al que se confiere el cuidado personal; regla que, según habría ha afirmado la jurisprudencia, "protege el *interés superior del niño, niña, o adolescente*, al amparar una situación fáctica existente, consagrando la igualdad de condiciones de los padres para el ejercicio del cuidado personal."[82]

Ahora bien, en cuanto a lo señalado por el requirente, nuevamente, el Tribunal razona sobre el entendido que los Tratados Internacionales citados por aquel son de rango infraconstitucional, lo que, desde luego, debilita la posición del requerimiento.[83] Además, señala que la norma impugnada precisamente se aplica en un supuesto en que los padres no se hallan en una idéntica situación, pues es uno de ellos –no ambos– el

---

78. Considerando vigésimo.
79. Tribunal Constitucional, Rol 2699-14, de 17 de junio de 2015.
80. RIT C-1101-2014.
81. Argumenta infracción al art. 5° de la CPR, pues se han contravenido los arts. 18 y 19 de la CDN, referidos a la corresponsabilidad parental, y el art. 16 letras d) y f) de la CEDAW, referidas a la igualdad en derechos y obligaciones de los progenitores y a la igualdad de hombres y mujeres en lo que respecta al cuidado de los hijos. Asimismo, entiende infringidos los arts. 7° y 19, n. 2 y 3, de la CPR.
82. Considerando décimo.
83. Considerando decimotercero.

que convive con el hijo y lo cuida; agregando que aun si se entendiera que existe tal diferencia, ella no podría ser arbitraria por cuanto "la atribución del cuidado personal del niño al progenitor con el que convive, parece *razonable e inspirada en el interés superior del niño*. Y, por lo demás, en el contexto fáctico en que la regla está llamada a operar -vida separada de los padres- no resulta irracional ni desproporcionado que el padre que viva con el hijo sea aquel al que la ley le atribuya su cuidado personal, sin dejar la cuestión en indeterminación, mientras los padres, en ejercicio de la autonomía de la voluntad que en estas materias sensibles se les reconoce y cuyo ejercicio promueve el legislador, arriban a la formalización de algún acuerdo o, bien, recurren al tribunal competente para que zanje quién debe detentar dicho cuidado."[84]

En cuanto a una eventual infracción al debido proceso y al derecho a la defensa, el Tribunal la desechó "toda vez que *no siendo la imposición del cuidado personal compartido una materia que corresponda a los jueces zanjar*, pues el legislador la reservó fundadamente a la hipótesis en que existe acuerdo entre los padres, no se trata de una materia susceptible de resolverse en un proceso jurisdiccional previo (...)."[85]

4.4.4   Guardas

Por último, en cuanto a la jurisprudencia recaída en materia de relaciones de cuidado, cabe señalar que el TC se ha pronunciado recientemente sobre una materia estrechamente vinculada al cuidado personal. Se trata del fallo de 12 de abril de 2016,[86] en relación a la guarda de dos menores de edad, por el cual acoge el requerimiento de inaplicabilidad planteado por una jueza de familia respecto del art. 367 del CC y art. 839 del CPC.

La jueza se encontraba conociendo de una solicitud de curaduría efectuada por el hermano de dos niñas menores de edad, con fundamento en que desde que el padre y la madre de las niñas fallecieron ellas se encontraban residiendo con él y bajo su cuidado. La jueza afirma que los mencionados artículos obligan imperativamente a otorgar la curaduría al abuelo materno de las menores de edad, que se encontraba vivo pero que no mantenía contacto ni relación con las niñas, a diferencia del solicitante, que sí tenía vínculo afectivo con ellas.

Se señala por la requirente que al aplicar tales disposiciones se infringirían los derechos a la igualdad ante la ley y a la igual protección de la ley en el ejercicio de los derechos, asegurados por el art. 19, 2º y 3º, de la Carta Fundamental. Su aplicación configuraría una discriminación arbitraria en contra de las menores de edad de autos, en contraposición con los niños cuyos progenitores están vivos. Ello, pues los arts. 224 y siguientes del CC obligan al juez que conoce de la modificación del cuidado personal respecto de hijos cuyos padres viven, a ponderar la aptitud del solicitante, en el marco de un procedimiento que respeta las garantías del debido proceso; exigencia y condiciones que no existirían respecto de menores de edad con ambos progenitores fallecidos. Estas normas atentarían también contra el derecho a la igual protección de la ley en el ejercicio

---

84. Considerando decimosexto.
85. Considerando vigésimo cuarto.
86. Tribunal Constitucional, Rol 2867-15, de 12 de abril de 2016.

de los derechos, en cuanto la acción entablada, a juicio de la jueza, debería regirse por el juicio ordinario de Tribunales de Familia, que es el que otorga plena protección a las garantías del debido proceso de los niños y no por el cual estaba en ese momento sustanciando el asunto.

Asimismo, la jueza señaló que, al aplicar las referidas normas del CC y del CPC, existiría vulneración a los Tratados Internacionales ratificados por Chile y vigentes en materia de protección de los derechos del niño, pues dichas normas no garantizarían el interés superior del niño. Ello, pues el orden de prelación para ejercer la guarda del art. 367 del primero de dichos cuerpos legales es taxativo y no permitiría una mayor evaluación respecto a los antecedentes o habilidades para la crianza, a la vinculación con las adolescentes, y a la edad, entre otras consideraciones. Finalmente, se afectaría el n. 1 del art. 19 de la CPR, pues las normas impugnadas permitirían que dos menores de edad sean dejadas bajo el cuidado de un pariente con quien no han tenido relación regular alguna, pudiendo afectarse así la integridad psíquica de las mismas, distorsionando su entorno familiar, afectivo y su desarrollo personal.

Pues bien, el Tribunal acoge este requerimiento, entrando al fondo del asunto, al considerar que la aplicación del art. 367 del CC tendría efectos inconstitucionales; afectando la integridad psíquica de las menores de edad y la garantía de igualdad ante la ley. El Tribunal señala que los niños cuyos padres han fallecido se encuentran en una situación diferente a los niños que tienen vivos a sus padres, pues la ley les otorga injustificadamente un tratamiento diferenciado, sin considerar que están en una misma circunstancia, esto es, la necesidad de determinar a la persona que debe procurar su cuidado.[87]. A los primeros no se les aplicarían las reglas de los arts. 222 y siguientes del CC, sino las relativas a las tutelas y curatelas, "(...) cuyas prescripciones hacen *nula referencia a la consideración primordial que en dichas materias debe merecer el interés superior del niño*, como derecho, principio y norma de procedimiento."[88]

Por otro lado, haciendo referencia a la nueva regulación introducida por la Ley 20.680 de 2013, que he comentado más arriba, el Tribunal afirma que el legislador ha tenido especial preocupación por actualizar la regulación del cuidado de menores de edad cuando sus progenitores viven, en el sentido de flexibiliar los criterios con que el juez debe hacer frente a la efectiva protección del interés superior del niño. No habría sucedido lo mismo en materia de guardas, conforme a cuyas reglas el juez estaría simplemente obligado a seguir de manera estricta un orden de prelación, sin más opciones que notificar al abuelo materno de las menores de edad y discernirle a él la curaduría; no podría efectuar ninguna otra consideración que apunte a proteger a las menores de edad, su bienestar, su entorno familiar y sus intereses.[89]

Finalmente, el Tribunal señala que la aplicación del art. 367 del CC produciría una profunda afectación a la integridad psíquica de las menores de edad: "La posibilidad de que cambie su entorno familiar y que se corten los lazos familiares y afectivos que han

---

87. Considerando trigésimo segundo.
88. Considerando decimosexto.
89. Considerando trigésimo noveno.

construido con quien las ha cuidado desde que han quedado huérfanas, *menoscabaría su integridad psicológica y el desarrollo pleno de sus capacidades hacia el futuro*".[90]

4.4.5 Corolario en materia de filiación y relaciones de cuidado

En cuanto a las acciones de filiación, del estudio de los fallos referidos a la constitucionalidad de la norma sobre la acción de reclamación de filiación contra los herederos del supuesto progenitor fallecido, y evitando utilizar un criterio numérico de las pronunciamientos que confirman o rechazan su legitimidad frente a la Carta Fundamental que pueda falsamente llevar a concluir que la cuestión se encuentra zanjada, se desprende que el TC chileno sí ha abordado el fondo de la problemática. Ello, pues, a diferencia de otras materias, no ha aludido a la existencia de una reserva legal que impida el conocimiento de este asunto.

En este sentido, el Tribunal ha utilizado argumentos basados en derechos fundamentales, tales como la igualdad y la identidad y, asimismo, ha invocado principios como la seguridad y certeza jurídica. La discusión sobre esta cuestión no se encuentra dilucidada totalmente a nivel de justicia constitucional, toda vez que existen votos de mayoría y de minoría que, en su caso, aceptan o rechazan los requerimientos de inconstitucionalidad.

En efecto, compartimos la opinión doctrinal que ha puesto de manifiesto la necesidad de zanjar definitivamente la discusión sobre los arts. 206 del CC y 5 transitorio de la Ley 19.585. Ello, ante el peligro de que el estado civil de una persona dependa de la tendencia jurídica que sustente el tribunal que conozca su causa.[91] Se ha señalado que es imposible lograr una interpretación del art. 206 del CC que sea compatible con la Constitución, de tal manera que el TC debería declarar su inconstitucionalidad en el ejercicio de la atribución que la Carta Fundamental le entrega en su art. 93 n. 7. De ser así, todos los hijos de padre o madre fallecidos durante la vigencia de la Ley 19.585, sin distinción, se deberían regir por el art. 317 del CC; es decir, los hijos y los herederos del padre o madre serían legítimos contradictores, teniendo legitimidad activa los hijos y legitimidad pasiva los herederos en el juicio de reclamación de filiación.[92]

En cuanto a la cosa juzgada en las acciones de filiación, debido a que, en opinión del Tribunal, los derechos supuestamente en conflicto no poseen contornos precisos, el mismo ha evitado referirse a cuál de ellos cedería en el caso en cuestión. A mayor abundamiento, complejiza este asunto el que el Tribunal considere que los Tratados Internacionales de Derechos Humanos –varios de los cuales se refieren al derecho a la identidad– tienen rango infraconstitucional–,[93] pues es conocido que sus disposiciones han sido interpretadas por Tribunales Internacionales de Derechos Humanos a través de decisiones que habrían iluminado el razonamiento de nuestro TC. El problema acerca de la vigencia y extensión de la aplicación de la cosa juzgada en materia filiativa permanece, como puede apreciarse, sin resolverse en nuestro contexto nacional a nivel constitucional.

---

90. Considerando cuadragésimo.
91. Saffie (2013), p. 170.
92. Mujica (2013), p.587.
93. Ibíd.

CONSTITUCIONALIZACIÓN Y JURISPRUDENCIA CONSTITUCIONAL EN EL DERECHO DE FAMILIA CHILENO **285**

Ello, a diferencia de otras latitudes en las cuales el ejercicio de la convencionalidad ha resultado gatillar decisiones incluso contrarias al tenor literal de textos legales vigentes.[94]

En relación al cuidado personal de niños, niñas y adolescentes, antes de la reforma introducida por la Ley 20.680, el CC contenía una norma, a mi juicio, contraria al interés superior del niño, y claramente atentatoria contra el principio de igualdad parental. Los fallos del Tribunal que rechazaron los requerimientos de inaplicabilidad del ex art. 225 inciso primero de dicho cuerpo legal, defendían la discriminación a favor de la madre aduciendo razones de índole social. Se señalaba que tradicionalmente la madre era considerada más apta para el cuidado de los hijos comunes y, por ende, más beneficioso para ellos. Este tipo de consideraciones no estaban fundadas en el interés superior del niño sino en estereotipos de género y prejuicios sociales. El principio del interés superior del niño reconocido en la CDN como la consideración primordial que debe tenerse en cuenta al adoptar todo tipo de medidas legislativas, administrativas y judiciales a su respecto, exige que el titular o titulares de su cuidado sean la o las personas más hábiles para ello en atención a una serie de circunstancias encaminadas a asegurar su binestar, las que deben ser ponderadas en el caso en concreto y no estar *a priori* relacionadas con el sexo de sus progenitores ni con la edad y sexo de los hijos.[95] Afortunadamente, la mencionada reforma de 2013 corrigió esta discriminación arbitraria, reemplazando la regla supletoria por una que considera la situación de hecho en la que se encuentra el niño o la niña, es decir, con qué padre o madre convive al momento de la separación de los mismos. Asimismo, como he señalado anteriormente, esta Ley introdujo un nuevo art. 225-2 estableciendo un elenco de tales circunstancias, intentando objetivar la interpretación de tal principio en el caso en particular sometido a conocimiento del juez, de tal manera de orientar su decisión hacia la satisfacción de los derechos del niño.

Ahora bien, con posterioridad a la entrada en vigencia de dicha Ley 20.680, el TC ha tenido ocasión de pronunciarse sobre la constitucionalidad del nuevo artículo 225 del CC; en concreto, en cuanto a la (im)posibilidad de establecer el cuidado personal compartido a falta de acuerdo de los progenitores en tal sentido. Como he referido, el TC se pronunció sobre una eventual infracción al debido proceso y al derecho a la defensa alegada por el requiriente de inconstitucionalidad, estableciento que la imposición del cuidado personal compartido no es una materia que corresponda zanjar a los jueces, pues el legislador la habría reservado fundamentalmente a la hipótesis en que existe acuerdo entre los padres.

Esta última interpretación del art. 225 inciso cuarto que efectúa el TC es dicutible, ya que, en mi parecer, el legislador de 2013 más bien ha guardado silencio ante la posibilidad de que sea uno solo de los progenitores quien efectúe una solicitud en tal sentido. El

---

94. En este sentido, la sentencia de la Corte Constitucional de 15 de febrero de 2012 T-071/12 en que señala que la interpretación constitucionalmente válida de una norma "(...) es aquella en la que *el término de caducidad de la impugnación de la paternidad se empieza a contar a partir de la fecha en la cual se tuvo conocimiento cierto* a través de la prueba de ADN de que no se era el padre biológico."; y la sentencia de la Cámara de Familia de 2ª Nominación de Córdoba, Argentina, de 16 de abril de 2008, que declaró inconstitucional la norma entonces vigente que establecía que la acción de impugnación de paternidad matrimonial del marido caducaba si transcurría un año desde la inscripción de nacimiento.

95. Sobre esto, puede consultarse: Lathrop (2010), p. 147-184.

legislador no ha prohibido expresamente al juez que pueda establecer tal modalidad de cuidado en la realidad familiar del niño cuyos progenitores viven separados; en realidad, ha guardado silencio al respecto. Si se tiene en consideración que uno de los principios fundantes de esta reforma es el de la corresponsabilidad parental, al tiempo que ha dotado de un nuevo contenido a la directriz del interés superior del hijo en estas materias -al desterrar la "indispensabilidad" y objetivar su aplicación – resulta a lo menos procedente que el juez que conoce de la causa pueda, si las circunstancias lo ameritan y ello es conforme al bienestar del niño, introducir dicha modalidad de organización del cuidado. En este último sentido, cabe señalar que el cuidado personal compartido no es sinónimo de residencia alternada del hijo en los domicilios de sus padres, sino de compartir con una lógica asociativa, y no confictiva, las decisiones de importancia relacionadas con la vida del hijo y la forma en que se le dispensan cotidianamente los cuidados de carácter personal más inmediatos. Creo que esta interpretación es conforme a los principios que inspiraron la reforma de 2013 y, en suma, guarda armonía con la CDN y la CEDAW.

Finalmente, en cuanto al fallo relativo a la institución de las guardas, cabe destacar positivamente la resolución del Tribunal, en cuanto aplicó criterios materiales al momento de resolver; en especial, al referirse a la falta de actualización de reglas que se refieren a materias similares y que buscan el mismo objetivo, cuales son, asegurar intereses de personas que se encuentran en situaciones de especial indefensión, a través de la designación de adultos responsables de su cuidado. En el caso específico de autos, el interés superior de las niñas exigía reconocer formalmente el vínculo de cuidado respecto de su hermano mayor, más allá de la cercanía o lejanía que pudiera tener con otros parientes. Esta decisión del Tribunal pone de manifiesto que la reforma a las normas de cuidado personal efectuadas en el año 2013 fueron deficientes e inorgánicas, en tanto no consideraron el espectro total de las relaciones de cuidado y dependencia que el ordenamiento debe resguardar. En suma, el Tribunal releva el hecho de que el estatuto completo referido al cuidado de las personas que sea por razón de edad o porque se encuentran en circunstancias de desprotección requieren de otra u otras que puedan velar por ellas, debe apegarse a los estándares internacionales, inspirarse en las directrices reconocidas como fundamentales en los Tratados de Derechos Humanos vigentes en Chile, y otorgar criterios orientadores al juez para la concreción de tales principios al caso en particular que debe resolver.

5. CONCLUSIONES

El proceso de constitucionalización del Derecho Privado en Chile no ha obedecido a un desarrollo sistemático. Por el contrario, la inspiración constitucional de ciertas reformas e interpretaciones se ha construido de manera extremadamente espontánea e inorgánica, obedeciendo a necesidades contingentes por modernizar, actualizar y fortalecer argumentativamente determinadas instituciones. El desarrollo de este proceso ha sido impulsado por la doctrina especializada y, en menor medida, por cierta interpretación judicial proveniente de la justicia ordinaria y constitucional de nuestro país, aunque sin constituirse en una dogmática seria ni en una jurisprudencia asentada. En efecto, al no existir en nuestro país ni la doctrina de precedentes ni una dogmática suficiente, no contamos con una debida acumulación de normas constitucionales a través del desarrollo de la justicia constitucional.

Durante el desarrollo de esta investigación sobre la jurisprudencia constitucional, detecté que las ocasiones en que nuestro TC se ha pronunciado sobre el fondo de los asuntos sometidos a su decisión en virtud de requerimientos de inaplicablidad por inconstitucionalidad, constituyen la excepción. Existen dos elementos que explican esta situación. En primer lugar, el que la mayoría de dichos requerimientos hayan sido declarados inadmisibles. En segundo lugar, el hecho de que a menudo el Tribunal invoque la denominada "reserva legal", estrechando determinantemente el ámbito sobre el cual puede pronunciarse. En este sentido, puede concluirse que el TC chileno no ha hecho propio uno de los elementos que describen el proceso de constitucionalización del Derecho, esto es, el que la norma legal se impregne de los principios constitucionales. En la medida que el Tribunal considera que hay ciertos ámbitos que le están vedados por ser privativos del terreno legal, se dificulta directa e indirectamente el fenómeno de la constitucionalización del ordenamiento jurídico.

A mi juicio, la situación descrita se agrava por el hecho de que el TC no haya podido dar por zanjada la discusión sobre la jerarquía de los Tratados Internacionales de Derechos Humanos en Chile, en relación a lo prescrito por el art. 5º inciso segundo de la CPR. Como he señalado, la influencia de los derechos humanos ha resultado determinante en el desarrollo de varias ramas del Derecho Pivado y, en especial, del Derecho de Familia. Por lo cual, si su verdadero impacto normativo y transformador está en entredicho, supeditado a su validez normativa, difícilmente la doctrina de los derechos humanos pueda iluminar la tarea del intérprete constitucional.

En cuanto a la medición del proceso de constitucionalización del Derecho de Familia en su vertiente de justicia constitucional, que he querido llevar a cabo en este artículo, resulta útil repasar acá algunos de los hallazgos de esta revisión jurisprudencial, a modo de conclusión.

Como señalé, revisada la jurisprudencia del TC chileno entre los años 1973 y 2016, es posible rescatar 61 fallos dictados en materias de Derecho de Familia. De ellos, este Tribunal ha dictado 9 sentencias recaídas en control de constitucionalidad de las leyes. Por su parte, las sentencias emitidas en virtud del control concreto de constitucionalidad autorizado por el art. 93 n. 6 de nuestra CPR, que es en lo que me he centrado, son 52, han sido pronunciadas desde 2007, y se relacionan con instituciones rotuladas tradicionalmente como matrimoniales y filiativas. Desde el punto de vista material, es decir, del contenido de los pronunciamientos, es posible afirmar que el TC se ha pronunciado sobre las siguientes cuestiones referidas a las relaciones de familia: matrimonio y orientación sexual; libertad probatoria en el divorcio; discriminación contra la mujer en las relaciones de familia; y, por último, filiación y relaciones de cuidado. Las problemáticas de índole patrimonial han sido solo indirectamente tocadas por el Tribunal en las sentencias analizadas, como son la compensación económica y los bienes familiares.

Asimismo, desde el punto de vista cuantitativo, las áreas que presentan mayores sentencias pronunciadas son las acciones de filiación y la compensación económica, siguiéndole de forma muy pareja, las relacionadas con el cuidado personal, el divorcio, la relación directa y regular, los alimentos debidos a menores de edad, la separación matrimonial, el secuestro internacional de menores de edad y las guardas.

Considerando las características y factores de la constitucionalización del Derecho a que me he referido en este trabajo, creo que las materias en que nuestro Tribunal ha efectuado una re-interpretación de normas del Derecho de Familia a la luz de principios constitucionales y estándares internacionales, son las siguientes.

En primer término, las que dicen relación con la filiación y las relaciones de cuidado, en especial, en lo que se refiere a la aplicación del derecho a la igualdad filiativa y a la vigencia del derecho a la identidad. Así, si bien en materia de acciones de filiación el TC aun no cuenta con opinión uniforme ante requerimientos de inconstitucionalidad muy similares, ha efectuado un esfuerzo por delimitar derechos y principios que no están reconocidos a nivel constitucional -claramente, la identidad es uno de ellos- pero que sí están desarrollados por la dogmática internacional. De hecho, en cuanto a la cosa juzgada en materia de filiación, he comentado un fallo en que el Tribunal, no obstante sugerir que el área no es de su competencia, desarrolla argumentos en orden a desestimar la aplicación de las normas impugnadas. Este fallo reconoce explícitamente que la Corte Suprema no ha unificado ni definido las corrientes jurídicas sobre la materia; sin embargo, deja pasar la oportunidad para dilucidar este aspecto señalando que ni el derecho a la identidad ni el derecho a la cosa juzgada se encontrarían constitucionalmente definidos, y, por tanto, sus límites no estarían claramente establecidos.

Asimismo, he examinado una sentencia en que el Tribunal realiza una interpretación progresiva y crítica sobre las guardas, aludiendo a la desactualización de las normas civiles decimonónicas que abordan esta institución; afirmación que es notablemente excepcional en la jurisprudencia constitucional chilena revisada. En efecto, en esta materia, lejos de echar mano al criterio de la reserva legal, el Tribunal pone de manifiesto la falta de organicidad de este estatuto y de la antigüedad de su contenido.

Una valoración positiva puede hacerse también con respecto a la discriminación por género en contra de la mujer, que si bien se advierte marginalmente en un solo fallo relacionado con la compensación económica, constituye un avance significativo en materia de consecución de igualdad material entre hombre y mujer. El tribunal se refiere a la consolidación de estereotipos como un elemento que influye en la generación y perpetuación de la discriminación, mediante una interpretación que no había efectuado hasta entonces.

Por el contrario, se echa de menos el desarrollo de argumentos más materiales en materia de orientación sexual y relaciones familiares, como ocurre con los fallos referidos a la exclusión del matrimonio entre personas del mismo sexo del CC o al recaído en la conducta homosexual como causal de divorcio sanción de la LMC. En estos dos fallos, a mi juicio, el Tribunal ha obviado referirse al fondo de la cuestión sometida a su control, cual es, la discriminación por orientación sexual. A su vez, algo similar ha ocurrido en materia de divorcio y libertad probatoria, donde el Tribunal podría haber hecho un esfuerzo por abordar los principios de armonía familiar y respeto de la intimidad familiar y personal de los sujetos, en vez de argumentar sobre interpretaciones literales de las normas de la LMC que exigen el transcurso de ciertos plazos.

En suma, este trabajo ha intentado evaluar el estado de la jurisprudencia constitucional referida a las relaciones familiares, en el entendido de que el contenido de los pronunciamientos del TC es un indicador del grado de constitucionalización del ordenamiento jurídico. El proceso de constitucionalización resulta particularmente importante en el desarrollo del Derecho de Familia, dado el componente fuertemente personal que le caracteriza. El Derecho de Familia moderno se ve continuamente desafiado al regular las relaciones de las personas en familia en contextos sociales dinámicos, complejos y en profunda transformación. En las sociedades modernas, los proyectos individuales no se desarrollan predominantemente en el ámbito familiar, a diferencia de antaño; las personas tienden a realizar sus aspiraciones en contextos que van más allá de la vida privada familiar, por lo cual, la familia "estática" que Bello concibió en el siglo XIX ha sido sustituida por otra que muta constantemente, que se acomoda a los planes individuales de sus integrantes, que se inserta en el imaginario de las personas como un propósito pero que no abarca ni satisface en su totalidad los proyectos individuales.

Estos desafíos obligan a los ordenamientos jurídicos a ajustarse periódicamente, a reformular sus reglas conforme a nuevos principios fundantes. En este proceso resulta fundamental la tarea del intérprete y, en especial, la función de la justicia llamada a declarar la conformidad de dichas reglas a la Carta Fundamental. Paralelamente, estas reglas están cada vez más permeadas por los preceptos constitucionales en conformidad al proceso transformador de la constitucionalización y, por su parte, la Constitución recibe en el área de la persona y de la familia un influjo innegable desde los Tratados Internacionales de Derechos Humanos.

Finalmente, ante estos elementos, podemos concluir que la función dogmática crítica del Derecho de Familia no debe solo reforzar los mandatos constitucionales generales; debe contribuir a la actualización y reformulación de los principios básicos de un Derecho de Familia. Este Derecho de Familia está fundado fuertemente en la protección de la esfera íntima, la igualdad de género, el reconocimiento del estatus jurídico de la infancia y la apertura a nuevas formas de parentalidad. En este sentido, este trabajo ha pretendido aportar al desarrollo de dicha dogmática mediante una investigación de la jurisprudencia constitucional chilena.

6. JURISPRUDENCIA CITADA, TRIBUNAL CONSTITUCIONAL CHILENO (REQUERIMIENTOS DE INAPLICABILIDAD POR INCONSTITUCIONALIDAD)

29 de septiembre año 2009; Rol 1340-09

30 de agosto de 2011; Rol 1563-09

1 de septiembre de 2011; Rol 1537-09

1 de septiembre de 2011; Rol 1656-09

3 de noviembre de 2011; Rol 1881-10

4 de septiembre de 2012; Rol 2035-11

4 de septiembre de 2012; Rol 2105-11

27 de septiembre de 2012; Rol 2102-11

20 de noviembre de 2012 Rol 2156-11

26 de marzo de 2013; Rol 2207-12

30 de mayo de 2013 Rol 2306-12

30 de mayo de 2013; Rol 2215-12

11 de junio de 2013; Rol 2333-12

18 de junio de 2013; Rol 2195-12

18 de junio de 2013; Rol 2200-12

2 de julio de 2013; Rol 2303-12

6 de marzo de 2014; Rol 2408-13

10 de abril de 2014; Rol 2435-13

25 de julio de 2014; Rol 2690-14

17 de junio de 2015 Rol 2699-14

6 de agosto de 2015; Rol 2739-14

12 de abril de 2016; Rol 2867-15

7. BIBLIOGRAFÍA CITADA

ALDUNATE LIZANA, Eduardo (2006): "El derecho esencial a contraer matrimonio", en Vidal Olivares, Álvaro (coordinación), *El Nuevo Derecho chileno del Matrimonio (Ley 19.947 de 2004)* (Santiago de Chile, Editorial Jurídica de Chile) p. 39-48.

ALDUNATE LIZANA, Eduardo (2010): "Aproximación conceptual y crítica al neoconstitucionalismo", en *Revista de Derecho* (N. 1), p. 79-102.

ÁLVAREZ PERTIZ, Alicia (2011): "Constitucionalización del Derecho de Familia", en *Revista Jurídicas CUC*, Barranquilla, Colombia, ISSN 1692-3030 (N. 7), p. 27-51.

ATIENZa, Manuel (2007): "Argumentación y Constitución", en Aguiló, Josep; Atienza, Manuel; Ruiz, Juan, *Fragmentos para una teoría de la Constitución* (Madrid, Iustel), p. 113-143.

BELOFF, Mary (2008) "Quince años de la vigencia de la Convención Sobre los Derechos del Niño en Argentina", en *Justicia y Derechos del Niño*, UNICEF, Bogotá, (N. 10), p. 11-44.

CALVO CARVALLO, María Loreley (2000): "Familia y Estado: Una perspectiva constitucional", en *Revista Uruguaya de Derecho de Familia*, Montevideo, Uruguay (Año XIII, N. 15), p. 163-165.

CEA EGAÑA, José Luis (1996), "La Constitucionalización del Derecho", en *Revista de Derecho Público* (v. 1996, N°59) p. 11-22.

CORRAL TALCIANI, Hernán (2004): "Algunas reflexiones sobre la Constitucionalización del Derecho privado", *Derecho Mayor* (N. 3), p. 4, [Fecha de consulta 22 de diciembre de 2014]. [Disponible en https://corraltalciani.files.wordpress.com/2010/05/constitucionalizaciond-privado.pdf.

CORREA GONZÁLEZ, Rodrigo (2005): "Vulgarización por constitucionalización", en *Revista Derecho y Humanidades* (N°11), p. 161-175.

DE LA FUENTE LINARES, José Cándido Francisco Javier (2012): "La protección constitucional de la familia en América Latina", en *Revista IUS,* Puebla (v. 6, N. 29) [Fecha de consulta: 23 de diciembre de 2014]. [Disponible en: http://www.scielo.org.mx/scielo.php?script=sci_arttext&pid=S1870-21472012000100005].

DOMÍNGUEZ ÁGUILA, Ramón (1996): "Aspectos de la constitucionalización del Derecho Civil chileno", en *Revista de Derecho y Jurisprudencia* (T. XCIII, N. 3), p. 107-137.

DOMÍNGUEZ ÁGUILA, Ramón (2001): "La constitucionalización del Derecho", en Navarro Beltrán, Enrique (editor), *20 años de la Constitución Chilena* (Santiago, Conosur), p. 37-55.

ESPEJO YAKSIC, Nicolás, conferencia dictada en un Congreso Internacional en el marco de la Cátedra por el Derecho Continental. Universidad Diego Portales – Fondation pour le Droit Continental, 18 de noviembre de 2014, Universidad Diego Portales.

FAVOREAU, Louis Joseph (2001): "La constitucionalización del Derecho", en *Revista de Derecho* (v. XII), p. 31-43.

GIL DOMÍNGUEZ, Andrés; Famá, María Victoria; Herrera, Marisa (2006): *Derecho constitucional de familia* (Buenos Aires, Ediar), tomo 1.

GUASTINI, Riccardo (2009): "La 'constitucionalización' del ordenamiento jurídico: el caso italiano" (traducc. de José María Lujambio), en Carbonell, Miguel (editor), *Neoconstitucionalismo(s)*, 4ª edición (Madrid, Trotta-UNAM), p. 49-73.

GUZMÁN BRITO, Alejandro (2001): *El Derecho Privado Constitucional de Chile*, (Valparaíso, Ediciones Universitarias de Valparaíso-Universidad Católica de Valparaíso).

HERNÁNDEZ PAULSEN, Gabriel (2008): "Derecho de Familia y Derechos Humanos", en Pozo Silva, Nelson y Benítez González, Jorge (editores), *Los otros derechos: derechos humanos del bicentenario* (Santiago de Chile, Arcis), p. 17-52.

KEMELMAJER DE CARLUCCI, Aída (2005): "Codificación y constitucionalización del Derecho Civil", en Martinic Galetovic, María Dora; Ríos Labbé, Sebastián; y Tapia Rodríguez, Mauricio; *Sesquicentenario del Código Civil de Andrés Bello: pasado, presente y futuro de la codificación* (Santiago de Chile, LexisNexis), p. 1193-1213.

LATHROP GÓMEZ, Fabiola (2010): "(In)constitucionalidad de la regla de atribución preferente materna del cuidado personal de los hijos del artículo 225 del Código Civil chileno", en *Revista Ius et Praxis* (v. II), p. 147-184.

LLOVERAS, Nora y Salomón, Marcelo J. (2010): "Los derechos humanos en las relaciones familiares del S. XXI: Los caminos de la jurisprudencia argentina", en Lloveras, Nora y Herrera, Marisa (Directoras) y Benavides Santos, D. y Picado Ana María (Coordinadores), *El derecho de familia en Latinoamérica 1. Los Derechos Humanos en las relaciones familiares* (Córdoba, Nuevo Enfoque Jurídico), p. 73-115.

MUJICA ESCOBAR, Francisco (2013): "No hay interpretación del artículo 206 del Código Civil que sea compatible con el artículo 19 N. 2 de la Constitución Política de la República. Análisis de las sentencias del Tribunal Constitucional que se han pronunciado respecto de la inaplicabilidad por inconstitucionalidad del artículo 206 del Código Civil e incisos 3º y 4º del artículo 5º transitorio de la Ley 19.585", en *Actualidad Jurídica* (N. 28), p.531-589.

NÚÑEZ LEIVA, José Ignacio (2012): "Constitución, neoconstitucionalismo y lagunas jurídicas (normativas y axiológicas)", en *Estudios Constitucionales* (N. 2), p.511-532.

PARRA BENÍTEZ, Jorge (1996): "El carácter constitucional del derecho de familia en Colombia", en *Revista Facultad de Derecho y Ciencias y Políticas*, Medellín, Colombia (N. 97), p. 47-52.

Red Judicial Europea en materia civil y mercantil, [fecha de consulta: 15 de junio de 2016], [Disponible en: https://e-justice.europa.eu/content_divorce-45-es-es.do].

SAFFIE KATTAN, Cristina (2013): "Inconstitucionalidad del artículo 206 del Código Civil", en *Revista de Estudios de la Justicia* (N. 19), p. 159-172.

SCHMIDT HOTT, Claudia (2005): "La constitucionalización del Derecho de Familia", en Martinic Galetovic, María Dora; Ríos Labbé, Sebastián; y Tapia Rodríguez, Mauricio; *Sesquicentenario del Código Civil de Andrés Bello: pasado, presente y futuro de la codificación* (Santiago de Chile, LexisNexis), p. 1235-1244.

SOTO KLOSS, Eduardo (1994): "La familia en la constitución política", *Revista Chilena de Derecho* (v. 2, N. 21), p. 217-229.

TAPIA RODRÍGUEZ, Mauricio (2005): *Código Civil 1855-2005. Evolución y perspectivas* (Santiago, Editorial Jurídica de Chile).

TURNER SAELZER, Susan y Zúñiga Añazco, Yanira (2013): "Sistematización comparativa de la regulación de la familia en las constituciones latinoamericanas", en *Revista de Derecho Universidad Católica del Norte* (N. 2), p. 269-301.

ZANNONI, Eduardo A. (1998): *Derecho de Familia,* 3. ed. (Buenos Aires, Astrea).

ZÚÑIGA URBINA, Francisco (2005): "Control de constitucionalidad y casación", en *Estudios Constitucionales* (v. 3, N. 2), p. 15-27.

8.   NORMAS JURÍDICAS CITADAS

Constitución Política de la República.

Código Civil chileno.

Ley 19.947, que establece nueva Ley de Matrimonio Civil. Diario Oficial 17 de mayo de 2004.

Ley 14.908, sobre Abandono de Familia y Pago de Pensiones Alimenticias. Diario Oficial, 5 de octubre de 1962.

Ley 19.585, que modifica el Código Civil y otros cuerpos legales en materia de Filiación. Diario Oficial, 26 de octubre de 1998.

Ley 20.680, que introduce modificaciones al Código Civil y a otros cuerpos legales, con el objeto de proteger la integridad del menor en caso de que sus padres vivan separados. Diario Oficial, 21 de junio de 2013.

RELAÇÕES PRIVADAS E A APLICABILIDADE DOS DIREITOS FUNDAMENTAIS: UMA ANÁLISE SOB A PERSPECTIVA DO PRINCÍPIO DO CONTRADITÓRIO

Marcos Ehrhardt Jr.

Doutor em Direito pela Universidade Federal de Pernambuco (UFPE). Professor de Direito Civil na Universidade Federal de Alagoas (UFAL) e no Centro Universitário CESMAC. Editor da Revista Fórum de Direito Civil (RFDC).

Ewerton Gabriel Protázio de Oliveira

Mestrando em Direito Público pela Universidade Federal de Alagoas (UFAL). Pós--Graduado em Direito Processual Civil pela Faculdade de Direito Damásio de Jesus.

Sumário: 1. Notas introdutórias. 2. Como aplicar os direitos fundamentais às relações particulares? 2.1 Breves considerações históricas: a dimensão objetiva dos direitos fundamentais. 2.2 As teorias de aplicação dos direitos fundamentais às relações privadas. 2.3 A evolução do tratamento da matéria no âmbito do STF. 3. O princípio do contraditório nas relações privadas. 3.1 O contraditório como direito fundamental. 3.2 A visão contemporânea da noção de contraditório no âmbito do processo. 4. A concepção de processos particulares e a necessidade de se resguardar o devido processo legal e seus corolários. 4.1 Exemplos clássicos de processos particulares. 4.2 O caso das punições no âmbito das redes sociais, plataformas digitais e aplicativos. 4.2.1 A discussão sobre a constitucionalidade do art. 19 do Marco Civil da Internet. 5. Considerações finais. 6. Referências.

1. NOTAS INTRODUTÓRIAS

Pensar que o campo privado das relações jurídicas seja um espaço intocável pelos princípios constitucionais é pensamento que, hodiernamente, não mais se compactua com a complexa sociedade que se estabelece diariamente. É preciso entender como, a partir da história, o homem passou a enxergar os direitos fundamentais em outra dimensão que não a subjetiva, e daí a exigi-la nas mais diversas relações jurídicas existentes.

Dessa forma, princípios eminentemente processuais são promovidos a uma categoria até então restrita do direito constitucional, estimulando o debate se essa ascensão poderia vincular, inclusive, as relações jurídicas eminentemente privadas. Com base nessas premissas, este trabalho pretende abordar, através de método indutivo de pesquisa bibliográfica, como seria possível a aplicação dos direitos fundamentais ao âmbito privado, em especial sob a perspectiva do princípio do contraditório.

Para tanto, o artigo se dividirá em três partes: a primeira tratará da possibilidade e das teorias de aplicação dos direitos fundamentais às relações privadas; a segunda, com um viés processual, abordará o princípio do contraditório e a viabilidade de sua inserção no campo privado, adotando a ideia de processos particulares; e a terceira apresentará reflexões acerca de possíveis exemplos práticos dessa incidência.

2. COMO APLICAR OS DIREITOS FUNDAMENTAIS ÀS RELAÇÕES PARTICULARES?

2.1 Breves considerações históricas: a dimensão objetiva dos direitos fundamentais

Sem pretensão de esgotar os detalhes históricos essenciais à compreensão do tema, este tópico ficará adstrito às mudanças de perspectivas ocorridas da passagem do Estado Liberal para o Estado Social.

Com origens que remontam às revoluções liberais do fim do século XVIII, o Estado Liberal considerou os direitos fundamentais como uma esfera intangível da autonomia e da liberdade individual em face do poder do Estado, o que correspondia à ideia de Estado Mínimo, "que confiava na 'mão invisível" do mercado' para promover o bem comum"[1].

A teoria liberal que assegurava essa forma de Estado limitava o alcance dos direitos fundamentais às relações públicas. É dizer, as que o tinham em um de seus polos. Em verdade, os supracitados direitos tinham como fim primordial limitar o exercício do poder estatal, considerado o principal adversário da liberdade humana, notadamente pela feição nada democrática que adotou em período antecedente.

Com essa limitação, era necessária a utilização da técnica da separação dos poderes, de modo a constranger o arbítrio e incentivar a moderação na ação estatal[2]. Bem refletiu Paulo Lôbo ao escrever que:

> As constituições liberais nada regularam sobre as relações privadas, cumprindo sua função de delimitação do Estado mínimo. Ao Estado coube apenas estabelecer as regras do jogo das liberdades privadas, no plano infraconstitucional, de sujeitos de direitos formalmente iguais, abstraídos de suas desigualdades reais e sem qualquer espaço para a justiça social.[3]

Havia um abstencionismo por parte do Estado no que toca ao direito privado, permitindo-se que os indivíduos, a partir de uma igualdade formal, perseguissem seus interesses privados e celebrassem negócios jurídicos. Com o processo de democratização, desdobrado das transformações sociais e econômicas relacionadas ao processo de industrialização, de busca pelo poder político por classes não operárias, do surgimento de grupos sociais (partidos, sindicatos, por exemplo), da exação do sufrágio universal, a ideia de liberalismo estatal não se mostrava suficiente para resolver os novos problemas sociais, ligados às áreas econômica, social, assistencial etc.

---

1. SARMENTO, Daniel; SOUZA NETO, Cláudio Pereira de. *Direito constitucional:* teoria, história e métodos de trabalho. 2. ed. Belo Horizonte: Fórum, 2014, p. 80.
2. Este modelo de Estado era chamado por Carl Schmitt de "Estado Burguês de Direito". SCHMITT, Carl. *Teoría de La Constitución.* Presentación de Francisco Ayala. Primera edición em "Alianza Universidad Textos" 1982. Cuarta reimpresión em "Alianza Universidad Textos". Madrid. España. 2003.
3. LÔBO, Paulo. *Direito Civil:* v. I: Parte geral. 5. ed. São Paulo: Saraiva Educação, 2019, p. 61.

Constatou-se que as liberdades individual e social não serviam como garantia para o bem-estar da sociedade. Ao reverso, em boa parte das vezes favoreciam a violência, a opressão, as desigualdades e as disputas injustas no seio da sociedade[4], e serviam de instrumento de exploração dos mais fracos pelos mais fortes.

É nesse contexto que a ideia de *Welfare State*, ou de Estado do Bem-Estar Social, se desenvolve no ambiente europeu, com fortes influências no mundo ocidental. Nele, tem-se um Estado intervencionista, onde o poder político milita no âmbito social, criando uma dependência do indivíduo, muito em razão de este não ter condições pessoais, por fatores alheios à sua vontade, de prover certas necessidades existenciais mínimas[5].

Lembra Daniel Sarmento que o Estado do Bem-Estar Social, na Europa, desenvolveu-se a partir do fim da Segunda Guerra Mundial, quando a reorganização e a reconstrução da sociedade exigiu um Estado mais zeloso e assistencialista[6]. Entre as diversas mudanças de paradigma advindas do Estado Social, a visão sobre os direitos fundamentais talvez tenha sido uma das mais importantes. Percebeu-se que além de uma dimensão subjetiva, que até então era a essência desses direitos, havia outra dimensão, de cunho objetivo.

Nas palavras de Canotilho:

> (...) fala-se em fundamentação objetiva de uma norma consagradora de um direito fundamental quando se tem em vista o seu significado para a coletividade, para o interesse público, para a vida comunitária. É esta fundamentação objetiva que se pretende salientar quando se assinala à "liberdade de expressão" uma função objetiva, um "valor geral", uma "dimensão objetiva" para a vida comunitária.[7]

Em outras palavras, é entender que os direitos fundamentais devem difundir-se por todo o ordenamento jurídico, contaminando suas regras e preceitos normativos e se estabelecendo como a base axiológica da ordem jurídica. Não basta que o Estado cumpra com o seu dever negativo de abstenção (de não violá-los); é preciso que cumpra seu dever positivo de proteção (de defendê-los em face de terceiros).

O Estado como um todo, aí entendido nas suas diversas versões – legislador, juiz e administrador – deve pautar sua atuação, sobretudo, pela produção e interpretação de normas jurídicas, a partir dos valores constitucionais. Além do Estado, a própria sociedade também deve procurar respeitar a vontade constitucional, além de exigi-la, como se pode abstrair de diversos instrumentos jurídicos criados ação popular, mandado de segurança, ações de controle concentrado etc.

Sob esse enfoque, Gilmar Mendes conclui que "(...) os direitos de defesa apresentam um aspecto de direito a prestação positiva, na medida em que a dimensão objetiva dos direitos fundamentais cobra a adoção de providências, quer materiais, quer jurídicas, de resguardo dos bens protegidos."[8]

---

4. BRAGA, Paula Sarno. *Aplicação do Devido Processo Legal às Relações Jurídicas Particulares*. 2007. 230 f. il. Dissertação (Mestrado em Direito Privado) Faculdade de Direito, Universidade Federal da Bahia, Salvador, p. 92.
5. BONAVIDES, Paulo. *Do Estado liberal ao Estado social*. 8. ed. São Paulo: Malheiros, 2007, p. 200.
6. SARMENTO, Daniel. *Direitos Fundamentais e Relações Privadas*. Rio de Janeiro: Lumen Juris, 2004, p. 133-134.
7. CANOTILHO, José Joaquim Gomes. *Direito Constitucional e Teoria da Constituição*. 5. ed. Coimbra: Almedina, 2002, p. 1.240-1.241.
8. MENDES, Gilmar Ferreira. *Curso de Direito Constitucional*. 10. ed. São Paulo: Saraiva, 2015, p. 168.

A dimensão objetiva trouxe o que se chamou de *eficácia irradiante* dos direitos fundamentais, segundo a qual os direitos, como valores a serem atingidos, devem nortear toda a aplicação e interpretação das normas infraconstitucionais, exigindo delas conformidade à Constituição.

No Brasil, a Constituição da República Federativa de 1988 é considerada a mais completa e alinhada a essa nova visão, especialmente pelo fato de ser a Constituição mais democrática entre as que vigoraram no país, e por advir após um cruel período ditatorial. É nessa perspectiva que a discussão sobre a aplicação dos direitos fundamentais às relações privadas se desenvolve, culminando com a elaboração de diversas teorias, as quais serão objeto de análise do próximo tópico.

2.2 As teorias de aplicação dos direitos fundamentais às relações privadas

As transformações econômicas, políticas e sociais, resultado da complexificação das relações, demonstraram que não só o Estado, mas também os próprios particulares podem ameaçar, violar e oprimir direitos fundamentais, sobremodo quando investidos de um poderio maior em relação ao outro.

A discussão sobre a forma de aplicabilidade dos direitos fundamentais às relações privadas, segundo André Ramos Tavares, foi fomentada entre as décadas de 40 e 50 do século XX, em especial na Alemanha, a partir de um célebre caso de 1958, também denominado de Caso Lüth – que envolvia a livre manifestação de opinião –, oportunidade em que a Corte Alemã adotou o posicionamento de que os direitos fundamentais não poderiam atingir diretamente as relações entre os particulares[9].

Entretanto, várias teorias foram se desenvolvendo ao longo do tempo, pois nem todos concordavam com a ideia de extensão das limitações impostas por direitos fundamentais ao âmbito particular. As teorias se depararam com algumas questões, como: de que forma obrigariam um particular; com que intensidade; como compatibilizar isso com a autonomia privada; qual seria a participação do Estado na tutela do direito fundamental de um particular agredido por outro; como se resguardaria a segurança no tráfego jurídico.[10]

Para este estudo, importa apresentar as quatro teorias comumente mais referidas, a saber: a) teoria do *state action*; b) teoria da eficácia mediata e indireta; c) teoria da eficácia imediata e direta; e d) teoria dos deveres de proteção do Estado em relação aos direitos fundamentais.

Para a *teoria do state action*, não seria possível estender a eficácia dos direitos fundamentais de forma horizontal, vale dizer, entre os particulares, tendo em vista que o único sujeito passivo desses direitos seria o Estado. Com ideário liberal, os defensores desta corrente entendem que os direitos fundamentais representavam simples direitos de defesa contra o Poder Público e que pensar numa eficácia horizontal implicaria uma violação direta à autonomia privada.

---

9. TAVARES, André Ramos. *Curso de direito constitucional*. 18. ed. São Paulo: Saraiva Educação, 2020, p. 476.
10. SARMENTO, Daniel. *Direitos Fundamentais e Relações Privadas*. Rio de Janeiro: Lúmen Juris, 2004, p. 225.

O sistema jurídico americano adota o mesmo pensamento, embora relativizado. De fato, a Suprema Corte Americana fundamentou sua jurisprudência no sentido de que apenas pela via da legislação ordinária própria seria possível impor os bens protegidos pelos direitos fundamentais nas relações entre particulares.

Ocorre que, em momento posterior, mais precisamente a partir da segunda metade do século XX, a referida Corte concebeu técnicas – *public function theory* – que, em outras linhas, trouxeram repercussões dos direitos fundamentais ao domínio particular.

Sobre esse ponto, Gilmar Mendes e Paulo Branco relatam que:

> A Suprema Corte, mantendo-se fiel, nominalmente, à tese de que os direitos fundamentais obrigam apenas os Poderes Públicos, a eles equiparou os particulares, quando exercessem atividade de interesse público ou recebessem subvenção governamental. A ligação, ainda que indireta, com a atividade estatal, nesses casos, tornaria a pessoa sujeita às obrigações próprias do Estado, em termos de respeito aos direitos fundamentais.[11]

Em outro vértice, a *teoria da eficácia mediata e indireta,* malgrado recuse a incidência direta dos direitos fundamentais na esfera privada, admite a aplicação reflexa, seja em uma dimensão proibitiva e direcionada ao legislador, o qual está proibido de editar leis violadoras de tais direitos, seja em uma dimensão positiva, em que ele deve implementar os direitos fundamentais, ponderando quais devam aplicar-se na relação. Trata-se, na verdade, de uma teoria dualista, ou mesmo intermediária, surgida em solo alemão e desenvolvida por Günter Dürig, para quem, segundo Paula Sarno, o Direito Privado deve estar conectado com a Constituição e seus valores fundamentais. Ou seja, o legislador privado instituiria "(...) cláusulas gerais e conceitos jurídicos indeterminados que incorporem os direitos fundamentais, cabendo ao juiz, ao preenchê-los e aplicá-los, extrair seu sentido valorativo e constitucional".[12]

A ideia desta corrente é não fulminar a autonomia privada e deturpar o próprio Direito Privado, que poderia ser tragado pelo Direito Constitucional, dando poder excessivo aos juízes. Para evitar isso, portanto, caberia ao legislador fazer a mediação entre Constituição e particulares, e ao juiz, em casos de omissão, conformar os direitos fundamentais ao caso concreto. Alemanha e Áustria são exemplos de países que adotaram a linha da teoria intermediária.

A *teoria da eficácia direta e imediata* assevera que certos direitos fundamentais podem e devem ser aplicados às relações horizontais sem que haja necessidade de uma intermediação legislativa para tanto. Essa "horizontalização dos direitos fundamentais"[13] significa que existem direitos que protegem a pessoa nas relações entre particulares e, por isso, devem ser diretamente aplicados.

Para Nipperdey, considerado um dos responsáveis pela teorização desse pensamento, um princípio como o do contraditório, objeto do presente estudo, haveria de

---

11. MENDES, Gilmar Ferreira; BRANCO, Paulo Gustavo Gonet. *Curso de direito constitucional.* 13. ed. rev. e atual. – São Paulo: Saraiva Educação, 2018, p. 270.

12. BRAGA, Paula Sarno. *Aplicação do Devido Processo Legal às Relações Jurídicas Particulares.* 2007. 230 f. il. Dissertação (Mestrado em Direito Privado) Faculdade de Direito, Universidade Federal da Bahia, Salvador, p. 101.

13. TARTUCE, Flávio. *Direito civil:* Lei de Introdução e parte geral – v. 1. 15. ed. – Rio de Janeiro: Forense, 2019, p. 166.

ser aplicável diretamente nas relações disciplinares, por exemplo, de um agrupamento privado.[14] Diversos ordenamentos jurídicos no mundo proclamam a eficácia direta e imediata das normas definidoras de direitos fundamentais, embora as Constituições de alguns países não falem expressamente do âmbito privado, ficando a cargo da doutrina e da jurisprudência esse papel.

No Brasil, o art. 5º, § 1º, diz que "As normas definidoras de direitos e garantias fundamentais têm aplicação imediata.", o que, na visão de Paulo Lôbo, não inviabiliza a ideia de extensão tanto às relações em que tenha o Poder Público como parte, como para as que só tenham particulares.[15]

É de se notar que mesmo para aqueles que defendem uma eficácia imediata e direta, há um cuidado especial para evitar o esvaziamento da autonomia da vontade, especialmente quando não houver exercício desigual de poderes negociais entre os particulares, exigindo-se, para qualquer intervenção baseada unicamente em princípios, fundamentação e análise do caso concreto. A teoria foi aceita na maioria dos países de origem latina: Brasil, Portugal, Itália e Espanha, por exemplo, e é a adotada por este estudo, com os cuidados e as ressalvas já apontados acima pela doutrina.

Por último, a *teoria dos deveres da proteção do Estado em relação aos direitos fundamentais*. De origem alemã, e tendo como seu mais importante defensor e divulgador o alemão Claus-Wilhelm Canaris[16], a teoria defende que os direitos fundamentais contemplam não só uma vedação de excesso (*Übermassverbot*), como também uma vedação de proteção insuficiente (*Untermassverbot*).

Vieira Andrade, nessa perspectiva, resume o intento desta corrente:

> Os preceitos relativos aos direitos fundamentais dirigir-se-iam em primeira linha às relações entre os particulares e os poderes públicos, mas estes, para além do dever de os respeitarem (designadamente de se absterem de os violar) e de criarem as condições necessárias para a sua realização, teriam ainda o dever de os proteger contra quaisquer ameaças, incluindo as que resultam da actuação de outros particulares.[17]

Em breve síntese, o ponto comum analisado por cada uma das correntes de pensamento acima destacadas é a ideia de que cabe ao Estado proteger os direitos fundamentais dos particulares em face de outros particulares. Resta investigar como tal pensamento se desenvolveu em nosso sistema jurídico.

2.3 A evolução do tratamento da matéria no âmbito do STF

Colocadas as principais teorias sobre a aplicabilidade dos direitos fundamentais às relações privadas, é preciso destacar que, no Brasil, a ampla maioria da doutrina

---

14. MENDES, Gilmar Ferreira; BRANCO, Paulo Gustavo Gonet. *Curso de direito constitucional*. 13. ed. rev. e atual. São Paulo: Saraiva Educação, 2018, p. 266.
15. LÔBO, Paulo. *Direito Civil*: volume I: Parte geral. 5. ed. São Paulo: Saraiva Educação, 2019, p. 78.
16. CANARIS, Claus-Wilhelm. A influência dos direitos fundamentais sobre o direito privado na Alemanha. In: SARLET, Ingo Wolfgang (Org.). *Constituição, direitos fundamentais e direito privado*. Porto Alegre: Livraria do Advogado, 2003, p. 223-244.
17. ANDRADE, José Carlos Vieira de. *Os Direitos Fundamentais na Constituição Portuguesa de 1976*. 2. ed. Coimbra: Almedina, 2001, p. 248.

entende que a da eficácia direta e imediata foi a adotada pelo ordenamento jurídico, embora seja quase unânime a ideia de que deve haver uma baliza dessa aplicação com a autonomia privada. Pode-se citar Ingo Sarlet[18], Daniel Sarmento[19], Wilson Steinmetz[20], Virgílio Afonso[21], Jane Gonçalves[22], Fredie Didier Junior[23], Gustavo Tepedino[24], Nelson Rosenvald[25] e Paulo Lôbo[26].

O Supremo Tribunal Federal, por sua vez, tem apresentado uma linha de evolução convergente com a referida teoria. Em 1996, no Recurso Extraordinário 158215/RS, a Segunda Turma do STF, sob a relatoria do Min. Marco Aurélio, em caso no qual o associado foi expulso por suposta conduta contrária ao estatuto da associação, entendeu necessária a observância à garantia fundamental do devido processo legal, com a ampla viabilidade da defesa[27]. No entanto, no corpo do acórdão correspondente, não houve tratamento sobre a extensão dos direitos fundamentais às relações privadas, malgrado, no caso, tenha se aplicado diretamente o devido processo legal.

Ainda em 1996, a mesma 2ª Turma, no julgamento do Recurso Extraordinário 161.243-6/DF, de relatoria do Min. Carlos Mário Velloso, aplicou diretamente o princípio da igualdade a uma relação particular trabalhista. Tratava-se de hipótese em que o estatuto pessoal da empresa aérea *Air France* previa o reconhecimento de determinados direitos trabalhistas apenas aos empregados de nacionalidade francesa. O Supremo, sob o pálio do preceito isonômico, acolheu o pedido do trabalhador com nacionalidade brasileira de fazer jus aos referidos direitos, embora, novamente, não tenha discutido sobre a vinculação dos particulares aos direitos fundamentais.[28]

Foi no ano de 2005 que a Suprema Corte tratou expressamente do tema, reconhecendo a adoção da tese da eficácia direta, mais especificamente no julgamento do Recurso Extraordinário 201.819/RJ, de relatoria da Ministra Ellen Gracie[29]. A contenda,

---

18. SARLET, Ingo Wolfgang. *Eficácia dos direitos fundamentais*. Porto Alegre: Livraria do Advogado, 2003, p. 355 e 358.
19. SARMENTO, Daniel. *Direitos Fundamentais e Relações Privadas*. Rio de Janeiro: Lumen Juris, 2004, p. 225.
20. *STEINMETZ, Wilson. A vinculação dos particulares a direitos fundamentais*. São Paulo: Malheiros, 2001, p. 271-274.
21. SILVA, Virgílio Afonso. *A constitucionalização do direito: Os direitos fundamentais nas relações entre particulares*. São Paulo: Malheiros, 2005, p. 98-102.
22. PEREIRA, Jane Reis Gonçalves. Apontamentos sobre a aplicação das normas de direito fundamental nas relações jurídicas entre particulares. In: BARROSO, Luís Roberto (Org.). *A nova interpretação constitucional*: ponderação, direitos fundamentais e relações privadas. Rio de Janeiro: Renovar, 2003, p. 119-192.
23. DIDIER JR, Fredie. *Curso Direito Processual Civil*. v. 1. 7. ed. Salvador: Jus Podivm, 2007, p. 27 et seq.
24. TEPEDINO, Gustavo. *Direitos Humanos e Relações Jurídicas Privadas*. Temas de Direito Civil. 2. ed. Rio de Janeiro: Renovar, 2001, p. 67-70.
25. ROSENVALD, Nelson. *Dignidade humana e boa-fé no Código Civil*. São Paulo: Saraiva, 2005, p. 155-156.
26. LÔBO, Paulo. *Direito Civil: v. I: Parte geral*. 5. ed. São Paulo: Saraiva Educação, 2019, p. 78.
27. BRASIL. Supremo Tribunal Federal. Constitucional. Recurso Extraordinário n. 158215, da 2ª Turma do Supremo Tribunal Federal. Relator: Ministro Marco Aurélio. Brasília, 30 de abril de 1996. Disponível em: http://redir.stf. jus.br/paginadorpub/paginador.jsp?docTP=AC&docID=212594. Acesso em: 25 ago. 2020.
28. BRASIL. Supremo Tribunal Federal. Constitucional. Recurso Extraordinário n. 161.243-6, do Tribunal Pleno do Supremo Tribunal Federal. Relator: Ministro Sydney Sanches. Brasília, 7 de outubro de 1999. Disponível em: http://redir.stf.jus.br/paginadorpub/paginador.jsp?docTP=AC&docID=265814. Acesso em: 25 ago. 2020.
29. BRASIL. Supremo Tribunal Federal. Constitucional. Recurso Extraordinário n. 201.819, da 2ª Turma do Supremo Tribunal Federal. Relatora: Ministra Ellen Gracie. Brasília, 11 de outubro de 2005. Disponível em: http://redir.stf. jus.br/paginadorpub/paginador.jsp?docTP=AC&docID=388784. Acesso em: 25 ago. 2020.

semelhante àquela do Recurso Extraordinário 158.215/RS, tratava também de exclusão de associado, sem assegurar-lhe a prévia oportunidade de defesa.

Embora a Relatora tenha entendido que o princípio da ampla defesa não incidia na hipótese, mas apenas o estatuto oficial da União Brasileira de Compositores (UBC), o Min. Gilmar Mendes, em voto divergente, "afirmou a aplicabilidade direta do direito à ampla defesa ao caso, mas não quis se comprometer com qualquer posição mais geral a propósito da controvérsia sobre a natureza mediata ou imediata da eficácia horizontal dos direitos fundamentais"[30], no que foi acompanhado pela maioria dos ministros presentes.

Para o que importa ao presente estudo, o STF reconheceu expressamente, e pela primeira vez, a eficácia direta dos direitos fundamentais nas relações privadas e, ainda, admitiu a incidência da garantia do devido processo legal, sendo o contraditório um de seus corolários. Tal entendimento permanece aplicável, consoante se verifica no julgamento do Agravo Interno no Recurso Extraordinário 1.008.625/SP, de relatoria do Min. Luiz Fux, no qual a Primeira Turma, em 2017, entendeu que

> [...] as normas definidoras dos direitos e garantias fundamentais têm aplicação imediata, não havendo bloqueio constitucional quanto à irradiação de efeitos dos direitos fundamentais às relações jurídicas de direito privado, tem-se que as normas definidoras de direitos e garantias fundamentais têm campo de incidência em qualquer relação jurídica, seja ela pública, mista ou privada, donde os direitos fundamentais assegurados pela Carta Política vinculam não apenas os poderes públicos, alcançando também as relações privadas.[31]

Apresentada a evolução da discussão acerca da possibilidade de aplicação direta de direitos fundamentais às relações privadas, no âmbito de nossa Corte Constitucional, cumpre trazer um recorte específico, destacando o atual entendimento acerca da aplicação e da eficácia do princípio do contraditório às relações privadas, justificando-se a escolha deste por se tratar de um tema mais relacionado ao campo do direito processual, normalmente negligenciado pelos autores que se dedicam às relações obrigacionais negociais.

3. O PRINCÍPIO DO CONTRADITÓRIO NAS RELAÇÕES PRIVADAS

3.1 O contraditório como direito fundamental

O neoconstitucionalismo, com seu viés de valorização das normas constitucionais e, por consequência, dos direitos fundamentais, permitiu que diversas searas do Direito tivessem normas específicas incluídas no texto constitucional[32], a representar uma base interpretativa de todo o texto legal infraconstitucional.

---

30. SARMENTO, Daniel; GOMES, Fábio Rodrigues. *A eficácia dos direitos fundamentais nas relações entre particulares*: o caso das relações de trabalho. Revista do Tribunal Superior do Trabalho, São Paulo, v. 77, n. 4, p. 60-101, out./dez. 2011.
31. BRASIL. Supremo Tribunal Federal. Constitucional. Agravo Interno no Recurso Extraordinário n. 1.008.625/SP, da 1ª Turma do Supremo Tribunal Federal. Relator: Ministro Luiz Fux. Brasília, 19 de abril de 2017. Disponível em: http://redir.stf.jus.br/paginadorpub/paginador.jsp?docTP=TP&docID=12751877. Acesso em: 25 ago. 2020.
32. Sobre a temática, sugere-se a leitura das sete condições propostas por Guastini para identificar o movimento neoconstitucional. GUASTINI, Riccardo. *La constitucialización del ordenamiento jurídico*: el caso italiano. In: CARBONELL, Miguel (Org.). Neoconstitucionalismo(s). Madrid: Editorial Trotta, 2003, p. 49.

Exigir que leis e demais normativos infraconstitucionais sofressem a aplicação direta de normas constitucionais, cuja força é vinculante e passível de fiscalização e controle, é uma das condições apontadas por Guastini que soam muito familiares à Constituição de 1988.

É só conferir, novamente, o texto do art. 5º, § 1º, que assim determina: "As normas definidoras dos direitos e garantias fundamentais têm aplicação imediata". Some-se a isso o fato de que a jurisdição constitucional foi alargada com a criação de ações como a ação direta de inconstitucionalidade por omissão, a ação declaratória de constitucionalidade e a arguição de descumprimento de preceito fundamental.

Assim, criou-se no país um sentimento de que toda a lei criada pelo poder constituído é, de certa forma, controlada pelos ditames instituídos pelo poder constituinte através das normas constitucionais.

Por toda evidência, o Processo Civil também foi influenciado, porquanto foram várias as normas constitucionais que passaram a tratar de institutos diretamente ligados à sistemática processual e que antes nunca tiveram esse *status* de direito fundamental.

Registre-se, por pertinente, que a visão constitucional do processo é cada vez mais universal. Frédérique Ferrand, sobre o tema, expôs que:

> In our world of ever-growing complexity, fundamental procedural principles and rights – often of constitutional origin and nature – have gained a leading role since they are such an essential and necessary condition for the exercise of other fundamental rights. Their growing constitutional and/or fundamental nature can be acknowledged with satisfaction. Procedure has become a "noble subject matter".[33]

Houve, de fato, uma constitucionalização do Direito Processual, fenômeno este que pode ser visualizado por duas dimensões.

A primeira, no sentido de que houve a absorção de normas processuais ao texto constitucional, até mesmo em forma de direitos fundamentais.

A segunda, a partir do fato de que a doutrina "passa a examinar as normas processuais infraconstitucionais como concretizadoras das disposições constitucionais, valendo-se, para tanto, do repertório teórico desenvolvido pelos constitucionalistas".[34]

O princípio do contraditório foi um dos institutos afetos ao processo civil que angariou enquadramento segundo a primeira dimensão. Até então, a referida garantia estava restrita ao âmbito processual penal. Mas, com a inauguração de uma nova ordem jurídica a partir da CF/88, esse princípio foi expandido à processualística civil. Basta notar a redação trazida no art. 5º, inc. LV, *ipsis litteris*: "aos litigantes, em processo judicial ou administrativo, e aos acusados em geral são assegurados o contraditório e ampla defesa, com os meios e recursos a ela inerentes".

---

33. "Em nosso mundo de sempre crescente complexidade, princípios e direitos processuais fundamentais – frequentemente de origem e natureza constitucional – ganharam um papel de liderança desde que eles são uma condição tão essencial e necessária para o exercício de outros direitos fundamentais. Sua crescente natureza constitucional e/ou fundamental pode ser apreendida com satisfação. O processo tornou-se um 'tema nobre'" (FERRAND, FRÉDÉRIQUE. *Ideological background of the Constitution, Constitutional rules and civil procedure*, in International Association of Procedural Law Seoul Conference 2014. Seul: IAPL, 2014, p. 58, tradução livre).

34. DIDIER JR., Fredie. *Curso de direito processual civil*: introdução ao direito processual civil, parte geral e processo de conhecimento. 1. ed. – Salvador: Jus Podivm, 2017, p. 55.

Aliás, como princípio, faz-se necessário delimitar o marco teórico aqui utilizado.

Para os fins do presente estudo, vale ressaltar a definição elaborada por Ronaldo Dworkin no sentido de que, por princípio, deve-se entender "um padrão que deve ser observado, não porque vá promover ou assegurar uma situação econômica, política ou social considerada desejável, mas porque é uma exigência de justiça ou equidade [*fairness*] ou alguma outra dimensão da moralidade".[35]

Nesse passo, colocada a assertiva de que o princípio do contraditório é, por opção do Poder Constituinte Originário de 1988, um direito fundamental, e que foi alargado para compreender tanto o processo penal como o processo civil, há de se ter em mente o seu conteúdo normativo.

3.2 A visão contemporânea da noção de contraditório no âmbito do processo

Não há mais espaço para se manter uma compreensão restrita da noção de contraditório apenas como uma garantia meramente formal. Aliás, essa visão acabou por sumarizar os processos, sem privilegiar a resolução efetiva do mérito. Em verdade, a bilateralidade de audiência era utilizada apenas como um respeito formal àquilo que parecia um encalço à rápida resolução do processo.

Passa-se a reconhecer que a sua substância, noutro vértice, poderia representar um eficiente instrumento de concretização da democracia participativa, dando ares de legitimidade à decisão judicial, bem como da razoável duração do processo, uma vez que, com a exaustiva participação dos sujeitos do processo, o contraditório poderia ser mais um fator de diminuição do tempo processual.

Essa evolução da compreensão do instituto está bem representada no trecho abaixo transcrito:

> Tal concepção, encampada especialmente no art. 10 do Novo CPC, mas que gera projeção em inúmeros outros preceitos (*v.g.*, arts. 7° e 925), significa que não se pode mais acreditar que o contraditório se circunscreva ao dizer e contradizer formal entre as partes, sem que isso gere uma efetiva ressonância (contribuição) para a fundamentação do provimento, ou seja, afastando a ideia de que a participação das partes no processo possa ser meramente fictícia, ou apenas aparente, e mesmo desnecessária no plano substancial.[36]

Reforçando a ideia, Cunha conclui que a efetiva participação dos sujeitos processuais consagra o Estado democrático, o qual serve de vetor hermenêutico para a aplicação das normas jurídicas.[37]

Um contraditório moderno, segundo o modelo cooperativo ou coparticipativo de processo, exige, além da bilateralidade de audiência, no mínimo, mais dois sentidos: 1) o contraditório como direito de participação com influência; e 2) a garantia de não surpresa. A ideia de participação com influência na formação do resultado do processo

---

35. DWORKIN, Ronald. *Levando os direitos a sério*. Trad. Bras. De Nelson Boeira. São Paulo: Martins Fontes, 2014, p. 36.
36. THEODORO JÚNIOR, Humberto. NUNES, Dierle. BAHIA, Alexandre Melo Franco. PEDRON, Flávio Quinaud. *Novo CPC Fundamentos e sistematização*. Rio de Janeiro: Forense, 2015, p. 125.
37. CUNHA, Leonardo Carneiro da. A atendibilidade dos fatos supervenientes no processo civil: uma análise comparativa entre o sistema português e o brasileiro. Coimbra: Almedina, 2012, p. 61.

tem influxo, como reconhece Alexandre Freitas Câmara, na doutrina alemã, a exemplo dos trabalhos de Rolf Bender e Christoph Strecker[38]. Walther J. Habscheid, por exemplo, defendia que "o direito de ser ouvido exige mais que um simples 'ouvi falar'. O tribunal deve, na realidade, escutar e estar disposto a ter em conta as exposições feitas ao ensejo da decisão".[39]

Aqui se alinha uma forte ligação entre os princípios do contraditório e da fundamentação da decisão judicial. Ora, não haveria melhor medida para avaliar se o contraditório foi respeitado senão aferir se a decisão judicial levou em consideração todos os argumentos deduzidos no processo capazes de, em tese, infirmar a conclusão adotada pelo julgador (art. 489, § 1º, IV, do CPC/15).

Em referência à garantia de não surpresa, ou mesmo à vedação da decisão surpresa, Ravi Peixoto traz uma interessante informação: que o Brasil seguiu uma tendência mundial, sendo ela composta por países como a França, Alemanha, Portugal, Itália e Macau, os quais já haviam positivado tal regra há certo tempo[40].

Em breve síntese, a supracitada regra, positivada através do art. 10 do CPC/15, proíbe que o julgador profira decisão que tome como fundamento matérias que não foram previamente discutidas pelas partes.

Sobre esse ponto, vale transcrever o pensamento de Alexandre Freitas Câmara:

> Daí procede que o resultado do processo precisa ser construído pelo juiz e pelas partes, de forma co-participativa, assegurando-se às partes o direito de, com sua atuação, influir no conteúdo da decisão. E se assim é, não pode haver decisão surpresa, uma vez que esse tipo de decisão tem um conteúdo que não foi construído com a participação das partes, mas solipsisticamente e, pois, com violação do contraditório.[41]

Os contornos acima delineados deixam bem evidente que a garantia de efetivo e substancial contraditório não se circunscreve ao campo das normas processuais e deve ser aplicada no amplo espectro das relações particulares, sejam paritárias ou aquelas desenvolvidas num cenário de evidente vulnerabilidade de um dos figurantes, conforme será demonstrado no item a seguir.

4. A CONCEPÇÃO DE PROCESSOS PARTICULARES E A NECESSIDADE DE SE RESGUARDAR O DEVIDO PROCESSO LEGAL E SEUS COROLÁRIOS

Em sua dissertação de mestrado, Paula de Sarno Braga desenvolveu uma construção teórica acerca do que chamou de "processos particulares", assemelhando-os aos processos estatais, como mais um ato jurídico complexo[42]:

---

38. CÂMARA, Alexandre Freitas. *Levando* os padrões decisórios a sério. São Paulo: Atlas, 2018, p. 97.
39. HABSCHEID, Walther J. As bases do direito processual civil. Trad. bras. de Arruda Alvim. *Revista de Processo*, São Paulo: Ed. RT, v. 11, p. 141, 1978.
40. PEIXOTO, Ravi. Os caminhos e descaminhos do princípio do contraditório: a evolução histórica e a situação atual. *Revista de Processo*. São Paulo: Ed. RT, n. 294, ago. 2019, p. 125.
41. CÂMARA, Alexandre Freitas. *Levando* os padrões decisórios a sério. São Paulo: Atlas, 2018, p. 110.
42. Sobre a teoria do fato jurídico, em específico sobre os atos jurídicos complexos, ler: MELLO, Marcos Bernardes de. *Teoria do fato jurídico*. Plano de existência. 12. ed. São Paulo: Saraiva, 2003, p. 154-156.

Identifica-se, em sede de doutrina, o reconhecimento de um processo particular obrigacional composto por fases de nascimento, de desenvolvimento e de cumprimento da obrigação, e animado por uma relação jurídica complexa e dinâmica que agrega, além do direito/dever de prestação central, uma gama de outros direitos, deveres, faculdades, ônus etc. Tem por fim, dizem os civilistas, o adimplemento dessa prestação principal.[43]

Há, nesse processo obrigacional, segundo a autora, dois outros processos: a) o processo de formação (aperfeiçoamento) do negócio jurídico; e b) o processo de execução (cumprimento) do negócio jurídico. O *primeiro* está relacionado à fase de elaboração do negócio, na qual há uma preocupação prioritária com o preenchimento de seus requisitos de validade. Aqui se fala em um ritual exigido para a formação do negócio, ou seja, para que seja válido e eficaz, deve ser legítimo, cooperativo e equilibrado. O *segundo*, o processo de execução do negócio jurídico, está localizado na fase de adimplemento, também chamado de adimplemento restritivo, cujo resultado é a imposição de privação de direitos a uma das partes envolvidas.

Uma vez possível a restrição de qualquer natureza aos bens jurídicos de um particular, é impositiva a instauração prévia de um procedimento, este necessariamente permeado por garantias legais mínimas (contraditório, ampla defesa, produção de provas, igualdade etc.), resguardando um ato jurídico complexo proporcional e moderado.

Exemplificando, Braga escreve que:

Imagine-se, por exemplo, o adimplemento de cláusula negocial que impõe a expulsão de um integrante de um clube social por ter desrespeitado seu regulamento interno. Para que se dê cumprimento à dita disposição convencional, afastando, de fato, o associado, é imperioso o prévio transcurso de um processo negocial, no qual se respeitem suas garantias mais basilares, como contraditório, ampla defesa, entre outras.[44]

Ainda fazendo uma analogia ao processo jurisdicional, a referida autora sustenta que o processo de formação do negócio jurídico seria o processo de conhecimento, enquanto o processo de cumprimento do negócio seria o processo de execução judicial, fase em que se tomam as medidas necessárias ao adimplemento do quanto disposto no ato normativo negocial ou mesmo para tratar do seu inadimplemento e consequências.

Com essa visualização do negócio jurídico é plenamente viável, teórica e logicamente, exigir o respeito ao devido processo legal e seus corolários. Isso porque, embora as partes atuem no exercício da sua autonomia e poder negocial, este poder sofre limitações decorrentes do ordenamento jurídico. Assim como os processos estatais (jurisdicional, legislativo e administrativo) representam uma contenção do poder estatal, os processos particulares, da mesma forma, limitam o poder privado[45].

---

43. BRAGA, Paula Sarno. *Aplicação do Devido Processo Legal às Relações Jurídicas Particulares*. 2007. 230 f. il. Dissertação (Mestrado em Direito Privado) Faculdade de Direito, Universidade Federal da Bahia, Salvador, p. 29-30.
44. BRAGA, Paula Sarno. *Aplicação do Devido Processo Legal às Relações Jurídicas Particulares*. 2007. 230 f. il. Dissertação (Mestrado em Direito Privado) Faculdade de Direito, Universidade Federal da Bahia, Salvador, p. 36.
45. Paula Sarno Braga conclui que os negócios jurídicos "são atos jurídicos complexos que culminam em ato normativo. São conduzidos por entes privados, cujo poder negocial é confinado pela lei e pelos valores constitucionais, seguindo um rito legítimo, dialógico e equilibrado". (*Ibidem*, p. 178).

4.1 Exemplos clássicos de processos particulares

A partir de julgados dos tribunais e da construção doutrinária, podem-se identificar diversas hipóteses de processos particulares que exigem o respeito ao devido processo legal e, portanto, ao contraditório. Os processos punitivos de associados (art. 57, CC/02), sócios (art. 44, § 2º, CC/02) e condôminos (art. 1.085, *caput* e parágrafo único, CC/02) são os exemplos mais recorrentes apresentados pela doutrina.

Os dois primeiros estão relacionados a pessoas jurídicas de direito privado que representam um agrupamento humano com objetivo comum e que são regidas pelo seu estatuto social e pela lei. Esses normativos preveem as regras organizacionais da pessoa jurídica e de comportamento de seus membros, entre as quais devem estar previstos os direitos e obrigações dos associados ou dos sócios, assim como as penalidades cabíveis em caso de transgressões legais ou estatutárias – como advertências, multas, suspensão de direitos e até a exclusão do quadro social.

Esse processo de aplicação de punição, como um verdadeiro processo particular, deve respeito ao devido processo legal e ao contraditório, consoante visto anteriormente, a partir do julgamento dos Recursos Extraordinários 158.215/RS e 201.819/RJ, já destacados. Nesse sentido, preconiza o art. 57 do CC/02 que a exclusão do associado só é admissível havendo justa causa, "assim reconhecida em procedimento que assegure direito de defesa e de recurso, nos termos previstos no estatuto".

A interpretação desse artigo deve ser ampla, a ponto de que a exigência constitucional seja estendida para toda e qualquer sanção, como entendem Silvo Venosa[46] e Paula Braga[47]. Neste particular, merece ainda destaque o teor do art. 1.085, parágrafo único, do CC/02, que, ressalvando as hipóteses em que haja apenas dois sócios na sociedade, prescreve que a exclusão de um sócio somente poderá ser determinada em reunião ou assembleia especialmente convocada para esse fim, ciente o acusado em tempo hábil para permitir seu comparecimento e o exercício do direito de defesa[48].

Quanto às *relações condominiais*, a lei nada dispôs sobre a necessidade de se garantir o devido processo legal e seus corolários para se punir um condômino, porém a doutrina e o Superior Tribunal de Justiça já possuem entendimento perfilhado no sentido da aplicabilidade direta e imediata destes direitos fundamentais. O Conselho da Justiça Federal, por intermédio de suas Jornadas de Direito Civil, aprovou o Enunciado 92, por

---

46. VENOSA, Sílvio de Salvo. *Direito Civil*. Parte Geral. 7. ed. São Paulo: Atlas, 2007, p. 257.

47. BRAGA, Paula Sarno. *Aplicação do Devido Processo Legal às Relações Jurídicas Particulares*. 2007. 230 f. il. Dissertação (Mestrado em Direito Privado) Faculdade de Direito, Universidade Federal da Bahia, Salvador, p. 191.

48. O Tribunal de Justiça do Paraná, por exemplo, já julgou no mesmo sentido, conforme se pode extrair da ementa adiante transcrita: "Apelação cível. Ação declaratória de nulidade. Sentença de parcial procedência. Exclusão de sócio patrimonial. Ausência da garantia da ampla defesa e do contraditório. Artigo 5º, inciso LV da constituição federal. Direito constitucionalmente assegurado. Cláusula do estatuto social ilícita. Eficácia dos direitos fundamentais nas relações privadas. Exclusão do sócio nula. Direito ao pagamento da cota em virtude da venda da sede histórica da sociedade. Sentença mantida. Recurso conhecido e não provido" (PARANÁ. Tribunal de Justiça do Estado. Apelação Cível 16772975, da 7ª Câmara Cível. Relator: Desembargador D'Artagnan Serpa Sá. Curitiba, 10 de agosto de 2017. Disponível em: https://tj-pr.jusbrasil.com.br/jurisprudencia/837234611/apelacao-apl-16772975-pr-1677297-5-acordao/inteiro-teor-837234619?ref=juris-tabs. Acesso em: 25 ago. 2020.

BRASIL. Superior Tribunal de Justiça. Recurso Especial 1.365.279/SP, da Quarta Turma do Superior Tribunal de Justiça. Relator: Ministro Luis Felipe Salomão. Brasília, 29 de maio de 2015. Disponível em:

meio do qual se concluiu que "as sanções do CC 1.337 não podem ser aplicadas sem que se garanta direito de defesa ao condômino nocivo". Já no âmbito do STJ, através do Recurso Especial 1.365.279/SP[49], de relatoria do Min. Luis Felipe Salomão, entendeu-se que a aplicação de multa convencional ao condômino que praticou suposto ato antissocial deve ser precedida de prévia notificação dele e de possibilidade de defesa, em respeito à eficácia horizontal dos direitos fundamentais.

Outro tipo de processo particular é aquele afeito à *formação dos contratos de prestação de serviços médicos*, sobretudo naqueles que resultem em intervenções e tratamentos médicos invasivos. Nesses casos, a decisão de assentimento (ou não) deve resultar sempre de um processo cooperativo e dialógico, por meio do qual se concretiza o direito fundamental ao consentimento informado do paciente[50].

As *penalidades aplicadas aos alunos de instituição de ensino* também são resultado de um processo particular, de modo que, para não serem declaradas ilegais, devem respeitar um procedimento que faculte a manifestação formal sobre o objeto da sanção, garantindo assim o exercício do contraditório e da ampla defesa[51].

Por fim, *a punição de trabalhador por falta grave*, na mesma linha das hipóteses antecedentes, deve ser precedida de um procedimento que respeite o contraditório e a ampla defesa, sob pena de ser anulada, como já o foi em caso julgado pelo Tribunal Superior do Trabalho[52].

4.2 O caso das punições no âmbito das redes sociais, plataformas digitais e aplicativos

Cada vez mais, novas tecnologias são inseridas no mercado, facilitando o modo de comunicação e relacionamento entre as pessoas; com elas, diversas relações jurídicas são criadas e estabelecidas através da internet, mediante o uso de aparelhos eletrônicos. Fala-se em plataformas digitais, redes sociais e aplicativos, talvez as expressões mais recorrentes na vida humana a partir da Quarta Revolução Industrial ou Indústria 4.0.

Essa Revolução "começou na virada deste século e teve como fundamento a revolução digital. É caracterizada por uma Internet muito mais móvel e global, por sensores menores e mais poderosos e por inteligência artificial e *machine learning*"[53].

---

49. Disponível em: https://scon.stj.jus.br/SCON/GetInteiroTeorDoAcordao?num_registro=201102462648&dt_publicacao=29/09/2015. Acesso em: 25 ago. 2020.
50. Ainda nesta seara, deve-se destacar o caso das Testemunhas de Jeová, cuja crença, a partir do exercício da autodeterminação do paciente, rejeita a transfusão de sangue como método de tratamento. O STF reconheceu a repercussão geral da questão e, no momento, aguarda-se o julgamento do Tema 1.069.
51. No mesmo sentido: MINAS GERAIS. Tribunal de Justiça do Estado. Apelação Cível 10024170643290002, da 9ª Câmara Cível. Relator: Desembargador Amorim Siqueira. Belo Horizonte, 03 de setembro de 2019. Disponível em: https://tj-mg.jusbrasil.com.br/jurisprudencia/756852149/apelacao-civel-ac-10024170643290002-mg/inteiro-teor-756852242. Acesso em: 20 ago. 2020.
52. BRASIL. Tribunal Superior do Trabalho. Recurso de Revista 2673006420035070003, da 2ª Turma do Tribunal Superior do Trabalho. Relator: Ministro José Roberto Freire Pimenta. Brasília, 24 de maio de 2013. Disponível em: https://tst.jusbrasil.com.br/jurisprudencia/23302727/recurso-de-revista-rr-2673006420035070003-267300-6420035070003-tst. Acesso em: 25 ago. 2020.
53. SCHWAB, Klaus. *A quarta revolução industrial*. Trad. Daniel Moreira Miranda. São Paulo: Edipro, 2016.

Entre as novas tecnologias, podem-se citar a Inteligência Artificial, a Internet das Coisas, o Blockchain, a Computação em Nuvem, entre outras. Ocorre que essas novas e diversificadas relações, muitas vezes, podem impor ao usuário/consumidor certas restrições de direitos, como forma de punição por alguma infringência aos termos de uso, normalmente impostos unilateralmente pelo provedor da aplicação.

Não é difícil encontrar no seio social, e até familiar, uma pessoa que já teve seu perfil em redes sociais bloqueado por suposta violação aos termos de uso, ou mesmo por ser considerado um perfil falso, um perfil *fake*. Também é comum identificar bloqueios ou exclusão de postagens em redes sociais, em razão de suposto conteúdo ilegal, violação de direitos autorais ou de propriedade intelectual de titularidade de terceiros, sem nenhum tipo de fundamentação ou aviso prévio.

Ainda, motoristas de aplicativos são excluídos das plataformas cadastradas sem ter oportunidade de se manifestar. É aí onde se encontra o problema: na necessidade de se respeitar o devido processo legal, com seus corolários, nesses processos particulares que culminam na aplicação de punições no ambiente tecnológico. Essa exigência se torna inevitável quando se constata o uso cada vez mais frequente das redes sociais com fins meramente comerciais, portanto, com lucro e renda.

A partir do momento, por exemplo, em que a conta do usuário é utilizada como uma fonte de renda, com fins comerciais ou profissionais, a plataforma ou a rede social deve ser muito mais cautelosa com eventuais punições, sob pena de se ver obrigada a indenizar material e moralmente o punido, caso comprovada a ilicitude de seu ato.

Já há julgamentos colegiados no âmbito dos tribunais abordando a matéria. Cite-se o caso ocorrido no Distrito Federal, em que as plataformas do Instagram[54] e do *Facebook*[55] cancelaram, sem notificações prévias, a conta de um usuário por supostas publicações indevidas. No julgamento do recurso de apelação cível 07367704920188070001, de relatoria da Desembargadora Carmelita Brasil, a 2ª Turma Cível determinou, com base

---

54. Nos termos de uso disponibilizados no sítio eletrônico da referida rede social, consta a seguinte passagem: "Poderemos remover qualquer conteúdo ou informação compartilhada por você no Serviço se acreditarmos que tal conteúdo viola estes Termos de Uso, nossas políticas (inclusive nossas Diretrizes da Comunidade do Instagram) ou quando estivermos autorizados ou obrigados por lei a assim proceder. Poderemos recusar fornecer ou deixar de fornecer todo ou parte do Serviço para você (inclusive encerrando ou desativando sua conta) imediatamente para proteger nossos serviços ou nossa comunidade, ou se você criar risco ou exposição legal para nós, violar estes Termos de Uso ou nossas políticas (inclusive nossas Diretrizes da Comunidade do Instagram), violar repetidamente os direitos de propriedade intelectual de outras pessoas ou em caso de permissão ou exigência legal nesse sentido. Se acreditar que a sua conta foi encerrada por engano ou se quiser desativar ou excluir permanentemente a conta, acesse a nossa Central de Ajuda". Disponível em: https://pt-br.facebook.com/help/instagram/581066165581870. Acesso em: 23 nov. 2020. Ou seja, embora possam soar legítimas, a remoção de conteúdo e a exclusão/desativação da conta podem se dar de maneira excessivamente discricionária por parte da empresa, sem que, para tanto, haja a manifestação prévia do usuário.

55. Conforme os termos de uso do *Facebook*: "Podemos remover ou restringir o acesso a conteúdo que viole essas disposições. Se removermos conteúdo que você compartilhou por violação a nossos Padrões da Comunidade, avisaremos a você e explicaremos suas opções para solicitar outra análise, a menos que você viole de forma grave ou repetida estes Termos ou faça algo que possa expor a nós ou outros a responsabilidades legais; prejudicar nossa comunidade de usuários; comprometer ou interferir na integridade ou operação de qualquer um de nossos serviços, sistemas ou Produtos; quando formos restritos devido a limitações técnicas; ou quando formos proibidos de fazê-lo por motivos legais". Disponível em: http://pt-br.facebook.com/terms. Acesso em: 23 nov. 2020. Mais uma vez, a previsão é de que a rede social pode, por conta própria, sem que haja prévia discussão com o titular da conta, remover conteúdos e excluir perfis, deixando para u, momento posterior eventual discordância para com o ato.

nos princípios do contraditório e da ampla defesa, bem como da garantia da liberdade de expressão, comunicação e manifestação de pensamento, o restabelecimento da conta.[56]

O mesmo Tribunal, em data mais recente, envolvendo caso de banimento de usuário do *WhatsApp*[57] por suposta violação dos termos de uso, entendeu que "a conduta do demandado de não informar, extrajudicialmente e em sede judicial, as razões específicas que ensejaram o banimento do usuário do *WhatsApp* prejudica o exercício pleno do contraditório".[58]

O Tribunal de Justiça do Estado do Rio de Janeiro também se deparou com a temática, desta vez envolvendo a exclusão de motorista na plataforma da Uber[59], tendo lavrado a respectiva ementa:

> Agravo de instrumento. Ação de obrigação de fazer. Uber. Deferimento da tutela provisória de urgência. Agravado que foi excluído da plataforma, ao fundamento de que o mesmo apresentava comportamento agressivo em relação aos usuários. Necessidade de contraditório e ampla defesa, que deve ser observada no âmbito das relações privadas. Entendimento pacificado do STF. Presença dos requisitos autorizadores da antecipação dos efeitos da tutela. Recurso conhecido e improvido, nos termos do voto do Desembargador Relator.[60]

Percebe-se, a partir desses julgamentos, que o Poder Judiciário vem acolhendo e reforçando a teoria da aplicação imediata e direta dos direitos fundamentais nas relações privadas, em especial daqueles ligados ao processo.

O Legislativo, também, através do Marco Civil da Internet, Lei 12.965, de 23 de abril de 2014, previu que uma plataforma somente pode tornar indisponível um conteúdo de terceiro após ordem judicial específica (art. 19), a fim de assegurar a liberdade de expressão e impedir a censura. O bloqueio, assim, pode igualmente se configurar em violação a direitos personalíssimos, traduzindo a necessidade de compensação por danos morais.

---

56. Distrito Federal. Tribunal de Justiça do Estado. Apelação Cível 07367704920188070001, da 2ª Turma Cível. Relatora: Desembargadora Carmelita Brasil. Brasília, 2 de setembro de 2019. Disponível em: https://tj-df. jusbrasil.com.br/jurisprudencia/752066263/7367704920188070001-df-0736770-4920188070001/inteiro-teor-752066283?ref=serp. Acesso em: 28 ago. 2020.

57. No caso do *WhatsApp*, a suspensão e a exclusão do acesso ao serviço pode se dar de maneira muito mais autoritária. Em seus termos de serviço, consta a seguinte passagem: "Rescisão. Podemos modificar, suspender ou encerrar seu acesso ou uso dos nossos Serviços a qualquer momento e por qualquer motivo, por exemplo, se você violar as disposições ou intenções destes Termos ou prejudicar, colocar em risco ou expor juridicamente a nós, nossos usuários ou terceiros". Disponível em: https://www.whatsapp.com/legal/terms-of-service. Acesso em: 23 nov. 2020. Não há, como se pode notar, qualquer previsão de contraditório, ou mesmo de um devido processo legal.

58. DISTRITO FEDERAL. Tribunal de Justiça do Estado. Apelação Cível 07003681120198070008, da 8ª Turma Cível. Relator: Desembargador Robson Teixeira de Freitas. Brasília, 28 de julho de 2020. Disponível em: https://tj-df. jusbrasil.com.br/jurisprudencia/885396654/7003681120198070008-df-0700368-1120198070008/inteiro-teor-885396674?ref=feed. Acesso em: 28 ago. 2020.

59. Entre as hipóteses de desativação de contas de parceiros da Uber está aquela relacionada ao comportamento considerado problemático. Neste caso, o Código de Conduta da empresa prevê o seguinte: "Se formos informados sobre algum comportamento considerado problemático, poderemos entrar em contato com você para analisar o caso. Podemos, a nosso critério, desativar sua conta durante essa análise e sempre que houver indicações de possíveis violações ao nosso Código de Conduta." Disponível em: https://www.uber.com/legal/ptbr/document/? name=generalcommunityguidelines&country=brazil&lang=pt-br. Acesso em: 23 nov. 2020.

60. RIO DE JANEIRO. Tribunal de Justiça do Estado. Agravo de Instrumento 00202522420208190000, da 12ª Câmara Cível. Relator: Desembargador Cherubin Helcias Schwartz Júnior. Rio de Janeiro, 6 de julho de 2020. Disponível em: https://tj-rj.jusbrasil.com.br/jurisprudencia/871194829/agravo-de-instrumento-ai-202522420208190000/ inteiro-teor-871194839?ref=juris-tabs. Acesso em: 28 ago. 2020.

Criticando o modelo brasileiro, Clara Iglesias Keller aponta que:

> Diferente de outras experiências, o Brasil não implementou mecanismos regulatórios alternativos que direcionem a governança de conteúdo online no sentido do interesse público. Veja-se, por exemplo, a experiência alemã, onde as plataformas estão sujeitas a monitoramento e supervisão do número de remoções realizadas. Ou ainda, casos como o do Canadá, que prevê a observação de um determinado procedimento de contraditório antes da remoção de um conteúdo por infração a direito autoral.[61]

O que deve ser realizado, e incentivado, é a postura de reconhecimento e concretização dessa garantia fundamental processual prevista na Constituição, sobretudo para tornar eventual punição válida e evitar uma desnecessária judicialização. Pensar em punir sem pensar em contraditório é voltar diversas casas num tabuleiro histórico que ninguém ousa imaginar reviver.

4.2.1 A discussão sobre a constitucionalidade do art. 19 do Marco Civil da Internet

A vigência do Marco Civil da Internet trouxe consigo alguns dispositivos dignos de uma ampla discussão constitucional. Entre eles, e por recorte metodológico, está o art. 19, abaixo transcrito:

> Com o intuito de assegurar a liberdade de expressão e impedir a censura, o provedor de aplicações de internet somente poderá ser responsabilizado civilmente por danos decorrentes de conteúdo gerado por terceiros se, após ordem judicial específica, não tomar as providências para, no âmbito e nos limites técnicos do seu serviço e dentro do prazo assinalado, tornar indisponível o conteúdo apontado como infringente, ressalvadas as disposições legais em contrário.

Sobre ele, o Supremo Tribunal Federal julgou o tema de repercussão geral 987[62], cujo objeto é a discussão sobre sua constitucionalidade, vale dizer, sobre a necessidade de prévia e específica de ordem judicial de exclusão de conteúdo para a responsabilização civil de provedor de internet, *websites* e gestores de aplicativos de redes sociais por danos decorrentes de atos ilícitos praticados por terceiros.

Na origem, a parte autora ajuizou ação de obrigação de fazer cumulada com pedido de indenização por danos morais, objetivando a condenação de *Facebook* Serviços *Online* do Brasil Ltda. a excluir perfil virtual falso criado em nome da autora e a fornecer informações referentes aos dados de IP (*internet protocol*) do computador a partir do qual fora produzido o citado perfil falso, pretendendo, ainda, reparação pelos prejuízos causados à sua honra e imagem pelo conteúdo das publicações feitas em seu nome na página virtual falsa.

A provocação da Corte Suprema se deu através de recurso extraordinário interposto pelo *Facebook*, descontente com o julgamento da Segunda Turma Recursal Cível do Colégio Recursal de Piracicaba (SP) em sede de recurso inominado nos autos da ação

---

61. KELLER, Clara Iglesias. *Efeitos regulatórios do Marco Civil:* o julgamento no STF além do Direito Civil. Disponível em: https://www.jota.info/stf/supra/efeitos-regulatorios-do-marco-civil-o-julgamento-no-stf-alem-do-direito-civil-27112019. Acesso em: 30 ago. 2020.
62. BRASIL. Supremo Tribunal Federal. Constitucional. Recurso Extraordinário n. 1.037.396/SP, do Tribunal Pleno do Supremo Tribunal Federal. Relator: Ministro Dias Toffoli. Brasília, 1º de março de 2018. Disponível em: http://portal.stf.jus.br/processos/detalhe.asp?incidente=5160549. Acesso em: 23 nov. 2020.

de obrigação de fazer. A Turma reformou a sentença do caso para, declarando incidentalmente a inconstitucionalidade do art. 19 da Lei 12.965/2014, condenar o *Facebook* ao pagamento de indenização por danos morais em razão da omissão de providências, mesmo após provocação extrajudicial, para excluir de sua plataforma virtual perfil falso criado em nome de terceira pessoa.

Em suas razões, o *Facebook* defendeu a total compatibilidade da norma com o disposto no art. 5º, IV, IX, X, XIV, XXXV e art. 220, *caput* e § 2º, ambos da Constituição Federal, argumentando que configuraria censura e restrição de liberdade de manifestação dos usuários da rede mundial de computadores a possibilidade de as empresas privadas provedoras de aplicações na internet fiscalizarem e excluírem conteúdo gerado por terceiros, sem prévia apreciação do Poder Judiciário. Ainda, que afastar a norma prevista no Marco Civil da Internet representaria violação aos princípios da legalidade e da reserva jurisdicional, previstos, respectivamente, no art. 5º, II e XXXV, da Constituição da República[63].

Esse entendimento é seguido pela Procuradoria-Geral da República que, em parecer, reconheceu que o legislador promoveu uma devida ponderação entre o exercício da liberdade de expressão e os direitos da personalidade – intimidade, vida privada, honra e imagem dos usuários da rede –, alcançando regra que almeja compatibilizar tais direitos, sem que para isso houvesse sacrifício por completo de qualquer deles.

Destaca-se, por outro lado, a manifestação da Confederação Israelita do Brasil – CONIB, *amicus curiae,* que assim opinou:

> Desta forma, a partir da ciência de possível ilícito ou de uma reclamação do usuário, o provedor de aplicação deverá: (i) resolver diretamente a questão, em conformidade com as suas regras e o ordenamento jurídico aplicável, principalmente em demandas que envolvam discurso de ódio; ou, se assim não considerar pertinente, (ii) abrir um procedimento administrativo interno, com eventual contraditório e ampla defesa, adotando um posicionamento ao final. Caso quaisquer das partes discordem da respectiva decisão administrativa, poderá naturalmente buscar o Poder Judiciário para rever a definição pelo provedor de aplicação.

A referida Confederação fez questão de ressaltar a necessidade de observância a um procedimento administrativo interno, com respeito ao contraditório e à ampla defesa, embora não seja essa a essência da discussão. É possível visualizar repercussões diretas a esses princípios constitucionais, pois permitir que o provedor de aplicações de internet tenha o dever de agir independentemente do Poder Judiciário é também exigir que tal figura respeite, antes de tudo, o princípio do contraditório e da ampla defesa.

A mesma conclusão é adotada do outro lado da moeda. É que atribuir ao Poder Judiciário a responsabilidade de avaliar a necessidade (ou não) da indisponibilidade do conteúdo apontado como infringente revela a adoção do processo jurisdicional como instrumento de controle, o que, por consequência lógica, deve respeito ao art. 5º, inc. LV, da CF/88.

O tema ainda não foi julgado pela Corte e aguarda designação de audiência pública, que se encontra sobrestada em razão da pandemia da Covid-19.

---

63. Cf. RE 1037396 RG, Relator(a): Dias Toffoli, Tribunal Pleno, julgado em 01.03.2018.

5. CONSIDERAÇÕES FINAIS

Embora a autonomia privada seja o norte das relações jurídicas no campo privado, o fato é que, muitas vezes, tais relações podem refletir restrições de direito a uma das partes. Essa percepção, numa análise mais processualista e negocial, revela que elas são analogicamente semelhantes aos processos estatais, razão por que, para culminarem em um ato final democrático, com a implicação de punições, devem respeitar os direitos fundamentais, especialmente os processuais, como o do devido processo legal e seus corolários. Isso decorre do fato que, nesta seara, é comum a visualização de processos privados, atos jurídicos complexos que culminam em um ato normativo.

Ademais, com a complexidade da vida atual, são inúmeros os casos em que o princípio do contraditório é chamado para corrigir situações de restrições unilaterais, ou seja, que não respeitaram nem sequer o direito de defesa, de modo que a doutrina e a jurisprudência dos tribunais vêm caminhando de forma convergente no sentido de que, se não forem respeitados tais direitos fundamentais, os atos devem ser invalidados e, em alguns casos, com repercussões na seara do dano moral.

Toda a construção acima apresentada baseia-se na adoção da teoria da eficácia direta e imediata nos direitos fundamentais nas relações privadas, reconhecendo, assim, a dimensão objetiva desses direitos, o que não significa negligenciar o autorregramento da vontade, expressão da liberdade pessoal garantida no texto constitucional.

6. REFERÊNCIAS

ANDRADE, José Carlos Vieira de. *Os Direitos Fundamentais na Constituição Portuguesa de 1976*. 2. ed. Coimbra: Almedina, 2001.

BONAVIDES, Paulo. *Do Estado liberal ao Estado social*. 8. ed. São Paulo: Malheiros, 2007.

BRAGA, Paula Sarno. *Aplicação do Devido Processo Legal às Relações Jurídicas Particulares*. 2007. 230 f. il. Dissertação (Mestrado em Direito Privado) Faculdade de Direito, Universidade Federal da Bahia, Salvador.

BRASIL. Superior Tribunal de Justiça. Recurso Especial 1365279/SP, da Quarta Turma do Superior Tribunal de Justiça. Relator: Ministro Luis Felipe Salomão. Brasília, 29 de maio de 2015. Disponível em: https://scon.stj.jus.br/SCON/GetInteiroTeorDoAcordao?num_registro=201102462648&dt_publicacao=29/09/2015. Acesso em: 25 ago. 2020.

BRASIL. Supremo Tribunal Federal. Constitucional. Recurso Extraordinário n. 158215, da 2ª Turma do Supremo Tribunal Federal. Relator: Ministro Marco Aurélio. Brasília, 30 de abril de 1996.

BRASIL. Supremo Tribunal Federal. Constitucional. Recurso Extraordinário n. 161.243-6, do Tribunal Pleno do Supremo Tribunal Federal. Relator: Ministro Sydney Sanches. Brasília, 7 de outubro de 1999. Disponível em: http://redir.stf.jus.br/paginadorpub/paginador.jsp?docTP=AC&docID=265814. Acesso em: 25 ago. 2020.

BRASIL. Supremo Tribunal Federal. Constitucional. Recurso Extraordinário n. 201.819, da 2ª Turma do Supremo Tribunal Federal. Relatora: Ministra Ellen Gracie. Brasília, 11 de outubro de 2005. Disponível em: http://redir.stf.jus.br/paginadorpub/paginador.jsp?docTP=AC&docID=388784>. Acesso em: 25 ago. 2020.

BRASIL. Supremo Tribunal Federal. Constitucional. Recurso Extraordinário n. 1.037.396/SP, do Tribunal Pleno do Supremo Tribunal Federal. Relator: Ministro Dias Toffoli. Brasília, 1º de março de 2018.

Disponível em: http://portal.stf.jus.br/processos/detalhe.asp?incidente=5160549. Acesso em: 23 nov. 2020.

BRASIL.. Supremo Tribunal Federal. Constitucional. Agravo Interno no Recurso Extraordinário n. 1.008.625/SP, da 1ª Turma do Supremo Tribunal Federal. Relator: Ministro Luiz Fux. Brasília, 19 de abril de 2017. Disponível em: http://redir.stf.jus.br/paginadorpub/paginador.jsp?docTP=TP&docID=12751877. Acesso em: 25 ago. 2020.

BRASIL. Supremo Tribunal Federal. Constitucional. Recurso Extraordinário n. 201.819, da 2ª Turma do Supremo Tribunal Federal. Relatora: Ministra Ellen Gracie. Brasília, 11 de outubro de 2005. Disponível em: http://redir.stf.jus.br/paginadorpub/paginador.jsp?docTP=AC&docID=388784. Acesso em: 25 ago. 2020.

BRASIL. Tribunal Superior do Trabalho. Recurso de Revista 2673006420035070003, da 2ª Turma do Tribunal Superior do Trabalho. Relator: Ministro José Roberto Freire Pimenta. Brasília, 24 de maio de 2013. Disponível em: https://tst.jusbrasil.com.br/jurisprudencia/23302727/recurso-de-revista--rr-2673006420035070003-267300-6420035070003-tst. Acesso em: 25 ago. 2020.

CÂMARA, Alexandre Freitas. *Levando* os padrões decisórios a sério. São Paulo: Atlas, 2018.

CANARIS, Claus-Wilhelm. A influência dos direitos fundamentais sobre o direito privado na Alemanha. In: SARLET, Ingo Wolfgang (Org.). *Constituição, direitos fundamentais e direito privado*. Porto Alegre: Livraria do Advogado, 2003.

CANOTILHO, José Joaquim Gomes. *Direito Constitucional e Teoria da Constituição*. 5. ed. Coimbra: Almedina, 2002.

CUNHA, Leonardo Carneiro da. *A atendibilidade dos fatos supervenientes no processo civil:* uma análise comparativa entre o sistema português e o brasileiro. Coimbra: Almedina, 2012.

DIDIER JR, Fredie. *Curso Direito Processual Civil.* v. 1. 7. ed. Salvador: Jus Podivm, 2007.

DIDIER JR, Fredie. *Curso de direito processual civil:* introdução ao direito processual civil, parte geral e processo de conhecimento. 19. ed. Salvador: Jus Podivm, 2017.

DISTRITO FEDERAL. Tribunal de Justiça do Estado. Apelação Cível 07367704920188070001, da 2ª Turma Cível. Relatora: Desembargadora Carmelita Brasil. Brasília, 02 de setembro de 2019. Disponível em: https://tj-df.jusbrasil.com.br/jurisprudencia/752066263/7367704920188070001-df-0736770-4920188070001/inteiro-teor-752066283?ref=serp. Acesso em: 28 ago. 2020.

DISTRITO FEDERAL. Tribunal de Justiça do Estado. Apelação Cível 07003681120198070008, da 8ª Turma Cível. Relator: Desembargador Robson Teixeira de Freitas. Brasília, 28 de julho de 2020. Disponível em: https://tj-df.jusbrasil.com.br/jurisprudencia/885396654/7003681120198070008-df-0700368-1120198070008/inteiro-teor-885396674?ref=feed. Acesso em: 28 ago. 2020.

DWORKIN, Ronald. *Levando os direitos a sério*. Trad. Bras. De Nelson Boeira. São Paulo: Martins Fontes, 2014.

FERRAND, FRÉDÉRIQUE. *Ideological background of the Constitution, Constitutional rules and civil procedure*, in International Association of Procedural Law Seoul Conference 2014. Seul: IAPL, 2014.

GUASTINI, Riccardo. *La constitucionalización del ordenamiento jurídico:* el caso italiano. In: CARBONELL, Miguel (Org.). Neoconstitucionalismo(s). Madrid: Editorial Trotta, 2003.

HABSCHEID, Walther J. As bases do direito processual civil. Trad. bras. de Arruda Alvim. *Revista de Processo*, São Paulo: RT, v. 11, p. 141, 1978.

LÔBO, Paulo. *Direito Civil:* v. I: Parte geral. 5. ed. São Paulo: Saraiva Educação, 2019.

KELLER, Clara Iglesias. *Efeitos regulatórios do Marco Civil:* o julgamento no STF além do Direito Civil. Disponível em: https://www.jota.info/stf/supra/efeitos-regulatorios-do-marco-civil-o-julgamento--no-stf-alem-do-direito-civil-27112019. Acesso em: 30 ago. 2020.

MELLO, Marcos Bernardes de. *Teoria do fato jurídico*. Plano de existência. 12. ed. São Paulo: Saraiva, 2003.

MENDES, Gilmar Ferreira; BRANCO, Paulo Gustavo Gonet. *Curso de direito constitucional*. 13. ed. rev. e atual. – São Paulo: Saraiva Educação, 2018.

MINAS GERAIS. Tribunal de Justiça do Estado. Apelação Cível 10024170643290002, da 9ª Câmara Cível. Relator: Desembargador Amorim Siqueira. Belo Horizonte, 03 de setembro de 2019. Disponível em: https://tj-mg.jusbrasil.com.br/jurisprudencia/756852149/apelacao-civel-ac--10024170643290002-mg/inteiro-teor-756852242. Acesso em: 20 ago. 2020.

PARANÁ. Tribunal de Justiça do Estado. Apelação Cível 16772975, da 7ª Câmara Cível. Relator: Desembargador D'Artagnan Serpa Sá. Curitiba, 10 de agosto de 2017. Disponível em: https://tj-pr.jusbrasil.com.br/jurisprudencia/837234611/apelacao-apl-16772975-pr-1677297-5-acordao/inteiro-teor-837234619?ref=juris-tabs. Acesso em: 25 ago. 2020.

PEIXOTO, Ravi. Os caminhos e descaminhos do princípio do contraditório: a evolução histórica e a situação atual. *Revista de Processo*. São Paulo: Ed. RT, n. 294, ago. 2019.

PEREIRA, Jane Reis Gonçalves. Apontamentos sobre a aplicação das normas de direito fundamental nas relações jurídicas entre particulares. In: BARROSO, Luís Roberto (Org.). *A nova interpretação constitucional*: ponderação, direitos fundamentais e relações privadas. Rio de Janeiro: Renovar, 2003.

RIO DE JANEIRO. Tribunal de Justiça do Estado. Agravo de Instrumento 00202522420208190000, da 12ª Câmara Cível. Relator: Desembargador Cherubin Helcias Schwartz Júnior. Rio de Janeiro, 6 de julho de 2020. Disponível em: https://tj-rj.jusbrasil.com.br/jurisprudencia/871194829/agravo-de-instrumento-ai-202522420208190000/inteiro-teor-871194839?ref=juris-tabs. Acesso em: 28 ago. 2020.

ROSENVALD, Nelson. *Dignidade humana e boa-fé no Código Civil*. São Paulo: Saraiva, 2005.

SARLET, Ingo Wolfgang. *Eficácia dos direitos fundamentais*. Porto Alegre: Livraria do Advogado, 2003.

SARMENTO, Daniel. *Direitos Fundamentais e Relações Privadas*. Rio de Janeiro: Lumen Juris, 2004.

SARMENTO, Daniel; SOUZA NETO, Cláudio Pereira de. *Direito constitucional*: teoria, história e métodos de trabalho. 2. ed. Belo Horizonte: Fórum, 2014.

SCHMITT, Carl. *Teoría de La Constitución*. Presentación de Francisco Ayala. Primera edición em "Alianza Universidad Textos" 1982. Cuarta reimpresión em "Alianza Universidad Textos". Madrid. España. 2003.

SCHWAB, Klaus. *A quarta revolução industrial*. Tradução de Daniel Moreira Miranda. São Paulo: Edipro, 2016.

SILVA, Virgílio Afonso. *A constitucionalização do direito*: Os direitos fundamentais nas relações entre particulares. São Paulo: Malheiros, 2005.

STEINMETZ, Wilson. *A vinculação dos particulares a direitos fundamentais*. São Paulo: Malheiros, 2001.

TARTUCE, Flávio. *Direito civil*: lei de introdução e parte geral – v. 1. 15. ed. – Rio de Janeiro: Forense, 2019.

TAVARES, André Ramos. *Curso de direito constitucional*. 18. ed. São Paulo: Saraiva Educação, 2020.

TEPEDINO, Gustavo. *Direitos Humanos e Relações Jurídicas Privadas*. Temas de Direito Civil. 2. ed. Rio de Janeiro: Renovar, 2001.

THEODORO JÚNIOR, Humberto. NUNES, Dierle. BAHIA, Alexandre Melo Franco. PEDRON, Flávio Quinaud. *Novo CPC* – Fundamentos e sistematização. Rio de Janeiro: Forense, 2015.

VENOSA, Sílvio de Salvo. *Direito Civil*. Parte Geral. 7. ed. São Paulo: Atlas, 2007.

IDENTIDADE DE GÊNERO NA LEGALIDADE CONSTITUCIONAL

Joyceane Bezerra de Menezes

Doutora em Direito pela Universidade Federal de Pernambuco. Mestre em Direito pela Universidade Federal do Ceará. Professora titular da Universidade de Fortaleza. Programa de Pós-Graduação *Strictu Senso* em Direito (Mestrado/Doutorado) da Universidade de Fortaleza, na Disciplina de Direitos de Personalidade. Professora adjunto da Universidade Federal do Ceará. Coordenadora do Grupo de Pesquisa CNPQ: Direito Constitucional nas Relações Privadas. Fortaleza-CE-Brasil. E-mail: joyceane@unifor.br.

Ana Paola de Castro e Lins

Doutoranda em Direito Constitucional pela Universidade de Fortaleza. Mestra em Direito Constitucional pela Universidade de Fortaleza. Membro do Grupo de Pesquisa CNPQ: Direito Constitucional nas Relações Privadas. Coordenadora da linha de pesquisa "Autonomia, Identidade e Gênero" do Laboratório de Estudos sobre Violências contra mulheres, meninas e minorias (LEVIM) da Universidade de Fortaleza. Fortaleza-CE-Brasil. E-mail: paola@unifor.br.

Sumário: 1. Introdução. 2. O processo de autoconstrução identitária na legalidade constitucional. 3. O reconhecimento do direito à identidade de gênero pelo Judiciário brasileiro. 4. Conclusão. 5. Referências.

1. INTRODUÇÃO

Por meio de um processo perene, a pessoa vai construindo a sua identidade, o que perpassa diversos critérios, como gênero, raça, cor e nome. Nesse caminhar contínuo, vai realizando escolhas que forjaram a si próprio, fazendo uso do direito à autodeterminação, que não deve receber intervenção heterônoma. Estima-se que a pessoa seja livre nesse complexo processo de desenvolvimento de sua personalidade, de sorte que possa afirmar sua identidade sem sofrer discriminação, preconceito ou qualquer forma de diminuição dos seus direitos.

Como parte dessa construção subjetiva, o gênero já não é compreendido como uma condição biológica inata, cristalizada nos determinantes do sexo cariotípico. Trata-se de uma manifestação da personalidade, a ser reconhecida pelo Estado e respeitada pela sociedade, independentemente de intervenções corporais. Por isso, não é demais destacar que a identidade de gênero em desacordo com o sexo biológico não constitui um efeito patológico a ser corrigido, nem um desvio moral a ser repreendido.

Para chegar a esse mesmo entendimento, porém, o Judiciário brasileiro, que há poucos anos fazia coincidir a identidade de gênero com os caracteres sexuais primários e secundários,[1] passou a admitir o gênero como um processo de autoconsciência. No atual estado da arte, compreende que sexo biológico não determina o gênero e que este é o resultado de um processo individual de afirmação subjetiva, já tendo decidido que "ser homem ou mulher independe de ser macho ou fêmea. O sexo psicossocial se põe além do sexo morfológico ou hormonal e por estas razões, em termos psicanalíticos, a sexualidade não está absolutamente relacionada a aspectos biológicos".[2]

Cumpre ao presente texto analisar o movimento teórico havido na percepção dessa categoria identitária para que essa mudança de perspectiva dos tribunais fosse possível, admitindo uma visão mais dinâmica da identidade. Nessa medida, indaga-se a importância da metodologia da constitucionalização do direito civil para essa construção argumentativa.

Como premissas basilares, entende-se que o princípio da dignidade da pessoa humana, o direito geral de liberdade, a igualdade e a solidariedade constituem os fundamentos de uma cláusula geral de tutela que permite o pleno desenvolvimento da pessoa humana. Permite-lhe o franco uso da autonomia para a realização de escolhas existenciais, em um espaço *undecidable per legislatore*, sempre que tais decisões não repercutirem efeitos negativos na esfera jurídica de terceiros. Dito de outro modo, a pessoa transita no vasto campo da licitude, quando age na tessitura da sua identidade, nomeadamente, a de gênero, objeto do presente texto.

A metodologia empregada na elaboração do artigo é analítica e crítica, uma vez que tem por base o exame de decisões judiciais, a partir de estudo doutrinário. Considera a aplicação das normas na unidade do sistema jurídico e em atenção à legalidade constitucional, buscando sempre extrair o conteúdo mais adequado à realização dos valores constitucionais e às transformações na realidade social. Nessa medida é que não se pode confinar o conteúdo de identidade às regras pontuais do Código Civil que apenas capturam traços de uma identidade estática. Sob a ótica da metodologia do direito civil-constitucional, fundada na proposta de Pietro Perlingieri (2008, p. 617), é sempre imperiosa a "interpretação evolutiva da lei", a partir dos valores constitucionais, assegurando a abertura do sistema e, ao mesmo tempo, a sua unidade.

2. O PROCESSO DE AUTOCONSTRUÇÃO IDENTITÁRIA NA LEGALIDADE CONSTITUCIONAL

Composto por uma pluralidade de fontes normativas, o ordenamento jurídico é um sistema heterogêneo, aberto e complexo, cuja unidade só é alcançada quando respeitada a centralidade da Constituição (PERLINGIERI, 2002, p. 12). Nesse conjunto de normas

---

1. "Registro civil de nascimento. Nome. Reticação. Mudança do sexo. Impossibilidade. Retificação no Registro Civil. Mudança de nome e de sexo. Impossibilidade. [...] Se o requerente ostenta aparência feminina, incompatível com a sua condição de homem, haverá de assumir as consequências, porque a opção foi dele. [...] Quem nasce homem ou mulher, morre como nasceu. Genitália similar não é autêntica. Autêntico é o homem ser do sexo masculino e a mulher do feminino, a toda evidência" (TJRJ, 8a C.C., Ap. Civ. 1993.001.06617, Rel. Des. Geraldo Batista, julg. 18.03.1997).

2. Processo 1.876/1991 – Rio de Janeiro.

não se olvide excluir aqueles tratados internacionais que ingressam no direito interno e também serão usados no diálogo das normas que amparam certas liberdades.

O conjunto do direito à vida, à liberdade, à igualdade, à integridade física, à inviolabilidade da intimidade, da vida privada, da honra e da imagem se harmoniza com a plataforma dos direitos humanos e fundamentais expressivamente assegurados pela Constituição de 1988.[3] Para que haja respeito à pessoa, é curial assegurar-lhe a sua autonomia,[4] uma das necessidades humanas basilares que se consubstancia em atributo nuclear do direito ao desenvolvimento da personalidade, implicitamente assegurado pela Constituição a partir da conjugação dos princípios dignidade da pessoa humana, liberdade e igualdade, como referido.

É assim que a autonomia se consolida, pelo viés da liberdade, como um dos meios de realização da dignidade e promoção da pessoa humana, especialmente no tocante às situações existenciais (MEIRELES, 2009, p. 74). Na unidade do sistema jurídico e sob a instrumentalidade da metodologia do direito civil-constitucional, defende-se uma releitura permanente dos institutos atinentes à identidade, previstos no direito civil clássico, para, mediante a máxima realização dos valores constitucionais, (PERLINGIERI, 2002, p. 12), garantir expressão e concretude jurídica à chamada identidade dinâmica, que, na linguagem de Stuart Hall (2011), é aquela construída em todas as suas possibilidades e extensões.

Sob a orientação de Perlingieri (2005, p. 96), não cabe aplicar-se a norma por meio da técnica de subsunção – "que mascara as escolhas como se fossem necessárias e neutras". Para ajustar a norma à paleta dos valores constitucionais, o intérprete tem a liberdade (e o dever) de explorar as potencialidades linguísticas do enunciado normativo em cotejo com os demais enunciados, sobretudo com os princípios fundamentais do sistema, confrontando-os com a realidade concreta e com elementos extrajurídicos (KONDER, 2015, p. 208).

Superado o dogma da subsunção e afastada a ideia da interpretação como operação puramente formal, demanda-se uma hermenêutica que, considerando as particularidades do caso concreto, busque realizar a máxima adequação aos valores constitucionais e a priorizar a funcionalidade dos institutos sobre a sua estrutura (SCHREIBER; KONDER, 2016, p. 13). Não há norma de direito civil ou de direito penal. Há norma que deve ser

---

3. Martha Nussbaum, ao tratar das dez capacidades humanas centrais que devem ser asseguradas para que uma sociedade seja justa, assim define no item 4: "Integridad corporal. Ser capaces de moverse libremente de un lugar a otro; que los límites físicos propios sean considerados soberanos, es decir, poder estar a salvo de asaltos, incluyendo la violencia sexual, los abusos sexuales infantiles y la violencia de género; tener oportunidades para disfrutar de la satisfacción sexual y de la capacidad de elección en materia de reproducción." (GOUGH, 2008, p. 183).

4. Segundo Miracy Gustin (2009, p. 19), "a autonomia se revela como uma necessidade humana essencial e não apenas como um interesse ou um desejo. Essa necessidade se volta à emancipação da pessoa e contribui para o desenvolvimento da sua humanidade. Isso porque a autodeterminação não é derivada da mera volição do homem, corresponde mais a um objetivo, a um fim natural ou moral, historicamente determinado, que legitima a sua sociabilidade e é pressuposto da sua atuação em sociedade. É por intermédio da autodeterminação que o homem pode exercer seu potencial criativo, a fim de avançar socialmente em busca de sua realização plena. Uma interpretação sistemática do ordenamento que, por óbvio, considera os valores constitucionais, exclui o pretexto assertivo e negativista do argumento da segurança jurídica, pois, considerando a autodeterminação como a própria dignidade quando se trata da pessoa em concreto, é de se respeitar as suas decisões conforme as suas próprias convicções".

interpretada na unidade do ordenamento que integra segundo a legalidade constitucional, ou seja, a amálgama que se extrai dos valores assentados na Constituição.

O princípio da liberdade individual, que implica o respeito à privacidade, à intimidade e ao exercício da vida privada, garante a todos a possibilidade de realizar, sem interferências de qualquer sorte, as próprias escolhas individuais, exercendo-as da forma que lhes seja mais conveniente (MORAES, 2007, p. 107). Sob esse pálio, constrói-se a identidade e afirma-se o gênero. De saída, isso implica afastar a interpretação subsuntiva dos arts. 13, 16 e 1.604 do Código Civil. Pois, a bem do desenvolvimento da personalidade, poderá o titular modificar o próprio corpo, alterar o nome e vindicar estado diverso do que consta na sua certidão de nascimento.

Permeando esse trajeto biográfico sob o amparo do direito ao desenvolvimento da personalidade, e ainda por meio dos direitos à honra, à intimidade e à vida privada, desponta o direito à identidade, que também ostenta fundamentalidade material. A identidade consistirá, pois, no resultado e nas possibilidades de todas as escolhas da pessoa (MENEZES; LINS, 2019, p. 165).

Para Rodotà (2014, p. 283), a identidade evidencia um caráter poliédrico, que não se submete a uma razão totalizadora. Sua integridade requer a emancipação da pessoa dos esquemas identitários que fogem ao seu poder de controle e construção. Credita-lhe a liberdade e a proteção de não ser constrangida a se enquadrar àquelas categorias idealizadas ou aprovadas pela multiplicidade de sujeitos externos.

Pela cláusula geral de tutela, é o sujeito quem decide o que seja melhor para si. A pessoa torna-se um valor constitucional a se assegurar, de modo que os institutos do direito civil passam a assumir um perfil funcional promocional dessa construção subjetiva, superando qualquer possibilidade de rendição da pessoa à dureza dos esquemas abstratos.

Nesse cenário e conforme o estado da arte, a identidade não se compõe apenas como uma categoria estática, esboçada pelos caracteres imutáveis do sexo biológico, da condição racial, do nome ou da nacionalidade. A perspectiva unívoca de identidade, pautada naqueles critérios estáveis comuns a um sujeito abstrato e unificado, sucumbiu, fazendo surgir uma identidade fragmentada, capaz de referenciar o sujeito pós-moderno como uma pessoa singular e em contínua construção (HALL, 2011, p. 7).

A identidade não se apresenta, portanto, como um dado permanente, mas como uma "celebração móvel", que se define de forma histórica, e não biológica. Ao longo das fases da vida, a pessoa pode vir a assumir "identidades que não são unificadas em torno de um eu coerente" (HALL, 2011, p. 13). Afirmar a identidade, muitas vezes, significa uma demarcação de fronteiras que implica estabelecer classificações. Isso porque "dizer 'o que somos' significa também dizer 'o que não somos'." (SILVA, 2007, p. 81-83). Nesse processo de autoconstrução, há de preponderar a vontade do próprio sujeito, recusando-se, portanto, legitimidade a qualquer interferência heterônoma, ainda que não se possa negar a influência intermitente de forças políticas, religiosas, econômicas e culturais atuantes na vida social.[5]

---

5. Como explica Touraine (1997, p. 90), "A construção do Sujeito nunca leva à organização de um espaço psicológico, social e cultural perfeitamente protegido. O desprendimento da mercadoria e da comunidade nunca termina; o

Essa "escolha" de valores, atributos e preferências de cada um, no processo de autoconstrução identitária, se faz individual e coletivamente, na medida em que a pessoa sempre estará em contínua relação dialógica com os demais (TAYLOR 2013, p. 53). O sujeito se constrói em referência ao outro e a partir do outro, em uma expansão subjetiva que também se impõe de modo inconsciente.

A preocupação com fatores de ordem social, cultural, de gênero, dentre outros, deve-se ao fato de que eles exercem influência sobre o modo como as pessoas usufruem de sua liberdade (enquanto capacidade de "ser livre para" e "livre de"), interferindo, portanto, no desenvolvimento individual. É necessário, pois, que se crie um espaço imaginativo que permita a cada um sonhar com todas as possibilidades, com tudo aquilo que qualquer indivíduo, em sua singularidade humana, possa valorizar (NUSSBAUM, 2013).

Em síntese, o direito ao reconhecimento da identidade se pauta no respeito às escolhas individuais e contra a imputação de uma identidade não correspondente à do sujeito. Uma proteção que seja ausente, incompleta ou defeituosa do direito à identidade pessoal constitui, nos moldes do quadro normativo atual, uma lesão à dignidade da pessoa humana (KONDER, 2018, p. 5).

Por isso, entende-se que possíveis limitações ao direito à identidade terão que se justificar no aspecto finalístico da própria autonomia, amparado diretamente no princípio da dignidade da pessoa humana. Não existem razões para um limite qualquer pautado na realização de encargos ou finalidades sociais.

Sob essa leitura, o sujeito e a concepção de identidade cunhados sob o paradigma da modernidade estão mortos. Foram descentrados, segundo Stuart Hall (2011, p. 34-46), a partir de cinco importantes contributos, dos quais o primeiro foi o pensamento marxista, que vê em cada indivíduo um sujeito real e singular. O segundo contributo resulta da teoria freudiana, com a descoberta do inconsciente, no qual a sexualidade e a estrutura dos desejos humanos são formados por processos psíquicos e simbólicos desse inconsciente, orientados sob uma lógica distinta da que se desenvolve pela razão. Sob a perspectiva freudiana, a subjetividade emerge como um produto inconsciente de processos psíquicos, e não como uma escolha primordialmente racional e matemática. Nessa ordem, a afirmação do gênero não é orientada por fatores objetivos, como se faz quando se opta por uma ou outra roupa a vestir.

Um terceiro contributo está associado à manifestação da linguagem. A comunicação aplica palavras com significados dinâmicos, de modo que o sujeito comunicante nem sempre terá o inteiro domínio do teor de sua fala. O significado é instável, porque as palavras ecoam outros significados que elas próprias colocam em movimento. Ainda que se almeje o seu fechamento, como no exemplo da identidade, o significado será perturbado pela diferença. E significados suplementares, "sobre os quais não temos qualquer controle, surgirão e subverterão nossa tentativa de criar mundos fixos e estáveis" (HALL, 2011, p. 42). Sob essa medida, questionaram-se quaisquer pensamentos unívocos e totalitários sobre a identidade.

---

espaço da liberdade é constantemente invadido e o Sujeito constitui-se tanto pelo que recusa como pelo que afirma. Nunca é senhor de si mesmo e do seu meio e faz sempre aliança com o diabo contra os poderes estabelecidos, com o erotismo que derruba os códigos sociais e com uma figura supra-humana, divina, de si mesmo".

O quarto contributo está no pensamento de Foucault acerca do poder disciplinar que milita para controlar os desejos, o corpo, o trabalho e os prazeres da pessoa, em função de uma suposta ordem pública pacífica pela domesticação de um sujeito dócil. Por fim, o quinto fator de descentramento do sujeito moderno pode ser creditado ao feminismo, em cujas pautas esteve o processo de politização da subjetividade, da identidade e do processo de identificação, contribuindo para expandir a discussão sobre a formação das identidades sexuais.

Vê-se que as bases jurídicas e sociológicas remontam à compreensão de que a identidade do sujeito dotado de dignidade constitui uma expressão individual e singular, resultante de uma perene construção subjetiva que influencia e é influenciada pelos demais sujeitos e pela cultura. Nessa aventura de se autoconstruir prepondera a vontade do próprio sujeito, sendo ilegítima qualquer interferência heterônoma, ainda que não se possa negar a influência intermitente de forças políticas, religiosas, econômicas e culturais atuantes na vida social.[6]

O direito ao reconhecimento da identidade se sustenta pelo respeito às escolhas do sujeito. Uma proteção ausente, incompleta ou defeituosa do direito à identidade pessoal constitui, no quadro normativo atual, lesão à dignidade da pessoa (KONDER, 2018, p. 5).

3. O RECONHECIMENTO DO DIREITO À IDENTIDADE DE GÊNERO PELO JUDICIÁRIO BRASILEIRO

A identidade de gênero não é determinada com o nascimento, como um verdadeiro destino biológico (LINS; MENEZES, 2017, p. 6). Do contrário, "a condição do homem e da mulher não se inscreve em seu estado corporal, ela é construída socialmente" (LE BRETON, 2007, p. 66), em um processo que se inicia muito antes da vida adulta. Gênero resulta de uma autopercepção como masculino ou feminino, independentemente de qualquer evidência biológica (LOURO, 2012, p. 28-30).

É possível, inclusive, na plasticidade identitária, a possibilidade de o sujeito viver os gêneros e ampliar o exercício da sexualidade para além da lógica binária já analisada por Derrida (1991). A diversidade da identidade de gênero faz parte da expressão humana natural. A clássica divisão de gênero em apenas duas categorias chega a ser inadequada.

Causou surpresa quando o *Facebook* anunciou, nos Estados Unidos, 51 opções[7] de gênero para que os usuários escolhessem como se identificavam. Ante as respostas do público usuário, perceberam que haviam subestimado o alcance da identidade de gênero (BRILL; KENNEY, 2016, p. 8).

A considerar as contínuas possibilidades de transformação, "*nenhuma* identidade sexual – nem mesmo a mais normativa – é automática, autêntica, facilmente assumida;

---

6. Como explica Touraine (1997, p. 90), "A construção do Sujeito nunca leva à organização de um espaço psicológico, social e cultural perfeitamente protegido. O desprendimento da mercadoria e da comunidade nunca termina; o espaço da liberdade é constantemente invadido e o Sujeito constitui-se tanto pelo que recusa como pelo que afirma. Nunca é senhor de si mesmo e do seu meio e faz sempre aliança com o diabo contra os poderes estabelecidos, com o erotismo que derruba os códigos sociais e com uma figura supra-humana, divina, de si mesmo".

7. O número de opções de gênero que o *Facebook* apresenta varia por país.

nenhuma identidade sexual existe sem negociação ou construção." (BRITZMAN, 1996, p. 74). Não se olvida importância à força da heteronormatividade sobre as questões de gênero e sexualidade. Ainda que não se expresse por norma escrita, constitui uma imposição poderosa e atuante que "implica uma distribuição de espaços de conhecimento, de saberes autorizados e não autorizados, de costumes e tradições, de modos 'corretos' e 'adequados' de fazer as coisas, de indivíduos aceitos e de indivíduos abjetos." (SEFFNER, 2013, p. 73). Há uma expectativa social de "conformidade" de gênero.

Percebe-se que a sociedade geral "impõe uma homogeneidade racial, social e também sexual a seus cidadãos, e tudo que for diferente do padrão passa a ser rechaçado. Por muitos anos normas sexuais sexistas eram consideradas como padrão". (BRASIL, 2018, p. 9).

No Brasil, a heteronormatividade vigeu ao longo dos tempos para agregar e supervalorizar os indivíduos cujos desejos e arranjos afetivos são heterossexuais, legitimando jurídica e socialmente as suas famílias, especialmente as monogâmicas, pautadas na fidelidade e na procriação. Tudo o que for estranho a esse modelo ainda, de certo modo, é associado à ideia de transtorno, promiscuidade, risco de doença, desagregação, violência e destruição da família – o caos (SEFFNER, 2013, p. 68-69).

Gonçalves e Fachin (2020, p. 277) destacam que as pessoas transgênero são as principais vítimas de violações de direitos humanos relacionadas à identidade de gênero, por meio de diferentes espécies de abusos e práticas discriminatórias que costumam ser agravadas por outras formas de violência, ódio e exclusão.

Até recentemente, o Direito não reconhecia a identidade de gênero dissociada da "verdade biológica", tampouco os efeitos jurídicos da união familiar entre pessoas do mesmo sexo. Só muito lentamente, passou a aceitar as possibilidades alheias ao padrão "de normalidade" heteronormativo. Para que isso ocorresse, foi importante a reflexão criteriosa daqueles que sempre questionaram a intervenção heterônoma no "achatamento das identidades".

Não faz sentido limitar a autonomia existencial pela intuição moral construída a partir do que a maioria discrimina como o certo ou errado, melhor ou pior, mais ou menos elevado. É ofensivo à autonomia existencial condenar o sujeito a partir desse padrão heterônomo de moralidade (TAYLOR, 2013, p. 17). A ofensa a padrões sociais definidos como o ideal de moralidade de um grupo (mesmo majoritário) não representa uma razão para justificar a providência jurídica de intervenção limitadora da autonomia privada, especialmente nos casos em que não há ofensa a direitos alheios aos do titular da situação jurídica subjetiva em questão (VIVEIROS DE CASTRO, 2017, p. 66).

Cumpre ao Direito acolher as transformações havidas na praça da realidade e ressignificar e revitalizar os institutos do Direito Civil, deslocando o foco jurídico do patrimônio para a pessoa em si (FACHIN, 2015, p. 163). Pessoa *in concreto*, como aquela que escapa à estrutura oitocentista do *sujeito abstrato* de direito – agora qualificada como um sujeito de carne, temporal e espacialmente localizado (RODOTÁ, 2014, p. 136).

Quando se patologiza determinada expressão da sexualidade como um tipo de transtorno mental, acusando-se delírios e disforias, aplica-se a "linguagem da correção, adaptação e normalização", o que reforça a acepção de que a experiência identitária pode ser homogeneizada e rotulada. Evoca também a ideia de um tratamento médico, como toda patologia (BUTLER, 2009, p. 114). Esse modelo paternalista do cuidado clínico obscurece a diversidade de vivências e dos processos subjetivos que as constituem, retirando a liberdade narrativa e a autonomia dos sujeitos na tomada de decisões existenciais (BORBA, 2016, p. 49-50).

Os Princípios de Yogyakarta[8] rompem com essa perspectiva patologizante, na medida em que sustentam a livre expressão da identidade de gênero como um direito fundamental decorrente da cláusula geral de tutela da pessoa, como antes referido. Além desses princípios e das normas constitucionais, é possível citar o Pacto Internacional sobre Direitos Civis e Políticos e o Pacto de São José da Costa Rica, que obrigam o Estado-Parte à garantia de igualdade a todas as pessoas, proibindo qualquer tipo de discriminação. Neste aspecto, em particular, destaca-se a opinião consultiva da Corte Interamericana de Direitos Humanos,[9] recém-emitida para sustentar a aplicação do Pacto de São José para a garantia dos direitos à identidade de gênero e à orientação sexual, permitindo a alteração dos dados relativos ao nome e gênero na documentação registral da pessoa.

Apenas a partir da década de 2000, os tribunais passaram a permitir a modificação do nome da pessoa após a cirurgia de transgenitalização, sem, contudo, autorizar a alteração do gênero na documentação identitária. Em 2007, o Superior Tribunal de Justiça – STJ abordou a questão por meio de voto do ministro Carlos Alberto Menezes Direito, que integrava a Terceira Turma do STJ. O voto foi acolhido, determinando-se a alteração registral do sexo e nome com a observação, no próprio documento, de que a modificação se fizera por determinação judicial.[10] Para o ministro Direito, a verdade dos fatos não poderia ser omitida do registro, sob pena de se ofender o princípio da veracidade registral.[11]

Decisão inédita do STJ, já no ano de 2009, igualmente originária da Terceira Turma, garantiu ao transexual a modificação do nome e do gênero em registro após a alteração corporal pela cirurgia, sem a referência de que aquela alteração se fazia por determinação judicial. Tais dados passavam a constar apenas nos livros cartorários, pois, segundo as razões da relatora do recurso, ministra Nancy Andrighi, impor aquela informação na certidão registral seria expor a pessoa a situações constrangedoras e discriminatórias. Observa-se na decisão a observância à máxima realização dos valores constitucionais:

---

8. Direito ao Reconhecimento Perante a Lei (Princípio 3): ... [a] orientação sexual e identidade de gênero autodefinidas por cada pessoa constituem parte essencial de sua personalidade e um dos aspectos mais básicos de sua autodeterminação, dignidade e liberdade. Nenhuma pessoa deverá ser forçada a se submeter a procedimentos médicos, inclusive cirurgia de mudança de sexo, esterilização ou terapia hormonal, como requisito para o reconhecimento legal de sua identidade de gênero. (Disponível em: http://www.clam.org.br/uploads/conteudo/principios_de_yogyakarta.pdf.).
9. Opinión Consultiva Oc-24/17 De 24 De Noviembre De 2017 Solicitada Por La República De Costa Rica Identidad De Género, E Igualdad Y No Discriminación A Parejas Del Mismo Sexo. Disponível em: http://www.migalhas.com.br/arquivos/2018/1/art20180111-04.pdf##LS. Acesso em: 12 maio 2018.
10. Disponível em: https://stj.jusbrasil.com.br/noticias/154275355/o-direito-dos-individuos-transexuais-de-alterar-o-seu-registro-civil. Acesso em: 1º jun. 2018.
11. Mudança de sexo. Averbação no registro civil. 1. O recorrido quis seguir o seu destino, e agente de sua vontade livre procurou alterar no seu registro civil a sua OPÇÃO, cercada do necessário acompanhamento médico e de intervenção que lhe provocou a alteração da natureza gerada. [...] Esconder a vontade de quem a manifestou livremente é que seria preconceito, discriminação, opróbrio, desonra, indignidade com aquele que escolheu o seu caminhar no trânsito fugaz da vida e na permanente luz do espírito. 2. Recurso especial conhecido e provido" (BRASIL. STJ, 3a T., REsp 678933, Rel. Min. Carlos Alberto Menezes Direito, julg. 22.03.2007, publ. DJ 21.05.2007).

"Em última análise, afirmar a dignidade humana significa para cada um manifestar sua verdadeira identidade, o que inclui o reconhecimento da real identidade sexual, em respeito à pessoa humana como valor absoluto."[12]

A despeito do avanço das decisões do STJ no curso daqueles anos, as decisões mantinham-se influenciadas pela heteronormatividade, ora pela imposição da informação documental de que a alteração registral se fazia por decisão judicial; ora pelo condicionamento da mudança do gênero ao procedimento médico-cirúrgico de transgenitalização, que importa em alto risco à saúde e lesão à integridade psicofísica. Impunha-se um disciplinamento ao corpo *trans*, em oposição, inclusive, ao disposto no art. 13 do Código Civil.

Somente no ano de 2017, o STJ passou a admitir a modificação registral, independentemente de prévia cirurgia. Entendimento firmado pela Quarta Turma atendeu ao pedido de modificação de prenome e de gênero de um homem que se identificava como mulher. Nos autos, havia farta documentação sobre a sua condição identitária e a avaliação psicológica pericial que reafirmava a sua identificação social, sem que houvesse feito ou quisesse fazer a transgenitalização. O colegiado entendeu que o direito da *pessoa trans* à modificação registral não poderia ser condicionado à realização de cirurgia, cujo sucesso não é, sequer, garantido pela Medicina.

"Seguindo essa linha argumentativa, os documentos serão fiéis à condição humana, e a alteração do prenome se justifica em um momento anterior àquele em que o procedimento de adequação corporal se materialize pelas mãos dos médicos." O ato cirúrgico, sob essa perspectiva multicêntrica, ganha novo significado, pois se torna apenas mais uma fase dentro do processo de conformação de sexo ao gênero, ao invés de um pré-requisito clínico para alterar o registro civil. Isso justamente porque o direito à identidade ultrapassa a imutabilidade cromossômica ou a presença de certo aparelho genital, o que enclausuraria o gênero no aspecto morfológico (ROSENVALD; PEIXOTO, 2020, p. 302).

Observa-se que se fez necessária uma mudança nas decisões do Judiciário, sob pena de sacrificar valores constitucionalmente relevantes, de forma a abrir o sistema e "buscar o conteúdo normativo dos preceitos codificados a partir do compromisso constitucional da sociedade" (TEPEDINO, 2019, p. 26).

Sob uma compreensão dinâmica da identidade, na ponderação entre a identidade de gênero, a realidade biológica e o princípio infraconstitucional da imutabilidade registral, fez prevalecer como merecedor de maior tutela o livre desenvolvimento da personalidade e da autodeterminação identitária.[13]

---

12. Direito civil. Recurso especial. Transexual submetido à cirurgia de redesignação sexual. Alteração do prenome e designativo de sexo. Princípio da dignidade da pessoa humana. [...] – Em última análise, afirmar a dignidade humana significa para cada um manifestar sua verdadeira identidade, o que inclui o reconhecimento da real identidade sexual, em respeito à pessoa humana como valor absoluto. [...] E a alteração do designativo de sexo, no registro civil, bem como do prenome do operado, é tão importante quanto a adequação cirúrgica, porquanto é desta um desdobramento, uma decorrência lógica que o Direito deve assegurar" (BRASIL. STJ. 3a T., REsp 1008398, Rel. Ministra Nancy Andrighi, julg. em 15.10.2009, publ. DJe 18.11.2009). Disponível em: https://stj.jusbrasil.com.br/noticias/154275355/o-direito-dos-individuos-transexuais-de-alterar-o-seu-registro-civil. Acesso em: 1º jun. 2018.

13. Disponível em: http://www.stj.jus.br/sites/STJ/default/pt_BR/Comunica%C3%A7%C3%A3o/noticias/Not%C3%ADcias/Transexuais-t%C3%AAm-direito-%C3%A0-altera%C3%A7%C3%A3o-do-registro-civil-sem-realiza%C3%A7%C3%A3o-de-cirurgia. Acesso em: 1º jun. 2018.

Finalmente, a matéria chegou ao Supremo Tribunal Federal – STF, por meio da Ação Direta de Inconstitucionalidade (ADI) 4.275 e do Recurso Extraordinário (RE) 670.422, com repercussão geral reconhecida. Enquanto o recurso questionava acórdão do Tribunal de Justiça do Rio Grande do Sul (TJ-RS) que confirmou a decisão de primeiro grau que permitia a mudança de nome no registro civil, mas condicionava a alteração de gênero à realização de prévia cirurgia de transgenitalização; a ADI, proposta pela Procuradoria Geral da República (DF), suscita a possibilidade de uma interpretação conforme a Constituição do art. 58 da Lei de Registros Públicos, para reconhecer o direito da pessoa *trans* à substituição de prenome e sexo no registro civil, independentemente da cirurgia.

Nos dois processos, o STF reconheceu o direito à identidade de gênero. O Recurso Extraordinário assegurou a modificação dos dados registrais sem a exigência da cirurgia de transgenitalização, sob o fundamento jurídico do direito à autodeterminação sexual, reflexo dos direitos de personalidade, do direito à intimidade e outros. A partir da apreciação deste recurso, a Corte fixou o entendimento de que a identidade de gênero não está atrelada à sexualidade biológica.[14]

Admitiu-se no julgamento da ADI 4275 a interpretação do art. 58 da LRP conforme a Constituição e o Pacto de São José da Costa Rica, autorizando-se a pessoa *trans* a alterar administrativamente seus assentos registrais (nome e gênero) sem a prévia cirurgia ou a realização de tratamentos hormonais ou patologizantes. Por unanimidade, os ministros da Corte Suprema reconheceram o direito à identidade de gênero e à correspondente modificação dos dados registrais. Merece destaque a densidade teórica e argumentativa do Ministro Luiz Edson Fachin, cujo voto adverte que o caso sob exame transcende a análise da normatização infraconstitucional sobre os registros públicos, para reclamar uma solução adequada aos direitos fundamentais, notadamente, os direitos de personalidade. Julga procedente a ADI, sob o fundamento do direito à identidade de gênero na cláusula geral de tutela da pessoa, cujas bases constitucionais se extraem do art. 5º, em

---

14. In verbis, o resumo do voto do Relator, Ministro Dias Tóffoli: Recurso extraordinário. Constitucional. Repercussão geral. Tema 761. Alteração de registro civil de transexual. Retificação do nome e do gênero. Inexigência de prévia realização da cirurgia de transgenitalização. Exclusão do termo "transexual" nos assentos do registro civil. Direito à identidade individual e social. Violação da dignidade da pessoa humana e dos direitos da personalidade. Direito das minorias. 1 – Tese de Repercussão Geral – Tema 761: É possível a alteração de gênero no registro civil de transexual, mesmo sem a realização de procedimento cirúrgico de adequação de sexo, sendo vedada a inclusão, ainda que sigilosa, do termo "transexual" ou do gênero biológico nos respectivos assentos. 2 – Não é possível que uma pessoa seja tratada civilmente como se pertencesse a sexo diverso do qual se identifica e se apresenta publicamente, pois a identidade sexual encontra proteção nos direitos da personalidade e na dignidade da pessoa humana, previstos na Constituição Federal (CF). Tese de Repercussão Geral proposta pela Procuradoria-Geral da República no RE 845.779. 3 – Condicionar a alteração de gênero no assentamento civil de transexual à realização da cirurgia de transgenitalização viola o direito à saúde e à liberdade, e impossibilita que seja retratada a real identidade de gênero da pessoa trans, que é verificável por outros fatores, além do biológico. 4 – Não se afigura lógica nem razoável decisão que, de um lado, permite a alteração de antenome do recorrente, averbando antropônimo nitidamente masculino, e, de outro, insiste em manter, no assentamento civil do trans-homem que não se submeteu à neocolpovulvoplastia, a anotação do gênero feminino ou do termo "transexual". 5 – A inclusão do termo transexual no registro civil não condiz com o real gênero com o qual se identifica a pessoa trans e viola os direito à identidade, ao reconhecimento, à saúde, à liberdade, à privacidade, à igualdade e à não discriminação, todos corolários da dignidade da pessoa humana, bem como o direito a recursos jurídicos e medidas corretivas. Tal averbação, ainda que sigilosa, é discriminatória e reforça o estigma sofrido pelo transexual, pois a legislação, para fins de registro, somente reconhece dois sexos: o feminino e o masculino. 6 – Parecer pelo provimento do recurso. Disponível em: https://stf.jusbrasil.com.br/jurisprudencia/311628936/repercussao-geral-no-recurso-extraordinario-rg-re-670422-rs-rio-grande-do-sul. Acesso em: 22 maio 2018.

especial, do direito à liberdade, à igualdade, à inviolabilidade da vida privada, da honra e da imagem das pessoas (inciso X). Destaca, ainda, a cláusula aberta do art. 5º, § 2º, da Constituição, que permite a incidência imediata dos direitos humanos, para reiterar que a igualdade e a não discriminação são princípios aos quais o Brasil está obrigado em face dos tratados que subscreveu (Pacto Internacional sobre Direitos Civis e Políticos e Pacto de São José da Costa Rica).

Mais especificamente, cita a opinião consultiva da Corte Interamericana sobre direitos humanos (OC 24-2017), que sustenta a aplicação do Pacto de São José em favor do direito à identidade de gênero da pessoa *trans*. Com isso, justifica a correlação entre o direito à identidade de gênero, o direito ao nome e os demais direitos de personalidade que o próprio Pacto de São José assegura (em especial nos arts. 3, 7, 11.2 e 18), sem que se possa opor qualquer objeção, sob pena de incorrer-se em discriminação.

Dito isso, o voto é assertivo no sentido de limitar o paternalismo jurídico na vida privada das pessoas, de sorte que o Estado deve se abster "de interferir em condutas que não prejudicam a terceiros e, ao mesmo tempo, buscar viabilizar as concepções e os planos de vida dos indivíduos, preservando a neutralidade estatal".[15] Nessa medida, reputa atentatória à dignidade a exigência de prévia cirurgia para que o sujeito possa obter o pleno reconhecimento de sua identidade de gênero na sua documentação identitária.[16] Portanto, e mais uma vez fazendo uso das conclusões apresentadas na opinião consultiva da Corte Interamericana, defere a possibilidade de modificação registral do nome e gênero, quando solicitado pela pessoa *trans*, como uma forma de respeito à sua personalidade.

Por fim, julga procedente a ADI, fazendo-o nos seguintes termos:

> Diante de todo o exposto, *julgo procedente a presente ação direta para dar interpretação conforme a Constituição e o Pacto de São José da Costa Rica ao art. 58 da Lei 6.015/73, de modo a reconhecer aos trangêneros, que assim o desejarem, independentemente da cirurgia de transgenitalização, ou da realização de tratamentos hormonais ou patologizantes, o direito à substituição de prenome e sexo diretamente no registro civil.* (grifo intencional).

Conforme esclarece trecho do voto do Ministro Edson Fachin: "a alteração dos assentos no registro público depende apenas da livre manifestação de vontade da pessoa que visa expressar sua identidade de gênero. A pessoa não deve provar o que é, e o Estado não deve condicionar a expressão da identidade a qualquer tipo de modelo, ainda que meramente procedimental."[17]

A decisão do STF na ADI 4275 prestigiou o aspecto da autonomia existencial do sujeito *trans*, assegurando-lhe que essa sua autocompreensão identitária seja consignada nos respectivos documentos registrais.

Ante as decisões lavradas pelo STF, coube ao Conselho Nacional de Justiça disciplinar sobre a mudança de gênero e nome. A matéria se consolidou com as instruções que vieram a partir do Provimento 73, editado pelo CNJ para disciplinar a averbação da alteração

---

15. BRASIL. Ação Direta de Inconstitucionalidade 4.275, de 2018. Voto-vogal, p. 13.
16. Como diz, em seu voto: "Evidencia-se, assim, com olhar solidário e empático sobre o outro, que inadmitir a alteração do gênero no assento de registro civil é atitude absolutamente violadora de sua dignidade e de sua liberdade de ser, na medida em que não reconhece sua identidade sexual, negando-lhe o pleno exercício de sua afirmação pública."
17. BRASIL. Ação Direta de Inconstitucionalidade 4.275, de 2018. Voto-vogal, p. 15.

do prenome e do gênero nos assentos de nascimento e casamento de pessoa transgênero no Registro Civil das Pessoas Naturais (RCPN). Nos termos do provimento, a mudança administrativa do nome e gênero pela pessoa *trans* fica condicionada à apresentação dos documentos arrolados no art. 4º, §6º, todos indispensáveis para o deferimento da alteração (§ 8º).[18] Todas as exigências do provimento visam a resguardar interesses que são menos relevantes quando em confronto com o direito à identidade existencial de gênero.

Viveiros de Castro (2017, p. 175-176) explica que a autonomia existencial não poderá sofrer limitação da cláusula geral de bons costumes se os efeitos do ato não reverberarem reflexos na esfera jurídica de terceiros, ou seja, implicar efeitos meramente pessoais. Complementamos que nem mesmo a lei poderia oferecer uma tal limitação. Na hipótese em questão, a vontade do interessado em mudar o gênero e o nome para melhor adequação à sua identidade torna-se um direito potestativo, após a decisão do STF.

Se a decisão da pessoa *trans* apresentar alguma eficácia interpessoal, é necessário aplicar uma solução ponderada. Não se pode é admitir que haja o sacrifício do direito ao exercício da identidade em nome de interesses que não sejam, comparativamente, merecedores da mesma tutela.

A decisão da pessoa em alterar seus dados registrais não poderá, em absoluto, sofrer limitação pelo interesse público. O respeito à identidade pessoal, este sim, é que se apresenta como um interesse público a ser respeitado. Como também, é do interesse da coletividade que a todos seja assegurada a tutela da identidade pessoal (KONDER, 2018, p. 8).

4.   CONCLUSÃO

A identidade de gênero é um direito fundamental, decorrente da dignidade e da liberdade que toda pessoa humana tem de fazer as próprias escolhas. Para a realização dos valores constitucionais, com a integral tutela da personalidade, é imprescindível respeitar a vontade do próprio sujeito no processo de autoconstrução, afastando-se qualquer interferência heterônoma que seja obstáculo às suas decisões existenciais.

Ainda que a autoconstrução identitária não se realize sem a interação com o outro, é necessário ponderar que o interesse existencial diretamente conectado à garantia da dignidade da pessoa humana e ao direito ao livre desenvolvimento da personalidade não

---

18.   Art. 4º O procedimento será realizado com base na autonomia da pessoa requerente, que deverá declarar, perante o registrador do RCPN, a vontade de proceder à adequação da identidade mediante a averbação do prenome, do gênero ou de ambos. [...] § 6º § 6º A pessoa requerente deverá apresentar ao ofício do RCPN, no ato do requerimento, os seguintes documentos: I – certidão de nascimento atualizada; II – certidão de casamento atualizada, se for o caso; III – cópia do registro geral de identidade (RG); IV – cópia da identificação civil nacional (ICN), se for o caso; V – cópia do passaporte brasileiro, se for o caso; VI – cópia do cadastro de pessoa física (CPF) no Ministério da Fazenda; VII – cópia do título de eleitor; IX – cópia de carteira de identidade social, se for o caso; X – comprovante de endereço; XI – certidão do distribuidor cível do local de residência dos últimos cinco anos (estadual/federal); XII – certidão do distribuidor criminal do local de residência dos últimos cinco anos (estadual/federal); XIII – certidão de execução criminal do local de residência dos últimos cinco anos (estadual/federal); XIV – certidão dos tabelionatos de protestos do local de residência dos últimos cinco anos; XV – certidão da Justiça Eleitoral do local de residência dos últimos cinco anos; XVI – certidão da Justiça do Trabalho do local de residência dos últimos cinco anos; XVII – certidão da Justiça Militar, se for o caso.
Art. 4º [...] §8º A falta de documento listado no § 6º impede a alteração indicada no requerimento apresentado ao ofício do RCPN.

seja mitigado por força de interesses patrimoniais. A cláusula geral de tutela da pessoa sob a qual se garante o direito à identidade de gênero, devidamente assegurada pelo STF, reforça o aspecto da autonomia remodelada por valores existenciais e não pode sofrer limitações em decorrência de finalidades sociais ou para a realização de qualquer encargo social.

Não há razão constitucional para justificar limitações externas aos atos de autonomia que trazem apenas efeitos pessoais. Na hipótese em que tais atos produzam consequências interpessoais, a ponderação necessária há que ser feita tomando por referência a primazia das questões existenciais sobre as patrimoniais.

Daí se depreende a necessidade de compreender o ordenamento jurídico em toda a sua complexidade, admitindo a irradiação dos princípios constitucionais nesses espaços de liberdade individual, uma vez que critérios estabelecidos "em nome da segurança jurídica" não podem servir de instrumentos limitadores da autonomia.

Predominam como merecedores de maior tutela o livre desenvolvimento da personalidade e o pleno respeito à autodeterminação identitária. No tocante à autocompreensão identitária, em atenção à ideia de livre desenvolvimento da personalidade, impõe-se uma interpretação sistemática, compatível com a legalidade constitucional.

5. REFERÊNCIAS

BORBA, Rodrigo. *O (Des)Aprendizado de si*: transexualidades, interação e cuidado em saúde. Rio de Janeiro: Editora FIOCRUZ, 2016.

BRASIL. MINISTÉRIO DA MULHER, DA FAMÍLIA E DOS DIREITOS HUMANOS. Secretaria Nacional de Cidadania. *Violência LGBTFóbica no Brasil*: dados da violência. Elaborado por Marcos Vinicius Moura Silva. Documento eletrônico. Brasília: Ministério dos Direitos Humanos, 2018. Disponível em: https://www.gov.br/mdh/pt-br/navegue-por-temas/lgbt/biblioteca/relatorios-de-violencia-lgbtfobica. Acesso em: 10 dez. 2020.

BRILL, Stephanie; KENNEY, Lisa. *The transgender teen*. New Jersey: Cleis Press, 2016.

BUTLER, Judith. Desdiagnosticando o gênero. *Physis Revista de Saúde Coletiva*, Rio de Janeiro, v. 19, n. 1, p. 95-126, 2009. Disponível em: http://www.scielo.br/scielo.php?script=sci_arttext&pid=S0103-73312009000100006&lng=en&nrm=iso. Acesso em: 10 maio 2020.

FACHIN, Luiz Edson. *Direito civil*. Sentidos, transformações e fins. Rio de Janeiro: Renovar, 2015.

GONÇALVES, Marcos Alberto Rocha; FACHIN, Melina Girardi. Por que as forças armadas enviam militares transgênero para a reserva ou não os aprovam na etapa inicial de ingresso? *In:* TEIXEIRA, Ana Carolina Brochado; MENEZES, Joyceane Bezerra de. *Gênero, Vulnerabilidade e autonomia*. Indaiatuba – SP: Foco, 2020. p. 275-290.

GUSTIN, Miracy Barbosa de Sousa. *Das necessidades humanas aos direitos*: ensaio de sociologia e filosofia do direito. Belo Horizonte: Del Rey, 2009.

HALL, Stuart. *A identidade cultural na pós-modernidade*. Trad. Tadeu da Silva e Guacira Lopes Louro Tomaz, Rio de Janeiro: DP&A Editora, 2011.

KONDER, Carlos Nelson. Distinções hermenêuticas da constitucionalização do direito civil: o intérprete na doutrina de Pietro Perlingieri. *Revista da Faculdade de Direito*, Curitiba, v. 60, n.1, p. 193-213, jan./abr. 2015. Disponível em: https://revistas.ufpr.br/direito/article/view/38442. Acesso em: 22 nov. 2020.

KONDER, Carlos Nelson. O alcance do direito à identidade pessoal no direito civil brasileiro. *Pensar –* Revista de Ciências Jurídicas, Fortaleza, v. 23, n. 1, p. 1-11, jan./mar. 2018. Disponível em: http://periodicos.unifor.br/rpen/article/view/7497/pdf. Acesso em: 30 maio 2018.

LE BRETON, David. *A sociologia do corpo*. 2. ed. Tradução: Sonia M. S. Fuhrmann. Petrópolis, RJ: Vozes, 2007.

LINS, Ana Paola de Castro e; MENEZES, Joyceane Bezerra de. A hormonioterapia em adolescente diagnosticado com disforia de gênero como reflexo do direito ao desenvolvimento da personalidade. *Civilistica.com*, Rio de Janeiro, a. 6, n. 1, 2017. Disponível em: http://civilistica.com/a-hormonioterapia-em-adolescente/ Acesso em: 25 maio 2018.

LOURO, Guacira Lopes. *Gênero, sexualidade e educação*: Uma perspectiva pós-estruturalista. 14. ed. Petrópolis, RJ: Vozes, 2012.

MEIRELES, Rose Melo Vencelau. *Autonomia privada e dignidade humana*. Rio de Janeiro: Renovar, 2009.

MENEZES, Joyceane Bezerra de; LINS, Ana Paola de Castro e. O reconhecimento jurídico da identidade de gênero na transexualidade: entre ouriços e raposas. *In:* EHRHARDT JÚNIOR, Marcos; CORTIANO JUNIOR, Eroulths (Coord.). *Transformações no direito privado nos 30 anos da Constituição*: Estudos em homenagem a Luiz Edson Fachin. Belo Horizonte: Fórum, 2019. p. 163-182.

MORAES, Maria Celina Bodin. *Danos à pessoa humana*. Uma leitura civil-constitucional dos danos morais. Rio de Janeiro: Renovar, 2007.

PERLINGIERI, Pietro. *O direito civil na legalidade constitucional*. Rio de Janeiro: Renovar, 2008.

PERLINGIERI, Pietro. *Manuale di diritto civile*. 5. ed. Napoli: ESI, 2005.

PERLINGIERI, Pietro. Perfis do direito civil: introdução ao direito civil-constitucional. 3. ed. Rio de Janeiro: Renovar, 2002.

RODOTÀ, Stefano. *El derecho a tener derechos*. España: Editorial Trotta, S.A., 2014.

ROSENVALD, Nelson; BRAGA NETO, Felipe Peixoto. Como os tribunais brasileiros têm tratado as atitudes discriminatórias, sob as lentes da responsabilidade civil? In: TEIXEIRA, Ana Carolina Brochado; MENEZES, Joyceane Bezerra de. *Gênero, Vulnerabilidade e autonomia*. Indaiatuba – SP: Foco, 2020. p. 291-316.

SCHREIBER, Anderson; KONDER, Carlos Nelson. Uma agenda para o direito civil-constitucional. *Revista Brasileira de Direito Civil – RBDCivil*, Rio de Janeiro, v. 10, p. 9-27, out./dez. 2016.

SEFFNER, Fernando. A produção da diversidade e da diferença no campo do gênero e da sexualidade: enfrentamentos ao regime da heteronormatividade. In: BLOS, Wladimir; BILA, Fabio Pessanha (Org.). *Diversidades e desigualdades na contemporaneidade*. Salvador: EDUFBA, 2013. p. 63-81.

SILVA, Tomaz Tadeu da. A produção social da identidade e da diferença. In: SILVA, Tomaz Tadeu da (Org.); HALL, Stuart; WOODWARD, Kathryn. *Identidade e diferença*: a perspectiva dos estudos culturais. 7. ed. Petrópolis, RJ: Vozes, 2007. p. 73-102.

TAYLOR, Charles. *As fontes do self*. A construção da identidade moderna. Trad. Adail Ubirajara Sobral. Dinah de Abreu Azevedo. 4. ed. São Paulo: Edições Loyola, 2013.

TEPEDINO, Gustavo. Ativismo judicial e construção do direito civil: entre dogmática e práxis. *Novos Estudos Jurídicos*, Itajaí, v. 24, n. 1, p. 22-52, 2019. Disponível em: https://siaiweb06.univali.br/seer/index.php/nej/article/view/14173/7995. Acesso em: 24 nov. 2020.

TOURAINE, Alain. *Iguais e diferentes*. Poderemos viver juntos? Lisboa: Editora Instituto Piaget, 1997.

VIVEIROS DE CASTRO, Thamis Dalsenter. *Bons costumes no direito civil brasileiro*. São Paulo: Almedina, 2017.

A DECLARAÇÃO DE INCONSTITUCIONALIDADE DO ARTIGO 1.790 DO CÓDIGO CIVIL BRASILEIRO

Luciana Pedroso Xavier

Professora de Direito Civil da Faculdade de Direito da UFPR. Doutora e Mestre em Direito Civil pela UFPR. Diretora do Instituto Brasileiro de Direito Contratual – IBD-CONT. Advogada. Contato: luciana@pxadvogados.com.br

Marília Pedroso Xavier

Professora da graduação e da pós-graduação *stricto sensu* da Faculdade de Direito da UFPR. Doutora em Direito Civil pela USP. Mestre e graduada em Direito pela UFPR. Coordenadora de Direito Privado da Escola Superior de Advocacia do Paraná. Diretora do Instituto Brasileiro de Direito Contratual – IBDCONT. Advogada. Contato: marilia@pxadvogados.com.br.

Sumário: 1. Introdução. 2. A inconstitucionalidade do art. 1790 CC e a condição sucessória do companheiro. 3. Considerações finais. 4. Referências.

1. INTRODUÇÃO

O presente artigo examina os fatos e fundamentos do acórdão proferido no Recurso Extraordinário 878.694/MG, do Supremo Tribunal Federal, que tratou da declaração de inconstitucionalidade do art. 1.790 do Código Civil.

Como o leitor poderá notar no decorrer do texto, o tema gerou ao longo dos anos uma verdadeira Babel nos tribunais pátrios até seu enfrentamento definitivo no STF. É certo que por mais de uma década foram proferidas decisões judiciais nos mais diversos e divergentes sentidos. Por isso, a importância dessa análise. Teria o STF acertado em declarar a inconstitucionalidade do art. 1790 do Código Civil? Defende-se que sim.

Porém, o caminho até chegar ao acerto foi por demais tortuoso, pródigo de "jurisprudência lotérica", dada a falta de ordem e previsibilidade no enfrentamento do tema. Neste sentido, Luiz Edson Fachin ensina que "é instável a união entre doutrina e jurisprudência no Brasil. Usualmente se crê na jurisprudência como sendo o conjunto de decisões exaradas pelos tribunais pátrios. Corre-se por aí risco de encontrar mero banco de dados".[1] Como será visto a seguir, esta observação de Fachin é absolutamente

---

1. FACHIN, Luiz Edson. No Direito de Família, doutrina e jurisprudência vivem união instável. *Revista Consultor Jurídico (Conjur)*, São Paulo: Consultor Jurídico, 01 fev. 2015. Disponível em: http://www.conjur.com.br/2015-fev-01/processo-familiar-direito-familia-doutrina-jurisprudencia-uniao-instavel. Acesso em: 21 nov. 2020. Optou-

verdadeira para descrever a incerteza a respeito da condição do companheiro perante a sucessão legítima.

Fato é que com a referida decisão deve a doutrina bem compreender os limites e possibilidades da decisão judicial em análise para prestigiar o respeito à ética precedentalista (a qual recebeu reconhecimento pelo Legislativo brasileiro, por meio do Código de Processo Civil de 2015)[2].

É certo que o novo Código de Processo Civil parece contribuir para afastar o caos decisório, pois trouxe como uma de suas principais bases o respeito aos precedentes e à jurisprudência uniforme. O artigo 489, além de dispor sobre os elementos essenciais da sentença, prescreve em seu §1º que não se considera fundamentada qualquer decisão judicial que se limitar a invocar precedente ou enunciado de súmula, sem identificar seus fundamentos determinantes nem demonstrar que o caso sob julgamento se ajusta àqueles fundamentos (inciso V) ou deixar de seguir enunciado de súmula, jurisprudência ou precedente invocado pela parte, sem demonstrar a existência de distinção no caso em julgamento ou a superação do entendimento (inciso VI).

O que é possível concluir a partir desse dispositivo é que uma decisão judicial não será considerada fundamentada se não houver menção expressa e pormenorizada aos precedentes. Em outras palavras, pelo Código de Processo Civil de 2015, a existência de precedente deve ser considerada pelo magistrado. A sanção para o descumprimento é a mais grave: nulidade. Logo, são nulas de pleno direito as decisões que se limitam a invocar um precedente, sem identificar seus fundamentos e ajustá-los ao caso decidido, e também as que deixam de mencionar precedente ou súmula suscitado pela parte sem demonstrar a distinção do caso ou a superação da decisão citada.

No caso do Direito de Família e das Sucessões, vale mencionar um desafio extra para os precedentes, ou para quem deles depende: o segredo de justiça. O artigo 926 do Código de Processo Civil de 2015 prevê que os Tribunais devem uniformizar sua jurisprudência e mantê-la estável, íntegra e coerente.[3] Para além disso, devem dar publicidade a seus precedentes, organizando-os por questão jurídica decidida e divulgando-os, preferencialmente, na rede mundial de computadores (927, §5º, do Novo Código de Processo Civil).

Lamentavelmente, ainda é comum termos tribunais que não disponibilizam integralmente suas decisões em matéria de Direito de família e sucessões pela falta de um sistema eficiente de indexação. É o caso, por exemplo, do Tribunal de Justiça do Estado do Paraná, o qual passou a disponibilizar apenas as ementas de suas decisões a partir de 2019. Anteriormente, não havia possibilidade de acesso a qualquer material e no momento presente ainda não se consegue visualizar o inteiro teor das decisões.[4]

---

se por citar o autor pelo seu nome completo, pois o texto referenciado é anterior à data de posse para Ministro do Supremo Tribunal Federal, cargo no qual escolheu ser chamado de Ministro Edson Fachin.

2. Nesse sentido, ver: MARINONI, Luiz Guilherme. *Ética dos precedentes*. 2. ed. São Paulo: Ed. RT, 2016; PUGLIESE, William Soares. Precedentes e a Civil Law brasileira. São Paulo: Ed. RT, 2016.

3. Sobre a interpretação do dispositivo, sugerimos a seguinte obra: PUGLIESE, William. *Princípios da jurisprudência*. Belo Horizonte: Arraes, 2017.

4. XAVIER, Marília Pedroso; PUGLIESE, William. Teoria dos precedentes no novo Código de Processo Civil e Direito de Família: primeiras aproximações. In: MAZZEI, Rodrigo; EHRHARDT JUNIOR, Marcos. *Direito Civil*. Salvador: Juspodivm, 2017. v. 14, p. 764-765.

Nesta linha, o descumprimento expresso do Código de Processo Civil frustra também a adoção mais concreta de métodos de autocomposição entre as partes (os quais são muito incentivados por essa codificação). Afinal, se as partes tivessem a possibilidade de aferir a probabilidade de ganho, poderiam ter mais certeza das eventuais vantagens de pactuar um determinado acordo.

Fato é, porém, que na ausência de lei que estabeleça a resposta para um problema jurídico, os precedentes devem cumprir essa função. No caso particular enfrentado neste ensaio, a questão é ainda mais peculiar, pois a figura do companheiro como herdeiro necessário foi colocada em dúvida pelas duas fontes: lei e jurisprudência, na medida em que o art. 1.790 do Código Civil, foi declarado inconstitucional pelo Supremo Tribunal Federal. O problema, portanto, é ao mesmo tempo de uma lacuna legislativa e da compreensão de um precedente.

Passa-se a expor o caso, com importante ressalva prévia: a demanda ora em análise, embora transitada já em julgado, não encerrou em definitivo o debate e certamente ensejará novas controvérsias.

2. A INCONSTITUCIONALIDADE DO ART. 1790 CC E A CONDIÇÃO SUCESSÓRIA DO COMPANHEIRO

A (in)constitucionalidade do artigo 1.790 do Código Civil foi um dos temas mais debatidos pelos civilistas nos últimos anos. Para além da doutrina, é certo que os tribunais foram chamados a enfrentar a questão por diversas vezes. Até pouco tempo atrás, colhiam-se decisões para todos os gostos Brasil afora. Os acórdãos proferidos pelos Tribunais Estaduais apresentavam três entendimentos diversos: (i) pela inconstitucionalidade integral; (ii) pela inconstitucionalidade parcial; e (iii) pela constitucionalidade.

Conforme bem sintetizado por Flávio Tartuce,[5] por trazer menos direitos sucessórios ao companheiro do que ao cônjuge (artigo 1.829 do Código Civil), decidiram pela inconstitucionalidade de todo o artigo 1.790 do Código Civil os Tribunais do Rio Grande do Sul, São Paulo, Sergipe e Santa Catarina.[6]

A tese da inconstitucionalidade integral também foi sustentada com base no argumento oposto: trazer mais direitos sucessórios ao companheiro do que ao cônjuge no

---

5. TARTUCE, Flávio. *Direito civil*: direito das sucessões. v. 6. 9. ed. rev. e atual. Rio de Janeiro: Forense, 2016. p. 284-318.
6. TJRS, Agravo de Instrumento 70021945092, 8ª Câmara Cível, Porto Alegre, Rel. Des. José Ataídes Siqueira Trindade, j. 05.12.2007, DOERS 19.12.2007, p. 31; TJRS, Agravo de Instrumento 70022652879, 8ª Câmara Cível, Bom Jesus, Rel. Des. Alzir Felippe Schmitz, j. 10.04.2008, DOERS 16.04.2008, p. 39; TJSP, Apelação com Revisão 587.852.4/4, Acórdão 4131706, 9ª Câmara de Direito Privado, Jundiaí, Rel. Des. Piva Rodrigues, j. 25.08.2009, DJESP 25.11.2009; TJSP, Apelação Cível 520.626.4/3, Acórdão 4223691, 4ª Câmara de Direito Privado, Piracicaba, Rel. Des. Teixeira Leite, j. 26.11.2009, DJESP 18.12.2009; TJSP, 6ª Câmara de Direito Privado, Agravo de Instrumento 0078186-86.2013.8.26.0000, Acórdão 6878634, Peruíbe, Rel. Des. Eduardo Sá Pinto Sandeville, j. 25.07.2013, DJESP 06.0.2013; TJSP, Agravo de Instrumento 994.09.283225-0, Acórdão 4391378, 1ª Câmara de Direito Privado, Bauru, Rel. Des. De Santi Ribeiro, j. 23.03.2010, DJESP 12.05.2010; TJSE, Apelação Cível 2010202129, Acórdão 7687/2010, 2ª Câmara Cível, Rel. Des. Marilza Maynard Salgado de Carvalho, DJESP 23.08.2010, p. 13; TJSC, 4ª C. Dto Civil, Rel. Des. Luiz Fernando Boller, AI 2011.055247-9, j. 08.03.2012; TJES, Incidente de Inconstitucionalidade Agv. Instrumento 24099165979, Tribunal Pleno, Rel. Desig. Adalto Dias Tristão, j. 15.09.2011, DJ 04.10.2011.

caso em concreto discutido nos autos. Assim foi a decisão proferida pelo Tribunal de Justiça de São Paulo.[7]

Ainda, é possível encontrar julgados que reconheceram a inconstitucionalidade somente do inciso III do art. 1.790, ao prever que o companheiro recebe um terço da herança na concorrência com ascendentes e colaterais até quarto grau. Nesse sentido foram os pronunciamentos dos Tribunais do Rio Grande do Sul, São Paulo e Paraná.[8]

A Corte paranaense também se pronunciou sobre a inconstitucionalidade, mas especificamente quanto ao inciso II do artigo 1.790. O fundamento, porém, é o mesmo: a desigualdade ilegítima entre casamento e união estável.[9]

Decidiram pela constitucionalidade na redação do artigo 1.790 do Código Civil os Tribunais do Distrito Federal, Minas Gerais, Rio Grande do Sul, São Paulo e Goiás.[10]

Como o leitor pode perceber, certamente com perplexidade, as cortes proferiram decisões em absolutamente todos os sentidos possíveis. Alguns tribunais, inclusive, tomaram decisões contraditórias de forma interna, como é o caso do Tribunal de Justiça do Estado de São Paulo. Não é preciso fazer grandes ilações para pensar que esse contexto abalava a segurança jurídica dos jurisdicionados e praticamente inviabilizava o trabalho de escritórios de advocacia de prestar aconselhamento jurídico seguro e estável para seus clientes.

O ponto mais grave nessa discussão é a evidente afronta ao princípio constitucional da igualdade (artigo 5º, *caput* da Constituição Federal de 1988), na medida em que casos com controvérsias jurídicas absolutamente idênticas receberam decisões diferentes, com consequências patrimoniais diversas.[11]

---

7. TJSP, Apelação 994.08.061243-8, Acórdão 4421651, 7ª Câmara de Direito Privado, Piracicaba, Rel. Des. Élcio Trujillo, j. 07.04.2010, DJESP 22.04.2010; TJSP, Agravo de Instrumento 598.268.4/4, Acórdão 3446085, 9ª Câmara de Direito Privado, Barueri, Rel. Des. Grava Brasil, j. 20.01.2009, DJESP 10.03.2009.

8. TJSP, Agravo de Instrumento 654.999.4/7, Acórdão 4034200, 4ª Câmara de Direito Privado, São Paulo, Rel. Des. Teixeira Leite, j. 27.08.2009, DJESP 23.09.2009; TJSP, Agravo de Instrumento 609.024.4/4, Acórdão 3618121, 8ª Câmara de Direito Privado, São Paulo, Rel. Des. Caetano Lagrasta, j. 06.05.2009, DJESP 17.06.2009; TJRS, Agravo de Instrumento 70027138007, 8ª Câmara Cível, Porto Alegre, Rel. Des. José Ataídes Siqueira Trindade, j. 18.12.2008, DJESP 11.03.2009, p. 31; TJRJ, Órgão Especial, Arguição de Inconst. 0019097-98.2011.8.19.0000, Rel. Des. Bernardo Moreira Garcez Neto. j. 06.08.2012, DJ 03.09.2012; e TJPR, Órgão Especial, Rel. Des. Sérgio Arenhart. Incidente de Decl.de Inconstitucionalidade 536.589-9/01, j. 04.12.09. DJ 03.08.2010.

9. JPR, Agravo de Instrumento 878130-2, 12ª Câmera Cível, Foro Central da Comarca da Região Metropolitana de Curitiba. Rel. Des. Ivanise Maria Tratz Martins. Unânime. j. 25.07.2012.

10. TJDF, Recurso 2009.00.2.001862-2, Acórdão 355.492, 1ª Turma Cível, Rel. Des. Natanael Caetano, DJDFTE 12.05.2009, p. 81; TJSP, Agravo de Instrumento 589.196.4/4, Acórdão 3474069, 2ª Câmara de Direito Privado, Bragança, Rel. Des. Morato de Andrade, j. 03.02.2009, DJESP 26.03.2009; TJMG, Agravo de Instrumento 1.0261.09.073944-0/001, Rel. Des. Ana Paula Caixeta, j. 23.05.2013, DJSMG 29.05.2013; TJDF, Recurso 2012.05.1.008499-9, Acórdão 742.035, 6ª Turma Cível, Rel. Des. Esdras Neves, DJDFTE 11.12.2013, p. 139; TJRS, Agravo de Instrumento 70025169244, 8ª Câmara Cível, Porto Alegre, Rel. Des. Claudir Fidelis Faccenda, j. 21.08.2008, DOERS 01.09.2008, p. 36; TJGO, 1ª Câmara Cível, AI 279500-62.2010.8.09.0000, Rel. Des. Vítor Barboza Lenza, j. 28.09.2010.

11. KOZICKI, Katya; PUGLIESE, William Soares. O direito à igualdade nas decisões judiciais. In: ALVES, Cândice Lisboa; MARCONDES, Thereza Cristina Bohlen Bitencourt (Org.). *Liberdade, Igualdade e Fraternidade*: 25 anos da Constituição Brasileira. Belo Horizonte: D'Plácido, 2013. p. 385-403.

Em 2012, a matéria foi apreciada pelo Superior Tribunal de Justiça. Por força do artigo 105, inciso III, alíneas "a" e "c", as partes pleiteavam justamente que esta Corte cumprisse seu papel constitucional de uniformizar a jurisprudência.[12]

O fundamento da alínea "a" apontava para o fato de que algumas decisões em âmbito estadual contrariavam lei federal ou negavam sua vigência (no caso, o artigo 1.790 do Código Civil). Também, outro fundamento era a alínea "c", pelo fato de estar sendo dada interpretação divergente de lei federal (artigo 1.790 do Código Civil) em relação a outras proferidas por outro tribunal. Porém, o julgamento não pôde ser ultimado, pois envolvia, em última análise, apreciação de hipótese de inconstitucionalidade:

> Direito processual civil. Incidente de inconstitucionalidade. Recurso especial fundamentado na inconstitucionalidade. Não é possível conhecer de incidente de inconstitucionalidade suscitado em recurso especial cujo fundamento seja o reconhecimento da inconstitucionalidade de dispositivo legal. Embora questões constitucionais possam ser invocadas pela parte recorrida, é indubitável que, em nosso sistema, não cabe ao recorrente invocar tais questões em recurso especial como fundamento para reforma do julgado, sendo o recurso próprio para essa finalidade o extraordinário para o STF. Tem-se, portanto, hipótese de insuperável óbice ao conhecimento do recurso especial, que também contamina, por derivação natural, o conhecimento deste incidente de inconstitucionalidade. No caso, o incidente referia-se aos incisos III e IV do art. 1.790 do CC, que trata da ordem de sucessão hereditária do companheiro ou da companheira relativamente aos bens adquiridos na vigência da união estável.[13]

Por ocasião de dois incidentes de inconstitucionalidade suscitados nos Recursos Especiais 1.291.636/DF e 1.318.249/GO, a postura do Superior Tribunal de Justiça foi a de determinar o sobrestamento dos feitos que versavam sobre esse tema até que se ultimasse a discussão no Supremo Tribunal Federal. O STF, por sua vez, entendeu por sobrestar os recursos mencionados em razão do julgamento do RE 878.694/MG, em sede de repercussão geral, nos termos do artigo 543, § 2º, CPC/73.

Pois bem, eis que passados mais de doze anos da vigência da codificação civil, o Supremo Tribunal Federal, enfim, passou a se debruçar sobre a questão. O Recurso Extraordinário 878.694/MG ficou sob a relatoria do Ministro Roberto Barroso e teve reconhecida por unanimidade repercussão geral. Segundo o relator, a repercussão geral estava presente tanto no aspecto social (proteção jurídica das relações de família em momento de desamparo emocional e financeiro, em razão da perda de um ente querido) como jurídico (especial proteção conferida à família no art. 226, *caput*, CF).

Os autos versavam sobre o pleito da (não) aplicação do inciso III do artigo 1.790 do Código Civil. A companheira sobrevivente não aceitava a solução apontada por esse dispositivo, pois ficaria somente com um terço dos bens amealhados pelo companheiro falecido. Em contrapartida, os dois terços restantes iriam para três irmãos do *de cujus*. Pugnava pelo reconhecimento da importância da família que tivera durante nove anos e, portanto, pela aplicação do artigo 1.829 do mesmo diploma, equiparando a sucessão da união estável com a conferida ao casamento.

---

12. Uma análise pormenorizada do papel que o STJ deveria desempenhar (e suas atuais falhas) é desenvolvida por MARINONI, Luiz Guilherme. *O STJ enquanto corte de precedentes*: recompreensão do sistema processual da corte suprema. 2. ed. São Paulo: Revista dos Tribunais, 2014.
13. AI no REsp 1.135.354-PB, Rel. originário Ministro Luis Felipe Salomão, Rel. para acórdão Ministro Teori Albino Zavascki, j. 03.10.2012.

Como corolário do caos jurisprudencial já referido, a requerente obteve pleno êxito em primeiro grau. Com isso, a companheira herdou a totalidade dos bens em disputa, restando afastados os parentes colaterais.

Porém, o Tribunal de Justiça de Minas Gerais decidiu de forma diametralmente oposta. Em consonância com entendimentos já firmados, os Desembargadores conheceram e deram provimento ao Recurso de Apelação para reforma da decisão com a aplicação do inciso III do artigo 1.790 do Código Civil.

O Supremo Tribunal Federal, em agosto de 2016, deu início ao julgamento. A Procuradoria-Geral da República se pronunciou pelo desprovimento do recurso, tendo em vista que a tese da inconstitucionalidade feriria a autonomia privada das partes que optaram pela união estável nos moldes em que a lei a determina.

Três *amici curie* participaram do feito. Pela inconstitucionalidade do artigo 1.790 do CC sustentou o Instituto Brasileiro de Direito de Família (IBDFAM) em conjunto com o Instituto dos Advogados Brasileiros (IAB). Já a Associação de Direito de Família e das Sucessões (ADFAS) defendia a constitucionalidade do mencionado dispositivo.

O Ministro Relator, Luís Roberto Barroso, fundamentou seu voto pela inconstitucionalidade do artigo 1.790 com base no princípio constitucional da vedação ao retrocesso (na medida em que as Leis 8.971/94 e 9.278/96, anteriores ao Código Civil, eram mais benéficas no regime sucessório da união estável) e na ilegitimidade de diferenciação de tratamento quando implica hierarquização de uma entidade familiar em relação a outra, desigualando o nível de proteção estatal conferido aos indivíduos.[14]

Reconhecida a inconstitucionalidade, a questão era saber como então regulamentar o direito do companheiro. Duas soluções foram aventadas: aplicar a legislação que regia o tema antes do advento do Código Civil ou o regime destinado na codificação para a sucessão do cônjuge. Como pode ser sintetizado no excerto seguinte, a decisão foi pela segunda opção:

> Considerando-se, então, que não há espaço legítimo para que o legislador infraconstitucional estabeleça regimes sucessórios distintos entre cônjuges e companheiros, chega-se à conclusão de que a lacuna criada com a declaração de inconstitucionalidade do art. 1.790 do CC/2002 deve ser preenchida com a aplicação do regramento previsto no art. 1.829 do CC/2002, e não daquele estabelecido nas leis revogadas. Logo, tanto a sucessão de cônjuges como a sucessão de companheiros devem seguir, a partir da decisão desta Corte, o regime atualmente traçado no art. 1.829 do CC/2002.[15]

O voto do Relator foi acompanhado pelos Ministros Edson Fachin[16], Teori Zavascki, Rosa Weber, Luiz Fux, Celso de Mello e Cármen Lúcia. A sessão foi interrompida pelo pedido de vista do Ministro Dias Toffoli. Porém, já havia quórum para que a tese da inconstitucionalidade fosse vencedora.

---

14. Em outro trecho de seu voto o Ministro aponta que: "o que a dignidade como autonomia protege é a possibilidade de opção entre um e outro tipo de entidade familiar, e não entre um e outro regime sucessório. Pensar que a autonomia da vontade do indivíduo referente à decisão de casar ou não casar se resume à escolha do regime sucessório é amesquinhar o instituto, e, de forma geral, a ideia de vínculos afetivos, e de solidariedade."

15. Recurso Extraordinário 878.694/MG. STF. Rel. Min. Luís Roberto Barroso. j. 10.05.2017. DJe 06.02.2018.

16. Uma das ideias aventadas pelo Min. Edson Fachin em seu voto foi que a desigualdade na forma de constituição [do casamento e da união estável] não pode afetar a sucessão, pois se trata apenas de questão de prova sobre a conjugalidade.

O debate só foi retomado após sete longos meses. O Ministro Dias Toffoli abriu a divergência com base no princípio da autonomia da vontade e no fato de que o tratamento legislativo diferente não enseja por si só uma inferiorização da união estável. Apontou ainda que a diferenciação não é desarrazoada e foi debatida pelo legislativo quando da elaboração do Código Civil. A diferenciação se justificaria por estar em consonância com o espírito da Constituição, pois o tratamento igualitário descaracterizaria a união estável como instituição-meio e o casamento como instituição-fim. Nessa toada, o Ministro também argumentou pela aplicação da máxima jurídica *in dubio pro legislator*. Nessa oportunidade, o julgamento foi novamente suspenso pelo pedido de vista do Ministro Marco Aurélio.

Ao retomar o julgamento, o Ministro Marco Aurélio requereu que fosse apregoado o RE 646.721/RS, sob sua relatoria, pois era discutida a inconstitucionalidade do artigo 1.790 na sucessão hereditária de união estável homoafetiva. O voto do Ministro foi pela constitucionalidade do dispositivo, indicando que a similitude entre os institutos reside apenas no fato de a Constituição considerar ambos como entidades familiares e argumentando que igualar casamento e união estável seria um desrespeito à autonomia do casal. O ministro, em seu voto no RE 646.721/RS, o qual também foi trazido aos autos do RE 878.694/MG, pregou que era impróprio negar efeitos práticos ao regime de bens licitamente escolhido em vida, modificando tal decisão conjunta após o falecimento de um dos companheiros.

Ambos os Recursos Extraordinários foram providos e julgados no sentido da declaração de inconstitucionalidade do artigo 1790 do Código Civil. A decisão foi proferida por maioria, ficando vencidos os Ministros Dias Toffoli, Marco Aurélio e Ricardo Lewandowski.

O teor da tese de repercussão geral declarada em plenário foi: "É inconstitucional a distinção de regimes sucessórios entre cônjuges e companheiros prevista no art. 1.790 do CC/2002, devendo ser aplicado, tanto nas hipóteses de casamento quanto nas de união estável, o regime do art. 1.829 do CC/2002". Com o objetivo de zelar pela segurança jurídica, a modulação dos efeitos da decisão foi estabelecida de forma a ser aplicável apenas para inventários judiciais sem trânsito em julgado da sentença de partilha e partilhas extrajudiciais em que ainda não tenha sido lavrada escritura pública.

Um detalhe interessante a ser apontado foi que a Ministra Cármen Lúcia, em seu voto no RE 646.721/RS havia sugerido texto muito semelhante ao do Ministro Barroso para a fixação da tese de repercussão geral, com a diferença de se mencionar também o art. 1837 do CC/2002, além do art. 1829 do CC/2002. Todavia, esta menção ao artigo 1837 acabou não permanecendo na versão final.

O acórdão foi publicado em 6 de fevereiro de 2018. Entretanto, é certo que este debate está longe do fim. Antes do trânsito em julgado, o Instituto Brasileiro de Direito de Família lançou mão de uma das grandes novidades do novo Código de Processo Civil, a possibilidade de *amicus curie* opor embargos de declaração,[17] conforme o artigo 138, §1º.

---

17. A referida petição foi disponibilizada para acesso público no seguinte link: http://ibdfam.org.br/assets/img/upload/files/Peti%C3%A7%C3%A3o%20Embargos.pdf. Acesso em: 21 nov. 2020.

Em síntese, o IBDFAM alegou que o cabimento dos embargos estava fundado em omissão, pois a tese de repercussão geral se limitaria a dizer que, ao afastar o artigo 1.790 do Código Civil por sua flagrante inconstitucionalidade, deve ser aplicado em seu lugar o artigo 1.829 do mesmo diploma. Porém, o artigo 1.829 não esgota a disciplina da sucessão hereditária do cônjuge. E é justamente nesse ponto que emergiu uma severa lacuna: como se dará a sucessão do companheiro em relação aos demais dispositivos legais que regulam o tema? Todos os artigos relacionados ao direito sucessório no casamento serão aplicados automaticamente ao companheiro?

O IBDFAM questionava se também deveriam ser estendidos à união estável os seguintes dispositivos do Código Civil: 1.831 (direito real de habitação para o cônjuge sobrevivente), 1.832, 1.836, 1.837 e 1.838 (tratam da partilha entre o cônjuge, descendentes e ascendentes) e 544 (doação de ascendentes a descendentes ou de um cônjuge a outro implicando adiantamento de herança).

O ponto mais agudo, sem dúvida, era o questionamento da (não) aplicação do artigo 1.845, o qual prevê o rol de herdeiros necessários. A questão é que se o companheiro fosse considerado herdeiro necessário, por força do artigo 1.846 da codificação civil, teria ele direito a receber parte da reserva legítima?

Nesse sentido, o IBDFAM deixou seu posicionamento muito claro: requereu que "diante da conclusão de que é inconstitucional tratar cônjuge e companheiro de forma desigual na sucessão hereditária, a ele não pode ser negada a reserva hereditária".

Mas as dúvidas não acabaram ali: será que a decisão teria o condão de equiparar extensivamente cônjuge e companheiro até mesmo para efeitos pessoais e patrimoniais, como outorga, estado civil e presunção de paternidade?

Em última instância, será que casamento e união estável não teriam se tornado figuras jurídicas sinônimas diante da crescente e paulatina diluição de suas diferenças constitutivas?[18]

Note-se: a questão debatida nos embargos não tratou de mero complemento ao que foi decidido. Ao contrário, dizia respeito a tema da maior importância e que produz efeitos de grande repercussão.

O problema é que a posição do companheiro como herdeiro necessário em nenhum momento foi discutida de forma clara, aberta e central. Por isso, entende-se que efetivamente enseja novo julgamento. A análise do acórdão revela que o Supremo Tribunal Federal não se desonerou do ônus constitucional de fundamentação a ponto de permitir um verdadeiro salto para alcançar tais consequências jurídicas. Ao analisar os votos, é nítido que esses pontos não foram fruto de debate intenso e por vezes nem sequer foram mencionados. Repise-se: o caso concreto eleito como paradigma para o julgamento da

---

18. "A união estável, que era também chamada de união livre, perdeu sua total liberdade com o referido julgamento do STF, ao equiparar todos os direitos entre as duas formas de família. Isso significa o fim da união estável, já que dela decorrem exatamente todos os direitos do casamento. A partir de agora, quando duas pessoas passarem a viver juntas, talvez elas não saibam, mas terão que se submeter às idênticas regras do casamento, exceto em relação às formalidades de sua constituição". PEREIRA, Rodrigo da Cunha. STF acabou com a liberdade de não casar ao igualar união estável a casamento. *Revista Consultor Jurídico*, 14 jun. 2017. Disponível em: http://www.conjur. com.br/2017-jun-14/rodrigo-cunha-pereira-stf-acabou-liberdade-nao-casar. Acesso em: 21 nov. 2020.

repercussão geral não girava em torno desse fundamento. A questão do companheiro ser herdeiro necessário nunca foi suscitada e tampouco debatida.

Antes mesmo dos Recursos Extraordinários 878.694-MG e 646.721-RS transitarem em julgado, a tese de repercussão geral já havia sido aplicada pelas Terceira e Quarta Turma do Superior Tribunal de Justiça.[19] As decisões foram bastante fiéis aos limites do que foi decidido pelo Supremo Tribunal Federal. Aplicaram o artigo 1.829 do Código Civil para a sucessão do companheiro, afastando a incidência do artigo 1.790 do mesmo diploma.

Em 26 de outubro de 2018, por unanimidade, o STF rejeitou os embargos de declaração que questionavam a aplicação ou não do art. 1.845 do Código Civil (e outros) ao companheiro. O STF entendeu que a repercussão geral dizia respeito apenas à aplicabilidade do art. 1.829 do Código Civil às uniões estáveis. Logo, a espinhosa dúvida a respeito da configuração do cônjuge como herdeiro necessário (ou não) ainda permanece.

Cabe destacar julgado recente do Superior Tribunal de Justiça que tratou sobre a controvérsia em torno da fixação do quinhão hereditário cabível para a companheira que, no regime de bens da comunhão parcial, concorre na sucessão com um filho comum e outros seis filhos exclusivos do autor da herança[20].

Após reconhecer a incidência do artigo 1.890, I, do Código Civil (afastando o artigo 1.790 do mesmo diploma), o Superior Tribunal de Justiça reiterou seu entendimento já consolidado no sentido de que nessa hipótese a concorrência com os descendentes do falecido ocorre somente sobre os bens particulares do acervo hereditário do *de cujus*.[21]

Pois bem, como decorrência lógica, coube então ao referido Tribunal estabelecer se haveria a incidência do artigo 1.832 do Código Civil ao caso. Segundo esse dispositivo legal, quando aplicável o artigo 1.829, I, do Código Civil, cabe igual quinhão ao cônjuge (ou companheiro) ao daqueles que sucederem por cabeça, sendo que a sua quota não poderá ser inferior à quarta parte da herança se for ascendente dos herdeiros com que concorrer.

Para o STJ, a interpretação mais razoável do artigo 1.832 do Código Civil é a de que a reserva de 1/4 da herança restringe-se à hipótese em que o cônjuge ou companheiro concorre com os descendentes comuns.

Como consignado na decisão, este entendimento é coerente com o Enunciado 527 da Jornada de Direito Civil, o qual prescreve que "na concorrência entre o cônjuge e os herdeiros do *de cujus*, não será reservada a quarta parte da herança para o sobrevivente no caso de filiação híbrida".

Em síntese, o Superior Tribunal de Justiça decidiu que a companheira concorrerá com os demais herdeiros apenas sobre os bens particulares (e não sobre a totalidade dos bens deixados pelo *de cujus*) e que todos os herdeiros receberão o mesmo quinhão em relação aos bens particulares, não havendo incidência da reserva prevista no artigo 1.832 do Código Civil.

---

19. REsp 1332773/MS, 3ª Turma, Rel. Min. Ricardo Villas Bôas Cueva, j. em 27.06.2017, DJe 01.08.2017; REsp 1337420/RS, 4ª Turma, Rel. Min. Luis Felipe Salomão, j. 22.08.2017, DJe 21.09.2017; REsp 1357117/MG, 3ª Turma, Rel. Ministro Ricardo Villas Bôas Cueva, j. 13.03.2018, DJe 26.03.2018 e REsp 1318249/GO, 4ª Turma, Rel. Ministro Luis Felipe Salomão, j. 22.05.2018, DJe 04.06.2018.
20. REsp 1617501/RS, 3ª Turma, Rel. Ministro Paulo de Tarso Sanseverino, j. 11.06.2019, DJe 01.07.2019.
21. Conforme o REsp 1368123/SP, Rel. Ministro Sidnei Beneti, Rel. p/ Acórdão Ministro Raul Araújo, Segunda Seção, julgado em 22.04.2015, DJe 08.06.2015.

3. CONSIDERAÇÕES FINAIS

A importante e simbólica decisão do Supremo Tribunal Federal que reconhece o fato de um dispositivo do Código Civil ser inconstitucional pelo fato de sua redação estar em desconformidade com nossa Constituição Federal de 1988 merece elogios. Sem dúvida, nos parece acertada.

Tendo isso presente, e a partir de todo o raciocínio exposto, cabe refletir então sobre a conveniência ou não de ser estendida ao companheiro a posição de herdeiro necessário. Sem dúvida, essa questão está na pauta do dia e merece respostas igualmente acertadas e precisas. No sentido de contribuir com a discussão, defende-se aqui que incluir o companheiro no rol do artigo 1.845 do Código Civil, de forma que a legítima precise ser reservada, não seria desejável e até mesmo compatível com a decisão já proferida pelo STF.

Atualmente, caso as pessoas que vivem em união estável permaneçam inertes, o companheiro herdará pelo regime do artigo 1.829 do Código Civil. Porém, se pelas peculiaridades da união não haja o desejo de compartilhar o patrimônio após a morte, tal herança poderá ser integralmente afastada por meio de testamento. Entende-se que retirar essa prerrogativa feriria de morte o próprio instituto da união estável, na medida em que no afã de concretizar um discurso de equiparação acabaria por torná-la um verdadeiro "casamento forçado".[22]

É extremante oportuna a seguinte afirmação do Ministro Edson Fachin, proferida no voto pela inconstitucionalidade do artigo 1.790 do Código Civil:

> Na sucessão, a liberdade patrimonial dos conviventes já é assegurada com o não reconhecimento do companheiro como herdeiro necessário, podendo-se afastar os efeitos sucessórios por testamento. Prestigiar a maior liberdade na conjugalidade informal não é atribuir, *a priori*, menos direitos ou diretos diferentes do casamento, mas, sim, oferecer a possibilidade de, voluntariamente, excluir os efeitos sucessórios.[23]

Essa parece ser a essência da discussão: o Supremo Tribunal Federal acertou em declarar inconstitucional o artigo 1.790 do Código Civil, sobretudo em virtude da flagrante violação ao princípio da vedação ao retrocesso perpetrado pelo Código Civil de 2002. Contudo, tal declaração de inconstitucionalidade não deveria importar necessariamente em aniquilar toda e qualquer diferenciação entre casamento e união estável.

Como bem afirmou Rodrigo da Cunha Pereira, uma equiparação geral e irrestrita significaria interferir indevidamente na própria liberdade de escolher a forma de se constituir família. E essa tendência seria nada mais que uma "posição moralista e equivocada, pois seria o mesmo que não aceitá-la como uma forma de família diferente do casamento".[24]

---

22. A expressão é de Mário Delgado, em instigante artigo: O paradoxo da união estável: um casamento forçado. In: AZEVEDO, Álvaro Villaça; DELGADO, Mário Luiz. *Revista nacional de direito de família e sucessões*. Porto Alegre: Magister, 2014. p. 5-21.

23. Voto proferido no Recurso Extraordinário 878.694/MG. STF. Rel. Min. Luís Roberto Barroso. j. 10.05.2017. DJe 06.02.2018.

24. PEREIRA, Rodrigo da Cunha. *União estável e casamento*: o paradoxo da equiparação. 03 nov. 2016. Disponível em: http://www.rodrigodacunhaadv.br/uniao-estavel-e-casamento-o-paradoxo-da-equiparacao/. Acesso em: 21 nov. 2020.

Não se pode negar que pluralidade de entidades familiares, estabelecida pelo artigo 226 da Constituição da República foi uma grande conquista, superando a visão monista do Código Beviláqua e inaugurando um regime de proteção de diferentes realidades familiares a partir do reconhecimento do mesmo grau de dignidade.

Sendo assim, a correção da injustiça promovida pelo Código Civil de 2002 no artigo 1.790 não deve ensejar uma solução extremada que equipare integralmente cônjuge e companheiro, sobretudo um momento em que a doutrina problematiza fortemente a própria manutenção da reserva legítima[25] e clama por menos intervenção estatal no campo da família.[26] Em nosso sentir, esse é o pensamento que mais parece servir a lógica civil-constitucional.

4. REFERÊNCIAS

DELGADO, Mário Luiz. O paradoxo da união estável: um casamento forçado. In: AZEVEDO, Álvaro Villaça; DELGADO, Mário Luiz. *Revista nacional de direito de família e sucessões*, Porto Alegre: Magister, 2014. p. 5-21.

DIAS, Maria Berenice. *Supremo acertou ao não diferenciar união estável de casamento*. 14 jun. 2017. Disponível em: http://www.ibdfam.org.br/artigos/1219/Supremo+acertou+ao+n%C3%A3o+diferenciar+uni%C3%A3o+est%C3%A1vel+de+casamento. Acesso em: 24 maio 2018.

FACHIN, Luiz Edson. No Direito de Família, doutrina e jurisprudência vivem união instável. *Revista Consultor Jurídico (Conjur)*, São Paulo: Consultor Jurídico, 01 fev. 2015. Disponível em: http://www.conjur.com.br/2015-fev-01/processo-familiar-direito-familia-doutrina-jurisprudencia-uniao-instavel. Acesso em: 14 maio 2018.

GOULART FILHO, Antônio Cezar Quevedo; SILVA, Marcos Alves da. Análise jurisprudencial da sucessão do cônjuge e do companheiro: tribunais do sul do Brasil. In: FACHIN, Luiz Edson; CORTIANO JR., Erouths; RUZYK, Carlos Eduardo Pianovski; KROETZ, Maria Cândida Pires Vieira do Amaral. *Jurisprudência civil brasileira*: métodos e problemas. Belo Horizonte: Fórum, 2017.

HIRONAKA, Giselda Maria Fernandes Novaes. *Morrer e suceder*: passado e presente da transmissão sucessória concorrente. 2. ed. São Paulo: Ed. RT, 2014.

KOZICKI, Katya; PUGLIESE, William Soares. O direito à igualdade nas decisões judiciais. In: ALVES, Cândice Lisboa; MARCONDES, Thereza Cristina Bohlen Bitencourt (Org.). *Liberdade, Igualdade e Fraternidade*: 25 anos da Constituição Brasileira. Belo Horizonte: D'Plácido, 2013.

MARINONI, Luiz Guilherme. *O STJ enquanto corte de precedentes*: recompreensão do sistema processual da corte suprema. 2. ed. São Paulo: Ed. RT, 2014.

MARINONI, Luiz Guilherme. *Ética dos precedentes*. 2. ed. São Paulo: Ed. RT, 2016.

MULTEDO, Renata Vilela. *Liberdade e família*: limites para a intervenção do estado nas relações conjugais e parentais. Rio de Janeiro: Processo, 2017.

NEVARES, Ana Luiza Maia. Casamento ou união estável? *Revista Brasileira de Direito Civil – RBDCIVIL*, v. 8, abr./jun. 2016. p. 166-169.

---

25. TEIXEIRA, Daniele Chaves. *Planejamento sucessório*: pressupostos e limites. Belo Horizonte: Fórum, 2017. p. 63-108.
26. Essa é a tese defendida por MULTEDO, Renata Vilela. *Liberdade e família*: limites para a intervenção do estado nas relações conjugais e parentais. Rio de Janeiro: Processo, 2017.

PEREIRA, Rodrigo da Cunha. *União estável e casamento*: o paradoxo da equiparação. 03 de nov. 2016. Disponível em: http://www.rodrigodacunha.adv.br/uniao-estavel-e-casamento-o-paradoxo-da-e-quiparacao/. Acesso em: 21 nov. 2010.

PEREIRA, Rodrigo da Cunha. STF acabou com a liberdade de não casar ao igualar união estável a casamento. *Revista Consultor Jurídico*, 14 jun. 2017. Disponível em: http://www.conjur.com.br/2017-jun-14/rodrigo-cunha-pereira-stf-acabou-liberdade-nao-casar. Acesso em: 21 nov. 2020.

PUGLIESE, William Soares. *Precedentes e a Civil Law brasileira*. São Paulo: Ed. RT, 2016.

PUGLIESE, William Soares. *Princípios da jurisprudência*. Belo Horizonte: Arraes, 2017.

TARTUCE, Flávio. *Direito civil*: direito das sucessões. 9. ed. rev. e atual. Rio de Janeiro: Forense, 2016. v. 6.

TEIXEIRA, Daniele Chaves. *Planejamento sucessório*: pressupostos e limites. Belo Horizonte: Fórum, 2017.

VELOSO, Zeno. União estável e o chamado namoro qualificado no Brasil: equiparação entre cônjuges e companheiros. *Direito civil temas*. Belém: Artes Gráficas Perpetuo Socorro, 2018.

XAVIER, Luciana Pedroso; XAVIER, Marília Pedroso. O planejamento sucessório colocado em xeque: afinal, o companheiro é herdeiro necessário? In: TEIXEIRA, Daniele Chaves (Coord.). *Arquitetura do planejamento sucessório*. 2. ed. Belo Horizonte: Fórum, 2019, p. 239-252.

XAVIER, Marília Pedroso. *Contrato de namoro*: amor líquido e direito de família mínimo. 2 ed. Belo Horizonte: Fórum, 2020.

XAVIER, Marília Pedroso. *União estável, íntegra e coerente*. Tese (Doutorado) – Programa de Pós-graduação em Direito da Universidade de São Paulo, São Paulo, 2015.

XAVIER, Marília Pedroso; PUGLIESE, William. Teoria dos precedentes no novo Código de Processo Civil e Direito de Família: primeiras aproximações. In: MAZZEI, Rodrigo; EHRHARDT JUNIOR, Marcos. *Direito Civil*. Salvador: Juspodivm, 2017. v. 14.

COMPREENDENDO O DIREITO CIVIL CONSTITUCIONAL PROSPECTIVO

Pablo Malheiros da Cunha Frota

Pós-Doutorando em Direito na Universidade de Brasília (2019). Doutor em Direito das Relações Sociais pela Universidade Federal do Paraná (2013). Mestre em Função Social do Direito pela Faculdade Autônoma de Direito de São Paulo (2008). Especialista em Direito Civil pela Unisul (2006). Especialista em Filosofia do Direito pela Pontifícia Universidade Católica de Minas Gerais (2013). Graduado em Direito na Universidade Católica de Brasília (2004). Graduando em Filosofia na Universidade Católica de Brasília (2018). Professor Adjunto em Direito Civil e Processo Civil da Universidade Federal de Goiás, (UFG) e Professor Colaborador do Programa de Pós-Graduação em Direito Agrário da UFG. Cofundador da Rede de Pesquisas Agendas de Direito Civil Constitucional. Líder do Grupo de Pesquisa Realizando o Direito Privado na Universidade Federal de Goiás. Diretor de Publicação do IBDCONT. Diretor do IBDFAM/DF. Membro do IBDFAM, do BRASILCON, do IBDCIVIL, da ABDCONST, da ABEDI, da ALDIS, do IAB, do Instituto Luso-brasileiro de Direito e do IBERC. Pesquisador do Grupo Virada de Copérnico (UFPR) e do Grupo Constitucionalização das Relações Privadas (UFPE). Assessor Jurídico na Terracap (DF). Advogado. Código ORCID: 0000-0001-7155-9459. CV Lattes: http://lattes.cnpq.br/0988099328056133.

Sumário. 1. Introdução. 2. O direito hoje e as três vertentes do direito civil constitucional. 3. Conclusão. 4. Referências.

1. INTRODUÇÃO

O Direito Civil necessita, como todas as disciplinas jurídicas, estar de acordo com a constitucionalidade que emerge da Constituição (texto e contexto) de cada local. Por isso, diversas concepções interpretativas acerca de como se apreender o Direito Civil foram construídas historicamente.

Uma das linhas de pensamento acerca do Direito Civil é o denominado Direito Civil Constitucional, tendo como expoentes, por exemplo, Pietro Perlingieri na Itália, Iturraspe na Argentina, Luiz Edson Fachin, Paulo Lôbo, Maria Celina Bodin de Moraes e Gustavo Tepedino no Brasil, entre outros.

Como visto, o Direito Civil Constitucional possui um fio condutor – *interpretação do Direito Civil a partir dos princípios e das regras constitucionais (texto e contexto) sem desconsiderar a construção histórica ou substituir os institutos do Direito Civil* – todavia, os(as) autores e autoras se enquadram em pressupostos diversos de Teoria e de Filosofia do Direito, embora mantenham o fio condutor.

Não obstante isso, críticas contundentes são realizadas a esta linha de pensamento, destacando-se o livro de Otávio Luiz Rodrigues Júnior,[1] fruto de sua tese de livre-docência na Universidade de São Paulo defendida em 2017.

---

1. RODRIGUES, Otávio Luiz. *Direito Civil contemporâneo: Estatuto epistemológico, Constituição e direitos fundamentais*. Rio de Janeiro: Forense Universitária, 2019.

342 PABLO MALHEIROS DA CUNHA FROTA

Nesse contexto, o presente texto, portanto, procura trazer bases de uma das linhas do Direito Civil Constitucional, qual seja, o Direito Civil Constitucional Prospectivo (DCCP), criado por Luiz Edson Fachin,[2] a fim de que a compreensão de tal linha possa ser corretamente entendida.

Isso se justifica pelo fato de o Direito Civil brasileiro estar inserido em um ambiente jurídico cambiante e que sempre está à procura de seu sentido[3] em cada momento histórico e se projeta para cada categoria jurídica do Direito Civil.

Dito isso, além da introdução, da conclusão e das referências, o artigo foi dividido em um tópico, sendo que o primeiro tratará as características do Direito atual e as vertentes do direito civil constitucional, com a conclusão apontando para o acolhimento de uma das hipóteses aventadas nesta introdução.

2. O DIREITO HOJE E AS TRÊS VERTENTES DO DIREITO CIVIL CONSTITUCIONAL

Este texto percebe o Direito a partir e para a resolução do problema jurídico posto à decisão judicativa, partindo da historicidade radical (procura pela raiz do que se pesquisa) do Direito como experiência humana. Dessa forma, o Direito como expressão humana é uma decisão fundamental do humano que decide viver pautado pelo reconhecimento do outro como pessoa, em suas autonomias e responsabilidades. A pessoa constitui-se como uma categoria ética – ante a coexistência com as outras –, e não uma categoria antropológica ou ontológica.[4] Isso se espalha para um Direito Privado à serviço da vida, local privilegiado da constituição da pessoa como categoria ética pelos assuntos que alberga.[5]

---

2. Prospectiva tem por sentido um delineamento dos cenários vindouros possíveis de acordo com a perquirição do vigente, sem desprezar o que foi constituído no pretérito, apontando o que ainda se mantém atual no presente, para que se tendencie o porvir de forma mais consistente. Sobre o tem: FACHIN, Luiz Edson. *Direito Civil: sentidos, transformações e fim*. Renovar: Rio de Janeiro, 2015; HALÉVY, Marc. *A era do conhecimento: princípios e reflexões sobre a revolução noética no século XXI*. Trad. Roberto Leal. São Paulo: Unesp, 2010.

3. Significado indica "as potenciais compreensões que se pode obter quando uma palavra é considerada abstratamente, ou o conjunto de sentidos plausíveis de uma palavra; já "sentido" é o uso concreto de um significado. Ou seja, entende-se por "sentido" o significado adicionado do contexto do uso da palavra". SGARBI, Adrian. *Introdução à teoria do direito*. São Paulo: Marcial Pons, 2013, p. 31.

4. CASTANHEIRA NEVES, A. *O actual problema metodológico da interpretação jurídica*. Coimbra: Coimbra Editora, 2003.

5. Orlando de Carvalho aduz: "A 'repersonalização' do direito civil, ou a polarização da teoria em volta da pessoa, que lá se preconiza, não parte de nenhum parti-pris filosófico jusnaturalista ou *"personalista"*, mesmo no estilo de MOUNIER (que, aliás, rejeitaria a usura impudente que faz desse termo certa política, no Portugal dos dias de hoje, quando ontem se calava ante a proibição do Esprit...). Como se diz no n. 6, do que se trata é pura e simplesmente de, sem nenhum compromisso "com qualquer forma de liberalismo económico e com qualquer espécie de retorno a um individualismo metafísico", repor, "o indivíduo e os seus direitos no topo da regulamentação *jure civile*", não apenas "como o actor que aí privilegiadamente intervém, mas, sobretudo, como o móbil que privilegiadamente explica a característica técnica dessa regulamentação". Arrancando-se (cfr., infra, n. 1) do dado empírico da dupla manifestação do Direito como comando ou prescrição e como poder ou faculdade, e do dado sociológico de uma "luta pela vida" geradora de conflitos de interesses que ou se resolvem por uma composição autoritária ou então por uma composição paritária ou espontânea, identifica-se grosso modo o *direito civil* com esta zona da composição espontânea e, por conseguinte, com a zona de um poder que se reconhece a cada um "de, limitando-se e limitando, harmonizar os seus interesses com outros" – com a esfera da "independência dos sujeitos de direito", como diz WYRWA, para o direito socialista polaco, ou com a esfera da "igualdade jurídica", como dizem IONASCU e BARASCH, para o direito socialista romeno. O que implica, como se viu, o reconhecimento de um poder de autodeterminação ou de autogestão do indivíduo, que assim se eleva necessariamente a pressuposto número um

COMPREENDENDO O DIREITO CIVIL CONSTITUCIONAL PROSPECTIVO **343**

Nesse passo, o Direito exige que o intérprete reflita sobre a indagação de Luiz Edson Fachin: "a que serve e a quem serve o Direito?".[6] Responder a esta pergunta necessita de uma compreensão autêntica do Direito, ou seja, uma apreensão que preserve a sua autonomia e não o torne servo de um discurso legitimador do político, da moral, do econômico, entre outros; se assim não for, o Direito vigente não passará de uma reprodução do que ele foi ontem – "mais do mesmo" –, como diuturnamente combate Ricardo Aronne.[7]

Para tanto, o Direito, na contemporaneidade (década de 1980 do século XX aos dias atuais), esteia-se em uma Constituição (texto e contexto) que sirva de garantia e de efetivação da *democracia* – poder de decisão do povo sobre questões que lhe afetem, e do *constitucionalismo* –, limite formal e material à soberania popular na defesa dos direitos, das posições jurídicas da própria sociedade,[8] por meio da tutela e da efetivação promovidas pela interpretação do Direito em seus vieses constitucional e infraconstitucional. Diante disso, acolhe-se a ideia de que o Direito tem um sentido:

> interpretativo e é aquilo que é emanado pelas instituições jurídicas, sendo que as questões a ele relativas encontram, necessariamente, respostas nas leis, nos princípios constitucionais, nos regulamentos e nos precedentes que tenham DNA constitucional, e não na vontade individual do aplicador (mesmo que seja o STF). Assim como a realidade, também o direito possui essa dimensão interpretativa. Essa dimensão implica o dever de atribuir às práticas jurídicas o melhor sentido possível para o direito de uma comunidade política.[9]

O Direito, com o sentido acima, possibilita que o intérprete, na resolução do caso concreto, tenha como *prius* o problema e como ponto de chegada (*posterius*) a solução do problema, que passará pela fundamentação judicativa, apresentada pelo esquema caso – fundamentação[10] – decisão ou razão prática.[11] Nesse passo, "cada caso julgado marca seu lugar em quatro dimensões: altura, largura, profundidade e tempo".[12]

---

do próprio modo de regulação civilístico". CARVALHO, Orlando de. *Para uma teoria da relação jurídica civil: a teoria geral da relação jurídica: seu sentido e limites.* 2.ed. Coimbra: Centelha, 1981, p. 10-11.

6. FACHIN, Luiz Edson. A "reconstitucionalização" do direito civil brasileiro. In: FACHIN, Luiz Edson. *Questões do direito civil brasileiro contemporâneo.* Rio de Janeiro: Renovar, 2008, p. 11-20, p. 20.

7. ARONNE, Ricardo. *Razão & caos no discurso jurídico e outros ensaios de direito civil-constitucional.* Porto Alegre: Livraria do Advogado, 2010.

   ARONNE, Ricardo. *Direito civil-constitucional e teoria do caos.* Porto Alegre: Livraria do Advogado, 2006.

   ARONNE, Ricardo. Ensaio para um possível discurso civil-constitucional pós-moderno e existencialista: a aventura da racionalidade do direito privado ou sua impossibilidade. *Tese de Pós-Doutoramento* defendida na Universidade Federal do Paraná (UFPR) em 2012.

8. CHUEIRI, Vera Karam de; GODOY, Miguel G. Constitucionalismo e Democracia – Soberania e Poder Constituinte. *Revista Direito GV,* SP, v.11, p.159-174, jan.-jun. 2010.

9. STRECK, Lênio. *Hermenêutica e jurisdição. Diálogos com Lênio Streck.* Porto Alegre: Livraria do Advogado, 2017, p. 91.

10. A fundamentação se lastreia nas formas de expressão do Direito – princípios, regras, lei, costumes, julgados, literatura jurídica, atividades jurídicas particulares e públicas, como aludem (formas de expressão do Direito e cumprimento da Constituição Federal da República do Brasil de 1988 – CR/88, art. 93, IX, e do Código de Processo Civil (CPC), art. 489. Sobre as formas de expressão do Direito veja: LIMONGI FRANÇA, Rubens. *Instituições de direito civil.* São Paulo: Saraiva, 1988.

11. Esquema adaptado da ideia de caso-princípios-razão prática de CASTANHEIRA NEVES, A. O "jurisprudencialismo" – proposta de uma reconstituição crítica do sentido do direito. In: SANTOS COELHO, Nuno M.M; SILVA, Antônio Sá da (Coord.). *Teoria do direito: direito interrogado hoje – o jurisprudencialismo: uma resposta possível?* Salvador: JusPodivm, 2012, p. 9-79.

12. ALVES, Ana Clara da Rosa. Direitos fundamentais e sistemas caóticos no direito público e direito privado. *Dissertação de mestrado* defendida em 2013 no Programa de Pós-Graduação em Direito da Pontifícia Universidade católica do Rio Grande do Sul, p. 16.

Essa perspectiva trata a norma jurídica como o resultado da interpretação do caso concreto e não como o próprio texto legal ou constitucional, a concretizar a diferença entre texto (enunciado normativo) e norma jurídica, possuindo os princípios[13] e as regras força normativa e servindo de fundamento para a formação da norma jurídica.[14] O Direito projeta, por conseguinte, o *ius* e não a *lex*.

O Direito como atividade interpretativa não se amolda ao jusnaturalismo, porque é o ser humano que decide sobre si mesmo na coexistência, dispondo sobre o seu próprio sentido como humano. Essa visão, também, não abraça o positivismo, já que a validade do Direito repousa na decisão do humano, com o Direito fundamentando-se como problema num constante indagar sobre a validade (tida como efetivação do *ius* e não somente do procedimento, da autoridade e da *lex*).[15]

Desse modo, o Direito reafirma-se continuamente como a autorrecuperação do humano ao coexistir com o outro e com os outros. Cada decisão jurídica em um caso concreto recupera a ideia do Direito a partir da mediação pelo conteúdo da decisão deflagradora das formas de expressão do Direito – do problema para o problema –, sem circunscrevê-lo àquele imposto pelo Estado, ou seja, se a *lex* contrariar o *ius*, este prevalecerá.[16]

O Direito como problema se preocupa com o *ius social*[17], como ocorre no Direito brasileiro na precisa disposição dos arts. 3° e 170 da Constituição Federal da República do Brasil (CR/88). A justiça social, destarte, tem uma dimensão entitativa (constituinte e existencial) e uma dimensão cognoscitiva (de relevância epistêmica e metodológica).

---

13. Princípios tidos como padrão de comportamento de uma determinada comunidade (alteridade) em um dado momento histórico, que respeita e problematiza a tradição institucional daquela comunidade de forma íntegra e coerente, não se tornando os princípios cláusulas abertas ou de fechamento de lacuna do sistema, mas sim um prático "fechamento hermenêutico, isto é, não vinculam nem autorizam o intérprete desde fora, mas justificam a decisão no interior da prática interpretativa que define e constitui o direito". Em toda regra, contém um princípio, muitas vezes o da igualdade. A aplicação de um princípio jurídico "deve vir acompanhada de uma detalhada justificação, *ligando-se a uma cadeia significativa,* de onde se possa retirar a generalização principiológica minimamente necessária para a continuidade decisória, sob pena de cair em decisionismo, em que cada juiz tem o seu próprio conceito (...) a aplicação do princípio para justificar determinada exceção não quer dizer que, em uma próxima aplicação, somente se poderá fazê-lo a partir de uma absoluta similitude fática. Isso seria congelar as aplicações. O que é importante em uma aplicação desse quilate é *exatamente o princípio que dele se extrai,* porque é por ele que se estenderá/generalizará a possibilidade para outros casos, em que as circunstâncias fáticas demonstrem a necessidade da aplicação do princípio para justificar uma nova exceção. Tudo isso formará uma cadeia significativa, forjando uma tradição, de onde se extrai a integridade e a coerência do sistema jurídico. Esse talvez seja o segredo da aplicação principiológica." A distinção regra e princípio não pode ser estrutural, como faz Alexy – regra como mandado de definição e princípio como mandado de otimização – pois, no viés hermenêutico, a distinção estrutural não resolve o problema da concretização, porque os princípios somente se apresentam se a subsunção das regras ao caso não resolverem a questão. "Para que um princípio tenha obrigatoriedade, ele não pode se desvencilhar da democracia, que se dá por enunciados jurídicos concebidos como regras". STRECK, Lênio Luiz. *Verdade e Consenso.* 6. ed. São Paulo: Saraiva, 2017, p. 549, 556, 557, 565 e 566. Veja também sobre o assunto, as páginas 567-574.

14. MÜLLER, Friedrich. *O Novo Paradigma do Direito. Introdução à teoria e metódica estruturantes do direito.* 3.ed. São Paulo: Ed. RT, 2012.

15. CASTANHEIRA NEVES, A. *O actual problema metodológico da interpretação jurídica.* Coimbra: Coimbra Editora, 2003.

16. CASTANHEIRA NEVES, A. *O actual problema metodológico da interpretação jurídica.* Coimbra: Coimbra Editora, 2003.

17. Justiça social tida como transcensão concreta do individual e do social em cada caso, sem que haja aprioristicamente a prevalência de um sobre o outro. Esse sentido de justiça social mantém os direitos e os deveres que estão afirmados e inclui e reconhece aqueles direitos e deveres que estão excluídos, desde estejam de acordo com os mandamentos constitucionais FROTA, Pablo Malheiros da Cunha. Processo eleitoral e políticas públicas: influências recíprocas. *Revista Brasileira de Políticas Públicas*, v. 5, p. 273-301, 2015.

Questiona-se o que é justo social para cada caso, sendo certo que o sentimento do justo e do injusto alicerça as ordens sociais.[18]

Esse contexto, possibilitou que Luiz Edson Fachin percebesse a constitucionalização do Direito em três vertentes (formal, material e prospectiva), irradiando efeitos à sociedade e ao Estado:

> É possível encetar pela dimensão formal, como se explica. A Constituição Federal brasileira de 1988 ao ser apreendida tão só em tal horizonte se reduz ao texto positivado, sem embargo do relevo, por certo, do qual se reveste o discurso jurídico normativo positivado. É degrau primeiro, elementar regramento proeminente, necessário, mas insuficiente.
>
> Sobreleva ponderar, então, a estatura substancial que se encontra acima das normas positivadas, bem assim dos princípios expressos que podem, eventualmente, atuar como regras para além de serem *mandados de otimização*.[19] Complementa e suplementa o norte formal anteriormente referido, indo adiante até a aptidão de inserir no sentido da *constitucionalização* os princípios implícitos e aqueles decorrentes de princípios ou regras constitucionais expressas. São esses dois primeiros patamares, entre si conjugados, o âmbito compreensivo da percepção intrassistemática do ordenamento.
>
> Não obstante, o desafio é apreender extrassistematicamente o sentido de possibilidade da *constitucionalização* como ação permanente, viabilizada na força criativa dos fatos sociais que se projetam para o Direito, na doutrina, na legislação e na jurisprudência, por meio da qual os significados se constroem e refundam de modo incessante, sem juízos aprioristicos de exclusão. Nessa toada, emerge o mais relevante desses horizontes que é a dimensão prospectiva dessa travessia. O compromisso se firma com essa constante travessia que capta os sentidos histórico-culturais dos códigos e reescreve, por intermédio da *ressignificação* dessas balizas linguísticas, os limites e as possibilidades emancipatórias do próprio Direito.[20]

Noutros termos, é uma "teoria que não se deixa enclausurar, não se pautando em conceitos prontos; que não se pretende estática, reconhecendo a transitoriedade; que recolhe a juridicidade emergente da faticidade sem negar a normatividade das leis e da Constituição".[21] Esse contexto autoriza uma releitura (re)constitucionalizante, nas referidas três vertentes, das categorias jurídicas do Direito Privado, fundadas em uma principiologia de índole constitucional sem redução de complexidade, até porque o caráter ôntico do jurídico se encontra na sociedade, na realidade social, econômica, política, ambiental, entre outras.[22] Evita-se, com isso, a promoção da opacidade do real,[23] enformada e informada por um "direito *a la carte*".

Nessa linha, a perspectiva principiológica do Direito entra em confronto com aquela perspectiva finalista que pretende substituir os princípios pelos fins, podendo-se desfavorecer a justiça social em detrimento de determinados objetivos, como, por exemplo,

---

18. CASTANHEIRA NEVES, A. Justiça e Direito. In: CASTANHEIRA NEVES, A. *Digesta: escritos acerca do direito, do pensamento jurídico da sua metodologia e outros*. Lisboa: Coimbra editora, 1995, v. 1, p. 241-286.

19. Somente não se acolhe a ideia de princípio elucidada por Fachin, como se verificou na nota de rodapé 37. Nos demais pontos, subscreve-se integralmente a ideia de Fachin.

20. FACHIN, Luiz Edson. A "reconstitucionalização" do direito civil brasileiro. In: FACHIN, Luiz Edson. *Questões do direito civil brasileiro contemporâneo*. Rio de Janeiro: Renovar, 2008, p. 11-20, p. 11-20.

21. PIANOVSKI RUZYK, Carlos Eduardo. A teoria crítica do Direito Civil de Luiz Edson Fachin e a superação do positivismo jurídico (Prefácio). In: FACHIN, Luiz Edson. *Teoria crítica do direito civil*. 3. ed. Rio de Janeiro: Renovar, 2012, p. XVII-XXV, p. I-III.

22. FACHIN, Luiz Edson. A "reconstitucionalização" do direito civil brasileiro. In: FACHIN, Luiz Edson. *Questões do direito civil brasileiro contemporâneo*. Rio de Janeiro: Renovar, 2008, p. 11-20, p. 11-20.

23. BORDIEU, Pierre. *O Poder Simbólico*. 14. ed. Trad. Fernando Tomaz. Rio de Janeiro: Bertrand, 2010, p. 187.

o econômico ou o político, num sentido de cooptação do jurídico. O julgamento por princípios,[24] e não somente pelas consequências em um caso concreto, é indispensável porque a proteção jurídica coativa é exigência do justo – *conditio sine qua non* – da normatividade jurídica como intenção regulativa voltada para a realidade.[25]

A construção acima percebe a realidade complexa, multidimensional e polidisciplinar que circunda e circunscreve o Direito e o interroga para que este dialogue com as demais áreas do saber e com a sociedade, sem que sofra colonizações dessas e destas, respectivamente. A ausência desse diálogo[26] na verificação de uma questão jurídica gera uma decisão equivocada, pois o intérprete[27] não apreende todas as nuances do caso concreto, desvinculando a realidade dela mesma.[28]

O Direito como problema da atividade interpretativa, constitucionalizado em três vertentes e preocupado com a efetivação da justiça social necessita da ideia de dialógica, que substitui a dialética durante o *iter interpretativo*, como atribui sentido Morin:

> *Dialógica*
>
> Unidade complexa entre duas lógicas, entidades ou instâncias complementares, concorrentes e antagônicas, que se alimentam uma da outra, se completam, mas também se opõem e combatem. – Distingue-se da dialética hegeliana. Em Hegel, as contradições encontram uma solução, superam-se e suprimem-se numa unidade superior. Na dialógica, os antagonismos persistem e são constitutivos das entidades ou dos fenômenos complexos.[29] É convidar a pensar-se na complexidade. Não é dar a receita que fecharia o real numa caixa; é fortalecer-nos na luta contra a doença do intelecto – o idealismo –, que crê que o real se pode deixar fechar na ideia e que acaba por considerar o mapa como o território, e contra a doença degenerativa da racionalidade, que é a racionalização, a qual crê que o real se pode esgotar num sistema coerente de ideias.[30]

Verifica-se com este conjunto de premissas teórico-práticas que a complexidade explicita a ideia de *variação*, elemento muito valorizado pela Física contemporânea, isto é, a complexidade demonstra que há uma interação extremamente veloz a tornar tudo contingencial, com o paradoxo servindo como resposta para as próprias situações

---

24. STRECK, Lênio. *Hermenêutica e jurisdição. Diálogos com Lênio Streck*. Porto Alegre: Livraria do Advogado, 2017, p. 17.
25. CASTANHEIRA NEVES, A. *O actual problema metodológico da interpretação jurídica*. Coimbra: Coimbra Editora, 2003.
26. MORIN, Edgar. *Ciência com Consciência*. 14. ed. Trad. Maria D. Alexandre e Maria Alice Sampaio Dória. Rio de Janeiro: Bertrand Brasil, 2010, p. 140; Dialógica e o Direito Privado: FACHIN, Luiz Edson. *Teoria crítica do direito civil*. 3. ed. Rio de Janeiro: Renovar, 2012; FROTA, Pablo Malheiros da Cunha. *Responsabilidade por danos: imputação e nexo de causalidade*. Curitiba: Juruá, 2014.
27. Lênio aduz: "Na tradição hermenêutica, o diálogo sempre assumiu relevância; ele já é abertura para uma (pré) compreensão que transcende o em si, para uma intersubjetividade do nós, tudo isso numa linguagem que não contemos, mas nos contém. (...) Como um hermeneuta, reconheço que uma compreensão adequada dos fenômenos se origina a partir de uma colocação correta do problema, e isto se dá "por intermédio das perguntas certas. Assim, tão ou mais importante que as respostas são as perguntas". STRECK, Lênio. *Hermenêutica e jurisdição. Diálogos com Lênio Streck*. Porto Alegre: Livraria do Advogado, 2017, p. 9-10.
28. MORIN, Edgar. *A cabeça bem-feita*: repensar a reforma, reformar o pensamento. Tradução Eloá Jacobina. 8. ed. Rio de Janeiro: Bertrand Brasil, 2003. p. 14.
29. MORIN, Edgar. *O método 5 – a humanidade da humanidade – a identidade humana*. Trad. Juremir Machado da Silva. 4. ed. Porto Alegre: Sulina, 2007, p. 300-301.
30. MORIN, Edgar. *Ciência com Consciência*. 14. ed. Trad. Maria D. Alexandre e Maria Alice Sampaio Dória. Rio de Janeiro: Bertrand Brasil, 2010, p. 140.

paradoxais. Dessa maneira, a desordem e o acaso podem ser potenciais reorganizadores do real.[31]

Complexo é concebido "como uma pluralidade de níveis interconectados, sem que nenhum deles possa ser considerado, *a priori*, como determinante dos demais".[32] Dessa maneira, o complexo "diz respeito a uma unidade indissolúvel de interações que jamais será reduzida à simplicidade".[33]

Noutras palavras, o complexo "é o que nega o determinismo da ordem absoluta e a separação elementar dos entes. Não se trata nem da parte nem do todo, mas da série de conexões produzidas no sistema de tal modo que parte e todo se influenciam reciprocamente, gerando uma auto-organização própria e carregada de devir".[34] O pensamento complexo procura desvelar o oculto, mas que se encontra presente na realidade, que o incentivou. A complexidade confirma a percepção de que tudo está interligado e de algum modo se conecta.[35]

Esse contexto complexo – tanto da sociedade, como do Direito como problema – interage com o jurídico e afasta padronizações como a do homem médio, a colocar em xeque julgamentos e interpretações que se aferram a determinadas *standards*, como se fosse possível a planificação de posições jurídicas como universais aceitos e aplicáveis. A diferença e a assimetria são condições da coexistencialidade e ratificam a importância de as categorias, os institutos e as interpretações se conectarem com o Direito Civil Constitucional Prospectivo (DCCP).[36]

3. CONCLUSÃO

Como exposto neste texto, o DCCP admite a ideia de princípios e de regras, devendo ser ajustada a ideia de princípio do DCCP como padrão de comportamento deontológico e não como mandado de otimização, a permitir que a ressignificação dos institutos jurídicos presente na vertente prospectiva, se realize sem riscos de arbitrariedades ou de subjetivismos no momento de efetivação de uma resposta adequada ao caso concreto.

Isso porque o DCCP se fulcra no "paradigma da intersubjetividade, a necessidade do outro para compreender o mundo, impede-se de nos bastarmos (exclusivamente) em nós mesmos. De mesmo modo, o direito deveria ser experenciado como um empreendimento coletivo".[37]

---

31. FROTA, Pablo Malheiros da Cunha. *Responsabilidade por danos: imputação e nexo de causalidade*. Curitiba: Juruá, 2014, p. 260.
32. RICARDO CUNHA, José. Direito e complexidade. In: BARRETO, Vicente de Paulo (Coord.). *Dicionário de filosofia do direito*. São Leopoldo: Editora Unisinos, 2006, p. 229-233, p. 230-231.
33. RICARDO CUNHA, José. Direito e complexidade. In: BARRETO, Vicente de Paulo (Coord.). *Dicionário de filosofia do direito*. São Leopoldo: Editora Unisinos, 2006, p. 229-233, p. 230-231.
34. RICARDO CUNHA, José. Direito e complexidade. In: BARRETO, Vicente de Paulo (Coord.). *Dicionário de filosofia do direito*. São Leopoldo: Editora Unisinos, 2006, p. 229-233, p. 230-231.
35. FROTA, Pablo Malheiros da Cunha. *Responsabilidade por danos: imputação e nexo de causalidade*. Curitiba: Juruá, 2014, p. 260.
36. FROTA, Pablo Malheiros da Cunha. *Responsabilidade por danos: imputação e nexo de causalidade*. Curitiba: Juruá, 2014, p. 260.
37. STRECK, Lênio. *Hermenêutica e jurisdição. Diálogos com Lênio Streck*. Porto Alegre: Livraria do Advogado, 2017, p. 111.

4. REFERÊNCIAS

ABBOUD, Georges. *Jurisdição Constitucional e Direitos Fundamentais*. São Paulo: Ed. RT, 2011.

ABBOUD, Georges. *Discricionariedade administrativa e judicial*: o ato administrativo e a decisão judicial. São Paulo: RT, 2014.

ALVES, Ana Clara da Rosa. Direitos fundamentais e sistemas caóticos no direito público e direito privado. *Dissertação de mestrado* defendida em 2013 no Programa de Pós-Graduação em Direito da Pontifícia Universidade católica do Rio Grande do Sul.

ARONNE, Ricardo. *Razão & caos no discurso jurídico e outros ensaios de direito civil-constitucional*. Porto Alegre: Livraria do Advogado, 2010.

ARONNE, Ricardo. *Direito civil-constitucional e teoria do caos*. Porto Alegre: Livraria do Advogado, 2006.

ARONNE, Ricardo. Ensaio para um possível discurso civil-constitucional pós-moderno e existencialista: a aventura da racionalidade do direito privado ou sua impossibilidade. *Tese de Pós-Doutoramento* defendida na Universidade Federal do Paraná (UFPR) em 2012.

BARROSO, Lucas Abreu. *A realização do direito civil: entre normas jurídicas e práticas sociais*. Curitiba: Juruá, 2011.

BODIN de MORAES, Maria Celina. *Princípios do Direito Civil Contemporâneo*. Rio de Janeiro: Renovar, 2006.

BORDIEU, Pierre. *O Poder Simbólico*. 14. ed. Trad. Fernando Tomaz. Rio de Janeiro: Bertrand, 2010.

CARVALHO NETO, Menelick de; SCOTTI, Guilherme. *Os direitos fundamentais e a (in)certeza do direito*. Belo Horizonte: Fórum, 2011.

CARVALHO, Orlando de. *Para uma teoria da relação jurídica civil: a teoria geral da relação jurídica: seu sentido e limites*. 2.ed. Coimbra: Centelha, 1981.

CASTANHEIRA NEVES, A. *O actual problema metodológico da interpretação jurídica*. Coimbra: Coimbra Editora, 2003.

CASTANHEIRA NEVES, A. Justiça e Direito. In: CASTANHEIRA NEVES, A. *Digesta: escritos acerca do direito, do pensamento jurídico da sua metodologia e outros*. Lisboa: Coimbra editora, 1995. v. 1.

CASTANHEIRA NEVES, António. *Metodologia jurídica*: problemas fundamentais. Coimbra: Coimbra Editora, 1993.

CASTANHEIRA NEVES, A. O "jurisprudencialismo" – proposta de uma reconstituição crítica do sentido do direito. In: SANTOS COELHO, Nuno M.M; SILVA, Antônio Sá da (Coord.). *Teoria do direito: direito interrogado hoje – o jurisprudencialismo: uma resposta possível?* Salvador: JusPodivm, 2012, p. 9-79.

CHUEIRI, Vera Karam de; GODOY, Miguel G. Constitucionalismo e Democracia – Soberania e Poder Constituinte. *Revista Direito GV*, SP, v.11, p.159-174, jan.-jun. 2010.

COELHO, Luiz Fernando. *Teoria crítica do direito*. 3. ed. Belo Horizonte: Del Rey, 2003.

CRUZ, Alvaro. R. S.. *Jurisdição Constitucional Democrática*. 2. ed. Belo Horizonte: Arraes Editores Ltda, 2014.

FACCINI NETO, Orlando. *Elementos de uma teoria da decisão judicial*: hermenêutica, constituição e respostas corretas em direito. Porto Alegre: Livraria do Advogado, 2011.

FACHIN, Luiz Edson. *Direito Civil: sentidos, transformações e fim*. Renovar: Rio de Janeiro, 2015.

FACHIN, Luiz Edson. *Teoria crítica do direito civil*. 3. ed. Rio de Janeiro: Renovar, 2012.

FACHIN, Luiz Edson. A "reconstitucionalização" do direito civil brasileiro. In: FACHIN, Luiz Edson. *Questões do direito civil brasileiro contemporâneo*. Rio de Janeiro: Renovar, 2008, p. 11-20.

FACHIN, Luiz Edson. *Constituição e Estado Social: os obstáculos à concretização da Constituição*. Coimbra: Coimbra, 2008.

FREITAS FILHO, Roberto; LIMA, Thalita M. Metodologia de Análise de Decisões. XVIII Congresso Nacional do CONPEDI, 2010, Fortaleza. *Anais do XVIII Congresso Nacional do CONPEDI*, 2010.

FREITAS FILHO, Roberto. *Intervenção Judicial nos Contratos e Aplicação dos Princípios e das Cláusulas Gerais: o caso do leasing*. Porto Alegre: Sérgio Antônio Fabris Editor, 2009.

FROTA, Pablo Malheiros da Cunha. *Responsabilidade por danos: imputação e nexo de causalidade*. Curitiba: Juruá, 2014.

FROTA, Pablo Malheiros da Cunha. Hiperconsumo, estereótipos e não fundamentação: reflexões sobre um acórdão do TJRJ acerca do fato jurídico-social denominado Rolezinho. *Revista REDES*, v. 4, p. 243-263, 2016.

FROTA, Pablo Malheiros da Cunha. A função do juiz visualizada a partir do jurisprudencialismo de António Castanheira Neves. *Revista Crítica do Direito*, v. 59, p. 1-30, 2014.

FROTA, Pablo Malheiros da Cunha. Reflexões sobre a constitucionalização do Direito Civil. *Revista Trimestral de Direito Civil*, v. 49, p. 117-139, 2012.

FROTA, Pablo Malheiros da Cunha. Processo eleitoral e políticas públicas: influências recíprocas. *Revista Brasileira de Políticas Públicas*, v. 5, p. 273-301, 2015.

GADAMER, Hans Georg. *Verdade e método*. Trad. Flávio Paulo Meurer. 13 ed. Petrópolis-RJ: Vozes, 2013.

GUSTIN, Miracy Barbosa de Sousa; DIAS, Maria Tereza. *(Re)pensando a pesquisa jurídica*: teoria e prática. 4. ed. Belo Horizonte: Del Rey, 2013.

HALÉVY, Marc. *A era do conhecimento: princípios e reflexões sobre a revolução noética no século XXI*. Trad. Roberto Leal. São Paulo: Unesp, 2010.

HARE, Richard Mervyn. *A linguagem da moral*. Tradução de Eduardo Pereira e Ferreira. São Paulo: M. Fontes, 1996.

HEIDEGGER, Martin. *Los problemas fundamentales de la fenomenologia*. Trad. Juan José García Norro. Madrid: Trota, 2000.

LIMONGI FRANÇA, Rubens. *Instituições de direito civil*. São Paulo: Saraiva, 1988.

LÔBO, Paulo. Interpretação e protagonismo da doutrina juscivilista no Brasil. *Revista Fórum de Direito Civil – RFDC*, v. 10, p. 347-352-352, 2015.

LÔBO, Paulo. Metodologia do direito civil constitucional. *Revista Fórum de Direito Civil – RFDC*, v. 4, p. 249-259, 2013.

LÔBO, Paulo. Constitucionalização do direito civil. *Revista de Informação Legislativa*, Brasília, v. 141, p. 99-110, 1999.

MARRAFÓN, Marco Aurélio. *O caráter complexo da decisão em matéria constitucional*: discursos sobre a verdade, radicalização hermenêutica e fundação ética na práxis jurisdicional. Rio de Janeiro: Lumen Juris, 2010.

MARRAFÓN, Marco Aurélio. Da hermenêutica filosófica à individualização do Direito: a decisão judicial no pensamento de Lenio Streck. Em: *Hermenêutica, constituição, decisão judicial*: estudos em homenagem ao professor Lenio Luiz Streck. Alexandre Morais da Rosa et al (Org.), Porto Alegre: Livraria do Advogado, 2016.

MORIN, Edgar. *A cabeça bem-feita*: repensar a reforma, reformar o pensamento. Tradução Eloá Jacobina. 8. ed. Rio de Janeiro: Bertrand Brasil, 2003.

MORIN, Edgar. *Ciência com Consciência*. 14. ed. Trad. Maria D. Alexandre e Maria Alice Sampaio Dória. Rio de Janeiro: Bertrand Brasil, 2010.

MORIN, Edgar. *O método 5* – a humanidade da humanidade – a identidade humana. Trad. Juremir Machado da Silva. 4. ed. Porto Alegre: Sulina, 2007.

MÜLLER, Friedrich. *O Novo Paradigma do Direito. Introdução à teoria e metódica estruturantes do direito*. 3. ed. São Paulo: Ed. RT, 2013.

PIANOVSKI RUZYK, Carlos Eduardo. A teoria crítica do Direito Civil de Luiz Edson Fachin e a superação do positivismo jurídico (Prefácio). In: FACHIN, Luiz Edson. *Teoria crítica do direito civil*. 3. ed. Rio de Janeiro: Renovar, 2012, p. XVII-XXV.

PIANOVSKI RUZYK, Carlos Eduardo. *Institutos fundamentais do direito civil e liberdade(s)*. Rio de Janeiro: GZ, 2011.

RICARDO CUNHA, José. Direito e complexidade. In: BARRETO, Vicente de Paulo (Coord.). *Dicionário de filosofia do direito*. São Leopoldo: Editora Unisinos, 2006.

RODRIGUEZ, José Rodrigo. *Como decidem as cortes? Para uma crítica do direito (brasileiro)*. Rio de Janeiro: FGV, 2013.

RODRIGUEZ, José Rodrigo; PÜSCHEL, F. P.; MACHADO, M. R. A. *Dogmática é conflito: uma visão crítica da racionalidade jurídica*. São Paulo: Saraiva, 2012.

RODRIGUEZ, José Rodrigo. Quem são os donos do judiciário brasileiro? *Disponível* em: Acesso em 17 de outubro de 2018.

SANTOS COELHO, Nuno M.M; SILVA, Antônio Sá da (Coord.). *Teoria do direito: direito interrogado hoje – o jurisprudencialismo: uma resposta possível?* Salvador: JusPodivm, 2012.

SANTOS COELHO, Nuno Manuel Morgadinho. *Direito, filosofia e a humanidade como tarefa*. Curitiba: Juruá, 2012.

SGARBI, Adrian. *Introdução à teoria do direito*. São Paulo: Marcial Pons, 2013.

SILVA, Joana Aguiar e. *Para uma teoria hermenêutica da Justiça: Repercussões jusliterárias no eixo problemático das fontes e da interpretação*. Almedina: Coimbra, 2011.

SCHREIBER, Anderson. *Direito Civil e Constituição*. São Paulo: Atlas, 2013.

SCHREIBER, Anderson. *Novos paradigmas da responsabilidade civil*. 5. ed. São Paulo: Atlas, 2013.

STEIN, Ernildo. *Aproximações sobre Hermenêutica*. 3. ed. Porto Alegre: Edipucrs, 2002.

STEIN, Ernildo. *Compreensão e finitude. Estrutura e movimento na interrogação heideggeriana*. Ijuí: Unijuí, 2001.

STRECK, Lênio. *Verdade e consenso*. 6.ed. São Paulo: Saraiva, 2017.

STRECK, Lênio. *Dicionário de Hermenêutica*. São Paulo, Editora Casa do Direito, 2017.

STRECK, Lênio. *Hermenêutica e jurisdição. Diálogos com Lênio Streck*. Porto Alegre: Livraria do Advogado, 2017.

STRECK, Lenio. Hermenêutica jurídica. Em: BARRETO, Vicente Paulo (Coord.). *Dicionário de Filosofia do Direito*. São Leopoldo: Unisinos, 2009, p. 430-ss.

STRECK, Lênio. *Hermenêutica Jurídica e(m) crise: uma exploração hermenêutica da construção do Direito*. 11. ed. Porto Alegre: Livraria do Advogado, 2014.

STRECK, Lênio. *Jurisdição constitucional e decisão jurídica*. 5. ed. São Paulo: Ed. RT, 2018.

STRECK, Lênio. Aplicar a "letra da lei" é uma atitude positivista?, *Revista NEJ* - Eletrônica, v. 15, n. 1, p. 158-173 / jan.-abr. 2010.

STRECK, Lenio Luiz. O Realismo ou "Quando Tudo Pode Ser Inconstitucional". *Revista Consultor Jurídico*. Disponível em: http://www.conjur.com.br/2014-jan-02/senso-incomum-realismo-ou-quando-tudo-inconstitucional. Acesso em: 26 de maio de 2014.

STRECK, Lênio. Palestra proferida no Congresso da ABDCONST em Curitiba em 2016.

TARTUCE, Flávio. *Responsabilidade civil objetiva e risco: a teoria do risco concorrente*. São Paulo: Método, 2011, v.10 (Coleção Professor Rubens Limongi França).

TEPEDINO, Gustavo. Premissas metodológicas para a constitucionalização do direito civil. In: TEPEDINO, Gustavo. *Temas de direito civil*. 4.ed. Rio de Janeiro: Renovar, 2008, t.1, p. 1-23.

TRINDADE, André Karam; OLIVEIRA, Rafael Tomaz de. Crítica Hermenêutica do Direito: do quadro referencial teórico à articulação de uma posição filosófica sobre o Direito. *Revista de Estudos Constitucionais, Hermenêutica e Teoria do Direito (RECHTD)*, v. 9, ano 3, p. 311-326, setembro-dezembro 2017.

PERSPECTIVAS DE UM DIÁLOGO ENTRE A METODOLOGIA DO DIREITO CIVIL-CONSTITUCIONAL E ALGUMAS PROPOSIÇÕES DO DIREITO CONSTITUCIONAL

Rodrigo da Guia Silva

Doutorando e Mestre em Direito Civil pela Universidade do Estado do Rio de Janeiro (UERJ). Pesquisador da Clínica de Responsabilidade Civil da UERJ. Advogado.

Sumário: 1. Introdução. 2. Enunciado normativo e norma jurídica em cotejo com a noção de ordenamento do caso concreto. 3. Revisitando a distinção entre regras e princípios. 4. Limites inerentes ao controle abstrato de constitucionalidade. 5. Por uma análise de algumas proposições do direito constitucional à luz da metodologia civil-constitucional: "derrotabilidade", "superabilidade" e "inconstitucionalidade no caso concreto". 6. Síntese conclusiva. 7. Referências.

1. INTRODUÇÃO

A autonomia científica da metodologia civil-constitucional se associa, entre outras razões, à delimitação das suas particulares premissas.[1] Nesse sentido, sem qualquer pretensão de exaustão, pode-se fazer menção às seguintes premissas metodológicas para a constitucionalização do direito civil:[2] (i) a unidade e a complexidade do ordenamento jurídico, bem como o reconhecimento da força normativa e da supremacia da Constituição;[3] (ii) a superação da summa divisio entre direito público e direito privado;[4] (iii) a insuficiência

---

1. Imperiosa, no ponto, a remissão a PERLINGIERI, Pietro. *O direito civil na legalidade constitucional*. Trad. Maria Cristina De Cicco. Rio de Janeiro: Renovar, 2008, *passim*; e, na doutrina nacional, TEPEDINO, Gustavo. Premissas metodológicas para a constitucionalização do direito civil. *Revista da Faculdade de Direito da UERJ*, n. 5, 1997, *passim*; e MORAES, Maria Celina Bodin de. A caminho de um direito civil constitucional. *Revista de Direito Civil, Imobiliário, Agrário e Empresarial*, a. 17, jul.-set./1993, p. 24-26.
2. "(...) constitucionalização do Direito Civil, em uma palavra, não é apenas um adjetivo a colorir a dogmática criada pela Escola da Exegese, que pudesse ser a cada momento *purificada* ou *atualizada*, mas uma definição metodológica, que retrata, ao mesmo tempo, uma alteração profunda da ordem pública, a partir da substituição dos valores que permeiam o Direito Civil, no âmbito do qual a pessoa humana passa a ter prioridade absoluta" (TEPEDINO, Gustavo. Marchas e contramarchas da constitucionalização do direito civil: a interpretação do direito privado à luz da Constituição da República. *[Syn]Thesis*, v. 5, n. 1, 2012, p. 20).
3. V., por todos, PERLINGIERI, Pietro. *O direito civil na legalidade constitucional*, cit., p. 205-208; e SCHREIBER, Anderson. Direito civil e Constituição. *Revista Trimestral de Direito Civil*, v. 48, 2011, p. 11 e ss.
4. V., por todos, MORAES, Maria Celina Bodin de. A caminho de um direito civil constitucional, cit., p. 24-26. V., ainda, com particular enfoque na repercussão dessa premissa metodológica sobre a compreensão da autonomia existencial, MENEZES, Joyceane Bezerra de; FEITOSA, Gustavo Raposo Pereira. Entre o público e o privado no

do raciocínio puramente subsuntivo;[5] (iv) o caráter unitário e incindível do processo de interpretação-aplicação do direito;[6] (v) a rejeição ao entendimento tradicional segundo o qual não caberia interpretação de enunciados normativos claros (noção refletida no brocardo latino *"in claris non fit interpretatio"*);[7] (vi) a contingencialidade (notadamente, a historicidade e a relatividade) dos institutos do direito civil;[8] (vii) a primazia da análise funcional, face à insuficiência da análise puramente estrutural;[9] (viii) a incidência do juízo valorativo de merecimento de tutela sobre os atos de autonomia privada;[10] e (ix) a supremacia axiológica da dignidade da pessoa humana e a correlata funcionalização das situações jurídicas subjetivas patrimoniais às situações jurídicas subjetivas existenciais.[11]

Entre tantas outras possíveis inter-relações verificadas entre as aludidas premissas metodológicas, assume particular relevância a percepção acerca da inviabilidade de interpretação-aplicação do direito em abstrato, uma vez que somente à luz das vicissitudes do caso concreto se torna possível examinar os variados interesses pela lente de análise composta pelos valores consagrados pela Constituição.[12] O civilista vê-se, então, diante do que poderia soar, em leitura inicial, como aparente paradoxo – a imbrincada relação entre *fato e norma*.[13] Se, por um lado, tem-se que o fato só assume relevância jurídica quando o ordenamento lhe atribui alguma eficácia, por outro lado, tem-se que o ordenamento abstratamente considerado não se reveste de sentido normativo concreto se não estiver sob exame algum fato da realidade social.[14] Não por acaso, esclarece-se que "objeto da interpretação não é a norma, mas sim a norma junto com o fato".[15]

---

direito civil-constitucional: uma (re)discussão sobre o espaço da autonomia ético-existencial, intimidade e vida privada. *Revista do Programa de Pós-Graduação em Direito da UFC*, n. 1, 2012, passim.

5. V., por todos, KONDER, Carlos Nelson. Distinções hermenêuticas da constitucionalização do direito civil: o intérprete na doutrina de Pietro Perlingieri. *Revista da Faculdade de Direito – UFPR*, v. 60, n. 1, jan.-abr./2015, p. 207 e ss.

6. "Interpretação e aplicação do direito constituem momento único, *il tutt'uno* da atividade de construção da norma do caso concreto" (TEPEDINO, Gustavo. A razoabilidade na experiência brasileira. In: TEPEDINO, Gustavo; TEIXEIRA, Ana Carolina Brochado; ALMEIDA, Vitor (Coord.). *Da dogmática à efetividade do direito civil*: anais do Congresso Internacional de Direito Civil-Constitucional – IV Congresso do IBDCivil. Belo Horizonte: Fórum, 2017, p. 33). V., ainda, por todos, MONTEIRO FILHO, Carlos Edison do Rêgo. Reflexões metodológicas: a construção do observatório de jurisprudência no âmbito da pesquisa jurídica. *Revista Brasileira de Direito Civil*, vol. 9, jul.-set./2016, p. 13; e GRAU, Eros. Técnica legislativa e hermenêutica contemporânea. In: TEPEDINO, Gustavo (Org.). *Direito civil contemporâneo*: novos problemas à luz da legalidade constitucional. São Paulo: Atlas, 2008, p. 284.

7. V., por todos, TERRA, Aline de Miranda Valverde. A discricionariedade judicial na metodologia civil-constitucional. *Revista da Faculdade de Direito – UFPR*, v. 60, n. 3, set.-dez./2015, p. 371.

8. V., por todos, KONDER, Carlos Nelson. Apontamentos iniciais sobre a contingencialidade dos institutos de direito civil. In: MONTEIRO FILHO, Carlos Edison do Rêgo; GUEDES, Gisela Sampaio da Cruz; MEIRELES, Rose Melo Vencelau (Org.). *Direito civil*. Rio de Janeiro: Freitas Bastos, 2015, *passim*.

9. V., por todos, SOUZA, Eduardo Nunes de. Função negocial e função social do contrato: subsídios para um estudo comparativo. *Revista de Direito Privado*, v. 54, abr./2013, item 2.

10. V., por todos, PERLINGIERI, Pietro. *O direito civil na legalidade constitucional*, cit., p. 649-650; e SOUZA, Eduardo Nunes de. Merecimento de tutela: a nova fronteira da legalidade no direito civil. *Revista de Direito Privado*, a. 15, vol. 58, abr.-jun./2014, passim.

11. V., por todos, TEPEDINO, Gustavo. Marchas e contramarchas da constitucionalização do direito civil, cit., p. 16.

12. Assim leciona TEPEDINO, Gustavo. A razoabilidade na experiência brasileira, cit., p. 36.

13. Nessa linha de sentido, a aludir à *dialética fato-norma*, v. PERLINGIERI, Pietro. *O direito civil na legalidade constitucional*, cit., p. 602 e ss.

14. Assim esclarece PERLINGIERI, Pietro. *O direito civil na legalidade constitucional*, cit., p. 636.

15. PERLINGIERI, Pietro. Fonti del diritto e "ordinamento del caso concreto". *Rivista di Diritto Privato*, a. XV, n. 4, out.-dez./2010, p. 27. Tradução livre do original.

A partir de tal ordem de raciocínio, compreende-se a enunciação do *ordenamento do caso concreto* como uma das mais proeminentes premissas da metodologia civil-constitucional.[16] Afinal, "[O] ordenamento vive nos fatos concretos que historicamente o realizam".[17] Consagra-se, assim, o entendimento de que a disciplina de um dado caso concreto é necessariamente individualizada pelas suas particularidades – sem se descuidar, por certo, do dado normativo, na indissociável relação entre fato e norma.[18] Nesse contexto, como não poderia deixar de ser, impõe-se a consideração das mais variadas disposições normativas do ordenamento jurídico para o equacionamento de todo e qualquer caso concreto, por não ser dado ao intérprete-aplicador do direito pré-delimitar as frações do sistema jurídico que mais lhe convenham para a análise de certo caso.[19] Pode-se afirmar, em síntese, que somente a análise do fato jurídico à luz do inteiro ordenamento jurídico permite individualizar-se a adequada normativa do caso concreto.

Se tais premissas são verdadeiras e adequadas, como parecem, logo se percebe que a aplicação de toda e qualquer norma jurídica (*rectius*: todo e qualquer enunciado normativo) depende da averiguação da sua conformidade com a inteira axiologia constitucional. A se proceder diversamente, contaminar-se-ia o processo de interpretação-aplicação do direito por uma indevida segmentação do ordenamento, como se ao intérprete fosse conferida a prerrogativa de livremente estipular as disposições normativas a serem levadas em consideração para a resolução de certo caso concreto. A aplicação de um dado enunciado normativo ao caso concreto não pode prescindir, portanto, da aferição da legitimidade do seu respectivo conteúdo à luz do inteiro sistema jurídico, com particular destaque para a tábua axiológica constitucional.

A adoção dessa renovada postura metodológica não raramente leva o intérprete a conclusões que destoam do resultado que derivaria da aplicação subsuntiva de uma norma jurídica (*rectius*: de uma entre as diversas interpretações passíveis de associação a um dado enunciado normativo) ao caso concreto. Assim sucede, a bem da verdade, sempre que se constata a insuficiência da previsão legal (*rectius*: do significado atribuído a um certo significante contido na previsão legal) à promoção dos valores tutelados pelo ordenamento no caso concreto.[20]

Em tais situações, mesmo o civilista mais alinhado à metodologia direito civil--constitucional e à crítica ao raciocínio puramente subsuntivo vê-se confrontado com indagações concernentes ao direito constitucional, em geral, e ao controle de constitucionalidade das leis, em particular.[21] Considerando-se que o ordenamento jurídico

---

16. Ao propósito, v. PERLINGIERI, Pietro. Fonti del diritto e "ordenamento del caso concreto", cit., passim.
17. PERLINGIERI, Pietro. *O direito civil na legalidade constitucional*, cit., p. 657.
18. V. TEPEDINO. Gustavo. Liberdades, tecnologia e teoria da interpretação. *Revista da Academia Paranaense de Letras Jurídicas*, n. 3. Curitiba: Juruá, 2014, p. 35.
19. Nesse sentido, v. PERLINGIERI, Pietro. Applicazione e controllo nell'interpretazione giuridica. *Rivista di Diritto Civile*, a. LVI, n.1, jan.-fev./2010, p. 322.
20. Ao propósito, remete-se a SILVA, Rodrigo da Guia. Um olhar civil-constitucional sobre a "inconstitucionalidade no caso concreto". *Revista de Direito Privado*, a. 18, v. 73, jan./2017, p. 32.
21. O diálogo entre direito civil e direito constitucional não seria mesmo de se estranhar, seja pela já mencionada superação da *summa divisio* entre direito privado e direito público, seja pela interdisciplinaridade que igualmente caracteriza a metodologia civil-constitucional.

brasileiro consagra um específico sistema de controle de constitucionalidade das leis e atos normativos do Poder Público,[22] põe-se a reflexão: afigura-se legítimo o afastamento, em um caso concreto, sem declaração formal de inconstitucionalidade, da *norma jurídica* pretensamente mais específica a regular certo tipo de caso? Caso admitida tal possibilidade, haver-se-ia de concluir pela inconstitucionalidade em abstrato da norma e, portanto, pela sua extirpação definitiva do ordenamento jurídico?

O presente estudo se propõe precisamente a desenvolver reflexões acerca de tais questionamentos com base em um esforço de diálogo entre a metodologia civil-constitucional e o sistema brasileiro de controle de constitucionalidade das leis e atos normativos do Poder Públicos. Nessa empreitada, delimitar-se-ão certas premissas teóricas relevantes ao presente estudo, notadamente no que diz respeito à relação entre as noções de *enunciado normativo* e *norma* com a noção de *ordenamento do caso concreto* (item 2, *infra*), bem como à compreensão das *regras* e dos *princípios* como distintas (conquanto complementares) espécies normativas (item 3, *infra*). Espera-se, com isso, lançar bases para a superação da *distinção forte* em prol de uma *distinção fraca* entre tais espécies normativas, de modo a elucidar que ambas se sujeitam à ponderação em razão da exigência de consideração do inteiro ordenamento jurídico em sua unidade e complexidade.

Na sequência, relatar-se-á o principal problema que parece ter provocado na doutrina constitucionalista a necessidade de construção de proposições teóricas destinadas ao *afastamento excepcional* de regras jurídicas diante de certas situações fáticas (item 3, *infra*). Nesse sentido, de modo a demonstrar a insuficiência do controle abstrato de constitucionalidade, far-se-á breve menção aos tradicionais mecanismos tradicionais de controle, aos quais mais recentemente se agregaram a interpretação conforme e a declaração de nulidade parcial sem redução do texto. Ao fim, será possível demonstrar que o recurso exclusivo à perspectiva abstrata não tem o condão de explicar as hipóteses em que a mera subsunção do fato à norma-regra produziria resultado incompatível com a axiologia constitucional.

Após a delimitação de premissas relevantes e a compreensão do problema referente à insuficiência do controle abstrato de constitucionalidade, passar-se-ão em revista as principais proposições teóricas concebidas para justificar o dito *afastamento excepcional* da regra nos casos em que sua aplicação subsuntiva produziria resultado incompatível com a Constituição (item 5, *infra*). Das construções que invocam a razoabilidade como instrumento de busca pela *justiça do caso concreto* ou como postulado de *equidade* que reclama a atenção do intérprete para as circunstâncias do caso concreto, até a proposição mais geral de *inconstitucionalidade no caso concreto*, buscar-se-á destacar a compatibilidade entre a finalidade usualmente subjacente às propostas desenvolvidas na doutrina constitucionalista e os postulados da metodologia do direito civil-constitucional.

---

22. Ao propósito, v., por todos, SILVA, José Afonso da. *Teoria do conhecimento constitucional*. São Paulo: Malheiros, 2014, p. 281 e ss.

2. ENUNCIADO NORMATIVO E NORMA JURÍDICA EM COTEJO COM A NOÇÃO DE ORDENAMENTO DO CASO CONCRETO

A investigação a que se propõe o presente estudo pressupõe revistar a tradicional distinção entre *norma* e *enunciado normativo*, de modo a se compreender o alcance das variadas técnicas de controle de constitucionalidade e a sua relação com a metodologia civil-constitucional. Inicialmente, pode-se afirmar que a recorrente distinção entre enunciado normativo e norma se assemelha, *mutatis mutandis*, àquela, identificada no estudo da linguística, entre *significante e significado*.[23]

Com efeito, o *enunciado normativo* consiste no conjunto de signos linguísticos direcionados à descrição de uma formulação jurídica deontológica geral e abstrata,[24] ao passo que a *norma* consiste no resultado final da interpretação, i.e., no comando específico idôneo a solucionar o caso concreto.[25] A partir dessa distinção preliminar, comumente se ressalta que pode haver norma sem dispositivo específico, bem como pluralidade de normas a partir de um mesmo enunciado normativo ou mesmo norma única oriunda de uma pluralidade de dispositivos.[26]

Pode-se notar que, tal como originariamente concebida, a distinção entre norma e enunciado normativo amoldava-se, no mais das vezes, ao raciocínio silogístico que buscava antever a norma apta a fornecer solução a um dado caso concreto.[27] Desse modo, a partir da interpretação dos enunciados normativos mais específicos se buscava extrair uma ou algumas normas, dentre as quais uma seria a mais adequada para servir de premissa maior à qual se subsumiriam os fatos em busca da solução do caso concreto.

---

23. Ao propósito, v., por todos, SAUSSURE, Ferdinand de. *Cours de linguistique générale. Édition critique préparée par Tullio de Mauro.* Lonrai: Normandie Roto Impression, 1997, p. 97-100; e, em língua portuguesa, SAUSSURE, Ferdinand de. *Curso de linguística geral.* Trad. Antônio Chelini, José Paulo Paes e Izidoro Blikstein. São Paulo: Cultrix, 2006, p. 79-81. Em que pese o valor didático da referida comparação, cumpre reconhecer que "a hermenêutica jurídica não se pode exaurir em uma ciência da linguagem" (PERLINGIERI, Pietro. Fonti del diritto e "ordinamento del caso concreto", cit., p. 27. Tradução livre do original).

24. Assim leciona BARCELLOS, Ana Paula de. *Ponderação, racionalidade e atividade jurisdicional.* Rio de Janeiro: Renovar, 2005, p. 103-104. V., ainda, FRANÇA, Vladimir da Rocha. Anotações à teoria das normas jurídicas. *Revista Tributária e de Finanças Públicas,* v. 60, jan.-fev./2005, item 2; e DELPUPO, Poliana Moreira. Não existem fatos, mas apenas interpretações. *Revista dos Tribunais,* v. 7, jul.-ago./2014, item 1.

25. "Cada enunciado que faça parte de um texto que é fonte do direito, uma disposição. Cada disposição tem (ao menos) um significado, reconstruído mediante a interpretação. A disposição interpretada exprime uma norma, uma proposição prescritiva com a qual se valora uma conduta" (PERLINGIERI, Pietro. *O direito civil na legalidade constitucional* cit., p. 256).

26. Nesse sentido, v. ÁVILA, Humberto. *Teoria dos princípios:* da definição à aplicação dos princípios jurídicos. 16. ed. São Paulo: Malheiros, 2015, p. 50-51. O autor arremata: "E o que isso quer dizer? Significa que não há correspondência biunívoca entre dispositivo e norma – isto é, onde houver um não terá obrigatoriamente de haver o outro" (Ibid., p. 51).

27. A associação é particularmente clara no que tange aos princípios, conforme destaca Maria Celina Bodin de Moraes: "No período atual, de um assim chamado pós-positivismo, difundiu-se a teoria de que as normas jurídicas podem ser divididas nesses dois tipos, diferentes entre si: as regras, dotadas de maior grau de concreção, e os princípios, dotados de maior grau de abstração. Enquanto as regras, em cuja estrutura se reúnem o pressuposto fático e a consequência jurídica de sua ocorrência, ainda podem admitir o procedimento de subsunção aos fatos concretos, os princípios, por não possuírem a mesma estruturação, traduzem a prescrição de um valor ao qual atribuem positividade – trata-se, pois, de normas que impõem a realização de um valor" (MORAES, Maria Celina Bodin de. A utilidade dos princípios na aplicação do direito. Editorial. *Civilistica.com,* a. 2, n. 1, jan.-mar./2013, p. 2).

Sem prejuízo da correção teórica que lhes subjaz, as distinções em comento merecem releitura substancial a partir da assunção da metodologia civil-constitucional. Uma vez reconhecido que interpretação e aplicação do direito constituem momento unitário que leva em consideração a integralidade do ordenamento jurídico, tem-se que a *norma* (no sentido de normativa aplicável a um dado caso), ainda sem se confundir com o *enunciado normativo*, deixa de ser aferível em abstrato e passa a coincidir com a normativa erigida para o caso concreto.[28] A *norma* reconfigura-se e passa a consistir, assim, no efetivo *ordenamento do caso concreto*, a impor ao intérprete o reconhecimento da sua responsabilidade, por ser preferível que se assumam e se explicitem as suas idiossincrasias do que ocultá-las "sob o manto de uma suposta neutralidade na atribuição de significado aos enunciados normativos".[29]

3. REVISITANDO A DISTINÇÃO ENTRE REGRAS E PRINCÍPIOS

Buscou-se, nas linhas anteriores, apresentar a distinção preliminar entre *norma* e *enunciado normativo*, com base na qual se passa, na sequência do raciocínio, a analisar a tradicional subdivisão do gênero *norma jurídica* em duas espécies – regras e princípios.[30] Tributária, em grande medida, dos estudos de Ronald Dworkin[31] e Robert Alexy,[32] a referida classificação se fundamenta sobre dois principais critérios distintivos: i) estrutura normativa e ii) modo de aplicação.

---

28. "O ordenamento realmente vigente é o conjunto dos ordenamentos dos casos concretos, como se apresentam na vigência do dia a dia, e vive, portanto, exclusivamente enquanto individualizado e aplicado aos fatos e aos acontecimentos" (PERLINGIERI, Pietro. *O direito civil na legalidade constitucional*, cit., p. 201).

29. KONDER, Carlos Nelson. Para além da principialização da função social do contrato. *Revista Brasileira de Direito Civil*, vol. 13, jul.-set./2017, p. 41.

30. Afigura-se pertinente, a esse respeito, a proposição de Humberto Ávila quanto à distinção entre o que denomina *normas de primeiro grau* (regras e princípios) e *normas de segundo grau* (postulados normativos): "Os postulados normativos aplicativos são normas imediatamente metódicas que instituem os critérios de aplicação de outras normas situadas no plano do objeto da aplicação. (...) Os postulados funcionam diferentemente dos princípios e das regras. A uma, porque não se situam no mesmo nível: os princípios e as regras são normas objeto da aplicação; os postulados são normas que orientam a aplicação de outras. A duas, porque não possuem os mesmos destinatários: os princípios e as regras são primariamente dirigidos ao Poder Público e aos contribuintes; os postulados são frontalmente dirigidos ao intérprete a aplicador do Direito. A três, porque não se relacionam da mesma forma com outras normas: os princípios e as regras, até porque se situam no mesmo nível do objeto, implicam-se reciprocamente, quer de modo preliminarmente complementar (princípios), quer de modo preliminarmente decisivo (regras); os postulados, justamente porque se situam num metanível, orientam a aplicação dos princípios e das regras sem conflituosidade necessárias com outras normas" (ÁVILA, Humberto. *Teoria dos princípios*, cit., p. 164). Luís Roberto Barroso alcança conclusão semelhante quanto ao caráter metódico de algumas normas, embora prefira atribuir-lhes a alcunha de *princípios instrumentais de interpretação constitucional* (BARROSO, Luís Roberto. *Interpretação e aplicação da Constituição*. 7. ed. São Paulo: Saraiva, 2009, p. 370 e ss.). Uma relevante consequência da presente distinção consiste no reconhecimento do que pode vir a ser violado em um dado caso concreto: "Só elipticamente é que se pode afirmar que são violados os postulados da razoabilidade, da proporcionalidade ou da eficiência, por exemplo. A rigor, violadas são as normas – princípios e regras – que deixaram de ser devidamente aplicadas" (ÁVILA, Humberto. *Teoria dos princípios*, cit., p. 176). Em sentido similar, a ilustrar a aplicação dessa linha de raciocínio no âmbito da doutrina civilista, tendo por referência o *postulado normativo da razoabilidade* e o *postulado metodológico-hermenêutico* da função social do contrato, v., respectivamente, GUEDES, Gisela Sampaio da Cruz. *Lucros cessantes*: do bom-senso ao postulado normativo da razoabilidade. São Paulo: Ed. RT, 2011, p. 236 e ss.; e KONDER, Carlos Nelson. Para além da principialização da função social do contrato, cit., p. 55 e ss.

31. DWORKIN, Ronald. *Taking Rights Seriously*. Cambridge: Harvard University Press, 1977, p. 24 e ss.

32. ALEXY, Robert. *A Theory of Constitutional Rights*. New York: Oxford University Press, 2010, p. 47 e ss.

DIREITO CIVIL-CONSTITUCIONAL E DIREITO CONSTITUCIONAL

No tocante à estrutura normativa, afirma-se que as espécies de normas jurídicas se distinguem na medida em que as regras descrevem comportamentos mediante os clássicos modais deônticos clássicos (permitido, proibido ou obrigatório), ao passo que os princípios estabelecem objetivos e estados ideais.[33] Nesse sentido, pontua-se a textura mais rígida das regras, em contraposição à textura mais aberta dos princípios, de modo que os últimos suscitariam maior espaço de interpretação e um mais amplo espectro de possibilidades normativas.[34]

No tocante ao modo de aplicação, diz-se que as regras operam pela lógica da exclusão, ao passo que os princípios aplicam-se, por excelência, pela lógica da ponderação. O raciocínio excludente atribuído às regras implica que, em hipótese de conflito, a solução necessariamente esteja entre uma das seguintes possibilidades: ou ambas as regras são inválidas, ou uma regra foi revogada pela outra, ou, então, uma regra constitui exceção à outra. Eis, em formulação essencial, o chamado modelo do "tudo ou nada".[35] De outra parte, a lógica da ponderação,[36] associada à aplicação dos princípios, conduz à conclusão no sentido da impossibilidade de exclusão de um princípio por outro, vez que todos devem ser promovidos e compatibilizados na maior medida possível.[37]

No intuito de operacionalizar a ponderação, a doutrina do direito constitucional formula propostas de decomposição da referida técnica em três etapas sucessivas.[38]

---

33. "(...) as regras descrevem comportamentos, sem se ocupar diretamente dos fins que as condutas descritas procuram realizar. Os princípios, ao contrário, estabelecem estados ideais, objetivos a serem alcançados, sem explicitarem necessariamente as ações que devem ser praticadas para a obtenção desses fins" (BARCELLOS, Ana Paula de. *Ponderação, racionalidade e atividade jurisdicional*, cit., p. 169-170).

34. Para uma análise desse e dos demais critérios tradicionalmente adotados quanto à distinção entre regras e princípios, v. CANOTILHO, José Joaquim Gomes. *Direito constitucional*. 6. ed. Coimbra: Almedina, 1993, p. 166 e ss.

35. "Regras são aplicáveis em um modelo de tudo-ou-nada. Se os fatos regulados pela regra são verificados, então ou bem a regra é válida, hipótese na qual a resposta por ela indicada deve ser aceita, ou bem ela não é válida, hipótese na qual ela em nada contribui para a decisão" (DWORKIN, Ronald. *Taking rights seriously*, cit., p. 24. Tradução livre do original). Não se trata, contudo, de entendimento incontroverso. Para um relato da crítica de Robert Alexy à compreensão da distinção em comento com base no modelo de "tudo ou nada" propugnado por Ronald Dworkin, v. CRUZ, Álvaro Ricardo de Souza. Regras e princípios: por uma distinção normoteorética. *Revista da Faculdade de Direito – UFPR*, n. 45, 2006, p. 52 e ss.

36. "Os direitos, cujos limites não estão fixados de uma vez por todas, mas que em certa medida são 'abertos', 'móveis', e, mais precisamente, esses princípios podem, justamente por esse motivo, entrar facilmente em colisão entre si, porque a sua amplitude não está de antemão fixada. Em caso de conflito, se se quiser que a paz jurídica se restabeleça, um ou outro direito (ou um dos bens jurídicos em causa) tem que ceder até um certo ponto perante o outro ou cada um entre si. A jurisprudência dos tribunais consegue isto mediante uma 'ponderação' dos direitos ou bens jurídicos que estão em jogo conforme o 'peso' que ela confere ao bem respectivo na respectiva situação. Mas 'ponderar' e 'sopesar' é apenas uma imagem; não se trata de grandezas quantitativamente mensuráveis, mas do resultado de valorações que – nisso reside a maior dificuldade – não só devem ser orientadas a uma pauta geral, mas também à situação concreta em cada caso" (LARENZ, Karl. *Metodologia da ciência do direito*. 6. ed. Trad. José Lamego. Lisboa: Fundação Calouste Gulbenkian, 2012, p. 575). Em sentido semelhante, v. CANARIS, Claus-Wilhelm. *Pensamento sistemático e conceito de sistema na ciência do direito*. 5. ed. Trad. António Menezes Cordeiro. Lisboa: Fundação Calouste Gulbenkian, 2012, p. 88 e ss.

37. Ana Paula de Barcellos afirma que "(O) objetivo final do processo de ponderação será sempre alcançar a concordância prática dos enunciados em tensão, isto é, sua harmonização recíproca de modo que nenhum deles tenha sua incidência totalmente excluída na hipótese" (BARCELLOS, Ana Paula de. *Ponderação, racionalidade e atividade jurisdicional*, cit., p. 133).

38. A título ilustrativo, Humberto Ávila propõe que a ponderação se constitui das seguintes etapas: (i) a preparação da ponderação (análise o mais exaustiva possível de todos os elementos e argumentos pertinentes); (ii) a realização da ponderação (fundamentar a relação estabelecida entre os elementos objeto de sopesamento); e (iii) reconstrução da ponderação (formulação de regras de relação com pretensão de validade para além do caso)" (ÁVILA, Humberto. *Teoria dos princípios*, cit., p. 186-187). Ana Paula de Barcellos igualmente propõe a decomposição da ponderação

Sem embargo das peculiaridades características de cada formulação teórica, pode-se afirmar que o seu ponto de convergência consiste na identificação prévia dos fatos e enunciados normativos alegadamente relevantes para, na sequência, promover o sopesamento dos valores e normas em rota de colisão e, com isso, extrair a justa solução do caso concreto.[39]

Em que pese o louvável propósito didático, não parece de todo adequado conceber a consideração do dado normativo e dos elementos fáticos em etapas distintas, sob pena de consagração do que já se referiu por uma indesejada *subsunção qualificada*.[40] Impõe-se, ao revés, a superação do formalismo que parece subjazer a uma tal ordem de compreensão da técnica da ponderação, reconhecendo-se que o processo unitário de interpretação-aplicação do direito traduz uma indissociável ligação entre dado normativo e fato no processo complexo de individuação da normativa do caso concreto.[41]

Nos termos em que usualmente concebida, não bastasse restringir-se à aplicação de princípios, a técnica da ponderação resta limitada à resolução dos ditos *casos difíceis*.[42] O recurso à ponderação apenas se faria necessário, desse modo, quando os mecanismos tradicionais de interpretação e de solução de conflitos normativos não se revelassem suficientes à adequada resolução de um caso concreto envolvendo princípios em rota

---

em três etapas sucessivas, porém em formulação distinta: "Na primeira delas, caberá ao intérprete identificar todos os enunciados normativos que aparentemente se encontram em conflito ou tensão e agrupá-los em função da solução normativa que sugerem para o caso concreto. A segunda etapa ocupa-se de apurar os aspectos de fato relevantes e sua repercussão sobre as diferentes soluções indicadas pelos grupos formados na etapa anterior. A terceira fase é o momento de decisão: qual das soluções deverá prevalecer? E por quê? Qual a intensidade da restrição a ser imposta às soluções preteridas, tendo em conta, tanto quanto possível, a produção da concordância prática de todos os elementos normativos em jogo?" (BARCELLOS, Ana Paula de. *Ponderação, racionalidade e atividade jurisdicional*, cit., p. 92). Em sentido semelhante a este último, v. BARROSO, Luís Roberto. *Curso de direito constitucional contemporâneo*: os conceitos fundamentais e a construção do novo modelo. 2. ed. São Paulo: Saraiva, 2010, p. 334-339.

39. A propósito do objeto da ponderação, Humberto Ávila sustenta que podem ser objeto de sopesamento os mais variados elementos, como os bens jurídicos, os interesses, os valores e os princípios (ÁVILA, Humberto. *Teoria dos princípios*, cit., p. 185-187).

40. A expressão remonta à lição de Eduardo Nunes de Souza, que adverte para os riscos de utilização indevida da técnica da ponderação: "Nessa perspectiva, aliás, resta claro que a técnica da ponderação como mecanismo de solução de casos em que dois princípios indicam soluções antagônicas corresponde, *mutatis mutandis*, a uma espécie de subsunção qualificada: tratar-se-ia de um procedimento para harmonizar a complexidade do ordenamento (em casos não solucionáveis pelo mecanismo do 'tudo-ou-nada') após o qual seria possível aplicar ao caso concreto o equilíbrio encontrado entre os princípios originalmente colidentes como se fosse uma premissa maior – lógica que não dista do raciocínio silogístico. Em outras palavras, a ponderação funciona como uma forma mais complexa de se encontrar a premissa maior, exigida por determinados casos, ditos difíceis. Semelhante postura hermenêutica não corresponde, como se vê, a uma superação da subsunção, padecendo das mesmas críticas que o direito civil-constitucional dirige à técnica subsuntiva" (SOUZA, Eduardo Nunes de. *Merecimento de tutela*, cit., p. 88). O autor conclui: "Não significa, cumpre ressaltar, que a ponderação não ocorra na metodologia civil-constitucional, mas, ao contrário, que ela ocorre, a rigor, o tempo todo. Não são, em outros termos, excepcionais ou especiais as hipóteses em que é necessário compatibilizar princípios – o intérprete o faz o tempo todo. Reconhecida essa ressalva, toda a técnica relacionada ao balanceamento revela-se de grande utilidade ao hermeneuta" (Ibid., p. 88-89).

41. Ao propósito, v. TEPEDINO, Gustavo. *A razoabilidade na experiência brasileira*, cit., p. 35-36.

42. "(...) consiste ela [a ponderação] em uma técnica de decisão jurídica, aplicável a casos difíceis, em relação aos quais a subsunção se mostrou insuficiente" (BARROSO, Luís Roberto. *Curso de direito constitucional contemporâneo*, cit., p. 335). Nesse sentido, v., ainda, DWORKIN, Ronald. *Taking Rights Seriously, cit.*, p. 81 e ss. Parece mais adequado concluir, todavia, pela necessidade de superação geral da subsunção, dada a sua insuficiência para a consideração de toda a complexidade do ordenamento jurídico a incidir em todo e qualquer caso concreto, como destaca KONDER, Carlos Nelson. *Distinções hermenêuticas da constitucionalização do direito civil*, cit., p. 208.

DIREITO CIVIL-CONSTITUCIONAL E DIREITO CONSTITUCIONAL **361**

potencial de colisão.[43] Em perspectiva civil-constitucional, contudo, reconhece-se que todo caso concreto, por demandar a consideração do inteiro ordenamento jurídico, poderia ser qualificado de *difícil*, o que acarreta a autêntica desnecessidade (*rectius*: impropriedade) do recurso à classificação de casos fáceis em oposição a casos difíceis.[44] Não bastasse a dificuldade teórica ínsita à referida distinção, a sua artificialidade consagraria, ainda, indesejável risco de arbitrariedade judicial, vez que findaria por caber ao julgador a definição da *dificuldade* ou *facilidade* do caso, como se lhe fosse dado escolher quando levar ou não em consideração o inteiro ordenamento jurídico.[45]

Tecidas considerações mais pormenorizadas acerca da ponderação, cumpre retomar a análise dos supramencionados critérios mais utilizados para distinguir regras e princípios – estrutura normativa e modo de aplicação. A assunção de tais critérios em caráter rígido conduz à observação, encontradiça na doutrina, no sentido de que as regras constituem *mandados definitivos*, por conterem comandos estritos que supostamente dispensariam o sopesamento com outras normas ou valores. Os princípios, por sua vez, são tidos por *mandados de otimização*, os quais visariam à promoção dos valores neles plasmados na maior medida possível, sem uma predeterminação dos meios necessários a tal desiderato.[46] Acoplada à identificação de regras e princípios com mandados definitivos e de otimização, respectivamente, encontra-se a noção, também recorrente, segundo a qual as regras teriam maior inspiração na segurança jurídica (tal como tradicionalmente concebida), enquanto os princípios estariam mais vocacionados à promoção da justiça em cada caso – o que se depreenderia da diferença de estrutura e de modo de aplicação das referidas espécies normativas.[47]

Sem embargo do valor didático da distinção e, sobretudo, da importância histórica da afirmação do caráter normativo dos princípios, os tradicionais critérios distintivos entre as duas espécies normativas não passam imunes a críticas na doutrina.[48] Argumenta-se, por exemplo, em proposta autoproclamada *heurística*, que as normas necessariamente são construídas pelo intérprete a partir da qualificação dos significados extraídos dos enunciados normativos em cotejo com a consideração de valores os mais variados.[49]

---

43. Nesse sentido, Ana Paula de Barcellos conceitua a ponderação como "(...) a técnica jurídica de solução de conflitos normativos que envolvem valores ou opções políticas em tensão, insuperáveis pelas formas hermenêuticas tradicionais" (BARCELLOS, Ana Paula de. *Ponderação, racionalidade e atividade jurisdicional*, cit., p. 23).
44. Assim esclarece SOUZA, Eduardo Nunes de. Merecimento de tutela, cit., p. 86-87.
45. Apesar da diversidade de matrizes metodológicas, semelhante advertência está contida na crítica formulada por Lenio Luiz Streck: "Cindir *hard cases* e *easy cases* é cindir o que não pode ser cindido: o compreender, com o qual sempre operamos, que é condição de possibilidade para a interpretação (portanto, da atribuição de sentido do que seja um caso simples ou um caso complexo). Afinal, como saber se estamos em face de um caso simples ou de um caso difícil? Eis, aqui, a pergunta fulcral: já não seria um caso difícil decidir se um caso é fácil ou difícil?" (STRECK, Lenio Luiz. A hermenêutica diante da relação "regra-princípio" e o exemplo privilegiado do crime de porte de arma. *Revista Brasileira de Ciências Criminais*, vol. 98, set.-out./2012, item 2).
46. Para uma síntese da distinção tradicionalmente atribuída a Ronald Dworkin e Robert Alexy, v. SOUZA, Eduardo Nunes de. Merecimento de tutela, cit., p. 86.
47. Ana Paula de Barcellos ressalta o papel das regras e dos princípios na manutenção do equilíbrio entre os ideais de segurança e justiça (BARCELLOS, Ana Paula de. *Ponderação, racionalidade e atividade jurisdicional*, cit., p. 186). Em sentido semelhante, v. ÁVILA, Humberto, *Teoria dos princípios*, cit., p. 147-149.
48. Para uma análise crítica de cada um dos critérios usualmente adotados para a distinção entre regras e princípios, v. ÁVILA, Humberto. *Teoria dos princípios*, cit., p. 60-87.
49. Eis a proposição de Humberto Ávila: "A proposta aqui defendida pode ser qualificada como heurística. Como já foi examinado, as normas são construídas pelo intérprete a partir dos dispositivos e do seu significado usual.

Referida proposta funciona como modelo ou hipótese provisória de trabalho para uma posterior reconstrução de conteúdos normativos, o que, a um só tempo, impossibilita a indicação apriorística da natureza da norma e permite o reconhecimento simultâneo de regras e princípios a partir de um mesmo enunciado normativo.[50]

Ainda no sentido de revisitar a tradicional distinção entre regras e princípios, importa mencionar a proposição teórica que propugna pela superação da denominada *distinção forte* em prol do reconhecimento da dita *distinção fraca* entre as mencionadas espécies normativas. A *distinção forte* parte da suposição de que sempre seria possível demarcar precisamente os caracteres e atributos de cada espécie normativa, de modo a afastar qualquer dúvida sobre a natureza de cada norma – se regra ou princípio.[51] A *distinção fraca*, por sua vez, pressupõe que todas as normas ostentam, em alguma medida, caracteres mais associados às regras e aos princípios.[52]

A defesa da superação da *distinção forte* em prol da *distinção fraca* visa a ressaltar, em última instância, que a distinção entre regras e princípios é mais propriamente quantitativa do que qualitativa.[53] Tem-se, assim, um relevante desenvolvimento na compreensão da matéria, o que não afasta – ao revés, corrobora – a necessidade de se reconhecer que, sem prejuízo do esforço de delimitação dogmática das espécies normativas, todas elas necessariamente concorrem na tarefa de individualização da normativa do caso concreto.

De todo modo, parece possível afirmar que as críticas aos tradicionais critérios distintivos revelam expressivo esforço da doutrina em revisitar noções concebidas e desenvolvidas à luz de paradigmas que não necessariamente correspondem ao modelo

---

Essa qualificação normativa depende de conexões axiológicas que não estão incorporadas ao texto nem a ele pertencem, mas são, antes, construídas pelo próprio intérprete. Por isso a distinção entre princípios e regras deixa de se constituir em uma distinção quer com valor empírico, sustentado pelo próprio objeto da interpretação, quer com valor conclusivo, não permitindo antecipar por completo a significação normativa e seu modo de obtenção. Em vez disso, ela se transforma numa distinção que privilegia o valor heurístico, na medida em que funciona como modelo ou hipótese provisória de trabalho para uma posterior reconstrução de conteúdos normativos, sem, no entanto, assegurar qualquer procedimento estritamente dedutivo de fundamentação ou de decisão a respeito desses conteúdos" (ÁVILA, Humberto. *Teoria dos princípios*, cit., p. 91-92). O autor arremata: "A proposta aqui defendida diferencia-se das demais porque admite a coexistência das espécies normativas em razão de um mesmo dispositivo" (Ibid., p. 92).

50. V. ÁVILA, Humberto. *Teoria dos princípios*, cit., p. 91 e ss.
51. Ao propósito, remete-se ao relato fornecido por STRECK, Lenio Luiz. A hermenêutica diante da relação "regra-princípio" e o exemplo privilegiado do crime de porte de arma, cit., item 3.
52. "A teoria da distinção fraca se baseia na observação de que, a bem ver, todas as normas, sejam regras ou princípios, parecem possuir em alguma medida ao menos algumas das características supraindicadas. O que diferencia regras e princípios, segundo essa posição, é, então, o grau em que tais características se encontram respectivamente nas regras e nos princípios" (PINO, Giorgio. I principi tra teoria della norma e teoria dell'argomentazione giuridica. *Diritto e questioni pubbliche*. Palermo: Università degli Studi di Palermo, 2012, p. 88. Tradução livre do original).
53. Assim conclui Giorgio Pino: "Não é a posse em caráter exclusivo de algumas características que determina o *status* de regra ou de princípio, mas sobretudo a medida em que uma certa característica é possuída. Certas normas possuem algumas características em medida maior, e então tendemos a chamá-las princípios; outras normas possuem aquelas mesmas características em medida menor, e então tendemos a chamá-las regras. Tratando-se, como veremos a seguir, de características de tipo gradual, tem-se que a distinção entre regras e princípios é uma distinção de tipo 'mais ou menos', não de tipo 'tudo ou nada'. Porque, porém, como veremos na sequência, da maior ou menor posse dessas características sigam significativas consequências sobre o plano da argumentação jurídica, não é estéril exercício estabelecer quando a presença dessas características determine a emersão de um específico tipo de norma" (PINO, Giorgio. I principi tra teoria della norma e teoria dell'argomentazione giuridica, cit., p. 94. Tradução livre do original).

contemporâneo de interpretação do direito. No que tange ao objeto precípuo do presente estudo, a revisitação dos tradicionais critérios distintivos entre regras e princípios faz-se de especial importância para a investigação do alcance da ponderação como técnica geral de sopesamento de normas em rota potencial de colisão. Somente assim será possível compreender que também regras (e não apenas princípios) devem ser compatibilizadas e promovidas na maior medida possível, ainda que isso implique reconhecer que uma dada aplicação possível (e, talvez, a mais recorrente) da regra pode vir a ser afastada, mediante decisão devidamente fundamentada, caso não guarde compatibilidade com o inteiro ordenamento jurídico em sua unidade e complexidade.

4. LIMITES INERENTES AO CONTROLE ABSTRATO DE CONSTITUCIONALIDADE

O delineamento de algumas premissas teóricas referentes ao conteúdo e às espécies de norma jurídica, a que se dedicou nos itens precedentes, buscou lançar as bases sobre as quais será investigada a hipótese, aventada no seio da doutrina constitucionalista, concernente à possibilidade de se reputar inconstitucional, no caso concreto, uma dada aplicação da norma jurídica abstratamente considerada constitucional. Trata-se da chamada *inconstitucionalidade no caso concreto*, hipótese que desponta como símbolo de uma questão tão mais elementar quanto menos percebida pela doutrina: a necessidade de diálogo entre a metodologia civil-constitucional e o sistema brasileiro de controle de constitucionalidade das leis.

Nota-se, desde logo, que a investigação da denominada *inconstitucionalidade no caso concreto* pressupõe a compreensão preliminar dos mecanismos de controle de constitucionalidade de que dispõe o sistema jurídico brasileiro. Como é cediço, o controle de constitucionalidade foi concebido para aferir, sob a concepção de ordenamento jurídico como sistema hierarquicamente escalonado,[54] a compatibilidade das normas infraconstitucionais com aquela que lhes serve de fundamento último de validade – a Constituição.[55] Diante da pluralidade de opções disponíveis, em tese, para a formulação do sistema de controle de constitucionalidade, a doutrina comumente distingue os mecanismos sob o aspecto subjetivo (*difuso* se exercido por vários órgãos e *concentrado* se restrito a um único órgão), sob o aspecto modal (*incidental* se realizado como questão prévia ou *principal* se realizado como questão central do processo)[56] e

---

54. Eis a síntese da construção kelseniana sobre a estrutura escalonada da ordem jurídica: "Se começarmos levando em conta apenas a ordem jurídica estatal, a Constituição representa o escalão de Direito positivo mais elevado. A Constituição é aqui entendida num sentido material, quer dizer: com esta palavra significa-se a norma positiva ou as normas positivas através das quais é regulada a produção das normas jurídicas gerais" (KELSEN, Hans. *Teoria pura do direito*. Trad. João Baptista Machado. São Paulo: Martins Fontes, 1994, p. 247).

55. Luís Roberto Barroso afirma, ao tratar do *princípio da supremacia da Constituição*: "A supremacia da Constituição é assegurada pelos diferentes mecanismos de controle de constitucionalidade. O princípio não tem um conteúdo próprio: ele apenas impõe a prevalência da norma constitucional, qualquer que seja ela. É por força da supremacia da Constituição que o intérprete pode deixar de aplicar uma norma inconstitucional a um caso concreto que lhe caiba apreciar – controle *incidental* de constitucionalidade – ou o Supremo Tribunal Federal pode paralisar a eficácia, com caráter *erga omnes*, de uma norma incompatível com o sistema constitucional (controle *principal* ou por ação direta)" (BARROSO, Luís Roberto. *A nova interpretação constitucional*: ponderação, direitos fundamentais e relações privadas. Rio de Janeiro: Renovar, 2006, p. 360).

56. Evitou-se a utilização das expressões *concreto* e *abstrato* – muitas vezes associadas ao controle *incidental* e ao *principal*, respectivamente – para afastar confusão conceitual entre a *abstração* como atributo do controle que

sob o aspecto dos efeitos dos pronunciamentos (*declarativos* x *constitutivos*, *erga omnes* x *inter partes*).[57]

Diante da diversidade de mecanismos de controle que se desenvolveram ao redor do mundo, o direito brasileiro optou por um modelo híbrido, que mescla o controle *difuso* (realizado por todos os juízes) e o *concentrado* (conferido ao Supremo Tribunal Federal e aos Tribunais de Justiça dos Estados).[58] Reúnem-se, ainda, mecanismos de controle *incidental* (poder-dever dos juízes de reconhecer a inconstitucionalidade de uma lei como questão prévia ao julgamento do mérito da demanda – e.g., mediante incidente de arguição de inconstitucionalidade, *ex vi* dos arts. 948-950 do Código de Processo Civil de 2015) e *principal* (e.g., mediante ação direta de inconstitucionalidade e ação declaratória de constitucionalidade).[59] Celeuma especialmente sensível existe no que tange aos efeitos do pronunciamento de inconstitucionalidade, cuja análise pormenorizada não caberia nesta sede – valendo, contudo, a ressalva no sentido de que as distinções outrora rígidas entre efeitos constitutivos *versus* efeitos declaratórios e efeitos *erga omnes versus* efeitos *inter partes* tendem a ter seu relevo consideravelmente reduzido diante da expansão da técnica de modulação dos efeitos do pronunciamento judicial de (in) constitucionalidade.[60]

O ponto comum aos referidos mecanismos de controle de constitucionalidade parece residir na circunstância de que a compatibilidade da norma infraconstitucional com a Constituição Federal é aferida em perspectiva *abstrata*, i.e., dissociada das peculiaridades de cada caso concreto.[61] Com efeito, ainda que realizado incidentalmente (a título de

---

investiga a compatibilidade genérica da lei com a Constituição e a *principalidade* como atributo do controle cujo objeto precípuo é a constitucionalidade da lei. Com efeito, afigura-se possível, em tese, a existência de um controle *principal* em que a constitucionalidade seja aferida em perspectiva *concreta*, como se busca demonstrar no presente estudo.

57. Para uma análise, na perspectiva do Direito Comparado, dos métodos de controle jurisdicional de constitucionalidade das leis sob os diversos aspectos mencionados, v. CAPPELLETTI, Mauro. *O controle judicial de constitucionalidade das leis no direito comparado*. 2. ed. Trad. Aroldo Plínio Gonçalves. Porto Alegre: Sergio Antonio Fabris Editor, 1992, passim.

58. Ao Supremo Tribunal Federal compete o controle concentrado de constitucionalidade das leis e atos normativos primários tendo por parâmetro a Constituição Federal (CF/1988, art. 102, *caput*, inciso I, alínea "a" e § 1°); aos Tribunais de Justiça dos Estados, por sua vez, compete o controle concentrado tendo por parâmetro a Constituição dos Estados (CF/1988, art. 125, § 2°).

59. Tais ações de controle abstrato estão previstas no art. 102, I, *a*, da CF/1988, *in verbis*: "Art. 102. Compete ao Supremo Tribunal Federal, precipuamente, a guarda da Constituição, cabendo-lhe: I – processar e julgar, originariamente: a) a ação direta de inconstitucionalidade de lei ou ato normativo federal ou estadual e a ação declaratória de constitucionalidade de lei ou ato normativo federal".

60. A técnica de modulação, largamente difundida na prática jurisprudencial brasileira, encontra-se positivada no art. 27 da Lei n. 9.868/1998, no art. 11 da Lei n. 9.882/1999 e, mais recentemente, nos arts. 525, § 13, 535, § 6°, e 927, § 3°, do CPC/2015.

61. Ilustrativamente, colhe-se da jurisprudência do Supremo Tribunal Federal em matéria de controle concentrado de constitucionalidade: "O controle normativo de constitucionalidade qualifica-se como típico processo de caráter objetivo, vocacionado, exclusivamente, à defesa, em tese, da harmonia do sistema constitucional. A instauração desse processo objetivo tem por função instrumental viabilizar o julgamento da validade abstrata do ato estatal em face da Constituição da República. O exame de relações jurídicas concretas e individuais constitui matéria juridicamente estranha ao domínio do processo de controle concentrado de constitucionalidade" (STF, Tribunal Pleno, ADI 2.422 AgR, Rel. Min. Celso de Mello, julg. 10/5/2012); "Não se discutem situações individuais no âmbito do controle abstrato de normas, precisamente em face do caráter objetivo de que se reveste o processo de fiscalização concentrada de constitucionalidade" (STF, Tribunal Pleno, ADI 1.254 AgR, Rel. Min. Celso de Mello, julg. 14/8/1996).

DIREITO CIVIL-CONSTITUCIONAL E DIREITO CONSTITUCIONAL

questão prévia ao mérito da demanda) no bojo de um dado caso concreto, o controle de constitucionalidade, tal como largamente difundido, invariavelmente leva em consideração a norma objeto de controle em caráter verdadeiramente abstrato, buscando aferir a compatibilidade geral (por assim dizer, abstrata) da norma objeto de controle com o tecido normativo parâmetro de controle. Tal aspecto parece se vincular à tradicional preocupação de se definir a aptidão da norma a ser fonte do direito objetivo.[62] Assim ocorre com a generalidade dos pronunciamentos judiciais de inconstitucionalidade ou de constitucionalidade, hipóteses em que a norma será extirpada do ordenamento jurídico ou nele mantida como regular fonte do direito, respectivamente.

O caráter abstrato se faz presente até mesmo nos mecanismos mais modernos, os quais não raramente geram a falsa impressão de aproximação a um modelo de controle *concreto*. Tomem-se para consideração a declaração de nulidade parcial sem redução de texto e a interpretação conforme à Constituição.[63] Diante de um mesmo enunciado normativo do qual se extraem diversas normas, é possível que o intérprete conclua pela inconstitucionalidade de apenas uma ou da maioria delas.[64] Na primeira hipótese, em que do enunciado aparentemente compatível com a Constituição decorre uma norma ilegítima, recorre-se à declaração de nulidade parcial sem redução do texto para afirmar que a generalidade das normas extraídas de um dispositivo, com exceção de uma ou algumas, é constitucional.[65] Já na segunda hipótese, em que do enunciado aparentemente incompatível decorrem uma única ou algumas poucas normas legítimas, recorre-se à interpretação conforme à Constituição para se afirmar que somente aquela ou aquelas normas têm validade.[66]

A ilustrar o raciocínio, tem-se que na declaração de nulidade parcial sem redução de texto, o órgão julgador conclui: "A Lei X é inconstitucional se interpretada de modo a autorizar Y", o que acarreta, por via oblíqua, o reconhecimento da constitucionalidade de possíveis resultados oriundos de outras interpretações. Diversamente, ao aplicar a interpretação conforme à Constituição, o órgão julgador conclui: "A Lei X somente é

---

62. V. LEITE, Fábio Carvalho. Pelo fim da "cláusula de reserva de plenário". *Direito Estado e Sociedade*, n. 40, jan.-jun./2012, p. 113 e ss.

63. Para uma análise detida de cada um desses mecanismos, v., por todos, MENDES, Gilmar; BRANCO, Paulo Gustavo Gonet. *Curso de direito constitucional*. 7. ed. São Paulo: Saraiva, 2012, p. 1.398 e ss.; e BASTOS, Celso Ribeiro. As modernas formas de interpretação constitucional. *Revista de Direito Constitucional e Internacional*, vol. 24, jul.-set./1998, passim.

64. "Ainda que se não possa negar a semelhança dessas categorias e a proximidade do resultado prático de sua utilização, é certo que, enquanto na interpretação conforme à Constituição se tem, dogmaticamente, a declaração de que uma lei é constitucional com a interpretação que lhe é conferida pelo órgão judicial, constata-se, na declaração de nulidade sem redução de texto, a expressa exclusão, por inconstitucionalidade, de determinadas hipóteses de aplicação do programa normativo sem que se produza alteração expressa do texto legal" (MENDES, Gilmar; BRANCO, Paulo Gustavo Gonet. *Curso de direito constitucional*, cit., p. 1.407).

65. V. CANOTILHO, José Joaquim Gomes. *Direito constitucional*, cit., p. 1.013.

66. Na interpretação conforme à Constituição, o órgão jurisdicional limita-se "(...) a declarar a legitimidade do ato questionado desde que interpretado em conformidade com a Constituição" (MENDES, Gilmar; BRANCO, Paulo Gustavo Gonet. *Curso de direito constitucional*, cit., p. 1.405). Afirma Luís Roberto Barroso: "Como mecanismo de controle de constitucionalidade, a interpretação conforme a Constituição permite que o intérprete, sobretudo o tribunal constitucional, preserve a validade de uma lei que, na sua leitura mais óbvia, seria inconstitucional" (BARROSO, Luís Roberto. *Curso de direito constitucional contemporâneo*, cit., p. 302). No mesmo sentido, afirma-se que "(...) o juiz, antes de declarar a inconstitucionalidade da lei, deve buscar, por via interpretativa, sua concordância com a constituição, pois a invalidação de uma lei cria um vácuo" (SILVA, José Afonso da. *Teoria do conhecimento constitucional*, cit., p. 884).

constitucional se interpretada de modo a autorizar Y", o que implica, por via oblíqua, o reconhecimento da inconstitucionalidade de todas as interpretações que conduzam a resultado diverso.[67]

Hodiernamente, assiste-se a progressivo crescimento da utilização da interpretação conforme, tendo por pressupostos mais diretos a supremacia da Constituição e a presunção de constitucionalidade das leis e atos normativos do Poder Público.[68] O raciocínio pode ser enunciado do seguinte modo: se as normas constitucionais ocupam a mais alta hierarquia no ordenamento e se se presume a legitimidade das leis até pronunciamento judicial em sentido contrário, impõe-se ao intérprete a responsabilidade de priorizar, dentro dos limites do enunciado normativo,[69] a interpretação compatível com a Constituição em detrimento da extirpação definitiva do dispositivo normativo cuja constitucionalidade seja questionada.

Possível exemplo de recurso à interpretação conforme à Constituição na seara do direito civil diz respeito ao art. 1.723 do Código Civil. O dispositivo prevê o reconhecimento da união estável "entre homem e mulher", previsão que gerou grande celeuma a propósito da possibilidade ou não de configuração de união estável entre pessoas do mesmo sexo.[70] Desse único enunciado normativo podem se extrair ao menos duas interpretações: uma restritiva, no sentido de que a união estável tem como pressuposto inafastável o relacionamento entre um homem e uma mulher; outra ampliativa, no sentido de que a menção à união "entre homem e mulher" é meramente exemplificativa e não tem o condão de impedir o reconhecimento de entidades familiares formadas por pessoas do mesmo sexo.

---

67. A distinção parece ser muito mais quantitativa do que qualitativa, na medida em que ambos os mecanismos de controle buscam definir, em abstrato, as interpretações compatíveis ou não com a Constituição. Referida similitude subjaz à lição de José Afonso da Silva: "Se a regra for daquelas que têm mais de uma forma de aplicação, sendo uma delas compatível com a constituição, não se deve declarar a inconstitucionalidade que extirpe a lei, redução do texto; antes, deve o juiz preservar o texto na conformidade com a constituição" (SILVA, José Afonso da. *Teoria do conhecimento constitucional*, cit., p. 885). Luís Roberto Barroso, por sua vez, expressamente reputa "(...) acertada sua equiparação [da interpretação conforme] a uma declaração de nulidade sem redução de texto" (BARROSO, Luís Roberto. *Interpretação e aplicação da Constituição*, cit., p. 296). Independentemente de se proceder ou não à análise individualizada dos fenômenos, o intérprete deverá dedicar especial atenção à problemática referente à possibilidade de reapreciação da matéria pelo órgão julgador. Isso porque o juiz não pode voltar atrás e declarar constitucional norma previamente reputada inconstitucional em controle principal, pois nessa hipótese considera-se que a norma foi definitivamente extirpada do ordenamento jurídico. Diversamente, reconhece-se ao tribunal a faculdade de declarar inconstitucional norma previamente reputada constitucional (ainda que em sede de controle principal), vez que novos argumentos podem ser aduzidos e levar à conclusão pela incompatibilidade da norma com a ordem constitucional.
68. V. BARROSO, Luís Roberto. *A nova interpretação constitucional*, cit., p. 361.
69. Adverte-se: "(...) naturalmente, não é possível ao intérprete torcer o sentido das palavras nem adulterar a clara intenção do legislador. Para salvar a lei, não é admissível fazer uma interpretação *contra legem*. Tampouco será legítima uma linha de entendimento que prive o preceito legal de qualquer função útil" (BARROSO, Luís Roberto. *Interpretação e aplicação da Constituição*, cit., p. 198). O autor arremata: "Atente-se, por relevante, que o excesso na utilização do princípio pode deturpar sua razão de existir. Isso porque, ao declarar uma lei inconstitucional, o Judiciário devolve ao Legislativo a competência para reger a matéria. Mas, ao interpretar a lei estendendo-a ou restringindo-a além do razoável, estará mais intensamente interferindo nas competências do Legislativo, desempenhando função legislativa positiva" (Ibid., p. 198).
70. Evitou-se a denominação *união homoafetiva* para que se afaste a usual confusão entre sexo/gênero, identidade de gênero e orientação sexual.

DIREITO CIVIL-CONSTITUCIONAL E DIREITO CONSTITUCIONAL **367**

Dentre as referidas possibilidades de interpretação, somente a ampliativa guarda compatibilidade com a tábua axiológica constitucional, uma vez que a restrição da união estável às entidades formadas por homem e mulher vai de encontro à liberdade e à igualdade (de gênero, de orientação sexual etc.) constitucionalmente tuteladas.[71] Essa foi exatamente a conclusão do Supremo Tribunal Federal ao julgar conjuntamente a Arguição de Descumprimento de Preceito Fundamental n. 132 e a Ação Direta de Inconstitucionalidade n. 4.277, tendo a Corte recorrido expressamente à técnica sob análise para determinar a interpretação do art. 1.723 do Código Civil em conformidade com a Constituição, "(...) para excluir do dispositivo em causa qualquer significado que impeça o reconhecimento da união contínua, pública e duradoura entre pessoas do mesmo sexo como família".[72]

Nada obstante sua importância e utilidade, cumpre observar que, ao contrário do que poderia parecer à primeira vista, a interpretação conforme à Constituição traduz mecanismo de controle abstrato (e não propriamente concreto) de constitucionalidade.[73] Desse modo, a interpretação conforme não se presta a esclarecer como uma regra abstratamente constitucional pode ter uma aplicação, em um dado caso concreto, incompatível com a normativa constitucional. Pense-se, a título de ilustração, no caso dos atributos dos direitos da personalidade: caso uma pessoa sofra lesão corporal gravíssima e esteja em risco iminente de morte, poderá a equipe médica em atuação realizar, contra a vontade manifesta do lesado, tratamento médico de eficiência não plenamente comprovada que também ofereça risco à vida do paciente? Caso se conceba a possibilidade de resposta afirmativa (em decorrência dos valores constitucionais), como tal solução poderia ser compatibilizada com o comando estrito da regra contida no art. 15 do Código Civil, segundo o qual "[N]inguém pode ser constrangido a submeter-se, com risco de vida, a tratamento médico ou a intervenção cirúrgica"? Estar-se-ia diante de regra abstratamente inconstitucional ou, em realidade, de aplicação concreta (à luz do paradigma subsuntivo) incompatível com a Constituição?

Como se percebe, parece haver um elo perdido no diálogo entre o direito civil (ou, a bem da verdade, a práxis jurídica como um todo) e a enunciação formal do sistema brasileiro de controle de constitucionalidade, uma vez que a afirmação abstrata da legitimidade de uma norma não assegura *ipso facto* a legitimidade dos efeitos que decorreriam da sua aplicação subsuntiva ao caso concreto. A questão não tem sido de todo ignorada

---

71. Nesse sentido, v., por todos, TEPEDINO, Gustavo. A legitimidade constitucional das famílias formadas por união de pessoas do mesmo sexo. *Soluções práticas de direito*, vol. I. São Paulo: Ed. RT, 2012, p. 26.

72. STF, Tribunal Pleno, ADPF 132 e ADI 4.277, Rel. Min. Ayres Britto, julg. 5/5/2011. Em que pese a acertada e louvável conclusão alcançada pela Corte, parece possível afirmar que tal desfecho haveria de ser produzido mesmo sem o recurso à técnica de interpretação conforme, desde que se reconhecesse que da incidência direta dos princípios constitucionais (em especial, os princípios da igualdade, da liberdade, da dignidade, da solidariedade e do livre planejamento familiar) já se poderia extrair a plena legitimidade da união estável homoafetiva.

73. Assim se depreende, embora implicitamente, da doutrina especializada: "Porque assim é, a interpretação conforme a Constituição funciona também como um mecanismo de controle de constitucionalidade. Como bem perceberam os publicistas alemães e, especialmente, o Tribunal Constitucional Federal, quando o Judiciário condiciona a validade da lei a uma determinada interpretação ou declara que certas aplicações não são compatíveis com a Constituição, está, em verdade, declarando a inconstitucionalidade de outras possibilidades de interpretação (*Auslegungsmöglichkeiten*) ou de outras possíveis aplicações (*Anwendungsfälle*)" (BARROSO, Luís Roberto. *Interpretação e aplicação da Constituição*, cit., p. 196).

pela doutrina constitucionalista, a qual, gradativamente, passa a reconhecer que uma norma-regra válida (i.e., incólume frente aos mecanismos tradicionais de controle de constitucionalidade) pode não servir satisfatoriamente de premissa maior à qual o intérprete deveria subsumir o fato concreto – o que traduz, antes de qualquer juízo valorativo, simples constatação com base na práxis jurídica. Passa-se, então, à análise das principais proposições contemporâneas atinentes à matéria, com especial enfoque sobre o que se pode denominar de *inconstitucionalidade no caso concreto*.

5. POR UMA ANÁLISE DE ALGUMAS PROPOSIÇÕES DO DIREITO CONSTITUCIONAL À LUZ DA METODOLOGIA CIVIL-CONSTITUCIONAL: "DERROTABILIDADE", "SUPERABILIDADE" E "INCONSTITUCIONALIDADE NO CASO CONCRETO"

Verifica-se uma tendência contemporânea, tanto na doutrina do direito civil--constitucional quanto em outras linhas de pensamento, ao reconhecimento da insuficiência do raciocínio silogístico, por se reconhecer que a mera subsunção do fato à norma-regra mais específica pode vir a gerar resultados tidos por incompatíveis com a axiologia do ordenamento. Tal percepção, conquanto gradativamente mais expressiva, ainda causa relativo espanto ao intérprete-operador do Direito acostumado a pensar que a afirmação abstrata da constitucionalidade (o que se pode associar, ainda que indiretamente, à simples ausência de declaração de inconstitucionalidade) tem o condão de determinar a imediata aplicação da regra ao caso que a mesma supostamente se destinaria a regular.

Imbuída de tal preocupação, parcela da doutrina constitucionalista tem envidado esforços de modo a justificar que a solução de um dado caso concreto que decorreria da aplicação (subsuntiva) da regra pode, *excepcionalmente*, ser *afastada* quando restar concretamente demonstrada a incompatibilidade da específica norma com a axiologia constitucional. Afirma-se, nessa linha de sentido, que o princípio (ou *postulado*) da razoabilidade atribui ao julgador o poder-dever de graduar o peso da norma a ser aplicada, em busca da efetiva promoção da *justiça do caso concreto*.[74] A *justa* solução de um caso demandaria, em tais casos ditos *excepcionais*, a adequada conformação da norma aos valores tutelados pelo ordenamento jurídico.[75]

---

74. "O princípio [da razoabilidade] pode operar, também, no sentido de permitir que o juiz gradue o peso da norma, em uma determinada incidência, de modo a não permitir que ela produza um resultado indesejado pelo sistema, assim fazendo a justiça do caso concreto" (BARROSO, Luís Roberto. *A nova interpretação constitucional*, cit., p. 363). A proposta de aproximação da razoabilidade à produção da *justiça do caso concreto* é relatada, com mais detalhada bibliografia, por PEREIRA, Jane Reis Gonçalves. Os imperativos da proporcionalidade e da razoabilidade: um panorama da discussão atual e da jurisprudência do STF. In: SARMENTO, Daniel; SARLET, Ingo Wolfgang (Coord.). *Direitos fundamentais no Supremo Tribunal Federal*: balanço e críticas. Rio de Janeiro: Lumen Juris, 2011, p. 202-203. Em sentido semelhante, v., ainda, LEITE, Fábio Carvalho. Pelo fim da "cláusula de reserva de plenário", cit., p. 111-112.

75. Em perspectiva civil-constitucional, Giovanni Perlingieri sustenta que da razoabilidade decorre a exigência de conformação das disposições legais aos valores do sistema jurídico (PERLINGIERI, Giovanni. *Profili applicativi della ragionevolezza nel diritto civile*. Napoli: Edizioni Scientifiche Italiane, 2015, p. 66-85). V., ainda, TEPEDINO, Gustavo. A razoabilidade na experiência brasileira, cit., *passim* e, em especial, p. 35-36.

Ainda com base na razoabilidade (dessa vez entendida como postulado normativo aplicativo ou norma de segundo grau),[76] sustenta-se que a correta aplicação de toda norma-regra depende da análise das peculiaridades do caso concreto, a fim de se perquirir a compatibilidade entre a finalidade justificadora da norma e as circunstâncias específicas do caso sob análise.[77] Assim, na hipótese de restar demonstrado que o caso concreto, por suas peculiaridades fáticas e pelos interesses concretamente envolvidos, não se amolda à finalidade geral subjacente à norma-regra, restaria justificada a *superação da regra*.[78]

Proliferam, assim, proposições teóricas centradas na enunciação de *requisitos formais e materiais de derrotabilidade (ou superabilidade) das regras*.[79] Tamanho é o relevo conquistado por tal linha de raciocínio que parcela da doutrina contemporânea chega a enunciar uma *teoria da derrotabilidade das regras*.[80] Com origem usualmente associada à compreensão da filosofia do direito na vertente desenvolvida por Herbert L. A. Hart,[81]

---

76. ÁVILA, Humberto, *Teoria dos princípios*, cit., p. 194 e ss.

77. Humberto Ávila afirma decorrer da razoabilidade, enquanto postulado com função de equidade, a exigência de consideração do aspecto individual do caso nas hipóteses em que ele é sobremodo desconsiderado pela generalização legal (ÁVILA, Humberto. *Teoria dos princípios*, cit., p. 197). Em sentido semelhante, v. PERLINGIERI, Pietro. *O direito civil na legalidade constitucional*, cit., p. 574.

78. Como se desenvolverá na sequência do estudo, não parece tratar-se de efetiva *superação* da regra, mas sim da sua consideração e sopesamento em conjunto com as demais normas componentes do sistema jurídico. A regra abstratamente constitucional não pode ser legitimamente *superada* no sentido de ser completamente ignorada quando da interpretação-aplicação do direito; o que não se deve tolerar, igualmente, é que as supostas neutralidade e clareza do raciocínio silogístico justifiquem a inobservância do inteiro ordenamento jurídico em cada caso concreto. Resta *superada*, enfim, a hegemonia da subsunção, como de longa data propugna a doutrina do direito civil-constitucional.

79. Ao analisar o que denomina *requisitos materiais de superabilidade das regras*, Humberto Ávila afirma: "(...) o grau de resistência de uma regra à superação está vinculado tanto à promoção do valor subjacente à regra (valor substancial específico) quanto à realização do valor formal subjacente às regras (valor formal da segurança jurídica). E o grau de promoção do valor segurança está relacionado à possibilidade de reaparecimento frequente de situação similar" (ÁVILA, Humberto. *Teoria dos princípios*, cit., p. 144-145). O autor prossegue: "A decisão individualizante de superar uma regra deve sempre levar em conta seu impacto para aplicação das regras em geral. A superação de uma regra depende da aplicabilidade geral das regras e do equilíbrio pretendido pelo sistema jurídico entre justiça geral e justiça individual" (Ibid., p. 146). No que tange ao que denomina *requisitos procedimentais de superabilidade das regras*, o autor assevera: "A superação de uma regra deverá ter, em primeiro lugar, uma justificativa condizente. Essa justificativa depende de dois fatores. Primeiro, da demonstração de incompatibilidade entre a hipótese da regra e sua finalidade subjacente. (...) Segundo, da demonstração de que o afastamento da regra não provocará expressiva insegurança jurídica. (...) Em segundo lugar, a superação de uma regra deverá ter uma fundamentação condizente: é preciso exteriorizar, de modo racional e transparente, as razões que permitem a superação. Vale dizer, uma regra não pode ser superada sem que as razões de sua superação sejam exteriorizadas e possam, com isso, ser controladas. A fundamentação deve ser escrita, juridicamente fundamentada e logicamente estruturada" (Ibid., p. 147).

80. Ao propósito, v., por todos, no âmbito dos estudos estritamente de hermenêutica jurídica, VASCONCELLOS, Fernando Andreoni. *Hermenêutica jurídica e derrotabilidade*. Curitiba: Juruá, 2010, *passim*; SERBENA, Cesar Antonio (Coord.). Teoria da derrotabilidade: pressupostos teóricos e aplicações. Curitiba: Juruá, 2012, passim; PREVEDELLO, Alexandre. *Teoria da derrotabilidade*: as exceções não previstas nas regras jurídicas. Curitiba: Juruá, 2019, *passim*; FIGUEROA, Alfonso García; MOREIRA, Eduardo Ribeiro. Neoconstitucionalismo, derrotabilidade e razão prática. *Revista de Direito Constitucional e Internacional*, vol. 79, abr.-jun./2012, *passim*; e, no âmbito dos estudos de direito civil, FARIAS, Cristiano Chaves de. Derrotabilidade das normas-regras (*legal defeseability*) no direito das famílias: alvitrando soluções para os *extreme cases* (casos extremos). In: PEREIRA, Rodrigo da Cunha; DIAS, Maria Berenice (Coord.). *Anais do IX Congresso Brasileiro de Direito de Família*: famílias – pluralidade e felicidade. Belo Horizonte: IBDFAM, 2014, passim.

81. A relatar a recorrente afirmação do pioneirismo de Hart na aplicação da chave conceitual da *derrotabilidade* no direito (em especial, a partir de HART, Herbert L. A. The ascription of responsibility and rights. *Proceedings of the Aristotelian Society*, New Series, v. 49, 1948, passim), v. VASCONCELLOS, Fernando Andreoni. A derrotabilidade da norma tributária. *Revista Tributária e de Finanças Públicas*, v. 77, nov.-dez./2007, item 2.1.

tais formulações parecem convergir, em síntese essencial, em torno da necessidade de fundamentação racional quanto à não conformidade da aplicação de uma regra (*rectius*: da aplicação subsuntiva da regra ao fato) perante a axiologia do ordenamento jurídico. O problema teórico sob exame não raramente é enunciado, no âmbito de tal linha de pensamento, como o enfrentamento da "juridicidade de decisões *contra legem*".[82]

Vista a questão sobre outro ângulo, parece possível afirmar que essas e outras proposições caminham rumo ao sentido comum que já se identificou em doutrina como a "declaração de inconstitucionalidade da norma produzida pela incidência da regra sobre uma determinada situação específica",[83] proposição à qual doravante se fará referência como *inconstitucionalidade (da regra) no caso concreto*.[84] Aventa-se, assim, a possibilidade de uma regra abstratamente constitucional (i.e., cuja validade não foi infirmada pelos mecanismos tradicionais de controle de constitucionalidade) produzir resultados *ilegítimos* diante das peculiaridades de um certo caso e, por essa razão, ser ela própria (a norma-regra) reputada *inconstitucional no caso concreto*.[85] Trata-se, em suma, de aferir a legitimidade de uma regra ainda que dos mecanismos de controle abstrato se depreenda sua constitucionalidade e, portanto, sua aptidão genérica à resolução de casos concretos.[86]

A ilustrar a problemática, tome-se para análise a apreciação da constitucionalidade do art. 20, §3º, da Lei n. 8.742/1993.[87] No esforço de dar concretude ao art. 203, V, da Constituição Federal,[88] o referido dispositivo legal estabelece como requisito objetivo para a

---

82. Assim enuncia BUSTAMANTE, Thomas. Princípios, regras e conflitos normativos: uma nota sobre a superabilidade das regras jurídicas e as decisões *contra legem*. *Direito, Estado e Sociedade*, n. 37, jul.-dez./2010, p. 152.

83. BARCELLOS, Ana Paula de. *Ponderação, racionalidade e atividade jurisdicional*, cit., p. 231-232.

84. Ao se referir às "(...) hipóteses em que as regras, embora aplicáveis ao caso concreto, geram uma solução profundamente injusta e inadequada", Ana Paula de Barcellos propõe três possíveis critérios para solução desses peculiares conflitos envolvendo regras – equidade, imprevisão e invalidade de incidência específica da regra. Leciona a autora: "Em suma: afora o uso da equidade, que em qualquer caso respeita as possibilidades semânticas do texto, o intérprete apenas poderá deixar de aplicar uma regra por considerá-la injusta se demonstrar uma de duas situações: (i) que o legislador, ao disciplinar a matéria, não anteviu a hipótese que agora se apresenta perante o intérprete: imprevisão; ou (ii) que a incidência do enunciado normativo à hipótese concreta produz uma norma inconstitucional, de tal modo que, ainda que o legislador tenha cogitado do caso concreto, sua avaliação deve ser afastada por incompatível com a Constituição. Sublinhe-se que tais fórmulas funcionam como exceções ao parâmetro geral da preferência das regras e, por isso mesmo, fazem recair sobre o intérprete o ônus argumentativo especialmente reforçado de motivação" (BARCELLOS, Ana Paula de. *Ponderação, racionalidade e atividade jurisdicional*, cit., p. 221).

85. Nesse sentido, Luís Roberto Barroso assevera: "É possível acontecer de uma norma ser constitucional no seu relato abstrato, mas revelar-se inconstitucional em uma determinada incidência, por contrariar o próprio fim nela abrigado ou algum princípio constitucional" (BARROSO, Luís Roberto. *A nova interpretação constitucional*, cit., p. 375). Em sentido semelhante, v. LEITE, Fábio Carvalho. Pelo fim da "cláusula de reserva de plenário", cit., p. 109 e ss. A conclusão não seria de se estranhar, segundo Humberto Ávila, pela percepção de que "(...) toda norma jurídica – inclusive as regras – estabelece deveres provisórios, como comprovam os casos de superação das regras por razões extraordinárias com base no postulado da razoabilidade" (ÁVILA, Humberto. *Teoria dos princípios*, cit., p. 114).

86. Ao propósito, remete-se a SILVA, Rodrigo da Guia. Um olhar civil-constitucional sobre a "inconstitucionalidade no caso concreto", cit., *passim*.

87. In verbis: "Art. 20. O benefício de prestação continuada é a garantia de um salário-mínimo mensal à pessoa com deficiência e ao idoso com 65 (sessenta e cinco) anos ou mais que comprovem não possuir meios de prover a própria manutenção nem de tê-la provida por sua família. (Redação dada pela Lei 12.435, de 2011) (...) § 3º Considera-se incapaz de prover a manutenção da pessoa com deficiência ou idosa a família cuja renda mensal *per capita* seja inferior a 1/4 (um quarto) do salário-mínimo. (Redação dada pela Lei 12.435, de 2011)". Nada obstante os referidos dispositivos legais (*caput* e 3º do art. 20 da Lei 12.435/2011) tenham sido alterados pela Lei 13.982/2020, optou-se por fazer-se menção à redação anterior em razão de ter se desenvolvimento sobre ela a deliberação do Supremo Tribunal Federal exposta na sequência.

88. In verbis: "Art. 203. A assistência social será prestada a quem dela necessitar, independentemente de contribuição à seguridade social, e tem por objetivos: (...) V – a garantia de um salário mínimo de benefício mensal à pessoa

concessão do benefício de prestação continuada a comprovação de renda mensal *per capita* inferior a 1/4 (um quarto) do salário-mínimo. Em um primeiro momento, ao julgar improcedente a ADI 1.232/DF, o Supremo Tribunal Federal concluiu pela constitucionalidade do requisito objetivo estabelecido no diploma legal – à época, com redação substancialmente idêntica àquela determinada pela Lei n. 12.435/2011.[89] Anos mais tarde, porém, ao julgar o RE 567.985/MT, a Corte reviu seu entendimento para pronunciar incidentalmente a inconstitucionalidade por omissão sem redução do texto do § 3º do art. 20 da Lei 8.742/93.[90] Vale destacar, do aludido julgamento, a proposição do Relator originário Min. Marco Aurélio no tocante à possibilidade de "(...) inconstitucionalidade em concreto na aplicação da norma, consideradas as circunstâncias temporais e os parâmetros fáticos revelados".[91] A partir dessa paradigmática decisão, sucederam-se diversos julgados no sentido de reconhecimento da possibilidade de concessão do benefício de prestação continuada a pessoas em concreta situação de miserabilidade, ainda que superado o requisito objetivo de renda familiar *per capita* inferior a 1/4 (um quarto) do salário-mínimo.[92]

Independentemente da nomenclatura a que se dê preferência, parece possível afirmar que gradativamente se esboça um consenso da doutrina constitucionalista no que tange à insuficiência do controle abstrato de constitucionalidade para a afirmação da aplicabilidade da regra a todo e qualquer caso que ela supostamente estaria apta a reger.[93] Não se trata, com efeito, de declarar a inconstitucionalidade da norma para toda e qualquer hipótese, tampouco de restringir a interpretação do enunciado normativo para dele se extrair apenas uma norma legítima (interpretação conforme à Constituição) ou para dele subtrair uma norma ilegítima (declaração de nulidade parcial sem redução de texto). A questão situa-se não no plano (abstrato) da aptidão genérica da norma à produção de efeitos, mas sim no plano (concreto) da valoração das consequências efetivamente resultantes da aplicação de uma norma.

Para além da insuficiência do controle (abstrato) de constitucionalidade das leis, o ponto comum que parece subjazer (ainda que sem reconhecimento explícito) às proposições relatadas consiste na percepção da insuficiência da subsunção como técnica decisória.[94] Nota-se, com efeito, que as variadas proposições, cada qual à sua feição, buscam

---

portadora de deficiência e ao idoso que comprovem não possuir meios de prover à própria manutenção ou de tê-la provida por sua família, conforme dispuser a lei".

89. Vale conferir a ementa do acórdão: "Constitucional. Impugna dispositivo de Lei Federal que estabelece o critério para receber o benefício do inciso V do art. 203, da CF. Inexiste a restrição alegada em face ao próprio dispositivo constitucional que reporta à lei para fixar os critérios de garantia do benefício de salário mínimo à pessoa portadora de deficiência física e ao idoso. Esta lei traz hipótese objetiva de prestação assistencial do estado. Ação julgada improcedente" (STF, ADI 1.232/DF, Tribunal Pleno, Rel. p/ Acórdão Min. Nelson Jobim, julg. 27.08.1998).

90. STF, RE 567.985/MT, Tribunal Pleno, Rel. p/ Acórdão Min. Gilmar Mendes, julg. 18/4/2013.

91. Trecho extraído do voto do Min. Marco Aurélio (STF, RE 567.985/MT, Tribunal Pleno, Rel. p/ Acórdão Min. Gilmar Mendes, julg. 18.04.2013).

92. Ilustrativamente, v. STF, ARE 937.070/PE, Rel. Min. Marco Aurélio, julg. 30.03.2016; STF, RE 926.963/RS, Rel. Min. Cármen Lúcia, julg. 1/2/2016; e STF, ARE 845.634/SP, Rel. Min. Teori Zavascki, julg. 22.02.2016.

93. Ao propósito, v. STRECK, Lenio Luiz. Os limites semânticos e sua importância na e para a democracia. *Revista da AJURIS*, v. 41, n. 135, set./2014, p. 185-186.

94. "Entretanto, a despeito da racionalidade lógica do silogismo, há duas premissas equivocadas que autorizam a subsunção. A primeira delas é a separação entre o mundo abstrato das normas e o mundo real dos fatos no qual aquelas devem incidir, já que, a rigor, o direito se insere na sociedade e, por conseguinte, os textos legais e a realidade mutante se condicionam mutuamente no processo interpretativo. Em segundo lugar, a subsunção distingue artificialmente o momento da interpretação da norma abstrata (identificação da premissa maior) e o momento

elencar razões pelas quais se justifica, em caráter supostamente excepcional, a produção de um resultado interpretativo distinto daquele que decorreria da mera subsunção do fato à norma-regra.[95] O passo seguinte do raciocínio há de residir no questionamento e na superação do papel de proeminência tradicionalmente atribuído à subsunção.

Neste ponto, especial contribuição fornecida pela metodologia civil-constitucional consiste na elucidação de que a técnica da subsunção nunca é suficiente à adequada resolução do caso concreto.[96] Isso porque, mesmo diante de casos aparentemente *fáceis* e normas presumivelmente *claras*, impõe-se ao intérprete a consideração do inteiro ordenamento jurídico, em decorrência dos próprios atributos de unidade e complexidade que o constituem como sistema.[97] Some-se a isso a percepção de que parece mais adequado entender que, em realidade, não há casos *fáceis*, tampouco normas *claras*.

A *clareza* da norma, com efeito, é atributo que somente se pode associar ao resultado do processo unitário de interpretação-aplicação do direito, e não à leitura prévia e isolada que se faz de uma específica regra.[98] Por mais singela que pareça a literalidade de um dado enunciado normativo, somente o seu cotejo com as demais normas e valores do sistema permitirá ao intérprete individualizar a normativa do caso concreto.

A noção de *facilidade* (dos casos), por sua vez, pretendia indicar que a subsunção resolveria satisfatoriamente a generalidade das hipóteses, relegando-se o recurso à ponderação para os casos que envolvessem conflitos insolucionáveis pelos elementos tradicionais de interpretação e de resolução de antinomias. Diante das premissas adotadas, todavia, impõe-se o reconhecimento de que a distinção é entre casos *fáceis* e casos *difíceis* é "arbitrária e injustificada",[99] não competindo ao intérprete propor uma tal distinção e, com isso, restringir a ponderação ao segundo grupo de casos.[100] A adequada resolução de qualquer caso concreto demanda o sopesamento de todas as normas contidas no sistema

---

da aplicação da norma ao suporte fático concreto (enquadramento da premissa menor ao texto normativo). Contrariamente a tal compreensão, não é possível interpretar a norma aplicável sem levar em conta a hipótese fática que, por sua vez, se encontra moldada pelas normas de comportamento estabelecidas pelo direito (o qual condiciona a atuação individual). Daí a unicidade da interpretação e aplicação, sendo falsa a ideia de que haveria normas ideais em abstrato, capazes de tipificar e captar as relações jurídicas em concreto" (TEPEDINO, Gustavo. Liberdades, tecnologia e teoria da interpretação, cit., p. 34).

95. A propósito da insuficiência da subsunção como técnica decisória, com detalhada análise da metodologia civil-constitucional, v. SOUZA, Eduardo Nunes de. Merecimento de tutela, cit., p. 78-85.

96. TEPEDINO, Gustavo. A razoabilidade na experiência brasileira, cit., p. 27 e ss.

97. Imperiosa, no ponto, a remissão a CANARIS, Claus-Wilhelm. *Pensamento sistemático e conceito de sistema na ciência do direito*, cit., passim.

98. A elucidar que a clareza deve ser sempre considerada um *posterius* (e não um *prius*) no processo interpretativo, v. PERLINGIERI, Pietro. *O direito civil na legalidade constitucional*, cit., p. 616.

99. A afirmação remonta à lição de Gustavo Tepedino: "A solução mostra-se arbitrária e injustificada. Os chamados casos difíceis são aqueles que, por sua suposta dificuldade, decorrente de colisão de direitos, autorizariam o juiz a afastar regra expressa, que lhe serviria comodamente de premissa maior, evitando a subsunção em favor da ponderação. Todavia, caso concreto mostra-se sempre singular e difícil, devendo ser resolvido mediante a aplicação integral do ordenamento – insista-se: unitário, complexo, sistemático e coerente. Mesmo quando, aparentemente, o magistrado aplica somente uma regra, de linguagem clara e direta, vale-se, a rigor, de cada uma das normas que convivem unitariamente no ordenamento, reclamando coerência e inter-relação normativa; e especialmente dos princípios que lhe dão fundamento, respeitada a hierarquia constitucional" (TEPEDINO, Gustavo. Os sete pecados capitais da teoria da interpretação. *Revista da EMERJ*, vol. 20, n. 3, set.-dez./2018, p. 330).

100. V. SOUZA, Eduardo Nunes. Merecimento de tutela, cit., p. 86-87.

jurídico, ainda que o resultado final se assemelhe àquele que decorreria da operação mecânica de subsunção do fato à norma.[101] Em suma, caso se pretenda manter a qualificação *difícil* aos casos que demandam emprego da ponderação, a conclusão inevitável estará no sentido de que todos os casos são *difíceis*.

Neste ponto do raciocínio, chega-se a uma questão paralela e igualmente relevante à compreensão do que se denominou *inconstitucionalidade no caso concreto*: trata-se de determinar o âmbito de incidência da ponderação, de modo a indicar se o recurso a tal técnica deve estar restrito aos conflitos entre princípios ou se, ao revés, seria possível estendê-lo aos conflitos entre princípios e regras ou mesmo de regras entre si. A afirmação do âmbito restrito de incidência da ponderação tem como pressuposto a distinção *forte* entre regras e princípios: se as regras são comandos definitivos que se aplicam pela lógica da exclusão, não faria sentido cogitar do seu sopesamento. Nessa linha de raciocínio, soaria ilógico admitir a compatibilização de regras frontalmente opostas, razão pela qual restaria inviabilizado o recurso à ponderação.[102]

Assumidas como premissas, diversamente, aquelas propugnadas pela metodologia civil-constitucional, a conclusão encaminha-se em sentido diametralmente oposto. Se é verdade que não há razão para uma distinção apriorística entre regras e princípios, e se é igualmente verdade que nenhuma norma (ainda que presumivelmente *clara* diante de caso aparentemente *fácil*) exime o intérprete de considerar o inteiro ordenamento jurídico em busca da individualização da normativa do caso concreto, alcança-se conclusão inarredável: o recurso à ponderação é verdadeiro imperativo para a resolução de todo e qualquer caso, independentemente de se tratar de conflito de princípios, de regras ou de princípios e regras.[103]

À luz de tais considerações, percebe-se que a previsão de um sistema de controle (principal ou incidental) de constitucionalidade *em abstrato* não traduz escudo suficiente a fundamentar o raciocínio silogístico e impedir a consideração do inteiro ordenamento jurídico quando da apreciação de cada caso concreto.[104] Pode-se concluir, em suma, que as

---

101. "A consciência da natureza preceptiva das normas constitucionais e da sua aplicabilidade às relações intersubjetivas impõe a todos os operadores garantir, segundo o controle difuso de constitucionalidade, a conformidade das soluções ao sistema e aos seus valores" (PERLINGIERI, Giovanni. *Profili applicativi della ragionevolezza nel diritto civile*, cit., p. 68. Tradução livre do original).

102. Em que pese a rejeição ao recurso generalizado à ponderação de regras, Ana Paula de Barcellos ressalva o cabimento da ponderação em relação ao que denomina núcleo dos princípios, o qual funcionaria como autêntica regra (BARCELLOS, Ana Paula de. *Ponderação, racionalidade e atividade jurisdicional*, cit., p. 183-184).

103. "Como instrumento imprescindível ao intérprete neste desafio que se lhe apresenta, tem-se a ponderação, como técnica de sopesamento dos diversos vetores normativos incidentes no caso concreto. Por isso mesmo, a ponderação não deve ser adotada apenas na aplicação de princípios, mas também entre regras, e regras e princípios, já que todos os enunciados normativos dialogam entre si, contemporaneamente, sob a mesma tábua axiológica" (TEPEDINO, Gustavo. Os sete pecados capitais da teoria da interpretação, cit., p. 332). Semelhante conclusão é alcança, no seio da doutrina constitucionalista, por ÁVILA, Humberto. *Teoria dos princípios*, cit., p. 74; e BARROSO, Luís Roberto. *A nova interpretação constitucional*, cit., p. 362.

104. Dessa percepção não se deve extrair uma injustificada exasperação do escopo da regra constitucional da reserva de plenário (art. 97 da CF/1988 c/c Súmula Vinculante 10 do STF), tampouco do correlato expediente processual do incidente de incidente de arguição de inconstitucionalidade (arts. 948 e ss. do CPC/2015). Ao propósito, já se pôde advertir: "(...) sopesar uma regra com outras normas não equivale a desconsiderá-la (ou 'afastar sua incidência', nos termos do referido enunciado sumular), tal como sopesar um princípio não equivale a desconsiderá-lo. Em qualquer caso, o recurso à ponderação pressupõe o esforço do intérprete na preservação das normas em rota potencial de colisão na maior medida possível. Pode-se concluir, portanto, que o art. 97 da CF/1988 e o Enunciado n. 10 da

proposições da doutrina constitucionalista convergentes em torno da *inconstitucionalidade no caso concreto* vão ao encontro da metodologia civil-constitucional no que tange à superação do raciocínio silogístico e ao reconhecimento de que a solução de cada caso concreto depende da consideração do inteiro ordenamento jurídico em sua unidade e complexidade.[105]

Destaca-se de modo especialmente sensível, na presente proposta, a importância da fundamentação das decisões judiciais.[106] Se são procedentes as conclusões quanto à insuficiência da subsunção como técnica decisória e quanto à ausência de casos *fáceis* a dispensar o emprego da técnica da ponderação, somente uma decisão racional e detidamente fundamentada permite vislumbrar uma autêntica *segurança jurídica*.[107] Escancara-se, de modo igualmente sensível, a responsabilidade do intérprete, ao qual, desprovido do escudo em que outrora consistia a subsunção, não mais socorrem as alegações de *clareza* da norma e *facilidade* do caso.[108]

6. SÍNTESE CONCLUSIVA

O controle judicial de constitucionalidade das leis e atos normativos do Poder Público traduz instrumento fundamental de preservação da supremacia constitucional.[109] Sem embargo das críticas a propósito de eventuais distanciamentos entre o referido

---

Súmula Vinculante do STF restarão violados se o julgador deixar de considerar a norma quando da apreciação de certo caso concreto, o que não se confunde com o sopesamento das normas e a consequente atribuição de pesos diversos a cada uma delas diante das circunstâncias fáticas e peculiaridades de interesses concretamente envolvidos. Em suma, *ponderar* não equivale a *afastar a incidência*" (SILVA, Rodrigo da Guia. Um olhar civil-constitucional sobre a "inconstitucionalidade no caso concreto", cit., p. 56-57. Grifos no original).

105. Cumpre ressalvar que a expressão *inconstitucionalidade no caso concreto* não autoriza eventual conclusão no sentido de justificar a exclusão de determinadas regras para a resolução de um dado caso. Deve-se, ao revés, reconhecer que o inteiro ordenamento jurídico incide em toda e qualquer hipótese, sem prejuízo da ponderação a ser desenvolvida à luz das circunstâncias fáticas de cada caso concreto.

106. Ao propósito, v., por todos, PERLINGIERI, Pietro. *Perfis do direito civil*: introdução ao direito civil constitucional. 3. ed. Trad. Maria Cristina de Cicco. Rio de Janeiro: Renovar, 2007, p. 70-71; e KONDER, Carlos Nelson. Princípios contratuais e exigência de fundamentação das decisões: boa-fé e função social do contrato à luz do CPC/2015. *Revista Opinião Jurídica*, a. 14, n. 19, jul.-dez./2016, p. 36 e ss.

107. "Tais conclusões estimulam a revisão do conceito de segurança jurídica. A subsunção propicia a falsa impressão de garantia de igualdade na aplicação da lei. Entretanto, não há respeito à isonomia quando o magistrado deixa de perceber a singularidade de cada caso concreto e, mediante procedimento mecânico, faz prevalecer o texto abstrato da regra. Por outro lado, o silogismo revela-se capaz de camuflar intenções subjetivas ou ideológicas do magistrado, poupando-lhe da imperiosa necessidade de justificar sua decisão e oferecendo-lhe salvo-conduto para escapar do controle social quanto à aderência de sua atividade interpretativa à axiologia constitucional. Segurança jurídica deve ser alcançada pela compatibilidade das decisões judiciais com os princípios e valores constitucionais, que traduzem a identidade cultural da sociedade" (TEPEDINO, Gustavo. Liberdades, tecnologia e teoria da interpretação, cit., p. 36-37).

108. "Para assegurar, portanto, que o intérprete seja fiel não mais ao texto da lei, mas sim ao ordenamento jurídico como um todo, que decida em coerência não com um sistema formal e neutro de conceitos, mas com o sistema de normas e princípios fundados em valores culturais e sociais, ganha importância capital a fundamentação argumentativa da decisão" (KONDER, Carlos Nelson. Distinções hermenêuticas da constitucionalização do direito civil, cit., p. 209).

109. Mauro Cappelletti vislumbra a importância do controle judicial de constitucionalidade para o aperfeiçoamento da vida em sociedade: "Constitucionalismo moderno, Carta de Direitos nacional e transnacional, e proteção judicial – interna e internacional – de tais direitos fundamentais contra abusos por autoridades públicas, podem bem ser apenas outro aspecto da Utopia de nossa época. Se ele nos encaminhará, como sempre esperamos, para um mundo melhor, um mundo no qual indivíduos, grupos e pessoas possam viver em paz e em compreensão mútua, sem guerra e exploração, só o futuro poderá dizê-lo" (CAPPELLETTI, Mauro. *O controle judicial de constitucionalidade das leis no direito comparado*, cit., p. 21).

DIREITO CIVIL-CONSTITUCIONAL E DIREITO CONSTITUCIONAL | **375**

controle e o ideal de democracia deliberativa,[110] parece haver certo consenso no que tange à importância de aferição da compatibilidade das normas em geral com aquela que lhes serve de fundamento último de validade – a Constituição. Buscou-se, com o presente estudo, revelar que a constante investigação da conformidade constitucional não alcança resultados plenamente satisfatórios caso esgotada em perspectiva abstrata.

Com efeito, somente a análise concreta da compatibilidade de uma norma com a Constituição (diante das circunstâncias do caso e das peculiaridades dos interesses envolvidos) possibilitará ao intérprete alcançar o resultado mais consentâneo com o sistema. Afigura-se crucial, assim, a assunção de postura hermenêutica comprometida com a unidade e a supremacia da Constituição, a reconhecer a insuficiência da subsunção enquanto técnica decisória.

Se não há casos *fáceis*, se a *clareza* da norma é um *posterius* (e não um *prius*), se a distinção entre regras e princípios tem fundamento mais quantitativo do que qualitativo, e se, enfim, o controle abstrato de constitucionalidade não acarreta a legitimidade *ipso facto* da aplicação subsuntiva da norma ao fato, pode-se concluir: a fuga ao raciocínio silogístico e a aplicação da técnica da ponderação não devem ser *excepcionais*, mas sim uma inafastável premissa metodológica do intérprete comprometido com a unidade e a complexidade do ordenamento jurídico. Desmorona o *escudo neutro* da subsunção e emerge, irreversivelmente, a responsabilidade do intérprete.

7. REFERÊNCIAS

ALEXY, Robert. *A Theory of Constitutional Rights*. New York: Oxford University Press, 2010.

ÁVILA, Humberto. *Teoria dos princípios*: da definição à aplicação dos princípios jurídicos. 16. ed. São Paulo: Malheiros, 2015.

BARCELLOS, Ana Paula de. *Ponderação, racionalidade e atividade jurisdicional*. Rio de Janeiro: Renovar, 2005.

BARROSO, Luís Roberto. *A nova interpretação constitucional*: ponderação, direitos fundamentais e relações privadas. Rio de Janeiro: Renovar, 2006.

BARROSO, Luís Roberto. *Curso de direito constitucional contemporâneo*: os conceitos fundamentais e a construção do novo modelo. 2. ed. São Paulo: Saraiva, 2010.

BARROSO, Luís Roberto. *Interpretação e aplicação da Constituição*. 7. ed. São Paulo: Saraiva, 2009.

BASTOS, Celso Ribeiro. As modernas formas de interpretação constitucional. *Revista de Direito Constitucional e Internacional*, vol. 24, p. 45-40, jul.-set./1998.

BUSTAMANTE, Thomas. Princípios, regras e conflitos normativos: uma nota sobre a superabilidade das regras jurídicas e as decisões *contra legem*. *Direito, Estado e Sociedade*, n. 37, p. 152-180, jul.-dez./2010.

CANARIS, Claus-Wilhelm. *Pensamento sistemático e conceito de sistema na ciência do direito*. 5. ed. Trad. António Menezes Cordeiro. Lisboa: Fundação Calouste Gulbenkian, 2012.

---

110. A valorização do controle judicial de constitucionalidade das leis não passa imune a críticas na doutrina. Para uma crítica contundente ao referido modelo, em razão da sua alegada incompatibilidade com o ideal de democracia deliberativa, v. NINO, Carlos Santiago. *La constitución de la democracia deliberativa*. Trad. Roberto P. Saba. Barcelona: Gedisa, 1997, p. 258 e ss.

CANOTILHO, José Joaquim Gomes. *Direito constitucional*. 6. ed. Coimbra: Almedina, 1993.

CAPPELLETTI, Mauro. *O controle judicial de constitucionalidade das leis no direito comparado*. 2. ed. Trad. Aroldo Plínio Gonçalves. Porto Alegre: Sergio Antonio Fabris Editor, 1992.

CRUZ, Álvaro Ricardo de Souza. Regras e princípios: por uma distinção normoteorética. *Revista da Faculdade de Direito – UFPR*, n. 45, p. 37-73, 2006.

DELPUPO, Poliana Moreira. Não existem fatos, mas apenas interpretações. *Revista dos Tribunais*, v. 7, p. 307-322, jul.-ago./2014.

DWORKIN, Ronald. *Taking Rights Seriously*. Cambridge: Harvard University Press, 1977.

FARIAS, Cristiano Chaves de. Derrotabilidade das normas-regras (*legal defeseability*) no direito das famílias: alvitrando soluções para os *extreme cases* (casos extremos). In: PEREIRA, Rodrigo da Cunha; DIAS, Maria Berenice (Coord.). *Anais do IX Congresso Brasileiro de Direito de Família*: famílias – pluralidade e felicidade. Belo Horizonte: IBDFAM, 2014.

FIGUEROA, Alfonso García; MOREIRA, Eduardo Ribeiro. Neoconstitucionalismo, derrotabilidade e razão prática. *Revista de Direito Constitucional e Internacional*, vol. 79, p. 11-33, abr.-jun./2012.

FRANÇA, Vladimir da Rocha. Anotações à teoria das normas jurídicas. *Revista Tributária e de Finanças Públicas*, vol. 60, p. 11-23, jan.-fev./2005.

GRAU, Eros. Técnica legislativa e hermenêutica contemporânea. In: TEPEDINO, Gustavo (Org.). *Direito civil contemporâneo*: novos problemas à luz da legalidade constitucional. São Paulo: Atlas, 2008.

GUEDES, Gisela Sampaio da Cruz. *Lucros cessantes*: do bom-senso ao postulado normativo da razoabilidade. São Paulo: Ed. RT, 2011.

HART, Herbert L. A. The ascription of responsibility and rights. *Proceedings of the Aristotelian Society, New Series*, v. 49, p. 171-194, 1948.

KELSEN, Hans. *Teoria pura do direito*. Trad. João Baptista Machado. São Paulo: Martins Fontes, 1994.

KONDER, Carlos Nelson. Apontamentos iniciais sobre a contingencialidade dos institutos de direito civil. In: MONTEIRO FILHO, Carlos Edison do Rêgo; GUEDES, Gisela Sampaio da Cruz; MEIRELES, Rose Melo Vencelau (Org.). *Direito civil*. Rio de Janeiro: Freitas Bastos, 2015.

KONDER, Carlos Nelson. Distinções hermenêuticas da constitucionalização do direito civil: o intérprete na doutrina de Pietro Perlingieri. *Revista da Faculdade de Direito – UFPR*, v. 60, n. 1, p. 193-213, jan.-abr./2015.

KONDER, Carlos Nelson. Para além da principialização da função social do contrato. *Revista Brasileira de Direito Civil*, vol. 13, p. 39-59, jul.-set./2017.

KONDER, Carlos Nelson. Princípios contratuais e exigência de fundamentação das decisões: boa-fé e função social do contrato à luz do CPC/2015. *Revista Opinião Jurídica*, a. 14, n. 19, p. 33-57, jul.--dez./2016.

LARENZ, Karl. *Metodologia da ciência do direito*. 6. ed. Trad. José Lamego. Lisboa: Fundação Calouste Gulbenkian, 2012.

LEITE, Fábio Carvalho. Pelo fim da "cláusula de reserva de plenário". *Direito Estado e Sociedade*, n. 40, p. 91-131, jan.-jun./2012.

MENDES, Gilmar; BRANCO, Paulo Gustavo Gonet. *Curso de direito constitucional*. 7. ed. São Paulo: Saraiva, 2012.

MENEZES, Joyceane Bezerra de; FEITOSA, Gustavo Raposo Pereira. Entre o público e o privado no direito civil-constitucional: uma (re)discussão sobre o espaço da autonomia ético-existencial, intimidade e vida privada. *Revista do Programa de Pós-Graduação em Direito da UFC*, n. 1, p. 77-90, 2012.

MONTEIRO FILHO, Carlos Edison do Rêgo. Reflexões metodológicas: a construção do observatório de jurisprudência no âmbito da pesquisa jurídica. *Revista Brasileira de Direito Civil*, vol. 9, p. 8-30, jul.-set./2016.

MORAES, Maria Celina Bodin de. A caminho de um direito civil constitucional. *Revista de Direito Civil, Imobiliário, Agrário e Empresarial*, a. 17, p. 21-32, jul.-set./1993.

MORAES, Maria Celina Bodin de. A utilidade dos princípios na aplicação do direito. Editorial. *Civilistica. com*, a. 2, n. 1, p. 1-4, jan.-mar./2013.

NINO, Carlos Santiago. *La constitución de la democracia deliberativa*. Trad. Roberto P. Saba. Barcelona: Gedisa, 1997.

PEREIRA, Jane Reis Gonçalves. Os imperativos da proporcionalidade e da razoabilidade: um panorama da discussão atual e da jurisprudência do STF. In: SARMENTO, Daniel; SARLET, Ingo Wolfgang (Coord.). *Direitos fundamentais no Supremo Tribunal Federal*: balanço e críticas. Rio de Janeiro: Lumen Juris, 2011.

PERLINGIERI, Giovanni. *Profili applicativi della ragionevolezza nel diritto civile*. Napoli: Edizioni Scientifiche Italiane, 2015.

PERLINGIERI, Pietro. Applicazione e controllo nell'interpretazione giuridica. *Rivista di Diritto Civile*, a. LVI, n.1, p. 317-342, jan.-fev./2010.

PERLINGIERI, Giovanni. Fonti del diritto e "ordinamento del caso concreto". *Rivista di Diritto Privato*, a. XV, n. 4, p. 7-28, out.-dez./2010.

PERLINGIERI, Giovanni. *O direito civil na legalidade constitucional*. Trad. Maria Cristina De Cicco. Rio de Janeiro: Renovar, 2008.

PERLINGIERI, Giovanni. *Perfis do direito civil*: introdução ao direito civil constitucional. 3. ed. Trad. Maria Cristina de Cicco. Rio de Janeiro: Renovar, 2007.

PINO, Giorgio. I principi tra teoria della norma e teoria dell'argomentazione giuridica. In: *Diritto e questioni pubbliche*. Palermo: Università degli Studi di Palermo, 2012, p. 88.

PREVEDELLO, Alexandre. *Teoria da derrotabilidade*: as exceções não previstas nas regras jurídicas. Curitiba: Juruá, 2019.

SAUSSURE, Ferdinand de. *Cours de linguistique générale. Édition critique préparée par Tullio de Mauro*. Lonrai: Normandie Roto Impression, 1997.

SAUSSURE, Ferdinand de.*Curso de linguística geral*. Trad. Antônio Chelini, José Paulo Paes e Izidoro Blikstein. São Paulo: Cultrix, 2006.

SCHREIBER, Anderson. Direito civil e Constituição. *Revista Trimestral de Direito Civil*, vol. 48, p. 3-26, 2011.

SERBENA, Cesar Antonio (Coord.). *Teoria da derrotabilidade*: pressupostos teóricos e aplicações. Curitiba: Juruá, 2012.

SILVA, José Afonso da. *Teoria do conhecimento constitucional*. São Paulo: Malheiros, 2014.

SILVA, Rodrigo da Guia. Um olhar civil-constitucional sobre a "inconstitucionalidade no caso concreto". *Revista de Direito Privado*, a. 18, v. 73, p. 31-62, jan./2017.

SOUZA, Eduardo Nunes de. Função negocial e função social do contrato: subsídios para um estudo comparativo. *Revista de Direito Privado*, v. 54, p. 65-98, abr./2013.

SOUZA, Eduardo Nunes de. Merecimento de tutela: a nova fronteira da legalidade no direito civil. *Revista de Direito Privado*, a. 15, vol. 58, p. 75-107, abr.-jun./2014.

STRECK, Lenio Luiz. A hermenêutica diante da relação "regra-princípio" e o exemplo privilegiado do crime de porte de arma. *Revista Brasileira de Ciências Criminais*, v. 98, p. 241-266, set.-out./2012.

STRECK, Lenio Luiz. Os limites semânticos e sua importância na e para a democracia. *Revista da AJURIS*, vol. 41, n. 135, p. 173-187, set./2014.

TEPEDINO, Gustavo. A legitimidade constitucional das famílias formadas por união de pessoas do mesmo sexo. *Soluções práticas de direito*, v. I. São Paulo: Ed. RT, 2012.

TEPEDINO, Gustavo. A razoabilidade na experiência brasileira. In: TEPEDINO, Gustavo; TEIXEIRA, Ana Carolina Brochado; ALMEIDA, Vitor (Coord.). *Da dogmática à efetividade do direito civil*: anais do Congresso Internacional de Direito Civil-Constitucional – IV Congresso do IBDCivil. Belo Horizonte: Fórum, 2017.

TEPEDINO, Gustavo. Liberdades, tecnologia e teoria da interpretação. *Revista da Academia Paranaense de Letras Jurídicas*, n. 3, p. 29-50, 2014.

TEPEDINO, Gustavo. Marchas e contramarchas da constitucionalização do direito civil: a interpretação do direito privado à luz da Constituição da República. *[Syn]Thesis*, v. 5, n. 1, p. 15-21, 2012.

TEPEDINO, Gustavo. Os sete pecados capitais da teoria da interpretação. *Revista da EMERJ*, v. 20, n. 3, p. 319-343, set.-dez./2018.

TEPEDINO, Gustavo. Premissas metodológicas para a constitucionalização do direito civil. *Revista da Faculdade de Direito da UERJ*, n. 5, 1997.

TERRA, Aline de Miranda Valverde. A discricionariedade judicial na metodologia civil-constitucional. *Revista da Faculdade de Direito – UFPR*, vol. 60, n. 3, p. 367-382, set.-dez./2015.

VASCONCELLOS, Fernando Andreoni. A derrotabilidade da norma tributária. *Revista Tributária e de Finanças Públicas*, vol. 77, p. 121-149, nov.-dez./2007.

TEPEDINO, Gustavo. *Hermenêutica jurídica e derrotabilidade*. Curitiba: Juruá, 2010.

EM BUSCA DA NOVA FAMILIA:
UMA FAMÍLIA SEM MODELO

Rose Melo Vencelau Meireles

Doutora e Mestre em Direito Civil (UERJ). Professora Adjunta de Direito Civil da UERJ.
Procuradora da UERJ. Advogada e Mediadora.

"Tentei por muito tempo
Ser uma pessoa singular
Ter um só caminho, ter um limite
Um só amor, um só lugar
O que eu não queria era ser comum
O que eu não queria era ser normal
Agora não, eu sou feliz
Sendo plural"
(Plural, Eliakim Rufino)

Sumario: 1. Introdução. 2. As entidades familiares na Constituição da República: *numerus clausus* ou *numerus apertus*. 3. As novas entidades familiares. 4. A caminho da solidariedade familiar. 5. Para concluir.

1. INTRODUÇÃO

Toda a questão partiu de um documento: a certidão de nascimento. Como se sabe, nela constava um espaço destinado à paternidade e à maternidade: filho(a) de Fulano de Tal e Beltrana de Tal. Certamente, toda pessoa tem um pai e uma mãe biológicos. Todavia, foi-se o tempo em que constatação como esta era suficiente para se preencher aqueles espaços da certidão de nascimento. Como fazer se existem dois pais ou duas mães?[1]

Outrora, a questão não era de preenchimento, mas de *não* preenchimento, quando não havia pai registral. Não eram as situações mais confortáveis ser *filho de pai desconhecido*, nem ser *mãe solteira*, rótulos tomados de discriminação.

Para alguns, pais de mais; para outros, pais de menos! Formações familiares inconcebíveis se o modelo de família for pautado na união entre homem e mulher. Ocorre

---

1. O Provimento 67/2017 estabeleceu um modelo único de certidão de nascimento, no qual não há espaço específico para pai ou mãe: "Art. 9º Os novos modelos deverão ser implementados até o dia 1º de janeiro de 2018 e não devem conter quadros preestabelecidos para o preenchimento dos nomes dos genitores e progenitores, bem como para anotações de cadastro que não estejam averbadas ou anotadas nos respectivos registros. Parágrafo único. As certidões expedidas em modelo diverso até a data de implementação mencionada no caput deste artigo não precisarão ser substituídas e permanecerão válidas por prazo indeterminado".

que a concepção de família mudou, tanto em termos qualitativos, quanto em termos quantitativos.

A família não mais se configura como fim em si mesma[2]. A chamada família-instrumento se apresenta como o lugar no qual os seus membros encontram campo para se desenvolverem como pessoas. Na família, a categoria do ser encontra sua expressão social, a permitir que cada um possa encontrar sua felicidade com o outro, desenvolvendo suas escolhas pessoais a partir do que é. Nesse sentido, a partir da tutela da dignidade, afirma Gustavo Tepedino que:

> "a dignidade da pessoa humana, alçada pelo art. 1º, III, da Constituição Federal, a fundamento da República, dá conteúdo à proteção da família atribuída ao Estado pelo art. 226 do mesmo texto maior: é a pessoa humana, o desenvolvimento da sua personalidade, o elemento finalístico da proteção estatal, para cuja realização devem convergir todas as normas do direito positivo, em particular aquelas que disciplinam o direito de família, regulando as relações mais íntimas e intensas do indivíduo no social"[3].

Com essa mudança qualitativa, ocorre, consequentemente, a ampliação das formas nas quais a família pode se constituir. O casamento, antes única formação familiar merecedora de tutela jurídica, passa a ser apenas uma delas.

Assim, outras entidades familiares são reconhecidas como igualmente dignas de proteção do Estado, o que constitui apenas o primeiro passo em busca de uma família não padronizada, de uma família plural.

2. AS ENTIDADES FAMILIARES NA CONSTITUIÇÃO DA REPÚBLICA: *NUMERUS CLAUSUS* OU *NUMERUS APERTUS*

O art. 226, *caput*, da Constituição da República prescreve que a família é a base da sociedade e tem especial proteção do Estado. Mas a que família estaria se referindo o dispositivo constitucional?

Nos seus parágrafos, o art. 226 da Constituição Federal faz menção expressa ao casamento, à união estável entre um homem e uma mulher e à família monoparental. No entanto, as entidades familiares constitucionalizadas não são *numerus clausus*. Paulo Luiz Netto Lôbo já observara que, diante da realidade social brasileira, existem outras formas de convivência que merecem ser tratadas como família, tais como grupo de irmãos, uniões homossexuais, comunidade afetiva formada com *filhos do coração*, concluindo que:

> "Os tipos de entidades familiares explicitados nos parágrafos do art. 226 da Constituição são meramente exemplificativos, sem embargo de serem os mais comuns, por isso mesmo merecendo referência expressa. As demais entidades familiares são tipos implícitos incluídos no âmbito de abrangência do conceito amplo e indeterminado de família indicado no caput. Como todo conceito indeterminado, depende de concretização dos tipos, na experiência da vida, conduzindo à tipicidade aberta dotada de ductibilidade e adaptabilidade"[4].

---

2. Talvez a família já exercesse uma função, mas o seu fim era mais o de manter-se em nome de interesses patrimoniais que a satisfação de interesses existenciais das pessoas integrantes.
3. TEPEDINO, Gustavo. "Novas formas de entidades familiares: efeitos do casamento e da família não fundada no casamento". *Temas de direito civil*. 3. ed. Rio de Janeiro: Renovar, 2004, p. 371.
4. LOBO, Paulo Luiz Netto. "Entidades familiares constitucionalizadas". *Anais do III Congresso Brasileiro de Direito de Família*. Belo Horizonte, 2002, p. 95.

De fato, o termo *família* é utilizado pelo constituinte de forma ampla, devendo a função do instituto ser seu elemento unificador[5]. Ora, se a função da família se realiza quando através da comunhão de vida se permita o desenvolvimento de cada uma das pessoas que a integram, sempre que assim for configurada a convivência, deve receber proteção do Estado *como família*[6]. Em outras palavras, afirmar que esta ou aquela forma de convivência constitui entidade familiar significa dizer que como tal, como família, é merecedora de especial proteção do Estado, nos termos do *caput* do art. 226 da Constituição Federal.

Dessa prometida tutela estatal advém a importância de ter sido reconhecida constitucionalmente a família monoparental, a qual se forma "quando a pessoa considerada (homem ou mulher) encontra-se sem cônjuge ou companheiro e vive com uma ou várias crianças"[7], por motivo de viuvez ou de reprodução humana assistida *post mortem* etc. Com isto, facilita-se a concessão, por exemplo, de benefícios previdenciários ou estatutários instituídos em prol da família.

A família homoafetiva passou por diversas etapas até seu pleno reconhecimento. O Judiciário enfrentou temas como a competência das Varas de Família para processar as ações em que se discutem os efeitos jurídicos das uniões formadas por pessoas do mesmo sexo"[8]; a possibilidade de adoção por casais homossexuais[9]; o direito à partilha de bens segundo o regime da comunhão parcial[10], até o julgamento pelo Supremo Tribunal Federal (STF) da Ação Direta de Inconstitucionalidade (ADI) 4277 e a Arguição de Descumprimento de Preceito Fundamental (ADPF) 132, que firmou entendimento pela equiparação com a união estável entre homem e mulher[11].

---

5. Discussão paralela a esta consiste na hierarquia das entidades familiares constitucionalizadas, bem abordada por NEVARES, Ana Luiza Maia. "Entidades familiares na Constituição: críticas à concepção hierarquizada". In: BARBOZA, Heloisa Helena et al (Coord.). *Diálogos sobre direito civil*. Rio de Janeiro: Renovar, 2002, p. 291-315.

6. Não se desconhece, nem se é contra a efeitos diferentes às entidades familiares, quando a distinção estiver justificada na própria diferença existente entre elas. Vide por todos TEPEDINO, Gustavo. "Novas entidades familiares", cit., passim.

7. LEITE, Eduardo de Oliveira. *Famílias monoparentais*. São Paulo: Ed. RT, 1997, p. 22.

8. TJRS, 7ª CC, Ap. Civ. 70016239949, Rel. Des. Luiz Felipe Brasil Santos, julg. 20.12.2006. Nesse sentido, vide TJRJ, 2ª CC, Conflito de Competência 0009734-24.2010.8.19.0000, Rel. Des. Alexandre Câmara, julg. 28.04.2010. Oscilante o STJ que, ora considera a união homoafetiva análoga à união estável, e ora a compreende como sociedade de fato. Quanto à competência, contudo, entendeu que "A primeira condição que se impõe à existência da união estável é a dualidade de sexos. A união entre homossexuais juridicamente não existe nem pelo casamento, nem pela união estável, mas pode configurar sociedade de fato, cuja dissolução assume contornos econômicos, resultantes da divisão do patrimônio comum, com incidência do Direito das Obrigações" (STJ, 4ª T., REsp. 502995, Rel. Min. Fernando Gonçalves, julg. 26.4.2005).

9. TJRS, 7ª CC, Ap. Civ. 7001381592, Rel. Des. Luiz Felipe Brasil Santos, julg. 05.04.2006.

10. TJRS, 7ª CC, Ap.Civ. 70005488812, Rel. Des. José Carlos Teixeira Giorgis, julg. 25.06.2003.

11. "1. Arguição de descumprimento de preceito fundamental (ADPF). Perda parcial de objeto. Recebimento, na parte remanescente, como ação direta de inconstitucionalidade. União homoafetiva e seu reconhecimento como instituto jurídico. Convergência de objetos entre ações de natureza abstrata. Julgamento conjunto. Encampação dos fundamentos da ADPF 132-RJ pela ADI 4.277-DF, com a finalidade de conferir "interpretação conforme à Constituição" ao art. 1.723 do Código Civil. Atendimento das condições da ação. 2. Proibição de discriminação das pessoas em razão do sexo, seja no plano da dicotomia homem/mulher (gênero), seja no plano da orientação sexual de cada qual deles. A proibição do preconceito como capítulo do constitucionalismo fraternal. Homenagem ao pluralismo como valor sócio-político-cultural. Liberdade para dispor da própria sexualidade, inserida na categoria dos direitos fundamentais do indivíduo, expressão que é da autonomia de vontade. Direito à intimidade e à vida privada. Cláusula pétrea. O sexo das pessoas, salvo disposição constitucional expressa ou implícita em sentido contrário, não se presta como fator de desigualação jurídica. Proibição de preconceito, à luz do inciso IV do art. 3º da Constituição Federal,

Posteriormente, o Superior Tribunal de Justiça firmou entendimento no sentido de inexistir vedação expressa a que pessoas do mesmo sexo se habilitem para o casamento e, ainda, que qualquer vedação implícita seria constitucionalmente inaceitável[12]. Em seguida, o Conselho Nacional de Justiça (CNJ) editou a Resolução 175/2013 para dispor sobre a habilitação, celebração de casamento civil, ou de conversão de união estável em casamento, entre pessoas de mesmo sexo, considerando que o STF reconheceu a inconstitucionalidade da distinção de tratamento legal às uniões estáveis constituídas por pessoas de mesmo sexo.

A decisão da Corte Constitucional abriu assim espaço para o reconhecimento de outras tantas formações sociais como família, a indicar que na legalidade constitucional não há limite quantitativo de modelos familiares. Releva atenção, portanto, as novas entidades familiares que surgem a partir da mesma função, por vezes disruptivas.

3. AS NOVAS ENTIDADES FAMILIARES

A passagem de um modelo único de família (matrimonial) para um sem número de modelos familiares (*numerus apertus*), leva a uma questão mais complexa: o que é família? Ao analisar as formações sociais que o Direito tem qualificado como família, pode-se fazer um recorte a partir da verticalidade ou horizontalidade das relações.

As relações verticais ou parentais têm se modificado ao longo do tempo para valorizar a afetividade como valor apto a constituir tais relações. No modelo tradicional de família, pautado na consanguinidade, só há lugar para um pai e para uma mãe, porque, simplesmente, esta é (ou era) a ordem natural das coisas. Apesar da laicidade, a imagem da Sagrada Família ainda retrata o ideário familiar. Trata-se do modelo triangular de filiação. Ocorre que este modelo de família não é o único e cada vez mais se apresenta comum a entidade familiar com a presença de dois pais ou duas mães.

O uso de técnicas de reprodução humana permitem a gestação compartilhada por um casal de mulheres e a gestação de substituição por um casal de homens, ambos mães ou pais[13]. Na adoção por família homossexual também há a possibilidade de nele constar dois pais ou duas mães. Uma solução interessante nesses casos é não apontar no registro

---

por colidir frontalmente com o objetivo constitucional de "promover o bem de todos". Silêncio normativo da Carta Magna a respeito do concreto uso do sexo dos indivíduos como saque da kelseniana "norma geral negativa", segundo a qual "o que não estiver juridicamente proibido, ou obrigado, está juridicamente permitido". Reconhecimento do direito à preferência sexual como direta emanação do princípio da "dignidade da pessoa humana": direito a autoestima no mais elevado ponto da consciência do indivíduo. Direito à busca da felicidade. Salto normativo da proibição do preconceito para a proclamação do direito à liberdade sexual. O concreto uso da sexualidade faz parte da autonomia da vontade das pessoas naturais. Empírico uso da sexualidade nos planos da intimidade e da privacidade constitucionalmente tuteladas. Autonomia da vontade. Cláusula pétrea. 3. Tratamento constitucional da instituição da família. Reconhecimento de que a constituição federal não empresta ao substantivo "família" nenhum significado ortodoxo ou da própria técnica jurídica. A família como categoria sociocultural e princípio espiritual. Direito subjetivo de constituir família". (STF, Pleno, ADF 4277/DF, Rel. Min. Ayres Britto, julg. 05.05.2011).

12. Vide o *leading case*: STJ, 4ª T., RESP 1.183.378/RS, Rel. Min. Luis Felipe Salomão, julg. 25.11.2011.
13. Vide Resolução 2168/2017 CFM a respeito das técnicas de reprodução humana e sua aplicabilidade para casais do mesmo sexo.

da criança a condição de pai ou mãe, mas ressaltar a condição de filho: que é filho de Fulano e Beltrano[14]. O princípio maior é o melhor interesse da criança e do adolescente[15].

As famílias recompostas também merecem destaque. Casais separados ou divorciados podem estabelecer novas uniões familiares e vir a assumir o papel materno ou paterno dos filhos biológicos do novo par, além de permanecer exercendo o mesmo papel com os seus próprios filhos biológicos. A criança e o adolescente, portanto, podem ter dois pais (pai biológico e padrasto) e duas mães (mãe biológica e madrasta). Pai e padrasto, mãe e madrasta podem exercer conjuntamente a função paterna e materna, sendo isto o que comumente acontece. Eis a *ratio* da Lei 11.924/2009 que acrescentou o § 8° no art. 57 da Lei 6.015/1973, permitindo ao enteado ou enteada a averbação do nome de família do padrasto ou madrasta. A participação que exercem na vida dos filhos do seu consorte pode ser tão expressiva a ponto de deferir-se a guarda a eles, no lugar dos pais biológicos, conforme se extrai das decisões que seguem exemplificativamente:

> "Ação de guarda proposta pelo padrasto. Pretensão em regularizar uma situação de fato existente há 06 anos para inclusão do menor em plano de saúde oferecido pela empresa para a qual trabalha. Sentença procedente. Apelação. A destituição da guarda em face do genitor só é possível e só atende ao interesse da criança se este descumpriu, injustificadamente, os seus deveres e obrigações, o que não se verifica no presente caso. A falta de recursos materiais não justifica por si só, a concessão de tal medida.
>
> *Recurso conhecido e provido"*[16].
>
> "Apelação cível. Guarda de menor. Improcedência do pedido. Inconformismo. Provimento do recurso. Há seis anos o enteado vive com sua mãe e o marido dela, seu padrasto, que requer a guarda desse menor. O Relatório Psicossocial firmado por Assistente Social e Psicóloga, ouviu o requerente, o adolescente, a genitora, o genitor, e após o estudo de todas essas preciosas informações, conclui que o deferimento do pedido inicial se harmoniza com os interesses do menor. No mesmo sentido, o pronunciamento do Parquet após a prolação da sentença, sendo que o douto Parecer da Procuradoria-Geral de Justiça preconiza o provimento do apelo, aplaudindo, portanto, a procedência do pedido exordial. Em verdade, *reverentia venia*, à luz do acervo probatório, da lei que rege a matéria, bem como em razão dos interesses do menor, o recurso merece provido para o efeito de ser acolhida a procedência do *petitum*. Provimento do recurso"[17].

O padrasto, companheiro ou marido da mãe da criança ou adolescente, mesmo sem ter qualquer responsabilidade decorrente de laço consanguíneo, pode assumir espontaneamente a função paterna e, assim, formaliza-la por intermédio do instituto da guarda. Trata-se da socioafetividade que assim repercute na formação da família. O STJ aceitou, inclusive, que fosse estabelecido entre um casal homossexual que na falta da mãe, a ex-companheira ficaria com a guarda"[18].

---

14. Merece destaque a decisão do TJRJ que foi pioneira nessa ideia de destacar no acento a filiação, não já os títulos de pai e mãe (TJRS, 7ª CC, Ap. Civ. 70013801592, Rel. Des. Luiz Felipe Brasil Santos, julg. 05.04.2006).
15. Esta constitui a linha argumentativa do STJ, ao admitir a adoção por casais homoafetivos: "A adoção, antes de mais nada, representa um ato de amor, desprendimento. Quando efetivada com o objetivo de atender aos interesses do menor, é um gesto de humanidade" (STJ, 4ª T., REsp. 889852, Rel. Min. Luis Felipe Salomão, julg. 27.04.2010).
16. TJRJ, 14ª CC, Ap. Civ. 2004.001.06770, Rel. Des. Ferdinaldo do Nascimento, julg. 23.11.2004.
17. TJRJ, 6ª CC, Ap. Civ. 2003.001.10303, Rel. Des. Albano Mattos Correa, julg. 02.12.2003.
18. STJ, 4ª Turma, REsp. 502995, Rel. Min. Fernando Gonçalves, DJ 16.05.2005, p. 353.

Em situação análoga, a companheira do avô da criança obteve a guarda desta e, desse modo, passou a constituir a família juntamente com a mesma, como se observa na ementa a seguir:

"Apelação cível. Ação de guarda de menor. Requerimento formulado pela companheira do avô materno já falecido. Menor que vive com a requerente desde que nasceu, dependendo desta econômica e emocionalmente. Fins previdenciários e afetivos. Menor sob a guarda de fato da companheira do avô materno falecido, dessa dependente economicamente. Hipótese em que não se vislumbra apenas finalidades previdenciárias, mas amparo integral à menor, provendo-lhe em primeiro plano o aspecto educacional e de saúde. Interesse do menor. Prevalência. Estatuto da Criança e do Adolescente. É dever da sociedade e do poder público proteger e amparar o menor – art. 227 da Constituição Federal. Provimento do recurso[19].

Ainda a respeito do modelo triangular de filiação, o Plenário do Supremo Tribunal Federal (STF) entendeu que a existência de paternidade socioafetiva não exime de responsabilidade o pai biológico, a permitir a multiparentalidade para figurar no registro ambos os pais (socioafetivo e biológico)[20]. Nas ações de investigação de paternidade, entendia-se como implícito o pedido de cancelamento do registro, para a sua alteração em caso de procedência[21]. No entanto, sendo possível a multiparentalidade, o pedido de exclusão deve ser expresso.

Na adoção, os laços biológicos se rompem definitivamente, pois segundo o previsto no art. 1.626 do Código Civil a adoção desliga o adotado de qualquer vínculo com os pais e parentes consanguíneos, salvo quanto aos impedimentos matrimoniais. Não obstante isso, o art. 48 da Lei 8.069/1990 garante o conhecimento da origem biológica, após completar 18 anos[22]. Além do direito ao conhecimento da sua origem biológica, em julgado do STJ o Ministro Eduardo Ribeiro apesar de afirmar em seu voto que "não há cogitar de possíveis efeitos do reconhecimento de paternidade em relação à adoção, pois, em verdade, não há efeito algum", também aduziu que não se animaria a excluir por completo a possibilidade de se pedir alimentos, não obstante os termos do art. 41 do ECA, dependendo do caso concreto e imagina: "Suponha-se a hipótese de criança de tenra idade, cujos pais adotivos viessem a falecer ou cair na miséria. Parece-me que ela, que não foi ouvida sobre a adoção, não se poderia impedir de pretender alimentos de seus pais biológicos. É o direito à vida que está aí envolvido"[23].

Com o desenvolvimento das técnicas de reprodução humana assistida, as relações familiares ficaram ainda mais complexas, pois possível que o material genético utilizado

---

19. TJRJ, 18ª CC, Ap. Civ. 2006.001.61804, Rel. Des. Jorge Luiz Habib, julg. 22.05.2006.
20. STF, Pleno, RE 898.060, Rel. Min. Luiz Fux, julg. 21.09.2016.
21. Nesse sentido cf.: "Civil. Agravo regimental. Direito de família. Investigação de paternidade. Imprescritibilidade da pretensão. 1. Esta Corte preconiza que se o autor pleiteia a investigação de sua paternidade, a pretensão é imprescritível, estando subsumido no pedido principal o cancelamento do registro anterior, como decorrência lógica da procedência daquela ação. 2. Agravo regimental não provido" (STJ, 4ª T., AgRg no REsp 1422611 / SP, Rel. Min. Luis Felipe Salomão, julg. 02.09.2014).
22. Art. 48. O adotado tem direito de conhecer sua origem biológica, bem como de obter acesso irrestrito ao processo no qual a medida foi aplicada e seus eventuais incidentes, após completar 18 (dezoito) anos (Redação dada pela Lei 12.010, de 2009).
    Parágrafo único. O acesso ao processo de adoção poderá ser também deferido ao adotado menor de 18 (dezoito) anos, a seu pedido, assegurada orientação e assistência jurídica e psicológica.
23. STJ, 3ª Turma, REsp. 127541, Rel. Min. Eduardo Ribeiro, julg. 10.04.2000.

não seja do pai jurídico, ensejando a mesma problemática que a adoção[24]. Nas uniões homoafetivas de mulheres, não há pai e sim doador. Nessa seara surge a gestação compartilhada, na qual ambas as mulheres participam ativamente da reprodução, podendo ser usado o óvulo qualquer delas para a fertilização *in vitro*, e implantado o embrião em uma delas, que pode ser a titular genética ou não[25]. Nas uniões homoafetivas de homens, a reprodução humana permite o uso da gestação de substituição, e implantação do embrião formado com o material genético de qualquer dos pais na mulher que cede temporária e gratuitamente o seu útero, que deverá ser da família de um dos parceiros[26]. O uso das técnicas de reprodução humana por famílias homoafetivas traz à tona o papel central da autonomia na filiação e a atribuição de responsabilidade em decorrência do plano parental idealizado[27].

Nas relações heteroafetivas, a gestação de substituição é utilizada como meio de tratamento reprodutivo. Nessa situação, existem – pelo menos – duas mães: a mãe gestacional e a mãe biológica. A mãe gestacional é a que leva à termo a gravidez, enquanto que a mãe biológica é aquela que se vale da técnica de gestação de substituição para ter um filho biológico. Guilherme de Oliveira, depois de fazer todos se questionarem a respeito da mutiparentalidade, concluiu que, por enquanto, não se mostra possível emendar esse velho emblema da cultura afetiva e mãe é mesmo só uma[28]. A opção das normas administrativas brasileiras foi pela mãe biológica, não em razão do critério consanguíneo, mas por ser resultado do seu projeto parental[29].

No âmbito das relações horizontais ou conjugais o Direito desperta para a pluralidade estrutural, para além da estrutura binária homem e mulher, homem e homem ou mulher e mulher[30]. Nesse tema, a família poliafetiva se configura com a vida em comum

---

24. "Com efeito, qualquer um, independentemente de ter seu status de filho estabelecido, que não conheça sua origem genética, em respeito à tutela da dignidade da pessoa humana, faz jus a ver reconhecida tal proteção. Isto porque, sendo a tutela da pessoa abrigada por uma cláusula geral, não tem seu conteúdo resumido a situações tipicamente previstas, mas, também, abrange situações atípicas" (VENCELAU, Rose Melo. "Status de filho e direito ao conhecimento da origem biológica". In BARBOZA, Heloisa Helena et al (Coord.). *Diálogos sobre direito civil.* Rio de Janeiro: Renovar, 2002, p. 394).
25. Na Resolução CFM 2168/2017, a técnica é prevista no item II. 3: "É permitida a gestação compartilhada em união homoafetiva feminina em que não exista infertilidade. Considera-se gestação compartilhada a situação em que o embrião obtido a partir da fecundação do(s) oócito(s) de uma mulher é transferido para o útero de sua parceira".
26. Na Resolução CFM 2168/2017, a restrição consta no item VII.1: "A cedente temporária do útero deve pertencer à família de um dos parceiros em parentesco consanguíneo até o quarto grau (primeiro grau – mãe/filha; segundo grau – avó/irmã; terceiro grau – tia/sobrinha; quarto grau – prima). Demais casos estão sujeitos à autorização do Conselho Regional de Medicina".
27. Em caso julgado pela 2ª Vara de Família e Sucessões da Comarca de São Paulo, entendeu-se que a ex-companheira deve pagar alimentos gravídicos em virtude da gravidez resultante de inseminação caseira, realizada durante a união como projeto parental comum, não importando ausência de vínculo biológico. Processo em segredo de justiça. www.ibdfam.org.br. Disponível em 23.11.2020.
28. OLIVEIRA, Guilherme Freire Falcão de. *Mãe há só uma duas!* O contrato de gestação. Coimbra: Coimbra editora, 1992, p. 99. Vide, ainda, VENCELAU, Rose Melo. "Família, indivíduo e biotecnologia: o biodireito", *RTDC*, v. 15, jul./set. 2003, p. 288.
29. O Provimento CNJ 63 regula a emissão de certidão de nascimento nesses casos: "Art. 17. § 1º Na hipótese de gestação por substituição, não constará do registro o nome da parturiente, informado na declaração de nascido vivo, devendo ser apresentado termo de compromisso firmado pela doadora temporária do útero, esclarecendo a questão da filiação".
30. Sobre o tema, vide BRASILEIRO, Luciana. *As famílias simultâneas e seu regime jurídico.* Belo Horizonte: Forum, 2019, passim.

ROSE MELO VENCELAU MEIRELES

entre três ou mais pessoas, que desejam conviver umas com as outras conjuntamente como família. A pluralidade também pode se manifestar nas famílias paralelas que se estabelecem ao mesmo tempo mas não em conjunto. O Supremo Tribunal Federal reconheceu a repercussão geral (Tema 529) da possibilidade de reconhecimento jurídico de união estável e de relação homoafetiva concomitantes, com o consequente rateio de pensão por morte[31]. O Tribunal de Justiça do Rio Grande do Sul, reconheceu a existência de famílias paralelas, entendendo que "se a esposa concorda em compartilhar o marido em vida, também deve aceitar a divisão de seu patrimônio após a morte, se fazendo necessária a preservação do interesse de ambas as células familiares constituídas"[32]. Resta aguardar a tese a ser fixada pelo STF acerca do tema.

Também a convivência de colaterais se configura entidade familiar merecedora de proteção especial do Estado, como irmãos que vivem juntos, de acordo com o que decidiu o STJ no Recurso Especial nº 159.851 que "os irmãos solteiros que residem no imóvel comum constituem uma entidade familiar e por isso o apartamento onde moram goza da proteção de impenhorabilidade, prevista na lei 8009/90, não podendo ser penhorado na execução de dívida assumida por um deles"[33].

Percebe-se, assim, cada vez mais o surgimento de formações sociais com o intuito de formar família, de estabelecer uma comunhão de vida, diversas daquelas entidades familiares constitucionalizadas e que alçam algum tipo de tutela estatal.

4. A CAMINHO DA SOLIDARIEDADE FAMILIAR

A vigente Constituição Federal destina o Capítulo VII do Título VII, que trata da *Ordem Social*, à família, à criança, ao adolescente e ao idoso. Desse modo, a proteção da família está contextualizada na Constituição no âmbito do social. A família se apresenta, de fato, como organização social.

Sendo a pessoa vértice do ordenamento jurídico brasileiro, no qual a dignidade da pessoa humana alça posição de princípio basilar, não se pode considerá-la insular porque, precisamente, sua tutela anda ao lado do cuidado com o outro. Por isso, Maria Celina Bodin de Moraes afirma que "A pessoa humana, no que se difere diametralmente da concepção de indivíduo, há de ser apreciada a partir da sua inserção no meio social"[34].

Não é outra a conclusão possível quando foi eleita como um dos objetivos da República no art. 3º, I, da Constituição Federal a construção de uma sociedade livre, justa e *solidária*. O direito-dever de solidariedade social, na concepção desenvolvida por Maria Celina Bodin de Moraes, "É o conceito dialético de 'reconhecimento' do outro"[35]. No

---

31. STF, *Leading Case* RE 1045273, Rel. Min. Alexandre de Moraes, incluído na pauta de julgamento do dia 02.12.2020, posterior ao fechamento deste artigo.
32. TJRS, 8ª CC, Ap. Civ. 0140305-63.2019.8.21.7000, Rel. Des. José Antônio Daltoé Cezar, julg. 12.11.2020.
33. STJ, 4ª T., REsp. 159851, Rel. Min. Ruy Rosado de Aguiar, DJ 22.06.1998, p. 100.
34. MORAES, Maria Celina Bodin de. "O princípio da solidariedade". In PEIXINHO, Manuel Messias et al (Org.). *Os princípios da Constituição de 1988*. Rio de Janeiro: Lumen Juris, 2001, p. 167.
35. MORAES, Maria Celina Bodin de. *Danos à pessoa humana*. Rio de Janeiro: Renovar, p. 112.

âmbito das relações familiares o *outro* é o marido, a esposa, o companheiro ou companheira, os filhos, os irmãos, enfim, todos que formam uma comunhão de vida.

Válida assim a assertiva de Pietro Perlingieri, no sentido de que "O merecimento de tutela da família não diz respeito exclusivamente às relações de sangue, mas, sobretudo, àquelas afetivas que se traduzem em uma comunhão de vida"[36]. Afinal, está-se diante de uma formação social que deve se conformar com os demais valores constitucionais, sobretudo, o da dignidade da pessoa humana, a fim de que no seu interior cada membro possa promover o seu desenvolvimento.

Como afirma Ana Luiza Maia Nevares, "pessoa humana e comunidade familiar não são vistas em oposição, porque se é verdade que a instituição familiar só é protegida em função da pessoa, por outro lado, é também verdade que o indivíduo só será tutelado a ponto de não satisfazer seus egoísmos particulares ou tendências desagregadoras do núcleo familiar"[37]. Assim, o comportamento de cada membro familiar também está pautado neste direito-dever de solidariedade social.

Para que a solidariedade assuma esta feição de direito-dever no âmbito familiar faz-se necessária, porém, uma premissa básica: que aquela formação social seja considerada família. É na busca pela assunção dessa responsabilidade que o homem ou a mulher almeja adotar o filho do seu par; o padrasto ou a madrasta requer a guarda o enteado, e, das várias possibilidades que os casos concretos podem produzir, podem surgir novas formas de formação familiar, sendo todas merecedoras de proteção jurídica. Nesse sentido, Pietro Perlingieri afirmou que "Se o dado unificador é a comunhão espiritual e de vida, deve ser evidenciado como ela se manifesta em uma pluralidade de articulações, em relação aos ambientes e ao diverso grau sociocultural: da família nuclear sem filhos à grande família. Cada forma familiar tem uma própria relevância jurídica, dentro da comum função de serviço ao desenvolvimento da pessoa"[38].

Com efeito, é para uma maior proteção da pessoa humana que se deve reconhecer como família todas as expressões de comunhão de vida nessa direção, não apenas aquelas expressamente constitucionalizadas. De acordo com Gustavo Tepedino, "À família, no direito positivo brasileiro, é atribuída proteção especial na medida em que a Constituição entrevê o seu importantíssimo papel na promoção da dignidade humana"[39]. Desse modo, é esse papel promotor da dignidade humana dos seus membros que confere à família proteção especial, de modo que somente se cumpridora desta função será a família digna de tutela jurídica especial.

Essa função rendeu o esforço doutrinário de equiparar o solteiro à entidade familiar, para fins de aplicação da Lei 8.009/90[40]. Na verdade, conforme aduz Anderson Schreiber, "Não se trata mais de proteger a entidade familiar, mas a pessoa, integre ela ou não uma família. Se a proteção ao imóvel tradicionalmente se dizia concedida à célula mater da sociedade (a família), hoje é necessário que esta proteção se atomize, e passe a incidir

---

36. PERLINGIERI, Pietro. *Perfis do direito civil*. Rio de Janeiro: Renovar, 1997, p. 244.
37. NEVARES, Ana Luiza Maia. Op. cit., p. 298.
38. PERLINGIERI, Pietro. Op. cit., p. 244.
39. TEPEDINO, Gustavo. Op. cit., p. 372.
40. LOBO, Paulo Luiz Netto. Op. cit., p. 15.

também sobre aqueles que residem sós"[41], o que está de acordo com a concepção atual de família de formação voltada para a promoção dos seus integrantes. Foi com fundamento na tutela da pessoa que o EREsp. 182223, *leading case* estendeu a proteção prevista na Lei 8.009/90 ao solteiro, assim ementado:

"Processual – Execução – Impenhorabilidade – Imóvel Residência – Devedor Solteiro E Solitário – Lei 8.009/90. – A interpretação teleológica do Art. 1º, da Lei 8.009/90, revela que a norma não se limita ao resguardo da família. Seu escopo definitivo é a proteção de um direito fundamental da pessoa humana: o direito à moradia. Se assim ocorre, não faz sentido proteger quem vive em grupo e abandonar o indivíduo que sofre o mais doloroso dos sentimentos: a solidão. – É impenhorável, por efeito do preceito contido no art. 1º da Lei 8.009/90, o imóvel em que reside, sozinho, o devedor celibatário"[42].

Assim, a tutela da pessoa humana é o principal objetivo constitucional a ser alcançado, seja da pessoa fora do seu grupo familiar, seja no interior da formação familiar. Há que se pensar, portanto, que a família figura meio para a promoção da pessoa humana, razão pela qual, muitas vezes, mesmo aquele que vive sozinho é digno de uma tutela inicialmente destinada à entidade familiar.

5.   PARA CONCLUIR

Não há uma nova família, mas novas famílias. A família não se constitui apenas formalmente, com o casamento. Também existem uniões informais. A família não se forma apenas biologicamente, com as relações de parentesco consanguíneo. O vínculo socioafetivo cada vez mais é tido como fonte do parentesco. E, assim, por meio de estruturas várias as pessoas se unem com o fim de constituir família.

É a vontade, a intenção de conviver como família, que une as pessoas nesse tipo de formação social. Aduz Pietro Perlingieri que "O sangue e o afeto são razões autônomas de justificação para o momento constitutivo da família, mas o perfil consensual e a *affectio* constante e espontânea exercem cada vez mais o papel de denominador comum de qualquer núcleo familiar"[43].

A família consiste em verdadeira expressão da solidariedade social. É o laço mais próximo de *reconhecimento* ou de *cuidado* com o outro. É por meio desse cuidado recíproco entre os membros da entidade familiar que a sua função maior é alcançada. Afinal, a família foi dotada pelo legislador constitucional de especial proteção exatamente para a promoção e desenvolvimento de cada uma das pessoas que formam esse núcleo familiar.

Se para atender a essa função a organização familiar se estruturar de forma diversa daquelas entidades familiares constitucionalizadas, merece igual proteção do Estado. Não é o meio e sim o fim que irá determinar o merecimento de tutela.

Talvez assim nenhuma criança tenha vergonha de mostrar aos colegas sua certidão de nascimento na qual não consta o nome do pai; nenhuma criança se sinta constran-

---

41.   SCHREIBER, Anderson. "Direito à moradia como fundamento para impenhorabilidade do imóvel residencial do devedor solteiro". In BARBOZA, Heloisa Helena et al (Coord.). *Diálogos sobre direito civil*. Rio de Janeiro: Renovar, 2002, p. 93.

42.   STJ, Corte Especial, Rel. Min. Sálvio de Figueiredo Teixeira, DJ 07.04.2003, p. 209.

43.   PERLINGIERI, Pietro. Op. cit., p. 244.

gida em explicar porque na sua certidão de nascimento tem o nome de duas mulheres; toda criança se sinta feliz de ter dois pais, um biológico e um socioafetivo; toda família homossexual possa ser tratada realmente como família, além de inúmeras hipóteses que se poderia enumerar a partir da aceitação da pluralidade de núcleos familiares.

É preciso não esquecer que a base está na dignidade da pessoa humana, em nome da qual se deve admitir um sem modelo de entidades familiares, desde que, em qualquer forma que se apresente, a formação familiar esteja pautada à realização da sua precípua função serviente.

POR UMA INTERPRETAÇÃO CIVIL-CONSTITUCIONAL DO JULGAMENTO DO RECURSO EXTRAORDINÁRIO 878.694/MG: UM ESTUDO A PARTIR DA MODULAÇÃO DOS EFEITOS DA DECISÃO

Simone Tassinari Cardoso Fleischmann

Doutora e Mestra em Direito pela Pontifícia Universidade Católica do RS. Professora de Direito Civil na Universidade Federal do Rio Grande do Sul. Mediadora. Advogada. E-mail: sitassinari@hotmail.com.

Caroline Pomjé

Mestra em Direito Privado pela Universidade Federal do Rio Grande do Sul (UFRGS). Pesquisadora do Núcleo de Estudos e Pesquisa em Direito Civil-Constitucional, Família, Sucessões e Mediação de Conflitos (UFRGS) e do Núcleo de Estudos em Direito Civil-Constitucional (Grupo Virada de Copérnico – UFPR). Advogada. E-mail: caroline@scarparo.adv.br.

Sumário: 1: Introdução. 2. Notas sobre o controle de constitucionalidade. 3. Critérios para a modulação de efeitos da decisão que declarou a inconstitucionalidade do art. 1.790, do CCB/2002. 4. Conclusão. 5. Referências.

1. INTRODUÇÃO

A observância da Constituição Federal cabe às autoridades do Poder Judiciário, Poder Executivo e Poder Legislativo; simultaneamente, o dever de seguir fielmente seus preceitos é atribuído a todas as pessoas e entidades privadas[1], inclusive no ambiente familiar. Afirma-se, ademais, que as normas constitucionais e, especialmente, "o rol dos direitos e garantias individuais, possuem direta eficácia nas relações de direito civil"[2], entendendo-se pela necessidade de que as normas hierarquicamente inferiores – segundo o escalonamento kelseniano – sejam interpretadas a partir das diretrizes constitucionais. O controle sobre a constitucionalidade das leis insere-se nesse contexto, com a necessidade de existência de mecanismos fiscalizatórios destinados, justamente, a garantir que os demais diplomas legais sejam elaborados conforme as normas constitucionais[3].

---

1. ZAVASCKI, Teori Albino. *Eficácia das sentenças na jurisdição constitucional*. São Paulo: Ed. RT, 2001, p. 13.
2. TEPEDINO, Gustavo. Normas constitucionais e relações de Direito Civil na experiência brasileira. TEPEDINO, Gustavo. *Temas de Direito Civil*. Rio de Janeiro: Renovar, 2006. p. 21-47, t. II, p. 22.
3. DANTAS, Paulo Roberto de Figueiredo. *Direito Processual Constitucional* (2003). 6. ed. rev. e ampl. São Paulo: Atlas, 2015, p. 167.

O ordenamento jurídico brasileiro contemporâneo adota um modelo híbrido de controle de constitucionalidade das normas, no qual podem ser vislumbradas situações de utilização do modelo difuso de controle de constitucionalidade (com a análise incidental da constitucionalidade das normas) e, concomitantemente, hipóteses de manejo de técnicas atinentes ao controle concentrado de constitucionalidade. Teori Albino Zavascki, com efeito, reconhece que a fiscalização jurisdicional da constitucionalidade de preceitos normativos pode ocorrer "(a) no julgamento de caso concreto, em que, para tutela direito subjetivo específico, se nega aplicação a normas consideradas inconstitucionais (*controle incidental e difuso*); e (b) no julgamento de ação direta com tal finalidade [...] (*controle abstrato e concentrado*)"[4].

Independentemente do modo pelo qual o controle de constitucionalidade das normas será realizado – seja por intermédio de controle difuso, seja por meio de controle concretado – fato é que o foco do controle de constitucionalidade reside na análise da conformidade da legislação infraconstitucional às diretrizes emanadas pela Constituição da República Federal do Brasil de 1988. Conformidade esta que deve ser avaliada tanto nas legislações anteriores à CRFB/88 quanto em relação àquelas que sobrevieram, como é o caso do Código Civil Brasileiro de 2002. Consequência de tal compreensão é a necessidade de que os institutos de direito civil sejam interpretados a partir de uma perspectiva constitucionalizada, ainda que a Codificação seja temporalmente posterior à Constituição[5].

Nesse contexto, o presente artigo analisa, a necessidade de aplicação da metodologia civil-constitucional para fins de interpretação do Direito Civil vigente e, mais do que isto, como tal metodologia deve ser aplicada inclusive para fins de concretização de uma das ferramentas tradicionais do controle concentrado de constitucionalidade que vem sendo aplicada também em julgamentos do Supremo Tribunal Federal em sede de controle difuso de constitucionalidade: a modulação temporal dos efeitos das decisões. Como exemplo privilegiado para fins de análise, toma-se o caso do julgamento, pelo Supremo Tribunal Federal, do Recurso Extraordinário 878.694/MG, que tratou da igualdade sucessória entre os cônjuges e os companheiros e utilizou-se da técnica modulação temporal. A partir de referido julgamento são apresentados questionamentos considerando os marcos utilizados pelo STF para fins de modulação dos efeitos da decisão que declarou a inconstitucionalidade do art. 1.790, do Código Civil Brasileiro de 2002, avaliando-se a adequação de tais critérios à disciplina constitucional.

2. NOTAS SOBRE O CONTROLE DE CONSTITUCIONALIDADE

No âmbito do controle concentrado de constitucionalidade brasileiro tem-se como regra geral a atribuição de eficácia *erga omnes* e de efeitos *ex tunc* à decisão que reconhece a inconstitucionalidade de uma lei, ou seja, efeitos retroativos à data da edição da norma[6];

---

4. ZAVASCKI, Teori Albino. *Eficácia das sentenças na jurisdição constitucional*. São Paulo: Ed. RT, 2001, p. 17.
5. TEPEDINO, Gustavo. O Código Civil e o Direito Civil Constitucional. TEPEDINO, Gustavo. *Temas de Direito Civil*. Rio de Janeiro: Renovar, 2006. t. II, p. 377-378, p. 377.
6. DANTAS, Paulo Roberto de Figueiredo. *Direito Processual Constitucional* (2003). 6. ed. rev. e ampl. São Paulo: Atlas, 2015, p. 227.

consequentemente, a norma declarada inconstitucional no controle concentrado de constitucionalidade é considerada *nula*, de modo que "geralmente ocorre a *repristinação da norma que havia sido revogada* pela lei ou ato normativo editado posteriormente, eivado de inconstitucionalidade"[7]. A declaração da inconstitucionalidade de uma norma, portanto, tem o condão de conduzir ao inequívoco reconhecimento de sua nulidade, de modo que a declaração de tal inconstitucionalidade como regra produz efeitos retroativos ao momento da edição da lei[8].

Importa mencionar, porém, que o reconhecimento da nulidade das normas declaradas inconstitucionais – com a consequente retroação dos efeitos de referida decisão –, conduz ao seguinte problema: a existência de decisões, já transitadas em julgado, em que se aplicou referida regra agora declarada inconstitucional. Assim, a declaração de inconstitucionalidade, com a desconstituição dos efeitos do ato normativo, acabaria violando a segurança jurídica *prima facie* do ato já exarado. Tal paradoxo é muito bem sintetizado por Luiz Guilherme Marinoni *et. al.*:

> Sucede que determinados efeitos da lei inconstitucional sempre foram excepcionados, preservando-se, inclusive, a decisão judicial que, proferida com base em lei inconstitucional, encontra-se revestida pela coisa julgada material. A própria prática constitucional viu surgir, paulatinamente, a necessidade de validar determinadas situações criadas a partir de leis inconstitucionais, em vista da segurança jurídica ou de relevante interesse social.
>
> Daí deflui paradoxo insuperável, na medida em que se garantem efeitos derivados de lei nula, ou seja, de lei que não produz efeitos – ao menos válidos. Do mesmo modo, nega-se dessa forma que a decisão de inconstitucionalidade tenha natureza declaratória, com efeitos retroativos. Em termos lógicos, não há como excepcionar efeitos que não podem sequer existir ou ser levados em consideração. Muito menos se pode afirmar que uma decisão declara, produzindo efeitos retroativos ao momento em que o seu objeto foi instituído, mas, ainda assim, deixa escapar certos efeitos[9].

Para assegurar coerência epistemológica integral, a norma seria declarada nula e a decisão de inconstitucionalidade que assim a considera deveria ter sua natureza declaratória assegurada. Ou seja, a evitação do paradoxo ocorreria por meio da não atribuição de efeitos para a norma declarada inconstitucional (nula, portanto). Qualquer situação intermediária – com atribuição de efeitos mínimos, limitados, regrados a partir da declaração de inconstitucionalidade, por mais justificados que estejam com valores relevantes como segurança jurídica ou interesse relevante à sociedade – implicam no reconhecimento de tal paradoxo.

Na tradição jurídica, essa problemática ocupou a epistemologia clássica, a partir das preocupações acerca da legitimação das normas. Desenvolveu-se a tese da anulabilidade

---

7. DANTAS, Paulo Roberto de Figueiredo. *Direito Processual Constitucional* (2003). 6. ed. rev. e ampl. São Paulo: Atlas, 2015, p. 227-228.
8. A teoria da nulidade do ato inconstitucional, oriunda do direito norte-americano, tem a majoritária adesão dentre os juristas brasileiros. Com efeito, Ana Paula Ávila destaca que a tese da nulidade do ato inconstitucional predomina, muito por influência de Rui Barbosa; consequentemente, a declaração de inconstitucionalidade de lei tem eficácia *ex tunc* e impõe o desfazimento temporal de todos os atos ocorridos na vigência do ato inconstitucional que fossem passíveis de retroação. (ÁVILA, Ana Paula. *A Modulação dos Efeitos Temporais pelo STF no Controle de Constitucionalidade*. Ponderação e regras de argumentação para a interpretação conforme a Constituição do artigo 27 da Lei 9.868/99. Porto Alegre: Livraria do Advogado, 2009, p. 37-38).
9. MARINONI, Luiz Guilherme; SARLET, Ingo; MITIDIERO, Daniel. *Curso de direito constitucional* (2012). 4. ed. ampl. incluindo novo capítulo sobre princípios fundamentais. São Paulo: Saraiva, 2015, p. 1199.

do ato inconstitucional, reconhecendo que tal anulabilidade produziria efeitos *ex nunc*, a partir da constatação da nulidade[10-11].

O que se pode interpretar da concepção kelseniana sobre o tema é o reconhecimento de que a *declaração* de inconstitucionalidade teria, de fato, uma constituição de efeitos opostos aos que ali estavam presentes quando a lei ainda não havia sido reconhecida como inconstitucional. Ou seja, como a lei ainda estava válida, produziu efeitos; entretanto, com o reconhecimento da inconstitucionalidade (e com a concessão de efeitos *ex tunc*), tais efeitos não poderiam ser preservados na ordem jurídica. Portanto, deveria ser atribuído o efeito constitutivo à decisão que reconhece a inconstitucionalidade, a fim de que fossem "desconstituídos" os efeitos já gerados pela lei em questão. Não se trataria, portanto, de retroagir para declarar; mas, sim, para desconstituir.

Apesar dos argumentos – mormente os que envolvem a necessidade de preservação da segurança jurídica – que circundam a teoria da anulabilidade da lei inconstitucional, fato é que, no ordenamento jurídico brasileiro, prevalece a teoria da nulidade da lei declarada inconstitucional, embora não de modo absoluto[12]. Contudo, diante da inegável falibilidade[13] das duas teorias, "passou-se a entender que a saída estaria em se dar à Corte Suprema a possibilidade de modular os efeitos da decisão de inconstitucionalidade"[14], de modo que a declaração de nulidade absoluta vem cedendo espaço à possibilidade jurídica de modulação de efeitos das decisões.

Por se entender que a segurança jurídica, a boa-fé e o interesse social são valores constitucionais relevantes que devem ser assegurados diante do impacto dos efeitos das declarações de nulidade absoluta das normas, a possibilidade de modulação temporal dos efeitos das decisões representa uma ferramenta eficiente de densificação jurídica e de operabilidade do sistema.

---

10. ÁVILA, Ana Paula. *A Modulação dos Efeitos Temporais pelo STF no Controle de Constitucionalidade*. Ponderação e regras de argumentação para a interpretação conforme a Constituição do artigo 27 da Lei 9.868/99. Porto Alegre: Livraria do Advogado, 2009, p. 41.

11. "[...] dentro de uma ordem jurídica não pode haver algo como a nulidade, que uma norma pertencente a uma ordem jurídica não pode ser nula mas apenas pode ser anulável. Mas esta anulabilidade prevista pela ordem jurídica pode ter diferentes graus. Uma norma jurídica em regra somente é anulada com efeitos para futuro, por forma que os efeitos já produzidos que deixa para trás permanecem intocados. Mas também pode ser anulada com efeito retroativo, por forma tal que os efeitos jurídicos que ela deixou atrás de si sejam destruídos: tal, por exemplo, a anulação e uma lei penal, acompanhada da anulação de todas as decisões judiciais proferidas com base nela; ou de uma lei civil, acompanhada da anulação de todos os negócios jurídicos celebrados e decisões jurisdicionais proferidas com fundamento nessa lei. Porém, a lei foi válida até a sua anulação. Ela não era nula desde o início. Não é, portanto, correto o que se afirma quando a decisão anulatória da lei é designada como "declaração de nulidade", quando o órgão que anula a lei declara na sua decisão essa lei como "nula desde o início" (*ex tunc*). A sua decisão não tem caráter simplesmente declarativo, mas constitutivo". (KELSEN, Hans. *Teoria Pura do Direito* (1934). Tradução João Baptista Machado. 8. ed. São Paulo: Editora WMF Martins Fontes, 2009, p. 307).

12. BARROSO, Luís Roberto. *O controle de constitucionalidade no direito brasileiro*. Exposição sistemática da doutrina e análise crítica da jurisprudência (2004). 6. ed. rev. e atual. São Paulo: Saraiva, 2012, p. 40.

13. Pela expressão "falibilidade" destacam-se as insuficiências teóricas para resultados plenamente satisfatórios, sendo essencial um consenso compartilhado epistemológico sobre o tema. Se de um lado a hipótese de nulidade traz por consequência atingir a coisa julgada anteriormente formada, implicando, significativamente, na segurança jurídica do sistema, de outro, a anulabilidade resulta em situações jurídicas concretas efetivamente fundamentadas em regras inconstitucionais, o que também não contribui para a operabilidade do sistema.

14. MARINONI, Luiz Guilherme; SARLET, Ingo; MITIDIERO, Daniel. *Curso de direito constitucional* (2012). 4. ed. ampl. incluindo novo capítulo sobre princípios fundamentais. São Paulo: Saraiva, 2015, p. 1200.

Assim, apesar da tendência de reconhecimento da nulidade da norma declarada inconstitucional no controle de constitucionalidade, com eficácia *erga omnes* e efeitos *ex tunc*, a Lei 9.868/99, que dispõe sobre o processo e julgamento da Ação Direta de Inconstitucionalidade e da Ação Declaratória de Constitucionalidade perante o Supremo Tribunal Federal, traz disposição expressa que caminha rumo à mitigação da eficácia retroativa da declaração de inconstitucionalidade de uma lei. Com efeito, o art. 27 de referida legislação estabelece que:

> Art. 27, da Lei 9.868/99. Ao declarar a inconstitucionalidade de lei ou ato normativo, e tendo em vista razões de segurança jurídica ou de excepcional interesse social, poderá o Supremo Tribunal Federal, por maioria de dois terços de seus membros, restringir os efeitos daquela declaração ou decidir que ela só tenha eficácia a partir de seu trânsito em julgado ou de outro momento que venha a ser fixado.

A Lei 9.882/99, do mesmo modo, ao dispor sobre o processo e julgamento da Arguição de Descumprimento de Preceito Fundamental, traz previsão idêntica à constante na Lei 9.868/99 (*vide* art. 11, da Lei 9.882/99). Desta maneira, a modulação dos efeitos das decisões proferidas em sede de controle concentrado de constitucionalidade – especialmente no âmbito de Ações Diretas de Inconstitucionalidade, Ações Declaratórias de Constitucionalidade e Arguições de Descumprimento de Preceito Fundamental – encontra respaldo na legislação infraconstitucional, representando medida excepcional apta a ser utilizada com a finalidade de garantir a segurança jurídica ou em virtude de razões de excepcional interesse social.

Para Paulo Dantas, na hipótese de haver modulação dos efeitos da decisão que reconhece a inconstitucionalidade de uma lei, esta não poderia ser considerada *nula*, conforme a doutrina tradicional. Isso porque, como se depreende, referida lei produziu efeitos – e permanecerá produzindo estes ao longo de determinado tempo, caso a modulação seja *pro futuro*, por exemplo. Nesse sentido, afirma expressamente que "a lei ou ato normativo *não poderá ser considerado nulo, conforme doutrina tradicional*, uma vez que produziu efeitos, para garantia da segurança jurídica ou por razões de excepcional interesse público"[15].

Teori Zavascki, por sua vez, defende posicionamento diverso, com o qual se concorda: a doutrina que afirma a nulidade da norma declarada inconstitucional e a natureza declaratória (e, portanto, a eficácia retroativa) da sentença que a reconhece, não seria comprometida com a disposição constante do art. 27, da Lei 9.868/99 (e, consequentemente, com o disposto no art. 11, da Lei 9.882/99). Para referido autor, a modulação dos efeitos da decisão que reconhece a inconstitucionalidade de lei reafirma a tese da nulidade de tal decisão, uma vez que a modulação seria um instrumento absolutamente atípico que somente poderia ser utilizado em decorrência de fatos extravagantes: razões de segurança jurídica ou de excepcional interesse social[16]. Diante do conflito existente entre dois valores constitucionais situados na mesma hierarquia (inconstitucionalidade da lei *versus* sério comprometimento da segurança jurídica ou de excepcional interesse social), seria adequado "optar pela providência menos gravosa ao sistema de direito,

---

15. DANTAS, Paulo Roberto de Figueiredo. *Direito Processual Constitucional* (2003). 6. ed. rev. e ampl. São Paulo: Atlas, 2015, p. 228.
16. ZAVASCKI, Teori Albino. *Eficácia das sentenças na jurisdição constitucional*. São Paulo: Ed. RT, 2001, p. 49.

ainda quando ela possa ter como resultado o da manutenção de uma situação originariamente ilegítima"[17].

Embora sujeita a divergências, a excepcionalidade de aplicação e a tendência de assegurar menor gravidade ao sistema podem ser fundamentos significativos para a modulação de efeitos.

Ocorre que para além da viabilidade de adoção da modulação de efeitos das decisões com fundamento na Lei 9.868/99 e Lei 9.882/99, que versam sobre o processo e julgamento de Ação Direta de Inconstitucionalidade, Ação Declaratória de Constitucionalidade e Arguição de Descumprimento de Preceito Fundamental (instrumentos processuais típicos do controle concentrado de constitucionalidade), cabe indagar acerca da possibilidade de aplicação do mecanismo da modulação temporal dos efeitos também nas decisões tomadas em sede de controle difuso de constitucionalidade. Sobre tal tema, Rafael José Nadim de Lazari e Ricardo Bispo Razaboni Junior destacam que haveria um *"processo de tranquilização"* em relação à aplicação da modulação de efeitos em sede de controle difuso de constitucionalidade[18], decorrendo tal posicionamento da aplicação, por analogia, do disposto no art. 27, da Lei 9.868/99, e no art. 11, da Lei 9.882/99, em virtude da presença das razões de excepcional interesse social ou de segurança jurídica. Consequentemente, haveria possibilidade de que a decisão declaratória de inconstitucionalidade proferida em controle difuso de constitucionalidade não retroagisse integralmente, "seja pela impossibilidade jurídica, seja por interesse social"[19].

Apesar de subsistir a regra geral da nulidade absoluta da lei inconstitucional – com necessidade de cassação de todos os seus efeitos –, esta diretiva vem sendo paulatinamente mitigada pelo Supremo Tribunal Federal, o qual "apesar de adotar, até os dias atuais, a tese da nulidade do ato inconstitucional, já decidiu, por diversas vezes, em sentido contrário às proposições da teoria"[20]. Reconhecem, então, os argumentos de que a nulidade declarada, com seus efeitos *ex tunc,* seria mais onerosa à sociedade do que a fixação modulada.

Há uma opção técnica que visa à minimização dos resultados danosos à ordem jurídica, uma vez que a instabilidade gerada com a dúvida acerca de decisões já exaradas e materialmente encerradas deixaria de ser elemento de harmonia social para se constituir no oposto. Tratam-se de dois argumentos: o primeiro, técnico, de ordem interna no sistema de Direito; o segundo, relacionado à efetividade.

---

17. ZAVASCKI, Teori Albino. *Eficácia das sentenças na jurisdição constitucional.* São Paulo: Ed. RT, 2001, p. 50.

18. LAZARI, Rafael José Nadim de; RAZABONI JUNIOR, Ricardo Bispo. A modulação de efeitos no controle difuso de constitucionalidade: análise com base em caso concreto. *Revista de Direito Constitucional e Internacional*, São Paulo, v. 105, p. 15-28, jan./fev. 2018, p. 05.

19. BENEDET, Aron Marcio; AGUIRRE, Lissandra Espinosa De Mello. A modulação dos efeitos da decisão no controle difuso de constitucionalidade. *Revista Contribuciones a las Ciencias Sociales*, jul./set. 2016. Disponível em: http://www.eumed.net/rev/cccss/2016/03/constitucionalidade.html. Acesso em: 06 dez. 2020, p. 07.

20. OLIVEIRA, Márcia Lima Santos. Modulação dos efeitos temporais no controle de constitucionalidade difuso. *Âmbito Jurídico*, Rio Grande, ano XV, n. 99, abr. 2012. Disponível em: http://www.ambito-juridico.com.br/site/?n_link=revista_artigos_leitura&artigo_id=11521. Acesso em: 06 dez. 2020, p. 03.

3. CRITÉRIOS PARA A MODULAÇÃO DE EFEITOS DA DECISÃO QUE DECLAROU A INCONSTITUCIONALIDADE DO ART. 1.790, DO CCB/2002

Em julgado recente que decidiu pela igualdade sucessória entre o cônjuge e o companheiro, o Supremo Tribunal Federal, em sede de controle difuso de constitucionalidade, aplicou a modulação dos efeitos da decisão nos autos do julgamento do Recurso Extraordinário 878.694/MG. Na oportunidade, o plenário do Supremo Tribunal Federal decidiu pela inconstitucionalidade do art. 1.790, do Código Civil, o qual estabelecia diferenciação entre os direitos de cônjuges e de companheiros para fins sucessórios[21-22]. Em tal ocasião foi fixada a seguinte tese, de autoria do Ministro Relator Luís Roberto Barroso: "no sistema constitucional vigente, é inconstitucional a distinção de regimes sucessórios entre cônjuges e companheiros, devendo ser aplicado em ambos os casos o regime estabelecido no art. 1.829 do CC/02"[23-24].

Tratou-se de Recurso Extraordinário que, incidentalmente, abordava a inconstitucionalidade de dispositivo de lei federal (no caso, art. 1.790, do Código Civil de 2002). Conforme o Informativo 864, "o tribunal de origem assentou que os companheiros herdam apenas os bens adquiridos onerosamente na vigência da união estável, quando presentes os requisitos do art. 1.790 do Código Civil de 2002", sendo "imprópria a equiparação da figura do companheiro à do cônjuge"[25].

---

21. TARTUCE, Flávio. STF encerra o julgamento sobre a inconstitucionalidade do art. 1.790 do Código Civil. E agora? *JusBrasil*. Disponível em: https://flaviotartuce.jusbrasil.com.br/artigos/465526986/stf-encerra-o-julgamento-sobre-a-inconstitucionalidade-do-art-1790-do-codigo-civil-e-agora. Acesso em: 06 dez. 2020.

22. "A incidência do direito sucessório do companheiro sobrevivente unicamente aos bens adquiridos onerosamente pelo falecido na vigência da união estável podia ser fonte de graves injustiças. Basta pensar na pessoa que só tenha bens adquiridos antes da união, ou somente tenha adquirido bens a título gratuito, como herança ou doação, e viva durante muitos anos em união estável. No falecimento desta pessoa, seu companheiro nada receberia. A herança caberia por inteiro aos demais parentes sucessíveis e, não os havendo, seria devolvida por inteiro ao Estado (CC, art. 1844). O companheiro sobrevivente, por conseguinte, podia ficar totalmente desamparado em virtude da morte de seu consorte, especialmente porque o Código Civil foi omisso quanto à concessão do direito real de habitação na sucessão daqueles que vivem em união estável, sendo certo que, em relação a este último benefício sucessório, doutrina e jurisprudência passaram a estendê-lo ao companheiro sobrevivente logo após a entrada em vigor do Código". (TEPEDINO, Gustavo; NEVARES, Ana Luiza Maia; MEIRELES, Rose Melo Vencelau. *Direito das Sucessões*. Rio de Janeiro: Forense, 2020, p. 107).

23. BRASIL. Supremo Tribunal Federal. *Recurso Extraordinário 878.694*. Relator Ministro Luís Roberto Barroso. Data de julgamento: 16/04/2015. Data de publicação no DJe: 19.05.2015, p. 02.

24. "*Colocando pá de cal a toda e qualquer controvérsia doutrinária e jurisprudencial, o Supremo tribunal federal reconheceu a inconstitucionalidade do art. 1.790 da Codificação de 2002, determinando que a sucessão do companheiro seja submetida à mesma regulamentação da sucessão do cônjuge (CC, art. 1.832)*. No julgamento do Recurso Extraordinário 878.694/ MG, o voto do relator, o Ministro Luís Roberto Barroso, terminou por assentar não ser 'legítimo desequiparar, para fins sucessórios, os cônjuges e os companheiros, isto é, a família formada pelo casamento e a formada por união estável. Tal hierarquização entre entidades familiares é incompatível com a Constituição. Assim sendo, o art. 1.790 do Código Civil, ao revogar as Leis 8.971/94 e 9.278/96 e discriminar a companheira (ou companheiro), dando-lhe direitos sucessórios bem inferiores aos conferidos à esposa (ou ao marido), entra em contraste com os princípios da igualdade, da dignidade humana, da proporcionalidade como vedação à proteção deficiente e da vedação ao retrocesso". (FARIAS, Cristiano Chaves de; ROSENVALD, Nelson. *Curso de Direito Civil: sucessões*. 4. ed. rev., ampl. e atual. Salvador: Editora JusPodivm, 2018, p. 364).

25. SUPREMO TRIBUNAL FEDERAL. *Informativo 864*. Sucessão e regime diferenciado para cônjuges e companheiros. Maio 2017. Disponível em: http://www.stf.jus.br/arquivo/informativo/documento/informativo864. htm#Sucess%C3%A3o%20e%20regime%20diferenciado%20para%20c%C3%B4njuges%20e%20companheiros. Acesso em: 06 dez. 2020.

Ao analisar o recurso, o Plenário do Supremo Tribunal Federal fundamentou decisão pela inconstitucionalidade no fato de que "a Constituição prevê diferentes modalidades de família, além da que resulta do casamento. Entre essas modalidades, está a que deriva das uniões estáveis, seja a convencional, seja a homoafetiva"[26]. Assim, ao estabelecer uma hierarquia entre as formas de constituição de família, o Código Civil promoveu um retrocesso inadmissível, o qual "não é admitido pela Constituição, que trata todas as famílias com o mesmo grau de valia, respeito e consideração"[27]:

> [...] a redação do art. 1.790 do CC/2002 não encontra amparo na Constituição de 1988. Trata-se de norma discriminatória e anacrônica, que busca hierarquizar entidades familiares de diferentes tipos, em violação à igualdade entre as famílias e aos princípios da dignidade da pessoa humana, da proporcionalidade como vedação à proteção deficiente e da vedação ao retrocesso. No caso dos autos, tal dispositivo produz como resultado a redução da proteção sucessória da companheira unicamente em razão da não conversão de sua união em casamento[28].

No julgado, não há dúvidas acerca da substancial inconstitucionalidade do dispositivo. Referida inconstitucionalidade pode ser verificada a partir da necessidade de que todo o ordenamento jurídico – em especial seus princípios fundamentais – sejam empregados para fins de identificar a solução de cada controvérsia, sendo insuficiente a consideração pura e simples do artigo que parece conter a solução da questão[29].

Dentre as razões de decidir do julgamento do RE 878.694/MG estão a vedação à discriminação e à hierarquização, restando impedidos os tratamentos desiguais entre as diversas formas de constituição familiar, sem fundamentos relevantes. É importante destacar que eventual tratamento jurídico distintivo ensejaria impactos significativos na vida das pessoas, uma vez que decisões rotineiras são tomadas pelos sujeitos tendo por base certas consequências jurídicas relevantes e esperadas no campo das opções familiares. Há casais[30] que, anteriormente à decisão, optaram conscientemente pelos efeitos do dispositivo inconstitucional – art. 1.790, CCB/2002. Outros que acabaram por receber tais efeitos em função da opção na constituição de família. Uma retroatividade total dos efeitos da declaração de inconstitucionalidade traria consequências para um volume considerável de pessoas que nutriam certa expectativa relacionada à previsibilidade das normas jurídicas.

---

26. SUPREMO TRIBUNAL FEDERAL. *Informativo 864.* Sucessão e regime diferenciado para cônjuges e companheiros. Maio 2017. Disponível em: http://www.stf.jus.br/arquivo/informativo/documento/informativo864. htm#Sucess%C3%A3o%20e%20regime%20diferenciado%20para%20c%C3%B4njuges%20e%20companheiros. Acesso em: 06 dez. 2020.
27. SUPREMO TRIBUNAL FEDERAL. *Informativo 864.* Sucessão e regime diferenciado para cônjuges e companheiros. Maio 2017. Disponível em: http://www.stf.jus.br/arquivo/informativo/documento/informativo864. htm#Sucess%C3%A3o%20e%20regime%20diferenciado%20para%20c%C3%B4njuges%20e%20companheiros. Acesso em: 06 dez. 2020.
28. BRASIL. Supremo Tribunal Federal. *Recurso Extraordinário 878.694.* Relator Ministro Luís Roberto Barroso. Data de julgamento: 16.04.2015. Data de publicação no DJe: 19.05.2015, p. 38.
29. PERLINGIERI, Pietro. *Perfis do Direito Civil.* Introdução ao Direito Civil Constitucional. 3. ed. Tradução de Maria Cristina De Cicco. Rio de Janeiro: Renovar, 2007, p. 05.
30. Utiliza-se esta terminologia para identificar tanto o grupamento heteroafetivo quando o homoafetivo; entretanto, considerado o significado tradicional atribuído ao termo, relacionando-o ao vínculo familiar no ambiente das conjugalidades e companheirismo.

Assim, diante das evidentes implicações da declaração incidental de inconstitucionalidade do art. 1.790, do Código Civil de 2002, o Ministro Relator Luís Roberto Barroso finalizou seu voto com a proposta de modulação dos efeitos temporais da decisão:

> Por fim, não se pode esquecer que o tema possui enorme repercussão na sociedade, em virtude da multiplicidade de sucessões de companheiros ocorridas desde o advento do CC/2002. Levando-se em consideração o fato de que as partilhas judiciais e extrajudiciais que versam sobre as referidas sucessões encontram-se em diferentes estágios de desenvolvimento (muitas já finalizadas sob as regras antigas), entendo ser recomendável *modular os efeitos da aplicação do entendimento ora afirmado*. Assim, com o intuito de reduzir a insegurança jurídica, a solução ora alcançada deve ser aplicada apenas aos processos judiciais em que ainda não tenha havido trânsito em julgado da sentença de partilha, assim como às partilhas extrajudiciais em que ainda não tenha sido lavrada escritura pública[31].

O entendimento do Ministro Relator foi albergado pelos demais julgadores, destacando-se o consignado pelo Ministro Edson Fachin na antecipação de seu voto:

> [...] para que não se estabeleça uma indesejável lacuna no ordenamento jurídico quanto ao tema, deve-se aplicar a ambos os modelos de conjugalidades as mesmas regras, ou seja, aquelas do art. 1.829 e seguintes do Código Civil. E também, quanto à modulação – se chegarmos a tanto, mas me permito desde já adiante –, em nome da segurança jurídica, estou também aqui acompanhando a proposta do eminente Relator e, portanto, acompanho integralmente no provimento[32].

Desta maneira, duas linhas de verificação epistemológica podem ser construídas a partir da decisão do Supremo Tribunal Federal. A primeira que constata a modulação eficacial em controle difuso e busca investigar quais os argumentos relevantes para isso; e outra que tem por objeto avaliar materialmente a modulação temporal realizada, em face do caráter excepcional e da necessidade de proporcionalidade.

Embora a autorização normativa expressa para modulação dos efeitos tenha lugar somente nas hipóteses de controle concentrado de constitucionalidade, o julgado que ora se analisa é exemplo de situação concreta excepcional a autorizar a aplicação da modulação de efeitos também em julgamentos proferidos em sede de controle difuso. Materialmente, a modulação realizada encontra os seguintes elementos significativos: (a) a repercussão para a sociedade em geral; (b) as repercussões específicas sobre as sucessões ocorridas sob a égide do Código Civil de 2002 em sua versão original; (c) a existência de partilhas judiciais e extrajudiciais em andamento; e (d) a existência de momentos diferentes de andamento processual para as partilhas judiciais.

Assim, tomando-se em conta uma mera análise argumentativa, no caso em questão justifica-se a opção pela modulação em virtude do impacto da decisão à coletividade em geral – que pode a vir sofrer consequências da decisão, cuidando-se, então, de situação em que há repercussão para a sociedade em geral (a) –, e ao conjunto social que já foi atingido pela norma inconstitucional, com sucessões em uniões estáveis anteriores à decisão e que tiveram por *ratio decidendi* justamente o art. 1.790, do CCB/2002, as quais poderiam ser consideradas materialmente estáveis (b).

---

31. BRASIL. Supremo Tribunal Federal. *Recurso Extraordinário 878.694*. Relator Ministro Luís Roberto Barroso. Data de julgamento: 16.04.2015. Data de publicação no DJe: 19.05.2015, p. 40.
32. BRASIL. Supremo Tribunal Federal. *Recurso Extraordinário 878.694*. Relator Ministro Luís Roberto Barroso. Data de julgamento: 16.04.2015. Data de publicação no DJe: 19.05.2015, p. 44.

Além disso, a decisão afeta um conjunto diferente de pessoas que ainda se encontra com sucessões abertas nas condições previstas pelo julgado. Com relação a este último grupo (hipóteses c e d), os argumentos desdobram-se em dois, em função das aplicações práticas que o Supremo Tribunal Federal entendeu necessitar de tratamento distinto. Neste caso, há necessidade de avaliar o momento processual em que cada situação está, com finalidade de saber se há trânsito em julgado da sentença de partilha/se já houve a lavratura da escritura pública de inventário (c); por fim, cabe verificar em qual fase processual se encontram os inventários em andamento (d).

A utilização da técnica de modulação de efeitos permitiu a concessão de segurança jurídica às relações que o Supremo Tribunal Federal entendeu como consolidadas, a saber, aquelas com partilhas transitadas em julgado na via judicial e as partilhas com escrituras públicas já lavradas em Tabelionatos de Notas. O reconhecimento de consolidação destes atos jurídicos evita a propositura de ações rescisórias[33] com fito de atacar partilhas já realizadas no período de 11.01.2003 a 10.05.2017 (data do julgamento).

Do ponto de vista da minimização do volume de ações rescisórias e reconhecimento de segurança jurídica das hipóteses consolidadas, trata-se de uma decisão significativamente relevante, pois identifica no argumento formal de ordem interna de coerência jurídica o vetor fundamental. Entretanto, se a análise tiver por base outro parâmetro, de ordem material, como é o caso do princípio da igualdade, algumas questões podem ser levantadas:

(i) que justificativa material se tem para realizar tratamento distinto a dois companheiros que faleceram exatamente no mesmo dia e hora?

(ii) como estabilizar socialmente a informação jurídica de que há duas ordens de companheiros e que, na mesma partilha, pode haver tratamento distinto, caso haja necessidade de sobrepartilha e a primeira fase tenha transitado em julgado antes da data da publicação do julgado e a segunda após?

(iii) a lei que rege a sucessão é a da data do óbito pelo princípio da *saisine;* portanto, a data do julgado seria o critério que mais preservaria a lógica de igualdade das situações materialmente iguais, ou talvez, a data do óbito pudesse ser critério relevante?

(iv) em sendo a *saisine* um comando material, seria o trânsito em julgado das decisões ou a lavratura da escritura pública um critério significativo na sistematização do Direito das Sucessões, ou, talvez, a investigação acerca de um critério material pudesse preservar a igualdade?

Se de um lado não restam dúvidas acerca "do que" decidiu a Corte no que tange ao critério temporal, de outro, a análise de proporcionalidade[34] do instrumento de modu-

---

33. FARIAS, Cristiano Chaves de; ROSENVALD, Nelson. *Curso de Direito Civil*: sucessões. 4. ed. rev., ampl. e atual. Salvador: Editora JusPodivm, 2018, p. 383.

34. "O postulado da proporcionalidade cresce em importância no Direito Brasileiro. Cada vez mais ele serve como instrumento de controle dos atos do Poder Público. [...]. O postulado da proporcionalidade não se confunde com a ideia de proporção em suas mais variadas manifestações. Ele se aplica apenas a situações em que há uma relação de causalidade entre dois elementos empiricamente discerníveis, um meio e um fim, de tal sorte que se possa proceder aos três exames fundamentais: o da adequação (o meio promove o fim?), o da necessidade (dentre os meios disponíveis e igualmente adequados para promover o fim, não há outro meio menos restritivo do(s) direito(s) fundamentais afetados? E o da proporcionalidade em sentido estrito (as vantagens trazidas pela promoção do fim

lação e dos critérios temporais estabelecidos pode ser proposta a título de investigação científica, partindo da aplicação das diretrizes da metodologia civil-constitucional.

A partir de tais diretrizes, em especial da consideração sobre a prevalência da proteção aos valores existenciais no contexto jurídico contemporâneo[35], questiona-se: o trânsito em julgado da decisão que homologa a partilha e a lavratura da escritura pública são critérios que atendem à excepcionalidade da medida, considerado o relevante interesse social e a segurança jurídica das relações?

A resposta parece ser positiva no que condiz com o emprego do instituto da modulação, atendendo ao subcritério da adequação, assim considerado "o meio com cuja utilização a realização de um objetivo é fomentada, promovida, ainda que o objetivo não seja completamente realizado"[36]. Portanto, adequada a modulação temporal proposta.

Para além do exame acerca da adequação, faz-se necessário o exame acerca da necessidade da medida empregada pelo Supremo Tribunal Federal. Em relação a este aspecto, destaca-se que, segundo Virgílio Afonso da Silva, "um ato estatal que limita um direito fundamental é somente necessário caso a realização objetivo perseguido não possa ser promovida, com a mesma intensidade, por meio de outro ato que limite, em menor medida, o direito fundamental atingido"[37]. Assim, tem-se que o subelemento da necessidade deve ser verificado no ato estatal prolatado, de modo que se verifica que a *ratio decidendi* da Corte para esta decisão é, em síntese, o princípio da igualdade materialmente considerado (considerando a igualdade entre as famílias oriundas da conjugalidade e do companheirismo).

Por fim, deve ser verificada a proporcionalidade em sentido estrito, ou seja, se "as vantagens trazidas pela promoção do fim correspondem às desvantagens provocadas pela adoção do meio"[38]. Logo, verifica-se a tensão entre a segurança jurídica decorrente, por exemplo, da coisa julgada material e da declaração de inconstitucionalidade de norma, com efeitos *ex tunc*; do mesmo modo, a tensão apresenta-se em virtude do estabelecimento de marcos temporais fictícios (trânsito em julgado da decisão que homologa a partilha e a lavratura da escritura pública) que, em alguma medida, poderão ensejar tratamento desigual entre sujeitos que, faticamente, encontravam-se em situação similar. Apesar disso, tem-se que a utilização do instrumento da modulação de efeitos da decisão que declarou a inconstitucionalidade do art. 1.790, do CCB/2002, apresenta-se como medida proporcional, considerando que, apesar da gravidade da declaração de inconstitucionalidade, os efeitos até então produzidos pela norma serão considerados

---

correspondem às desvantagens provocadas pela adoção do meio?)". (ÁVILA, Humberto. *Teoria dos princípios*. Da definição à aplicação dos princípios jurídicos (2003). 12. ed. ampl. São Paulo: Malheiros Editores, 2011, p. 173-174).

35. "Se a proteção aos valores existenciais configura momento culminante da nova ordem pública instaurada pela Constituição, não poderá haver situação jurídica subjetiva que não esteja comprometida com a realização do programa constitucional". (TEPEDINO, Gustavo. Normas constitucionais e relações de Direito Civil na experiência brasileira. In: TEPEDINO, Gustavo. *Temas de Direito Civil*. Rio de Janeiro: Renovar, 2008. t. II. p. 21-46, p. 42).

36. SILVA, Virgílio Afonso da. O proporcional e o razoável. *Revista dos Tribunais*, São Paulo, v. 91, n. 798, p. 23-50, abr. 2002, p. 37.

37. SILVA, Virgílio Afonso da. O proporcional e o razoável. *Revista dos Tribunais*, São Paulo, v. 91, n. 798, p. 23-50, abr. 2002, p. 39.

38. ÁVILA, Humberto. *Teoria dos princípios*. Da definição à aplicação dos princípios jurídicos (2003). 12. ed. ampl. São Paulo: Malheiros Editores, 2011, p. 173-174.

hígidos, tutelando os interesses de todos aqueles que, até então, pautaram suas condutas com base naquele dispositivo.

Ocorre que, apesar da adequação, necessidade e proporcionalidade em sentido estrito da técnica de modulação de efeitos da decisão de inconstitucionalidade empregada, cabe investigar se o *critério temporal* utilizado para balizar a aplicação ou não do art. 1.790, do CCB/2002 – ou seja, a definição de que a igualdade sucessória entre cônjuge e companheiro deve ser aplicada apenas em processos judiciais nos quais não tenha ocorrido o trânsito em julgado da sentença de partilha e em partilhas extrajudiciais em que ainda não tenha sido lavrada a escritura pública – foi o mais adequado, necessário e proporcional dentre os disponíveis. Tal investigação se apresenta como relevante na medida em que o Supremo Tribunal Federal definiu critérios processuais (trânsito em julgado de sentença de partilha e lavratura de escritura pública de partilha) alheios àqueles parâmetros materiais que costuma ser empregados no âmbito do Direito das Sucessões.

Poder-se-ia cogitar, por exemplo, da aplicação do art. 1.790, do CCB/2002, com o seu regime normativo, a todos os processos de inventário e partilhas extrajudiciais cujo óbito do autor da herança tivesse ocorrido antes do julgamento da inconstitucionalidade do dispositivo pelo Supremo Tribunal Federal. Tal critério – material –, caso fosse utilizado, asseguraria a continuidade da aplicação de um critério que é inclusive o empregado para a transmissão dos bens do *de cujus* (por meio da *saisine*); ainda, asseguraria a resolução de problemas materiais apontados anteriormente, como a possibilidade de que o critério temporal utilizado efetivamente pelo STF enseje tratamento distinto entre dois companheiros falecidos no mesmo dia e hora, caso o processo de inventário de um tenha tramitar mais moroso que o de outro.

Assim, cabe questionar se o critério de distinção processual e não material, utilizado pelo STF, é medida adequada a concretizar igualdade material para companheiros falecidos no mesmo dia.

A linha axiológica mais densa tomada pelo Tribunal para definir pela inconstitucionalidade do artigo 1.790, do Código Civil, tomou por base a necessidade de igualdade material e tratamento não discriminatório entre as famílias distintas. Assim, ao se afirmar a necessidade de isonomia, não parece viável que a norma *in concreto* que densifica igualdade seja, ao mesmo tempo, promotora de distinção injustificada.

Falar em igualdade entre cônjuges e companheiros não pode implicar em tratamento distinto *entre* uniões estáveis. Neste ponto, ao firmar critério processual e não material, pode-se concluir pela inadequação do critério temporal empregado na modulação: se é fato que famílias diferentes têm a mesma densidade constitucional e o tratamento legislativo poderia ser diferente, desde que não criasse discriminação injusta e injustificada, também é verdade que as famílias iguais, com óbitos ocorridos no mesmo dia, deveriam receber tutela sucessória idêntica.

Logo, embora a medida da modulação de efeitos da decisão possa ser considerada em si proporcional em sentido amplo, o critério temporal utilizado parece não resistir à simples análise quanto à sua adequação. Tem-se que Supremo Tribunal Federal, quando da definição do critério temporal a ser aplicado à modulação de efeitos da decisão de inconstitucionalidade, poderia ter atentado a critérios materiais que auxiliariam na concretização mais efetiva da igualdade entre os sujeitos.

4. CONCLUSÃO

Do exposto, as seguintes conclusões podem ser sinteticamente apresentadas:

5.1 O ordenamento jurídico brasileiro contemporâneo adota um modelo híbrido de controle de constitucionalidade das normas, ou seja, ao mesmo tempo em que autoriza a realização de controle difuso de constitucionalidade por qualquer juiz ou Tribunal, prevê a viabilidade da utilização de determinados mecanismos previstos no sistema jurídico para a consecução do controle concentrado de constitucionalidade.

5.2 A doutrina e a jurisprudência majoritárias firmaram entendimento no sentido de que o reconhecimento da inconstitucionalidade de uma norma (isto é, declaração de inconstitucionalidade) produz como efeito o reconhecimento de sua nulidade (a qual se projeta retroativamente, isto é, de modo *ex tunc*).

5.3 Diante das dificuldades inerentes ao reconhecimento da nulidade de uma norma jurídica (considerando, por exemplo, as situações que já se estabilizaram temporalmente por meio da formação de coisa julgada), desenvolveu-se a possibilidade de modulação dos efeitos da decisão que declara a inconstitucionalidade de uma norma. Assim, inicialmente amparado apenas na *práxis*, sem um diploma normativo que autorizasse tal proceder, o Supremo Tribunal Federal passou a modular os efeitos da declaração de inconstitucionalidade, resguardando, com isso, os efeitos anteriormente produzidos pela norma agora declarada inconstitucional.

5.4 Com o advento da Lei 9.868/1999 (que dispõe sobre o processo e julgamento da Ação Direta de Inconstitucionalidade e da Ação Declaratória de Constitucionalidade perante o Supremo Tribunal Federal) e da Lei 9.882/1999 (que dispõe sobre o processo e julgamento da Arguição de Descumprimento de Preceito Fundamental), a possibilidade de modulação dos efeitos das decisões declaratórias de inconstitucionalidade restou positivada (*vide* art. 27 e art. 11, respectivamente). Tal possibilidade, porém, foi fixada para ações que se inserem no âmbito do controle concentrado de constitucionalidade.

5.5 Apesar de não haver um dispositivo legal que autorize a aplicação do instituto da modulação de efeitos das decisões na seara do controle difuso de constitucionalidade, o Supremo Tribunal Federal vem aplicando o disposto em supramencionadas leis às decisões tomadas em sede de controle difuso. Um exemplo paradigmático é o extraído do julgamento do Recurso Extraordinário 878.694/MG, pelo STF, em que o art. 1.790, do CCB/2002, que estabelecia uma distinção entre os direitos de cônjuges e companheiros para fins sucessórios, foi declarado inconstitucional.

5.6 Para a análise de referida decisão e dos efeitos dela decorrentes, verifica-se a necessidade de se atentar aos requisitos materiais que autorizam a modulação de efeitos: razões de segurança jurídica ou de excepcional interesse social.

5.7 A partir da verificação da adequação, necessidade e proporcionalidade em sentido estrito da medida empregado pelo Supremo Tribunal Federal, tem-se que o instituto da modulação de efeitos empregada vai ao encontro do resguardo da segurança jurídica dos indivíduos que, até aquele momento (julgamento pelo STF), pautaram suas condutas na norma que, então, veio a ser declarada inconstitucional. Contudo, como visto, cabe questionamento acerca do marco temporal estabelecido como critério para modulação de efeitos da decisão de inconstitucionalidade: a aplicação de regime sucessório igualitário apenas aos processos judiciais em que não tenha ocorrido trânsito em julgado da sentença de partilha e às partilhas extrajudiciais em que ainda não tenha sido lavrada escritura pública de partilha. Conclusivamente, tem-se que outro critério temporal-material, vinculado à data do óbito do autor da herança, poderia ser empregado com o objetivo de atender integralmente aos postulados da adequação, necessidade e proporcionalidade em sentido estrito.

5. REFERÊNCIAS

ÁVILA, Ana Paula. *A Modulação dos Efeitos Temporais pelo STF no Controle de Constitucionalidade*. Ponderação e regras de argumentação para a interpretação conforme a Constituição do artigo 27 da Lei 9.868/99. Porto Alegre: Livraria do Advogado, 2009.

ÁVILA, Humberto. *Teoria dos princípios*. Da definição à aplicação dos princípios jurídicos (2003). 12. ed. ampl. São Paulo: Malheiros Editores, 2011.

BARROSO, Luís Roberto. *O controle de constitucionalidade no direito brasileiro*. Exposição sistemática da doutrina e análise crítica da jurisprudência (2004). 6. ed. rev. e atual. São Paulo: Saraiva, 2012.

BENEDET, Aron Marcio; AGUIRRE, Lissandra Espinosa De Mello. A modulação dos efeitos da decisão no controle difuso de constitucionalidade. *Revista Contribuciones a las Ciencias Sociales*, jul./set. 2016. Disponível em: http://www.eumed.net/rev/cccss/2016/03/constitucionalidade.html. Acesso em: 06 dez. 2020.

BRASIL. Supremo Tribunal Federal. *Recurso Extraordinário 878.694*. Relator Ministro Luís Roberto Barroso. Data de julgamento: 16/04/2015. Data de publicação no DJe: 19/05/2015.

DANTAS, Paulo Roberto de Figueiredo. *Direito Processual Constitucional* (2003). 6. ed. rev. e ampl. São Paulo: Atlas, 2015.

FARIAS, Cristiano Chaves de; ROSENVALD, Nelson. *Curso de Direito Civil*: sucessões. 4. ed. rev., ampl. e atual. Salvador: Editora JusPodivm, 2018.

KELSEN, Hans. *Teoria Pura do Direito* (1934). Trad. João Baptista Machado. 8. ed. São Paulo: Editora WMF Martins Fontes, 2009.

LAZARI, Rafael José Nadim de; RAZABONI JUNIOR, Ricardo Bispo. A modulação de efeitos no controle difuso de constitucionalidade: análise com base em caso concreto. *Revista de Direito Constitucional e Internacional*, São Paulo, v. 105, p. 15-28, jan./fev. 2018.

MARINONI, Luiz Guilherme; SARLET, Ingo; MITIDIERO, Daniel. *Curso de direito constitucional* (2012). 4. ed. ampl. incluindo novo capítulo sobre princípios fundamentais. São Paulo: Saraiva, 2015

OLIVEIRA, Márcia Lima Santos. Modulação dos efeitos temporais no controle de constitucionalidade difuso. *Âmbito Jurídico*, Rio Grande, ano XV, n. 99, abr. 2012. Disponível em: http://www.ambito--juridico.com.br/site/?n_link=revista_artigos_leitura&artigo_id=11521. Acesso em: 06 dez. 2020.

PERLINGIERI, Pietro. *Perfis do Direito Civil*. Introdução ao Direito Civil Constitucional. 3. ed. Tradução de Maria Cristina De Cicco. Rio de Janeiro: Renovar, 2007.

SILVA, Virgílio Afonso da. O proporcional e o razoável. *Revista dos Tribunais*, São Paulo, v. 91, n. 798, p. 23-50, abr. 2002.

SUPREMO TRIBUNAL FEDERAL. *Informativo 864*. Sucessão e regime diferenciado para cônjuges e companheiros. Maio 2017. Disponível em: http://www.stf.jus.br/arquivo/informativo/documento/informativo864.htm#Sucess%C3%A3o%20e%20regime%20diferenciado%20para%20c%C3%B-4njuges%20e%20companheiros. Acesso em: 06 dez. 2020.

TARTUCE, Flávio. STF encerra o julgamento sobre a inconstitucionalidade do art. 1.790 do Código Civil. E agora? *JusBrasil*. Disponível em: https://flaviotartuce.jusbrasil.com.br/artigos/465526986/stf-encerra-o-julgamento-sobre-a-inconstitucionalidade-do-art-1790-do-codigo-civil-e-agora. Acesso em: 06 dez. 2020.

TEPEDINO, Gustavo. Normas constitucionais e relações de Direito Civil na experiência brasileira. TEPEDINO, Gustavo. *Temas de Direito Civil*. Rio de Janeiro: Renovar, 2006. t. II.

TEPEDINO, Gustavo. O Código Civil e o Direito Civil Constitucional. TEPEDINO, Gustavo. *Temas de Direito Civil*. Rio de Janeiro: Renovar, 2006. t. II.

TEPEDINO, Gustavo; NEVARES, Ana Luiza Maia; MEIRELES, Rose Melo Vencelau. *Direito das Sucessões*. Rio de Janeiro: Forense, 2020.

ZAVASCKI, Teori Albino. *Eficácia das sentenças na jurisdição constitucional*. São Paulo: Ed. RT, 2001.

A MARCHA DA AUTONOMIA EXISTENCIAL NA LEGALIDADE CONSTITUCIONAL: OS ESPAÇOS DE CONSTRUÇÃO DA SUBJETIVIDADE

Vitor Almeida

Doutor e Mestre em Direito Civil pela Universidade do Estado do Rio de Janeiro (UERJ). Discente do Estágio Pós-Doutoral do Programa de Pós-Graduação em Direito da Universidade do Estado do Rio de Janeiro (PPGD-UERJ). Professor Adjunto de Direito Civil da Universidade Federal Rural do Rio de Janeiro (ITR/UFRRJ). Advogado

A pessoa é digna, pois é um ser livre.

Béatrice Maurer

Sumário: 1. Considerações iniciais. 2. A trajetória da dignidade humana e da autonomia privada no direito civil: aproximando os conceitos. 3. As transformações da autonomia privada na legalidade constitucional. 4. A autodeterminação nas escolhas existenciais: a autonomia extrapatrimonial entre a liberdade e a solidariedade. 5. Considerações finais. 6. Referências.

1. CONSIDERAÇÕES INICIAIS

A célebre tríade *contrato-propriedade-família* durante longo período não só caracterizou a essência do direito civil brasileiro, como demonstrava a inspiração adotada pelo Código Civil de 1916, calcado no individualismo e patrimonialismo excessivos, projetando, desse modo, ideais tipicamente liberais. A promulgação da Constituição da República Federativa do Brasil de 1988 e a percepção de que as pessoas humanas deveriam ser o centro das preocupações de uma renovada dogmática do direito civil, carreadas, no plano doutrinário nacional, pela constitucionalização deste campo, privilegiando, assim, não mais os sujeitos virtuais, mas as pessoas concretamente consideradas[1], possibilitaram o deslocamento axiológico do *ter* para o *ser*, fundamentado, sobretudo, no princípio da dignidade da pessoa humana, tido como vetor axiológico central e princípio fundante da ordem normativa brasileira.

A prevalência das situações subjetivas jurídicas existenciais sobre as patrimoniais determina que se supere a tradicional primazia da proteção conferida pelo ordenamento às figuras do *ter*, como o contratante e o proprietário, para tutelar e promover as esferas mais íntimas do *ser*, entendido como a manifestação dos atributos essenciais de sua personalidade, voltados, prioritariamente, à integridade e dignidade da pessoa humana,

---

1. Cf. TEPEDINO, Gustavo. Do Sujeito de Direito à Pessoa Humana. *Temas de Direito Civil*, t. II, Rio de Janeiro: Renovar, 2006.

respeitando, nesse passo, não só a liberdade do tráfego jurídico do patrimônio, mas as decisões pessoais livres e autônomas ligadas à sua existência.

Com a alteração do valor axiológico nuclear, papel antes desempenhado pelo individualismo e patrimonialismo, mas atualmente protagonizado pela dignidade humana e solidariedade constitucional, mostra-se desarrazoada a manutenção da clássica lição civilista atada ao *contrato-propriedade-família*. A partir desta constatação, a autonomia privada, valor tão caro ao direito civil de índole liberal, não mais é exclusivamente direcionada à liberdade de troca e disposição do *ter*, mas sobretudo alcança a autodeterminação nas questões afetas à integridade e dignidade da pessoa humana. Em outras palavras, é possível afirmar que houve uma alteração qualitativa da autonomia privada[2], de modo a atender também a liberdade voltada aos interesses e a realização existenciais, ou seja, ao conjunto de atributos indispensáveis ao livre desenvolvimento da pessoa.

A expansão da autonomia privada a terrenos antes restritos ao paternalismo estatal ou ao não reconhecimento da autodeterminação individual suscita indagações e debates relevantes e, carentes, ainda hoje, de maior atenção por parte da doutrina nacional, ainda resistente em perceber a primazia do *ser* sobre o *ter*[3]. Uma justificativa para tal afirmativa é que ela se encontra ainda arraigada à valores já superados pelo ordenamento e presa a um Código Civil que, embora promulgado no século XXI, não incorporou, em muitos aspectos, as inovações dos comandos constitucionais, sobretudo, suas diretrizes fundamentais previstas no art. 1º, incisos II e III.

Sob essa perspectiva, o marco teórico do direito civil constitucional[4] caracterizado, entre outros, pelo (*i*) reconhecimento da centralidade da Constituição no direito privado, ao invés do Código Civil, caráter hierárquico estendido aos demais ramos do direito; (*ii*) a prevalência das situações existenciais em relação às patrimoniais; (*iii*) reconhecimento da historicidade das regras jurídicas; e, (*iv*) a valorização da função dos institutos

---

2. Sobre a alteração da autonomia privada, após a chamada constitucionalização do direito civil, remete-se a TEPEDINO, Gustavo. Normas constitucionais e direito civil na construção unitária do ordenamento. In: SOUZA NETO, Cláudio Pereira de; SARMENTO, Daniel. *A constitucionalização do Direito*: fundamentos teóricos e aplicações práticas. Rio de Janeiro: Lumen Juris, 2007, p. 309-320.

3. Dentre as honrosas exceções, cf. DALSENTER, Thamis. A função da cláusula de bons costumes no Direito Civil e a teoria tríplice da autonomia privada existencial. In: *Revista Brasileira de Direito Civil*, v. 14, p. 99-125, 2018; BODIN de MORAES, Maria Celina; CASTRO, Thamis. A autonomia existencial nos atos de disposição do próprio corpo. In: *Pensar* (UNIFOR), v. 19, p. 779-818, 2014; TEIXEIRA, Ana Carolina Brochado. Autonomia existencial. *Revista Brasileira de Direito Civil*, v. 16, p. 75-104, 2018; MEIRELES, Rose Melo Vencelau. *Autonomia privada e dignidade humana*. Rio de Janeiro: Renovar, 2009, passim.

4. Ver, por todos, sobre a doutrina do direito civil-constitucional: PERLINGIERI, Pietro. *Perfis do direito civil*: Introdução ao Direito Civil Constitucional. Tradução de Maria Cristina De Cicco. 3. ed., rev. e ampl., Rio de Janeiro: Renovar, 2002. Para uma compreensão mais aprofundada sobre a chamada constitucionalização do direito civil na experiência e cenário brasileiros, torna-se imprescindível a leitura de BODIN DE MORAES, Maria Celina. A caminho de um direito civil-constitucional. *Na medida da pessoa humana*: estudos de direito civil-constitucional. Rio de Janeiro: Renovar, 2010, p. 3-20 e Perspectivas a partir do direito civil constitucional. In: TEPEDINO, Gustavo. *Direito Civil Contemporâneo*: novos problemas à luz da legalidade constitucional. Anais do Congresso Internacional de Direito Civil-Constitucional da Cidade do Rio de Janeiro. São Paulo: Atlas, 2007, p. 29-41; TEPEDINO, Gustavo. Premissas metodológicas sobre a constitucionalização do direito civil. *Temas de Direito Civil*. 4. ed., Rio de Janeiro: Renovar, 2008; e, SCHREIBER, Anderson; KONDER, Carlos Nelson. Uma agenda para o direito civil-constitucional. *Revista Brasileira de Direito Civil*, v. 10, p. 1-20, 2016.

jurídicos[5], mostra-se relevante para o desenvolvimento e reflexão sobre os efeitos da autonomia sobre atos ou negócios de conteúdo não patrimonial.

Neste sentido, se se considera o princípio da dignidade da pessoa humana como o fundamento dos atos de autonomia sobre as situações jurídicas subjetivas existenciais, e estas são protegidas prioritariamente pelo constituinte, é possível visualizar um novo trinômio a inspirar o renovado direito civil constitucional, que se assenta na *dignidade-autonomia-personalidade*, que não simplesmente substitui a tríade anterior, mas tornam-se chaves a descortinar a proeminência da tutela e promoção da pessoa humana no ordenamento brasileiro, em todas as suas vertentes, manifestações e atributos essenciais ao pleno e livre desenvolvimento de sua subjetividade. Este trabalho pretende, portanto, examinar a autonomia frente às situações subjetivas jurídicas existenciais no ordenamento brasileiro à luz do marco teórico do direito civil-constitucional, revelando que, cada vez mais, a concretização do princípio da dignidade da pessoa humana se aproxima do respeito à autonomia no que diz respeito às opções mais sensíveis e íntimas às pessoas humanas – as escolhas existenciais.

2. A TRAJETÓRIA DA DIGNIDADE HUMANA E DA AUTONOMIA PRIVADA NO DIREITO CIVIL: APROXIMANDO OS CONCEITOS

As ideias clássicas concernentes às formulações modernas de dignidade e autonomia decorrem, em larga medida, do pensamento do filósofo Immanuel Kant[6]. Graças, sobretudo, às críticas kantianas, na esteira do movimento humanista individualista moderno do século XVIII, é que o conceito de autonomia passa a se referir aos indivíduos, razão pela qual se diz que a autonomia aplicada à pessoa é "uma conquista tardia da cultura ocidental"[7], posto que, inicialmente, sua concepção direcionava-se à "[...] coletividade, mais precisamente a seu poder autárquico".[8]

Segundo a ética kantiana, o indivíduo é compreendido como sujeito moral, que é aquele que faz suas livres escolhas, com base em princípios morais livremente escolhidos[9]. Isto denota a nítida relação entre autonomia e moralidade, na medida em que cada sujeito autônomo legisla sua própria lei moral. Para Schneewind, deve-se a Kant a invenção da concepção da moralidade como autonomia[10], isto é, apresentar a autonomia da vontade como o princípio supremo da moralidade. A questão da moralidade foi reformulada em novas bases por Kant, que, em última instância, pode ser reconduzida a enunciação do

---

5. BODIN, Maria Celina Bodin de. *Prefácio*. Na medida da pessoa humana: estudos de direito civil-constitucional. Rio de Janeiro: Renovar, 2010.
6. É preciso ressalvar que "historicamente, o conceito de autonomia nasce na cultura política da democracia grega para indicar as formas autárquicas, e é somente a partir do humanismo individualista da Idade Moderna, que culmina na Aufklärung (Iluminismo) do século XVIII, que o conceito de autonomia se aplica ao indivíduo". O conceito de autonomia antes do século das luzes, portanto, se remetia ao sentido de "poder autárquico, quer dizer, a capacidade das cidades-estado em dar-se suas próprias leis, sem estar submetidas às leis ou vontades de outras cidades-estado". SCHRAMM, Fermin Roland. A Autonomia Difícil. In: *Bioética*, v. 6, n. 1, Brasília: Conselho Federal de Medicina, 1998, p. 27 e 31.
7. SCHRAMM, Fermin Rolad. Op. cit., p. 27.
8. Id. Ibid., p. 31.
9. Id. Ibid., p. 32.
10. SCHNEEWIND, J. B. *A invenção da autonomia*. São Leopoldo: Editora da UNISINOS, 2005, p. 29.

"imperativo categórico", contido na sentença: "Age só segundo máxima tal que possas ao mesmo tempo querer que ela se torne lei universal"[11]. A moralidade consiste, então, em "não se afastar do imperativo categórico, isto é, não praticar ações senão de acordo com uma máxima que possa desejar seja uma lei universal".[12]

O dever, segundo Kant, não se reduz a "um catálogo de virtudes nem uma lista de 'faça isto' e 'não faça aquilo'", mas sim é concebido através de "uma *forma* que deve valer para toda e qualquer ação moral"[13]. A ação ética representa uma "forma" de caráter universal e incondicional, válida em todo tempo e lugar. Decorre, assim, que todo indivíduo é, na visão do filósofo, um "legislador universal", que representa a "[...] capacidade de estabelecer, pelo uso da razão prática, a regra de conduta ética extensível a todas as pessoas"[14]. A capacidade do indivíduo de se autodeterminar, expressando sua vontade livre, de acordo com a lei que dá a si mesmo, "[...] é mais do que a mera ausência de condicionamentos externos"[15]. Para Kant, portanto, conforme escreveu Fermin Roland Schramm, "um agente moral é assim autônomo se for ele, e unicamente ele, a escolher sua lei moral, ou seja, for livre"[16]. Entendido de outra forma, a autonomia seria "[...] a competência da vontade humana em dar-se a si mesma sua própria lei".[17]

No "reino dos fins", segundo a ética kantiana, tudo tem um preço ou uma dignidade. Quando algo é mensurável e substituível por equivalente, pode ser-lhe estabelecido um preço; contudo, quando algo não admite substituição por qualquer equivalente exatamente por se encontrar acima de todo preço e por sua intrínseca natureza, tem-se a dignidade[18]. Desse modo, as coisas possuem um preço, enquanto as pessoas são dotadas de dignidade. Maria Celina Bodin de Moraes esclarece, com base em Kant, que "enquanto o preço representa um valor exterior (de mercado) e manifesta interesses particulares, a dignidade representa um valor interior (moral) e é de interesse geral"[19]. Desta elaboração resulta que o "valor moral se encontra infinitamente acima do valor de mercadoria, porque, ao contrário deste, não admite ser substituído por equivalente".[20]

Com efeito, a moral kantiana, baseada na chamada autonomia da vontade, conduz à clássica fórmula que funda a concepção de que o homem deve sempre ser concebido como um fim em si mesmo, impedindo-o de ser considerado como um meio para atingir outras finalidades. Trata-se, para Kant, de uma exigência cardeal decorrente do imperativo

---

11. KANT, Immanuel. *Fundamentação da Metafísica dos Costumes e Outros Escritos*. Trad. Leopoldo Holzbach. São Paulo: Martin Claret, 2006, p. 51.
12. BARROSO, Luís Roberto. *A Dignidade da Pessoa Humana no Direito Constitucional Contemporâneo*: natureza jurídica, conteúdos mínimos e critérios de aplicação. Versão provisória para debate público. Mimeografado, dezembro de 2010, p. 17.
13. CHAUÍ, Marilena. *Convite à filosofia*. 11 ed., São Paulo: Ática, 1999, p. 346.
14. BARROSO, Luís Roberto. Op. Cit., p. 17.
15. SCHRAMM, Fermin Rolad. Op. Cit., p. 32.
16. Id. Ibid., p. 32.
17. Id. Ibid., p. 32.
18. Nas palavras do filósofo: "No reino dos fins, tudo tem ou um preço ou uma dignidade. Quando uma coisa tem preço, pode ser substituída por algo equivalente; por outro lado, a coisa que se acha acima de todo preço, e por isso não admite qualquer equivalência, compreende uma dignidade". KANT, Immanuel. Op. cit., p. 65.
19. MORAES, Maria Celina Bodin de. O Princípio da Dignidade Humana. In: MORAES, Maria Celina Bodin de. *Princípios do direito civil contemporâneo*. Rio de Janeiro: Renovar, 2006, p. 12.
20. Id. Ibid., p. 12.

categórico, na medida em que "afirma a dignidade dos seres humanos como pessoas"[21]. Os conceitos de autonomia e dignidade, desde Kant, conforme se pode depreender, estão muito próximos, eis que a dignidade da natureza humana e de toda a natureza racional, no trilho do pensamento do filósofo, tem por fundamento a autonomia.[22]

A influência do pensamento kantiano se propagou, "[...] sendo ainda hoje referência central na filosofia moral e jurídica"[23]. No entanto, ressalvas devem ser feitas quanto à apreensão jurídica, visto que embora nele respaldado e fundamentado, não se pode desconsiderar a contribuição de outras correntes doutrinárias, bem como o método e a sistemática próprias do Direito. Dito ao contrário, não se pode confundir a atual configuração dos conceitos de dignidade e autonomia na contemporânea experiência jurídica com o pensamento desenvolvido por Kant, ainda que este se converta em sua raiz filosófica principal.[24]

Os conceitos modernos referentes à dignidade e à autonomia – centrais à ética kantiana – compartilham, desse modo, a mesma matriz teórico-filosófica que influenciou significativamente à construção de discursos e fundamentos da ciência do direito, especialmente no âmbito do direito privado, nos séculos subsequentes. Assim, seja do conceito de autonomia incorporado pelo movimento voluntarista individualista que reinou como base de todo o direito privado a partir do século XIX, seja da compreensão de dignidade humana que o direito contemporâneo refinou, tornando-o conceito referencial proeminente ao longo do século XX.

Em um primeiro momento, o pensamento kantiano, inserido dentro do movimento Iluminista, foi transposto para o domínio do direito sob a concepção de uma liberdade formal, de índole individualista, voluntarista e patrimonialista, que, por sua vez, neste âmbito implicava em autonomia da vontade. Neste sentido, a liberdade, que sempre foi um valor extremamente caro às exigências humanas, teve no plano jurídico sua expressão maior, erigida e firmada durante os séculos XVIII e XIX, exteriorizada como autonomia privada no terreno do direito privado, sob influência do pensamento liberal baseado, sobretudo, no *ethos* burguês então vigente. Conforme ressalta Denis Franco Silva: "[...] a concepção de autonomia tradicionalmente aceita guarda mais do que uma relação de identidade com ideário liberal sendo, na verdade, fruto do mesmo"[25]. Vê-se, porém, que há "um grande hiato entre o pensamento kantiano e o da comunidade jurídica da época"[26], razão pela qual não se pode confundir a noção kantiana da ideia de autonomia com a construção jurídica do princípio da autonomia privada, embora possa se dizer que " [...] o conceito kantiano passou por uma nova leitura e se lhe atribuiu sentido condizente com o espírito liberal individualista exacerbado do séc. XIX".[27]

---

21. Id. Ibid., p. 11.
22. KANT, Immanuel. Op. Cit., p. 66.
23. BARROSO, Luís Roberto. Op. Cit., p. 15.
24. Em que pese tal ressalva, já se observou que a "dignidade kantiana ainda é um parâmetro para a maioria da doutrina". MEIRELES, Rose Melo Vencelau. *Autonomia privada e dignidade humana*. Rio de Janeiro: Renovar, 2009, p. 99.
25. SILVA, Denis Franco da. O princípio da autonomia: da invenção à reconstrução. In: MORAES, Maria Celina Bodin de. *Princípios de direito civil contemporâneo*. Rio de Janeiro: Renovar, 2006, p. 136.
26. Id. Ibid., p. 136.
27. Id. Ibid., p. 137.

A compreensão da ascendência da autonomia da vontade a epicentro do direito privado, neste período, se insere na "era das codificações", expressão que designa bem a pretensão de completude dos códigos civis influenciada pela Escola Exegética francesa, que, por sua vez, limitava a interpretação criativa dos juízes[28]. O movimento de codificação mantinha estreitos vínculos com o modelo de Estado Liberal, o qual, segundo Jüger Habermas, revela "[...] uma sociedade econômica, institucionalizada através do direito privado"[29]. Os códigos resguardavam, portanto, os interesses da burguesia, regulando as relações que estes mantinham no mercado. Assim, tamanha era a primazia do *bourgeois* sobre os *citoyen,* que conforme assinala Konrad Hesse, o direito privado:

> Como tema de las esferas y los límites de la liberdad assumió parcialmente el papel de los derechos fundamentales, que ellos mismos, como se ha expuesto, sólo con reservas podían desempenar. En todo caso, esa liberdad burguesa era una liberdad no política, una liberdad de los particulares para disponer de un espacio propio sin intromisiones del Estado.[30]

A divisão entre o direito privado e o direito público ascendeu a uma posição central no ordenamento jurídico, capaz de separá-lo em dois mundos distintos, incomunicáveis e isolados entre si, e, incontestavelmente, "destinada a se tornar uma das grandes dicotomias do pensamento jurídico de todos os tempos"[31]. Finca-se, desse modo, revelando, na verdade, sua face mais intensa, o postulado fundamental que vai nortear por longo tempo a relação entre direito civil e direito constitucional, tratados como dicotômicos, em razão da *summa divisio* inabalavelmente erigida.

Assim, em razão da cisão entre direito privado e direito público, o papel destinado a cada um restava claramente definido. Apesar da dicotomia, os ideais de liberdade e igualdade preconizados no século XVII, cristalizaram-se nas codificações e nas constituições liberais do século XIX e início do século XX[32], sugerindo uma relação "estrecha e necessária"[33] entre as esferas públicas e privadas[34]. Contudo, afirma Konrad Hesse

---

28. Sobre a Escola da Exegese desenvolvida na França depois da codificação napoleônica, o sociólogo Renato TREVES sintetizou os seus princípios norteadores: "[...] o da identificação do direito com a lei geral abstrata, de um lado, expressão da vontade popular e, de outro, expressão da razão; o da completude do ordenamento jurídico e, portanto, de sua falta de lacunas; e o da função declaratória e não criativa da atividade jurisdicional, isto é, da função meramente lógica que reduz o juiz, como dizia Montesquieu, a um simples *bouche de la loi*" (*Sociologia do direito*: origens, pesquisas e problemas. Trad. Marcelo Branchini. Barueri, SP: Manole, 2004, p. 110).

29. HABERMAS, Jünger. *Direito e Democracia entre Facticidade e Validade.* v. 2., Trad. Flávio Beno Siebeneichler. Rio de Janeiro: Tempo brasileiro, 1997, apud, SARMENTO, Daniel. *Direitos Fundamentais e Relações Privadas.* Rio de Janeiro: Lumen Juris, 2004, p. 90-91.

30. HESSE, Konrad. *Derecho Constitucional y Derecho Privado.* Trad. Ignácio Gutiérrez Gutiérrez. Madrid: Cuadernos Civitas, 2001, p. 38-39.

31. FACCHINI NETO, Eugênio. Reflexões histórico-evolutivas sobre a constitucionalização do direito privado. In: SARLET, Ingo Wolfgang (Org.). *Constituição, direitos fundamentais e direito privado.* Porto Alegre: Livraria do Advogado, 2003, p. 13.

32. Anota LÔBO, Paulo Luiz Netto que "O constitucionalismo e a codificação (especialmente os códigos civis) são contemporâneos do advento do Estado Liberal e da afirmação do individualismo jurídico. Cada um cumpriu seu papel: um, o de limitar profundamente o Estado e o poder político (Constituição), a outra, o de assegurar o mais amplo espaço de autonomia aos indivíduos, nomeadamente no campo econômico (codificação)" (Constitucionalização do direito civil. In: *Revista de Informação Legislativa*, ano 36, n. 141, Brasília, jan./mar., 1999).

33. HESSE, Konrad. Op. Cit., p. 33.

34. Para um estudo mais pormenorizado sobre a distinção entre público e privado no pensamento jurídico remete-se a SARMENTO, Daniel. A trajetória da dicotomia público/privado. *Revista Trimestral de Direito Civil*, v. 22, Rio de Janeiro: Padma, abr./ jun., 2005, p. 239-257.

que, a despeito das mencionadas concordâncias de conteúdo, eram desde o princípio ausentes de vínculos.[35]

Sob esta perspectiva que foi amalgamada uma noção quase absoluta, imponderável do princípio da autonomia da vontade no direito civil oitocentista, tornando-o pilar do então sistema concebido. Como o modelo erigido visava consagrar a plena liberdade individual frente ao Estado, as restrições à autonomia eram externas e excepcionais[36]. Conforme se observou, "instalado no poder, o ideal de emancipação do sujeito, de inspiração iluminista, se converteu em uma concepção de liberdade individualista, voluntarista e patrimonialista"[37]. A liberdade, expressa em âmbito privado como autonomia, se cristalizou na sua ótica negativa, entendida como o espaço de garantia de não intervenção de poderes alheios, isto é, na "ausência de vínculos, pressões ou coações externas".[38]

O quadro de estabilidade estampado nos códigos civis sofreu fortes abalos com a intensificação do processo de industrialização no século XIX, aliado à crescente agitação dos movimentos sociais, culminando com a eclosão da primeira grande guerra mundial. Todos esses acontecimentos, agregados a outros, tais como as crises econômicas na primeira metade do século passado, contribuíram para a presença cada vez mais acentuada do Estado na economia, o que provocou profundas mudanças nos sustentáculos liberais que alicerçavam o direito civil[39]. O intervencionismo estatal na vida econômica dos indivíduos alterou de vez a posição dos códigos no sistema de fontes do direito privado, que passa a conviver com demais leis ordinárias que regulam assuntos antes tidos exclusivamente sob sua incidência.

Conforme observou Anderson Schreiber, "duas guerras mundiais, os horrores do holocausto nazista e a efetiva utilização da bomba atômica foram apenas alguns dos assustadores acontecimentos que o mundo testemunhou no curto intervalo entre 1914 e 1945"[40]. A par destes eventos, tornava-se imprescindível uma tutela mais efetiva da pessoa humana, de modo a protegê-la das atrocidades cometidas mundo afora[41]. A

---

35. HESSE, Konrad. Op. Cit., p. 33-35; Ainda, Paulo Luiz Netto LÔBO observa que "nenhum ramo do direito era mais distante do direito constitucional do que [o direito civil]. Em contraposição à constituição política, era cogitado como constituição do homem, máxime após o processo de codificação liberal" (Op. Cit., p. 99).

36. Para uma detida análise sobre esta concepção de autonomia privada, Cf. PRATA, Ana. *A tutela constitucional da autonomia privada*. Coimbra: Almedina, 1882.

37. TEIXEIRA, Ana Carolina Brochado; KONDER, Carlos Nelson de Paula. Autonomia e solidariedade na disposição de órgãos para depois da morte. In: *Revista da Faculdade de Direito da UERJ*, v. 18, 2010. Disponível em: http://www.e-publicacoes.uerj.br/index.php/rfduerj/article/viewFile/1357/1145. Acesso em: 25 jul. 2011.

38. BARBOZA, Heloisa Helena. Reflexões sobre autonomia negocial. In: TEPEDINO, Gustavo: FACHIN, Luiz Edson (Coord.). *O direito e o tempo*: embates jurídicos e utopias contemporâneas – estudos em homenagem ao Professor Ricardo Pereira Lira. Rio de Janeiro: Renovar, 2008, p. 409.

39. TEPEDINO, Gustavo. Premissas metodológicas para a constitucionalização do direito civil. *Revista da Faculdade de Direito da UERJ*, n. 5, Rio de Janeiro: Renovar, 1997, p. 25.

40. SCHREIBER, Anderson. *Direitos da Personalidade*. São Paulo: Atlas, 2011, p. 6.

41. Além dos horrores nazistas, Heloisa Helena BARBOZA relata os casos do Estudo de Sífilis de Tuskegee e o Estudo sobre Obediência Autoridade de Stanley Milgram ocorridos na década de sessenta e setenta nos Estados Unidos, em que foram denunciadas graves violações éticas e metodológicas em pesquisas com seres humanos: "No primeiro, desde 1932 estudou-se um grupo de 600 pessoas com sífilis, das quais 299, homens negros, foram mantidas sem tratamento, para verificar a evolução da doença. Os sujeitos da pesquisa foram impedidos de ter acesso ao tratamento, mesmo após este já estar disponível na rede de saúde pública dos Estados Unidos, desde a década de cinquenta. Este estudo só foi interrompido em 1972, por pressão da opinião pública, após divulgação na imprensa. No Estudo Milgran, realizado pelo Departamento de Psicologia da Universidade de Yale, no final

primeira resposta em âmbito internacional foi a Declaração Universal dos Direitos Humanos, em 1948, na qual se afirmou de modo expresso "o reconhecimento da dignidade inerente a todos os membros da família humana e de seus direitos iguais e inalienáveis é o fundamento da liberdade, da justiça e da paz no mundo".

A consagração do princípio da dignidade humana em Declarações Internacionais de Direitos Humanos e na própria Constituição da República Federativa do Brasil de 1988, no art. 1º, inciso III, além de ter um papel limitador do "inteligente egoísmo", que guiava o mercado através da garantia do livre jogo das vontades, teve o mérito de fortalecer e priorizar a proteção da pessoa humana. Assim, a dignidade da pessoa humana[42] passou a ser considerada no ordenamento jurídico nacional como "princípio fundamental de que todos os demais princípios derivam e que norteia todas as regras jurídicas"[43]. Desse modo, é indispensável a releitura de todo o ordenamento à luz dos ditames constitucionais em prol da reconstrução do sistema vigente a partir de uma índole mais humana e solidária, tendo como bússola axiológica a própria dignidade humana.

A dignidade humana desloca-se a valor nuclear do ordenamento pátrio, de modo a condicionar a interpretação e a funcionalização das normas jurídicas. A autonomia privada, assim como a maioria dos valores e institutos civilistas, tornou-se foco de intensos debates doutrinários e jurisprudenciais após a mudança do paradigma estabelecido no ordenamento jurídico brasileiro, sobretudo após a promulgação da Constituição da República de 1988. A vigente orientação constitucional de proteção integral à dignidade da pessoa humana, erigindo-a valor cardeal na construção unitária da ordem normativa nacional, impôs uma (re)compreensão da autonomia erguida a partir dos princípios esculpidos na Constituição.

Diante desta nova arquitetura, em especial no âmbito do direito privado, observa Eugênio Facchini Neto que o "poder da vontade também encontra-se limitado", mas, ao contrário, das limitações anteriores fundadas em virtude de "normas imperativas em proveito de outros particulares, agora pende rumo à "concretização dos princípios constitucionais da solidariedade social e da dignidade da pessoa humana". Daí, revela que

---

da década de 1960, recrutaram-se voluntários para uma pesquisa fictícia sobre memória e aprendizagem, onde se buscava verificar o grau de obediência à autoridade dos pesquisados, deliberadamente enganados e submetidos a constrangimento e sofrimentos psicológico" (Op. Cit., p. 416).

42. Segundo Ingo Wolfgang SARLET, a dificuldade de conceituação da dignidade da pessoa humana decorre de "sua 'ambiguidade e porosidade', assim como por sua natureza necessariamente polissêmica. [...] razão pela qual há de se reconhecer que se trata de conceito em permanente processo de construção e desenvolvimento". Reconhecida a multidimensionalidade da dignidade da pessoa humana, o autor destaca que "[...] tais dimensões, por sua vez, não se revelam como necessariamente incompatíveis e reciprocamente excludentes". Desse modo, em busca da síntese entre as diversas dimensões da dignidade da pessoa humana, o autor propõe conceitua-la como: "a qualidade intrínseca e distintiva reconhecida em cada ser humana que o faz merecedor de do mesmo respeito e consideração por parte do Estado e da comunidade, implicando, neste sentido, um complexo de direitos e deveres fundamentais que assegurem a pessoa tanto contra todo e qualquer ato de cunho degradante e desumano, como venham a lhe garantir as condições existenciais mínimas para uma vida saudável, além de propiciar e promover sua participação ativa e corresponsável nos destinos da própria vida em comunhão com os demais seres humanos, mediante o devido respeito aos demais seres que integram a teia da vida" (Notas sobre a dignidade da pessoa humana na jurisprudência do STF. In: SARMENTO, Daniel; SARLET, Ingo Wolfgang (Coord.). *Direitos fundamentais no Supremo Tribunal Federal*: balanço e crítica. Rio de Janeiro: Lumen Juris, 2011, pp. 39, 42 e 51).

43. FACHIN, Luiz Edson. Fundamentos, Limites e Transmissibilidade – Anotações para uma Leitura Crítica, Construtiva e de Índole Constitucional da Disciplina dos Direitos da Personalidade no Código Civil Brasileiro. *Revista da EMERJ*, v. 8, n. 31, 2005, p. 58.

"abandona-se a ética do individualismo pela ética da solidariedade; relativiza-se a tutela da autonomia da vontade e se acentua a proteção da dignidade da pessoa humana".[44]

Nas palavras de Gustavo Tepedino, "a noção de autonomia da vontade, como concebida nas codificações do Séc. XIX, dá lugar à autonomia privada, alterada substancialmente nos aspectos subjetivo, objetivo e formal"[45]. A preocupação com a pessoa concretamente considerada, ao invés do sujeito abstrato, configura a modificação em sentido subjetivo da autonomia privada. Sob o aspecto objetivo, reconhece-se que as situações subjetivas existenciais são proeminentes sobre as patrimoniais por força do princípio da dignidade da pessoa humana, enquanto, sob a ótica formal, a forma dos atos jurídicos, ao invés de proteger exclusivamente a segurança patrimonial, passa a "exercer papel limitador da autonomia privada em favor de interesses socialmente relevantes e das pessoas em situações de vulnerabilidade".[46]

O ápice da autonomia privada no direito civil de índole voluntarista-contratual foi sucedido pelo valor da dignidade humana. Contudo, tal centralidade não descura da importância da autonomia privada, sobretudo no que tange à sua projeção existencial, como uma forma legítima de respeitar e concretizar a dignidade das pessoas. Assim, a releitura da autonomia privada face à dignidade humana, não a descarta, mas tão somente a funcionaliza aos comandos constitucionais, ou melhor, à própria dignidade. Por isso, a relevância de, ao contrário de distanciar os conceitos, aproximá-los de modo a efetivar uma tutela da pessoa humana compatível com a liberdade individual (*rectius*: autonomia).

Dignidade e autonomia, cada uma em seu tempo, se firmaram, respectivamente, como valores nucleares, pilares estruturantes do direito civil moderno brasileiro. Mais apropriadamente, a autonomia privada tão cara a estruturação do sistema civil fundado a partir de 1916 no cenário nacional, erigida com base na igualdade formal e direcionada à aquisição, manutenção e disposição do patrimônio, foi sucedida pela dignidade da pessoa humana, que se tornou o princípio fundamental do ordenamento com a promulgação da Constituição de 1988, não restando exclusiva ao campo privado, mas a todo sistema normativo, unificando, assim, o direito pátrio. Em outros termos, a dignidade humana serviu na experiência jurídica nacional como valor unificador da ordem normativa vigente, recompondo o sistema anteriormente fragmentado em direito público e privado, atendendo, assim, a própria necessidade do ordenamento que deve ser unitário, sistemático, orgânico e harmônico.[47]

---

44. FACCHINI NETO, Eugênio. Reflexões histórico-evolutivas sobre a constitucionalização do direito privado. In: SARLET, Ingo Wolfgang (Org.). *Constituição, direitos fundamentais e direito privado*. Porto Alegre: Livraria do Advogado, 2003, p. 23.

45. TEPEDINO, Gustavo. Normas constitucionais e direito civil. *Revista da Faculdade de Direito de Campos*, ano IV, n. 4 e ano V, n. 5, Campos dos Goytacazes, RJ: FDC, 2003-2004, p. 171.

46. Id. Idib., p. 171-172.

47. Segundo Gustavo Tepedino, a "complexidade do ordenamento, resultante de inúmeros fatores, tais como a composição legislativa, o sistema sociocultural, a aplicação jurisprudencial das normas, traduz a pluralidade de fontes normativas, mas há de ser compreendido de forma unitária a partir da tábua axiológica contida na Constituição Federal. Com efeito, a Constituição exerce papel unificador do sistema, permitindo a harmonização da pluralidade de fontes normativas. [...] o ordenamento tem que ser sistemático e, a um só tempo, orgânico, lógico, axiológico, coercitivo, uno, monolítico, centralizado" (O Direito Civil-Constitucional e suas Perspectivas Atuais. In: TEPEDINO, Gustavo (Org.). *Direito Civil Contemporâneo: Novos problemas à luz da legalidade constitucional*. São Paulo: Atlas, 2008, p. 361-362.

Dignidade e autonomia compartilham não somente o papel de centralidade no binômio interpretação-aplicação nas relações civis em momentos históricos distintos, como também no conteúdo conceitual polissêmico inerente à sua abrangência, em que pese à amplitude da dignidade humana seja maior, pois atua como vetor axiológico do sistema jurídico como um todo, demonstrando, assim, a superação da clássica divisão entre direito público e direito privado. São, assim, dotados de caráter dúplice, atuando tanto como valores quanto princípios[48] cujos contornos e intensidades variam de acordo com o ideário influenciador do pensamento jurídico, que, no plano civil nacional, outrora se orientou pelo liberalismo e hoje se finca no solidarismo constitucional.

Não se deve olvidar, contudo, que embora a autonomia não se imponha mais como a diretriz fundante do direito privado, a mesma não desapareceu, tendo somente sua estrutura e função modificadas. A autonomia passa, então, a ser considerada seja como uma das dimensões da dignidade humana seja como uma de suas expressões, através da sua versão do direito à liberdade. Após seus protagonismos em apartado no direito civil, procura-se agora seu reencontro, não mais com uma autonomia voltada para o livre jogo do mercado, mas direcionada à própria concreção da dignidade humana.

Pode-se, assim dizer, que a autonomia integra a atual configuração da dignidade humana no direito contemporâneo brasileiro, diferentemente da visão kantiana que apregoava que a dignidade tem por fundamento a autonomia. Em outros termos, a autonomia quando se volta para o exercício de escolhas existenciais somente se justifica, à luz da legalidade constitucional, se direcionada à concretização da dignidade da pessoa humana, que passa a ser seu fundamento. Impulsos, a parte, da "virada kantiana"[49], expressão utilizada por alguns autores para expressar a atual importância da influência do pensamento de Kant no debate jurídico contemporâneo, sobretudo no tratamento do princípio da dignidade da pessoa humana, torna-se imprescindível nos dias de hoje que o direito civil volte os olhos para a autonomia relativa à esfera existencial, de modo a contemplar todas as dimensões e expressões da dignidade da pessoa humana, sem descurar, contudo, que no indispensável itinerário metodológico civil-constitucional existem outros elementos integrantes da dignidade humana e que devem ser sopesados, através de rigoroso recurso ponderativo, sob pena de inversão da tutela da pessoa humana.

3. AS TRANSFORMAÇÕES DA AUTONOMIA PRIVADA NA LEGALIDADE CONSTITUCIONAL

Em que pese nunca tenha sido uma atividade simples a conceituação da autonomia privada[50], parece não haver dúvidas que sua tradicional concepção ligada aos negócios

---

48. Neste sentido, já se escreveu: "A dignidade da pessoa humana pode ser concebida sob a dúplice dimensão de princípio e de valor". FACHIN, Luiz Edson; PIANOVSKI, Carlos Eduardo. A dignidade da pessoa humana no direito contemporâneo: uma contribuição à crítica da raiz dogmática do neopositivismo constitucionalista. In: *Revista Trimestral de Direito Civil*, v. 35, jul./set., 2008, p. 102.

49. Na doutrina nacional, o termo é utilizado por Ricardo Lobo Torres, em A cidadania multidimensional na era do direito. In: TORRES, Ricardo Lobo. *Teoria dos direitos fundamentais*, Rio de Janeiro: Renovar, 1999, p. 249.

50. Observa Rose Melo Vencelau Meireles que: "Os conceitos de liberdade jurídica, autonomia da vontade, autonomia privada e autonomia negocial são tratados pela doutrina ora como fossem uma só coisa; ora como se fossem distintos

jurídicos patrimoniais facilitava significativamente sua operacionalização pelos juristas, tendo em vista sua vinculação à um objeto externo à pessoa humana, ou seja, preso à liberdade do *ter* dos particulares. Durante longo tempo, portanto, a liberdade da pessoa, entendida como poder de autodeterminação direcionada às escolhas relacionadas à sua própria existência, não foi objeto de preocupação do direito civil, que, então, primava pela garantia do livre tráfego econômico-mercantil, ou seja, caracterizava-se pela primazia das relações jurídicas patrimoniais, representadas fortemente pela figura do contrato.

Para Pietro Perlingieri é necessário examinar a autonomia privada em cotejo com determinado ordenamento jurídico e experiência histórica, a fim de que se possa determiná-la não em abstrato, mas espaço-temporalmente contextualizada[51]. Disto se infere que o conceito de autonomia é não só relativo, isto é, dependente "[...] em larga medida [d]a configuração do ordenamento" específico, como também determinado historicamente[52]. Em que pese à reserva aludida pelo autor no que se refere à dimensão histórica da autonomia privada, a doutrina civilística insiste há tempos em considerá-la como verdadeiro dogma, estreitando sua noção à "iniciativa privada e de atividade dos sujeitos como expressão da própria liberdade"[53]. Nesta perspectiva, costuma-se definir a autonomia privada como "[...] o poder, reconhecido ou concedido pelo ordenamento estatal a um indivíduo ou a um grupo, de determinar 'vicissitudes jurídicas' como consequência de comportamentos – em qualquer medida – livremente adotados".[54]

Sob este espectro, revela-se o quadro delineado da autonomia privada construído ao longo dos séculos XIX e XX no direito civil, fortemente influenciado pelo liberalismo econômico, em que a liberdade de regular por si as próprias ações identificava-se e, em regra, limitava-se à iniciativa econômica. À margem das exigências históricas, o fundamento da concepção predominante no pensamento jurídico se coloca na "[...] liberdade de regular por si as próprias ações ou, mais precisamente, de permitir a todos os envolvidos em um comportamento comum de determinar as regras mediante um pacto consensual"[55]. Embora esta concepção guiada por "exigência jusnaturalística de proteger ou reconquistar espaço para o valor da liberdade individual"[56] camuflasse a força do movimento liberalista econômico, não se pode olvidar a notável influência desta formulação no plano civilista tradicional e sua resiliência em se manter no cenário atual.

Desse modo, Pietro Perlingieri propôs a substituição da adjetivação do fenômeno da autonomia – de *privada* à *negocial*[57]. O autor sustenta que se encontra superada a distinção entre a natureza privada e pública dos sujeitos aptos ao exercício da autonomia, demonstrando a inconsistência da concepção ofertada à autonomia privada baseada

---

um dos outros". Para delimitar o âmbito conceitual de cada um deles, Cf. *Autonomia privada e dignidade humana.* Rio de Janeiro: Renovar, 2009, p. 63-73.

51. PERLINGIERI, Pietro. *Perfis do direito civil:* Introdução ao Direito Civil Constitucional. Trad. Maria Cristina De Cicco. 3. ed., rev. e ampl., Rio de Janeiro: Renovar, 2002, p. 17.

52. Id. Ibid., p. 17.

53. PERLINGIERI, Pietro. *Direito civil na legalidade constitucional.* Trad. Maria Cristina De Cicco. Rio de Janeiro: Renovar, 2008, p. 339.

54. Id. Ibid., p. 335.

55. Id. Ibid., p. 335.

56. Id. Ibid., p. 335.

57. Id. Ibid., p. 338.

no "poder reconhecido ou atribuído pelo ordenamento jurídico ao 'privado'". Neste sentido, aduz que "o poder cabe, na realidade, a todos os sujeitos jurídicos, sejam estes privados ou públicos".[58]

Avançou bem ao desvelar que a autonomia não se manifesta através da realização de um negócio bi ou plurilateral de conteúdo patrimonial[59], como classicamente se entendeu, ampliando seu espectro aos atos negociais de caráter extrapatrimonial. Desse modo, no intuito de eleger a locução mais idônea, capaz de atender a "vasta gama das exteriorizações da autonomia" e "mais aderente à dinâmica das hodiernas relações jurídicas"[60], optou-se pelo conceito de autonomia negocial, gênero do qual a autonomia contratual se colocaria como sua espécie. Nesta visão, o atributo "negocial" abarcaria a amplitude necessária a superar as angústias que o adjetivo "privado" impõe, sobretudo, a distinção entre a natureza privada ou pública do sujeito que realiza o ato de regulamentação de interesse, bem como o conteúdo do negócio jurídico realizado.

Em que pese à doutrina brasileira e alienígena amplamente considerem que a autonomia se realize através da celebração de negócios jurídicos, deve-se, contudo, preterir a terminologia autonomia negocial em preferência à manutenção da locução autonomia privada no cenário jurídico nacional. Segundo Rose Melo Vencelau Meireles, "autonomia privada significa autorregulamentação de interesses, patrimoniais e extrapatrimoniais", ou seja, "trata-se de um princípio que confere juridicidade àquilo que for definido pelo titular para o regramento de seus interesses, por meio das vicissitudes jurídicas relacionadas às situações subjetivas respectivas", razão pela qual deve-se preferir "o termo autonomia privada que serve tanto para os atos patrimoniais, quanto para atos existenciais".[61]

Diante da profunda alteração no campo da autonomia privada e a necessidade de sua conformação aos valores constitucionais, depreende-se que seria um equívoco comprimir fenômeno tão vasto e caro às exigências da pessoa humana, relegando-o as exteriorizações mediante à realização de negócios jurídicos, razão pela qual não se propõe a autonomia negocial como a locução mais adequada no ordenamento brasileiro, que, no entanto, sinaliza para um movimento de "dicotomização" da autonomia privada entre os interesses existenciais e patrimoniais (rectius: negociais).

Longe de configurar nova díade simplória no direito civil brasileiro, é preciso, contudo, diferenciar o tratamento concernente ao exercício da autonomia nas situações jurídicas subjetivas existenciais – a chamada autonomia privada existencial – das patrimoniais – que se adequa bem à expressão autonomia privada negocial. Esta primeira divisão se faz fundamental ante a necessária reflexão que se exige em prol de um tratamento qualitativo diverso da autonomia aplicada aos atos existenciais daqueles de natureza patrimonial.

---

58. Id. Ibid., p. 336.
59. Refere-se exclusivamente à autonomia contratual.
60. PERLINGIERI, Pietro. Op. Cit., 338.
61. MEIRELES, Rose Melo Vencelau. Op. Cit., p. 74,76.

4. A AUTODETERMINAÇÃO NAS ESCOLHAS EXISTENCIAIS: A AUTONOMIA EXTRAPATRIMONIAL ENTRE A LIBERDADE E A SOLIDARIEDADE

O respeito às decisões pessoais eleitas de acordo com as preferências e mundividências de cada um, determinando, desse modo, os rumos de sua própria existência, nem sempre foi contemplado pela ordem jurídica como uma expressão do agir individual de forma autônoma e consciente. Sob influência do ideário liberal oitocentista, os contornos da proteção concedida à autonomia privada direcionavam-se nuclearmente à garantia do patrimônio e seu poder de disposição. Em outras palavras, a autonomia privada também refletia os então valores norteadores do ordenamento, sintetizada na clássica formulação da primazia do *ter* sobre o *ser*.

A atual compreensão, sob a égide do direito civil constitucional, que a dignidade da pessoa humana constitui o valor fundante e vetor axiológico central no ordenamento pátrio não deixou incólume à compreensão tradicional outorgada à autonomia no campo privado, ampliando o seu sentido com o fim não só de alcançar, mas de tornar proeminente, a autodeterminação individual para a esfera das decisões de cunho existencial, referentes à vida íntima e privada, de caráter religioso, artístico, ideológico, afetivo, sexual, entre outras dimensões inerentes à tutela da pessoa humana. Tal concepção encontra amparo na medida em que se considera que a tutela da autonomia privada se encontra indissociável da proteção e promoção da dignidade da pessoa humana.

A expansão – ou como muitos preferem o incremento – da autonomia privada ao terreno das situações subjetivas de caráter existencial reforça a ideia de sua desvinculação com os negócios jurídicos[62]. O entendimento no sentido que "a liberdade privada pode ter diversos graus de concretude e se expressar como ato de escolha, sem que importe em realização de negócios jurídicos"[63] é crucial para a independência da denominada autonomia existencial, que cada vez mais se traduz em autodeterminação dos sujeitos privados que, em essência, se expressa como poder de escolha das pessoas humanas no que tange ao "núcleo duro da existência"[64] enquanto tal.

Com efeito, deve-se encarar que o fenômeno da autonomia privada assume uma dimensão bem mais ampla do que o entendimento tradicional que a condensou em torno da teoria do negócio jurídico, chegando-se a considerar este como ato de autonomia

---

62. Sobre a profunda correspondência entre os negócios jurídicos e a autonomia privada escreveu Orlando GOMES: "Sempre, pois, que pratica alguém um ato que serve à sua autonomia privada está a realizar um negócio jurídico". (*Transformações gerais dos direitos das obrigações*. São Paulo: Ed. RT, 1967, p. 81).

63. MEIRELES, Rose Melo Vencelau. Op. Cit., p. 92.

64. No original: "nucleo duro dell'asistenza". A expressão é de autoria de Stefano RODOTÀ, originalmente publicado em *Perché laico*. 2. ed. Bari: Laterza, 2010, p. 191. Neste trabalho foi utilizado a versão traduzida por Carlos Nelson de Paula Konder: RODOTÀ, Stefano. Autodeterminação e laicidade. In: *Revista Brasileira de Direito Civil* – RBDCivil, Belo Horizonte, v. 17, p. 139-152, jul./set., 2018, p. 141. "Quando se chega ao núcleo duro da existência, à necessidade de respeitar a pessoa humana como tal, estamos diante da impossibilidade de decidir [indecidibile]. Nenhuma vontade externa, mesmo aquela expressa em uníssono por todos os cidadãos ou por um Parlamento unânime, pode tomar o lugar da vontade do interessado. Estamos diante de uma espécie de nova declaração de *habeas corpus*, diante de uma autolimitação do poder. O corpo intocável torna-se salvaguarda de uma pessoa humana perante a qual, 'em nenhum caso', se pode faltar com o respeito. O soberano democrático, uma assembleia constituinte, renova a todos os seus cidadãos a sua promessa de intocabilidade: 'não poremos as mãos sobre vós', nem mesmo com o instrumento graças ao qual, na democracia, se exprime legitimamente a vontade política, isto é, com a lei".

privada por excelência. Sob outro ângulo, o negócio jurídico constituiria o instrumento maior da autonomia privada. Que a autonomia tem uma importância fundamental dentre os critérios distintivos para extremar os negócios jurídicos dos atos jurídicos em sentido estrito é uma construção válida, no entanto, circunscrever um fenômeno tão vasto sob a ótica exclusiva de um ato jurídico patrimonialmente elaborado é sacrificá-lo, sem extrair suas potencialidades. Desatender-se-ia, desse modo, a vontade do constituinte de proteger integralmente a pessoa, permitindo que as escolhas existenciais – geralmente não exteriorizadas sob o manto de um negócio jurídico – não encontrasse amparo como um ato de autonomia legítimo e merecedor de tutela.

Na trajetória desta orientação, os atos de autonomia privada não se expressam somente através da categoria dos negócios jurídicos. No âmbito das situações jurídicas subjetivas existenciais notadamente se verifica a insuficiência daquele como único instrumento legítimo de expressão amparado pela ordem jurídica. No intento de densificar e concretizar a diretriz máxima do sistema normativo-constitucional pátrio reclama-se pela ampliação dos meios de exteriorização da vontade real e consciente na deliberação sobre seu próprio projeto existencial, deixando ao alvedrio das pessoas, desde que não atentatório ao dever de solidariedade social e, excepcionalmente, ao conteúdo heterônomo da dignidade humana, às escolhas existenciais manifestadas por intermédio do direito à autodeterminação pessoal.

É imperiosa, sob esse viés, a superação da confusão entre autonomia privada e negócio jurídico, que se encontram, mas não se fundem, largamente difundida pela doutrina, de modo a aproximar a autonomia como uma das dimensões do princípio da dignidade da pessoa humana, ou seja, considerá-la como um dos instrumentos privilegiados de concretização desta. A partir do olhar de tolerância e respeito às escolhas existenciais, é possível afirmar que estas podem não operar no interior dos negócios jurídicos, mesmo que se admita a existência destes com conteúdo extrapatrimonial, essencialmente estranhos à sua concepção clássica.

A autonomia privada configura, hoje, um poder de autorregulamentação conferido às pessoas, tanto no que tange ao terreno patrimonial quanto na esfera de cunho existencial, superando, desse modo, sua concepção atrelada puramente à iniciativa econômica. A partir deste entendimento é que "justamente por ser manifestação da liberdade que a autonomia privada é considerada como um dos meios de realização da dignidade da pessoa humana, nas situações existenciais".[65]

Desse modo, ensina Heloisa Helena Barboza que, na medida em que a pessoa humana assume um papel central na ordem jurídica, "não parece razoável entender sua autonomia como uma *concessão* ou *atribuição* do Estado, mas sim como um reconhecimento do *poder* atribuído do sujeito privado de autorregular-se, nos limites da lei"[66], mais apropriadamente, em consonância com os valores constitucionais. Nos termos da afirmação de Gustavo Tepedino: "A autonomia privada deixa de configurar um valor em si mesma, e será merecedora de tutela somente se representar, em concreto, a realização

---

65. MEIRELES, Rose Melo Vencelau. Op. Cit., p. 74.
66. BARBOZA, Heloisa Helena. Op. Cit., p. 410.

de um valor constitucional"[67]. Daí, ainda, a observação que "não há que se admitir um espaço de liberdade que afronte as diretrizes constitucionais".[68]

A diversificação dos fundamentos da autonomia privada é uma exigência da atual compreensão no sentido de não comprimir a área de liberdade das pessoas às vicissitudes de situações jurídicas patrimoniais, carecendo, portanto, do exame de merecimento de tutela a partir do texto constitucional com fins a individuação de sua *ratio*[69]. Supera-se, dessa maneira, o equivocado discurso unitário em torno da livre iniciativa econômica como fundamento único da autonomia contratual para voltar-se a pulverização dos fundamentos da autonomia privada, mas que devem reconduzir necessariamente à concretização de um princípio constitucional.[70]

A autonomia existencial, afirmam Ana Carolina Brochado Teixeira e Carlos Nelson Konder, é implementada na medida em que se direciona a "realização de escolhas ligadas não ao patrimônio, mas àqueles elementos que constituem a identidade que individualiza e caracteriza cada ser humano". Em virtude da incidência sobre as situações subjetivas existenciais, que são "manifestações diretas da personalidade como valor", é fundamental para a garantia do seu pleno desenvolvimento, "que a pessoa possa escolher a forma de vida que mais lhe realize, bem como concretize o seu projeto de vida individual".[71]

Maria Celina Bodin de Moraes compreende que um dos postulados extraídos do substrato material da dignidade humana se refere ao reconhecimento do ser humano como "dotado de vontade livre, de autodeterminação"[72]. Deste postulado seria retirado o corolário corporificado no princípio jurídico da liberdade, que segundo a autora "[...] se consubstancia, cada vez mais, numa perspectiva de privacidade, de intimidade, de livre exercício da vida privada".[73]

Neste sentido, o tradicional sentido jurídico ofertado à liberdade ligado ao poder de disposição dos bens sofre uma profunda transformação. A liberdade rompe, assim, o

---

67. TEPEDINO, Gustavo. Normas constitucionais e direito civil na construção unitária do ordenamento. In: SARMENTO, Daniel; SOUZA NETO, Cláudio Pereira de (Coord.). *A constitucionalização do direito*: fundamentos teóricos e aplicações práticas. Rio de Janeiro: Lumen Juris, 2006, p. 311.
68. BARBOZA, Heloisa Helena. Op. Cit., p. 410.
69. Heloisa Helena BARBOZA já expôs que: "Melhor do que individuar 'o' fundamento constitucional da autonomia contratual é pesquisar 'os' fundamentos constitucionais da autonomia negocial, que oferecem ao intérprete as coordenadas indispensáveis para emissão dos juízos de valor que o ordenamento assegura aos atos de autonomia simples e concretos" (Op. Cit., p. 413).
70. Pietro Perlingieri escreve que: "Não é possível um discurso único sobre a autonomia negocial: a unidade axiológica, pois unitário é o ordenamento centrado no valor da pessoa, mas é justamente essa conformação do ordenamento que impõe um tratamento diversificado para atos e atividades que, de modo diferenciado, tocam os referidos valores e regulamentam situações ora existências, ora patrimoniais, ora umas e outras juntas" (Op. Cit., p. 349-350).
71. TEIXEIRA, Ana Carolina Brochado; KONDER, Carlos Nelson de Paula. Autonomia e solidariedade na disposição de órgãos para depois da morte. *Revista da Faculdade de Direito da UERJ*, v. 18, 2010. Disponível em: http://www.e-publicacoes.uerj.br/index.php/rfduerj/article/viewFile/1357/1145. Acesso em: 25 jul. 2011.
72. Consoante Maria Celina Bodin de MORAES "o substrato material da dignidade assim entendida pode ser desdobrada em quatro postulados: i) o sujeito moral (ético) reconhece a existência dos outros como sujeitos iguais a ele, ii) merecedores do mesmo respeito à integridade psicofísica de que é titular, iii) é dotado de vontade livre, de autodeterminação; iv) é parte do grupo social, em relação ao qual tem a garantia de não vir a ser marginalizado. São corolários desta elaboração os princípios jurídicos da igualdade, da integridade física e moral – psicofísica –, da liberdade e da solidariedade" (*Danos à pessoa humana*: uma leitura civil-constitucional dos danos morais. 4. tir., Rio de Janeiro: Renovar, 2009, p. 85).
73. Id. Ibid., p. 107.

restrito círculo patrimonial e atinge a pessoa, de forma a atender os anseios mais íntimos e indispensáveis à livre construção da personalidade. Maria Celina Bodin de Moraes observa, desse modo, que a "liberdade significa, hoje, poder realizar, sem interferências de qualquer gênero, as próprias escolhas individuais, mais, o próprio projeto de vida, exercendo-o como melhor convier".[74]

Se, tradicionalmente, o direito à privacidade (*right to privacy*) sempre esteve associado ao direito de ser deixado só (*rigth let to be alone*)[75], contemporaneamente, a privacidade evoluiu para incluir em seu conteúdo a tutela de dados sensíveis[76], de seu controle pelo titular e, sobretudo, de "respeito à liberdade das escolhas pessoais de caráter existencial".[77-78]

A ampliação do conceito de *privacy* permite considerá-lo como uma das principais formas de manifestação das escolhas pessoais[79], permitindo a busca individual do seu estilo de vida, configurando, para muitos, no surgimento de um direito à liberdade das escolhas de caráter existencial. Defende-se, no ordenamento brasileiro, que o artigo 5º, inciso X, da Constituição Federal[80], e o artigo 21, do Código Civil[81], fundamentam a proteção da esfera privada de uma pessoa, referindo-se tanto à vida privada, quando à

---

74. MORAES, Maria Celina Bodin de. Op. cit., p. 107.
75. Conforme Maria Celina Bodin de Moraes: "O tradicional conceito do 'direito a ficar só', elaborado por Warren e Brandeis, funda-se numa criticável e anacrônica perspectiva do indivíduo murado, conduzindo a um isolamento protegido, a uma tutela negativa que se concretiza apenas na exclusão dos demais. Nesta concepção o homem era visto como um ser hermeticamente fechado ao mundo exterior, isolado, solitário em seu interior. Era chamado homo clausus [...]" (Ampliando os direitos da personalidade. *Na medida da pessoa humana*: estudos de direito civil-constitucional. Rio de Janeiro: Renovar, 2010, p. 140).
76. Dados sensíveis são aqueles capazes de gerar situações de discriminação e desigualdade. São os dados pessoais que dizem respeito às informações de saúde, opiniões políticas, crenças religiosas, hábitos sexuais, entre outros. Ou seja, são aquelas informações ligadas ao núcleo da personalidade de uma pessoa. Com a promulgação da Lei n. 13.709, de 14 de agosto de 2018, a chamada Lei Geral de Proteção de Dados Pessoais (LGPD), os dados sensíveis foram disciplinados entre os arts. 11 a 13. Nos termos do art. 5º, inc. II, são dados pessoais sensíveis qualquer "dado pessoal sobre origem racial ou étnica, convicção religiosa, opinião política, filiação a sindicato ou a organização de caráter religioso, filosófico ou político, dado referente à saúde ou à vida sexual, dado genético ou biométrico, quando vinculado a uma pessoa natural". Cabe mencionar ainda que a Lei n. 12.414, de 09 de junho de 2011, chamada de Lei do Cadastro Positivo, proibiu a anotação de informações sensíveis, em seu art. 3º, § 3º, inc. II, "assim consideradas aquelas pertinentes à origem social e étnica, à saúde, à informação genética, à orientação sexual e às convicções políticas, religiosas e filosóficas".
77. LEWICKI, Bruno. *A privacidade da pessoa humana no ambiente de trabalho*. Rio de Janeiro: Renovar, 2003, p. 9.
78. Sobre a redefinição do conceito de privacidade, Stefano RODOTÀ descreve que: "Uma definição da privacidade como 'direito a ser deixado só' perdeu há muito tempo seu valor genérico, ainda que continue abranger um aspecto essencial do problema e (deva) ser aplicada a situações específicas. [...] Diante de nós delineiam-se duas tendências. Assistimos, de um lado, a uma redefinição do conceito de privacidade que, além do tradicional poder de exclusão, atribui relevância cada vez ampla e clara ao poder de controle. Por outro lado, o objeto do direito à privacidade amplia-se, como efeito de enriquecimento da noção técnica da esfera privada, a qual compreende um número sempre crescente de situações juridicamente relevantes". Daí articula uma nova definição de privacidade como "direito a manter o controle sobre as próprias informações e de *determinar as modalidades de construção da própria esfera privada*" (*A vida na sociedade da vigilância*: a privacidade hoje. In: BODIN DE MORAES, Maria Celina. (Organização, seleção e apresentação de tradução de Danilo Doneda e Luciana Cabral Doneda). Rio de Janeiro: Renovar, 2008, p. 92-93, 109).
79. A partir da redefinição do conceito de privacidade e sua, consequente, ampliação, Stefano Rodotà observou que: "'Privacidade' aqui significa pessoal, e não necessariamente secreto" (id. Ibid., p. 93).
80. Artigo 5º, X, CF – são invioláveis a intimidade, a vida privada, a honra e a imagem das pessoas, assegurado o direito a indenização pelo dano material ou moral decorrente de sua violação.
81. Art. 21, CC -- A vida privada da pessoa natural é inviolável, e o juiz, a requerimento do interessado, adotará as providências necessárias para impedir ou fazer cessar ato contrário a esta norma.

intimidade da pessoa humana, e que, em conjunto, atuam como cláusula geral de tutela da autodeterminação quanto às escolhas existenciais, em que se compreende "a 'inviolabilidade da vida privada' não como a tímida tutela do microcosmo da casa, mas como o espaço (inviolável) da liberdade de escolhas existenciais".[82]

O reconhecimento em nosso ordenamento da cláusula geral de tutela da autodeterminação quanto às escolhas existenciais permite um caráter elástico e flexível que promove uma análise mais detida dos casos concretos, bem como permite o vasto recurso aos princípios constitucionais para melhor solucionar o caso concreto. Sem embargos, o direito à intimidade e à vida privada configuram como uns dos principais instrumentos jurídicos aptos a ampliarem a autonomia privada às projeções constitucionais. As cláusulas gerais de promoção e proteção à dignidade da pessoa humana (art. 1, inciso III, CRFB/1988) e de tutela da autodeterminação quanto às escolhas existenciais (art. 5º, inciso X, CRFB/1988 e art. 21 do CC/2002) atuam, juntas, no sentido de viabilizar e concretizar a esfera de autonomia em âmbito existencial, promovendo e assegurando o respeito às decisões mais íntimas da pessoa humana.

A liberdade declinada em autodeterminação no que tange à livre construção da esfera privada significa que, em uma sociedade plural e secular, devem-se respeitar as diferentes modalidades de elaboração das identidades pessoais, que refletem o pleno desenvolvimento das personalidades, ou seja, é franqueado às pessoas a busca pela "arquitetura de seu estilo de vida, consoante os valores pessoais que a realizem"[83], a partir dos princípios constitucionalmente estabelecidos. O reconhecimento do direito à identidade pessoal[84], embora carente de dispositivo legal específico no ordenamento brasileiro, reforça o respeito às escolhas existenciais, pois somente através de um espaço constitucionalmente tutelado de livre desenvolvimento da personalidade se constrói as individualidades humanas de forma plena e integral.

A garantia de um espaço em prol do respeito às decisões individuais no campo das escolhas existenciais, em que se reconhece a autodeterminação pessoal na construção de uma existência digna, é referida por Stefano Rodotà como um domínio de "impossibilidade de decidir", isto é, "nenhuma vontade externa, mesmo aquela expressa em uníssono por todos os cidadãos ou por um Parlamento Unânime, pode tomar o lugar da vontade do interessado"[85]. A rigor, não se deve confundir este espaço de liberdade das pessoas com espaços de existência de não direito[86], na medida em que a área reservada à autonomia privada somente será merecedora de tutela por parte do ordenamento se, e somente se, concretizar os princípios albergados na Constituição.

---

82. BODIN DE MORAES, Maria Celina. Ampliando os direitos da personalidade. *Na medida da pessoa humana*. Rio de Janeiro: Renovar, 2010, p. 148.

83. TEIXEIRA, Ana Carolina Brochado; KONDER, Carlos Nelson de Paula. Autonomia e solidariedade na disposição de órgãos para depois da morte. *Revista da Faculdade de Direito da UERJ*, v. 18, 2010. Disponível em: http://www.e-publicacoes.uerj.br/index.php/rfduerj/article/viewFile/1357/1145. Acesso em: 25 jul. 2011.

84. Em literatura nacional, indispensável v. CHOERI, Raul Cleber da Silva. *O direito à identidade na perspectiva civil-constitucional*. Rio de Janeiro: Renovar, 2010.

85. RODOTÀ, Stefano. *Laicidade e autodeterminação*, cit., p. 141.

86. A respeito dos supostos espaços de não direito em face do princípio da liberdade, v. NAMUR, Samir. A inexistência de espaços de não direito e os princípio da liberdade. *Revista Trimestral de Direito Civil*, v. 42, Rio de Janeiro: Padma, abr./jun., 2010, p. 131-148.

De acordo com Luís Roberto Barroso, "a dignidade como autonomia traduz demandas pela manutenção e ampliação da liberdade humana, respeitados os direitos de terceiros e presentes as condições materiais e psicofísicas para o exercício da capacidade de autodeterminação"[87]. Em contraposição à dimensão heterônoma da autonomia, assevera o autor que a partir da axiologia contida na Constituição brasileira há um predomínio da ideia de dignidade humana como autonomia, em detrimento da heteronomia que obteve uma ênfase menor[88]. Decorre, daí, a afirmação: "à luz do sistema jurídico brasileiro, é possível afirmar uma certa predominância da dignidade como autonomia, sem que se deslegitime o conceito de heteronomia. O que significa dizer que, como regra geral, devem prevalecer as escolhas individuais".[89]

Neste sentido, ainda, é a posição de Daniel Sarmento no sentido de reconhecer que a proteção da autonomia privada à luz da Constituição de 1988 é heterogênea, isto é, "mais forte, quando estão em jogo dimensões existenciais da vida humana; menos intensa, quando se trata de relações de caráter exclusivamente patrimoniais"[90]. Tal constatação é decorrente do entendimento que, em âmbito constitucional, reforça-se a autonomia privada existencial em razão dos direitos pertinentes à liberdade serem indispensáveis a uma "vida humana com dignidade".[91]

Cada vez mais se percebe que no contexto de proteção da pessoa humana o fenômeno da autonomia privada se declina em autodeterminação pessoal no que se refere ao exercício das situações subjetivas existenciais. O panorama emergente se destaca pelo robustecimento da liberdade da pessoa a partir do tônus constitucional da dignidade humana, que, mais frequentemente, se inclina em princípio promotor de salvaguarda da pessoa contra interferências alheias no governo da própria vida. Afinal, na construção e, depois, na afirmação da personalidade humana ninguém melhor do que o *eu* para determinar os rumos da própria vida, o itinerário da própria existência, enfim, os modos de agir conforme *consigo mesmo*. Trata-se de espaço livre para construção da personalidade como valor, ou seja, da própria subjetividade de cada ser humano.

Nesta marcha, não se descura, por óbvio, da ponderação ínsita que diversos casos concretos exigem, sobretudo se em confronto com o princípio da solidariedade. Desse modo, a ponderação é o método adequado à solução dos casos confrontantes entre os interesses de terceiros e o próprio, bem como quando o exercício de determinado direito afronta o próprio titular – a pessoa humana. Sob essa perspectiva, Thamis Dalsenter Viveiros de Castro formulou a chamada teoria tríplice da autonomia privada

---

87. BARROSO, Luís Roberto. *Legitimidade da recusa de transfusão de sangue por testemunhas de jeová*. Dignidade humana, liberdade religiosa e escolhas existenciais. Parecer 01/2010-LRB, da Procuradoria do Estado do Rio de Janeiro, de 05 de abril de 2010. Disponível em: http://www.luisrobertobarroso.com.br/wpcontent/themes/LRB/pdf/testemunhas_de_jeova.pdf. Acesso em: 28 jul. 2011.

88. Segundo Luís Roberto BARROSO: "a dignidade como heteronomia tem o seu foco na proteção de determinados valores sociais e no próprio bem do indivíduo, aferidos por critérios externos a ele" (Ibid., p. 14).

89. Luís Roberto BARROSO observa que embora as dimensões da dignidade humana como autonomia e heteronomia geralmente se contraponham, "há também uma certa complementariedade, na medida em que a formação da personalidade individual é afetada por percepções sociais" (Ibid., p. 14).

90. SARMENTO, Daniel. Os princípios constitucionais da liberdade e da autonomia privada. In: *Boletim científico da Escola Superior do Ministério Público da União*, ano 4, n. 14, Brasília: ESMPU, jan./mar., 2005, p. 207.

91. Id. Ibid., p. 207.

A MARCHA DA AUTONOMIA EXISTENCIAL NA LEGALIDADE CONSTITUCIONAL **425**

existencial que atua a partir da cláusula geral de bons costumes que impõe limites externos à liberdade existencial, cuja incidência é determinada com base na produção de efeitos do respectivo ato, ou seja, da sua eficácia. Ressalta a autora que a aplicação de tal cláusula "promove o desejado equilíbrio entre os princípios constitucionais da liberdade e da solidariedade, ampliando a tutela da autonomia e da dignidade da pessoa humana nas relações jurídicas de direito privado"[92]. A partir desse esquema teórico à luz da tríplice função dos bons costumes – interpretativa, geradora de direito e limitadora de direitos – defende "que os atos de eficácia pessoal não podem ser limitados pela cláusula de bons costumes, pois não admitem limites externos, tendo em vista que só atingem a esfera jurídica do próprio titular". Por outro lado, "os atos de eficácia interpessoal ou social, ao contrário, podem sofrer a incidência dos bons costumes, pois demandam a imposição de limites externos quando produzem efeitos em esferas jurídicas distintas"[93].

Sob outro giro, Ana Carolina Brochado Teixeira defende que os "limites à autonomia são internos, pois o ordenamento garante o exercício de liberdades em determinados espaços nos quais a decisão só é legítima se tomada pela própria pessoa, por fazer parte da construção da sua vida privada, da sua intimidade e pessoalidade". Por conseguinte, o exercício válido das situações existenciais depende de um sujeito capaz, ou seja, "detentor de discernimento e funcionalidade, para que ele tenha dimensão da responsabilidade resultante de suas escolhas pessoais"[94]. Nessa linha, a dignidade "tem como função limitar a atuação do legislador, do juiz, do médico, da família e de outras entidades intermediárias em situações existenciais, para que seja garantido tal espaço único de decisão pessoal". Indispensável concluir, portanto, que "o princípio da dignidade exige que todos os indivíduos sejam igualmente respeitados em suas liberdades, para que possam, autonomamente, construir a si mesmos, a agir segundo seus próprios valores".[95]

Cabe sublinhar que o ordenamento constitucional brasileiro elegeu seu valor supremo – a dignidade humana, que embora seja um conceito vago e carente, portanto, de preenchimento de seu conteúdo mínimo com fins à sua real e efetiva concretização, não nos impede de informá-lo a partir dos demais valores estabelecidos pelo constituinte. A experiência constitucional brasileira desvela, assim, uma dignidade humana promotora da liberdade individual e do pluralismo, de modo a permitir o livre desenvolvimento da personalidade e a construção da identidade pessoal, que somente é possível a partir do reconhecimento do direito à autodeterminação nas escolhas de cunho existencial, expressão maior do respeito à autonomia e valorização das pessoas humanas em um Estado democrático e laico.

---

92. DALSENTER, Thamis. A função da cláusula de bons costumes no Direito Civil e a teoria tríplice da autonomia privada existencial. *Revista Brasileira de Direito Civil*, v. 14, p. 99-125, 2018, p. 124.
93. Id. Ibid., p. 124.
94. TEIXEIRA, Ana Carolina Brochado. Autonomia existencial. In: *Revista Brasileira de Direito Civil*, v. 16, p. 75-104, 2018, p. 104.
95. Id. Ibid., p. 103.

5. CONSIDERAÇÕES FINAIS

Os contornos atuais da autonomia privada foram radicalmente alterados a partir dos valores acolhidos pela Constituição brasileira de 1988, que adotou como vetor axiológico supremo do ordenamento jurídico nacional o princípio da dignidade da pessoa humana. Sob os escombros da autonomia privada como dogma largamente difundido pelo direito civil oitocentista, escorado no apreço ao valor da liberdade individual fomentado pela escola jusnaturalista, mas que, com efeito, servia para legitimar no campo do direito privado os ideais do liberalismo econômico baseado no *ethos* da então ascendente burguesia mercantil, pouco de sua fisionomia anteriormente adotada lhe restou.

Em termos jurídicos, a proteção da autonomia privada significava a liberdade do *ter*, e não a liberdade da pessoa, tanto que se confundia com a iniciativa privada mercantil, representada pela importância das relações de cunho patrimoniais, em que o exemplo, por excelência, é a autonomia na seara contratual.

O recente entendimento do direito como realidade cultural não imunizou nem o pilar do direito civil liberal – a autonomia privada, sendo-lhe hoje reconhecida a relatividade do seu instrumentário conceitual e a dimensão histórica ínsita ao instituto. Neste passo, a consideração da centralidade e da supremacia da Constituição, que se traduz na hierarquia normativa das normas constitucionais, impondo a releitura das regras infraconstitucionais à luz da legalidade constitucional atingiram diversos institutos civilistas, colocando concretamente a pessoa humana no epicentro do ordenamento. Esta sensível mudança do direito civil, carreadas, sobretudo, pelo marco teórico do direito civil-constitucional, operou a releitura, inclusive, da autonomia privada, em que foi observada uma profunda alteração qualitativa de seu conteúdo e conceito.

Da superação da divisão, antes tida como fundamental, entre direito privado e público, a chamada *summa divisio,* passou a conviver o direito civil-constitucional com o estabelecimento de um novo binômio: a divisão das situações jurídicas subjetivas entre as de caráter patrimonial e existencial. Se não bastasse esse novo panorama, a partir do princípio da dignidade da pessoa humana que atua como verdadeira cláusula geral, tem-se a prevalência das situações subjetivas existências sobre as patrimoniais. Decerto, que tal díade não é absoluta e há uma nebulosa fronteira entre tais situações que se revelam dúplices, como bem destacado em doutrina.[96]

Tal cenário provoca novas angústias quando se reflete sobre a disciplina e extensão da doutrina relativa à autonomia privada, secularmente acostumada ao tratamento das relações patrimoniais – sobretudo aos contratos, com a tão cara autonomia contratual, às emergentes, pelo menos, no que toca ao reconhecimento da tutela jurídica, situações jurídicas existenciais. Não restam dúvidas sobre a necessidade da análise qualitativamente diversa da autonomia sobre as situações jurídicas existências em relação às patrimoniais,

---

96. Cf., por todos, TEIXEIRA, Ana Carolina Brochado; KONDER, Carlos Nelson de Paula. Situações jurídicas dúplices: continuando o debate sobre a nebulosa fronteira entre patrimonialidade e extrapatrimonialidade. In: TEIXEIRA, Ana Carolina Brochado; RODRIGUES, Renata de Lima (Org.). Contratos, família e sucessões: diálogos interdisciplinares. Indaiatuba: Foco, 2019, p. 135-160.

notadamente no que concerne ao seu tratamento e extensão, além do fundamento e finalidade.

No entanto, persistem as divagações em relação à aplicabilidade e conteúdo da autonomia nos casos concretos, que se revelam complexos e inesperados, além de ampliados numa sociedade plural e diversificada, em que a marcha das maneiras e formas do agir individual, lastreada, em muitas situações, na afirmação da identidade, é incessante e incontornável.

Desse modo, a liberdade é um componente indispensável em um Estado Democrático de Direito, sobretudo se relacionada ao exercício da autonomia das pessoas humanas em questões afetas à uma existência digna. No entanto, assegurar a vontade do *ser* não se traduz em estímulo a um querer humano vazio, pelo contrário, esta decisão deve merecer uma legítima tutela do ordenamento jurídico na medida em que expressa o livre desenvolvimento da personalidade, promove a identidade pessoal, enfim, concretiza a dignidade da pessoa humana.

A liberdade das pessoas no que toca às decisões mais íntimas e pessoais deve necessariamente integrar o ambiente de solidariedade social e familiar constitucionalmente estabelecido, desde que não avulte e desnature o núcleo existencial das pessoas. Um percurso ponderativo que nem sempre se revela simples diante da complexidade dos casos que inundam e descortinam uma natureza humana cada vez mais complexa e líquida[97], no entanto que se impõe imprescindível a partir da profunda alteração de índole qualitativa verificada no fenômeno da autonomia, que, por sua vez, se alia ao direito à autodeterminação pessoal de modo a prevalecer nas hipóteses heteronomamente impostas por valores comunitários incompatíveis com uma sociedade plural e secular.

6. REFERÊNCIAS

BARBOZA, Heloisa Helena. Reflexões sobre autonomia negocial. In: TEPEDINO, Gustavo: FACHIN, Luiz Edson (Coord.). *O direito e o tempo: embates jurídicos e utopias contemporâneas* – estudos em homenagem ao Professor Ricardo Pereira Lira. Rio de Janeiro: Renovar, 2008.

BARROSO, Luís Roberto. *A Dignidade da Pessoa Humana no Direito Constitucional Contemporâneo*: natureza jurídica, conteúdos mínimos e critérios de aplicação. Versão provisória para debate público. Mimeografado, dezembro de 2010.

BARROSO, Luís Roberto. *Legitimidade da recusa de transfusão de sangue por testemunhas de jeová*. Dignidade humana, liberdade religiosa e escolhas existenciais. Parecer 01/2010-LRB, da Procuradoria do Estado do Rio de Janeiro, de 05 de abril de 2010. Disponível em: http://www.luisrobertobarroso.com.br/wpcontent/themes/LRB/pdf/testemunhas_de_jeova.pdf. Acesso em: 28 jul. 2011.

BAUMAN, Zygmund. *Vida Líquida*. Trad. Carlos Alberto Medeiros. Rio de Janeiro: Jorge Zahar, 2007.

---

97. Deve-se a Zygmund Bauman a observação da liquidez da vida e sociedade moderna. Segundo o filósofo: "A 'vida líquida' é uma forma de vida que tende a ser levada à frente numa sociedade líquido moderna. 'Líquido-moderna' é uma sociedade em que as condições sob as quais agem seus membros mudam num tempo mais curto do que aquele necessário para a consolidação, em hábitos e rotinas, das formas de agir. [...] A vida líquida, assim como a sociedade líquido-moderna, não pode manter a forma ou permanecer em seu curso por muito tempo. [...] Em suma: a vida líquida é uma vida precária, vivida em condições de incerteza constante. [...] é uma sucessão de reinícios" (*Vida Líquida*. Trad. de Carlos Alberto Medeiros. Rio de Janeiro: Jorge Zahar, 2007, p. 7-8).

BODIN DE MORAES, Maria Celina; CASTRO, Thamis. A autonomia existencial nos atos de disposição do próprio corpo. Pensar (UNIFOR), v. 19, p. 779-818, 2014.

BODIN DE MORAES, Maria Celina. Ampliando os direitos da personalidade. Na medida da pessoa humana. Rio de Janeiro: Renovar, 2010.

BODIN DE MORAES, Maria Celina. Uma aplicação do princípio da liberdade. In: BODIN DE MORAES, Maria Celina. *Na Medida da Pessoa Humana: estudos de direito civil-constitucional.* Rio de Janeiro: Renovar, 2010, pp. 183-206.

BODIN DE MORAES, Maria Celina. Ampliando os direitos da personalidade. In: *Na medida da pessoa humana:* estudos de direito civil-constitucional. Rio de Janeiro: Renovar, 2010.

BODIN DE MORAES, Maria Celina. A caminho de um direito civil-constitucional. *Na medida da pessoa humana:* estudos de direito civil-constitucional. Rio de Janeiro: Renovar, 2010.

BODIN DE MORAES, Maria Celina. *Danos à pessoa humana:* uma leitura civil-constitucional dos danos morais. 4. tir. Rio de Janeiro: Renovar, 2009.

BODIN DE MORAES, Maria Celina. Perspectivas a partir do direito civil constitucional. In: TEPEDINO, Gustavo. *Direito Civil Contemporâneo*: novos problemas à luz da legalidade constitucional. Anais do Congresso Internacional de Direito Civil-Constitucional da Cidade do Rio de Janeiro. São Paulo: Atlas, 2007.

BODIN DE MORAES, Maria Celina. O princípio da Dignidade Humana. In: MORAES, Maria Celina Bodin de (Coord.). *Princípios do direito civil contemporâneo.* Rio de Janeiro: Renovar, 2006.

CHAUÍ, Marilena. *Convite à filosofia.* 11 ed., São Paulo: Ática, 1999.

DALSENTER, Thamis. A função da cláusula de bons costumes no Direito Civil e a teoria tríplice da autonomia privada existencial. *Revista Brasileira de Direito Civil*, v. 14, p. 99-125, 2018.

FACHIN, Luiz Edson; PIANOVSKI, Carlos Eduardo. A dignidade da pessoa humana no direito contemporâneo: uma contribuição à crítica da raiz dogmática do neopositivismo constitucionalista. *Revista Trimestral de Direito Civil*, v. 35, jul./set., 2008.

FACHIN, Luiz Edson. Fundamentos, Limites e Transmissibilidade – Anotações para uma Leitura Crítica, Construtiva e de Índole Constitucional da Disciplina dos Direitos da Personalidade no Código Civil Brasileiro. *Revista da EMERJ*, v. 8, n. 31, 2005.

FACCHINI NETO, Eugênio. Reflexões histórico-evolutivas sobre a constitucionalização do direito privado. In: SARLET, Ingo Wolfgang (Org.). *Constituição, direitos fundamentais e direito privado.* Porto Alegre: Livraria do Advogado, 2003.

GOMES, Orlando. *Transformações gerais dos direitos das obrigações.* São Paulo: Ed. RT, 1967.

HESSE, Konrad. *Derecho Constitucional y Derecho Privado.* Trad. Ignácio Gutiérrez Gutiérrez. Madrid: Cuadernos Civitas, 2001.

KANT, Immanuel. *Fundamentação da Metafísica dos Costumes e Outros Escritos.* Trad. de Leopoldo Holzbach. São Paulo: Martin Claret, 2006.

LEWICKI, Bruno. *A privacidade da pessoa humana no ambiente de trabalho.* Rio de Janeiro: Renovar, 2003.

LÔBO, Paulo Luiz Neto. Constitucionalização do direito civil. *Revista de Informação Legislativa*, ano 36, n. 141, Brasília, jan./mar., 1999.

MEIRELES, Rose Melo Vencelau. *Autonomia privada e dignidade humana.* Rio de Janeiro: Renovar, 2009.

PERLINGIERI, Pietro. *Direito civil na legalidade constitucional.* Trad. Maria Cristina De Cicco. Rio de Janeiro: Renovar, 2008.

PERLINGIERI, Pietro. *Perfis do direito civil*: Introdução ao Direito Civil Constitucional. Tradução de Maria Cristina De Cicco. 3. ed., rev. e ampl., Rio de Janeiro: Renovar, 2002.

PRATA, Ana. *A tutela constitucional da autonomia privada*. Coimbra: Almedina, 1882.

RODOTÀ, Stefano. Autodeterminação e laicidade. *Revista Brasileira de Direito Civil* – RBDCivil, Belo Horizonte, v. 17, p. 139-152, jul./set., 2018.

RODOTÀ, Stefano. *A vida na sociedade da vigilância*: a privacidade hoje. Organização, seleção e apresentação de Maria Celina Bodin de Moraes. Tradução de Danilo Doneda e Luciana Cabral Doneda. Rio de Janeiro: Renovar, 2008.

SARLET, Ingo Wolfgang. Notas sobre a dignidade da pessoa humana na jurisprudência do STF. In: SARMENTO, Daniel; SARLET, Ingo Wolfgang (Coord.). *Direitos fundamentais no Supremo Tribunal Federal*: balanço e crítica. Rio de Janeiro: Lumen Juris, 2011.

SARLET, Ingo Wolfgang. As Dimensões da Dignidade da Pessoa Humana: Uma Compreensão Jurídico--Constitucional Aberta e Compatível com os Desafios da Biotecnologia, in: SARMENTO, Daniel; PIOVESAN, Flávia. (Org.). *Nos Limites da Vida*: Aborto, Clonagem Humana e Eutanásia sob a Perspectiva dos Direitos Humanos. Rio de Janeiro: Lumen Juris, 2007.

SARMENTO, Daniel. A trajetória da dicotomia público/privado. *Revista Trimestral de Direito Civil*, v. 22, Rio de Janeiro: Padma, abr./ jun., 2005.

SARMENTO, Daniel. Os princípios constitucionais da liberdade e da autonomia privada. In: *Boletim científico da Escola Superior do Ministério Público da União*, ano 4, n. 14, Brasília: ESMPU, jan./mar., 2005.

SARMENTO, Daniel. *Direitos Fundamentais e Relações Privadas*. Rio de Janeiro: Lumen Juris, 2004.

SCHNEEWIND, J. B. *A invenção da autonomia*. São Leopoldo: Editora da Unisinos, 2005.

SCHRAMM, Firmim Roland. A Autonomia Difícil. *Bioética*, v. 6, n. 1, Brasília: Conselho Federal de Medicina, 1998.

SCHREIBER, Anderson; KONDER, Carlos Nelson. Uma agenda para o direito civil-constitucional. *Revista Brasileira de Direito Civil*, v. 10, p. 1-20, 2016.

SILVA, Denis Franco da. O princípio da autonomia: da invenção à reconstrução. In: MORAES, Maria Celina Bodin de. *Princípios de direito civil contemporâneo*. Rio de Janeiro: Renovar, 2006.

TEIXEIRA, Ana Carolina Brochado; KONDER, Carlos Nelson de Paula. Situações jurídicas dúplices: continuando o debate sobre a nebulosa fronteira entre patrimonialidade e extrapatrimonialidade. In: TEIXEIRA, Ana Carolina Brochado; RODRIGUES, Renata de Lima (Org.). *Contratos, família e sucessões*: diálogos interdisciplinares. Indaiatuba: Foco, 2019.

TEIXEIRA, Ana Carolina Brochado; KONDER, Carlos Nelson de Paula.. Autonomia existencial. Revista Brasileira de Direito Civil, v. 16, p. 75-104, 2018.

TEIXEIRA, Ana Carolina Brochado. *Saúde, corpo e autonomia privada*. Rio de Janeiro: Renovar, 2010.

TEIXEIRA, Ana Carolina Brochado; KONDER, Carlos Nelson de Paula. Autonomia e solidariedade na disposição de órgãos para depois da morte. *Revista da Faculdade de Direito da UERJ*, v. 18, 2010.

TEPEDINO, Gustavo. O Direito Civil-Constitucional e suas Perspectivas Atuais. In: TEPEDINO, Gustavo (Org.). *Direito Civil Contemporâneo*: Novos problemas à luz da legalidade constitucional. São Paulo: Atlas, 2008.

TEPEDINO, Gustavo. Premissas metodológicas sobre a constitucionalização do direito civil. *Temas de Direito Civil*. 4. ed. Rio de Janeiro: Renovar, 2008.

TEPEDINO, Gustavo. Do Sujeito de Direito à Pessoa Humana. *Temas de Direito Civil*, t. II, Rio de Janeiro: Renovar, 2006.

TEPEDINO, Gustavo. Normas constitucionais e direito civil na construção unitária do ordenamento. In: SARMENTO, Daniel; SOUZA NETO, Cláudio Pereira de (Coord.). *A constitucionalização do direito*: fundamentos teóricos e aplicações práticas. Rio de Janeiro: Lumen Juris, 2006.

TEPEDINO, Gustavo. Normas constitucionais e direito civil. In: *Revista da Faculdade de Direito de Campos*, ano IV, n. 4 e ano V, n. 5, Campos dos Goytacazes, RJ: FDC, 2003-2004.

TORRES, Ricardo Lobo. A cidadania multidimensional na era do direito. In: TORRES, Ricardo Lobo. *Teoria dos direitos fundamentais*, Rio de Janeiro: Renovar, 1999.

TREVES, Roberto. *Sociologia do direito*: origens, pesquisas e problemas. Trad. Marcelo Branchini. Barueri, SP: Manole, 2004.

A CLÁUSULA GERAL DE BONS COSTUMES NO DIREITO CIVIL BRASILEIRO

Thamis Dalsenter

Doutora em Direito Civil pela Universidade do Estado do Rio de Janeiro – UERJ. Mestre em Direito Constitucional e Teoria do Estado pela PUC-Rio. Professora de Direito Civil do Departamento de Direito da Pontifícia Universidade Católica do Rio de Janeiro – PUC-Rio.

Sumário: 1. Introdução. 2. Teoria tríplice da autonomia existencial ou extrapatrimonial. 3. A cláusula geral de bons costumes como instrumento para limitação e garantia da autonomia privada existencial. 4. As funções da cláusula geral de bons costumes: função geradora de deveres, função limitadora de direitos, função de cânone interpretativo. 5. Conclusão.

1. INTRODUÇÃO

Somos livres para escolher os rumos das nossas vidas? Há limites para a liberdade de existir? Pode o Estado determinar os caminhos para o projeto de livre desenvolvimento pessoal? Esses questionamentos, de vocação claramente filosófica, ganharam espaço na teoria civilista contemporânea e ocupam atualmente o centro de um intenso debate sobre quais são os limites que podem ser legitimamente impostos à liberdade extrapatrimonial em um ambiente de legalidade democrática.

No contexto jurídico brasileiro, a promulgação da Constituição Federal de 1988 estabeleceu uma nova agenda crítica para o civilista contemporâneo, especialmente no que diz respeito ao regime das liberdades. Enquanto a autonomia privada patrimonial passou a ser compreendida e limitada pelas lentes de uma ordem pluralista que fixou a solidariedade social e democrática[1] como um dos objetivos da República, os contornos da autonomia privada existencial passaram a ser definidos pelo princípio da dignidade da pessoa humana, assentado como um dos fundamentos da República, com viés francamente coexistencial, voltado para a proteção da pessoa no seu ambiente social, nas constantes experiências intersubjetivas e nos processos de construção de identidades pessoais e grupais.

Tendo isso em vista, as tutelas oferecidas pelo ordenamento jurídico deverão ser qualitativamente diferentes, a se tratar de liberdade que incide sobre o patrimônio ou de liberdade sobre atos de natureza existencial. Se a autonomia patrimonial encontra limites internos impostos pela função social e pela boa-fé, a autonomia existencial não suporta limitações dessa ordem, não estando protegida em razão de sua aptidão para a realização de interesses alheios ao seu titular.

---

1. A denominação solidariedade democrática é utilizada por Stefano Rodotà para descrever a ampliação da noção de solidariedade social. RODOTÀ, Stefano. *Solidarietà*: un'utopia necessaria. Roma-Bari: Laterza, 2014, p. 4-21.

Esse raciocínio não deve induzir o intérprete à equivocada conclusão de que a autonomia existencial estaria imune à incidência de limites, já que na legalidade constitucional não há espaço para direitos absolutos na ordem privada. Mas de muito pouco adianta esse argumento senão houver um esforço hermenêutico para indicar em quais hipóteses a autonomia existencial poderá receber os limites excepcionais que o ordenamento jurídico tem a oferecer e quais são os institutos jurídicos podem realizar essa tarefa constritora. Nesse sentido, ainda que o grande problema que envolve o tema se apresente diante de comandos legais ou decisões judiciais que visam à proteção da pessoa contra ela mesma, há também um importante campo de conflitos quando a autonomia existencial coloca em risco o exercício da liberdade de outra pessoa. Por isso, o presente artigo tem como objetivos investigar o alcance da autonomia existencial no contexto de pluralismo democrático, ou seja, da multiplicidade de concepções sobre a vida digna e compreender os fundamentos legítimos para restrição da autonomia privada nas relações existenciais. Feito isso, será possível analisar a partir dessas premissas como a cláusula geral de bons costumes pode desempenhar nas situações jurídicas existenciais papel democrático semelhante ao desempenhado pela função social e pela boa-fé nas situações jurídicas patrimoniais.

2. TEORIA TRÍPLICE DA AUTONOMIA EXISTENCIAL OU EXTRAPATRIMONIAL

Em breves linhas, é possível afirmar que a autonomia existencial é espécie do gênero autonomia privada e se configura como instrumento da liberdade individual para realização das potencialidades da pessoa humana e de seus interesses não patrimoniais, incidindo nas situações jurídicas subjetivas situadas na esfera extrapatrimonial, cujo referencial objetivo é o próprio titular no espaço de livre desenvolvimento da personalidade.

Não há linhas que inscrevam definitivamente, *a priori,* situações jurídicas subjetivas somente no campo existencial ou no campo patrimonial[2], já que há situações que envolvem a realização de interesses tanto patrimoniais quanto extrapatrimoniais[3]/[4]. Mas é preciso ressaltar que, enquanto as situações patrimoniais devem ser funcionalizadas à realização de interesses extrapatrimoniais e sociais, as situações existenciais têm como função *direta* a realização de interesses pessoais do seu titular. Decorre daí a diferença qualitativa da tutela da autonomia privada em ambos os casos: enquanto a autonomia nas situações patrimoniais é protegida se realizar interesses socialmente relevantes nem sempre coincidentes com os do titular, a autonomia nas situações existenciais, ou nas mistas com função predominantemente existencial, deve ser protegida como instrumento de concretização da função pessoal e dos valores da dignidade humana.

Ainda que a função da situação existencial seja pessoal, atrelada à realização de interesses do próprio titular, é possível verificar que os efeitos decorrentes do ato de autonomia poderão gerar consequências em esferas jurídicas distintas, cujas repercussões

---

2. Sobre o tema, v. KONDER, Carlos Nelson e TEIXEIRA, Carolina Brochado. Situações jurídicas dúplices: controvérsias na nebulosa fronteira entre patrimonialidade e extrapatrimonialidade. In: TEPEDINO, Gustavo e FACHIN, Luiz Edson (Coord.). *Diálogos sobre direito civil.* Rio de Janeiro: Renovar, 2013, v. III, p. 8.
3. MEIRELES, Rose Melo Vencelau. *Autonomia privada e dignidade humana.* Rio de Janeiro: Renovar, 2008, p. 34.
4. PERLINGIERI, Pietro. *O Direito Civil na Legalidade Constitucional.* Rio de Janeiro: Renovar, 2088, p. 669.

vão além da pessoa, causando implicações diretas na vida de terceiros – que podem ser concretamente considerados ou não. Por tal motivo, para alcançar a maximização da tutela da pessoa humana é preciso ir além da investigação sobre a função das situações existenciais, sendo necessário avançar e analisar também os efeitos gerados pelo ato de autonomia existencial e as esferas jurídicas por eles alcançadas.

Essas questões se colocam diante do fato de que a legitimidade das intervenções jurídicas sobre a autonomia privada existencial deve estar ligada ao equilíbrio entre os interesses tutelados e as esferas jurídicas afetadas por eles. De fato, situações cujos efeitos ultrapassam a esfera do titular exigem maior cuidado em relação à ponderação dos interesses em jogo em caso de conflito, de modo que a autonomia privada de uns não se torne a limitação ou mesmo a negação de interesses existenciais de outros. Por outro lado, situações cujos efeitos não alcançam a esfera jurídica alheia demandam cautela, vez que nesses casos eventuais restrições à autonomia podem caracterizar intervenções paternalistas não voltadas para a garantia de emancipação pessoal.

Na legalidade constitucional, o ponto de partida, a premissa inafastável para qualquer investigação sobre a realização dos interesses existenciais deve ser a liberdade para escolher os rumos da própria vida. Todavia, como qualquer outro ato de liberdade, a autonomia existencial pode sofrer limitações[5], no entanto elas só devem incidir excepcionalmente e apenas quando presentes requisitos que comprovem concretamente a necessidade de tal restrição. Por tal razão, a autonomia existencial só admite limites externos e não se volta à realização de interesses alheios aos do seu titular.

Trata-se, portanto, de consideração diversa daquela que deve orientar a imposição de limites à liberdade patrimonial. Na seara da patrimonialidade a própria proteção da autonomia está condicionada à sua função promocional, que se traduz na realização de interesses socialmente relevantes e dos valores que fundamentam a ordem democrática, como é o caso da dignidade da pessoa humana e da solidariedade social[6], e esse condicionamento indica que na autonomia privada patrimonial os limites não são apenas externos, mas, ao contrário, integram a sua própria função,[7] a exemplo do que ocorre através da incidência das cláusulas gerais da boa-fé e da função social nas relações contratuais e na propriedade.

Tendo em vista essa concepção que toma a autonomia existencial como instrumento de emancipação pessoal, não se pode olvidar que a construção da identidade e do projeto de livre desenvolvimento da personalidade demandam espaços democráticos para a realização de experiências intersubjetivas. Daí a necessidade de se estabelecer, sob o prisma das esferas jurídicas que sofrem a incidência de efeitos decorrentes da realização de interesses existenciais, uma nova tipologia das situações jurídicas subjetivas exis-

---

5. Como esclarece Stefano Rodotà, "A livre construção da personalidade é fórmula que não implica a definição de uma área reservada às escolhas individuais privada de qualquer relação com a regra jurídica. Implica na verdade um instrumento que torna possível a busca autônoma por uma política de identidade pessoal." RODOTÀ, Stefano., *La vita e le regole. Tra diritto e non diritto*. Milano: Feltrinelli, p. 22.

6. TEPEDINO, Gustavo. Esboço de uma classificação funcional dos atos jurídicos. *Revista Brasileira de Direito Civil – RBDCivil*, Belo Horizonte, v. 1., Jul / Set 2014, p. 11.

7. PERLINGIERI, Pietro. *Perfis do Direito Civil*. Renovar: Rio de Janeiro, 1999, p. 280.

tenciais, com base na eficácia, ou seja, uma categorização que tem como norte o alcance dos efeitos gerados pelo ato de autonomia.

Trata-se, com efeito, de formulação denominada *teoria tríplice da autonomia privada existencial*[8] que, através de uma classificação que divide os atos de autonomia em três categorias distintas a depender dos efeitos produzidos e das esferas jurídicas por eles afetadas, permite ao intérprete do direito verificar a necessidade e a legitimidade de intervenções restritivas feitas pela lei ou aplicadas pelo julgador sobre o exercício da autonomia no caso concreto.

Em decorrência da aplicação desta teoria, os atos de autonomia serão classificados em: (I) atos de eficácia pessoal; (II) atos de eficácia interpessoal; e (III) atos de eficácia social.

Os *atos de autonomia de eficácia pessoal* são aqueles decorrentes do exercício de situação subjetiva cuja realização de interesses existenciais implica consequências relevantes unicamente para a esfera jurídica do seu titular. Trata-se de situação que não produz efeitos jurídicos diretos e imediatos que acarretem lesão ou ameaça de lesão a esferas jurídicas de terceiros, não admitindo a incidência de elementos limitadores da autonomia. Tome-se como exemplo desse tipo de situação os atos de modificação corporal como a tatuagem, cuja repercussão jurídica se encerra na esfera do titular, ainda que tal ato possa gerar reflexos e impactos culturais para a coletividade.

Com a entrada em Estatuto da Pessoa com Deficiência, é preciso sublinhar, entretanto, que os atos de autonomia de eficácia pessoal poderão ser excepcionalmente limitados quando se tratar de pessoa com deficiência que apresente grau acentuado de vulnerabilidade, desde que as restrições estejam comprovadamente voltadas para o fortalecimento da emancipação pessoal dos sujeitos tutelados pelo EPD, tendo em vista que o regime das incapacidades foi profundamente alterado pela Lei 13.146/2015.

Os *atos de autonomia de eficácia interpessoal* são consequência do exercício de situação subjetiva que gera repercussão em esferas jurídicas distintas do titular da situação, alcançando pessoas que não praticaram o ato de autonomia. Essas pessoas precisam ser individualmente identificadas e devem comprovar a situação de serem afetadas pelos efeitos diretos e imediatos do ato de autonomia que causaram lesão ou que apresentam risco real de lesão a seus direitos. Trata-se, portanto, de situação que gera concreto conflito entre a realização de interesses existenciais em esferas jurídicas distintas. Nessas situações, torna-se possível aplicar restrições concretas aos atos de autonomia existencial, especialmente por meio da cláusula geral de bons costumes, como se verá adiante. O abuso do poder familiar, pelo qual um dos pais pratica alienação parental é um exemplo típico de eficácia interpessoal, na qual o exercício da autonomia familiar acarreta repercussões para a esfera jurídica alheia, aqui especificamente a do outro genitor e a da criança envolvida.

Nos *atos de autonomia de eficácia social* a realização de interesses existenciais decorre do exercício de situação subjetiva que apresenta efeitos jurídicos diretos e imediatos

---

8. Teoria formulada em VIVEIROS DE CASTRO, Thamis Dalsenter. *Bons Costumes no Direito Civil brasileiro*. São Paulo: Almedina, 2017.

que geram ou podem gerar lesão a direitos de um número indeterminado de pessoas. Trata-se de consequências que oferecem risco real de ofensa a direitos de pessoas não necessariamente identificadas ou que causam efetivamente dano a essas pessoas. Nesses casos, diante das repercussões jurídicas negativas para a coletividade, é preciso considerar a necessidade de limitar, também em abstrato, a autonomia existencial do titular para garantia de direitos fundamentais que podem ser lesionados pelo exercício de um interesse individual, o que pode ser feito através da incidência da cláusula geral de bons costumes ou por meio de lei específica que proíba condutas que possam ser classificadas como de eficácia social. Exemplo desse raciocínio é a vedação que o ordenamento brasileiro apresenta à comercialização de partes do corpo, cujo resultado, se fosse lícito, poderia gerar consequências negativas para os sujeitos em situação de miserabilidade que comercializassem seus órgãos, além de acarretar lesão à coletividade, já que a criação de um mercado dessa natureza acabaria com o sistema fraterno de doação de órgãos, que é atualmente pautado pelo princípio da solidariedade social. Também se inclui nessa categoria a impossibilidade de fumar em lugares fechados, tendo em vista as consequências do uso do tabaco para as pessoas, em número impossível de determinar, que terão contato passivo com as substâncias nocivas derivadas do cigarro.

Essa classificação é feita considerando apenas os efeitos diretos e imediatos do ato de autonomia, ou seja, toma por base as consequências que tiveram como causa geradora direta e imediata o exercício da autonomia extrapatrimonial. Ficam afastados os reflexos indiretos ou mediatos que todo ato de autonomia pode produzir, mas que não possuem o condão de influir na esfera jurídica alheia, pelo que não modificam, extinguem ou constituem o campo de titularidade de outros sujeitos. Qualquer ato jurídico praticado por uma ou por diversas pessoas produzirá repercussões – efeitos – na sociedade, mas nem por isso deve-se considerar que tais reflexos produzidos suscitem a tutela proibitiva do ordenamento jurídico.

Pode-se falar em tais efeitos como ofensa a padrões sociais, hábitos e costumes tradicionalmente observados em determinadas sociedades, o que não é, por si só, problemático do ponto de vista jurídico, de modo que determinada conduta que cause ofensa a certos padrões sociais não acarreta, necessariamente, consequências jurídicas limitadoras da autonomia existencial. Em outros termos, a ofensa a padrões morais não é por si, portanto, razão que atraia a providência jurídica de intervenção limitadora da autonomia privada, eis que não há, em tais casos, ofensa a direitos alheios aos do titular da situação jurídica subjetiva. Em breve síntese, qualquer repercussão reflexa deve ser tolerada por quem as sente, já que não configuram lesão ou ameaça concreta de lesão a direito alheio.

Mas qual será o fundamento para sustentar que as ofensas a padrões morais devem ser toleradas? Sob qual argumento se justifica que tais reflexos indiretos gerados pelos atos de autonomia não estão cobertos pela tutela jurídica do ordenamento brasileiro? Essas ofensas devem ser suportadas por quem as sofre, porque as múltiplas visões de mundo são juridicamente protegidas ou, ao contrário, são suportadas porque determinadas visões de mundo não merecem proteção do direito? Não faltam situações concretas para ilustrar como os valores morais podem se contrapor numa mesma sociedade e suscitar importantes debates acalorados de ordem moral. Alguns exemplos relatados a seguir podem ajudar a compreender esses questionamentos, além de demonstrar de forma mais prática como a teoria sobre os efeitos do ato de autonomia pode ser aplicada concretamente.

Em 2017 duas exposições artísticas protagonizaram polêmicas envolvendo ofensa a padrões sociais. A primeira delas se deu no Museu de Arte Moderna (MAM) de São Paulo, por ocasião da performance realizada na abertura do 35º Panorama de Arte Brasileira. A performance "La Bête", realizada pelo coreógrafo carioca Wagner Schwartz, é uma leitura interpretativa da obra "Bicho", de Lygia Clark, artista que se consagrou pela criatividade de suas proposições interativas. O MAM foi alvo de acusações de incitação à pedofilia sustentada por movimentos conservadores após o compartilhamento de fotos e vídeos nos quais uma criança, acompanhada de sua mãe, pode ser vista tocando os pés e a canela do coreógrafo[9]. Após a repercussão negativa dos fatos, o que gerou uma intensa onda de ataques à liberdade de expressão e à autonomia das famílias que levavam seus filhos para a performance interativa, o debate sobre o tema ganhou espaço nas redes sociais, onde se proliferaram discursos contra e a favor da exposição, com argumentos que poderiam ser resumidos no combate defesa da moral *versus* defesa da liberdade.

Pouco antes do evento no MAM, a exposição QueerMuseu teve o fechamento antecipado em Porto Alegre após protestos contra o Santander Cultural, que recebeu a mostra, com a justificativa de que os trabalhos expostos promoviam a pedofilia e a zoo-filia. Ambas as acusações não produziram eco no Ministério Público e o promotor de Justiça da Infância e da Juventude de Porto Alegre, Júlio Almeida, recomendou a reaber-tura imediata da exposição. Diante dos rumores que indicavam a chegada da exposição à cidade do Rio de Janeiro, o então prefeito, Marcelo Crivella, se manifestou contra a vinda da mostra, e foi acompanhado pela Assembleia Legislativa do Estado do Rio de Janeiro, a Alerj, onde quarenta deputados assinaram "nota de repúdio e indignação" à possibilidade de ter a QueerMuseu no MAR, Museu de Arte do Rio. Diante da polêmica e das colocações da prefeitura, o Conselho que administra o espaço do museu cancelou as negociações para receber a exposição.[10]

Em 2013, o conflito entre valores aqueceu o debate sobre a limitação da liberdade de expressão por violação aos bons costumes, e recebeu atenção dos principais meios de comunicação[11]. Um vídeo intitulado "Rola" foi apresentado no mês de janeiro de 2013 pelo mais popular canal de humor do Youtube, na internet, o *Porta dos Fundos*. O vídeo se desenrola a partir da seguinte situação: uma jovem se dirige a uma loja de sucos e pede um sanduíche. O atendente informa que só há "rola" e daí em diante os diálogos fazem clara alusão ao órgão sexual masculino. Após a publicação do vídeo na internet, um dos

---

9. Dados disponíveis em: http://www.huffpostbrasil.com/2017/09/29/a-questao-da-nudez-na-arte-e-universal-diz-curador-do-mam-sobre-polemica_a_23227725/. Acesso: 30.10.2020.

10. Informações disponíveis em: http://www1.folha.uol.com.br/ilustrada/2017/10/1924045-museu-de-arte-do-rio-nao-vai-receber-queermuseu-por-pedido-do-prefeito.shtml. Acesso em 30.10.2017.

11. A notícia pode ser encontrada em diversos sites da internet, dentre os quais o do jornal Folha de S. Paulo. http://www1.folha.uol.com.br/saopaulo/2013/05/1279759-ser-polemico-nao-e-ser-bom-humorista-diz-fabio-porchat-criador-do-porta-dos-fundos.shtml. Acesso em 30.10.2020.

usuários do canal recorreu ao Ministério Público sob a alegação de que se sentiu lesado pelo conteúdo do vídeo, que teria, segundo ele, violado os bons costumes.

Em todas as situações narradas, o recurso aos bons costumes foi utilizado por discursos conservadores para embasar a necessidade de limitar a autonomia existencial de cunho artístico sem que houvesse, de fato, uma justificativa jurídica para tais restrições. Nos casos apresentados, o exercício da autonomia artística não gerou lesão ou ameaça de lesão a terceiros concretamente identificados ou a um número indeterminado de pessoas. Até mesmo a presença de uma criança na exposição não é fato que atraia necessariamente uma limitação à liberdade, vez que deveres básicos de cuidado e informação indicativa por parte dos Museus e o respeito ao exercício da autoridade parental são suficientes para afastar o risco de lesão e tornar desnecessária e arbitrária qualquer medida restritiva contra as expressões artísticas.

Voltando ao exemplo do vídeo que foi divulgado na internet, o fato de uma criança ter acesso ao material pode ser um receio aparentemente cabível quando se pensa no conteúdo sexual exibido, e talvez até pudesse configurar um risco potencial de dano – conceito que será detalhado posteriormente – se não existissem mecanismos para assegurar o controle de conteúdo inadequado para crianças e adolescentes na rede. Por meio de senhas e bloqueios de sites de conteúdo adulto, os pais tentam atuar na proteção da criança diante de conteúdos impróprios que ficam disponíveis no ambiente virtual. Não há, portanto, fundamento para que esse *mero receio de lesão* – irrelevante porque absolutamente evitável com a adoção de simples medidas de precaução – sirva de instrumento para limitação da liberdade de expressão.

Totalmente diferente é o caso de *risco real ou potencial de lesão*, fundado em circunstâncias não afastáveis a partir de deveres básicos de cautela, e que por isso demandam providências efetivas por parte do ordenamento jurídico. Exemplo desse raciocínio é o caso do casal de duas mulheres americanas surdas desde o nascimento, Sandra Duchesneau e Candy McCullough. Com intuito de gerar um bebê que também sofresse de surdez, o casal decidiu buscar nos bancos de sêmen material genético de homem que também fosse surdo, a fim de aumentar as probabilidades de um filho com os mesmos problemas auditivos que elas tinham. A busca terminou sem sucesso, e elas tiveram que recorrer a um amigo cuja surdez estava presente em muitos de seus familiares. Esse mesmo amigo já havia doado sêmen antes, para fertilização anterior da qual nasceu a primeira filha do casal, Jennifer, que, com cinco anos, só se comunica por meio de sinais. Da segunda fertilização nasceu o bebê, Gauvin McCullough, que também apresentou deficiência auditiva, conseguindo escutar muito pouco apenas por um ouvido. Questionadas sobre a polêmica decisão, o casal afirmou que o filho poderá escolher se quer ou não melhorar mecanicamente a audição por meio de aparelhos.[12]

---

12. O caso, noticiado pelo site da BBC, no dia 8 de abril de 2002. Disponível em: http://www.bbc.co.uk/portuguese/noticias/2002/020408_surdaro.shtml. Último acesso: 08.06.2020. O relato também pode ser encontrado em BODIN DE MORAES, Maria Celina e KONDER, Carlos Nelson. *Dilemas do Direito Civil-Constitucional*: casos e decisões. Rio de Janeiro: Renovar, 2012, p. 47.

O casal faz parte de um movimento que se opõe à ideia de surdez como deficiência. De acordo com essa perspectiva, a surdez seria uma identidade cultural.[13] No entanto, a escolha por bebês surdos suscita mais do que um juízo sobre a conduta ser ética ou não, ou sobre ofensa a padrões morais e culturais. Certamente, a comunidade que reivindica o reconhecimento da cultura dos surdos não vê a questão da eticidade da mesma maneira, o que indica um claro conflito entre diferentes visões de mundo. Mas os efeitos imediatos dos atos de autonomia dos pais geram consequências jurídicas danosas para os bebês, o que significa que não se trata apenas de ofensa a determinados padrões morais. Tem-se a configuração também de um valor jurídico, o abuso, uma vez que os atos de autonomia dos pais não podem restringir a autonomia existencial dos filhos, em prejuízo destes.

Ao contrário do *mero receio de lesão* que restou configurado no exemplo do vídeo de humor do canal Porta dos Fundos, o caso da surdez voluntária de bebês demonstra com clareza a ideia de efeitos imediatos geradores de risco real ou potencial de lesão a direitos de terceiro. Trata-se de risco que pode ser, inclusive, verificado em abstrato, dada a alta probabilidade de surdez diante da escolha de material genético. Tem-se aqui, com efeito, situação de eficácia social, pelo que seria cabível restringir a autonomia familiar e impedir a realização da fertilização em tais condições. A medida mais eficaz em tais casos é a intervenção legislativa. Todavia, na ausência de lei, devem ser aplicadas restrições por meio da intervenção do magistrado no caso concreto.

Mas qual seria a diferença entre a surdez de bebês por força da escolha do material genético nos casos de fertilização e a surdez de bebês que nasceram de pais surdos, sem qualquer intervenção de técnicas de reprodução assistida? A surdez dos bebês é consequência que ganha relevância jurídica quando é efeito direto e imediato da livre escolha dos pais sobre o material genético, ou seja, a surdez programada é uma alteração na esfera jurídica de terceiros que possibilita a limitação da autonomia diante dos interesses tutelados – não há direito dos pais que possa se opor legitimamente à diminuição permanente da integridade dos filhos. O mesmo não se pode afirmar sobre os bebês naturalmente surdos, tendo em vista que o risco de filhos de surdos nascerem surdos não se sobrepõe à autonomia dos pais sobre o projeto familiar, tampouco se liga a essa autonomia como consequências diretas e imediatas.

No entanto, a contraposição de valores – de um lado o direito à autonomia das pessoas surdas e de outro a resistência dos que acreditam que a vida digna depende da audição plena – deve ser vista sob outro prisma quando não há interesses de menores envolvidos. Isso porque os argumentos contrários ao desejo dos surdos de não usarem o implante coclear não têm densidade jurídica para limitar a autonomia existencial de sujeitos capazes de discernir. Chega-se à conclusão de que os valores conflitantes não podem limitar a autonomia a partir do raciocínio sobre os efeitos: este ato de autonomia que implica permanência do estado de surdez produz efeitos diretos e imediatos na vida – leia-se esfera jurídica – de terceiros que possam ser concretamente identificados? Há efeitos jurídicos diretos e imediatos que incidem sobre a coletividade, que permitam

---

13. BODIN DE MORAES, Maria Celina e KONDER, Carlos Nelson. *Dilemas do Direito Civil-Constitucional*, cit., p. 47.

afirmar lesão ou risco real de lesão à coletividade e suscitem confronto com interesse público de preservação dos interesses da sociedade?

As duas perguntas têm resposta negativa. Se não há efeitos direitos e imediatos, o que se tem é simplesmente a ofensa a padrões sociais que não constituem, por si, interesses juridicamente tutelados. Diante da ausência de status jurídico dos argumentos que são contrapostos aos direitos dos surdos sobre seus próprios corpos, não há fundamento para limitação da autonomia cujos efeitos que não atingem a terceiros, tampouco à coletividade. Trata-se de exemplo que caracteriza a eficácia pessoal do ato de autonomia. A partir daí, prevalece a noção de que há aqui um espaço de liberdade para a construção do projeto de desenvolvimento pessoal de acordo com a multiplicidade de concepções sobre a vida digna.

É preciso considerar, ainda, que a investigação sobre a irrelevância das ofensas a padrões no plano concreto depende dos resultados da investigação em abstrato: determinados valores compartilhados pela sociedade não poderão figurar como valor jurídico, pouco importando se eles são referentes à maioria da população. Não se trata de número de adesões, mas sim de compreender que o recurso aos valores é mecanismo limitado pela moralidade constitucional, pelo que um valor só será enquadrado como valor jurídico se for possível determinar o seu correspectivo axiológico no Texto Constitucional. Não há sentido na investigação dos atos de autonomia de acordo com seus efeitos se aquilo que se contrapõe ao interesse do titular da situação existencial já for, de antemão, impedido de receber a tutela jurídica. A averiguação dos efeitos tem em vista a exclusão de padrões morais que sejam juridicamente irrelevantes, o que pressupõe não ser antijurídico. Ora, sendo assim, parece óbvio que não pode haver dúvidas quanto à impossibilidade de limitar a autonomia por fundamentos contrários ao direito.

No entanto, nada é tão elementar assim quando se trata de analisar quais valores são contrários ao direito, como se vê a partir do famoso caso Richarlyson. Em 2007, o jogador de futebol Richarlyson apresentou queixa-crime contra um cartola do clube Palmeiras, que insinuou que o atleta seria homossexual. Foi negado prosseguimento à ação penal. Dentre os argumentos apresentados pelo juiz, ganharam destaque as afirmações de que "o futebol é jogo viril, varonil, não homossexual", e de que caso o jogador "fosse homossexual, poderia admiti-lo, ou até omitir, ou silenciar a respeito. Nesta hipótese, porém, melhor seria que abandonasse os gramados"[14] Mas a relevância desse caso de matéria penal está no fato de que os valores que indicam tanto machismo quanto homofobia são compartilhados por grande parte da sociedade. O problema é que mesmo tendo adesão da população, esses valores não encontram respaldo nos valores constitucionais e "não podem funcionar como condição suficiente de juridicidade".[15]

Ganha relevo neste ponto a noção de pluralismo,[16] pela qual a sociedade é marcada pela diversidade de múltiplas formas, sexual, política, racial. Naturalmente, esta diver-

---

14. TJSP, 9ª V.Crim, proc. 936/07, Juiz Manoel Maximiano Junqueira Filho, julg. 05.07.2007.
15. MEDEIROS, Bernardo Abreu de. *Positivismo jurídico inclusivo*: a possibilidade de incorporação de valores morais ao direito nos estados constitucionais contemporâneos. Dissertação (Mestrado em Direito) Pontifícia Universidade Católica do Rio de Janeiro, Rio de Janeiro, 2009, p. 98.
16. Cf. CITTADINO, Gisele. *Pluralismo, direito e justiça distributiva*: elementos da filosofia constitucional contemporânea. Rio de Janeiro: Lumen Juris, 2013.

sidade gera como consequência diferentes visões de mundo, que devem ser asseguradas juridicamente como exercício legítimo da democracia. Como esclarece Luis Roberto Barroso, "o Estado inimigo das minorias, protagonista da repressão e da imposição da moral dominante, como se fosse a única legítima, tem cedido passo, historicamente, ao Estado solidário, agente da tolerância e da inclusão social."[17]

Assim, as diferentes concepções de vida devem conviver em ambiente marcado pela tolerância, e então a partir do pluralismo torna-se mais fácil sustentar a irrelevância jurídica da ofensa a determinados padrões morais, diante da ausência ou insignificância de seu *status* jurídico. Trata-se de postura imposta por uma das mais importantes dimensões da dignidade da pessoa humana, que demanda o mesmo reconhecimento para "todos os projetos pessoais e coletivos de vida, quando razoáveis, são dignos de igual respeito e consideração, são merecedores de igual 'reconhecimento".[18]

Em síntese, de acordo com a teoria tríplice apresentada, classificação dos atos de autonomia em relação aos efeitos – atos de eficácia pessoal, interpessoal e social – demanda um *plano de investigação* que deve seguir as seguintes etapas sucessivas:

(i) Verifica-se qual a natureza dos valores contrapostos à autonomia. Deve-se excluir qualquer valor moral que não encontre amparo legal, e que por isso não será considerado jurídico. Na ausência de valores jurídicos, não há necessidade de prosseguir para a segunda etapa e o ato de autonomia deverá ser classificado como de eficácia pessoal, cujos efeitos jurídicos não extrapolam a esfera jurídica do titular. A eficácia pessoal afasta a incidência de qualquer elemento limitador da autonomia, exceto nos casos regidos pelo Estatuto da Pessoa com Deficiência, como se disse antes. Havendo, por outro lado, valores jurídicos contrapostos à autonomia, passa-se à averiguação dos efeitos;

(ii) Os efeitos diretos e imediatos do ato de autonomia geram lesão ou risco real de lesão à esfera jurídica alheia a do titular da situação? Se a resposta for negativa, trata-se de ato de autonomia de eficácia pessoal e a investigação deve ser encerrada aqui. Se a resposta for afirmativa, passa-se à averiguação do *status jurídico* da lesão na próxima etapa;

(iii) A lesão que pode ser causada pelo ato de autonomia alcança interesse alheio que goza de *status jurídico* capaz de limitar os interesses do titular da situação existencial? Se a resposta for negativa, a investigação se encerra aqui, configurando-se o ato de autonomia de eficácia pessoal. Se a resposta for positiva, segue-se para a verificação das esferas jurídicas afetadas;

(iv) As pessoas e suas esferas jurídicas afetadas pelos efeitos do ato de autonomia podem ser concretamente identificadas e individualizadas? Se sim, a investigação é encerrada e resta configurada o ato de autonomia de eficácia interpessoal, que enseja a limitação concreta do ato de autonomia, especialmente através da incidência da cláusula de bons costumes e da ponderação dos interesses contrapostos – o que pressupõe a resolução judicial do conflito. Se a resposta for negativa, prossegue-se para a última etapa da investigação;

---

17. BARROSO, Luís Roberto. Diferente, mas iguais: o reconhecimento jurídico das relações homoafetivas no Brasil. *Revista Brasileira de Direito Constitucional* – RBDC, n. 17 – jan./jun. 2011, p. 112.
18. BARROSO, Luís Roberto. Diferente, mas iguais, cit., p. 127.

(v) O ato de autonomia existencial causa efeitos diretos e imediatos para um número indefinido de pessoas, gerando lesão ou risco real de lesão para a coletividade? Se foi possível percorrer todas as etapas anteriores e chegar até aqui, respondendo-se afirmativamente à última pergunta formulada, trata-se de ato de autonomia de eficácia social, cuja limitação pode ser feita de maneira mais ampla. Neste tipo de ato, além da restrição da autonomia feita em âmbito judicial, por ocasião do conflito concreto, é possível aplicar outros instrumentos limitadores da autonomia em abstrato, o que pode ser feito por também por meio de iniciativa legislativa específica para vedar a conduta, além de admitir a incidência da cláusula geral de bons costumes.

Todas essas variáveis devem orientar o intérprete na tarefa – quase sempre árdua – de encontrar os fundamentos e os limites legítimos para o exercício da autonomia privada na legalidade constitucional, em seu viés existencial ou patrimonial. A classificação de um ato de autonomia existencial como interpessoal ou social admite a possibilidade de limitação, que pode ser feita em abstrato ou no caso concreto, como se viu antes, o que demanda considerações adicionais sobre qual o instrumento adequado para promover essa restrição à liberdade.

3. A CLÁUSULA GERAL DE BONS COSTUMES COMO INSTRUMENTO PARA LIMITAÇÃO E GARANTIA DA AUTONOMIA PRIVADA EXISTENCIAL

Tradicionalmente, os costumes são utilizados de maneira retrospectiva, com os olhos voltados para o passado a fim de retratar algo que já está consolidado, e não como algo a se projetar para o futuro. Daí porque os costumes sempre foram somente o retrato de práticas reiteradas que adquiriram força jurídica, e que por isso mesmo deveriam ser levadas em consideração como a tradição de determinado grupo ou setor da sociedade. A noção de bons costumes se consagrou historicamente como elemento voltado para a moral social já consolidada, a partir da qual se realizava um juízo de qualidade sobre essas práticas repetitivas, de modo que se pudesse qualificar os costumes como bons ou maus, sendo estes últimos particularmente indesejáveis para a ordem jurídica e social. Essa sempre foi a tônica do recurso aos bons costumes, especialmente no contexto jurídico brasileiro.

Esse modelo de bons costumes é, contudo, o avesso do que se propõe pela interpretação da cláusula geral de bons costumes à luz da Constituição. Trata-se, com efeito, de promover a correta transição entre os elementos vinculadores dos costumes. Agora bons costumes, revestido das qualidades de uma técnica legislativa orientada à abertura do sistema, volta-se também para o futuro, vinculando-se à concretização não mais da moral social pura e simplesmente, mas, especificamente, da moralidade constitucional. Dito de outro modo, os bons costumes no sentido tradicional do termo estavam ligados à moral social revelada pelo passado e pelos comportamentos reiterados. A concepção constitucionalizada de bons costumes, por sua vez, volta seus olhos para o futuro, a fim de impregnar de sentido constitucional as práticas que ainda serão consolidadas.

Mas se por um lado é relativamente fácil distanciar a perspectiva constitucionalizada dos bons costumes daquela concepção de bons costumes voltada para a manutenção da tradição,[19] por outro é extremamente difícil delimitar o alcance e o conteúdo desta cláusula geral. Assim como acontece com o princípio da dignidade da pessoa humana, é difícil definir positivamente o conteúdo de um conceito jurídico tão vago, ainda mais por ser uma cláusula que tem os pés fincados tão fortemente nas considerações de ordem moral, como é o caso dos bons costumes. Mais fácil é, sem dúvidas, definir tais conceitos negativamente. Assim, sabe-se com relativo consenso que a tortura é um tratamento degradante que fere a dignidade da pessoa humana, ainda que o conteúdo do princípio não tenha um único conceito satisfatório.

Essa dificuldade em fixar um conteúdo estático e definidor de bons costumes é decorrência direta dos benefícios desta cláusula geral. Suficientemente ampla para abarcar o maior número possível de hipóteses concretas e satisfatoriamente vaga para ampliar a autonomia do intérprete, o conteúdo da cláusula geral é essencialmente variável. Do contrário, ter-se-ia o esvaziamento do grande potencial democratizante que essa técnica legislativa possui. Por isso, é tão útil quanto mais intelectualmente honesto assumir que o papel da doutrina não é de confinar as cláusulas desta natureza nos limites estáticos que as conceituações dogmáticas usualmente exigem. Ao contrário, deve ser compromisso das pesquisas teóricas fornecer as características gerais e os parâmetros específicos para que os intérpretes possam aplicar corretamente tais conceitos de conteúdo vago e indeterminado, de acordo com o papel democratizante que deles se espera. Nesse sentido, torna-se imprescindível dedicar esforços a fim de mapear quais seriam as funções da cláusula geral dentro do contexto constitucional democrático brasileiro.

A investigação sobre o conteúdo funcional de uma cláusula geral rompe com racionalismo moderno que se consagrou juridicamente nas codificações liberais através privilégio da perspectiva estrutural dos institutos jurídicos. Como sintetiza Pietro Perlingieri, "Estruturas idênticas se distinguem pela diversidade de sua função, funções idênticas se realizam mediante estruturas diversas. [...] Na individuação da natureza dos institutos concorrem estrutura e função, mas é esta última, como síntese dos efeitos essenciais e característicos, produzidos ainda que de forma diferida, a tipificar a fattispecie."[20] Nessa ordem de ideias, a estrutura indica o instituto como ele é, a partir de seu perfil morfológico[21], enquanto a função, por sua vez, corresponde à síntese dos efeitos essenciais, remetendo à finalidade do instituto[22].

No que tange genericamente às cláusulas gerais, é preciso destacar que este modelo legislativo poderá assumir três diferentes tipos distintos. O primeiro deles, denominado *cláusulas gerais restritivas*, corresponde à cláusula geral cujos termos servem para restringir em determinadas situações "o âmbito de um conjunto de permissões singulares advindas de regra ou princípio jurídico", como ocorre com a incidência da função social

---

19. Cf. VIVEIROS DE CASTRO, Thamis Dalsenter. Notas sobre a cláusula geral de bons costumes: a relevância da historicidade dos institutos tradicionais do direito civil. *Pensar – Revista de Ciências Jurídicas*, v. 22, p. 425-442, 2017.

20. PERLINGIERI, Pietro. *O direito civil na legalidade constitucional*, cit., p. 118.

21. KONDER, Carlos Nelson. *Contratos Conexos*: grupo de contratos, redes contratuais e contratos coligados. Rio de Janeiro: Renovar, 2006. p. 26-27.

22. PERLINGIERI, Pietro. *Perfis de direito civil*, cit. p. 94.

da propriedade e do contrato.[23] O segundo tipo, denominado *cláusula geral regulatória*, é composto por disposições do "tipo regulativo", cuja função consiste em "regular, com base em um princípio, hipóteses de fato não casuisticamente previstas na lei, como ocorre com a regulação da responsabilidade civil por culpa".[24] O terceiro e último tipo, denominado *cláusula geral extensiva*, é definido pela presença de disposições que visam "ampliar uma determinada regulação jurídica mediante a expressa possibilidade de serem introduzidos, na regulação em causa, princípios e regras próprios de outros textos normativos."[25]

Enquanto a estrutura da cláusula geral dos bons costumes é pouco reveladora e ajuda muito timidamente na investigação sobre o papel autônomo deste instituto – e até por isso há quem sustente a total irrelevância do perfil estrutural das cláusulas gerais[26] –, a função, por sua vez, é a chave capaz de esclarecer qual o alcance da noção de bons costumes no Código Civil de 2002, de acordo com a Constituição Federal de 1988. Isso significa que, para além da função genérica que é atribuída a toda e qualquer cláusula geral – vale dizer, oxigenação do sistema jurídico, efetivação dos princípios constitucionais no plano infraconstitucional, maior liberdade ao magistrado –, é possível detalhar funções específicas, próprias da cláusula geral de bons costumes.

Considerando que a autonomia existencial só comporta limites externos, como se viu antes, a função mais relevante da cláusula geral de bons costumes é operar como instrumento de limitação da autonomia extrapatrimonial. O recurso aos bons costumes só deve ser feito nas hipóteses em que o ato de autonomia admite ser limitado, pelo que a teoria tríplice da autonomia auxilia o intérprete, permitindo que a liberdade existencial só sofra constrições quando puder ser categorizada como de eficácia interpessoal ou de eficácia social. Isso equivale a dizer que o ato de autonomia extrapatrimonial é, *a priori,* digno de tutela unicamente por se dirigir à esfera jurídica de seu titular, sem que lhe seja atribuído qualquer encargo social, razão pela qual nos atos de autonomia de eficácia pessoal não se admite a incidência de bons costumes. Já os atos de eficácia interpessoal ou social atraem a cláusula geral de bons costumes.

Com essa demarcação do campo de incidência dos bons costumes revela-se a grande distinção entre bons costumes e as outras duas clássicas cláusulas gerais do Código Civil de 2002, vale dizer: enquanto a autonomia patrimonial é limitada internamente pela função social e pela boa-fé, como já se disse, a autonomia existencial será ilimitada, desde que o seu exercício não impeça ou implique prejuízos à realização da liberdade

---

23. Essa tipologia pode ser encontrada em: MARTINS-COSTA, Judith. O direito privado como um "sistema em construção" – as cláusulas gerais no projeto do Código Civil brasileiro. *Revista da Faculdade de Direito da UFRGS*, n. 15, Porto Alegre: UFRGS/Síntese, 1998. Disponível em: http://www.ufrgs.br/ppgd/doutrina/martins1.htm. Acesso em 12.03.2020.
24. MARTINS-COSTA, Judith. O direito privado como um "sistema em construção" – as cláusulas gerais no projeto do Código Civil brasileiro. *Revista da Faculdade de Direito da UFRGS*, n. 15, Porto Alegre: UFRGS/Síntese, 1998. Disponível em: http://www.ufrgs.br/ppgd/doutrina/martins1.htm. Acesso em: 12.03.2020.
25. MARTINS-COSTA, Judith. O direito privado como um "sistema em construção" – as cláusulas gerais no projeto do Código Civil brasileiro. *Revista da Faculdade de Direito da UFRGS*, n. 15, Porto Alegre: UFRGS/Síntese, 1998. Disponível em: http://www.ufrgs.br/ppgd/doutrina/martins1.htm. Acesso em: 12.03.2016.
26. ENGISCH, Karl. *Introdução ao pensamento jurídico*. Lisboa: Fundação Calouste Gulbenkian, 2001, p. 208.

alheia – caso em que haverá a incidência dos bons costumes como legítimo instrumento de limitação da liberdade extrapatrimonial.

Além de delimitar o seu campo de incidência, é preciso reinterpretar o seu conteúdo e redefinir o seu papel, a fim de democratizar o instituto dos bons costumes, por força de todas as dimensões axiológicas que foram assentadas na Carta Fundamental de 1988. A democratização da cláusula de bons costumes encontra obstáculos de diversas naturezas. Além da insuficiência de estudos doutrinários acerca do tema, é ainda mais dramática má utilização do termo nos tribunais. Isso ocorre porque a cláusula geral dos bons costumes é habitualmente empregada pelos tribunais como um conceito de atalho (*shortcuts*)[27] para justificar a limitação da autonomia privada de cunho existencial, sem que haja, efetivamente, a identificação dos valores que a fundamentam. Nota-se, nesse particular, que a noção de bons costumes também é acompanhada de outros elementos afins, sem que haja uma correta individualização dos conceitos e das condutas que concretamente os tenham afrontado; e nesses casos até mesmo as cláusulas da boa-fé e da função social acabam perdendo sentido autônomo e força no jogo de forças argumentativo. Isso significa também que o recurso equivocado aos bons costumes é feito, não raro, como se a cláusula geral fosse, na verdade, um princípio procedimental para auxiliar o intérprete na ponderação dos interesses no caso concreto.[28]

Bons costumes é conceito que envolve fortes considerações de ordem moral, tanto assim que usualmente esta cláusula é identificada com outro conceito de igual indeterminação semântica, que é a moral social. Tradicionalmente, a noção de moral social está ligada aos costumes que foram assentados ao longo do tempo como comportamento socialmente adequado, variando, normalmente, de acordo com o grupo no qual são analisados. Trata-se de noção que se volta para os valores que já estão cristalizados, ou seja, a moral social é o retrato da sociedade por meio de seus costumes em determinado momento histórico.

Mas o aspecto mais importante a se destacar é que a cláusula geral dos bons costumes é uma janela para impregnar as relações privadas com os valores assentados pela Constituição Federal de 1988. Assim, não se trata de ligar os bons costumes unicamente aos costumes de uma determinada sociedade, não só porque os costumes sociais muitas vezes não encontram amparo na Constituição, mas também pelo fato de que o Código Civil de 2002 distinguiu quando se deve ir ao passado para dar força jurídica à tradição através dos costumes e quando se deve olhar para a promoção de valores democráticos

---

27. Sobre a utilização dos conceitos de atalho como limites aos direitos fundamentais, ver por todos, MACHADO, Jónatas E. M.. *Liberdade de expressão:* dimensões constitucionais da esfera pública no sistema social. Coimbra: Coimbra, 2002, p.849 e ss.

28. Em decisão que enquadra como abusivo o corte de energia elétrica por débito de R$0,85, verifica-se a dificuldade do intérprete para qualificar a conduta, o que acaba sendo feito sem discriminar qual dos fatores previstos artigo 187, CC02, ensejou a abusividade. (STJ, 1ª T., REsp 811.690 /RR, Rel. Min. Denise Arruda, julg: 18.5.2006, Dj 19.06.2006). Outras decisões do STJ com a mesma insuficiência de justificativas diante da aplicação de bons costumes juntamente com outras cláusulas: STJ, 3ª T., REsp 1192678/PR, Rel. Ministro Paulo de Tarso Sanseverino, julg. 13.11.2012, DJ 26.11.2012. STJ, 2ª T., REsp 880.605/RN, Rel. Ministro Luis Felipe Salomão, Rel. p/ Acórdão Min. Massumi Ayeda. Julg. em 13.6.2012, DJ 17.09.2012. STJ, 4ª T, REsp 650.373/SP, Rel. Min. João Otavio de Noronha, Rel. p/ Acórdão Min. Luis Felipe Salomão, julg. 27.3.2012, DJ 25.04.2012. STJ, 4ª T, REsp 1112796/ PR, Rel. Min Luis Felipe Salomão, Rel. p/ Acórdão Min. Honildo Amaral de Mello Castro, Julg. 10.8.2010 DJ 19.11.2010.

nas relações privadas através da cláusula geral de bons costumes. Evidentemente, tendo em vista a elasticidade do conceito de bons costumes em virtude da época e da sociedade na qual se insere, o preenchimento desta cláusula deve encontrar limites na moralidade constitucional, exigência inafastável de uma democracia pluralista como é o caso da brasileira.

Assim, compreende-se a cláusula como o mecanismo por meio do qual se pode recorrer aos valores compartilhados pela comunidade, com amparo constitucional, para que, justamente, a autonomia existencial só seja limitada diante de condutas que impedem a fruição dos espaços recíprocos de liberdade. Dito de outro modo, é na noção constitucionalizada de bons costumes que se deve depositar a responsabilidade de garantir que toda e qualquer conduta ou costume só possa prevalecer numa relação privada existencial se não houver lesão ou ameaça de lesão a direitos de uma das partes envolvidas ou mesmo da comunidade como um todo.

Para conferir maior concretude à essa cláusula geral, busca-se na construção doutrinária sobre a boa-fé os mesmos mecanismos para interpretação-aplicação dos bons costumes, como se verá a seguir.

4. AS FUNÇÕES DA CLÁUSULA GERAL DE BONS COSTUMES: FUNÇÃO GERADORA DE DEVERES, FUNÇÃO LIMITADORA DE DIREITOS, FUNÇÃO DE CÂNONE INTERPRETATIVO

Tomando como base as funções atribuídas à boa-fé na criação de deveres, salvaguarda de direitos e como cânone interpretativo, pode-se extrair dos bons costumes a mesma tripartição de papéis, só que em direção à autonomia existencial. Isso equivale a dizer, em suma, que a cláusula de bons costumes desempenha sobre a autonomia existencial as mesmas três funções que a cláusula de boa-fé exerce sobre a autonomia patrimonial.

Como cânone interpretativo, os bons costumes indicam que a resolução de toda e qualquer demanda envolvendo o exercício da autonomia existencial deve ser orientada pelo respeito à pluralidade de valores que conformam a ordem constitucional, de tal modo que nenhuma visão de mundo se imponha sobre as demais no caso de ambas serem amparadas constitucionalmente, como consequência da incidência do princípio constitucional da solidariedade e do pluralismo democrático nas relações privadas. Trata-se de cláusula que garante a vinculação do intérprete à moralidade constitucional, garantindo maior efetividade à tutela da personalidade na medida da dignidade da pessoa humana, como referido anteriormente.

Como criadora de deveres, tem-se na cláusula geral de bons costumes a necessidade de se impor uma conduta positiva, colaborativa, sempre que o ato de autonomia implicar consequências jurídicas relevantes para esferas jurídicas alheias a do seu titular. Tendo em vista os dispositivos que trazem previsão expressa sobre bons costumes no CC/02,[29]

---

29. Art. 13. Salvo por exigência médica, é defeso o ato de disposição do próprio corpo, quando importar diminuição permanente da integridade física, ou contrariar os bons costumes. Parágrafo único. O ato previsto neste artigo será admitido para fins de transplante, na forma estabelecida em lei especial. Art. 122. São lícitas, em geral, todas as condições não contrárias à lei, à ordem pública ou aos bons costumes; entre as condições defesas se incluem as que

é possível indicar a existência, não exaustiva, de pelo menos oito deveres decorrentes da cláusula geral em análise, que se relacionam à autonomia corporal, às condições do negócio jurídico, ao abuso do direito, às relações condominiais e à autonomia familiar, como é o caso dos deveres de cooperação e de cuidado, dever de manutenção do status quo, dever de oitiva, deveres de não mercantilização e não instrumentalização, além dos deveres de uso funcional da unidade habitacional e de colaboração deliberativa dos condôminos.

No âmbito da autonomia corporal, ganha destaque o dever de não mercantilização, pelo qual não se permite, pela incidência dos bons costumes no art. 13 do Código Civil, que o corpo ou suas partes sejam comercializados. Trata-se de medida que respeita a dignidade das pessoas em situação de vulnerabilidade concreta, que sacrificariam o próprio corpo em troca de vantagem patrimonial, assim como visa a coibir que haja outra forma de acesso a órgãos humanos que não seja por meio da solidariedade sem objetivo patrimonial, já que tal possibilidade feriria a dignidade de inúmeros pacientes que não poderiam ter acesso a transplantes de forma remunerada e geraria um sistema inadmissível de exclusão do acesso à saúde.

Ainda sobre o corpo e a autodeterminação corporal, ganha relevo o dever de colaboração no ambiente esportivo. Caracterizam-se como condutas não esportivas as situações de *doping* em esportes com modalidade competitiva, nos quais o ato de autonomia corporal influenciado pelo uso de substâncias proibidas gera repercussões negativas na esfera jurídica alheia, violando os deveres de colaboração que devem pautar os pactos esportivos. Ainda que o *doping* represente uma potencial diminuição da integridade física do usuário da substância, essa opção existencial não gera exatamente os mesmos efeitos jurídicos em esferas alheias ao do titular da situação. Nesse sentido, trata-se de ato de eficácia pessoal com relação à possível diminuição da integridade física, e por tal razão não pode ser limitada pelos bons costumes. Mas o mesmo não se pode afirmar quanto aos demais efeitos que a conduta antiesportiva individual produz sobre outros participantes. O *doping* desequilibra a paridade inicial de forças que parece ser a tônica de qualquer esporte competitivo. Nesses casos, o exercício da autonomia corporal promove a diminuição da liberdade dos demais participantes, violando o dever de cooperação que demanda que as partes apresentem conduta colaborativa, assumindo como coletiva a tarefa de manter o equilíbrio salutar que todo o ambiente competitivo deve ter para assegurar que o princípio da igualdade seja, de fato, respeitado.

Dito de outro modo, trata-se, na linguagem comum da prática esportiva, de se garantir o princípio do jogo leal, ou *fair play* – necessidade que legitima a aplicação dos deveres decorrentes da cláusula geral de bons costumes. Caso fique constatada a conduta antiesportiva, a violação ao artigo 13 atrairá as providências legais geradas pela prática

---

privarem de todo efeito o negócio jurídico, ou o sujeitarem ao puro arbítrio de uma das partes. Art. 187. Também comete ato ilícito o titular de um direito que, ao exercê-lo, excede manifestamente os limites impostos pelo seu fim econômico ou social, pela boa-fé ou pelos bons costumes. Art. 1.335. São direitos do condômino: IV – dar às suas partes a mesma destinação que tem a edificação, e não as utilizar de maneira prejudicial ao sossego, salubridade e segurança dos possuidores, ou aos bons costumes. Art. 1.638. Perderá por ato judicial o poder familiar o pai ou a mãe que: I – castigar imoderadamente o filho; II – deixar o filho em abandono; III – praticar atos contrários à moral e aos bons costumes.

de atos ilícitos desta natureza, pelo que se resguarda o direito do competidor lesado de buscar a reparação pelos danos sofridos.

Já a importância do dever de não instrumentalização se torna evidente no campo dos negócios jurídicos. A autonomia existencial poderá ser limitada sempre que as condições colocadas nos negócios jurídicos causarem a inversão da lógica constitucional segundo a qual há preeminência das situações existenciais sobre as situações patrimoniais. Isso pode acontecer com condições que imponham sacrifício de interesses existenciais para acessar o conteúdo patrimonial de um negócio jurídico. Trata-se, portanto, de observar o dever de não instrumentalização, pelo que a pessoa não pode ser transformada em meio para a satisfação de interesses alheios. Apesar da sua proximidade com o dever de não mercantilização, o fato é que a não instrumentalização é mais ampla, de modo que, além de proibir a vinculação de vantagens patrimoniais a disposições de ordem existenciais, demanda que mesmo nos negócios existenciais as condições existenciais devam ser limitadas pelos bons costumes.

Exemplo desse tipo de situação ocorre na hipótese conhecida como doação compartilhada ou relacionada, cuja regulamentação médica é feita por meio de resolução do Conselho Federal de Medicina que não coíbe a prática. Trata-se de contrato de prestação de serviços médicos para a realização de técnica de reprodução humana assistida que possui cláusula dispondo sobre a gratuidade dos serviços prestados caso a paciente aceite o encargo[30] de doar seus óvulos para a clínica realizadora ao término dos procedimentos. Evidentemente, o tratamento inicial que induz a ovulação não traz a segurança de que haverá sucesso na produção de óvulos, o que poderá acontecer como consequência dos procedimentos utilizados ou não. Caso haja óvulos disponíveis para a doação, a doadora seria beneficiada com a ausência de cobrança sobre os valores dos procedimentos realizados. A vantagem oferecida representa uma condição restritiva da autonomia, pelo que a mulher sem recursos que deseja engravidar por esses meios aceitará a restrição da sua autonomia existencial em prol da vantagem de ordem econômica que é oferecida pela clínica para fins de viabilizar o tratamento médico de outras pacientes que desejam engravidar por meio de técnicas reprodutivas.

Sobre o tema, cabe ainda uma importante ressalva. Nem mesmo os negócios jurídicos de natureza estritamente existencial podem ser condicionados por condições também existenciais. É característica própria da autonomia existencial não sofrer limitações impostas pela vontade alheia à do seu titular. O contrário significaria absoluta violação ao dever de não instrumentalização que já foi explicitado antes – pelo que não se pode, por exemplo, admitir que a doação de partes de um órgão regenerável como o fígado esteja condicionada ao fato de o receptor abandonar definitivamente o tabagismo ou mesmo de concluir algum curso superior desejado pelo doador.

Considerando a previsão da cláusula geral de bons costumes no artigo 187 do Código Civil tornou ainda mais evidente a possibilidade do abuso do direito como ex-

---

30. Aqui cabe a interpretação de que se trata de encargo estipulado sob a forma de condição (art.136), razão pela qual se aplica a disciplina valorativa das condições.

pressão do exercício disfuncional também no âmbito das relações existenciais,[31] o abuso da autoridade parental é um exemplo bastante claro da violação de deveres de cuidado e de colaboração. No seio da família democrática, não há espaço para o desequilíbrio de forças no exercício do poder familiar, sendo certo que qualquer ato que venha a quebrar a harmonia desse contexto agirá contra o dever de cooperação sempre que essa conduta vá de encontro ao melhor interesse da criança, diminuindo, também o espaço de autonomia familiar dos outros genitores.

Mas se o dever de colaboração dá destaque aos interesses do genitor sobre o qual se dirige a alienação – ainda que, obviamente, viole o melhor interesse da criança –, o dever de cuidado que é negligenciado nessas situações se dirige ainda mais especificamente aos interesses da prole. Decorre da cláusula geral de bons costumes a exigência de que o comportamento de todos os envolvidos na dinâmica da autoridade parental esteja de acordo com o dever de cuidado. Sobre a importância desse dever, já se disse que o cuidado assume verdadeira expressão humanizadora, pelo que "o ser humano precisa cuidar de outro ser humano para realizar a sua humanidade, para crescer no sentido ético do termo. Da mesma maneira, o ser humano precisa ser cuidado para atingir sua plenitude, para que possa superar obstáculos e dificuldades da vida humana".[32] Concretamente, o cuidado alcança a qualidade de valor jurídico[33], pois, "constituindo-se o cuidado fator curial à formação da personalidade do infante, deve ele ser alçado a um patamar de relevância que mostre o impacto que tem na higidez psicológica do futuro adulto."[34] Logo, a restrição da autonomia familiar no exercício abusivo dos poderes e deveres dos responsáveis representa um grave rompimento com os deveres de cuidado que são impostos pelos bons costumes nas relações que envolvam interesses de vulneráveis. Nessa ordem de ideias, a configuração do exercício abusivo do poder familiar se dá mediante a correta aplicação dos bons costumes, e não de qualquer dever oriundo da boa-fé.

É também no âmbito da autonomia familiar que se encontra uma das incidências mais gravosas e excepcionais da cláusula geral de bons costumes, que é a hipótese de perda do poder familiar dos genitores que praticam atos contrários à moral e aos bons costumes, já que "a destituição do poder familiar é algo sempre perturbador e traumático para o juiz, pois envolve o poder de declarar desfeitos os vínculos de filiação e parentescos entre os pais e os filhos. Por ser algo assim tão relevante, o legislador trata a destituição do poder familiar como algo excepcional".[35] Enquadrando-se a conduta parental nessa previsão normativa, tem-se a necessária observância do dever de manutenção do *status quo*. Trata-se de exigência que vincula o intérprete na aplicação das medidas de rompimento do vínculo parental, em razão disso deve-se ter em conta que a perda do poder

---

31. Na mesma direção, "não obstante tradicionalmente o estudo desse instituto seja relacionado às situações patrimoniais, não há óbice jurídico à sua aplicação às situações existenciais." (TEIXEIRA, Ana Carolina Brochado; RODRIGUES, Renata de Lima. Alienação parental: aspectos materiais e processuais. *Civilistica.com*. Rio de Janeiro, a. 2, n. 1, jan.-mar./2013. Disponível em: http://civilistica.com/wp-content/uploads/2015/02/Teixeira-e-Rodrigues-civilistica.com-a.2.n.1.2013.pdf. Data de acesso: 21.10.2017.
32. WALDROW, Vera Regina. Abrigo e alternativas de acolhimento familiar. In: PEREIRA, Tânia da Silva; oliveira, Guilherme de. *O cuidado como valor jurídico*. Rio de Janeiro: Forense, 2008, p. 309.
33. STJ, REsp 1.159.242/SP, 3ª T, Rel. Min. Fátima Nancy Andrighi, julg. 24.04.2012.
34. STJ, REsp 1.159.242/SP, 3ª T, Rel. Min. Fátima Nancy Andrighi, julg. 24.04.2012.
35. TJMG, Ap. Cível 1.0024.02.619286-4/001, 5ª Câmara Cível, Rel. Des. Maria Elza, julg. 30.07.2009.

familiar deve ser, necessariamente, a *ultima ratio,* uma vez que a sua aplicação promove o afastamento entre pais, mães e seus filhos.

Da exigência de que a perda do poder familiar seja, comprovadamente, a *ultima ratio,*[36] decorre a necessidade de se recorrer sempre que possível a medidas mais suaves, igualmente voltadas à preservação do melhor interesse dos menores envolvidos. Sempre que possível, os intérpretes devem resguardar o contexto no qual a criança está inserida, que é, presumidamente, a melhor alternativa a qualquer mudança, tendo em vista a necessidade de permanência que a infância demanda. No universo infantil, todas as alterações de rotina, ambientes e cuidadores se mostram sobremaneira delicadas, de modo que se deve afastar a todo custo alterações na configuração familiar que não sejam fundamentalmente necessárias.

Evidentemente, e afinal é sobre essa situação que deve tratar o art. 1.638, há comportamentos parentais que inviabilizam a permanência da criança na mesma organização familiar com a qual está habituada e que constituem violação absoluta do dever de cuidado, como é o caso de abuso sexual, ou dependência química que inviabilize os deveres objetivos que os responsáveis devem assumir para cuidar das pessoas em situação especial de desenvolvimento. Sendo assim, caberá ao magistrado demonstrar em sua decisão o comprovado insucesso de outras medidas, além da convicção, com base em sólida produção probatória, de que a manutenção do vínculo familiar, em tais casos, causa danos mais intensos e irreversíveis do que a extinção desses laços jurídicos. Nesses casos, contudo, é preciso que as medidas de rompimento do vínculo familiar sejam acompanhadas de um intenso apoio psicológico, a fim de diminuir os impactos negativos e inevitáveis que as medidas dessa natureza causam a pessoas em situação especial de desenvolvimento.

Ao lado dos deveres de cuidado, de cooperação e de manutenção do *status quo* um dos deveres mais importantes derivados da cláusula geral de bons costumes é o dever de *oitiva* da criança, pelo que, em todos os casos em que a criança puder se expressar, é preciso ouvi-la a respeito da medida adotada, especialmente na hipótese de destituição do poder familiar. Nesse sentido, foi feliz o Estatuto da Criança e do Adolescente, que consignou o dever de dar voz aos vulneráveis em diversas passagens, mais especificamente no parágrafo 3º do Art. 161, que se refere à perda ou suspensão do poder familiar e determina que, "desde que possível e razoável" será obrigatória a oitiva da criança e do adolescente.[37] O dever de oitiva foi reforçado com a entrada em vigor da Lei 13.431, de abril de 2017, que fixou diretrizes para o procedimento de oitiva para criança ou adolescente vítima ou testemunha de violência. Através de depoimento especial, a oitiva dessas crianças e adolescentes será feita em local apropriado, com absoluta privacidade e sem qualquer contato visual com o acusado. Essas medidas são de suma importância para garantir que a aplicação dos bons costumes seja feita tendo em conta a autonomia

---

36. TJSC, Ap. Civ. 20140029106 (SC 2014.002910-6), 2ª CC, Rel. Min. Monteiro Rocha, julg. 04.06.2014: "Dada a importância da presença de ambos os pais no processo de formação dos filhos, a perda do poder familiar constitui medida extrema e excepcional, cujas hipóteses se encontram taxativamente previstas em lei."

37. ECA, Art. 161: Não sendo contestado o pedido, a autoridade judiciária dará vista dos autos ao Ministério Público, por cinco dias, salvo quando este for o requerente, decidindo em igual prazo. § 3º Se o pedido importar em modificação de guarda, será obrigatória, desde que possível e razoável, a oitiva da criança ou adolescente, respeitado seu estágio de desenvolvimento e grau de compreensão sobre as implicações da medida.

da criança e do adolescente, que, em face do seu reduzido discernimento, não é decisiva, mas fornece uma das mais relevantes diretrizes para que o magistrado possa formar sua convicção. Em sentido mais amplo, o dever de oitiva representa um passo estratégico para coibir o exercício autoritário do poder parental – absolutamente incompatível com a ideia de família democrática[38].

A respeito da aplicação dos deveres decorrentes dos bons costumes nas relações condominiais, sua incidência se deve à necessidade de salvaguardar a boa convivência do grupo condominial. Justamente por definir limites à autonomia existencial dos condôminos, é preciso que a cláusula de bons costumes seja bem-sucedida na tarefa de encontrar a fina medida entre os interesses em jogo, inclusive harmonizando-os diante das convenções condominiais, pelo que não servirá para a padronização de comportamentos considerados adequados socialmente, ainda que isso represente os ideais da maioria local. Nesse sentido, um dos deveres decorrentes dos bons costumes sobre as relações de vizinhança está ligado ao uso anormal das unidades habitacionais, sendo necessário entender por anormal a conduta que impede o exercício recíproco da autonomia existencial de cada condômino. E essa restrição quanto à noção de anormalidade é ainda mais importante por se tratar de aplicação da cláusula de bons costumes a um ambiente que é essencialmente grupal, ou seja, o modo mais complexo e delicado de constituição das relações jurídicas.

Tendo isso em vista, o dever de utilização regular da unidade habitacional diz respeito à função que lhe é atrelada, ou seja, a função de moradia ou mesmo a função econômica[39] que é conferida quando a convenção permite esse tipo de prática. Assim, o exercício da autonomia condominial será contrário aos bons costumes sempre que se caracterizar que o uso não regular da unidade representa impedimento ao exercício da autonomia condominial dos demais condôminos.

Também decorre dos bons costumes o dever de colaboração deliberativa, pelo qual os condôminos devem conservar um comportamento voltado à realização do bem comum condominial, e isso não significa somente a não adoção de posturas hostis. De forma mais ampla, é preciso considerar que esse dever exige dos condôminos um comportamento positivo que envolva a necessária consideração de que as deliberações se dirigem ao universo condominial como um todo unitário, pelo que se deve considerar que, eventualmente, os interesses individuais poderão ser limitados para satisfação dos interesses coletivos ali implicados.

Essa diretriz demanda, obviamente, que a conduta de cada condômino no momento das assembleias deliberativas e de eventuais outras instâncias de decisão seja objetivamente voltada para a realização do interesse comum. São inúmeras e naturalmente imprevisíveis as hipóteses nas quais o comportamento dos condôminos poderá afrontar a determinação de colaboração que é imposta pela cláusula de bons costumes, entretanto,

---

38. BODIN DE MORAES, Maria Celina. *A nova família, de novo. Estruturas e funções das famílias contemporâneas.* Pensar, Fortaleza, v. 18, n. 2, p. 587-628, mai./ago. 2013, p. 611.

39. Essa função envolve necessariamente considerações sobre a destinação do prédio, que poderá ser misto, comercial, residencial, edifício-garagem. VIANA, Marco Aurélio S. *Manual do condomínio edilício.* Rio de Janeiro: Forense, 2009, p. 19.

sabe-se que ofende claramente o dever de colaboração deliberativa o condômino que obstaculiza a realização das reuniões condominiais, agredindo física ou verbalmente os demais condôminos ou o síndico, ou mesmo se apropriando de documentos que asseguram ou legitimam a participação dos votantes.[40]O que deve ser considerado para a configuração de um comportamento não colaborativo nas reuniões condominiais é se a conduta (i) representa obstáculo ao livre exercício de opinião dos demais condôminos por constrangimentos morais ou físicos; (ii) impede a verificação do quórum necessário para a aprovação ou alteração de determinadas cláusulas convencionais, o que pode acontecer mediante a ocultação de documentos comprobatórios da condição de condômino ou de seu representante; (iii) inviabiliza o ambiente democrático de decisão mediante ofensas físicas ou verbais, dirigidas ao síndico ou aos demais condôminos.

Em síntese, a autonomia dos condôminos deve ser conduzida de tal modo que todos possam gozar do mesmo grau de liberdade no uso das áreas comuns e das áreas privativas do condomínio, de acordo com o dever de uso funcional da unidade habitacional. Durante o processo deliberativo nas assembleias condominiais, os condôminos devem conservar uma postura colaborativa, pelo que se indica como afronta aos bons costumes aquelas condutas que violam o dever de colaboração deliberativa.

Finalmente, como função limitadora, os bons costumes atuam como barreira que não pode ser transposta por força dos imperativos constitucionais decorrentes da dignidade da pessoa humana. Sendo assim, ela opera seus efeitos como limite à autonomia existencial, imposto de tal maneira que todos possam gozar em igual medida dos espaços de liberdade. No papel de instrumento que promove a restrição da autonomia existencial, a cláusula de bons costumes só pode exercer essa função diante de atos de autonomia de eficácia interpessoal ou de eficácia social, como se afirmou através do recurso à mencionada teoria tríplice. Essa função da cláusula de bons costumes tem sua potência ampliada através das diretrizes sobre deveres e norte interpretativo que as demais funções apresentam.

5.   CONCLUSÃO

Ainda que toda cláusula geral só possa revelar completamente o seu sentido no caso concreto em que é aplicada, pode-se afirmar que bons costumes é a cláusula geral que impõe limites externos à autonomia existencial por meio de sua tríplice função – interpretativa, geradora de deveres e limitadora de direitos –, determinando padrões de conduta sempre que os atos de autonomia implicarem consequências jurídicas relevantes (efeitos diretos e imediatos) para duas ou mais esferas jurídicas. A partir da teoria tríplice da autonomia, é possível concluir que os atos de eficácia pessoal não podem ser limitados pela cláusula de bons costumes, pois não admitem limites externos, tendo em vista que só atingem a esfera jurídica do próprio titular. Já os atos de eficácia interpessoal ou social, ao contrário, podem sofrer a incidência dos bons costumes, pois demandam a imposição de limites externos quando produzem efeitos em esferas jurídicas distintas.

---

40.   TJRS, Ap. Civ. 70059891135, 5ª CC, Rel. Des. Isabel Dias Almeida, julg. 27.08.2014.

Através das três funções que a cláusula geral de bons costumes assume na legalidade constitucional e de sua incidência determinada pela produção de efeitos do ato de autonomia existencial, sua aplicação promove o desejado equilíbrio entre os princípios constitucionais da liberdade e da solidariedade, ampliando a tutela da autonomia e da dignidade da pessoa humana nas relações jurídicas de direito privado, como se buscou demonstrar.